Bronnen van licht

Bronnen van Licht

Barbara Ann Brennan

Geïllustreerd door Thomas J. Schneider en Joan Tartaglia

Vertaling: Willem Glaudemans

Becht – Haarlem

Dit boek is opgedragen aan ieder die Huiswaarts gaat naar het Ware en Goddelijke Zelf.

© 1993 by Barbara Ann Brennan
Oorspronkelijke titel: *Light Emerging*
Oorspronkelijke uitgever: Bantam Books, New York
Published by arrangement with Bantam Books, a division of Bantam Doubleday Dell Publishing Group, Inc.

Voor het Nederlandse taalgebied:
© 1994 Uitgeverij J.H. Gottmer / H.J.W. Becht BV, Postbus 160, 2060 AD Bloemendaal
Vertaling: Willem Glaudemans
Omslagontwerp: Marius Brouwer, Haarlem
Afbeelding omslag: 'Goddelijke liefde', © Johan Miedema (1870-1952)
Foto: RBK 's-Gravenhage, Tim Koster

ISBN 90 230 0847 2 (paperback)
ISBN 90 230 0848 0 (gebonden)
NUGI 626, 753

1995 Tweede druk (paperback)

Alle rechten voorbehouden. Niets uit deze uitgave mag worden verveelvoudigd, opgeslagen in een geautomatiseerd gegevensbestand, of openbaar gemaakt in enige vorm of op enige wijze, hetzij elektronisch, mechanisch, door fotokopieën, opnamen, of enige andere manier, zonder voorafgaande schriftelijke toestemming van de uitgever.
Voor zover het maken van kopieën uit deze uitgave is toegestaan op grond van artikel 16b j° het Besluit van 20 juni 1974, St.b. 351, gewijzigd bij Besluit van 23 augustus 1985, St.b. 471 en artikel 17 Auteurswet 1912, dienen de daarvoor wettelijk verschuldigde vergoedingen te worden voldaan aan de Stichting Reprorecht (Postbus 882, 1180 AW Amstelveen).
Voor het overnemen van gedeelten uit deze uitgave in bloemlezingen, readers en andere compilatiewerken (artikel 16 Auteurswet 1912) dient men zich tot de uitgever te wenden.

CIP-GEGEVENS KONINKLIJKE BIBLIOTHEEK DEN HAAG

Inhoudsopgave

Inleiding: Een nieuw paradigma: healing en het creatieve proces IX

Deel I:
EEN OVERZICHT VAN HEALING IN ONZE TIJD

Hoofdstuk 1   De gave van healing 3
Hoofdstuk 2   De vier dimensies van je creatieve energie 13
Hoofdstuk 3   Een nieuw uitzicht op healing: de holografische ervaring 31
Hoofdstuk 4   Je harmoniesysteem eerbiedigen 43

Deel II:
HEALINGTECHNIEKEN IN ONZE TIJD

Inleiding: Mijn persoonlijke gezichtspunt als healer 53
Hoofdstuk 5   Wat doet je healer wat je arts of therapeut niet doet? 57
Hoofdstuk 6   Het healer-artsteam 67

Deel III:
DE PERSOONLIJKE HEALINGERVARING

Inleiding: Tijd om voor jezelf te zorgen 81
Hoofdstuk 7   De zeven stadia van healing 83
Hoofdstuk 8   De zeven niveaus van het healingproces 91

Deel IV:
EEN HEALINGPLAN OPSTELLEN

Inleiding: Je persoonlijke healingplan opstellen 103
Hoofdstuk 9   De energieën van de aarde als basis voor leven 105

Hoofdstuk 10	Je fysieke lichaam als spiritueel leefgebied 119
Hoofdstuk 11	Jezelf met liefde genezen door je perfectionisme op te geven 131
Hoofdstuk 12	Healing via zelfbewustzijn 145

Deel V:
HEALING EN RELATIES

Inleiding:	Het belang van relaties voor je gezondheid 159
Hoofdstuk 13	Gezonde relaties scheppen 161
Hoofdstuk 14	De drie typen auraveldinteracties in relaties 177
Hoofdstuk 15	Waarnemingen van auraveldinteracties in relaties 203

Deel VI:
HEALING VIA ONZE HOGERE SPIRITUELE WERKELIJKHEDEN

Inleiding:	Het integreren van je hoogste spirituele aspecten en diepste dimensies in je healingplan 261
Hoofdstuk 16	Het proces van leiding in je leven 263
Hoofdstuk 17	Onze intentionaliteit en het haraniveau 287
Hoofdstuk 18	Onze goddelijke kern 305
	Besluit 317
Appendix A:	Een healingsessie met Richard W. 319
Appendix B:	Soorten geneeskundigen 325

Bibliografie 329
Register 333

Lijst van afbeeldingen

HOOFDSTUK 2
2-1 De vier dimensies van het mens-zijn 14-15
2-2 Historische verwijzingen naar een universeel energieveld 16
2-3 20ste-eeuwse waarnemers van het menselijk energieveld 17
2-4 De zeven niveaus van het auraveld 21
2-5 De plaats van de zeven hoofdchakra's 27

HOOFDSTUK 3
3-1 Een hologram van een appel maken 37
3-2 Een hologram van een appel projecteren 37

HOOFDSTUK 8
8-1 Je behoeften op elk niveau van het auraveld 92

HOOFDSTUK 9
9-1 Chakratonen 112
9-2 De algemene effecten van kleuren 115

HOOFDSTUK 11
11-1 De chakrakleuren op het tweede niveau van het auraveld en de lichaamsgebieden die ze voeden 140

HOOFDSTUK 12
12-1 Schema om de angst onder je waarom-niet-redenen op te sporen 148
12-2 Schema voor het opruimen van je oordelen en hun gevolgen 151

HOOFDSTUK 13
13-1 Gary's negatieve contract 163
13-2 Positieve resultaten van het opheffen van Gary's negatieve contract 164
13-3 Schema om je negatieve contracten op te helderen 165
13-4 Positieve resultaten van het opheffen van je negatieve contract 167

HOOFDSTUK 14
14-1 De auravelden van een verliefd stel (kleurenbijlage)

HOOFDSTUK 15
15-1 Defensieve aspecten van de karakterstructuren 206
15-2 De auraverdediging van het schizoïde karakter 208
15-3 De schizoïde verdediging en een duwreactie 210
15-4 De schizoïde verdediging en een trekreactie 211
15-5 De schizoïde verdediging en een stopreactie 213
15-6 De schizoïde verdediging en een reactie van ontkenning en toelating 214
15-7 De schizoïde verdediging en een terugtrekreactie 215
15-8 Een helende reactie op de schizoïde verdediging (kleurenbijlage)
15-9 De auraverdediging van het orale karakter 218
15-10 De orale verdediging en een duwreactie 219
15-11 De orale verdediging en een trekreactie 220
15-12 De orale verdediging en een stopreactie 222
15-13 De orale verdediging en een reactie van ontkenning en toelating 223
15-14 De orale verdediging en een terugtrekreactie 224
15-15 Een helende reactie op de orale verdediging (kleurenbijlage)
15-16 De auraverdediging van het psychopathische karakter 227
15-17 De psychopathische verdediging en een duwreactie 228
15-18 De psychopathische verdediging en een trekreactie 230
15-19 De psychopathische verdediging en een stopreactie 231
15-20 De psychopathische verdediging en een reactie van ontkenning en toelating 232
15-21 De psychopathische verdediging en een terugtrekreactie 233
15-22 Een helende reactie op de psychopathische verdediging (kleurenbijlage)
15-23 De auraverdediging van het masochistische karakter 237
15-24 De masochistische verdediging en een duwreactie 239

15-25 De masochistische verdediging en een trekreactie 240
15-26 De masochistische verdediging en een stopreactie 241
15-27 De masochistische verdediging en een reactie van ontkenning en toelating 242
15-28 De masochistische verdediging en een terugtrekreactie 243
15-29 Een helende reactie op de masochistische verdediging (kleurenbijlage)
15-30 De auraverdediging van het rigide karakter 246
15-31 De rigide verdediging en een duwreactie 248
15-32 De rigide verdediging en een trekreactie 249
15-33 De rigide verdediging en een stopreactie 250
15-34 De rigide verdediging en een reactie van ontkenning en toelating 251
15-35 De rigide verdediging en een terugtrekreactie 252
15-36 Een helende reactie op de rigide verdediging (kleurenbijlage)
15-37 Het auraveld van een paar in verdediging 255
15-38 Het auraveld van een paar met geëscaleerde verdediging 256
15-39 Het auraveld van een paar in synchrone communicatie (kleurenbijlage)

HOOFDSTUK 17
17-1 De hara van een gezond iemand (kleurenbijlage)
17-2 Vervorming van de tan tien 291
17-3 Omfloerste zielezetel 292
17-4 Geblokkeerd ID-punt 293
17-5 Vervorming van de haralijn 294
17-6 Harahouding 296
17-7 Vingertoppen in de tan tien 296
17-8 Driehoek met de punt naar beneden 297
17-9 Rechtervingertoppen in de tan tien, linkerhand op de tan tien met vingers naar beneden 297
17-10 Rechtervingertoppen in de zielezetel, linkerhand op de tan tien met vingers naar beneden 298
17-11 Rechterhand in lijn met het ID-punt, linkerhand op de tan tien met vingers naar beneden 299
17-12 Rechterhand op de zielezetel met vingers omhoog, linkerhand op de tan tien met vingers naar beneden 299
17-13 De groepsharalijn 301

HOOFDSTUK 18
18-1 De wezensster (kleurenbijlage)
18-2 Niveau van de wezensster van een groep mensen (kleurenbijlage)

Inleiding

EEN NIEUW PARADIGMA: HEALING EN HET CREATIEVE PROCES

Sinds de publikatie van *Licht op de aura*, mijn eerste boek, heb ik mijn studie naar de relatie van onze levensenergieën met gezondheid, ziekte en healing voortgezet. Ik raakte bijzonder geïnteresseerd in de dieper liggende vragen over het waarom van ons ziek worden. Behoort 'ziek worden' tot de menselijke situatie, en zit er een diepere betekenis of les achter? Hoe kan het volgen van een 'normaal' leven in onze cultuur tot ziekte leiden? Ik vroeg me af welke levensritmes het gezondst voor ons waren. Hoe beïnvloeden onze dagelijkse keuzen en handelingen onze gezondheid? Hoe wordt onze gezondheid beïnvloed door het van moment tot moment veranderen van ons bewustzijn? Ik vroeg me af of en – zo ja – hoe onze ziekte in verband gebracht kon worden met onze creativiteit en ons evolutionaire proces.

Ik legde mijn praktijk als healer neer om meer tijd te hebben voor het stichten van de Barbara Brennan School of Healing. Daarnaast bleef ik energieverschijnselen observeren in lessituaties, in groepen en bij individuele studenten. Terwijl ik les gaf of lezingen hield, begon zich een heel interessant patroon te ontvouwen. Aan het begin van het jaar vertelde mijn innerlijke leiding me dat ik lezingen zou gaan geven over het creatieve proces. Toen ik uiteindelijk verscheidene van deze lezingen kon laten uitschrijven, redigeren en verzamelen, ontdekte ik een totaal nieuw verband tussen het evolutionaire plan van de aarde, onze levenstaak, onze creativiteit, onze gezondheid en leven in wat Heyoan, mijn gids, noemt: het zich ontvouwende moment.

Om het nieuwe materiaal te kunnen begrijpen is het noodzakelijk een nieuw paradigma aan te nemen. Webster definieert het woord *paradigma* als 'een patroon, voorbeeld of model'. Het is de manier waarop we de wereld waarnemen. Een paradigma is een stel vooronderstellingen die we met elkaar delen, die de wereld voor ons verklaart en ons helpt haar gedrag te voorspellen. We nemen deze vooronderstellingen als vanzelfsprekend aan. We definiëren ze als basiswerkelijkheid en denken er verder niet meer over na. Merkt een vis het water nog op?

'De meeste van onze ideeën over de wereld zijn afkomstig van een stel vooronderstellingen die we als vanzelfsprekend aannemen en die we merendeels niet onderzoeken of betwijfelen,' merkt Werner Erhard op, de man van de Forum Workshops. 'We nemen deze vooronderstellingen als een gegeven met ons mee ter tafel. Ze maken zozeer deel uit van wie we zijn dat het ons moeilijk valt onszelf er genoeg van te distantiëren om erover te kunnen praten. We denken deze vooronderstellingen niet – we denken *vanuit* deze vooronderstellingen.'

Medische paradigma's bepalen hoe we over ons lichaam denken. In de loop van de tijd heeft de westerse geneeskunde kwade geesten, stemmingen, bacillen en virussen aangewezen als de oorzaak van ziekten en zijn er dienovereenkomstige behandelingen ontworpen. Naargelang de medische technologie vordert en we meer te weten komen over de verbinding tussen lichaam en geest, zijn onze medische paradigma's aan het verschuiven. Nieuwe paradigma's leiden tot nieuwe mogelijkheden.

Het is bekend dat in het verleden het auraveld met gezondheid en genezing in verband werd gebracht, maar op een tamelijk 'esoterische' manier. Kennis van het veld was een mengsel van echte observaties, aannamen en fantasieën. Nu we in onze laboratoria en klinieken meer over bio-energie te weten komen, wordt het idee van een menselijk energieveld, dat rechtstreeks met onze gezondheid in verbinding staat, meer aanvaard binnen het westerse medische paradigma.

In dit boek presenteer ik een nieuwe visie op gezondheid, healing en ziekte. Deel I schetst de wetenschappelijke achtergrond, zowel gebaseerd op theorieën over het energieveld als op holografische theorieën over waarom en hoe handoplegging werkt.

In deel II beschrijf ik wat een healer wel en niet voor iemand doen kan, de basisprocedure van een healingsessie, en hoe een healer-artsteam werken kan. Deel II presenteert het concept van het interne harmoniesysteem, een automatisch, meestal onbewust, systeem dat ons in topvorm houdt als we ernaar luisteren en ernaar handelen. Deel II laat ook zien hoe we ziekte in ons leven en ons lichaam kunnen creëren, als we ons harmoniesysteem niet volgen.

Door middel van een reeks interviews met patiënten in deel III, laat ik vanuit het gezichtspunt van de patiënt de fasen van de persoonlijke ervaring zien die gedurende het healingproces plaatsvinden. Ik bespreek wat een patiënt kan doen om zoveel mogelijk uit dat proces te halen, tot en met hoe je met een healer en een arts kunt samenwerken om een healingplan te ontwerpen. Case-studies helpen het healingproces naar het dagelijks leven te vertalen.

Deel IV geeft gedetailleerde healingplannen en bijzonder bruikbare healingmeditaties en visualisaties die je persoonlijke healingproces zullen ondersteunen.

Deel V beschrijft hoe relaties je gezondheid beïnvloeden, zowel positief als negatief. Er worden praktische middelen om gezonde relaties te creëren beschreven, en daarnaast de auraveldinteracties die in relaties plaatsvinden. Er worden manieren aan de hand gedaan om de gezonde energie-uitwisselingen en verbindingen tussen auravelden te herstellen.

Deel VI beschrijft de hogere spirituele realiteiten en hogere dimensies van creatieve energie en legt een verband tussen gezondheid, ziekte en healing en het creatieve proces.

Appendix A geeft een transcriptie van een healingsessie; appendix B een lijst van werkers in verschillende typen gezondheidszorg, wat ze doen en via welke nationale organisaties ze te bereiken zijn. Daarnaast biedt de bibliografie bronnen voor verdere studie.

Dankbetuiging

Ik wil speciaal mijn echtgenoot, Eli Wilner, bedanken voor zijn liefdevolle steun en aanmoediging bij het op natuurlijke wijze laten ontvouwen van mijn persoonlijke ontwikkeling.

Ik wil mijn hartelijke dank uitspreken aan de leraren van de Barbara Brennan School of Healing voor het samen met mij ontwikkelen van het materiaal waaruit dit boek is ontstaan; aan Roseanne Farano voor haar toegewijde vriendschap, open oor en helder advies; en aan de administratieve staf van de Barbara Brennan School of Healing voor het voorbereiden van het manuscript.

DEEL I

EEN OVERZICHT VAN HEALING IN ONZE TIJD

'Een nieuw idee wordt eerst als belachelijk veroordeeld, dan als triviaal verworpen, totdat het ten slotte iets wordt dat iedereen al weet.'

William James

Hoofdstuk 1

DE GAVE VAN HEALING

De gave van healing berust in iedereen. Het is niet een gave die slechts aan weinigen is gegeven. Het is jouw geboorterecht, evengoed als het mijne. Iedereen kan healing ontvangen en iedereen kan leren healen. Iedereen kan zichzelf en anderen healing geven.

Jij geeft jezelf feitelijk reeds healing, ook al noem je dat waarschijnlijk niet zo. Wat is het eerste dat je doet wanneer je jezelf bezeert? Je raakt meestal de pijnlijke plek van je lichaam aan. Je grijpt er misschien zelfs naar om de pijn te helpen stoppen. Dit fysieke instinct stuurt tegelijk healing naar het bezeerde deel. Als je je zou ontspannen en je handen langer op de verwonding zou houden dan normaal, zul je merken dat er zelfs een diepere healing plaatsvindt. Elke moeder raakt haar kind aan, drukt het tegen zich aan, kust of liefkoost het, wanneer het pijn heeft. Ze doet hetzelfde met andere mensen die haar dierbaar zijn. Als je deze eenvoudige reacties bekijkt en ze nader gaat bestuderen, zul je ontdekken dat wanneer je iemand aanraakt van wie je veel houdt, er een sterker effect zal optreden dan als je iemand aanraakt die je niet kent. Heel waarschijnlijk heb je aan je aanraking een speciale essentie meegegeven: de essentie van de liefde die je voor die persoon voelt. Zie je, je kende de hele tijd al healing, maar je was je er niet van bewust.

Wanneer je je blij, gelukkig of energiek voelt, of in een andere goede stemming verkeert, zal je aanraking voor anderen aangenamer zijn dan wanneer je in een rotbui bent. De energie in de aanraking van een slechte bui is niet dezelfde als die van een vrolijke. Hoe je op ieder gegeven moment bent wordt uitgedrukt door je energie. Wanneer je leert je stemmingen, en daarmee de aard van je energie en je energiestroom, te reguleren, zul je spoedig je energie aanwenden voor healing. Dat is wat healers doen. Ze leren eenvoudig hun energie waar te nemen en te reguleren om die voor healing te benutten.

Deze persoonlijke alledaagse ervaringen, waarvan ik zeker ben dat die hebben plaatsgevonden sinds we holbewoners waren, zijn uitgegroeid tot de basis van healing door handoplegging. Het bestaat al zolang er mensen zijn. De mensen uit de oudheid waren zich bewust van de genezende kracht die uit handen komt. Iedere cultuur onderzocht en benutte deze kracht binnen het kader van haar eigen kennis en traditie. John White geeft in zijn boek *Future science* een opsomming van zevenennegentig verschillende culturen over de hele aardbol, die allemaal hun eigen benaming hadden voor de healing- of levensenergievelden. Levensenergievelden zijn in China en India al meer dan vijfduizend jaar bekend.

Ik noem de levensenergie die alles omgeeft en doordringt het universele energieveld, of UEV. Ik noem de levensenergie met betrekking tot mensen het menselijk energieveld, of MEV. Dit staat meer algemeen bekend als de menselijke aura.

Het MEV waarnemen en reguleren

Veel mensen kunnen het menselijk energieveld al waarnemen, en *iedereen* kan het leren waarnemen. In feite doen we dat al, misschien niet bewust, misschien negeren we het of misschien geven we het een andere naam. Je weet bijvoorbeeld, terwijl je niet kijkt, wanneer iemand naar je zit te staren, omdat je het voelt; of je mag een vreemde aan wie je wordt voorgesteld op het eerste gezicht graag, en weet je direct dat je goed met elkaar zult kunnen opschieten; of je hebt een vaag voorgevoel dat er iets goeds staat te gebeuren, en dat komt uit. Je voelt het menselijk energieveld door gebruik te maken van wat ik *hoger zintuiglijke waarneming* (HZW) noem. HZW verwijst naar de uitbreiding van onze zintuigen buiten het normale bereik waaraan we gewend zijn, soms wordt dit het zesde zintuig genoemd. Andere termen die voor dit vermogen worden gebruikt zijn: helderziendheid, of het vermogen betekenisvolle dingen te zien die anderen niet kunnen zien; helderhorendheid, of het vermogen dingen te horen die anderen niet kunnen horen; en heldervoelendheid, of het vermogen dingen te voelen die anderen niet kunnen voelen.

Ik heb HZW vele jaren ontwikkeld, bestudeerd en beoefend. Ik heb een specifiekere manier gevonden om de verschillende typen HZW van elkaar te onderscheiden. Het omvat onze normale vijf zintuigen – zien, horen, aanraken, proeven en ruiken – alsook nog andere zintuigen. Een van deze zintuigen, onze intuïtie, is een vaag gevoel van weten, zoals weten dat er iets goeds staat te gebeuren, maar je weet nog niet wat. Nog een voorbeeld van intuïtie is dat je weet dat iemand op zal bellen, misschien weet je zelfs wie, maar niet precies waarover het zal gaan.

Een ander zintuig van deze soort is wat ik *rechtstreekse kennis* noem. Dit zintuig verschaft ons complete en specifieke rechtstreekse informatie. We weten bijvoorbeeld dat een bepaald iemand zal opbellen, wanneer hij dat zal doen en wat hij zal zeggen. Of, wanneer ons een vraag gesteld wordt over iets waarvan we menen niets te weten, blijken we zowel het algemene concept als de specifieke details van het antwoord te kennen. Meestal weten we bij rechtstreekse kennis niet hoe we aan de informatie komen. We wéten het gewoon.

Een ander hoger zintuig is ons vermogen de emoties van onszelf en anderen op te vangen. We weten wat de ander voelt, zelfs ondanks het feit dat we niet verbaal communiceren. We pikken eenvoudigweg de energie op van de gevoelens van de ander.

Ik maak een onderscheid tussen het zintuig voor gevoelens en het zintuig voor liefde. Een ander hoger zintuig is dus ons vermogen om liefde waar te nemen. Liefde voelen behelst een veel diepere verbondenheid met de ander dan het voelen van de emoties van de ander. Het is een categorie apart.

Naast onze vijf zintuigen – horen, zien, proeven, ruiken en tasten – hebben we dus intuïtie, rechtstreekse kennis, het zintuig voor emoties en het zintuig voor liefde. Wanneer al deze zintuigen functioneren, kunnen we ons volkomen in het hier en nu gewaar zijn.

Onze zintuigen dienen ons gewaarworden en onze gewaarwording brengt ons in het heden. In het heden zijn is een ervaring die veel mensen via meditatie bereiken. Deze zijnstoestand is een uitweg uit de grenzen van ruimte en tijd die ons beperken. Meditatie brengt het denkend bewustzijn tot rust en zuivert het voor een hoge gevoeligheid.

HZW bevindt zich binnen het bereik van bijzonder subtiele informatie die onze hersenen meestal als onbelangrijk wegfilteren. Kijk eens naar de analogie met luisteren naar muziek. Wanneer de muziek hard staat, is het moeilijker de zachtere tonen erin te horen. Draai je de volumeknop naar beneden, dan krijgen de zachtere tonen en subtielere nuances hun betekenis. Je kunt dan ritmes binnen de ritmes horen. Hetzelfde geldt voor HZW en het menselijk energieveld. Je kunt leren het innerlijke lawaai in je hoofd naar beneden te draaien en aandacht te geven aan de zachtere ritmes en subtielere nuances van het leven. Wanneer je dit enige tijd beoefent, ga je ontdekken dat deze subtielere ritmes *het fundament vormen* van je moment-tot-momentervaring van het leven zelf. Ze zijn verbonden met de krachtige levensenergie waarmee we allemaal functioneren.

Leg je hand op de knie van je kind, de volgende keer dat hij die gestoten heeft. Laat jezelf liefde voelen voor je kind. Je hand zal warm worden. Waarom? Omdat de helende energie van je energieveld uit je hand stroomt en de knie helpt genezen. Je zult de helende energie voelen als warmte, als kloppen of als een elektrische tinteling. Dit soort waarneming wordt het kinesthetische zintuig genoemd. Je neemt het menselijk energieveld kinesthetisch waar, via de tastzin.

Aangezien je het menselijk energieveld kunt waarnemen, kun je leren ermee te werken en het met je intentie te reguleren. Probeer de energiestroom in je lichaam te veranderen door de volgende instructies op te volgen. Je kunt dit de volgende keer doen als je je moe of gespannen voelt.

Ga liggen, en stel je voor dat de zon fijn en aangenaam in de solar plexus (de maagstreek) van je lichaam schijnt. Vrij gauw zul je je veel beter voelen en zal je maag warm aanvoelen. Waarschijnlijk zal zelfs je ademhaling langzamer gaan naarmate je meer begint te ontspannen. Als je deze ontspanning wilt uitbreiden naar je geest, breng je dan een prachtige religieuze of spirituele ervaring in herinnering, die je gehad hebt, wellicht als kind. Herinner je die speciale, fantastische tijd toen je wist dat God (wat dit woord ook maar persoonlijk voor je betekent) bestond en dat leven een heel natuurlijke en heilige ervaring was – zo natuurlijk dat het je geen zorgen baarde. Je hoefde je over God niet te bedenken. Ga geheel in die ervaring op en laat je vredig in de armen van de schepper rusten. Door dit te doen heb je je energiestroom veranderd. Je hebt jezelf in een krachtige helende toestand gebracht. Voel je energie nu. Vind je ze prettig?

De ontspannen helende toestand die je voelt correspondeert met je energieveld wanneer het meer gaat samenhangen, en met het vertragen van je hersengolven. Die zijn te meten met een elektro-encephalogram, of EEG. Het laat waarschijnlijk zien dat je hersenen in alpha-ritme zijn, ongeveer 8 Hz of cycli per seconde, een toestand die bekend staat als helend. Een magnetischveldmeter zou laten zien dat je energieveld op 7.8 tot 8 Hz pulseert. Dit is voor iedereen een heel natuurlijke energietoestand.

Naar alle waarschijnlijkheid heb je, als kind, jezelf op een heel natuurlijke, niet-geplande manier helemaal laten gaan in alles wat er om je heen gebeurde. Dat is wat je nog steeds doet, in die mooie momenten van creatieve ongedwongenheid wanneer je je hebt overgegeven aan de levensenergie die vanuit een innerlijke bron uit je stroomt. De kleuren zijn dan helderder, de smaak zoeter, de lucht geuriger en de geluiden om je heen scheppen een symfonie. Je vormt geen uitzondering; iedereen kent deze ervaringen.

Misschien ontstaan je beste ideeën wanneer je niet eens bezig bent aan de oplossing van een probleem te denken. Je maakt een wandeling in het bos of je kijkt naar een prachtige zonsondergang, en plotseling is het er. Het is vanuit je diepste innerlijk omhoog gekomen. Of je kijkt in de ogen van een baby'tje en je ziet een wonder, je raakt vervuld van het wonder van het mysterie van het leven. En weer zijn de gevoelens van heel diep uit je omhoog gekomen. Ze zijn afkomstig van een diepe innerlijke fontein die ik de essentiële kern van je wezen noem. Vanuit deze diepe innerlijke bron is het ook dat jouw licht uitstraalt. Het is je innerlijke goddelijke vonk.

Het aanboren van de creatieve helende energieën

Alle mensen kunnen leren deze diepe innerlijke bron in hen aan te boren. Het vergt oefening om de creatieve energieën naar believen vrij te maken. Het proces is veeleer een kwestie van het opruimen van innerlijke obstakels dan van het naar boven halen van de creatieve energieën. Als de blokkades eenmaal verdwenen zijn, stroomt de creativiteit vanuit het diepste innerlijk naar boven als een artesische put. Elke kunstenaar of schrijver kent de worsteling om over de creatieve blokkade heen te komen. Is de blokkade eenmaal opgeruimd, dan vloeit het schilderen of schrijven weer vanzelf. Het overkomt ook wetenschappers die een probleem proberen op te lossen. Alle gegevens zijn in het rationele verstand gestopt. Het verstand worstelt om een antwoord te vinden maar slaagt daar niet in. Na een goede nachtrust, wat dromen en enige activiteit van de rechterhersenhelft is het antwoord er gewoon. De creatieve kracht is bevrijd door een innerlijk proces van loslaten, opruimen, en energie toestaan te stromen.

De creatieve kracht wordt ook in tijden van crisis vrijgemaakt. Op zulke momenten worden we heroïsch. Iedereen heeft weleens gehoord van de huzarenstukjes die in crisissituaties worden verricht, zoals de man die na een ongeluk in z'n eentje een auto aftilt van iemand die hem dierbaar is. Of de moeder die opeens de sterke drang voelt naar huis terug te gaan en precies op tijd komt om haar kinderen uit een benarde situatie te redden.

Het vrijkomen van deze creatieve kracht geeft ons meesterschap over alles wat er gaande is. Het healingproces is het proces van het vrijmaken van onze creatieve kracht terwille van meesterschap over gezondheid en welzijn. In feite is heel wat ziekte, van mijn gezichtspunt uit bekeken en zoals we nog in dit boek zullen zien, het resultaat van het blokkeren van de natuurlijke stroom van iemands creatieve energieën.

Waarom we onze creatieve energie blokkeren

Wanneer we pijnlijke ervaringen in ons leven beleven, proberen we automatisch de pijn niet te voelen. Dit hebben we vanaf onze vroege jeugd gedaan. We snijden onze lichamelijke pijn af door onze gewaarwording terug te trekken uit dat deel van ons lichaam dat pijn doet. We snijden ons mentale en emotionele leed af door onze spieren te spannen en het naar ons onderbewuste weg te drukken. Om de pijn naar ons onderbewuste (of vlak onder het oppervlak van ons bewuste gewaarzijn) weg te blijven drukken, houden we er in ons leven tal van afleidingsmanoeuvres op na die onze aandacht er vanaf houden. We zorgen dat we het erg druk hebben en werkverslaafden worden. Of we nemen de tegenovergestelde weg naar luilekkerland. Heel wat mensen raken verslaafd aan drugs, sigaretten, chocola of alcohol. Velen van ons raken verslaafd aan perfectionisme, aan de beste of de slechtste zijn. We projecteren onze problemen op iemand anders en maken ons dan zorgen over hen, in plaats van te proberen onze eigen problemen aan te pakken. We leiden grote hoeveelheden energie de verkeerde kant op of onderdrukken die om maar geen pijn te hoeven voelen, inclusief wat we op dit moment voelen en wie we op dit moment zijn. We denken dat dit werkt; dat het ons lukt niet te voelen of te zijn wie we zijn. Maar het werkt niet. De prijs is enorm, maar we ontkennen zelfs dat er een prijs op staat. Die prijs is ons leven.

We denken dat de enig mogelijke manier om al deze pijn te stoppen is de energiestroom stop te zetten die deze pijn bevat. Er zijn specifieke energiestromen die lichamelijke, emotionele en mentale pijn bevatten. Jammer genoeg bevat deze energiestroom ook al het andere. Pijn is er maar een deel van. Wanneer we de negatieve ervaring van pijn, boosheid of angst omtrent enige negatieve situatie stoppen, dan stoppen we daarmee ook de positieve ervaring, inclusief de lichamelijke, emotionele en mentale aspecten die daarbij horen.

We zijn ons misschien zelfs niet eens bewust van dit proces, omdat we dit, tegen de tijd dat we de leeftijd des onderscheids bereikt hebben, uit gewoonte doen. We schermen onze wonden af. Door onze wonden af te schermen, sluiten we ook onze verbinding af met ons diepste centrum of onze kern. Aangezien het creatieve proces voortkomt uit de creatieve kern in ons, hebben we tevens ons creatieve proces afgesloten. We hebben letterlijk het diepere deel van onszelf afgesloten voor onze bewuste gewaarwording en ons uitwendige leven.

Bevroren psychische tijdconglomeraten
Heel vroeg in onze jeugd zijn we begonnen met het onderdrukken van pijn, heel vaak zelfs nog voor onze geboorte, in de baarmoeder. Telkens wanneer we, van onze vroege kindertijd af, in een pijnlijk voorval de ener-

giekraan hebben dichtgedraaid, hebben we dat voorval zowel in energie als in tijd bevroren. Dat wordt een blokkade in ons auraveld genoemd. Aangezien ons auraveld is samengesteld uit energiebewustzijn, is een blokkade bevroren energiebewustzijn. Het deel van onze psyche dat verbonden is met dat voorval, bevroor eveneens op het moment dat we de pijn stopten. Dat deel van onze psyche blijft bevroren totdat we het weer ontdooien. Het wordt niet volwassen zoals wij. Als het voorval plaatsvond toen we één jaar oud waren, is dat deel van onze psyche nog steeds één jaar. Het zal één jaar oud blijven en wanneer het wordt gewekt zich gedragen als een kind van één jaar. Het zal niet ouder worden, tot het wordt geheeld doordat er genoeg energie in de blokkade komt om die te doen smelten en de aanzet te geven tot het proces van volwassen worden.

We zitten vol met zulke tijdblokkades in energiebewustzijn. Hoe lang handelt een mens per dag vanuit zijn volwassen zelf? Niet lang. We reageren voortdurend op elkaar vanuit verschillende bevroren psychische tijdblokkades. Bij iedere intensieve interactie kan elke persoon de ene minuut de werkelijkheid ervaren vanuit de innerlijke volwassene, en de volgende minuut kunnen beide of een van beide personen overgeschakeld zijn op een aspect van het gewonde kind van een bepaalde leeftijd. Dit voortdurende overschakelen van het ene aspect van het innerlijke bewustzijn naar het andere maakt communicatie zo moeilijk.

Een krachtig aspect van zulke bevroren psychische tijdblokkades is dat ze stollen rondom gelijksoortige energie en dan een bevroren psychische tijdconglomeraat vormen. De energie hoort bijvoorbeeld tot de soort: in de steek gelaten worden. Neem nu eens een man van middelbare leeftijd genaamd Joe. (Hij is in werkelijkheid een verzonnen personage, maar zijn verhaal illustreert dat van vele mensen met wie ik heb gewerkt. Om te laten zien wat er bij de geboorte gebeurt en wat tijdens het leven verder opgebouwd kan worden, gebruik ik Joe dit hele hoofdstuk door. Hij zou ieder van ons kunnen zijn.)

Vlak na zijn geboorte werd Joe bij zijn moeder weggehaald omdat zij een zware bevalling achter de rug had en onder narcose was gebracht. Hij werd wederom van haar gescheiden toen hij één jaar oud was en zijn moeder naar het ziekenhuis moest om haar tweede kind te krijgen. Vanuit deze twee levenservaringen verwacht het kind dat zoveel van zijn moeder houdt, dat het in de steek wordt gelaten door degene van wie hij 't meest houdt. Wanneer later in het leven het gevoel van in de steek gelaten worden op een of andere manier optreedt, wordt dit met dezelfde verwoestende kracht ervaren als de eerste keer.

We vormen uit zulke diepe trauma's een *beeldconclusie*. Een beeldconclusie is gebaseerd op een ervaring, in dit geval de ervaring van verlaten worden. Het is gebaseerd op kinderlogica die vertelt: 'Als ik liefheb, zal ik in de steek worden gelaten.' Deze beeldconclusie kleurt dan alle gelijksoortige situaties. Natuurlijk is de één jaar oude Joe zich niet bewust van het feit dat hij er zo'n mening op nahoudt. Integendeel, die wordt onbewust in zijn geloofssysteem opgeslagen en het hele leven meegenomen. Op het vlak van de psyche ligt er ook een direct verband tussen deze twee vroege ervaringen en een gebeurtenis toen Joe tien jaar was en zijn moeder op vakantie ging. Telkens wanneer er in zijn leven een gelijksoortig voorval optreedt, zal zijn reactie voortkomen uit het standpunt van de beeldconclusie in plaats van uit de actuele situatie. Dit veroorzaakt allerlei emotionele reacties die, gegeven de huidige situatie, buiten iedere proportie zijn.

Zoals we in volgende hoofdstukken zullen zien, vormen onze beeldconclusies de aanzet tot ons persoonlijk gedrag, dat er feitelijk toe neigt opnieuw trauma's – gelijk aan de oorspronkelijke – in het leven te roepen. Zodoende heeft Joe er een groot aandeel in dat hij een situatie schept waarin hij, bijvoorbeeld, door een vrouw of zijn vriendin in de steek wordt gelaten. Zijn daden, gebaseerd op zijn onbewuste negatieve verwachtingen, hebben ertoe bijgedragen die situatie te doen ontstaan. Aangezien hij onbewust verwacht in de steek gelaten te worden, zal hij zijn vrouw of vriendin behandelen als iemand die hem in de steek zal laten. Hij kan haar buitensporige eisen opleggen om haar daarmee haar liefde te laten bewijzen, of haar er zelfs van beschuldigen dat ze van plan is hem te verlaten. Dit onbewuste gedrag zal haar tarten en haar feitelijk de deur uit helpen jagen. Wat er werkelijk, op dieper niveau, aan de hand is, is dat hij zichzelf eigenlijk in de steek gelaten heeft, door zichzelf te behandelen als iemand die het verdient in de steek gelaten te worden.

Zoals we zullen zien mogen we de kracht van onze beeldconclusies nooit onderschatten. Het opsporen van onze beelden bevat de sleutel tot het transformatieproces naar gezondheid en geluk. We zitten vol van dit soort beelden waar rondomheen onze bevroren psychische tijdconglomeraten zich verzamelen. We hebben allemaal heel wat schoonmaakwerk te doen.

Bevroren psychische tijdblokkades stollen rondom gelijksoortige energie die een beeld samenstelt, wat iemand in verwarring brengt die denkt dat deze ervaringen emotioneel evenzeer van elkaar gescheiden zouden moeten zijn als ze in tijd uiteenliggen. Maar zo werkt het niet. Elk kleiner segment van het bevroren psychische tijdconglomeraat is samengesteld uit het energiebewustzijn dat bevroren werd tijdens een bepaalde vroegere ervaring. Maar gelijksoortige ervaringen worden direct met elkaar verbonden, hoeveel tijd er ook tussen is verstreken.

Via healingwerk wordt een van de kleine bevroren psychische tijdblokkades opgeheven. De toegenomen energie die in het auraveld vrijkomt, begint dan, op haar beurt, vanzelf de andere kleine segmenten van het tijdconglomeraat op te heffen omdat ze van dezelfde soort energie zijn. Keren we nu terug naar het verhaal van Joe. Bij iedere opgeruimde tijdblokkade krijgt hij de ervaring alsof dit nú met hem gebeurt. Zodoende kan hij pijn van zijn dertigste ervaren, en zodra die pijn is opgeheven, is hij plotseling tien jaar oud. En spoedig wordt de tienjarige een éénjarige.

Wanneer eenmaal deze stukken van de menselijke psyche die niet samen met de rest van de persoonlijkheid zijn meegegroeid, zijn bevrijd, beginnen ze een snel proces van volwassen worden. Dit proces kan enkele minuten tot enkele jaren in beslag nemen, afhangend van hoe diep, sterk en alomvattend het bevroren energiebewustzijn was.

Naargelang deze energieën gelijkmatig over het MEV integreren en teruggegeven worden aan het creatieve proces van iemands leven, veranderen levens totaal. Het leven van Joe begint zich te herstructureren vanuit het nieuwe bewustzijn dat nu in het creatieve proces actief is. Hij zal zichzelf niet langer in de steek laten in een onbewuste poging om verzorgd te worden. In plaats daarvan zal hij bij zichzelf blijven, omdat hij nu gelooft dat hij kameraadschap waardig is en dat kan scheppen. Als hij eenmaal deze nieuwe relatie met zichzelf geschapen heeft, zal hij een vriendin aantrekken die niet de energie van het in de steek laten met zich draagt. Zodoende zal de nieuwe relatie op dit gebied een stabiele zijn. Natuurlijk kan hij het nog verschillende malen moeten oefenen, voordat de 'juiste vrouw' langskomt.

Pijn uit vorige levens
Er is een grote hoeveelheid onderzoek naar 'vorige levens' gedaan, zowel via literatuuronderzoek als via hypnotische regressie. Dit onderzoek voert de bron van de meeste chronische psychische pijn terug via ervaringen uit vorige levens. Een uitgebreid verslag hiervan vinden we in Roger Woolgers *Other lives, other selves*. In zijn regressietherapie naar vorige levens ontdekte Dr. Woolger dat als een cliënt eenmaal de pijn van een ervaring uit een vorig leven heeft herleefd en schoongemaakt, hij in staat is gelijksoortige situaties in zijn huidige leven op te ruimen, waar andere vormen van therapie niet bij konden komen.

Vorige levens worden ook vastgehouden in onze bevroren psychische tijdconglomeraten. Ze trekken elkaar ook aan en verbinden zich met elkaar door middel van gelijksoortige energie. Ze worden niet door de tijd van elkaar gescheiden, dus worden ze direct verbonden met gebeurtenissen uit dit leven alsook uit andere levens. Het vergt wat meer energie om een bevroren gebeurtenis uit een vorig leven open te breken, omdat die er al langer zit en met meer puin is toegedekt, maar het kan in healingsessies worden bewerkstelligd. Het gebeurt vanzelf wanneer de persoon er klaar voor is.

Volgens mijn waarnemingen van het menselijk energieveld tijdens healingsessies, liggen er altijd trauma's uit vorige levens ten grondslag aan chronische problemen die in het huidige leven moeilijk oplosbaar zijn. Wanneer trauma's uit dit leven in zekere mate door middel van handoplegging opgeruimd zijn, komen de trauma's uit vorige levens, die daaronder begraven liggen, aan de oppervlakte om schoongemaakt te worden. Dit soort healingwerk is bijzonder doeltreffend in het transformeren van het leven van een cliënt en van haar of zijn fysieke conditie. Grote veranderingen vinden altijd plaats als resultaat van het bevrijden van trauma's uit vorige levens via healing met handoplegging. In dit werk is het voor de cliënt altijd belangrijk om het werken met vorige levens duidelijk in verband te brengen met situaties in het huidige leven, zodat de gehele samenklontering bevrijd wordt en niet wordt gebruikt om kwesties in dit leven te ontlopen.

De bron van pijn – je oorspronkelijke wond
Vanuit mijn perspectief zit de bron van pijn zelfs dieper dan de energie die vanuit persoonlijke pijn of het fenomeen genaamd vorige levens is vastgezet. Het is afkomstig van de overtuiging dat ieder van ons afgescheiden is, afgescheiden van ieder ander en afgescheiden van God. Velen van ons geloven dat we afgescheiden moeten zijn om als individuen te kunnen bestaan. Als resultaat daarvan scheiden we onszelf van alles af, inclusief onze eigen familie, vrienden, groepen, naties en de aarde. Dit geloof in afgescheidenheid wordt als angst ervaren, en uit angst komen alle andere negatieve emoties voort. Als we eenmaal die negatieve emoties hebben gecreëerd, scheiden we onszelf ervan af. Dit proces van afscheiding blijft maar meer pijn en illusie voortbrengen, totdat de spiraal van negatieve feedback wordt doorbroken of omgekeerd in het werk aan persoonlijke processen. Dit boek gaat erover hoe deze vicieuze cirkel doorbroken kan worden om steeds meer plezier en helderheid in ons leven te scheppen. De sleutel is liefde en verbondenheid met al wat er is.

Liefde is de ervaring verbonden te zijn met God en met al het andere. God is overal, in alles. God is boven ons, onder ons, overal om ons heen en in ons. Gods goddelijke vonk is uniek aanwezig in ieder individu. Het is God individueel gemanifesteerd. We ervaren die als onze innerlijke bron, of de kern van ons wezen. Hoe meer we verbonden zijn met God buiten onszelf, des te meer zijn we verbonden met de individualiteit van de God in ons en brengen we die naar buiten. Wanneer we verbonden zijn met de universele God en de individuele God van binnen, dan zijn we volkomen veilig en vrij.

Het maken van het 'maskerzelf' om onze oorspronkelijke pijn te maskeren
Wanneer we worden geboren zijn we via onze kern nog steeds sterk verbonden met grote spirituele wijsheid en kracht. Deze verbinding met onze kern, en daarmee met spirituele wijsheid en kracht, verschaft het gevoel van

complete veiligheid en verwondering. Tijdens het proces van volwassen worden vervaagt deze verbinding langzaam aan. Zij wordt vervangen door ouderlijke stemmen die ons beogen te beschermen en veiligheid te bieden. Zij spreken over wat mag en niet mag, over goed en kwaad, hoe beslissingen te nemen en hoe te handelen en te reageren in elke gegeven situatie. Naarmate de verbinding met de kern vervaagt, probeert onze kinderpsyche wanhopig de oorspronkelijk aangeboren wijsheid te vervangen door een functionerend ego. Jammer genoeg kunnen die bedekking noch die geïnternaliseerde ouderlijke stemmen het werk ooit echt doen. In plaats daarvan wordt een 'maskerzelf' voortgebracht.

Het maskerzelf is onze eerste poging onszelf te rechtvaardigen. Daarmee proberen we op een positieve manier – die ook aanvaardbaar is voor een wereld waarvoor we bang zijn dat die ons zal afwijzen – tot uitdrukking te brengen wie we zijn. We presenteren ons maskerzelf aan de wereld in overeenstemming met wat we geloven dat de wereld vertelt dat juist is, zodat we geaccepteerd kunnen worden en ons veilig wanen. Het maskerzelf streeft naar een verbinding met anderen omdat dit een 'juiste' handelwijze is. Maar het kan geen diepe verbindingen tot stand brengen, omdat het de ware aard van de persoonlijkheid ontkent. Het ontkent onze angst en onze negatieve gevoelens.

We leggen onze beste vermogens in het maken van dit masker, maar het werkt niet. Het masker krijgt het nooit voor elkaar het innerlijke gevoel van veiligheid te produceren waar we zo naar streven. Feitelijk produceert het het innerlijke gevoel een bedrieger te zijn, omdat we proberen te bewijzen dat we goed zijn, maar we zijn niet de hele tijd goed. We voelen ons namaak, en we worden nog banger. Dus proberen we het nog harder. We gebruiken het beste in ons om te bewijzen dat we goed zijn (opnieuw, volgens de geïnternaliseerde ouderlijke stemmen). Dit produceert nog meer angst, vooral omdat we het niet de hele tijd kunnen volhouden, en nog meer het gevoel van oplichterij, en weer meer angst, enzovoort, in een toenemende cyclus.

De intentie van het masker is ons te beschermen tegen een verondersteld vijandige wereld door te bewijzen dat wij goed zijn. De intentie van het masker is voorwendsel en ontkenning; het ontkent dat het zijn doel is pijn en woede te bedekken, omdat het ontkent dat woede en pijn in de persoonlijkheid voorkomen. De intentie van het masker is het zelf te beschermen door geen verantwoordelijkheid te nemen voor enige negatieve handelingen, gedachten of daden.

Vanuit het gezichtspunt van ons masker bestaan pijn en woede alleen buiten de persoonlijkheid. We nemen er geen enkele verantwoordelijkheid voor. Al het negatieve dat er voorvalt moet wel de fout van de ander zijn. We geven anderen de schuld. Dat houdt in dat het de ander moet zijn die boos is of pijn heeft.

De enige manier om deze maskerade vol te houden is steeds weer te proberen te bewijzen dat wij de goeieriken zijn. Van binnen zijn we gebelgd over de voortdurende druk die we onszelf opleggen om goed te zijn. We proberen ons aan de regels te houden. En als we dat niet doen, proberen we te bewijzen dat wij het bij het rechte eind hebben en dat zij ongelijk hebben.

We haten het te moeten leven naar de regels van iemand anders. Dat is een hoop gedoe. We willen gewoon doen waar we zelf zin in hebben. We raken vermoeid, we worden boos, het zal ons een zorg zijn, we barsten in klachten en beschuldigingen uit. We doen andere mensen pijn. De energie die we met het masker hebben binnengehouden, draait, duwt, lekt en haalt fel naar anderen uit. En natuurlijk ontkennen we dat ook, omdat het onze intentie is onze veiligheid te bewaren door te bewijzen dat wij de goeieriken zijn.

Ergens van binnen genieten we ervan van leer te trekken. De energie er uitgooien is een bevrijding, zelfs al is die niet helder en eerlijk, zelfs al handelen we niet verantwoordelijk wanneer we dat doen. Er zit een deel in ons dat ervan geniet wanneer we onze negativiteit op iemand anders kunnen dumpen. Dit wordt negatief plezier genoemd. De bron ervan is het lagere zelf.

Negatief plezier en het lagere zelf

Ik weet zeker dat je je kunt herinneren dat je plezier beleefde aan een of andere negatieve handeling die je verricht hebt. Elke beweging van energie, negatief of positief, is prettig. Deze handelingen dragen een prettig gevoel met zich, omdat ze energie bevrijden die van binnen lag opgeslagen. Als je pijn voelt wanneer de energie begint te bewegen, zal die altijd snel worden opgevolgd door plezier, omdat je wanneer je de pijn loslaat, ook de creatieve kracht loslaat, en die wordt altijd als plezier ervaren.

Negatief plezier ontstaat in ons lagere zelf, het deel van ons dat vergeten is wie we zijn. Het is dat deel van onze psyche dat in een afgescheiden, negatieve wereld gelooft en daarnaar handelt. Het lagere zelf ontkent negativiteit niet, het geniet ervan. Het heeft de intentie negatief plezier te hebben. Aangezien het lagere zelf niet zoals het masker het negatieve ontkent, is het eerlijker dan het maskerzelf. Het lagere zelf is oprecht over zijn negatieve bedoelingen. Het doet niet alsof het aardig is, het is gewoon niet aardig. Het zet zichzelf op de eerste plaats en ziet daar geen been in. Het zegt: 'Ik bekommer me alleen om mezelf, niet om jou.' Vanwege zijn wereld van afgescheidenheid kan het niet tegelijk om zichzelf en om de ander geven. Het geniet van negatief plezier en wil daar meer van. Het heeft weet van de pijn in de persoonlijkheid, maar het heeft niet de minste bedoeling die pijn te voelen.

De intentie van het lagere zelf is de afgescheidenheid in stand te houden en alles te doen waar het zin in heeft en geen pijn te voelen.

Het hogere zelf
Natuurlijk is niet onze hele psyche tijdens het proces van volwassen worden gescheiden van de kern. Een deel van ons is helder en liefdevol zonder enige worsteling. Het is rechtstreeks verbonden met onze individuele goddelijkheid van binnen. Het is vervuld van wijsheid, liefde en moed. Het staat in verbinding met grote creatieve kracht. Het bevordert al het goede dat in ons leven werd gecreëerd. Het is het deel van ons dat niet vergeten is wie we zijn.

Overal waar er in je leven vrede, vreugde en vervulling zijn, daar heeft je hogere zelf zichzelf tot uitdrukking gebracht door middel van het scheppende principe. Als je je afvraagt wat er bedoeld wordt met 'wie je werkelijk bent' of je 'ware zelf', kijk dan naar deze gebieden in je leven. Ze zijn een uiting van je ware zelf.

Beschouw nooit een negatief gebied van je leven als een uiting van je ware zelf. Negatieve levensgebieden zijn een uiting van wie je niet bent. Het zijn voorbeelden van hoe je de uitdrukking van je ware zelf hebt geblokkeerd.

De intentie van het hogere zelf is waarheid, gemeenschap, respect, individualiteit, helder zelfbewustzijn en eenwording met de schepper.

Het belang van intentie
Het voornaamste verschil tussen het hogere zelf, het lagere zelf en het maskerzelf wordt gevonden in de grondslag van de onderliggende intentie waarop elk zelf is gebaseerd, en in de kwaliteit van de energie die aanwezig is in elke interactie die uit die onderliggende intentie voortvloeit.

Wat zo verwarrend is aan een heleboel menselijke interacties is dat ze verschillen naarmate de intentie erachter verschilt. De woorden die we spreken kunnen afkomstig zijn van elk van de drie plaatsen van intentie: ons hogere zelf, ons lagere zelf of ons maskerzelf. De woorden zelf kunnen het een zeggen maar het ander betekenen. Het hogere zelf meent het wanneer het zegt: 'We zijn vrienden.' Het maskerzelf bedoelt: 'We zijn vrienden zolang ik de goeie piet ben, en jij mag nooit de illusie op de proef stellen dat ik zo'n goeie ben.' Het lagere zelf zegt: 'We zijn slechts vrienden in de mate die ik toesta. Ga je daaroverheen, pas dan maar op! Kom me niet te na, omdat ik je dan gebruiken zal om te krijgen wat ik wil en mijn pijn te vermijden. Als je mij of mijn pijn te na komt, of me probeert te verhinderen te krijgen wat ik wil, dan zal ik me van je ontdoen.' (In dit geval betekent 'van zich ontdoen' alles wat ervoor nodig is die persoon te stoppen. Het kan simpelweg betekenen: niet meer met hem praten, of hem in een ruzie of machtsspelletje de baas zijn, ofwel kan het zover gaan zich fysiek van hem te ontdoen.)

Het verdedigen of ontkennen van je oorspronkelijke wond creëert meer pijn
Hoe meer onze handelingen die uit onze kern oprijzen door het masker worden verstoord, des te meer moeten we onze handelingen rechtvaardigen door anderen te beschuldigen. Hoe meer we het bestaan van het lagere zelf ontkennen, des te meer we onszelf ontkrachten. Ontkenning houdt de kracht van de creatieve bron in ons tegen. Dit schept een steeds grotere cirkel van pijn en hulpeloosheid. Hoe groter deze vicieuze cirkel van pijn en hulpeloosheid wordt, des te groter de oorspronkelijke pijn of wond schijnt te zijn. Die raakt bedolven onder denkbeeldige pijn van zulk een ingebeelde intensiteit dat we er onbewust vreselijk bang van worden en we tot alles in staat zijn om onszelf ervoor te behoeden die te ervaren. In onze verbeelding groeit die wond uit tot een volkomen marteling en vernietiging. Hoe meer we het rechtvaardigen uit haar buurt te blijven en haar niet te helen, des te vollediger de oorspronkelijke wond begraven wordt en ze al helemaal niet meer is wat we denken dat ze is.

Uit mijn ervaring als healer en leraar ben ik tot de conclusie gekomen dat we veel meer pijn en ziekte in ons leven creëren door de oorspronkelijke wond via onze gebruikelijke verdedigingsmechanismen uit de weg te gaan dan de oorspronkelijke wond op de eerste plaats schiep.

Ons gebruikelijke verdedigingssysteem
Naar mijn ervaring veroorzaakt de manier waarop we voortdurend ons energieveld vervormen in de richting van ons gebruikelijke verdedigingssysteem, meer pijn en ziekte in ons dan enige andere oorzaak.

Wanneer ik later in dit boek het menselijk energieveld beschrijf, zullen we zien hoe dit vermijdingsgedrag ons veld slecht laat functioneren, wat daarna ziekte in ons lichaam teweegbrengt. Onze gebruikelijke verdedigingsmechanismen kunnen in ons energieveld worden waargenomen als een energetisch verdedigingssysteem. Ons energetisch verdedigingssysteem bestaat uit ons gebruikelijke vervormingspatroon in ons veld waarop we telkens en telkens weer teruggrijpen. Het staat in verband met het maskerzelf.

Hoe meer we erin slagen door middel van dit verdedigingssysteem de pijn en woede van binnen eronder te houden, des te meer ook onze positieve gevoelens van binnen eronder gehouden worden. We raken afgestompt. Het leven gaat niet zoals we het verwachtten, het wordt afgezaagd en vervelend. Eros sterft. We raken verstrikt in vicieuze cirkels van gewoonten en zijn niet bij machte datgene te scheppen waarnaar we in het leven verlangen. Dit vraagt ook van ons lichaam een tol. We beginnen het vertrouwen in het leven te verliezen.

Door middel van ons gewoonteproces de pijn af te schermen, schermen we ook uit gewoonte onze diepere kern af. We zijn vergeten hoe die ook alweer voelde. We zijn onze essentie vergeten. We zijn vergeten wie we zijn. We hebben het contact verloren met de wezenlijke energieën waarmee we ons leven scheppen. Het is alsof we van onszelf verwachten dat we ons leven scheppen zoals wij dat willen, waarbij we niet weten wie die 'wij' zijn die willen.

De weg terug naar de oorspronkelijke wond
De enige manier om te herinneren wie we zijn, ons leven in te richten zoals we dat willen, gezondheid te scheppen en ons veilig te voelen, is om ons wederom volledig met onze kern te verbinden. Er bestaat maar één manier om dit te doen. We zoeken en observeren onze beeldconclusies en laten de bevroren psychische tijdconglomeraten los die ermee verbonden zijn, zodat we naar de bron van alle beelden kunnen gaan: onze oorspronkelijke wond. We moeten onze oorspronkelijke wond blootleggen. Dit betekent dat we door ons verdedigingssysteem heen moeten gaan en de negatieve gevoelens en alle lagen van ingebeelde pijn rondom de oorspronkelijke wond moeten schoonmaken. Als we eenmaal onze oorspronkelijke wond bereikt hebben, dan is ons hele leven anders, en genezen we onszelf en ons leven. Dit is het *transformatieproces*.

Er bestaan vele technieken om de oorspronkelijke wond te vinden. Bijvoorbeeld regressie waarbij gebruik wordt gemaakt van autosuggestie en van lichaamshoudingen. Deze beide technieken worden onderwezen in de lessen tijdens het trainingsprogramma aan de Barbara Brennan School of Healing. Door deze technieken te gebruiken zijn we in staat studenten te helpen te zamen naar hun oorspronkelijke wond te gaan.

In een bepaalde groepsoefening laten de studenten hun verdedigingsmechanismen varen door de lichaamshouding aan te nemen die naar hun idee hun wond uitdrukt. Om de houding van hun wond te vinden hoeven ze alleen maar hun aandacht te richten op de belangrijkste emotionele kwesties en pijn die ze op dit moment in hun leven ervaren en hun lichaam daarop te laten reageren. Deze techniek werkt, omdat de pijn verbonden is met gelijksoortige energie in het bevroren psychische tijdconglomeraat.

Door hun lichaamsreacties te verhevigen en hun aandacht naar binnen gericht te houden, komt bij de studenten de pijn naar buiten en wordt die gestaag helderder. Het resultaat is altijd een ruimte vol bijzonder kwetsbare mensen met pijn. Hun verdraaide en verwrongen lichaamshoudingen tonen duidelijk hun pijn. Soms staan er mensen op één been en hebben het andere been en beide armen ervoor omhoog gedraaid. Velen hebben het hoofd gebogen, terwijl anderen op de grond liggen, ineengerold als een klein kind.

In deze oefening wordt het duidelijk dat de pijn rondom actuele levenskwesties dezelfde is als de pijn die eerder in het leven ervaren is. Wanneer de huidige pijn naar buiten wordt gebracht, bevrijdt die ook de oudere pijn. Om dit te doen blijven de studenten de lichaamshouding aannemen, terwijl ze hun intentie handhaven constant de aandacht naar binnen en achterwaarts in de tijd naar de oorspronkelijke wond gericht te houden.

Ze gaan automatisch laag na laag in regressie, via de pijn die met het beeld rondom de wond geassocieerd is. Zelfs al is deze pijn sterk en angstaanjagend, is zij fundamenteel illusoir, omdat zij gebaseerd is op de illusie die in het beeld is vastgelegd. Laten we, om uit te leggen wat ik bedoel met illusoire pijn, teruggaan naar ons voorbeeld van de tienjarige Joe, die ineenstort wanneer zijn moeder een weekje met vakantie gaat. Zo voelt hij zich, maar het is niet die situatie die hem werkelijk ruïneert.

Door de illusoire pijn die samengeklonterd is rondom de oorspronkelijke wond verder te doorleven, gaan de studenten ten slotte hun oorspronkelijke wond in. Naarmate ze dichter naar de oorspronkelijke wond toe zinken, zijn ze verbaasd dat hun pijn minder wordt.

Als ze eenmaal in de oorspronkelijke wond zijn, vragen we hun de lichaamshouding ervan vast te houden, terwijl ze dicht naar iemand anders toe bewegen om contact te maken met een ander gewond mens. Dit brengt altijd een sfeer van eerbied in de ruimte. Iedereen is verwond, iedereen is gelijk. Het contact met elkaar brengt een grote hoeveelheid liefde in de zaal teweeg.

Nadat de oefening voltooid is en er tijd is om ervaringen uit te wisselen, komen er interessante ontdekkingen naar boven. Studenten zijn meestal verbaasd te zien dat hun wond helemaal niet is wat ze dachten. Ze ontdekken dat de meeste pijn niet afkomstig is van de oorspronkelijke wond maar uit de verdediging daarvan. Heel vroeg in hun leven begonnen ze zich te verdedigen tegen wat ze verwachtten dat het leven hun volgens hun vroege beeldconclusie brengen zou. Iedere keer wanneer ze zich verdedigden tegen die beeldconclusie, voegden ze meer energie toe aan hun psychische bevroren tijdconglomeraat. Telkens wanneer dit gebeurde, groeide de illusie van de pijn aan, totdat ze het spoor bijster raakten over wat de pijn nu eigenlijk was. Al wat er overbleef was een of andere onbekende verschrikkelijke pijn die ondraaglijk was.

Het diepzinnigste onderdeel van deze oefening is, volgens de studenten, het inzicht hoeveel tijd en energie we in ons hele leven verspillen met het verdedigen van onze oorspronkelijke wond. De diepste pijn is zelfverraad. Door deze oefening te doen kunnen studenten hun heel vroege beslissing gaan voelen om niet te handelen naar de waarheid van wie ze zijn, om niet te erkennen wie ze zijn en daarnaar te leven. Ze kunnen zien dat ze deze beslissing telkens en telkens weer in hun leven genomen hebben, tot het een onbewuste gewoonte werd. Dat is een gebruikelijk onderdeel van hun verdedigingssysteem.

Deze oefening verschaft hun grote vrijheid en een volkomen ander uitzicht op het leven. Het leven wordt een voortdurende uitdaging te leven naar de waarheid en niet het zelf te verraden. De grootste uitdaging in het leven is verbonden te blijven met de kern van ons wezen en dit tot uitdrukking te brengen, ongeacht de omstandigheden waarin we ons mogen bevinden.

Deze pijn huist niet slechts in een handjevol mensen, ze zit in de hele mensheid, in verschillende gradaties. Sommige mensen zijn zich hun pijn meer bewust dan andere.

De menselijke situatie: leven in dualiteit

Elke dag brengen we onze kern tot op zekere hoogte tot uitdrukking. De mate waarin we die uiten is rechtstreeks evenredig aan hoe stevig en duidelijk we verbonden zijn met onze kern en deze toestaan naar buiten te komen. De terreinen in ons leven die soepel vloeien, zonder problemen, en die ons volledig bevredigen zijn de gebieden waar we rechtstreeks met onze kern verbonden zijn. Energieën die rechtstreeks ongeremd afkomstig zijn van de kern, scheppen grootse menselijke werken en grootse levens. Energieën die rechtstreeks ongehinderd afkomstig zijn van de kern, scheppen geweldige gezondheid. Ze zijn de uitdrukking van ons hogere zelf, dat deel van ons waarmee we worden geboren en dat nooit zijn verbinding met de kern verliest.

Gewoonlijk zijn we nogal verlegen over dit deel van ons. Meestal tonen we niet hoeveel we ergens om geven, hoezeer we liefhebben en hoeveel we in het leven verlangen. We verbergen het, we plakken er een etiket op, we snoeren het in tot een 'redelijke' uitdrukkingsgraad (volgens geïnternaliseerde ouderlijke stemmen) en nemen met minder genoegen. Dit is 'gepast' gedrag, althans dat geloven we.

Soms als we even niet opletten laten we de teugels vieren, en hop, de creatieve kracht komt naar buiten! Een vriendelijke daad of uiting van liefde of vriendschap die ons opeens overkomt voor we er erg in hebben, dat zijn uitingen van de essentie van deze kern. Een moment van diepe verbondenheid is ontstaan waarin liefde wordt vrijgemaakt.

Daarna worden we verlegen en trekken ons terug, omdat we niet in staat zijn het licht en de liefde te verdragen. Het kost ons maar een paar seconden om onszelf in verlegenheid te brengen en ons weer een beetje af te sluiten. Een plotselinge angst duikt zomaar op, schijnbaar uit het niets, die zegt: 'O, misschien heb ik het helemaal verkeerd gedaan.' Daar spreekt de ouderlijke stem als vervanging van de kern. Daaronder ligt de verdediging. In werkelijkheid betekent het: 'Als je die energiestroom niet stopt, zul je waarschijnlijk alles voelen, inclusief de pijn die ik voor je aan het wegstoppen ben.' Dus stoppen we de stroom van onze levenskracht, we houden hem in toom en temperen hem. We brengen onszelf terug naar het 'normale' niveau van 'veiligheid' waar we niets in het honderd willen sturen, en wel allerminst ons eigen boeltje.

Dit is de menselijke situatie. We leven in de dualiteit van de keuze, hoe de omstandigheden in ons leven ook zijn. Elk moment kiezen we om ja te zeggen tegen een gebalanceerde, krachtige en veilige houding-zonder-verdediging die ons ten volle laat leven, of we kiezen ervoor nee te zeggen. In ons nee verzetten we ons tegen ware gebalanceerde levenservaring en sluiten onze levenslust buiten.

De meesten van ons kiezen er meestentijds voor iets van hun levenslust om zeep te brengen. Waarom? Omdat we ergens onbewust weten dat wanneer we die levenskracht laten stromen, deze de oude pijn los kan slaan en daar zijn we bang voor. We weten niet hoe we daarmee om moeten gaan. Dus onttrekken we ons aan de verdediging en keren terug naar de oude, schijnbaar passende maskerdefinities van wie we zijn. De geïnternaliseerde ouderlijke stemmen van het masker worden sterker, en we blijven ons terugtrekken: 'Wie denk je nu eigenlijk wel dat je bent? God zelf?' 'Denk je nu werkelijk dat je de dingen veranderen kunt?' 'Kom op, wees reëel! Mensen veranderen niet. Neem genoegen met wat je hebt.' 'Je bent hebzuchtig.' 'Je bent nooit tevreden met wat je hebt.' Of: 'Als je ouders je maar beter behandeld hadden...' 'Als je man dat nou niet gedaan had...' 'Als je nou maar mooier geboren was...' Enzovoort! Er zijn wel een miljoen manieren waarop het masker spreken kan om je op je plaats te houden. Tot op zekere hoogte behoedt het je voor het voelen van je pijn. Maar op de lange duur schept het meer pijn en uiteindelijk ziekte.

Ziekte ontstaat uit het verbergen en loskoppelen van een deel van onszelf ten opzichte van de kern van ons wezen. Als we loskoppelen, vergeten we wie we werkelijk zijn en leven we verder volgens ons vergeten, dat wil zeggen: naar ons masker, ons lagere zelf en ons verdedigingssysteem. Genezen is: ons herinneren wie we werkelijk zijn. Het is: de verbinding met onze kern herstellen in die gebieden van onze psyche waar we daarvan losgekoppeld zijn, en dienovereenkomstig leven.

Precies in de mate waarin we onze positieve energieën onderdrukken, onderdrukken we onze creativiteit en ons vermogen een gezond leven te bewaren of onszelf te genezen.

Ieder van ons heeft er werk aan om zich weer met zijn kern te verbinden en zichzelf te genezen.

Het spirituele doel van de oorspronkelijke wond

We stellen ons misschien de vraag: wat is de oorzaak of het doel van de oorspronkelijke wond? De oorspronkelijke wond komt tot stand doordat de verbinding tussen de pasgeborene en zijn diepere spirituele wijsheid in zijn kern vervaagde. Waarom vindt dit, gezien vanuit het gezichtspunt van de evolutie van de mensheid, plaats? Het antwoord ligt in het verschil tussen de kernverbinding in het vroege leven en de verbinding die door levenservaring wordt verkregen. De vroege kernverbinding is onbewust. De verbindingen met de kern die tijdens het leven worden gelegd zijn bewust. De kernverbinding van volwassenen, die tot stand wordt gebracht door levenservaringen, schept de bewuste gewaarwording van hun innerlijke goddelijkheid. Volwassenen worden zich gewaar dat ze een vonk goddelijk licht in het universum zijn. Ze zijn gelokaliseerde goddelijkheid. Dit evolutionaire proces schept meer bewust gewaarzijn in het mensdom. We zijn aan het ontdekken dat we medescheppers van het universum zijn. Het doel van incarnatie is het scheppen van gewaarzijn van het zelf als een goddelijke mede-schepper van het universum.

Het volgen van ons verlangen leidt tot onze levenstaak
Ieder van ons verlangt zichzelf te zijn, zichzelf te begrijpen en uit te drukken. Deze hunkering is het innerlijk licht dat ons langs ons evolutionaire pad voert. Overgebracht naar persoonlijk niveau betekent dit dat ieder van ons geboren is met de levenstaak zich weer met de kern van zijn wezen te verbinden. Om dit te doen dienen we de blokkades tussen ons bewuste gewaarzijn en onze kern weg te nemen. Dit wordt onze persoonlijke levenstaak genoemd. Wanneer we dit volbrengen, brengt het vrijkomen van onze creatieve energie gaven van onze kern naar boven die we eerst ontvangen en daarna delen met de wereld. De gaven die we aan de wereld geven, bewerkstelligen dat we onze levenstaak in de wereld volbrengen. Deze wereldtaak ontvouwt zich alleen als we onze creatieve energieën uit onze kern vrijmaken. Zodoende kunnen we alleen door ons in te zetten voor ons persoonlijk transformatieproces volbrengen wat we in de wereld wensen te doen.

We zijn allemaal gewonde healers
Allemaal zijn we bijzonder onwillig om *verdedigingsloos*, ongesluierd te raken, en te laten zien wat we van binnen hebben, hetzij positief, hetzij negatief. We aarzelen om de pijn of de wond te laten zien die we allemaal op onze eigen manier met ons meedragen. We verbergen die uit schaamte. We denken dat we de enigen zijn of dat onze pijn verachtelijker is dan die van iemand anders. Dit is gewoon heel moeilijk voor ons, tenzij we ons bijzonder veilig voelen. Dit is onze menselijke situatie. Het zal tijd kosten voor we allemaal uit onze schulp gekropen zijn. En het zal ook een heleboel liefde kosten. Laten we elkaar een overvloed aan ruimte, tijd en liefdevolle bevestiging geven. Via deze wond leren we allemaal hoe we lief kunnen hebben. Deze innerlijke wond die we allemaal met ons meedragen is onze grootste leraar. Laten we herkennen wie we waarlijk van binnen zijn. We zijn onze prachtige kernessentie, ondanks de lagen pijn en woede die ons omhullen. Ieder individu is uniek, en het is fantastisch dat dit zo is. Laten we gewonde healers worden die elkaar helpen de waarheid over ons innerlijk wezen met elkaar te delen.

We bevinden ons in een heilzaam en overvloedig universum dat het leven ondersteunt en dat heilig is. We worden in de armen van het universum gedragen. We worden omgeven door een universeel gezondheidsveld dat het leven ondersteunt en onderhoudt. We kunnen ons uitstrekken en er verbinding mee maken. We kunnen er door gevoed worden en worden er inderdaad ook altijd door gevoed. Wij zijn er deel van en het is deel van ons. Het goddelijk mysterie van het leven is in ons en het omgeeft ons helemaal.

Jij bent je eigen healer
Jij alleen bent het die jezelf zal genezen. Je bent daartoe volkomen in staat. Het helingsproces van een persoonlijke ziekte is in feite een daad van persoonlijke bekrachtiging. Het is een persoonlijke reis, een 'rite de passage', door jezelf ontworpen als een van de grootste leermiddelen die je ooit zult tegenkomen. Jouw genezingsproces zal natuurlijk een afweging en een toepassing inhouden van al de beste middelen die zowel de moderne geneeskunde als de holistische healing je te bieden heeft.

Vanuit een dieper perspectief bekeken wordt ziekte veroorzaakt door een onvervuld verlangen. Hoe ernstiger de ziekte is, hoe dieper het verlangen. Het is een boodschap dat je ergens op een of andere manier uit het oog bent verloren wie je bent en wat je doel is. Je bent het doel van je creatieve energie van je kern vergeten en je hebt je ervan losgemaakt. Je ziekte is het symptoom: de ziekte vertegenwoordigt je onvervulde verlangen. Dus gebruik je ziekte bovenal om jezelf te bevrijden, om te doen wat je altijd gewild hebt, te zijn wie je altijd hebt willen zijn, en te manifesteren en tot uitdrukking te brengen wie je vanuit je diepste, breedste en hoogste werkelijkheid reeds bent.

Als je inderdaad ontdekt hebt dat je ziek bent, bereid je dan voor op veranderingen, verwacht dat je diepste verlangen naar de oppervlakte zal komen en vrucht zal dragen. Bereid je erop voor eindelijk op te houden met hollen, je om te draaien en je innerlijke tijger in het gezicht te zien, wat dat ook maar voor jou op zeer persoonlijke wijze betekenen mag. Ik geef je in overweging dat het beste startpunt om de betekenis van je ziekte te achterhalen is jezelf af te vragen:

'Waarnaar heb ik altijd hartstochtelijk verlangd maar wat ik nog niet in mijn leven heb weten te creëren?'

Ik opper dat je uiteindelijk een direct verband zult vinden tussen dit onvervulde verlangen en je ziekte.

Binnen dit basisplaatje van gezondheid en healing is het dat je je gezondheid kunt herwinnen. Ik spreek hier niet alleen van de gezondheid van je lichaam, omdat die in feite op de tweede plaats komt, maar van de gezondheid van de geest, de gezondheid van de ziel. Binnen dit kader of in deze metafoor van de werkelijkheid kunnen alle kwesties rondom leven en gezondheid worden aangepakt. Want het leven op het fysieke vlak moet in liefde worden geleefd om onze hogere kwaliteiten te kunnen ontwikkelen en om één te worden met het goddelijke. Wat je huidige levensomstandigheden ook mogen zijn, dáár gaat het leven om. Wat de pijn, het probleem of de ziekte ook is, het is een leraar voor je. Het is een leraar van liefde en een leraar die je eraan herinnert dat je goddelijk bent. Het is het proces van jouw *Bron van Licht*.

Hoofdstuk 2

DE VIER DIMENSIES VAN JE CREATIEVE ENERGIE

Wanneer je de aard van je creatieve energieën begrijpt, wat ze doen en hoe ze functioneren, zal dit je creatieve energieën helpen vrijmaken voor je gezondheid, voor je healing of voor het creëren van iets nieuws in je leven. Het is eveneens van belang de relatie te begrijpen tussen je creatieve energieën en de natuurlijke eb en vloed van het universele creatieve proces in jou. De levensenergievelden zijn het voertuig voor het creatieve proces. Want via de levensenergievelden worden zowel de situaties, gebeurtenissen en ervaringen in je leven geschapen als je materiële wereld.

De creatieve krachten hebben verscheidene dimensies. Onze taal is te beperkt om de verschillen in deze dimensies, die je persoonlijk ervaart wanneer je door een creatief proces heengaat, adequaat te beschrijven. Bij gebrek aan beter bezig ik de termen *energie* en *dimensie* op een niet-wetenschappelijke wijze, wanneer ik hierover uitleg geef. In de mate waarin meer mensen zich deze creatieve ervaringen bewust gewaarworden, zullen we, daarvan ben ik zeker, de nieuwe woorden vinden die we nodig hebben om hierover beter te kunnen communiceren.

Vanuit mijn gezichtspunt zijn er op z'n minst vier dimensies in ieder menselijk wezen. Elk van deze niveaus kan met HZW worden waargenomen en er kan ten behoeve van healing door een ervaren healer rechtstreeks op worden ingewerkt. Afbeelding 2-1 toont deze vier dimensies van ons mens-zijn: het fysieke niveau, het auraniveau, het haraniveau en het kernsterniveau.

De eerste dimensie is de vertrouwde *fysieke wereld*. Deze wordt overeind gehouden door de onderliggende werelden van energie en bewustzijn.

Meteen onder de fysieke wereld ligt de dimensie van de universele of levensenergievelden waarbinnen de *aura* of het *menselijk energieveld* bestaat. Dit niveau is het energetisch raam- of netwerk waarop de fysieke wereld rust. Alles wat in de fysieke wereld geschapen is, moet eerst in de wereld van de levensenergie bestaan of geschapen zijn. Elke bestaande vorm moet eerst gevormd worden in de gestructureerde niveaus van de energievelden. Deze dimensie draagt ook de energieën van onze persoonlijkheid. Elk gevoel dat we hebben bestaat op het niveau van de levensenergievelden. Het fysieke lichaam brengt de vloeibare niveaus van het veld tot uitdrukking in dingen als een glimlach van liefde, een frons van afkeuring, de manier waarop we lopen, zitten en staan.

Onder het menselijk energieveld ligt het *haraniveau* waarin we onze intenties vasthouden. Deze intenties zijn van enorm belang in het creatieve proces. Wanneer we er onbewuste, vermengde of tegengestelde intenties op nahouden, vechten we tegen onszelf en verstoren het creatieve proces. Wanneer we leren onze intenties niet alleen in onszelf op één lijn te brengen maar ze ook af te stemmen op de groep mensen waarmee we direct te maken hebben en waarmee we werken, en daarna de intenties van onze groep op één lijn te brengen met de grotere groep die ze dient, en zo verder, dan boren we geweldige creatieve vermogens aan.

Onder het haraniveau ligt de dimensie van onze diepste wezenskern, of wat ik het niveau van de *wezensster* noem. Dit is het niveau van onze innerlijke bron of de gelokaliseerde goddelijkheid in ons. Vanuit deze innerlijke bron vloeit alle creativiteit uit ons binnenste voort.

Het volledige natuurlijke creatieve proces vereist dat er energieën en bewustzijn vanuit de wezensster omhoog komen via alle vier deze dimensies. Permanente verandering in een van deze dimensies vereist een verandering in de basis daarvan, die in de dimensie daaronder ligt. Als we daarom – vanuit het perspectief van healing – ons lichaam of een deel daarvan, zoals een orgaan, willen doen overgaan van een ongezonde in een gezonde toestand, dan moeten we werken met de onderliggende

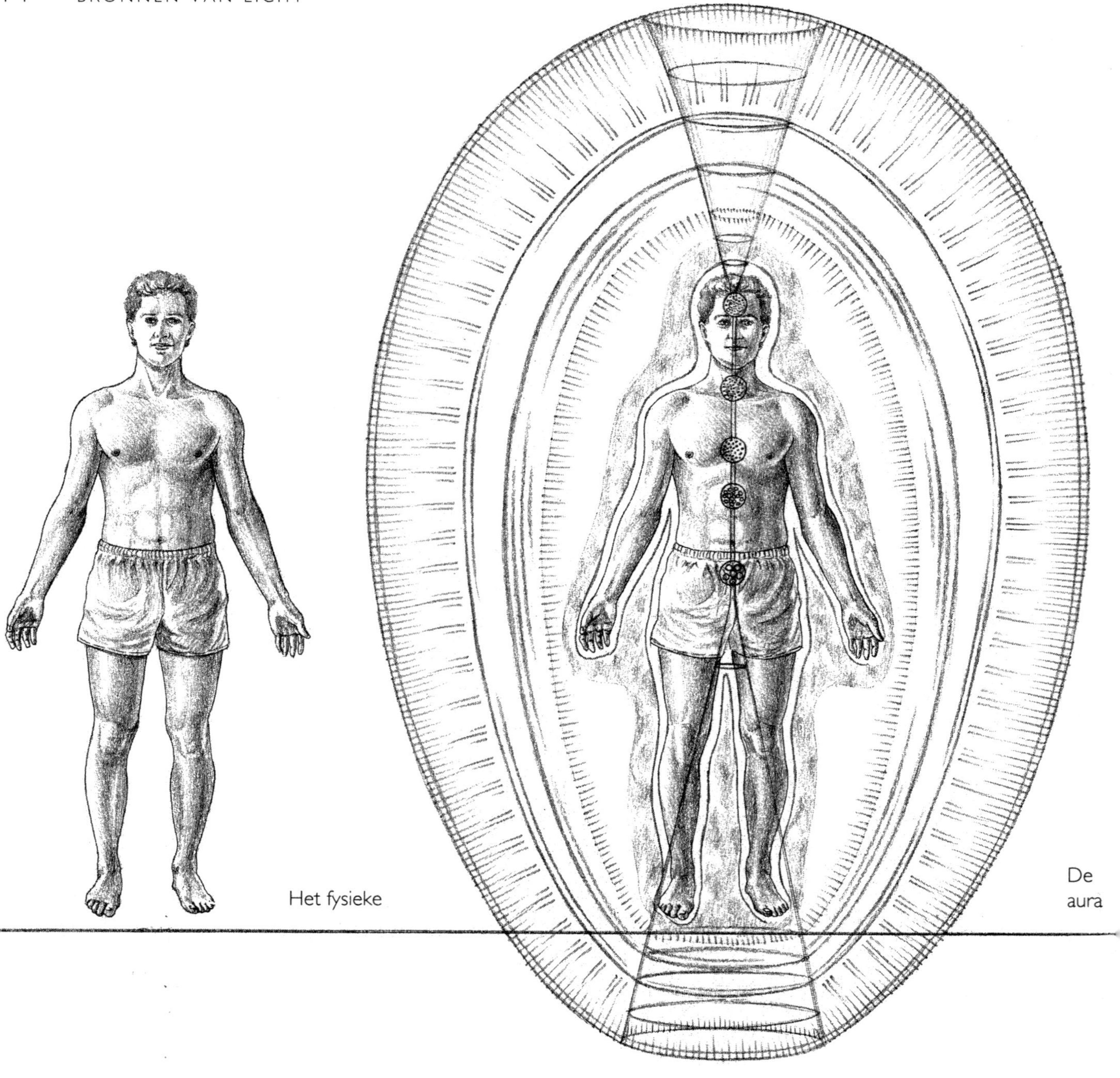

14   BRONNEN VAN LICHT

Het fysieke

De aura

Afbeelding 2-1 De vier dimensies van het mens zijn

energieën die de basis van ons lichaam vormen. We moeten met alle vier de dimensies werken. Om dit werk te kunnen doen zullen we eerst elk van de vier dimensies nader verkennen. We beginnen met het auraniveau, het menselijk energieveld.

Dit levensenergieveld is in de loop van de geschiedenis al verkend, onderzocht en voor verschillende doeleinden benut. Het onderzoek ervan is begonnen, ver voor we de methoden van de wetenschap geleerd hadden, en het is sindsdien voortgezet.

Afbeelding 2-2 geeft een lijst van historische verwijzingen naar een universeel energieveld die helemaal teruggaan tot 5000 v.Chr. Afbeelding 2-3 is een lijst van 20ste-eeuwse waarnemers van het menselijk energieveld, de namen die ze gebruikten om naar het levensenergieveld te verwijzen, de eigenschappen die ze eraan toeschreven en hoe ze het gebruikten.

Huidige wetenschappers noemen de meetbare energievelden, verbonden met biologische systemen, 'bio-energievelden'. Anderzijds worden de termen *aura* en

DE VIER DIMENSIES VAN JE CREATIEVE ENERGIE 15

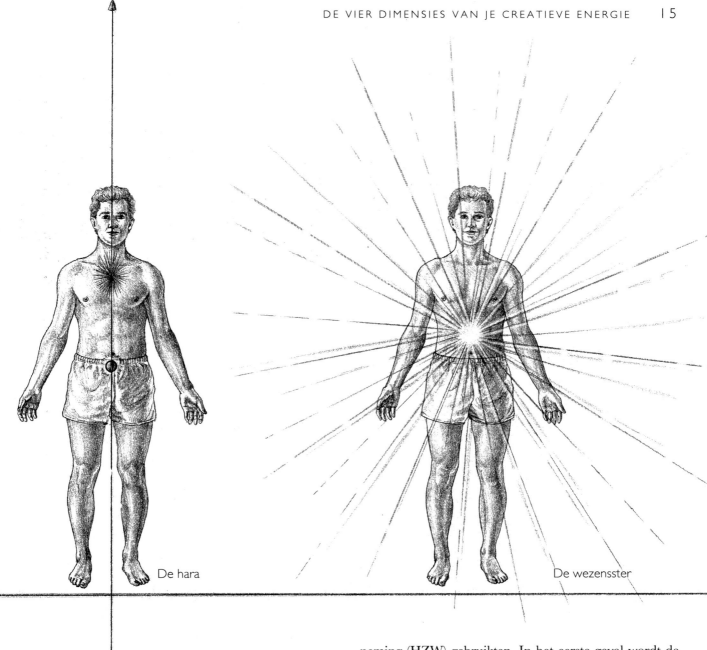

De hara

De wezensster

menselijk energieveld door healers gebruikt om deze levensenergievelden te beschrijven. Het is belangrijk hier een onderscheid te maken, omdat bio-energievelden in laboratoria gemeten zijn, terwijl de aura of de menselijke energievelden bekend zijn via persoonlijke of klinische waarneming door mensen die Hoger Zintuiglijke Waarneming (HZW) gebruikten. In het eerste geval wordt de gemeten informatie beperkt door de hoedanigheid van het instrument, in het tweede geval door de helderheid en consistentie van de HZW-waarnemer. Vanuit mijn gezichtspunt sluiten metingen van het bio-energieveld nauw aan bij HZW-waarnemingen. Er bestaan een paar experimenten die een duidelijk verband leggen tussen deze twee en die hier ook besproken zullen worden. Maar eerst het wetenschappelijke gezichtspunt.

De fysieke wereld en haar bio-energieveld

De met het menselijk lichaam verbonden energievelden zijn gemeten door instrumenten als de elektroëncephalograaf (EEG), elektrocardiograaf (ECG) en het supergeleidende quantum-interferentie-instrument (of SQUID, een bijzonder hooggevoelige magnetometer). Vele studies hebben laten zien dat een stoornis of afwijking in het bio-energetische veld ruimte zal laten voor een infectie in het lichaam. Zo heeft bijvoorbeeld Dr. Harold Burr aan de Yale Universiteit ontdekt dat door het energieveld (dat hij het levensveld noemde) van een zaadje te meten, hij kon voorspellen hoe sterk de plant zou worden. Hij ontdekte dat een zwakheid in het levensveld van een levend wezen voorafging aan een ziekte.

Andere onderzoekers zoals Dr. Robert Becker, een orthopedisch chirurg in New-York, hebben patronen gemeten van directe elektrische stromen die over en door het menselijk lichaam stromen. Het bio-energetische veld staat in rechtstreekse verbinding met het functioneren van het fysieke lichaam. Dr. Becker toonde aan dat de vormen en de sterkte van de patronen van het complexe elektrische veld van het lichaam meeveranderen met fysiologische en psychologische veranderingen.

Dr. Hiroshi Motoyama in Tokio, grondlegger van de Internationale Vereniging voor Religie en Parapsychologie, heeft de toestand van acupunctuurmeridianen elektrisch gemeten. Hij gebruikt de resulaten daarvan om de diagnose vast te stellen voor acupunctuurbehandeling. Dr. Victor Inyushin van de Universiteit van Kazachstan is een van de vele wetenschappers aldaar die al jarenlang het energieveld meten met lichtgevoelige instrumenten. Hij is in staat de toestand van acupunctuurpunten te laten zien via coronafotografie (Kirlian-fotografie). Deze soort fotografie maakt gebruik van een heel hoge frequentie en een hoog voltage, waarbij een lage stroom door het voorwerp wordt gestuurd. De hoge frequentie doet de persoon geen zeer omdat de stroom laag is en de hoge frequenties alleen over de huid van de patiënt scheren.

Er zijn een paar experimenten uitgevoerd om het ver-

Afbeelding 2-2 *Historische verwijzingen naar een universeel energieveld*

Tijd	Plaats/Persoon	Naam van de energie	Eraan toegeschreven eigenschappen
5000 v.Chr	India	prana	De basisbron van al het leven
3000 v.Chr	China	ch'i	Aanwezig in alle materie
		yin en yang	Samengesteld uit 2 polaire krachten; evenwicht van 2 polaire krachten = gezondheid
500 v.Chr	Griekenland: Pythagoras	vitale energie	Waargenomen als een lichtgevend lichaam dat herstel kon bewerkstelligen
15de-16de eeuw	Europa: Paracelsus	illiaster	Vitale kracht en vitale stof; genezing; spirituele werkzaamheid
17de eeuw	Gottfried Wilhelm von Leibniz	monaden, essentiële elementen	Krachtpunten die hun eigen bewegingsbron bevatten
18de eeuw	Franz Anton Mesmer	magnetische vloeistof	Kon bezielde en onbezielde objecten laden; hypnose; beïnvloeding op afstand
19de eeuw	Wilhelm von Reichenbach	odische kracht	Vergelijking met elektromagnetisch veld

Afbeelding 2-3 *20ste-eeuwse waarnemers van het menselijk energieveld*

Datum	Persoon	Waargenomen	Gevonden eigenschappen
1911	Walter Kilner	aura, menselijke atmosfeer	Gebruikte gekleurde schermen en filters om drie lagen van de aura te zien; verbond de auraconfiguratie met ziekte
1940	George De La Warr	emanaties/ uitvloeiingen	Ontwikkelde radionische instrumenten om straling van levende weefsels op te sporen; gebruikte dit voor diagnose en genezing op afstand

Datum	Persoon	Waargenomen	Gevonden eigenschappen
1930-50	Wilhelm Reich	orgon	Ontwikkelde een psychotherapeutische methode waarbij hij de orgone energie in het menselijk lichaam benutte; bestudeerde de energie in de natuur en bouwde apparaten om orgon op te vangen en op te slaan
1930-60	Harold Burr en F.S.C. Northrup	levensveld (LV)	LV bestuurt de organisatie van een organisme; ontwikkelde het idee van dagelijks terugkerende ritmen
1950	L.J. Ravitz	gedachtenveld (GV)	GV dat LV doorkruist waardoor psychosomatische symptomen ontstaan
1970-89	Robert Becker	elektromagnetisch veld	Heeft controlesystemen van directe stromen gemeten op het menselijk lichaam; verbond de resultaten met gezondheid en ziekte; ontwikkelde methoden om beendergroei te bevorderen met elektrische stroom
1970-80	John Pierrakos, Richard Dobrin en Barbara Brennan	MEV	Verbonden klinische waarnemingen van het energieveld met emotionele reacties; metingen in een donkere kamer met laag lichtniveau verbonden met menselijke aanwezigheid
1970	David Frost, Barbara Brennan en Karen Gestla	MEV	Laser ombuigen met MEV
1970-90	Hiroshi Motoyama	ch'i	Heeft elektrisch de acupunctuurmeridianen gemeten; gebruikte ze voor behandeling en diagnose van ziekte
1970-90	Victor Inyushin	bioplasma	MEV heeft een bioplasma, samengesteld uit vrije ionen; 5de toestand van materie; balans tussen positieve en negatieve ionen = gezondheid
1970-90	Valerie Hunt	bioveld	Heeft elektronisch frequentie en lokatie van het bioveld op menselijke voorwerpen gemeten; verbond de resultaten met auralezers
1960-90	Andria Puharich	leven-verhogend veld	Heeft leven-verhogende wisselende magnetische velden (8 Hz) uit de handen van healers gemeten; ontdekte dat hogere of lagere frequenties schadelijk zijn voor het leven
1980-90	Robert Beck	Schumann-golven	Heeft magnetische pulsen van healers verbonden met pulsaties van het aardmagnetische veld, de Schumann-golven
1980-90	John Zimmerman	hersengolven	Toonde aan dat de hersenen van healers in een links-rechtssynchronisatie in alpharitme gaan, alsook die van patiënten

band aan te tonen tussen het gemeten 'bioveld' en het waargenomen 'menselijke energieveld'. De beste die ik ken zijn gedaan door Dr. Valerie Hunt aan de UCLA (Universiteit van Californië in Los Angeles) en door Dr. Andria Puharich in zijn privé-laboratorium. De experimentele resultaten van Dr. Hunt laten rechtstreekse onderlinge verbanden zien tussen de frequentie en golfpatronen van de elektrische wisselstroom, gemeten aan het lichaamsoppervlak, en bepaalde kleuren die door een 'aura'-reader werden waargenomen. Dr. Hunt heeft dezelfde metingen verricht met twaalf verschillende 'aura'-readers die gebruik maakten van HZW. En telkens ontdekte ze voor elke kleur die werd waargenomen een specifieke golfvorm en frequentiepatroon. Dr. Puharich was in staat consequent een 8 Hz (acht cycli per seconde) magnetische puls te meten die uit de handen van healers kwam. Hij ontdekte dat healers die een intensiever signaal produceerden, een groter genezend effect hebben.

Kernfysicus Dr. Robert Beck heeft de wereld rondgereisd om de hersengolven van healers te meten. Hij ontdekte dat alle healers hetzelfde hersengolvenpatroon van 7.8-8 Hz vertoonden tijdens het geven van een healing, ongeacht hun gewoonten of hoe tegengesteld aan elkaar hun handelwijze ook was. Beck onderzocht charismatische christelijke gebedsgenezers, Hawaïaanse kahuna's, beoefenaars van wicca, santeria, radiësthesie en radionica, alsook zieners, mensen met buitenzintuiglijke waarneming en paranormale gaven. Allemaal kwamen ze hetzelfde uit de test.

Hij vroeg zich toen af op welke maat ze liepen. En zo ja, waarom. Hij vond het antwoord in de fluctuaties van het aardmagnetische veld. Dit fluctueert tussen de 7.8 en 8 Hz. Deze fluctuaties worden Schumann-golven genoemd. Bij nader onderzoek ontdekte hij dat tijdens genezende momenten de hersengolven van de healers niet alleen in dezelfde frequentie maar ook op dezelfde tijdinterval als de aardse Schumann-golven pulseren. Aangenomen kan worden dat healers in staat zijn voor het genezen van patiënten energie te onttrekken aan het magnetische veld van de aarde. Dit proces wordt *veldkoppelen* genoemd.

Dr. John Zimmerman, stichter en president van het Bio-elektromagnetisch Instituut van Reno (Nevada), heeft een uitgebreide literatuurstudie gemaakt van de vele boeken over veldkoppelen en heeft dit in verband gebracht met de ervaringen van healers. Het is duidelijk dat wat healers gronden in de aarde noemen, in feite de handeling is van het zich aansluiten op het aardmagnetische veld, zowel in frequentie als in fase. Hij ontdekte dat als healers zich eenmaal verbonden hadden met de Schumann-golven, hun linker- en rechterhersenhelft met elkaar in evenwicht raken en een 7.8-8 Hz alpha-ritme vertonen. Nadat zij zich enige tijd via handoplegging met de patiënt verbonden hebben, is aangetoond dat ook de hersengolven van de patiënt in alpha-ritme gaan en links-rechtsevenwicht vertonen. De healer heeft in feite de cliënt verbonden met de pulsen van het aardmagnetische veld en aldus een geweldige geneeskrachtige energiebron aangeboord.

Het menselijk energieveld: het voertuig dat jouw energie draagt

Als healer en medium die hoger zintuiglijke waarneming toepast, heb ik jarenlang het energieveld rondom mensen geobserveerd. Na het veelvuldig bestuderen van het energieveld van talrijke planten, dieren en mensen ben ik tot de conclusie gekomen dat het menselijk energieveld een matrixstructuur van energie verschaft waarop cellen groeien. Wat ik bedoel is dat het energieveld voorafgaat aan het fysieke lichaam.

Een verschijnsel dat dit idee steun geeft is het fantoomledemaateffect. Dit effect treedt op bij mensen bij wie een arm of been geamputeerd is en die hun ledemaat nog steeds voelen. De residu-gevoelens worden gewoonlijk verklaard uit irritatie van de afgesneden zenuwbanen. Echter, met HZW is het fantoomledemaat nog steeds zichtbaar in het auraveld van de patiënt. Aangezien gevoelens in het auraveld gedragen worden, heeft dit voor de HZW-waarnemer betekenis.

Een vriend van mij, Dr. John Pierrakos, stichter en directeur van het Core Energetics Institute in New York City en schrijver van het boek *Core Energetics*, was in een bepaald geval aan het werk met een patiënt die leed aan het fantoom-ledemaateffect. De vrouw bleef maar het gevoel houden dat haar ontbrekende been onder haar gebonden was, zodat ze erop zat iedere keer als ze ergens ging zitten. Dr. Pierrakos kon zien dat het auraveld van het been was opgebonden in precies die houding die ze voelde. Hij werkte met haar veld om het energiebeen recht te krijgen zodat het in een normale loophouding kwam. Dit bevrijdde haar van haar symptomen. Daarna verifieerde hij dit bij de chirurg die haar been verwijderd had. Het bleek dat de chirurg haar been in die positie gebonden had voor de operatie. Ik geloof dat deze cliënt haar energieveld voelde.

Dit houdt in dat de basisenergiestructuur van het been er nog steeds was. Dus, het veld gaat vooraf aan het fysieke lichaam. Dit vormt een fundamenteel verschil met wat vele wetenschappelijke onderzoekers aannemen. Zij gaan ervan uit dat het veld uit het lichaam voortkomt, in plaats van dat het lichaam door het veld wordt gecreëerd. Als inderdaad bewezen wordt dat het veld vóór het lichaam bestaat, volgt daaruit dat we op een goede dag misschien nieuwe ledematen kunnen laten groeien, zoals de salamanders kunnen.

Coronafotografie (Kirlian-fotografie) levert verdere bewijzen die mijn hypothese steunen dat het veld primair is in plaats van het lichaam. Dit wordt het fantoom-bladeffect genoemd. Als je een stukje van een blad afsnijdt net voordat je er op deze manier een foto van neemt, dan verschijnt het hele blad (inclusief het afgesneden deel) op de fotografische plaat in een fraai vertoon van licht en kleur. Aangezien het beeld van het hele blad verschijnt, wordt daaruit geconcludeerd dat het fotobeeld van het ontbrekende deel van het blad veroorzaakt wordt door het energieveld, dat intact blijft zelfs wanneer het fysieke aspect ervan verdwenen is. Zodoende kan het energieveld niet uit het fysieke voortkomen; integendeel, het fysieke komt voort uit het energetische.

Deze conclusie maakt het energieveld veel belangrijker voor de gezondheid en het groeiproces dan aanvankelijk werd vermoed. Aangezien het fysieke lichaam voortkomt uit het energieveld, zal een onevenwichtigheid of verstoring in dit veld uiteindelijk een ziekte teweegbrengen in het lichaam dat het regeert. Daarom zal het helen van verstoringen in het veld de genezing van het lichaam bewerkstelligen. Healing is een kwestie van leren hoe het veld te helen door het opnieuw te structureren, in balans te brengen en te laden.

Bovendien zijn gebeurtenissen in de energie van het auraveld primair, zoals ik in *Licht op de aura* heb laten zien, en gaan ze altijd vooraf aan een fysieke gebeurtenis. Ze slaan daarop neer. Dat betekent dat iedere ziekte in het veld zichtbaar is voordat die zich in het fysieke lichaam openbaart en daarom kan ze ook in het veld worden genezen nog voor ze op het fysieke lichaam is neergeslagen.

Het auraveld is een quantumsprong dieper in onze persoonlijkheid dan ons fysieke lichaam. Op deze laag van ons wezen vinden onze psychische processen plaats. De aura is het voertuig voor alle psychosomatische reacties. Vanuit het gezichtspunt van de healer zijn alle ziekten psychosomatisch. Een evenwichtig functioneren van ons auraveld is noodzakelijk om gezond te blijven.

Het auraveld is echter niet de bron van de gebeurtenis. Het is het voertuig waarmee het creatieve bewustzijn van onze wezenskern het fysieke vlak bereikt.

Alle healing die ik verricht en onderricht is gebaseerd op kennis van de structuur en functie van het menselijk energieveld en de configuratie die er op een diepere dimensie aan ten grondslag ligt. In *Licht op de aura* heb ik het menselijk energieveld grondig beschreven: de anatomie en fysiologie ervan, en zijn plaats in het ziekte- en healingproces. Ik heb ook healingmethoden die hierop gebaseerd zijn onderwezen. Hier wil ik kort nog even het menselijk energieveld beschrijven en uitgebreider ingaan op enkele gebieden die ik in genoemd boek slechts even heb aangestipt.

Zeven niveaus van het menselijk energieveld
Het menselijk energieveld is samengesteld uit zeven niveaus (zie afbeelding 2-4). Veel mensen bezitten het onjuiste idee dat dit veld lijkt op de schillen van een ui. Dat is niet zo. Elk niveau doordringt het lichaam en strekt zich buiten de huid uit. Elk volgend niveau is van een 'hogere frequentie' of een 'hoger octaaf'. Elk strekt zich verscheidene centimeters verder van de huid uit dan het niveau van lagere frequentie dat erdoor omsloten wordt. De oneven genummerde niveaus zijn gestructureerde velden van staande fonkelende lichtstralen. Het eerste, derde, vijfde en zevende niveau van dit veld zijn in een speciale vorm gestructureerd. De even genummerde niveaus – het tweede, vierde en zesde – zijn met vormloze substantie/energie gevuld. Het tweede niveau lijkt op een gasachtige substantie, het vierde is vloeistofachtig, en het zesde lijkt op het diffuse licht rondom een kaarsvlam. De ongestructureerde niveaus van het energieveld zijn in verband gebracht met plasma en zogenaamd bioplasma. Onthoud dat we hier geen wetenschappelijke termen gebruiken omdat experimenten nog niet bewezen hebben wat het precies is. Maar bij gebrek aan een betere term zullen we het woord *bioplasma* hanteren. Het bioplasma in alle drie de ongestructureerde niveaus is samengesteld uit verschillende kleuren, duidelijke dichtheid en intensiteit. Dit bioplasma vloeit langs de lijnen van de gestructureerde niveaus. En het staat in rechtstreeks verband met onze emoties.

De combinatie van een staand lichtnetwerk met bioplasma dat daar doorheen vloeit, houdt het fysieke lichaam in zijn vorm bijeen, voedt het met levensenergie en dient als een communicatie- en integratiesysteem dat het lichaam als een afzonderlijk organisme laat functioneren. Al deze niveaus van het menselijk energieveld gedragen zich holografisch om invloed op elkaar uit te oefenen.

Deze niveaus – of energielichamen zoals veel mensen ze noemen – dienen als even echt als ons fysieke lichaam te worden beschouwd. Als al je energielichamen sterk, geladen en gezond zijn, zul je op elk terrein van de menselijke ervaring een overvloedig leven hebben. Als je energieveld op enig niveau zwak is, zul je er moeilijkheden mee ondervinden ervaringen te krijgen die met dat niveau verbonden zijn, en zullen je levenservaringen beperkt worden. Hoe meer niveaus of lichamen je ontwikkeld hebt, des te rijker en breder je levenservaringen zullen zijn.

We zijn geneigd aan te nemen dat alle levenservaringen precies zijn zoals ze zich in de fysieke dimensie voordoen. Dat is niet zo. Integendeel, het leven bestaat op vele trillingsniveaus. Elk niveau is verschillend al naargelang van de opmaak van energiebewustzijn in dat niveau. Dit verschaft ons een brede verscheidenheid aan levenservaringen waarvan we kunnen leren. De zeven niveaus van het auraveld corresponderen met zeven verschillende niveaus van levenservaring. Elk niveau verschilt in trillingsfrequentiebereik, intensiteit en samenstelling van bioplasma. En daarom reageren ze ieder overeenkomstig hun gesteldheid ten opzichte van prikkels.

Het herinnert me eraan hoe opwindend het bij toegepaste mathematica was om wiskundige vergelijkingen af te leiden uit vloeistofbewegingen onder verschillende omstandigheden. Ik was verbaasd te ontdekken dat dezelfde vergelijkingen evengoed werkten bij lucht in vloeiende beweging als bij water. Het verschil was dat bepaalde factoren in de vergelijking invloedrijker werden naarmate het element veranderde. Hetzelfde gold voor de vergelijkingen die de luchtbeweging beschreven dicht bij het aardoppervlak en de luchtbeweging veel hoger. De luchtbeweging dicht bij de grond wordt meer beïnvloed door de wrijving met bomen en struiken dan de luchtmassa daarboven. Naarmate je je verder van de grond verheft, moet je de wrijvingsfactor in de vergelijking die de luchtbeweging beschrijft verminderen. De resultaten tonen een draaiing in de richting waarin de lucht beweegt. Deze richtingverandering wordt de winddwarskracht genoemd. Je hebt zeker weleens opgemerkt dat wolken op het ene niveau meestal in een andere richting bewegen dan de wolken op een niveau erboven. Micrometeorologie beschrijft luchtbewegingen over korte afstand onder kleine lokale omstandigheden die totaal verschillen van de macrobewegingen van lucht over de oceanen, waarbij de draaiing van de aarde in het geding komt via de Coriolis-kracht. Toch functioneren dezelfde vergelijkingen voor alle gevallen. Verschillende onderdelen van de vergelijkingen worden invloedrijker bij verschillende condities.

Ik paste dezelfde ideeën en algemene principes toe toen ik probeerde inzicht te krijgen in de wisselwerking van auravelden. Het energiebewustzijn van het auraveld stroomt verschillend en wordt op verschillende niveaus van het veld door verschillende factoren beïnvloed. Dat wil zeggen: de samenstelling van het energiebewustzijn van elk van de veldniveaus is uniek en anders dan van alle andere velden. Elk reageert anders op verschillende factoren. Een andere manier om te benaderen wat er gebeurt is te zeggen dat het bioplasma van elk niveau van het veld waarschijnlijk zijn eigen frequentiebereik, ladingsintensiteit en samenstelling heeft. Dus reageert elk dienovereenkomstig zeer natuurlijk op prikkels.

Ook een andere vorm van onderzoek, die gebruikt wordt bij observaties naar sterren en de aarde, heeft invloed gehad op de manier waarop ik naar het auraveld keek. Het is bij wetenschappers algemeen gebruikelijk om instrumenten te bouwen die storende golflengten wegfilteren, met het doel observaties binnen een beperkte golflengtefrequentie te verrichten. Wanneer men aldus de zon observeert, levert dit foto's van de zonneatmosfeer bij verschillende hoogten op. Dat is de manier waarop we foto's verkrijgen van zonnevlekken of van zonnevlammen, die er heel anders uitzien vanuit de energie dieper in de zon of aan de buitenste lagen, de corona. Dezelfde principes kunnen zeer behulpzaam zijn bij observaties van het auraveld. Door je HZW te verschuiven naar verschillende auratrillingsvelden worden verschillende niveaus van het auraveld duidelijker in kaart gebracht. Als deze niveaus eenmaal duidelijk omschreven zijn, wordt het makkelijker om er direct mee te werken.

De onderstaande beschrijving van de configuratie van de niveaus van het auraveld en de levenservaringen die ermee samenhangen, komt voort uit mijn observatie, studie en ervaring van twintig jaar healing en dertien jaar onderwijs. Afbeelding 2-4 laat de zeven niveaus van het auraveld of het menselijk energieveld zien.

Het eerste niveau van het menselijk energieveld
Binnen dit niveau voel je alle fysieke gewaarwordingen, zowel de pijnlijke als de plezierige. Er bestaan rechtstreekse verbanden tussen de energiestroom, de veldpulsatie en de configuratie in het eerste niveau van je veld en wat je in je fysieke lichaam voelt. Voor elke plek waar je in je lichaam pijn voelt, is er een direct verband met een storing in het eerste niveau van je auraveld.

Robert Becker, M.D., heeft experimenten uitgevoerd die aantoonden dat een plaatselijke verdoving om bijvoorbeeld je vinger gevoelloos te maken zodat je gehecht kunt worden, de stroom van subatomaire deeltjes stopt die langs de gevoelszenuwen van de vinger loopt. Zodra de energiestroom hervat wordt, ben je weer in staat tot voelen. Hetzelfde verschijnsel heb ik in het auraveld waargenomen. Verdoving correspondeert met de afwezigheid van een energiestroom langs de lijnen van het eerste niveau van het veld. Wanneer een healer eraan werkt om op die plaats een energiestroom op gang te brengen, dan keert het gevoel terug.

Het eerste niveau van het veld is meestal fijn, dun en licht aqua-blauw gekleurd bij rustige, gevoelige mensen. Het is dik, grof en donker grijsblauw bij sterke, robuuste mensen. Hoe meer je je met je lichaam verbindt, ervoor zorgt en het oefent, des te sterker en meer ontwikkeld het eerste niveau van het veld zal zijn. Sportlui en dansers hebben meestal een zeer hoog ontwikkelde eerste laag. Die heeft dan meer energielijnen, is dikker, elastischer, beter geladen en helder blauw.

Als je eerste niveau sterk is, zul je een heel sterk, gezond fysiek lichaam hebben en van alle plezierige lichamelijke sensaties genieten die ermee gepaard gaan. Dit omvat het genot van het voelen van je lijf, het gevoel van levenslust, van lichamelijke activiteit, fysiek contact, seks en slaap. Het omvat de genoegens van proeven, ruiken, horen en zien. Dit betekent dat je naar alle waarschijnlijkheid alle functies van je eerste niveau zult blijven gebruiken en het daarbij opgeladen en gezond houdt. Het gebruik ervan zorgt ervoor dat het opnieuw wordt opgeladen.

Anderzijds, wanneer je je lichaam niet goed verzorgt, zal je eerste niveau zwak worden, raken de lijnen gebroken en in de war, of zijn onvoldoende geladen. Ze wor-

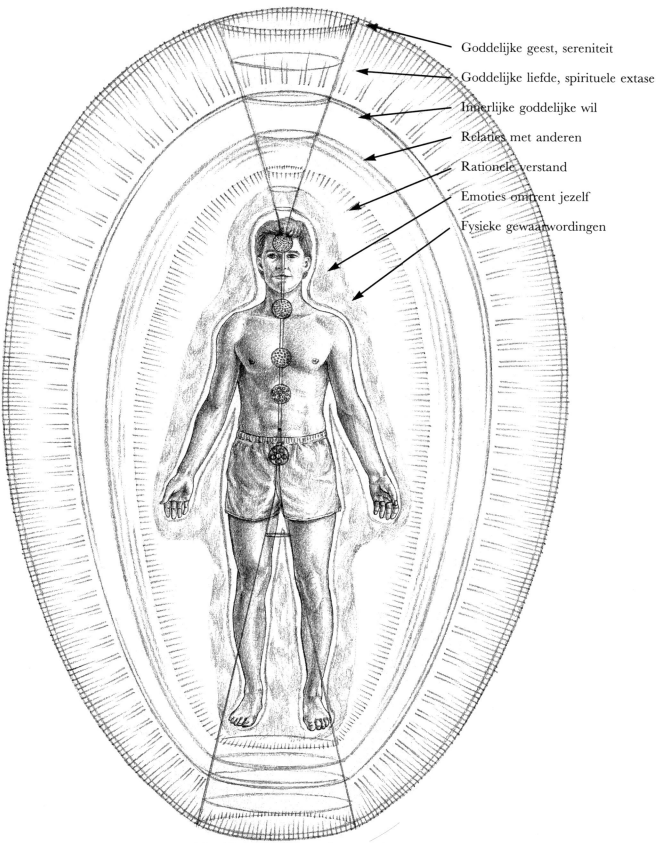

Afbeelding 2-4 *De zeven niveaus van het auraveld*

den dunner en schaarser in die delen van je lichaam waarvoor het minst gezorgd wordt.

Als je eerste niveau zwak is, zul je je lichaam als zwak ervaren en je niet graag willen verbinden met alle plezierige gewaarwordingen die ermee verbonden zijn. Je zult dan geneigd zijn het zwak te houden door het weinig te gebruiken. Waarschijnlijk zul je wel verbonden zijn met énkele energielijnen, maar niet met allemaal. In feite zullen sommige ervan allerminst plezierig aanvoelen. Integendeel, je zult ze ervaren als iets dat je nu eenmaal moet verdragen. Zo heb je wellicht een hekel aan een bepaald soort lichamelijke activiteit. Je houdt misschien wel van eten, maar niet van aangeraakt worden. Je luistert misschien graag naar muziek, maar houdt er niet van te moeten eten om je lichaam aan de gang te houden.

Het tweede niveau van het menselijk energieveld
Het tweede niveau is verbonden met je gevoelens of emoties omtrent jezelf. Iedere energiebeweging daar correspondeert met een gevoel dat je over jezelf hebt. Wolkachtige energie in heldere kleuren wordt geassocieerd met positieve gevoelens over jezelf. Donkere, vuilere schaduwen worden geassocieerd met negatieve gevoelens over jezelf. Op dit niveau kunnen alle kleuren worden aangetroffen. Deze wolken energie vloeien langs de gestructureerde lijnen van het eerste veldniveau.

Als je de gevoelens over jezelf toestaat te stromen – of ze nu negatief of positief zijn – houdt het aura zichzelf in balans. Dan worden de negatieve gevoelens en de negatieve energieën die met je gevoelens verbonden zijn, vrijgemaakt en getransformeerd. Als je jezelf verhindert emoties over jezelf te hebben, dan stop je het stromen van de energie in het tweede niveau die overeenkomt met deze emoties. Dan wordt je tweede niveau traag en brengt uiteindelijk onvoldoende geladen, donkere, vuile wolken van diverse kleuren tot stand. Deze hangen samen met de niet-ervaren gevoelens omtrent jezelf.

Wilhelm Reich, M.D., noemde bio-energie orgone energie. Hij noemde de onvoldoende geladen energie die werd aangetroffen op de ongestructureerde niveaus: DOR ('dode orgone energie').

De donkere, stilstaande wolken gedragen zich als een stagnatie in andere delen van je lichaam. Ze verstoppen het systeem en verstoren een gezond functioneren daarvan. Deze stagnatie zal uiteindelijk ook een stagnatie veroorzaken in het eerste en het derde niveau van het veld, die eraan grenzen. De meesten van ons staan niet al hun gevoelens over zichzelf toe, te stromen. Als gevolg daarvan dragen de meesten van ons gestagneerde energie in hun tweede niveau met zich en hebben hun gezondheid in verschillende mate ondermijnd.

Als het tweede niveau sterk en geladen is, dan geniet je van je emotionele relatie met jezelf. Dit houdt in dat je een heleboel gevoelens omtrent jezelf hebt, die echter niet slecht zijn. Het betekent dat je van jezelf houdt en jezelf graag mag. Je geniet ervan op jezelf te zijn en voelt je op je gemak met jezelf. Als zowel je eerste als je tweede niveau geladen is, zul je van jezelf houden en voel je je goed over jezelf wanneer je tevens geniet van alle fysieke genoegens die je lichaam je verschaft.

Is je tweede niveau zwak en ongeladen, dan heb je ofwel weinig gevoelens omtrent jezelf, of ben je je er niet van bewust. Als je tweede niveau geladen maar donker en gestagneerd is, dan houd je niet van jezelf en haat je mogelijk zelfs jezelf. Je houdt dan de negatieve gevoelens over jezelf eronder, zodat je misschien neerslachtig wordt van de hekel die je hebt aan jezelf.

Het derde niveau van het menselijk energieveld
Het derde niveau is verbonden met onze mentale of verstandelijke wereld. De lijnen van de structuur in dit niveau zijn heel teer zoals die van de fijnste, dunste sluier. De licht citroengele energielijnen van dit niveau pulseren op een heel hoge snelheid. (De helderheid, volheid en energie ervan stromen langs staande energielijnen, die corresponderen met onze mentale processen en onze geestesgesteldheden.) Wanneer dit niveau in balans en gezond is, dan werken de rationele en intuïtieve vermogens in harmonie en eenheid samen. We ervaren helderheid, evenwicht en een gevoel van geëigendheid. Wanneer de eerste drie niveaus van ons veld synchroon lopen, voelen we dat we onszelf aanvaarden; we hebben een gevoel van veiligheid en geëigendheid en van persoonlijke kracht.

Als je derde niveau sterk en geladen is, heb je een sterk en helder denkvermogen dat jou goed dient. Je zult een actief gezond mentaal leven hebben en geïnteresseerd zijn in leren.

Is je derde niveau zwak en onvoldoende geladen, dan zul je een gebrek aan mentale lenigheid of helderheid bezitten. Waarschijnlijk zul je niet zo erg geïnteresseerd zijn in academische of andere intellectuele bezigheden.

Wanneer onze gedachten negatief zijn, wordt de pulsatie in het veld langzamer, raken de lijnen donker en verstoord. Deze 'negatieve gedachtenvormen' zijn de vormen die met onze gebruikelijke negatieve gedachtenprocessen corresponderen. Ze zijn moeilijk te veranderen, omdat ze voor de persoon die ze beleeft zo logisch lijken.

Als je eerste en tweede niveau zwak zijn en je derde is sterk en vol energie, zul je iemand zijn die geneigd is meer in zijn hoofd dan in zijn gevoelens of in zijn lichaam te leven. Je zult veeleer geïnteresseerd zijn in het oplossen van problemen door de zaken te beredeneren dan door je gevoelens in ogenschouw te nemen bij iedere beslissing. Dit zal automatisch je levenservaring beperken.

Negatieve gedachtenvormen worden ook tot actie geprest door de gestagneerde emoties van het tweede en het vierde niveau die ernaast liggen. Met andere woorden: wanneer we proberen geen negatieve gevoelens te hebben over onszelf (tweede niveau) en/of iemand anders (vierde niveau), stoppen we de energiestroom op het tweede en vierde niveau. De energiestroom op het derde niveau raakt dan verstoord door deze 'samenknijping'.

Een andere manier om dit te begrijpen is je te herinneren dat de natuurlijke toestand van energie voortdurende beweging is. Wanneer de beweging van energie op het tweede en vierde niveau gestopt wordt teneinde negatieve emoties te verhinderen, wordt iets van die impuls overgedragen op het derde niveau. De impuls die naar het derde niveau beweegt, veroorzaakt mentale activiteit. De activiteit is verstoord omdat ze niet vrij is om op natuurlijke wijze te bewegen en ze door de energieën er vlak boven en onder wordt samengeknepen.

Ik denk dat de gewoonte om er negatieve gedachtenvormen op na te houden, in onze cultuur wordt gestimuleerd. Het wordt in onze maatschappij meer geaccepteerd om negatieve gedachten over andere mensen te hebben en achter hun rug kwaad van hen te spreken, dan om onze negatieve emoties recht in hun gezicht te uiten. We hebben geen geschikt model waarin we dit kunnen doen. Het zou veel gepaster zijn om bij onszelf naar binnen te kijken en de negatieve emoties te ontdekken die we naar onszelf koesteren. Gewoonlijk hebben we negatieve gevoelens naar iemand anders, doordat de omgang met die persoon een of andere negatieve emotie over onszelf wakker roept.

Het vierde niveau van het menselijk energieveld
Het vierde niveau van het veld draagt onze hele wereld van relaties. Vanuit dit niveau staan we in wisselwerking met andere mensen, dieren, planten, levenloze voorwerpen, de aarde, de zon, de sterren, en het universum als geheel. Het is het niveau van de 'Ik–Gij'-relatie. Hier liggen al onze gevoelens voor elkaar. De energie van het vierde niveau lijkt dikker dan die van het tweede, zelfs ondanks het feit dat ze van een hoger trillingsniveau is. In tegenstelling tot de energie van het tweede – die op gekleurde wolken lijkt – lijkt de energie van het vierde meer op gekleurde vloeistof. Ook dit bevat alle kleuren.

Als het vierde niveau onvoldoende geladen energie heeft, of wat healers noemen energie van lage trilling, dan zal deze energie worden ervaren als donkere, dikke, zware vloeistof. Ik noem het auraslijm. Het gedraagt zich precies als het slijm dat je in je lichaam ophoopt wanneer je verkouden bent. Dit auraslijm heeft een bijzonder sterk negatief effect op je lichaam en veroorzaakt pijn, onbehaaglijkheid, een gevoel van zwaarte, uitputting en ten slotte ziekte.

De energie van het vierde niveau kan zich naar de andere kant van de kamer uitstrekken naar iemand anders. Wanneer twee mensen contact hebben, hetzij openlijk hetzij heimelijk, dan strekken grote stromen van gekleurd vloeistofachtig bioplasma zich van ieder naar het veld van de ander uit. De aard van de interactie correspondeert met de aard van het energiebewustzijn van deze energiestromen. Bijvoorbeeld, wanneer er een heleboel liefde in de interactie zit, zal er een heleboel zachtroze energie zichtbaar zijn die in zachte golven vloeit. Als er afgunst is, zal ze donker, grijsgroen, slijmerig en kleverig zijn. Is er hartstocht, dan zal het roze heel wat oranje in zich hebben, met een prikkelend effect; de golven zullen sneller gaan, met hogere pieken. Is er woede, dan zal de energie hard, scherp, puntig, doordringend, binnendringend en donkerrood zijn.

Het vierde niveau omvat alle liefde en vreugde, evenals alle strijd en pijn van relaties. Hoe meer contact we hebben met iemand, des te meer energetische verbindingen we met die persoon aangaan.

Als je een sterk, gezond en geladen vierde niveau hebt, zul je vaak een heleboel sterke, goede relaties met anderen hebben. Je vrienden en je familie spelen een belangrijke rol in je leven. Je houdt er waarschijnlijk van vaak onder de mensen te zijn en je zit misschien in een dienstverlenend beroep. Liefde en je hart zijn het allerbelangrijkste in je leven.

Als je vierde niveau zwak en onvoldoende geladen is, zijn je relaties met andere mensen misschien minder belangrijk voor jou. Misschien ben je een eenling. Je hebt waarschijnlijk niet veel intieme relaties met mensen. Als dat wel zo is, heb je misschien veel moeilijkheden met hen en heb je het gevoel dat relaties meer lasten dan lusten in zich bergen. Je voelt je misschien door anderen overdonderd omdat veel mensen een sterker vierde niveau hebben dan jij, zodat jouw veld letterlijk overweldigd wordt door de energie in hun vierde niveau.

We worden met koorden in het auraveld geboren die ons verbinden met onze ouders en met onszelf, zeer vergelijkbaar met de navelstreng. Deze koorden ontwikkelen zich, zoals de aura, via de stadia van groei in de jeugd. (Zie *Licht op de aura*, hoofdstuk 8.) Deze koorden vertegenwoordigen onze relaties met elke ouder. Beiden vormen voor ons een model van hoe we zullen voortgaan relaties aan te gaan met de mannen of de vrouwen in ons leven. Met elke nieuwe relatie komen er nieuwe koorden bij. (Zie hoofdstuk 14, 'De drie typen auraveldinteracties in relaties', voor een meer gedetailleerde beschrijving.)

De eerste drie niveaus van de aura vertegenwoordigen de fysieke, emotionele en mentale ervaringen van onze wereld in het fysieke lichaam. Het vierde niveau, van de relaties, vertegenwoordigt de brug tussen de fysieke en de spirituele wereld. De hoogste drie niveaus vertegenwoordigen onze fysieke, emotionele en mentale ervaring van onze spirituele wereld. Zij vormen de mal voor de drie lagere niveaus. Dat wil zeggen: het zevende niveau is de mal voor het derde niveau, het zesde is de mal voor het tweede, en het vijfde niveau is de mal voor het eerste niveau. Elk hoger niveau dient als een patroon voor het ermee corresponderende lagere niveau.

Het vijfde niveau van het menselijk energieveld
Het vijfde niveau is het niveau van de goddelijke wil. Op het eerste gezicht is het nogal verwarrend wanneer je het leert waarnemen, omdat op het vijfde niveau alles omgekeerd lijkt, zoals een blauwdruk. Wat je normaliter waarneemt als lege ruimte is nu kobaltblauw licht, en wat je normaliter waarneemt als vaste objecten blijken nu te zijn samengesteld uit lege of heldere energielijnen. Het is een mal voor het eerste niveau van het veld. Er is een lege gleuf of sleuf in het vijfde niveau waarin iedere blauwe lichtlijn van het eerste niveau past. Het vijfde niveau houdt het eerste op z'n plaats. Het lijkt alsof de ruimte gevuld wordt door vormloos, ongedifferentieerd leven. Teneinde het leven een specifieke vorm aan te laten nemen is het allereerst noodzakelijk de ruimte leeg te maken om er plaats voor in te ruimen. Het vijfde niveau bevat niet alleen de vorm van je lichaam maar ook de vorm van al het andere leven. Het vijfde niveau van het veld bevat het zich ontvouwende, evolutionaire levenspatroon dat zich in vormen manifesteert. Goddelijke wil is goddelijke bedoeling die zich in patronen en vormen heeft gemanifesteerd.

De persoonlijke ervaring van dit niveau valt bijzonder moeilijk uit te leggen, omdat ons in onze woordenschat de woorden ontbreken om het te beschrijven. Deze goddelijke wil bestaat in jou en overal om je heen. Je hebt de vrije wil om jezelf ermee in overeenstemming te brengen of niet. Goddelijke wil is een mal of patroon voor het grote evolutionaire plan met de mensheid en het universum. Deze mal is levend, pulserend, en ontvouwt zich constant. Hij heeft een krachtige, bijna onverbiddelijke wilskracht en doelgerichtheid. Wanneer je hem ervaart, ervaar je perfecte orde. Het is een wereld van precisie en een niveau van precieze tonen en klanken. Dit is het niveau der symbolen.

Als je afgestemd bent op de goddelijke wil, zal je vijfde niveau sterk zijn, vol energie. Het patroon ervan zal passen in het universele patroon van goddelijke wil, een patroon dat op dit niveau ook met HZW kan worden waargenomen. Je zult enorme kracht voelen en een verbondenheid met alles om je heen, omdat je op je plek bent met jouw doel en omdat je gesynchroniseerd bent met alle plaatsen en alle doeleinden. Als je je visie opent tot dit niveau, zul je zien dat je in feite deze levende, pulserende mal, die de wereldorde bepaalt, mede aan het scheppen bent. Jouw plaats in het universele samenstel der dingen is door jou vastgesteld en geschapen op een dieper niveau in jou, het haraniveau. Dit zal verderop in dit hoofdstuk meer gedetailleerd worden besproken.

Als je vijfde niveau sterk is, ben je een van die mensen die orde in je leven begrijpt en handhaaft. 'Een plaats voor alles en alles op zijn plaats.' Je huis is op orde, je komt op tijd, en je doet je werk erg goed, hoe gedetailleerd het ook mag zijn. Je wil functioneert erg goed. Hij is in overeenstemming met de goddelijke wil, of je nu ooit van zoiets gehoord hebt of niet. Je kent orde als een universeel principe. Je bent waarschijnlijk verbonden met een groter doel of patroon in je leven.

Als je, aan de andere kant, niet afgestemd bent op de goddelijke wil, dan zal het patroon van je auraveld op het vijfde niveau verstoord zijn. Het past niet in het grotere universele patroon en je voelt je niet verbonden met wat er om je heen is, noch zul je je eigen plaats in het universele samenstel der dingen kennen, noch je doel. Eigenlijk heeft het idee dat er zoiets bestaat helemaal geen betekenis voor je. Het zal aanvoelen alsof iemand anders je erin wil laten lopen en jouw plaats voor jou bepalen wil.

En vanzelfsprekend zal vanuit dit gezichtspunt je plaats niet iets zijn waarvan je houden zult of waarin je je op je gemak voelt. Waarschijnlijk word je afgeschrikt door een duidelijke wil en door precisie. Je zult waarschijnlijk het belang ontkennen van helderheid, orde en je plaats, of je ertegen verzetten. Als je twijfelt aan je eigenwaarde, ervaar je het vijfde niveau misschien als onpersoonlijk en liefdeloos, omdat op dit niveau je doel het belangrijkste is en niet je gevoelens. Koester je negatieve gevoelens over jezelf en breng je dan je bewuste gewaarwording naar dit niveau, dan ervaar je jezelf misschien als gewoon een tandje in het grote wiel van het leven. Al het bovenstaande is de menselijke ervaring die voortkomt uit het vijfde niveau van het auraveld wanneer dit niet afgestemd is en verstoord is.

Als je vijfde niveau niet sterk is, zul je niet ordelijk zijn in je leven. Je bent er niet in geïnteresseerd alles netjes en schoon te houden. In feite zal het tamelijk moeilijk voor je zijn om dat te doen. Orde kan je een vreselijke belemmering voor je vrijheid toeschijnen. Eigenlijk veroordeel je zelfs mensen die wel alles op orde houden en zeg je dat het creativiteit blokkeert. Je hebt waarschijnlijk niet al te veel relatie met de goddelijke wil of het grotere doel in je leven. Je vindt het misschien moeilijk om gecompliceerde systemen of totaalpatronen van dingen te begrijpen.

Als je tweede en vierde niveau zwak zijn, en het eerste, derde en vijfde sterk, dan zul je naar alle waarschijnlijkheid je creatieve vrijheid beteugelen met een tirannieke vorm van orde. Het is tijd meer tijd te besteden aan het versterken van je emotionele leven.

Als je echter je negatieve gevoelens los kunt laten en door je weerstand tegen zo'n perfecte wereld heen kunt breken, door de mogelijkheid in overweging te nemen dat je inderdaad medeschepper ervan bent, dan heb je de eerste stap gezet in het vinden van jouw doel en plaats en kan alles veranderen. Je zult je heel veilig gaan voelen doordat je deel uitmaakt van een groots goddelijk plan. Je kunt jezelf beleven als een lichtvonk te midden van dit grote, levende, pulserende web van licht. Jij brengt, in feite, het web voort uit jouw licht, zoals ieder ander dat doet. Als je je HZW opent tot dit niveau, kun je het plan zien en voelen. Je zult jezelf en de wereld ervaren als helder licht, bijna als lege ruimte tegen een kobaltblauwe achtergrond.

Bezinning op dit niveau en meditatie op het grote evolutionaire plan helpen enorm om je leven in overeenstemming te brengen met het doel ervan en je ontwikkeling makkelijk te laten verlopen. Het betekent je overgeven aan wie je bent, niet aan wat volgens maatschappelijke normen juist lijkt. Dus je bent in feite geen tandje aan een wiel; integendeel, je bent een bron van creativiteit, uniek in het universum.

Het zesde niveau van het menselijk energieveld
Het zesde niveau van het veld lijkt op wonderschone linten van licht die naar alle richtingen uitstralen en die zich zo'n 75 centimeter buiten het lichaam uitstrekken. Het bevat alle kleuren van de regenboog in opaliserende tonen. Het heeft geen structuur en is van heel hoge frequentie.

Wanneer het zesde niveau gezond is, is het helder en geladen. De energiestralen stromen het lichaam uit in mooie kaarsrechte lichtstralen. Hoe helderder en geladener dit niveau is, des te meer we het bewust gewaarworden met betrekking tot de menselijke ervaring. Dit is het gevoelsniveau in de wereld van onze geest; het is het niveau van onze goddelijke liefde. Wanneer je op dit niveau van bewust gewaarzijn bent gezeten, brengt dit een groot kalmerend effect op het lichaam met zich ten behoeve van healing. Het bevat de extase binnen onze spiritualiteit. Het wordt ervaren als geestelijke liefde, als vreugde, verrukking en zaligheid. We bereiken dit ervaringsniveau door ons luidruchtige hoofd stil te maken en te luisteren. We bereiken het via meditatie, via religieuze of verfijnde muziek, herhaald zingen ('chanten') of een muzikale rêverie. Hier bevinden zich grootse gevoelens van expansie waarin we ons in broederschap één weten met alle wezens van de geestelijke werelden, van verscheidene hemelen, en met alle mensen, planten en dieren van de aarde. Hier lijkt ieder van ons op de lichtkrans rondom een kaars. We zijn parelmoeren opaliserende lichtstralen die zich vanuit een centraal licht uitstrekken.

Als je zesde niveau zwak is en niet veel energie bevat, zul je niet veel spirituele of inspirerende ervaringen hebben. Misschien heb je er zelfs geen idee van waar mensen het over hebben wanneer ze erover praten. Wanneer het zesde niveau onvoldoende geladen en ongezond is, dan is het erg moeilijk voor ons om iets op dit niveau te ervaren. We kunnen het vage gevoel hebben dat God ziek is of dat God/hemel/spiritualiteit eenvoudigweg niet lijkt te bestaan. Daarom lijken mensen die dit wel ervaren in een fantasiewereld te leven, op roze wolkjes die zijzelf hebben gemaakt.

Wanneer dit niveau ongezond is, is het donker, dun en ongeladen en nemen de lichtstralen ervan af. Dit is gewoonlijk het resultaat van een gebrek aan geestelijke voeding. Gebrek aan geestelijke voeding kan door veel dingen veroorzaakt worden, zoals: niet zijn opgegroeid in een omgeving die het in zich draagt, zodat het simpelweg niet bestaat; een trauma hebben gehad rond een godsdienst, wat resulteerde in verwerping van die godsdienst en daarmee van spiritualiteit in het algemeen; een ander soort trauma hebben gehad van persoonlijke aard, wat resulteerde in de afwijzing door die persoon van God en religie. In het eerste geval is het zesde niveau eenvoudigweg onvoldoende geladen en is het afgezonderd van de andere niveaus van het veld. Men kan daadwerkelijk een kloof zien tussen de niveaus; en de normale communicatiekanalen tussen de niveaus zijn gesloten.

Als je zesde niveau veel sterker is dan alle andere niveaus, kan het zijn dat je je spirituele ervaringen gebruikt om het leven op het fysieke vlak te ontlopen. Je kunt een kinderachtige blik op het leven ontwikkelen en verwachten dat het leven voor je zorgt alsof je enkel in de spirituele wereld leefde. Je kunt deze ervaringen gebruiken om jezelf speciaal te maken en te bewijzen dat je beter bent dan andere mensen omdat jij die ervaringen hebt. Dit is alleen maar een verdedigingsmechanisme tegen de angst die je hebt om in het fysieke vlak te leven. Deze verdediging is snel uitgewerkt en je zult spoedig ruw worden gewekt en een plotselinge desillusie krijgen. Een desillusie is iets goeds: het betekent de illusie oplossen. In dit geval zal het je terugbrengen naar het leven hier en nu op het fysieke vlak. Je zult leren dat de fysieke wereld *binnen* de spirituele wereld bestaat, en niet erbuiten.

De sleutel om de spirituele wereld te ervaren is het zesde niveau van het veld te laden. Dit kan via heel simpele meditatie worden gedaan, zoals tweemaal per dag vijf tot tien minuten in stilte zitten en je op een voorwerp concentreren zoals een roos, een kaarsvlam, of een mooie zonsondergang. Een andere manier is een mantra, één klank of een aantal klanken zonder duidelijke betekenis herhalen.

Het zevende niveau van het menselijk energieveld
Wanneer het zevende niveau van het menselijk energieveld gezond is, is het samengesteld uit prachtige, uitzonderlijk sterke gouden energielijnen die op een heel hoge frequentie fonkelen. Ze zijn ineengevlochten om alle fysieke componenten van je lichaam te vormen. Ze breiden zich buiten je lichaam zo'n meter uit. Op die afstand vormt het zevende niveau een gouden ei dat alles erin omgeeft en beschermt. De buitenkant van dit ei is dikker en sterker, zoals een eierschaal. Het regelt een juiste uitstroom van energie van het totale aura naar de ruimte erbuiten. Het voorkomt energielekken uit het veld, alsook het binnendringen van ongezonde energieën van buiten. Het zevende niveau dient om het totale veld bijeen te houden. Ik ben altijd verbaasd over de enorme

kracht die er op dit niveau bestaat.

De gouden lichtdraden van het zevende niveau bestaan ook overal en om alles heen. Deze draden knopen alles aan elkaar, of het nu de cellen van een orgaan, een lichaam, een groep mensen of de hele wereld betreft.

Het zevende niveau is het niveau van de goddelijke geest. Wanneer het gezond is en we onze bewuste gewaarwording erheen brengen, dan ervaren we de goddelijke geest in ons en treden de wereld van het universele goddelijke-geestveld binnen. Hier begrijpen en weten we dat we onderdeel zijn van het grote patroon van het leven. Wanneer we deze waarheid van het universum ervaren, geeft dit ons een heel veilig gevoel. Hier kennen we volmaaktheid binnen onze onvolmaaktheden.

Op dit niveau kunnen we met HZW het gouden netwerksysteem van waarheid zien dat zich door het universum heen met zichzelf verweeft. Hier zullen we uiteindelijk met HZW leren om van geest tot geest te communiceren. In de niet al te verre toekomst zal HZW volkomen normaal zijn. Nu kunnen we soms toegang krijgen tot de universele geest voor informatie die verder reikt dan wat we zouden kunnen verkrijgen via wat gewoonlijk wordt beschouwd als de normale zintuigen.

Als het zevende niveau sterk, geladen en gezond is, dan zullen je twee voornaamste vermogens zijn: je hebt creatieve ideeën en je begrijpt duidelijk brede totaalconcepten over het bestaan, de wereld en haar aard. Je zult nieuwe ideeën scheppen, en je zult weten waar deze inpassen in het grote universele patroon van ideeën. Je zult weten hoe jij in dit patroon past. Je zult een duidelijk en sterk begrip van God hebben. Je wordt misschien theoloog, wetenschapper of uitvinder. Je vermogen om een duidelijk en geïntegreerd begrip te hebben kan je ertoe brengen leraar te worden op het gebied van grootschalige, gecompliceerde onderwerpen.

Als het zevende niveau niet sterk ontwikkeld is, zul je niet met veel nieuwe creatieve ideeën voor de dag komen, noch zul je het grotere levenspatroon goed aanvoelen. Je zult er geen idee van hebben hoe jij erin past, aangezien je niet eens weet dat er zoiets als dit patroon bestaat. Je hebt misschien de ervaring dat niets met elkaar verbonden is en dat het universum van toeval en chaos aan elkaar hangt.

Is het zevende niveau van ons veld niet gezond, dan zullen de gouden lijnen dof en zwak zijn. Ze zullen hun vorm niet vasthouden en op sommige plekken dunner zijn dan op andere. Zelfs kunnen ze op sommige plekken opengescheurd zijn, waarbij ze energie gelegenheid geven uit het systeem te lekken. Als het zevende niveau ongezond is, ervaren we niet de goddelijke geest of de verbondenheid van de waarheid die wordt bewaard in het universele geestveld. We zullen het idee van volmaaktheid binnen onze onvolmaaktheden niet begrijpen. Onze imperfecties zullen bijzonder moeilijk te verdragen zijn. We kunnen ze feitelijk zelfs gaan ontkennen, en een perfectie opeisen of nastreven die onmogelijk binnen de menselijke omstandigheden te bereiken is. We zullen dan geen toegang hebben tot het universele goddelijke-geestveld. Het zal lijken alsof onze geest geïsoleerd werkt en maar erg weinig met schepping te maken heeft.

Als je zevende niveau sterker is dan alle andere niveaus, kun je er problemen mee hebben al je creatieve ideeën praktisch te maken.

De beste manier om het zevende niveau van het veld te versterken is voortdurend op zoek te zijn naar hogere waarheden in je leven en ernaar te leven. De beste meditatie die ik ken om het zevende niveau te helpen versterken is een mantra te gebruiken die herhaalt: 'Wees stil en weet dat ik God ben.' Wanneer je deze mantra doet, brengt dit energie naar het zevende niveau en voert degene die mediteert uiteindelijk tot de ervaring van het weten dat hij of zij goddelijke geest en God is.

Het vergt een goed functioneren van al je niveaus om je creatieve ideeën op het fysieke vlak te manifesteren. Dit geldt ook voor je gezondheid. Als je een goede fysieke gezondheid wilt genieten en een vervuld leven wilt leiden, dan is het noodzakelijk om al je niveaus te zuiveren, te laden en in evenwicht te brengen en derhalve ook alle terreinen van de menselijke ervaring. Daarom dient ieder healingproces gerichte aandacht naar en voeding voor alle zeven niveaus van je veld te bevatten.

De chakra's

Chakra's zijn de configuraties in de structuur van het energieveld waarmee healers werken. *Chakra* is in het Sanskriet het woord voor 'wiel'. Volgens mijn HZW lijken chakra's meer op draaikolken, of trechters van energie. Ze bestaan op elk van de zeven niveaus van het veld, en de chakra's twee tot en met zes verschijnen zowel aan de voor- als aan de achterzijde van het lichaam. We geven de chakra's een nummer en een letter: A voor de voorzijde van het lichaam en B voor de achterzijde (zie afbeelding 2-5).

Chakra's functioneren als organen die de energie van het universele levensenergieveld opnemen, wat we ook kunnen noemen: het universele gezondheidsveld overal om ons heen. De door iedere chakra opgenomen en omgezette energie wordt naar die delen van het lichaam gestuurd die gelegen zijn in het voornaamste zenuwknopengebied dat er het dichtstbij ligt. Deze energie is van groot belang voor het gezond functioneren van het auraveld en het fysieke lichaam. In oosterse tradities wordt die energie de *prana*, of de *ch'i* genoemd. Als een chakra ophoudt goed te functioneren, zal de opname van energie verstoord worden. Dit betekent dat de organen van het lichaam die door die chakra worden bediend niet hun benodigde voeding krijgen. Als het hypofunctioneren van de chakra voortduurt, zullen de normale functies van de organen en andere lichaamsdelen in dat bepaalde gebied

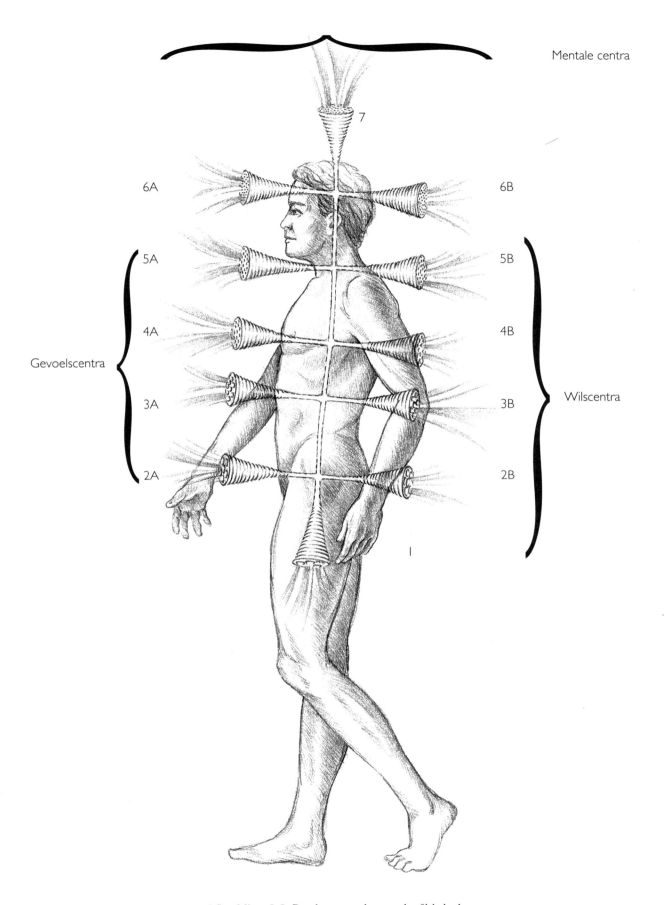

Afbeelding 2-5 *De plaats van de zeven hoofdchakra's*

worden ontwricht. Dat deel van het lichaam, alsook het immuunsysteem ervan, zal verzwakken, en uiteindelijk zal er een ziekte in dat lichaamsdeel optreden.

Er zijn zeven hoofdchakra's. Elke trechter heeft zijn wijdste opening aan de buitenkant van ons lichaam, met een diameter van ongeveer vijftien centimeter, tweeëneenhalve centimeter van het lichaam af. Het kleine uiteinde zit binnen ons lichaam dicht bij de ruggegraat. De verticale krachtstroom loopt door de middellijn van het lichaam. Hij vormt het grote energiekanaal waarin alle chakra's de energie afgeven die ze opnemen van het universele levens- of gezondheidsveld om ons heen. De energie van alle chakra's wordt door de verticale krachtstroom op en neer gevlochten. Elke kleur wordt samengeweven, ongeveer zoals een koord dat gemaakt is van prachtig pulserend veelkleurig licht. De verticale krachtstroom is bij de meeste mensen ongeveer tweeëneenhalve centimeter breed. Echter, bij healers die, om te kunnen healen, zichzelf tot een hoge veranderde bewustzijnsstaat verheffen, kan het wel vijftien centimeter in diameter worden.

De zeven hoofdchakra's zijn gelegen nabij de belangrijkste zenuwknopen van het lichaam. De eerste chakra ligt tussen de benen. Het fijne uiteinde ervan zit recht in het heiligbeengewricht. Het is verbonden met de kinesthetische (houdingszin), proprioceptieve (bewegingszin) en tactiele (tastzin) zintuigen. Het staat in verband met onze wil om te leven en voorziet het lichaam van fysieke vitaliteit. Het verschaft energie aan de wervelkolom, de bijnieren en de nieren.

De tweede chakra is net boven het schaambeen gelegen aan de voor- en achterkant van het lichaam. Het uiteinde ervan zit direct in het centrum van het heiligbeen, waardoorheen we emoties voelen. Het staat in verband met onze sensualiteit en seksualiteit, en voorziet onze geslachtsorganen en ons immuunsysteem van een heleboel energie.

De derde chakra is gelokaliseerd in het zonnevlechtgebied aan de voor- en achterzijde van het lichaam. Het fijne uiteinde ervan zit rechtstreeks in de middenrifaanhechting, tussen borstwervel twaalf (T-12; twaalfde thoraxwervel) en lendewervel één (L-1; eerste lumbaalwervel). Het voorziet de organen in dit deel van het lichaam – de maag, lever, galblaas, alvleesklier, milt en het zenuwstelsel – van energie. Het staat in verband met onze intuïtie, en is verbonden met wie we zijn in het universum, hoe we ons tot anderen verhouden en hoe we voor onszelf zorgen.

De vierde chakra, in het gebied van het hart, staat in verband met liefde en wil. Hierdoorheen voelen we liefde. Het aspect aan de voorkant is verbonden met liefde, het aspect aan de achterkant met wil. Om deze chakra goed te laten functioneren moeten we leven met een evenwicht tussen liefde en wil. Het fijne uiteinde ervan zit in T-5. Het voert energie naar ons hart, onze bloedsomloop, thymus (zwezerik), zwervende zenuw en bovenrug.

De vijfde chakra is gelegen in de voor- en achterkant van de keel. Hij staat in verband met de gehoorzin, de smaakzin en de reukzin. Zijn fijne uiteinde zit in nekwervel drie (C-3; derde cervicaalwervel). Het verschaft energie aan de schildklier, de bronchiën, de longen en het spijsverteringskanaal. Het is verbonden met geven en ontvangen en het spreken van onze waarheid.

De zesde chakra is gelegen op het voorhoofd en aan de achterzijde van het hoofd. Het uiteinde ervan zit in het centrum van het hoofd. Het verschaft energie aan onze hypofyse, hersenstam, linkeroog, oren, neus en zenuwstelsel. Het staat in verbinding met het gezichtszintuig. Het voorste deel van de chakra is verbonden met conceptueel begrijpen; het achterste deel met het stap voor stap uitdragen van onze ideeën teneinde ze te verwezenlijken.

De zevende chakra is gelegen boven aan het hoofd. Het fijne uiteinde ervan zit midden in de bovenkant van het hoofd. Het verschaft energie aan de hersenschors en het rechteroog. Het staat in verband met de ervaring van rechtstreeks weten. Het is verbonden met de integratie van persoonlijkheid en spiritualiteit.

Over het algemeen corresponderen de chakra-aspecten aan de voorzijde met ons emotionele functioneren, aan de achterzijde met onze wilsfunctie, en de chakra's aan het hoofd met onze verstandelijke functies. Een evenwichtig functioneren van ons verstand, onze wil en emoties is noodzakelijk om onze gezondheid te bewaren. Aangezien de hoeveelheid energie die door een bepaalde chakra stroomt aanduidt hoeveel die chakra gebruikt wordt, laat het tevens zien hoe vaak de rede, de wil of het emotionele aspect verbonden aan die chakra wordt gebruikt. Teneinde in ons leven een evenwicht te scheppen tussen ons verstand, onze wil en emoties, moeten we onze chakra's in evenwicht brengen, gelijk maken en synchroniseren.

In dit boek zullen we beschrijven hoe healers tijdens een healingsessie werken met het menselijk energieveld, en hoe jij met je eigen veld kunt werken ten behoeve van zelfhealing. Daarna zullen we het persoonlijke healingproces in verband brengen met elk van de zeven niveaus van persoonlijke levenservaring die worden aangetroffen op de zeven niveaus van het veld. Zelfhealing kan worden bereikt door persoonlijke behoeften te vervullen die verbonden zijn met elk type levenservaring op ieder niveau. (Raadpleeg voor nadere bijzonderheden over de aura en de chakra's de delen II en III van *Licht op de aura*.)

Het haraniveau: het niveau van je intentie, je bestemming

Het haraniveau is een quantumsprong dieper in je aard en een dimensie dieper dan de aura. Het haraniveau is het fundament waarop de aura rust. Ik noem het 't haraniveau omdat het 't niveau is waar de hara zich bevindt. *Hara* wordt door de Japanners omschreven als een krachtcentrum in de onderbuik. Terwijl je aura verbonden is met je persoonlijkheid, is het haraniveau verbonden met je intenties. Het correspondeert met je levenstaak of je diepere spirituele bestemming. Het is het niveau van je grotere incarnatiedoel en je doel op elk gegeven moment. Hier is het dat je je intentie neerzet en vasthoudt.

Het haraniveau is veel eenvoudiger dan het auraveld, dat een tamelijk gecompliceerde structuur bezit (zie afbeelding 2-1). Het bestaat uit drie punten langs een laserachtige lijn die op de middellijn van ons lichaam ligt. Het is ongeveer een kleine centimeter breed en breidt zich uit vanaf een punt ongeveer een meter boven ons hoofd tot helemaal diep in de kern van de aarde. Het eerste punt, boven het hoofd, ziet eruit als een omgekeerde trechter. De brede kant ervan die naar beneden wijst is slechts ongeveer één centimeter breed. Het vertegenwoordigt onze eerste individualisering vanuit de godheid, toen we ons eerst individualiseerden vanuit God om te kunnen incarneren. Het draagt ook de functie van de rede, evenals de reden waarom wij incarneren. Via deze plek verbinden we ons met onze hogere spirituele werkelijkheid. Ik noem deze plek het individuatiepunt of ID-punt.

Als we de laserlijn neerwaarts volgen naar het bovengebied van onze borst, vinden we het tweede punt. Het is een prachtig diffuus licht en correspondeert met onze emotie. Hier dragen we onze spirituele hunkering, de heilige hunkering die ons door het leven leidt. Zij brengt de hartstocht met zich dat we grootse dingen te vervullen hebben in ons leven. Deze hunkering is heel specifiek voor onze levenstaak. We verlangen ernaar die te vervullen. Het is wat we bovenal in ons leven willen doen. Het is waarvoor we gekomen zijn. Het is deze hunkering die ieder van ons in zich draagt, die ons laat voelen waarom we hier zijn. Ik noem dit punt de zetel van de hunkering der ziel, of zielezetel (ZZ).

Het volgende punt op de lijn is de *tan tien*, zoals het in het Chinees wordt genoemd. Het is het centrum van waaruit alle vechtkunstenaars bewegen wanneer ze een voorstelling geven. Aan dit centrum ontlenen vechtkunstenaars kracht om beton te breken. Het schijnt een bal van kracht of centrum van zijn te wezen, van 3 à 4 centimeter in diameter, en het is ongeveer zes centimeter onder de navel gelegen. Het bezit een sterk membraan eromheen en lijkt zo een beetje op een rubberbal. Het kan goudkleurig zijn. Dit is een wilscentrum. Het vertegenwoordigt jouw wil om in het fysieke lichaam te leven. Het bevat die ene toon die het fysieke lichaam in z'n fysieke manifestatie houdt.

Met je wil en deze ene toon heb je een fysiek lichaam opgetrokken uit het lichaam van moeder aarde. Eveneens vanuit dit centrum kunnen healers zich verbinden met een grote hoeveelheid kracht om het lichaam te herstellen, vooropgesteld dat de healer zijn haralijn diep grondt in de gesmolten kern van de aarde. Wanneer hun haralijn zich naar beneden in de aarde verlengt, kunnen healers grote kracht bijeenbrengen. De tan tien kan wanneer die in healing wordt gebruikt, heel helder rood kleuren en bijzonder heet worden. Dit is wat het betekent om gegrond te zijn op het haraniveau. Wanneer dit gebeurt en de tan tien rood kleurt, voelen healers een intense hitte over hun hele lichaam.

Wanneer je een duidelijke intentie hebt neergezet op het haraniveau, brengen je handelingen op het auraniveau en het fysieke niveau plezier teweeg. We zullen het hele boek door het slecht functioneren op het haraniveau (dat wil zeggen: je intentie en je levenstaak) in relatie met gezondheid bespreken. Bijvoorbeeld, ziekte kan veroorzaakt worden door onduidelijke, vermengde of tegengestelde intenties en een losgeraakt-zijn van je levenstaak. Veel mensen, vooral in het moderne geïndustrialiseerde deel van de wereld, lopen rond met een grote geestelijke pijn, omdat ze niet weten dat ze een levensdoel hebben. Ze begrijpen niet waarom ze pijn hebben. Ze weten niet dat er een geneesmiddel is tegen dit soort spirituele pijn. Het losraken van hun diepere levensdoel is zichtbaar op het haraniveau. Het kan vanuit dit niveau genezen worden.

Het wezenssterniveau: het niveau van je goddelijke essentie, de bron van je creatieve energie

Het wezenssterniveau is een quantumsprong dieper in wie we zijn dan het haraniveau en het is verbonden met onze goddelijke essentie. Gebruik makend van HZW op het niveau van de wezensster ziet iedereen er als een prachtige ster uit. Geen ster lijkt op de andere. Elke ster is de innerlijke bron van innerlijk leven. In deze innerlijke plaats zijn we het centrum van het universum. Hier is de goddelijke individualiteit in ieder van ons gelokaliseerd. Ze is drie tot vier centimeter boven de navel gelegen op de middellijn van het lichaam (zie afbeelding 2-1). Wanneer iemand zijn innerlijk oog opent naar het wezenssterniveau en naar een groep mensen kijkt, ziet elk eruit als een prachtige ster die oneindig uitstraalt en toch alle andere sterren doordringt.

Onze kern is de meest essentiële aard van ons zijn en is volkomen uniek voor elk individu. Zij bestaat in elk van ons al vanaf voor het begin der tijden. Inderdaad, ze gaat de beperkingen van tijd, ruimte en geloof te boven. Ze is het individuele aspect van het goddelijke. Vanuit deze plaats in ieder van ons leven we en hebben we ons zijn. We herkennen het gemakkelijk als datgene waarvan we vanaf onze geboorte altijd geweten hebben dat we het zijn. In deze plaats zijn we wijs, liefdevol en moedig.

Deze innerlijke essentie is niet werkelijk veranderd met de tijd. Geen enkele negatieve ervaring heeft haar ooit echt aangetast. Ja, onze reactie op negatieve ervaringen kan haar bedekt of verhuld hebben, maar heeft haar nooit werkelijk veranderd. Het is onze meest fundamentele aard. Het is de diepere goedheid in elk van ons. Het is wie we werkelijk zijn. Vanuit deze plaats in ons ontspringen al onze creatieve energieën. Het is de eeuwige bron in ieder van ons van waaruit al onze scheppingen voortkomen.

Je creatieve proces en je gezondheid

Dit boek concentreert er zich vooral op je te helpen het creatieve proces dat in je kern ontstaat te begrijpen en de betekenis daarvan, vooral met betrekking tot gezondheid en healing, in te zien. Dit creatieve proces dat in onze kern ontspringt begint altijd met twee ingrediënten: de eerste is positieve intentie of goddelijke intentie; de tweede is positief plezier.

Alles wat je ooit in je leven gedaan hebt is niet alleen met goede intenties begonnen maar ook altijd met plezier.

Elke creatieve daad die je ondernomen hebt is in je kernbewustzijn begonnen en is door de diepere lagen van je wezen heen opgeweld tot ze je fysieke wereld heeft bereikt. Alle scheppingen in je leven volgen dezelfde opgang. Elke creatieve daad neemt deze gang op haar tocht naar het fysieke vlak: ze openbaart zich eerst als bewustzijn in de kern, dan als onze intentie in het haraniveau, daarna als onze levensenergie in het auraniveau, wat dan later opwelt in het fysieke universum.

Wanneer deze energieën *rechtstreeks* van de kern via het haraniveau van onze levenstaak, via het auraniveau van onze persoonlijkheid en via ons fysieke lichaam stromen, dan scheppen we gezondheid en vreugde in ons leven. Op dit creatieve proces is dit boek gebaseerd. Met dit 'opwellen van licht' vanuit onze kern creëren we onze levenservaringen op alle niveaus van ons wezen.

Wanneer we de creatieve energieën die ontspringen in de kern, de wezensster, *blokkeren*, creëren we uiteindelijk pijn in ons leven. Het werk dat ons dan te doen staat is het ontsluieren van onze kern, zodat ons licht en onze creaties kunnen opwellen in vreugde, plezier en welzijn. Op die manier kunnen we een wereld creëren van harmonie, vrede en gemeenschap.

Hoofdstuk 3

EEN NIEUW UITZICHT OP HEALING: DE HOLOGRAFISCHE ERVARING

Om er een begin mee te maken de holografische ervaring te begrijpen en ernaar te leven, moeten we eerst onze huidige manier van begrijpen, die allerminst holistisch is, onder de loep nemen.

De metafysica die ten grondslag ligt aan onze wetenschappelijke modellen

Net zoals de traditionele geloofssystemen van 'primitieve' culturen, is de cultuur van onze westerse wetenschappelijke wereld evenzeer gevormd door haar ingebouwde vooronderstellingen. Veel van deze vooronderstellingen zijn tot voor kort onuitgesproken en onbetwist gebleven. Wat we als onze fundamentele werkelijkheid beschouwen, hangt af van de metafysica die eraan ten grondslag ligt en waarop onze wetenschap berust. Dr. Willis Harman onderscheidt in zijn boek *Global mind change* drie basismetafysica's – *M-1*, *M-2* en *M-3* – die in de geschiedenis van de menselijke evolutie zijn gebruikt. Hij omschrijft ze als volgt.

M-1: Materialistisch monisme
(Materie doet geest ontstaan)
In deze eerste is de grondstof van het universum materiële energie. We leren onze werkelijkheid kennen door de meetbare wereld te bestuderen... Wat bewustzijn ook mag zijn, ze komt uit de stof (dat wil zeggen: het brein) te voorschijn wanneer het evolutionaire proces maar voldoende is voortgeschreden. Alles wat we over bewustzijn kunnen leren, moet uiteindelijk verzoend worden met het soort kennis dat we hebben vergaard uit de bestudering van het fysieke brein, want bewustzijn los van een levend stoffelijk organisme is niet alleen onbekend, het is onvoorstelbaar.

M-2: Dualisme
(Materie plus geest)
Een alternerende metafysica is dualistisch. Er bestaan twee fundamenteel verschillende soorten grondstof in het universum: materiële energie en geestelijke energie. Materiële energie wordt met de huidige hulpmiddelen van de wetenschap bestudeerd; geestelijke energie moet op een andere meer passende wijze worden verkend (zoals innerlijk subjectief onderzoek). Zodoende ontwikkelen zich in essentie twee complementaire soorten kennis; vermoedelijk zullen er gebieden zijn die elkaar overlappen (zoals het terrein van de paranormale verschijnselen).

M-3: Transcendent monisme
(Geest doet materie ontstaan)
Toch verklaart een derde metafysica dat de uiteindelijke grondstof van het universum bewustzijn is. Geest of bewustzijn is primair, en materiële energie ontstaat in zekere zin uit de geest. De fysieke wereld is voor de grote geest wat een droombeeld is voor de individuele geest. Uiteindelijk wordt contact gemaakt met de werkelijkheid achter de wereld der verschijnselen, niet via de fysieke zintuigen maar via diepe intuïtie. Bewustzijn is niet het eindproduct van een stoffelijke evolutie, eerder het tegendeel: bewustzijn was er het eerst!

Het grootste deel van onze culturele conditionering en van ons culturele erfgoed is gebaseerd op het M-1 (geest komt uit materie voort) metafysicamodel, wat een mechanistische wetenschap schraagt. Onze toekomst is al gezaaid in het M-3 (materie komt uit geest voort) model, wat tot een holografische wetenschap leidt.

Ons oude wetenschappelijke, mechanistische model in de gezondheidszorg

Om op te kunnen schuiven naar een holografisch model voor onze gezondheidszorg moeten we eerst onze oude ideeën over gezondheid, genezing en geneeskunde onderzoeken en ontdekken hoe die ons hebben beperkt. Onze oude ideeën komen voort uit het oude wetenschappelijke, mechanistische wereldbeeld waarop onze culturele conditionering is gestoeld. Dit oude model, gebaseerd op M-1 metafysica (geest komt uit materie voort), bevat het stel onuitgesproken rationele vooronderstellingen van dit wetenschappelijk tijdperk. Dr. Harman heeft deze vooronderstellingen als volgt op een rij gezet.

1. De enig denkbare manier waarop we kennis kunnen verwerven, is via onze fysieke zintuigen, en wellicht door middel van een of andere informatie-overdracht via de genen. [Of we kunnen leren] via empirische wetenschap... het onderzoek van de meetbare wereld via instrumenten die onze fysieke zintuigen verlengen.
2. Alle kwalitatieve eigenschappen... zijn uiteindelijk terug te brengen tot kwantitatieve eigenschappen (bijvoorbeeld, kleur wordt teruggebracht tot golflengte).
3. Er is een duidelijke scheidslijn tussen de objectieve wereld die door iedereen kan worden waargenomen en de subjectieve ervaring die alleen door het individu wordt waargenomen... Wetenschappelijke kennis heeft met de eerste te maken; de laatste kan voor het individu van belang zijn, maar het onderzoek ervan leidt niet tot dezelfde soort algemeen verifieerbare kennis.
4. Het concept van de vrije wil is een voorwetenschappelijke poging gedrag te verklaren, waarvan wetenschappelijke analyse laat zien dat het 't gevolg is van een combinatie van krachten die het individu van buiten af beïnvloeden, te zamen met spanning en druk die van binnen het organisme komen.
5. Wat we kennen als bewustzijn of gewaarwording van onze gedachten en gevoelens, is een secundair verschijnsel dat ontstaat uit fysieke en biochemische processen in de hersenen.
6. Wat we als geheugen kennen is niets anders dan een kwestie van in het centraal zenuwstelsel opgeslagen data.
7. Het is duidelijk dat er – de aard van de tijd in aanmerking genomen – geen manier is waarmee we kennis kunnen verwerven over toekomstige gebeurtenissen, anders dan langs de weg van de rationele voorspelling vanuit gekende oorzaken en wetmatigheden uit het verleden.
8. Aangezien mentale activiteit eenvoudigweg een kwestie is van dynamisch veranderende toestanden in het fysieke organisme (de hersenen), is het voor deze mentale activiteit volkomen onmogelijk om enig rechtstreeks effect uit te oefenen op de fysieke wereld buiten het organisme.
9. De evolutie van het universum en van de mens is door materiële oorzaken tot stand gekomen... er is geen enkele rechtvaardiging voor het denkbeeld van een universeel doel in deze evolutie, noch in de inspanningen van het individu.
10. Persoonlijk bewustzijn overleeft de dood van het organisme niet; of als er echt een zinvolle bedoeling zit achter het voortbestaan van het persoonlijke bewustzijn na de dood van het fysieke lichaam, dan kunnen we die in dit leven niet begrijpen noch er op wat voor manier dan ook kennis over verwerven.

Dit zijn de vooronderstellingen waarop onze geïndustrialiseerde samenleving en ons gezondheidszorgsysteem berusten. In bepaalde gevallen werken ze in de gezondheidszorg prima. In andere gevallen niet. Op bepaalde levensgebieden, zoals de mogelijkheid om consumptiegoederen te kopen, werken ze voor sommigen van ons. Voor een aantal van ons die in armoede verstrikt leven, werken ze niet. Om doeltreffender oplossingen te vinden voor de sociale problemen en de ziekten die de 20ste eeuw 'teisteren', moeten we grondiger naar onze vooronderstellingen over de realiteit kijken.

In onze cultuur is de filosofie gegrondvest op het oude mechanistische natuurkundige model, wat op zijn beurt gebaseerd is op M-1 (geest komt voort uit materie) metafysica, die volhoudt dat de wereld is opgebouwd uit bouwsteentjes materie zoals elektronen en protonen. Alles wat bestaat is uit deze kleine 'dingen' of deeltjes samengesteld. Als we daarom de wereld ontbinden in deze onderdeeltjes en die bestuderen, zouden we de wereld moeten begrijpen. Zodoende hebben we geleerd om op ons rationele verstand te vertrouwen en ernaar te leven. Zowel onze sociale en medische systemen als onze scholen benadrukken het belang van het verstandelijk oplossen van problemen om te begrijpen hoe ze werken en om daarna de oorzaak van het probleem op te kunnen sporen. Om dat te doen ontbinden we alles eerst in afzonderlijke deeltjes en bestuderen we die.

Ongelukkig genoeg hebben we in de afgelopen veertig jaar steeds meer nadruk gelegd op het rationeel uiteenhalen van onze wereld in afzonderlijke deeltjes, en deze deeltjes vervolgens bestudeerd alsof ze geïsoleerd bestaan. Toch toont onderzoek aan dat isolatie eenvoudig niet waar is. Want meer dan twintig jaar lang hebben onze experimenten in natuurkunde en biologie aangetoond dat alles met elkaar verbonden is. Het is onmogelijk de onderzoeker te scheiden van het onderzoek. Het is onmogelijk het individu van het geheel af te zonderen. Toch blijven we in het dagelijks leven denken dat de dingen afgebroken en uiteengehaald moeten worden om ze te kunnen begrijpen.

Waarom werkt de oude manier niet?
Wanneer we op de mechanistische manier denken, doen we uitspraken als:
    'Wanneer gaan *zij* er eens iets aan doen?'

'*Zij* zijn bezig de planeet te vernietigen.'
'Het zou ons beter vergaan wanneer bewindslieden (of arbeiders) niet zo inhalig waren.'

Deze uitspraken scheiden ons van anderen door een kunstmatig 'zij' of 'hen' in het leven te roepen op wie we de verantwoordelijkheid voor een probleem of situatie kunnen afschuiven, in plaats van te doen wat in ons vermogen ligt om de situatie te veranderen. Per slot van rekening zijn we medescheppers van iedere situatie waarin we ons bevinden.

Op dezelfde manier zijn we met onze eigen gezondheid en met ziekten omgesprongen. We scheiden onze organen van elkaar alsof ze niet in hetzelfde lichaam samenwerken. We zonderen onze ziekte af van onszelf. We zonderen lichaamsdelen af van onze emoties daarover, alsof het zonder effect zou blijven wanneer we dat doen. We stoppen ze allemaal in aparte hokjes met uitspraken als:

'Ik heb jouw verkoudheid overgenomen.'
'Ik heb een pijnlijke rug.'
'Ik heb weer last van mijn maag.'
'Ik haat mijn dijen – ik vind ze veel te groot.'

Zelfs proberen we veeleer van het symptoom af te komen dan ons op de oorzaak van het probleem te richten. Dit kan werkelijk heel gevaarlijk zijn. We doen uitspraken als:

'Dokter, ik wil dat u me voor eens en voor al van deze knieproblemen afhelpt.'
'Ik heb hoofdpijn. Ik heb een aspirientje nodig om de pijn weg te nemen.'
'Ik laat mijn galblaas wegnemen, zodat ik er niet langer last van heb.'

Maar al te vaak zien we ziekte vooral als iets dat wordt veroorzaakt door het binnendringen van een ding dat van buiten komt, zoals een micro-organisme of een tumor die verwijderd dient te worden. De belangrijkste manier waarop we van een ziekte afkomen is het nemen van een pil of het zaakje laten wegsnijden. Het juiste medicijn voorschrijven om de pijn te bestrijden of de indringer te doden, is hoofdzakelijk gebaseerd op onderzoek en denken welke uitgaan van de vooronderstelling dat de wereld uit afzonderlijke deeltjes bestaat. Deze zienswijze pakt de oorzaak van ziekte niet aan. De verworvenheden van de moderne geneeskunde zijn verbazingwekkend, maar toch lijken wij, mensen, steeds minder in staat persoonlijk onze gezondheid te bewaren. Wanneer we eindelijk het ene door de dokter hebben laten oplappen, gaat er weer ergens anders iets mis. Soms leiden de bijverschijnselen van de behandeling tot een nieuwe kwaal. Toch zijn we geneigd deze kwalen als afzonderlijke gebeurtenissen te beschouwen. We hebben de wereld in zoveel delen ontbonden dat we in de war raken en gaan denken dat de dokter voor onze gezondheid verantwoordelijk is.

Het soort denken waarbij een mens wordt gezien als een verzameling afzonderlijke onderdelen in plaats van als een geheel en een geïntegreerd wezen, heeft al heel wat pijn veroorzaakt. Zulk hokjesdenken leidt ook tot het afschuiven van de verantwoordelijkheid voor je eigen gezondheid op de dokter. We zijn van mening dat een dokter lichaamsdelen repareren kan zoals een mecanicien auto-onderdelen repareert. Ik heb een heleboel van dit soort pijn gezien. Uit het denken in aparte hokjes ontstaat verwarring. Veel patiënten die ik in mijn praktijk heb gezien, hebben een lange lijst geneeskundigen afgewerkt, onder wie artsen, allerlei therapeuten, healers, paranormale genezers, acupuncturisten, diëtisten en kruidendokters. De resultaten van deze behandelingen waren miniem, hoofdzakelijk vanwege de tegenstrijdige en verwarrende analyse van hun toestand. De patiënt weet gewoon niet meer wat hem te doen staat of wie hij geloven moet, aangezien hokjesdenken tot tegenstrijdigheden leidt.

Vanwege het feit van onze culturele conditionering vragen we om een diagnose van onze lichamelijke ziekte. Dit is hetzelfde als vragen om de bouwstenen van de materie die niet werkelijk bestaan. En we vragen er niet eens alleen maar om – we eisen het! En we krijgen het. Een concrete uiteenzetting van de 'feiten' van een diagnose van onze lichamelijke ziekte beperkt ons vermogen het grotere geheel helder te zien, omdat we het uit de context tillen van de onderlinge samenhang van ons gehele wezen, waarbinnen de oorzaak van onze ziekte vele niveaus van functioneren en ervaren behelst. We nemen het als het volledige antwoord aan en gebruiken het om ons (hopelijk) veilig te doen voelen. Als resultaat daarvan zetten we onze artsen onder grote druk, voor onze gezondheid te zorgen via diagnose en behandeling. We geloven dat wanneer we de ziekte kunnen benoemen en kennen, we die dan in bedwang kunnen houden vanuit een afgezonderde, niet-verbonden plaats. Of nog beter: de dokter kan de zaak onder controle houden.

Inderdaad werkt deze methode tamelijk goed voor heel wat ziekten. Het verwijdert de lichamelijke symptomen genaamd ziekte, maar het pakt niet de innerlijke oorzaak aan die verbonden is met de diepere werkelijkheid in ons. Op lange termijn zal deze praktijk van diagnose en behandeling van lichamelijke symptomen ons waarschijnlijk nog een stap verder afbrengen van onszelf en onze diepere waarheid. Ik beschouw dit als misbruik van diagnose. Het probleem ligt niet in het systeem van diagnose. Het probleem is dat we bij de diagnose en de behandeling die daaruit voortvloeit stoppen. We hanteren het niet – zoals we zouden kunnen – als een nieuw stukje informatie in de grote puzzel die ons tot zelfinzicht en groei leidt. De benadering van ziekte vanuit het gezichtspunt van gescheiden symptomen geeft ook te veel macht aan het diagnostische systeem en doet het verstarren. En dit leidt tot een ander, serieuzer misbruik van het systeem van diagnose.

Het mechanistische model brengt doodvonnis-diagnoses voort
De pijn wordt erger en de patiënten raken zelfs nog verwarder wanneer ze aanbevelingen voor diagnose en behandeling krijgen die bedreigingen inhouden als: 'Als je ons speciale behandelingsprogramma niet volgt, zal je toestand slechter worden en zul je zelfs doodgaan.' Natuurlijk moeten artsen de informatie verstrekken waarover ze beschikken omtrent de vooruitzichten van de patiënt als hij onbehandeld blijft, maar artsen zouden niet mogen laten blijken dat hun manier noodzakelijkerwijs de enige is. Misschien zijn er manieren om de ziekte te behandelen waar zij nog niet van gehoord hebben. Anders gezegd: de beperkingen van de medische gestandaardiseerde behandelingstechnieken zouden als zodanig uiteengezet moeten worden, en de deur naar andere mogelijkheden zou altijd duidelijk opengelaten dienen te worden, of de arts nu wel of niet op de hoogte is van wat de andere behandelingswijzen inhouden. Liever dan een patiënt als 'terminaal' te bestempelen dient de arts duidelijk te maken dat de westerse geneeskunde tekortschiet om het probleem effectief aan te pakken.

Een van de ergste dingen waar ik kankerpatiënten, die net die diagnose gekregen hebben, doorheen heb zien gaan is de terminale diagnose. Jazeker, er zijn statistieken over zekere ontwikkelingen bij een bepaalde ziekte die de waarschijnlijkheid aangeven van het verloop dat een gegeven ziekte zal hebben. Maar dat betekent in geen geval dat dit ook zo opgaat voor de afzonderlijke patiënt. Jammer genoeg wordt een patiënt die aan de statistieken ontsnapt beschouwd als iemand met een verkeerde diagnose, met een 'spontane remissie', of als iemand die een 'zich goed gedragende ziekte' heeft gehad of zelfs bij wie een 'wonder' is geschied. Dit brengt de methode in diskrediet die erin slaagde de patiënt beter te helpen maken.

Wanneer de westerse geneeskunde bij ziekten die ze niet behandelen kan de diagnose 'ongeneeslijk' of 'terminaal' gebruikt, schept ze voor de patiënt een extra probleem. Ze leert patiënten dan dat ze niet beter kunnen worden. Ze roept een pathologische overtuiging in patiënten wakker waarnaar ze dan gaan handelen, aldus hun ziekte vererger end. Dat wil zeggen: ze hebben niet alleen de ziekte om tegen te vechten, maar ze moeten ook een deel in zichzelf overwinnen dat ervan overtuigd is dat ze niet meer beter kunnen worden. Een ziektediagnose brengt in de geest van de patiënt een pathologisch gezichtspunt teweeg in overeenstemming met de overtuigingen van een medisch systeem dat misschien niet in staat is de patiënt te helpen omdat er in dit systeem geen geschikte geneeswijze voorhanden is. In zekere zin zegt de westerse geneeskunde in verhulde vorm: 'Geloof zoals wij, aanvaard onze metafoor van de realiteit, dat deze ziekte (naar onze diagnose) de enige en ware werkelijkheid is (zoals wij die zien) en dat ze ongeneeslijk is.'

De verhulde uitspraak voert ons terug naar de oorspronkelijke kwestie: de rol die onze modellen van de werkelijkheid spelen in ons leven en onze vooronderstelling dat zij de enige realiteit vormen. We nemen de vergaande effecten daarvan niet in overweging.

De kwestie van modellen of metaforen van de werkelijkheid

Zoals de tassendame zegt in Lily Tomlins Broadway-hit *The search for intelligent life in the universe*: 'De werkelijkheid is een collectieve vondst.'

We zijn geneigd te zeggen dat elk model van de realiteit dat wij accepteren *de werkelijkheid* is. We raken dan in de problemen wanneer zich iets voordoet dat niet in het model past. We maken onszelf verwijten of verklaren dingen onmogelijk omdat ze niet in het model passen. We zijn geneigd niet in te zien of toe te geven dat het model beperkt is.

Alle modellen zijn beperkt. Dat moeten we in gedachten houden. Als we dat doen, dan is het waarschijnlijk prima een bepaalde metafoor voor de realiteit op een onbevooroordeelde manier te aanvaarden, bijvoorbeeld in het mechanistische geval dat materie de basisrealiteit is. Maar wanneer een ongeneeslijke ziekte in het geding is, is die metafoor voor de werkelijkheid niet langer werkzaam voor ons. Dan is het tijd een doelmatiger metafoor te vinden waarbinnen genezing mogelijk is. Dan is het tijd voor de patiënt om een ander medisch systeem te zoeken in plaats van zich bloot te stellen aan een pijnlijke agressieve behandeling die niet geneest. Niet alleen slagen deze behandelingswijzen er niet in om genezing tot stand te brengen, ze maken genezing via een ander systeem, zoals ayurvedische geneeskunde, homeopathie, acupunctuur, macrobiotiek, en dergelijke systemen, alleen maar veel moeilijker.

De diagnose 'onbehandelbaar' doet een uitspraak over het medische systeem, niet over de patiënt. Als ze wordt gesteld als uitspraak over de toestand van de patiënt, dan werpt ze patiënten een heel eind terug in hun genezingsproces. Het laat weinig of geen ruimte aan het creatieve healingproces vanuit de patiënt zelf, noch aan alternatieve vormen van zorg. Het is zoveel beter wanneer een arts zegt: 'Ik heb alles gedaan wat ik voor je kon doen. Op dit moment is mij geen andere behandelingswijze bekend die ik je bieden kan. Als je dat wilt kan ik je steunen en je toestand zo draaglijk mogelijk voor je maken. Misschien weet iemand anders een andere manier.'

Dit is alles waarvoor artsen verantwoordelijk zijn. Ze kunnen niet de verantwoordelijkheid nemen voor het leven van iemand anders, noch voor diens gezondheid. Artsen kunnen niet voor God spelen. Dit zou voor hen een bevrijding moeten zijn. Jazeker, artsen dragen Gods licht in iedere cel van hun wezen. Maar dat geldt ook voor iedere patiënt. Artsen hebben waarschijnlijk meer toegang tot geneeskracht dan iedere patiënt op elk gegeven moment. Maar patiënten zijn heel wel in staat te leren die kracht af te tappen, wat eveneens voor de arts een bevrijding zou zijn.

De verantwoordelijkheden die we op de schouders van onze artsen hebben gelegd en die zij op zich hebben genomen, zijn eenvoudigweg niet eerlijk noch realistisch. Ze zijn op het mechanistische model gebaseerd. Als we ervan uitgaan dat een arts ons een pil moet geven of een chirurgische ingreep op ons moet verrichten om iets weg te halen dat niet bij ons hoort en waarvan we last hebben, dan wordt hij of zij de verantwoordelijke persoon. Het lijkt dan alsof wijzelf er niets mee te maken hebben.

Op weg naar het holografische model
Als patiënten dienen wij de verantwoordelijkheid voor onze gezondheid terug te nemen. We moeten onze artsen vragen ons daarbij te helpen. We dienen vriendschappelijke werkrelaties tussen patiënt, healer en arts tot stand te brengen om het beste te halen uit zelfhealing, de healer en de uitgebreide gezondheidszorg die artsen te bieden hebben.

Een manier om te beginnen vriendschappelijke werkrelaties tussen patiënt, healer en arts tot stand te brengen is ons bewust in de nieuwe M-3 metafysica (materie komt voort uit geest) te begeven, die aan het begin van dit hoofdstuk is beschreven. We dienen te bedenken dat de geest in plaats van de materie de basisrealiteit is. En dat verandert de zaak behoorlijk. Het leidt ons naar holisme.

Het werk dat in dit boek wordt gepresenteerd, is gebaseerd op de M-3 metafysica: de geest doet de materie ontstaan en derhalve is geest of bewustzijn de basisrealiteit. Evenwel zijn *geest* en *bewustzijn* in onze cultuur nog steeds beperkte termen. De uitgestrektheid van de menselijke ervaring gaat de geest verre te boven. Daarom verkies ik de term *essentie* om te verwijzen naar de fundamentele aard van het mens-zijn. Essentie is subtieler en minder beperkt dan wat we bewustzijn noemen. Essentie ligt aan bewustzijn ten grondslag. Bewustzijn is subtieler en minder beperkt dan wat we geest noemen. Bewustzijn ligt aan geest ten grondslag. Daarom is het de essentie die bewustzijn doet ontstaan, dat de geest doet ontstaan, die materie doet ontstaan.

Die essentie wordt in het wezenssterniveau van elk levend wezen aangetroffen. In alles wordt ze aangetroffen, ze is overal. Alles is uiteindelijk doordrongen van essentie, bewustzijn en geest. M-3 metafysica leidt ons daarom volkomen natuurlijk naar holisme en de onderlinge verbondenheid van alles, iets dat een bijzonder algemene ervaring is in de healingtoestand. Door de M-3 metafysica aan te nemen begeven we ons rechtstreeks naar de nieuwe wetenschap der holografie, die ons een veelbelovende toekomst laat zien doordat ze ons nieuwe antwoorden geeft op oude vragen over onszelf en onze healing en over creatieve processen.

Laten we ons opnieuw op holisme oriënteren. Wat is het? Waarin verschilt het van datgene waar we nu onze vooronderstellingen over de realiteit op baseren? Hoe zou het zijn om in een holografisch model van de realiteit te leven? Hoe zou het zijn als we holografisch zouden denken en leven? Waarin zou ons leven veranderen?

Velen van ons hebben heelheidservaringen gehad, hetzij in een meditatie hetzij in zoiets eenvoudigs als een mijmering bij het zien van een zonsondergang. Dit zijn bijzonder krachtige ervaringen. Meestal verlangen we dat we wisten hoe we ze vaker kunnen laten voorkomen. Er schijnt een enorme kloof te bestaan tussen de spontane ervaring van heelheid en de toepassing van holisme in ons dagelijks leven. En juist deze kloof willen we in dit boek in een stapsgewijs proces overbruggen. Aan het ene einde van onze brug liggen de fysieke wereld en ons fysieke lichaam; aan de andere kant ligt de uitgestrekte ervaring van holisme waar ieder van ons het totaal is van wat er bestaat. De vraag die nu voor ons ligt is dus: hoe worden we holistisch?

Het ervaren van het universele hologram
Om te onderzoeken wat het op persoonlijk ervaringsniveau betekent om in een holografisch model te leven, stelde ik verscheidene van mijn derdejaars studenten de volgende vraag: *'Stel jezelf voor als hologram. Hoe zou dat je beperkingen opheffen?'* Hier volgen hun antwoorden.

MARJORIE V: In een hologram zijn we zowel de waarnemer als de schepper. We zijn niet zomaar een deel van het patroon, we zijn het patroon. Een hologram staat buiten de lineaire tijd en de driedimensionale ruimte. Het vertegenwoordigt de onderlinge verbondenheid van alles met alles. Het is de onbegrensdheid zelf. Het is totale overgave aan alle ervaringen – zich waarlijk met iedereen, alles en elk universum één voelen. Het is heden, verleden en toekomst in één moment.

IRA G: Wanneer ik mijzelf voorstel als hologram heft dat al mijn beperkingen op omdat het 't idee toelaat dat het gehele universum ervaren of begrepen kan worden via één cel van mijn lichaam en één ervaring uit mijn leven. Elk onderdeel en elke component wordt een poort naar universeel begrip.

SYLVIA M: Als ik een hologram ben, dan ken ik geen beperkingen meer. Ik kan van tijd en ruimte naar eeuwigheid gaan en weer terug. Ik ben de bomen, de dieren en de daklozen, en zij zijn mij. Misschien komt hier dat oude gezegde vandaan: 'Allen voor één en één voor allen.'

CAROL H: Wanneer ik mezelf voorstel als hologram, heft dat mijn beperkingen op in die zin dat ik de onderlinge verbondenheid erken met het geheel van de schepping en dat ik een weerspiegeling ben van de goddelijke geest. Ik besef bovendien dat al mijn gedachten, woorden en daden overal in het geheel ervaren worden – wat een overweldigende gedachte! Bovendien ervaar ik, als 'ontvanger', de totaliteit der schepping.

BETTE B: Als ik een hologram was van zeg bijvoorbeeld alcoholisme, dan zou ik niet alleen de echtgenoot van de alcoholist zijn, maar ook de zoon en de dochter en de alcoholist zelf. Ik zou kunnen ervaren hoe de alcohol het lichaam binnenkomt en tegelijkertijd zien en weten hoe iedere andere betrokkene voelt en denkt en wat hij mentaal, emotioneel, lichamelijk en spiritueel weet. Er zou geen partij gekozen kunnen worden, omdat ik onmiddellijk het geheel ben en weet dat het geheel deel uitmaakt van God en het universum.

PAM C: Ik geloof dat ik een hologram ben, maar het is moeilijk de betekenis daarvan tot me te laten doordringen. Het heft mijn beperkingen op omdat:
1. Ik ben niet afgescheiden, ik sta altijd in verbinding met het geheel. In feite ben ik het geheel.
2. Ik kan op elk moment elke vorm aannemen die nodig is. In feite neem ik ze allemaal de hele tijd aan.
3. Ik loop altijd synchroon met al het andere dat er bestaat.
4. Ik ben niet tot mijn lichaam beperkt. Ik heb toegang tot alle informatie in het universum, het verleden, het heden en de toekomst, en andere dimensies. Ik kan op elk moment overal zijn. In feite kan ik op diverse plaatsen tegelijk zijn. Kortom, het maakt me enorm groot en heel erg verbonden. Ik ben het geheel en de delen.

ROSEANNE F: Als ik een hologram ben, dan ben ik niet een deel van het geheel, ik bén het geheel. Het heft op alle manieren mijn beperkingen op, omdat ik niet alleen met alles verbonden ben, maar ik alles ben en daarom onbegrensd ben in mijn mogelijkheden om te begrijpen, te weten, te zien, te leren, te zijn en te doen.

In het omgekeerde van 'Ik ben een geheel' als hologram, ben ik in en van al het andere; zodoende bestaat er een evenwicht tussen mijn onbegrensde zelf en alle andere dingen en wezens.

JOHN M: Dit is een wetenschappelijke metafoor voor de uitspraak van Christus: 'Ik en de Vader zijn één.' Het wijst mij erop dat ik niet een 'buitenstaander' ben, dat ik net als de verloren zoon de volheid van het universum in me draag – die volheid door me heen voel stromen. Deze gedachte herinnert me aan een gevoel van vrede dat mijn meest angstige en onzekere momenten heeft geschraagd. Het lijkt, wanneer ik me de onmetelijkheid van het geheel voorstel, alsof het naar me terugkijkt met iets dat op een menselijk gezicht lijkt. De gedachte aan mezelf als hologram geeft me moed en hoop.

MARGE M: Op deze wijze kan ik mezelf zien als al wat is. Ik dien te leren die delen van mijzelf te ontsluiten waartoe ik toegang wens te krijgen. Als hologram is alles mogelijk, is alle kennis toegankelijk en is het een kwestie van toelaten dat dit gebeurt.

LAURIE K: Het verschaft me de vleugels waarmee ik gaan en zijn kan, waar en wanneer ik maar wil. Het geeft me de creatieve verantwoordelijkheid te weten wie ik werkelijk ben en daarmee de hele wereld te veranderen. Het verschaft me onbeperkte toegang tot alle kennis, alle inzicht. Het bevrijdt me van de boeien van de dualistische disharmonie en het drijft me een wereld binnen van licht, eenheid, weten. Ik ben onverbrekelijk verbonden met alles.

SUE B: Ik vond dit moeilijk uit te voeren omdat mijn hoofd almaar zei: 'Ik ben dat niet.' Daarentegen vind ik het makkelijker mezelf voor te stellen als deel van een onderling verweven web. Wanneer ik dat doe is er geen 'ik' en geen 'niet-ik' meer, maar alleen 'ik ben'. Tijd en ruimte bestaan in deze zin niet meer, want 'ik ben' overal onmiddellijk.

JASON S: Mijzelf als hologram voorstellen lijkt mijn beperkingen op te heffen in de mate waarin ik dit toesta. Op een bepaald punt wordt het een beetje angstaanjagend. Wanneer ik me dit voorstel, voel ik me bijvoorbeeld ietwat meer onthecht van mijn persoonlijkheid en levenspad en zie ik dit alles meer als een serie onderling reagerende patronen. Het geeft een weids vergezicht aan mijn beeld van mijzelf. Aan de andere kant – op microniveau – kan ik elk aspect van mijn dagelijks leven zien als een volledige uitdrukking van wie ik ben, ik kan zien hoe ik door mijn leven heen aan het 'Jasonnen' ben, met mijn talenten, vooruitzicht, gebrek aan perspectief, problemen en sterke kanten, alles in elk aspect volledig gevormd. Al ben ik iemand die behoorlijk gehecht kan raken, ik houd niet bijzonder van het gevoel van gehechtheid wanneer dit te sterk wordt. Toch houd ik wel van het gevoel van alles-in-eens dat ik krijg door op die manier naar mijn leven te kijken.

Als healer voel ik, als ik op die manier naar patiënten kijk, de mogelijkheid volkomen in contact te zijn met hun verleden, heden en toekomst. Het zorgt ervoor dat het moment van healing het huidige moment overstijgt.

De holografische ervaring vereist verruimde gewaarwording. Het vereist grote gevoeligheid voor wat is, zowel persoonlijk als interpersoonlijk. Het is mogelijk dit verruimd gewaarworden stapsgewijs te ontwikkelen, zoals we verderop in dit boek zullen zien.

De holografische ervaring is de ervaring van het healingmoment. Wanneer de lineaire tijd en de driedimensionale ruimte op de hierboven beschreven manieren overstegen worden, vindt er automatisch healing plaats. Dit is de ware aard van het universum.

Ik ben er zeker van dat je vertrouwd bent met dit soort

ervaringen. Wat we tot nog toe nog niet geleerd hebben, is ze op te wekken op het moment dat we ze nodig hebben en ze te integreren in het normale leven. Onze ware uitdaging is hoe we ze op een praktische manier in ons dagelijks leven in kunnen voeren. Om dat te kunnen moeten we eerst holisme beter gaan begrijpen. Laten we dus holografie eens nader bekijken.

De oorsprong van holisme en holografie
In 1929 beschreef Alfred North Whitehead, een vermaard mathematicus en filosoof, de natuur als een grote zich uitbreidende serie gebeurtenissen die onderling verbonden zijn. 'Deze gebeurtenissen,' zo zei hij, 'eindigen niet bij zintuiglijke waarneming. Dualiteiten als geest/stof zijn vals. De realiteit is veelomvattend en grijpt nauw in elkaar.' Wat Whitehead hiermee bedoelde was dat alles met elkaar in betrekking staat, ook onze zintuigen. We gebruiken onze zintuigen om informatie te verkrijgen over iedere gegeven situatie. Onze zintuigen beïnvloeden de situatie die we waarnemen. De situatie beïnvloedt de zintuigen waarmee we die waarnemen.

In hetzelfde jaar publiceerde Karl Lashley de resultaten van zijn onderzoek naar het menselijk brein. Dit toonde aan dat specifiek geheugen niet op een speciale plaats in de hersenen kan worden gelokaliseerd. Hij ontdekte dat wanneer een bepaald deel van de hersenen wordt vernietigd, daarmee niet de herinnering vernietigd werd die daar was gelokaliseerd. Geheugen kon niet in specifieke hersencellen worden gelokaliseerd. Integendeel, geheugen leek over het gehele brein verspreid te zijn, waarschijnlijk als een veld van energie.

In 1947 leidde Dennis Gabor wiskundige vergelijkingen af welke een mogelijke driedimensionale foto beschreven die hij holografie noemde. Het eerste hologram werd met behulp van een laser in 1965 geconstrueerd door Emmette Leith en Juris Upatinicks. In 1969 opperde Dr. Karl Pribram, een vermaard hersenfysioloog aan de Stanford University, het idee dat het hologram heel goed dienst kon doen als een krachtig model voor hersenprocessen. Dr. David Bohm, een bekend natuurkundige die met Einstein samenwerkte, lanceerde in 1971 de theorie dat de organisatie van het universum waarschijnlijk holografisch was.

Toen Bohms werk Pribram ter ore kwam, was hij opgetogen. Het ondersteunde zijn idee dat de menselijke hersenen als hologram werken, en informatie uit een holografisch universum verzamelen en lezen.

Wat is een hologram?
Wat zeggen deze mannen en hun onderzoekingen nu eigenlijk? Om hun ideeën te begrijpen bekijken wij eens nader hoe een hologram werkt. Het projecteert een driedimensionaal beeld vanuit schijnbaar nergens de ruimte in. Wanneer je om dit beeld heenloopt, zie je de verschillende zijden ervan.

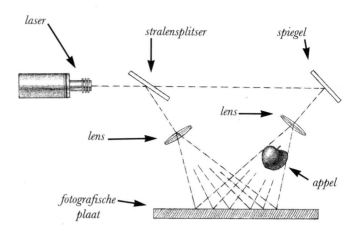

Afbeelding 3-1 *Een hologram van een appel maken*

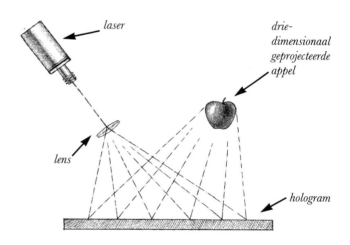

Afbeelding 3-2 *Een hologram van een appel projecteren*

Het vergt een tweestaps proces om het driedimensionale hologrambeeld te scheppen. Afbeelding 3-1 laat de eerste stap zien. De straal uit een laser wordt in tweeën gesplitst door een instrument genaamd een stralensplitser. De ene helft wordt via een spiegel en een lens op een object, bijvoorbeeld een appel, gericht, en wordt dan op een fotografische plaat geprojecteerd. De andere helft wordt simpelweg door een spiegel gereflecteerd en via een lens op dezelfde fotografische plaat gericht. Een specifieke intervalrelatie wordt tussen de twee helften van de laserstraal vastgesteld. Er wordt een foto genomen. Het resultaat is een foto van een interferentiepatroon dat door de twee stralen wordt geproduceerd wanneer ze samenkomen op de fotografische plaat. Dit interferentiepatroon ziet eruit als niet te onderscheiden golvende lijnen.

De tweede stap, afbeelding 3-2, bestaat eruit eenvoudigweg de appel, de stralensplitser, de tweede spiegel en de tweede lens weg te halen. Als je nu de laser neemt en die via een lens op de fotografische plaat richt, zul je een driedimensionaal beeld van de appel in de ruimte zien zweven! Nog verbazingwekkender is dat wanneer je de fotografische plaat gewoonweg doormidden snijdt zonder iets anders te veranderen, je nog steeds het beeld van de appel in de ruimte ziet zweven, alhoewel een beetje waziger. Als je nog een stuk van de plaat wegsnijdt, zul je nog steeds een volledig beeld van de appel in de ruimte zien. Dit gaat zo door met almaar kleinere deeltjes van de fotografische plaat. Je krijgt steeds de hele appel, die echter iedere keer alleen een beetje waziger wordt!

Het holografische model en zeven vooronderstellingen over de aard van de werkelijkheid

Nu we het holografische tijdperk binnenstappen, bereiden we ons op vele veranderingen voor. Dit tijdperk berust op het fundament van *zeven basisvooronderstellingen over de aard van de werkelijkheid* die rechtstreeks voortvloeien uit het holografische werk en waarop het holografische model is gebaseerd.

Vooronderstelling 1: Bewustzijn is de basiswerkelijkheid
Laten we, om bij de vooronderstelling uit te komen dat bewustzijn de basiswerkelijkheid is, eens de analyse van Dr. Pribram volgen. Dr. Pribram zegt dat de basiswerkelijkheid de energetische signatuur is die onze hersenen via onze zintuigen oppikken. Onze hersenen interpreteren dan die signatuur tot de vorm en kleur van een appel. Wat hij bedoelt is dat de ware werkelijkheid lijkt op de energie in de laserstralen die informatie draagt. Wat wij als werkelijkheid zien, lijkt meer op het geprojecteerde beeld van de appel in het hologram. De ware werkelijkheid kan eerder gevonden worden in de energie die onze zintuigen oppikken dan in de objecten die we als werkelijk omschrijven.

Pribram stelt dat onze hersenen zich gedragen als het hologram dat de ware werkelijkheid van de energiestralen projecteert tot een illusoire appel. Onze hersenen, gebruik makend van onze zintuigen, pikken het energieveld op van datgene waar we op dit moment onze aandacht op richten en vertalen dat energieveld in een voorwerp. Dit betekent dat het voorwerp dat we waarnemen een secundaire realiteit vertegenwoordigt. Het is slechts de signatuur van de diepere werkelijkhied (de energiestralen) van waaruit de projectie van het voorwerp komt.

Pribram zegt dat al onze zintuigen in zekere zin samenwerken om de illusie van de wereld om ons heen te scheppen, vergelijkbaar met hoe een paar stereoluidsprekers de indruk geven dat het geluid midden uit de kamer komt of hoe een koptelefoon ervoor zorgt dat het geluid midden uit je hoofd komt. Tot nu toe is alleen een hologram geconstrueerd dat gebruik maakt van het visuele zintuig – licht van de laserstraal. Waarschijnlijk worden er op een dag ook hologrammen geconstrueerd die gebruik maken van de kinesthetische, auditieve, olfactorische en gustatieve zintuigen.

Zonder twijfel vertoont het onderzoek van Dr. Pribram verwantschap met ons model van het menselijk energieveld. Op het niveau van de aura is de basisrealiteit energie. Als we echter dieper gaan, vinden we onze intentie, die het resultaat is van ons bewustzijn waarop onze energiestroom is gebaseerd. En zelfs dieper dan dat treffen we onze essentie en het wezenssterniveau aan, het fundament van de gehele werkelijkheid. We zijn beland bij de M-3 metafysica.

Gevolgtrekkingen van vooronderstelling 1 voor onze gezondheid en gezondheidszorg

1. Waarschijnlijk de meest diepgaande gevolgtrekking voor onze gezondheid is dat ons bewustzijn, als intentie tot uitdrukking gebracht, en de energie in ons auraveld dat het resultaat is van die intentie, de meest fundamentele factoren zijn bij onze gezondheid of ziekte. Dit betekent dat onze intenties, zowel bewust als onbewust, en de manier waarop ze in ons denken, voelen en handelen tot uiting komen, belangrijke factoren zijn voor onze gezondheidstoestand. Elk lichamelijk probleem is slechts de fysieke manifestatie van de werkelijke ziekte die in ons bewustzijn gevonden kan worden. Bewustzijn is het fundament van de gematerialiseerde ziekteverklaring.
2. Elke wetenschap of gezondheidszorg die op de fysieke wereld is gebaseerd, steunt op secundaire, niet op primaire oorzaken.

Vooronderstelling 2: Alles is met alles verbonden
Deze verbinding is niet afhankelijk van ruimtelijke nabijheid, noch van tijd. Een voorval op de ene plaats beïnvloedt onmiddellijk alle andere dingen zonder vertraging ten behoeve van communicatie (dat wil zeggen: sneller dan de lichtsnelheid en buiten Einsteins relativiteitstheorie).

Aangezien er geen vertraging in de tijd is, vinden wat we oorzaak en gevolg noemen terzelfder tijd plaats. Derhalve is ons idee van oorzaak en gevolg, iets dat zo nuttig is in onze materiële wereld, niet toepasbaar of geldig in de primaire realiteit.

Gevolgtrekkingen van vooronderstelling 2 voor onze gezondheid en gezondheidszorg

1. Vanuit holografisch gezichtspunt is het onmogelijk om mensen, gebeurtenissen, dingen, 'niet-dingen' of onszelf apart te nemen. De voortplanting van gebeurtenissen zet zich niet alleen voort binnen hun eigen specifieke invloedssfeer, maar beïnvloedt tevens andere schijnbaar daarvan onafhankelijke of nietverbonden levensgebieden ten diepste. Onze alle-

daagse ervaringen, onze wetenschap, onze psychologie en onze politiek wijzen allemaal naar de werkelijkheid dat niets op zichzelf kan bestaan. Een gebeurtenis, of die nu politiek, psychisch, atomair of subatomair is, kan nooit worden beschouwd als een geïsoleerd voorval dat alleen de directe omgeving ervan zou beïnvloeden. Onze wetenschap en onze politiek laten duidelijk zien dat wat er nu voorvalt, zijn onmiddellijke weerslag elders heeft. De ontwikkeling van nucleaire wapens laat dit duidelijk zien, evenals het werk van milieudeskundigen.
2. Alles wat we doen, zeggen, denken en geloven omtrent gezondheid en ziekte beïnvloedt onmiddellijk iedereen.
3. Door onszelf te helen, helen we anderen. Door anderen te helpen helen, helen we ook onszelf.

Vooronderstelling 3: Elk onderdeel bevat het geheel
Als we het model van het hologram gebruiken, krijgen we een heel ander beeld van de aard van de realiteit dan de manier waarop onze westerse cultuur die in het verleden omschreven heeft. Aangezien het gehele driedimensionale beeld van de appel steeds wordt geproduceerd, hoe klein ook het deel van de fotografische plaat dat over is, demonstreert het hologram dat elk deel (van de holografische plaat) het geheel (de appel) bevat.

Gevolgtrekkingen van vooronderstelling 3 voor onze gezondheid en gezondheidszorg

1. Elk deel van ons bevat het gehele patroon van ons. Dit kan in de fysieke wereld in onze genen tot uitdrukking worden gebracht. Hierin bevat elke cel onze totale genetische opmaak. Uiteindelijk zal het misschien mogelijk zijn onszelf te klonen uit een enkele cel!
2. Op energetisch niveau: het energiepatroon in het auraveld van elke cel bevat ons gehele patroon van gezondheid. We kunnen dan dit gezondheidspatroon aftappen om onze gezondheid terug te krijgen. We hoeven slechts één gezonde cel over te hebben om dat te kunnen doen!
3. We zijn alles wat er is. Of om het op een andere manier te zeggen: al wat er is, bevindt zich in ieder van ons. Door ons innerlijk landschap te verkennen, onderzoeken we ook het universum.
4. Door onszelf te helen, helpen we de aarde en het universum te helen. (Voor verdere informatie en dieper begrip over hoe dit werkt: zie hoofdstuk 13, 'Wat kan ik persoonlijk voor de wereldvrede doen?', gechanneld van mijn gids Heyoan.)

Vooronderstelling 4: Ook de tijd is holografisch
Elk aspect bestaat de hele tijd overal en altijd (dat wil zeggen: zowel te allen tijde als in alle tijden). Elk moment is geheel, compleet en levendig en bestaat gelijktijdig in een kenbare relatie met alle andere momenten. Elk moment is zelf-kenbaar en zelf-intelligent en heeft toegang tot alle momenten.

Gevolgtrekkingen van vooronderstelling 4 voor onze gezondheid en gezondheidszorg

1. We weten nu ook dat een gebeurtenis in het verleden ruim verweven door het tapijt van onze huidige wereldopmaak kan worden aangetroffen. Wat wij doen is van invloed op een breed scala mensen, misschien zelfs heel wat breder dan we nu vermoeden. Onze handelingen beïnvloeden niet alleen de mensen om ons heen maar ook de mensen op een afstand, omdat deze effecten niet tot tijd en ruimte beperkt blijven. Ze zijn holografisch – dat wil zeggen: deze effecten zijn onafhankelijk van tijd en ruimte.
Ze handelen buiten zulke beperkingen om, omdat tijd en ruimte in de primaire werkelijkheid niet bestaan.
2. Op het persoonlijke vlak: ieder van ons heeft in dit moment van nu toegang tot alle andere momenten. Of: we zijn de hele tijd overal en altijd.
3. Ieder van ons is verbonden met het 'ik' dat heel gezond is vóór het ziek worden en na het beter worden. We kunnen toegang krijgen tot die ervaring van gezondheid en die ten behoeve van healing naar het nu brengen.
4. Omgekeerd, we kunnen allemaal verbonden blijven met de lessen die we uit enige ziekte geleerd hebben, om de wijsheid die we uit die ervaring verworven hebben te behouden.
5. Door volkomen heelheid binnen te treden, is het mogelijk onszelf onmiddellijk te helen.

Vooronderstelling 5: Individualisering en energie zijn fundamenteel voor het universum
Elk aspect is individueel en niet identiek aan elk ander aspect.
Er bestaat een experiment dat bewijst dat licht zowel een energiedeeltje als een energiegolf is. Echter, een ander experiment toont aan dat deeltjes zich niet als dingen gedragen. Veeleer lijken ze op 'individuele interactievoorvallen' die ook weer fundamenteel uit energie bestaan. Daarom: elk aspect van het universum is hetzij een energiegolf hetzij een individueel energiedeeltje.

Gevolgtrekkingen van vooronderstelling 5 voor onze gezondheid en gezondheidszorg

1. Ieder van ons is uit energie samengesteld. Door onze gedachten en vooronderstellingen dat we uit stevige materie bestaan te vervangen door het idee dat we licht zijn, kunnen we veel gemakkelijker veranderen. En daartoe is dan ook ons lichaam in staat dat uit licht is gemaakt. Ons lichaam verandert voortdu-

rend. Elke seconde hebben we een ander lichaam.
2. Ieder van ons verschilt van ieder ander. Wat er met ieder van ons gebeurt en wat we ervaren is uniek. Dit kan niet door een waarschijnlijkheidsberekening op grond van statistieken uit het verleden worden vastgesteld zonder dat de factor schepping – zoals in vooronderstelling 7 wordt uiteengezet – in het geding is.

Vooronderstelling 6: Het geheel is groter dan de som der delen
Als we het proces omkeren en de stukjes van de fotografische plaat een voor een weer met elkaar verbinden, krijgen we een steeds helderder, beter afgebakend beeld van de hele appel. Enkele van de voornaamste punten die voortvloeien uit de zesde vooronderstelling luiden:

1. Elk aspect bestaat binnen een systeem dat groter is dan zichzelf, wat weer bestaat binnen een systeem groter dan zichzelf, en zo verder.
2. Elk aspect en ieder systeem hebben kennis van alle andere systemen.
3. Door de kleinere delen te verbinden en in het geheel te integreren, krijgen we een beter, helderder inzicht in het geheel.

Gevolgtrekkingen van vooronderstelling 6 voor onze gezondheid en gezondheidszorg

1. In holisme zeggen we, als we onze 'delen' of 'zelven' samenbinden, dat we ons verbinden met ons grotere, hele zelf en daar een helderder beeld van krijgen.
2. Iedere groep mensen schept te zamen een groter geheel dat meer kracht, liefde en creativiteit in zich bergt dan ieder van deze mensen afzonderlijk of dan de som van hun individuele inspanningen.
3. Ieder individu binnen een groep kan de kracht van die groep aftappen. Elke groep binnen een grotere groep kan toegang krijgen tot de kracht en energie in die grotere groep, en zo verder. Dit kan ten behoeve van healing worden gedaan, maar ook voor andere creatieve inspanningen.
4. Ieder hebben wij, persoonlijk en in groepen, toegang tot alle genezende kennis en kracht die er is, ooit is geweest en zijn zal in het universum.

Vooronderstelling 7: Bewustzijn schept werkelijkheid en zijn eigen ervaring van de werkelijkheid
De zevende vooronderstelling is gebaseerd op Karl Pribrams model van de holografische hersenen. *Pribram beweert dat de hersenen data verwerken analoog aan wat ze gewend zijn.* Dat betekent dat je ervaringen zult krijgen overeenkomstig je verwachtingen, gebaseerd op je overtuigingen en je erfgoed.

Aangezien de werkelijkheid door bewustzijn wordt gecreëerd, schept het ook zijn eigen ervaring van de realiteit aangezien dat onderdeel uitmaakt van de realiteit.

Gevolgtrekkingen van vooronderstelling 7 voor onze gezondheid en gezondheidszorg

In het healingwerk zeggen we: 'We scheppen niet alleen onze eigen werkelijkheid en onze ziekte, we creëren ook onze eigen ervaring van die werkelijkheid, inclusief onze ervaring van onze gezondheid of ziekte.'

Dit is een bijzonder controversiële uitspraak. De interpretatie hiervan moet heel zorgvuldig geschieden, omdat het vruchtbare grond voor misvattingen en misbruik is. De verantwoordelijkheid dragen voor een bepaalde situatie is heel iets anders dan er de schuld van krijgen. Het laatste houdt in dat we ziek worden omdat we slecht zijn. Anderzijds, als we het idee aanvaarden dat we onze eigen ervaring van de werkelijkheid scheppen, plaatst dit ons in de machtige positie uit te kunnen zoeken hoe we die geschapen hebben zoals ze er nu uitziet, onze manier te veranderen en een andere, meer wenselijke manier te scheppen. Hier zitten twee grote valkuilen in.

De eerste is: van welk niveau van ons wezen is deze schepping afkomstig? Van de goddelijke essentie, het bewustzijnsniveau van de intentie, of het persoonlijkheidsniveau van het denken en voelen?

De tweede is: wie is de wij die aan het scheppen is? Vanuit holografisch gezichtspunt zijn we allemaal onderling verbonden, zijn we allemaal verbonden met de grotere creatieve kracht in het universum, en beïnvloeden we elkaar altijd en overal.

Mensen die zichzelf in hun leven voortdurend in stresssituaties plaatsen, hebben klaarblijkelijk veel van doen met het creëren van de hartklachten die er het gevolg van zijn op het persoonlijkheidsniveau van het energieveld dat correspondeert met gedachten en gevoelens. Een grote hoeveelheid persoonlijke keuze is erbij betrokken, en heel wat van de scheppende energie is afkomstig van het individu. Deze mensen zijn echter ook het product van hun cultuur, die een groot aantal mensen voortbrengt met hartklachten door stress, eetgewoonten en emotionele tekortkomingen binnen de cultuur.

Aan de andere kant is een baby die met aids wordt geboren zeker niet bezig met dezelfde soort individuele menselijke keuzen op het persoonlijkheidsniveau als de boven beschreven patiënt. Naar het vormen van aids in een pasgeborene kan alleen worden gekeken vanuit het holografische gezichtspunt dat dit kind ontstaan is uit het collectieve geheel van de maatschappij waarin het werd geboren. De 'wij' die hier voor deze creatie zorgt, zijn we allemaal. We hebben collectief een situatie geschapen die de voedingsbodem vormt voor aids die dan vervolgens in fysieke vorm in enkele individuen tot uitdrukking komt. Deze voedingsbodem voor aids komt in ons allen op een of andere wijze tot uitdrukking. Het kan zich uitdrukken in onze ontkenning van de aanwezigheid ervan in onze maatschappij, of in onze relatie ermee, in onze angst ervoor, in onze negatieve vluchtreactie en zelfs in onze ontkenning van de mogelijkheid dat we het kunnen krijgen. De omstandigheid van aids in ons kan tot uitdrukking komen in onze relatie met hen die het in fysieke vorm met zich dragen. De voornaamste uiting van de omstandigheid genaamd aids die we allemaal hebben, zit in de uitdaging die er voor ons in ligt te kiezen voor liefde of voor angst. Ieder moment dat we geconfronteerd worden met onze omstandigheid genaamd aids, die we allen te zamen geschapen hebben, worden we geconfronteerd met de uitdaging liefde te kiezen of angst.

Nu kan men natuurlijk de diepere geestelijke wereld van essentie en intentie in deze metafoor betrekken en overwegen dat iemand voor de geboorte ervoor gekozen kan hebben om met aids geboren te worden als geschenk aan de mensheid. Dit geschenk daagt ons uit liefde in plaats van angst te kiezen. We hebben in dit tijdperk zeker nog heel wat over liefde te leren.

Wat mijzelf betreft kunnen al deze uitspraken waar zijn en mij behulpzaam zijn in healing, wanneer ze op de juiste wijze worden gehanteerd. De creatie van iemands realiteit dient, ten behoeve van een complete healing, op alle niveaus onderzocht te worden.

Samenvatting van en holistische visie op gezondheidszorg
De basisrealiteit in het universum wordt gevormd door essentie. Ze omvat onze persoonlijke individuele essentie, gecombineerd met de essentie van al het andere, wat universele essentie wordt genoemd. Heel de schepping komt uit die essentie voort: ons bewustzijn, onze geest, onze gevoelens en de materie, inclusief ons fysieke lichaam. Onze gezondheid is het resultaat van het naar buiten brengen van onze ware unieke essentie via ons bewustzijn, onze geest, onze gevoelens en fysieke lichaam. Onze gezondheid of ons ziek-zijn wordt door ons via dit proces gecreëerd. Wij zijn het.

Ziek-zijn is het resultaat van een verstoring in ons bewustzijn (onze intentie) die de uitdrukking van onze essentie blokkeert door alle niveaus heen in het fysieke vlak te komen. Ziek-zijn is de uitdrukking van hoe we geprobeerd hebben onszelf te scheiden van ons diepste wezen, onze essentie.

Wat we scheppen ontstaat holografisch uit zowel onze individualiteit als onze collectiviteit op het niveau van de groepen waartoe we behoren, vanaf de meest intieme tot op universele schaal. Dat wil zeggen: onze scheppingen zijn niet alleen onze eigen bedoening, maar worden ook sterk beïnvloed door en zijn (holografisch) afkomstig van de mensen met wie we het meest verbonden zijn. Onze scheppingen worden minder beïnvloed door mensen met wie we minder verbonden zijn.

De oorzaak van enige afzonderlijke ziekte is zo menigvuldig dat het onmogelijk is hier zo'n lijst samen te stellen. Er zijn gevallen bekend waarbij de groepsbron inderdaad bijzonder sterk is. Er zijn nu vele gevallen naar voren gekomen, zoals die van die lieve schattige baby's die met aids worden geboren, die voortkomen uit grotere groepen van de mensheid. Dit is een teken dat de tijden veranderen. Het is een manifestatie van het bewustzijn van de mensheid dat alles met alles verbonden is. Aids is een ziekte die nationale grenzen zal doen verdwijnen en die aan de mensen zal laten zien dat liefde het antwoord is.

In dit proces van gezondheid en ziek-zijn kunnen we ons innerlijk niet in stukjes delen of onszelf van anderen afscheiden. We zijn allemaal met elkaar verbonden. Alles wat we denken, voelen en doen met betrekking tot gezondheid en ziek-zijn is van invloed op ieder ander. Door onszelf te helen, helen we anderen. Door onze essentie, onze uniekheid, tot uitdrukking te brengen, verspreiden we gezondheid naar iedereen door ook hun toe te staan hun essentie tot uitdrukking te brengen.

Elk deel van ons bevat het gehele patroon, elke cel van ons lichaam bevat het patroon van ons gehele lichaam, en wij bevatten eveneens het patroon van de mensheid. We kunnen dit grote gezondheidspatroon van kracht en licht aftappen ten bate van healing. Dit patroon is werkelijkheid en het is leven.

Wij zijn dit patroon. Dit patroon zit in ons auraveld. We zijn energie, en we kunnen heel snel veranderen. We leven in een geleiachtig lichaam dat voortdurend verandert en dat tot grote veranderingen in staat is.

De tijd is holografisch. We kunnen door tijdkaders heen bewegen voor healingdoeleinden en om informatie te verzamelen over het verleden of een waarschijnlijke toekomst. We kunnen ons ten bate van healing aanschakelen op alle wijsheid van eeuwen. We zijn deze wijsheid; het zit in ons en het bevindt zich overal om ons heen.

Laten we nu die M-1 uitspraken over onze gezondheid (zie p. 33) opnieuw verwoorden in holografisch perspectief.

In plaats van te zeggen: 'Ik heb jouw verkoudheid overgenomen', zeggen we liever: 'Mijn verkoudheid is een signaal dat ik mijzelf weer in balans moet brengen. Ik heb mijn immuunsysteem verzwakt en het voor een virus doordringbaar gemaakt. Waarschijnlijk heb ik geen aandacht geschonken aan wat ik nodig heb. Ik dien beter voor mezelf te zorgen. Wat heb ik nodig om de balans te herstellen? We zijn met elkaar verbonden in het feit dat we allebei een verkoudheid hebben laten ontstaan. Jij zou misschien ook beter voor jezelf dienen te zorgen!'

In plaats van te zeggen: 'Ik heb een pijnlijke rug', kunnen we zeggen: 'Mijn rugpijn vertelt me dat ik mijzelf weer de rug toegekeerd heb. Het is tijd dat ik duidelijkheid verkrijg over mijn intenties en me ook daaraan houd. Uit deze heldere intenties zal een nieuwe relatie met mijn rug ontstaan die ook manieren zal inhouden ervoor te zorgen dat ik "ruggegraat" heb. Hoe meer ik voor mijzelf en mijn waarheid sta, hoe meer anderen dat zullen doen.'

In plaats van te zeggen: 'Ik heb weer last van mijn maag', kunnen we zeggen: 'Ik ben weer hard voor mezelf geweest en heb alle spanning in mijn maag opgeslagen. Het is tijd om die los te laten en mezelf wat TLZ (tedere liefdevolle zorg) te geven.'

In plaats van te zeggen: 'Ik haat mijn dijen – ik vind ze veel te groot', kunnen we misschien zeggen: 'Ik blijf mijn haat in mijn heupen dumpen en ik laat ze groeien om alles maar vast te kunnen houden.'

Deze nieuwe manier van omgaan met ziek-zijn weerhoudt ons er niet van de ziekte door een professionele hulpverlener te laten behandelen. Maar het legt er wel de nadruk op hoe wij het al die tijd behandeld hebben en hoe dat getransformeerd moet worden om gezond te blijven. Het legt ook nieuwe mogelijkheden open waarmee we een goede gezondheid kunnen verkrijgen. Als we eenmaal met onze oude gewoonten die de ziekte op haar plaats houden, breken en we onze houding veranderen, gaan we op de eerste plaats automatisch anders over het probleem denken. We zijn niet langer een slachtoffer dat er niet mee verbonden is, integendeel, we hebben er allereerst mee te maken. Zo zullen we in onze net verworven vrijheid nieuwe wegen voor onszelf banen die we voordien niet hadden. Door dat te doen helpen we ook andere mensen nieuwe wegen naar zichzelf en anderen open te leggen.

De uitdaging van de holistische visie

De uitdaging waar we als patiënten en healers voor staan, is de mogelijkheden te aanvaarden die door het holografische model worden aangereikt, te begrijpen wat die mogelijkheden zijn en te leren ze te benutten. Onze ware primaire realiteit is de realiteit van bewustzijn en energie. Iedere wetenschap die zich concentreert op de secundaire of materiële realiteit van de fysieke wereld, is op een illusie gebouwd en is derhalve illusoir. Als dit zo is en er bestaat bewijs om deze theorie te schragen, dan verschilt onze wereld inderdaad heel erg van de manier waarop we vermoeden dat ze in elkaar steekt, uitgaande van de driedimensionale definities die we haar opleggen. Dit zal wel wat wennen wezen, omdat we zo vertrouwd zijn met de definities die we op onze wereld hebben gelegd.

Op de eerste plaats dienen wijzelf te veranderen om het holografische gezichtspunt te aanvaarden. Het daagt ons identiteitsgevoel uit en noopt tot zelfverantwoordelijkheid op grote schaal. Dit vereist dat we een grote mate van verantwoordelijkheid op ons nemen voor wat we doen, zowel jegens onszelf als naar anderen. Op het domein van gezondheid geeft het ons grote verantwoordelijkheid voor de zorg om onze gezondheid. En terzelfder tijd verschaft het ons onbeperkte hulpbronnen waarmee we dat kunnen doen. In deze fase van onze ontwikkeling kunnen we ons onmogelijk voorstellen welk een geweldige potentiële kracht, kennis en energie ons binnen deze primaire realiteit ter beschikking staan.

Het opnieuw bezien van je oude diagnose aan de hand van het holografische model

De antwoorden op wat de medische wetenschap 'spontane remissie' of 'een wonder' noemt, zijn in het holografische model te vinden. In het holografische model staat een ziekte gelijk aan het beeld van de in de ruimte zwevende appel die er niet werkelijk is. Het is de signatuur van iets anders. Het is een kenteken van de onderliggende, uit balans geraakte energieën die de ziekte gecreëerd hebben. Wat de traditionele geneeskunde een ziekte noemt, is het kenteken van de werkelijke onevenwichtigheid die dieper in de menselijke psyche wordt vastgehouden. Of zullen we, vanuit het perspectief van de healer, zeggen: ziekte is de fysieke manifestatie van een dieper liggende verstoring.

In het holografische model is alles verbonden. Zo leggen we een verbinding tussen het onvermogen van de alvleesklier om goed te functioneren en ons onvermogen de zoetheid des levens op andere levensgebieden in ons op te nemen. De pancreas is niet alleen verbonden met de vertering van de zoetigheid die we eten, maar ook met ons vermogen om de zoetheid in het leven, in onze relaties en in onze persoonlijke voeding te behouden. Dit mag op het eerste gezicht nogal buitenissig lijken, maar wanneer men de werking van het menselijk energieveld observeert, dan wordt het overduidelijk. In iemand met een gezonde alvleesklier kunnen we directe energetische verbindingen waarnemen tussen het energieveld van de pancreas en het vermogen van die persoon zich te verbinden met energievelden die corresponderen met universele zoetheid.

Wanneer we holografisch denken, zijn onze symptomen onze vrienden. De werkelijk functionele rol van symptomen is ons te informeren dat iets in ons uit balans is. Het lijkt alsof het symptoom het eind van het draadje garen is dat onder grootmoeders bank uitsteekt. Wanneer we dat draadje volgen, komen we bij de hele bol garen die de jonge poesjes daar na het spelen hebben achtergelaten. Binnen in de bol zit de oorzaak van de ziekte.

Vooral in 'ongeneeslijke' gevallen moeten patiënten ertoe gebracht worden hun aandacht op de diepere innerlijke realiteit en hun andere creatieve healingenergieën te concentreren in plaats van op de diagnose. Vanuit holografisch standpunt is het ieders natuurlijke voorkeur gezond te blijven of op heel natuurlijke manier terug te keren naar gezondheid. Ik noem dit natuurlijke proces richting gezondheid het *harmoniesysteem*. Iedereen heeft dat. De meeste harmoniesystemen zijn heel sterk, maar ze kunnen worden verwaarloosd of belemmerd. Het is ieders verantwoordelijkheid naar het eigen harmoniesysteem te luisteren en erop te reageren.

Hoofdstuk 4

JE HARMONIESYSTEEM EERBIEDIGEN

In jou zit een prachtig systeem van controle en harmonisering dat ontworpen is om jou, je auraveld en je lichaam in perfect werkzame toestand te houden. Ik noem dit systeem het harmoniesysteem. Dit harmoniesysteem bergt je persoonlijke patroon van heelheid. Wanneer er iets uit balans is in je energielichamen of in je fysieke lichaam, streeft het er automatisch naar het evenwicht te herstellen. Het merendeel van dit systeem verloopt onder het niveau van je bewuste beleving. De wijsheid die in dit gebied van je wezen huist, is waarschijnlijk veel groter dan jijzelf beseft. We zijn pas begonnen te leren hoe dit bewust te benutten.

In het verleden hebben we niet erg veel over ons harmoniesysteem nagedacht, omdat het rechtstreeks in tegenspraak is met het entropiebeginsel dat voortvloeit uit de M-1 metafysica. De tweede wet van de thermodynamica laat zien dat systemen voortdurend afgebroken worden en ontaarden en dat je niet meer energie uit een systeem kunt halen dan je erin gestopt hebt. Als je een stuk ijzer in de regen laat liggen, gaat het roesten. Hout gaat rotten, bladeren verrotten en wij worden oud en sterven. In een systeem raakt er altijd energie verloren. Je kunt geen perpetuum mobile, een eeuwig bewegende machine bouwen. Binnen het M-1 systeem verwachten we in alles achteruitgang en afbraak.

Maar als deze wet op de totale wereld van toepassing is, zou dit een omgekeerde evolutie betekenen, wat – zoals we kunnen zien door eenvoudig om ons heen te kijken – niet het geval is. Biologische vormen evolueren voortdurend tot hoger ontwikkelde, intelligente en gespecialiseerde systemen.

Rupert Sheldrake, Ph. D., biochemicus en auteur van *A new science of life*, *The presence of the past* en *The rebirth of nature*, heeft biologische systemen bestudeerd en heeft het concept van morfogenetische velden en de theorie van morfische resonantie ontwikkeld. Zijn werk laat zien dat biologische vormen zich voortdurend ontwikkelen via een onderliggend intelligent, verenigd levensveld, het morfogenetische veld. Dit levensveld bewaart automatisch de gezondheid of streeft ernaar daarnaar terug te keren. Dit veld is niet alleen levend en ontvouwt zich voortdurend, maar het heeft ook morfische resonantie met alle andere levensvelden. Dat wil zeggen: het staat in contact en communiceert met alle andere levensvormen. Wat er met een schepsel gebeurt, zal naar alle andere schepselen via morfische resonantie worden gecommuniceerd. Wat het ene schepsel heeft geleerd, zal uiteindelijk naar alle andere schepselen worden overgebracht.

Je harmoniesysteem is een morfogenetisch veld, gebaseerd op het universele levensprincipe van orde dat voortkomt uit M-3 metafysica en het holografische model. Evolutie bouwt voordurend complexere en hoger ontwikkelde levensvormen op met meer intelligentie en capaciteiten. Dit voortdurende bouwen vereist toenemende orde en evenwicht binnen ieder steeds complexere systeem. Binnen ieder levend organisme bestaat een voorkeur voor evenwicht en orde. In termen van energievelden betekent dit een voorkeur voor balans en coherentie in je veld. Daarnaast betekent het dat je veld van nature neigt naar synchroniciteit met alle levensenergievelden. Je basale aard is het om met al het leven in synchroniciteit te verkeren.

Op het fysieke vlak werkt je harmoniesysteem automatisch. Als je maag meer zuur nodig heeft, valt ze jou met die vraag niet lastig, ze produceert er gewoon meer van. Als je meer zuurstof nodig hebt, gaat je lichaam gewoon sneller en dieper ademhalen.

Als anderzijds het lichaam iets nodig heeft dat het zichzelf niet kan geven, werkt het harmoniesysteem via je zintuigen om jou een seintje te geven ervoor te zorgen. Op het eerste niveau van het veld ervaar je allemaal lichaamssensaties. Als je dorstig bent, zul je dit door middel van het eerste niveau van het veld te weten komen. Aangezien alles in het energieveld in termen van frequentie gezien kan worden, is het eerste niveau van je auraveld laag, in de frequentie van water. Met andere woorden: gebrek aan waterfrequentie op het eerste niveau van het veld zorgt voor het dorstgevoel.

Wanneer de energie van het eerste niveau van het veld daalt – laten we zeggen na een heleboel activiteit – vertragen de normale pulsaties ervan en worden de lijnen ervan dof. Je ervaart deze verandering in je veld door je moe te voelen. Op deze manier vertelt het eerste niveau van je veld je steeds, hoe je voor je lichaam moet zorgen. Het vertelt je wanneer je lichaamsbeweging, slaap, voedsel en koelere of warmere kleren nodig hebt, wanneer je een andere lichaamshouding aan moet nemen, je neus moet snuiten, naar het toilet moet gaan, enzovoort. Je goed, gezond en energiek voelen correspondeert met een geladen, gebalanceerd en coherent eerste niveau van je auraveld.

Toen ik deze processen met mijn patiënten begon te doorvorsen, werd het duidelijk dat uit alle aspecten van hun leven er sturende boodschappen kwamen die de patiënten vertelden waarvoor gezorgd moest worden. Je harmoniesysteem helpt je om op alle niveaus beter voor jezelf te zorgen. Wanneer je dingen doet, voelt of denkt die niet gezond voor je zijn, zal je harmoniesysteem je boodschappen sturen om je ervan te overtuigen je gedrag in alle aspecten van je leven gezonder te maken, waaronder je persoonlijke relaties, je beroep, je omgeving en je spiritualiteit. Deze boodschappen zijn afkomstig van de andere niveaus van je auraveld en zullen wederom de vorm aannemen van het simpele gevoel van onbehagen. Het soort onbehagen zal corresponderen met het soort levenservaringen die met elk van de niveaus van het auraveld corresponderen, zoals we in hoofdstuk 2 besproken hebben. Psychisch onbehagen of pijn zal afkomstig zijn van disharmonie op de niveaus geassocieerd met je psychisch functioneren: de niveaus twee en drie. Pijn of onbehagen in relaties zal afkomstig zijn van disharmonie in niveau vier, terwijl spiritueel onbehagen en pijn voortkomt uit disharmonie in de niveaus vijf, zes en zeven.

Wees alert op deze verschillende soorten boodschappen van je harmoniesysteem. Blijf afgestemd op en schenk aandacht aan hoe je je voelt in verschillende levenssituaties. Welk gevoel heb je over je psychische evenwicht? Welk gevoel heb je over de mensen met wie je omgaat? Voel je je spiritueel verbonden en vervuld?

Je kunt de situaties waarin je je niet goed voelt veranderen, wat die ook zijn. Ze zijn ongezond. Misschien heb je op sommige gebieden meer voeding nodig. Misschien wil je minder tijd besteden aan andere gebieden. Je kiest er misschien voor bepaalde situaties achter je te laten, ze los te laten en veranderingen in je leven toe te laten. Als je eenmaal de stadia hebt leren kennen die je zult moeten doorlopen om je gezondheid en je leven te veranderen (zie hoofdstuk 7) en je werkelijke, natuurlijke menselijke behoeften hebt leren kennen die jou gezondheid zullen verschaffen als ze eenmaal vervuld zijn (zie hoofdstuk 8), geeft de rest van dit boek je de specifieke en gedetailleerde informatie die je kunt gebruiken om je leven in harmonie te brengen. Dit zal gezondheid en vreugde in je leven brengen.

Hoe disharmonie die tot ziekte leidt, in het dagelijks leven optreedt

Je kunt jezelf er heel goed van overtuigen dat het makkelijker is je aan een ongezonde situatie aan te passen dan die te veranderen. Veel mensen blijven in de ontkenning steken over vele gebieden in hun leven omdat het of te moeilijk of geheel onmogelijk lijkt daar verandering in te brengen. Voor sommigen lijkt de prijs gewoon te hoog om de gok van de verandering te wagen. Het lijkt makkelijker jezelf er dan maar van te overtuigen minder van het leven te accepteren dan je wenst of nodig hebt, dan een prijs te betalen die te hoog lijkt om de gok van de verandering te wagen. Dit soort ontkenning kan jaren voortduren totdat de levensomstandigheden een verandering afdwingen, veelal in de vorm van een persoonlijke crisis. Ongelukkigerwijs is het juist dit soort dingen die een grote hoeveelheid van de lichamelijke moeilijkheden veroorzaken die mensen krijgen.

Hoe en wanneer je reageert op een disharmonie en zodoende op de signalen van onbehagen uit je harmoniesysteem in je auraniveaus, heeft heel veel te maken met de gezondheidstoestand van je lichaam. Hoe meer je in staat bent op deze verzoeken te antwoorden, des te beter je je lichaam in vorm zal houden en des te sterker je je immuunsysteem zal maken om alle mogelijke ziekten buiten de deur te houden.

Om gezond te blijven is het noodzakelijk jezelf steeds op je harmoniesysteem te richten. Als je bemerkt dat je een slechte gezondheid hebt, is het werk dat je te doen staat je bewust af te stemmen op je harmoniesysteem, de wijsheid ervan in haar oorspronkelijke toestand te herstellen en de leiding ervan te volgen. De meeste mensen verwaarlozen een grote hoeveelheid van dit soort boodschappen wanneer het hen niet uitkomt ze te eerbiedigen. Laten we eens naar een eenvoudig voorbeeld kijken van wat er gebeurt wanneer een boodschap in de wind wordt geslagen.

Als je je lichaam niet de slaap geeft die het op een bepaald moment nodig heeft, komt je lichaam in een toestand van 'overdrive'. Je bijnieren geven je de extra benodigde energie om je activiteiten voort te zetten. Als je hier een gewoonte van maakt, ga je de opgepepte toestand van de overproduktie van de bijnier als normaal beschouwen. Dat betekent dat je niet langer in staat bent de boodschap 'ik ben moe en heb rust nodig', afkomstig van het harmoniesysteem van je lichaam, te herkennen.

Als je doorgaat in die te hoge versnelling te draaien, zullen je bijnierklieren afgetobd raken en raak jij misschien 'opgebrand'. Wat er in een 'burnout' (overspannenheid) gebeurt, is dat je – zoals de meeste therapeuten weten – gewoon het grootste deel van je energie verliest. En je kunt die niet eenvoudig terugkrijgen. Zelfs al krijg je een opleving van energie, dan duurt die niet lang en zul je moeten rusten. Soms vergt het minstens drie maanden om weer op een normaal werkritme te komen. Je hebt niet alleen de normale energiebronnen van de stofwisselingsprocessen van je lichaam opgebruikt, maar ook de reserves uit je bijnieren.

Onderzoek bij jezelf hoeveel rust je lichaam nodig heeft en wanneer. Onthoud dat er algemene richtlijnen zijn om 's nachts te slapen, maar dat iedereen anders is. Wanneer wil jouw lichaam graag slapen? Ben je een vroege vogel of een nachtuil? Heb je zeven, acht of negen goede uren nachtrust nodig? Maak je eigen rooster.

Geef jezelf een pauze op het moment van de dag dat je meestal moe wordt. Naast de benodigde nachtrust heb ik ontdekt dat een hazeslaapje van vijf of tien minuten meteen wanneer ik moe word, me goed kan helpen. Dit is harde noodzaak voor iedereen met rugproblemen. Het meest wordt terugkerend letsel opgelopen wanneer iemand of moe of hongerig is. Zoek creatieve wegen om een korte rustpauze in te lassen waar je je ook maar bevindt. Je kunt bijvoorbeeld een kleine simpele meditatie doen als je vijf minuten alleen bent in je kantoor of zelfs als je op de wc zit. Ga daarbij stilzitten, met gestrekte rug en gesloten ogen, haal diep adem terwijl je je gedachten concentreert op een licht in het centrum van je hoofd. Het zal wonderen verrichten en niemand zal je missen. Als het tot de mogelijkheden behoort de deur van je kantoor een paar minuten af te sluiten, neem dan een klein tapijtje of zelfs een grote badhanddoek mee naar het werk. Sluit tijdens pauzes je deur af, leg de handdoek op de grond, ga erop liggen met je benen, met gebogen knieën, op de zitting van je stoel. De stoel moet juist hoog genoeg zijn om de achterkant van je knieën een zetje te geven zodat je rug net opgetild wordt. Andere manieren om te rusten zijn je regelmatig uitrekken of korte wandelingetjes maken. Je zult merken dat je dag veel vlotter verloopt. Als je zelfstandig werkt heb je veel meer zeggenschap over de indeling van je werk dan wanneer je een baan van negen-tot-vijf hebt. Maar zelfs mensen met geregeld volle agenda's kunnen zichzelf trainen om in pauzes te rusten. Als je als beroepskracht in de gezondheidszorg werkt of consulten geeft, zorg er dan voor dat je niet voor lange tijd achtereen afspraken vlak achter elkaar zet. Ik houd er bijvoorbeeld van om op dagen dat ik lange trainingsprogramma's geef, vlak na de lunch een dutje te doen van een halfuur tot drie kwartier. Dit verfrist me helemaal en ik ga daarna weer aan de slag alsof er een nieuwe dag is aangebroken. De meeste mensen beseffen niet hoeveel vrijheid ze hebben dit soort dingen in te roosteren. Het is als met meditatie en lichaamsbeweging: als je uiteindelijk besloten hebt het te doen, is het niet moeilijk er tijd voor te vinden.

Je harmoniesysteem werkt ook met voedsel. Wanneer je voeding nodig hebt, krijg je honger. Je hebt een *eetlustmeter* in je systeem. Die werkt precies zoals de thermostaat op je verwarming die de ketel aan- en uitzet, al naargelang van de temperatuur waarop je hem hebt afgesteld. Als je in staat bent geweest op een heldere manier in contact te blijven met je eetlustmeter, zul je alleen hongerig worden wanneer je lichaam voeding behoeft. En je zult trek hebben in precies dat voedsel dat jouw lichaam aangeeft nodig te hebben, iedere keer als je honger krijgt. Je zult ook weten hoeveel je lichaam nodig heeft. Je zult stoppen met eten wanneer je lichaam genoeg heeft, in plaats van 'je bordje leeg te eten' alsof het voedsel belangrijker is dan waartoe het dient.

En hier volgt hoe je eetlustmeter werkt, uitgaande van het auraveld. Je krijgt honger omdat je weinig hebt van bepaalde frequenties in je veld. Deze kunnen worden aangetroffen in bepaalde voedingsstoffen die je gewend bent te eten (aangenomen dat je een volledig, uitgebalanceerd menu volgt). Gebrek aan zulke frequenties maakt hongerig naar specifieke voedingsmiddelen die zulke frequenties bevatten. Wanneer de frequenties hersteld zijn, heb je geen honger meer naar het voedsel dat correspondeert met de speciale frequentie, die nu volledig in je veld is geladen. Je kunt evenwel best nog honger hebben voor de frequenties die nog niet werden aangevuld. Daarom is het belangrijk dat soort voeding te vinden dat je frequentiebehoeften vervult.

Waarom we ons harmoniesysteem negeren
Wanneer iets extra aandacht nodig heeft en je negeert de boodschap van onbehagen die je harmoniesysteem je geeft, dan zal het je een luidere boodschap geven in de vorm van pijn. Als ook deze boodschap nog niet als belangrijk wordt beschouwd, zal die nog luider klinken. Hoe? De pijn zal erger worden. Dit zal zo doorgaan totdat je er iets aan doet.

Vraag jezelf af: waar zit een onbehaaglijk gevoel of pijn in mijn lichaam? Hoe lang ben ik daar al van op de hoogte? Wat heb ik eraan gedaan? Als je jezelf deze vragen stelt, zul je welhaast onmiddellijk ergens onbehagen gewaarworden, onbehagen waarop je jezelf geleerd hebt geen acht te slaan, misschien al wel jarenlang. Dat doen we allemaal. Hoe langer we de boodschappen en symptomen negeren, des te luider zullen de boodschappen klinken. De symptomen zullen sterker worden. We creëren zelfs ziekten door simpelweg te weigeren op deze boodschappen te reageren en goed voor onszelf te zorgen.

Waarom blijven we dan in deze ontkenning steken? Er is een belangrijke reden voor: het is onze angst. Onder onze ontkenning ligt onze angst. We zijn bang voor alles wat we onder ogen zullen moeten zien als we onze ontkenning achter ons laten. Ik noem angst de innerlijke tijger.

Iedereen heeft angsten. Wat zijn de jouwe? Het is jouw angst die je vermogen tot reageren op de boodschappen van je harmoniesysteem vertraagt en blokkeert. Wanneer je niet reageert op je harmoniesysteem, creëer je meer pijn in je leven. Je angst ervoor en je ontkenning ervan drijven je dichter naar het creëren van juist datgene waarvoor je bang bent in je leven, door het blokkeren van je natuurlijk vermogen om de harmonie te herstellen. Dit gaat voor iedereen op, voor alle ziekten, en zelfs voor mensen die zichzelf niet als ziek beschouwen. (Artsen hebben verklaard dat er gewoonlijk vele ziekten rondspoken in normale mensen die zichzelf als gezond beschouwen.)

Als je accepteert dat de ontkenning van je angst je natuurlijke healing- en groeiproces blokkeert, zal het je makkelijker vallen te onthouden dat je symptomen je vrienden zijn. Ze houden je op de hoogte van je gezondheidstoestand. Hoe goed ben je in staat hierop te reageren? Wat is je reactievermogen?*

Ontkenning kan een heel hoge prijs hebben. Zo kwam er iemand naar me toe die echt de ontkenning zelf was. Ze was dik, had een erg dikke laag make-up en droeg een zonnebril en een pruik. Ik zou niet kunnen zeggen hoe ze er werkelijk uitzag. Ze vertelde me dat ze net een relatie beëindigd had, haar huis kwijt was en vrienden noch geld meer bezat. Ze had een groot kankergezwel in haar kaak en keel. Twee jaar daarvoor was er al een diagnose gesteld en was er een behandeling voorgeschreven. Ze besloot het zelf te 'healen', zonder hulp, omdat ze haar kat ook 'geheald' had. Tegen de tijd dat ze bij me kwam, bleek uit mijn Hoger Zintuiglijke Waarneming dat de tumor bezig was haar ruggemerg in haar nek aan te tasten. Haar armen prikkelden vanwege de druk op haar zenuwen. Overduidelijk had zij meer nodig dan ik haar geven kon. De kans dat ik in staat zou zijn de tumor op tijd te laten slinken om de schade aan haar ruggegraat te stoppen was extreem laag. Ze was te laat naar me toegekomen. Ze had onmiddellijk de behandeling van een arts nodig, onder andere chirurgie en chemotherapie. Ik overtuigde haar ervan naar een andere arts te gaan, een die met healers samenwerkt, maar ze kwam niet opdagen op de afspraak met hem. Evenmin kwam ze terug voor meer healings. Ik heb haar nooit teruggezien. De meeste mensen blijven niet zo lang in zulk soort ontkenning steken. Haar angst was enorm groot.

Ontkenning kan de oplossing voor een probleem zo lang uitstellen dat wanneer de oplossing komt het een paardemiddel is. Een vriendin van mij beleefde een plotselinge verandering, teweeggebracht door een sterke ontkenning op het vierde niveau van het auraveld. Ze verkeerde in een staat van ontkenning over de toestand waarin haar huwelijk verkeerde. Haar echtgenoot vroeg haar op haar verjaardag thuis te komen voor de lunch omdat hij een verrassing voor haar had. Bij haar thuiskomst vertelde hij haar dat hij haar verliet om een andere vrouw. Hij had die morgen al de helft van de inboedel verhuisd. Hij verdween, en dat was dat. Ze had er niet het flauwste benul van dat er problemen waren in hun huwelijk. Deze crisis was bijzonder pijnlijk te doorstaan. De schok veranderde haar leven behoorlijk.

Waarom verkeerde ze in ontkenning? Omdat ze bang was dat wanneer ze aan de communicatieproblemen in haar huwelijk toegaf, ze niet in staat zou zijn die op te lossen. Ze was bang dat ze haar huwelijk zou verspelen. En dat deed ze. Het was moeilijk. Ze had het misschien met haar echtgenoot uit kunnen praten, of de verandering op een minder schokkende manier kunnen doen plaatsvinden, als haar ontkenning niet zo sterk was geweest en ze in staat was gebleken haar innerlijke tijger onder ogen te zien. Ze is nu hertrouwd en heeft een veel communicatievere relatie. Ze is heel ingenomen met de uiteindelijke resultaten.

Geloof in jezelf – je hebt het waarschijnlijk bij het rechte eind

Het is belangrijk in je harmoniesysteem te geloven en tegelijkertijd open te staan voor datgene wat geneeskundigen en vrienden die jij vertrouwt te zeggen hebben. Als je tegenstrijdige berichten krijgt, blijf dan achter een antwoord aanzitten dat het conflict op zal lossen. Als je arts zegt dat er niets aan de hand is, maar je harmoniesysteem is het daar niet mee eens, zorg dan dat je een 'second opinion' van een tweede arts krijgt. Geloof in de boodschappen afkomstig van je harmoniesysteem, en volg die op. Je zult er dankbaar voor zijn.

Zo kreeg een vriendin van me te horen van een arts dat de tumor in haar mond niet kwaadaardig was. Hij nam zelfs een biopt. Ze bleef echter dromen houden over zwarte draden die uit lorren kwamen en die uit haar mond getrokken moesten worden. Zelfs had ze een droom over het weghalen van de kanker uit haar mond. Ze wist niet wat ze met die twee tegengestelde boodschappen aan moest. Uiteindelijk ging ze terug voor een tweede biopsie en die toonde een kwaadaardig gezwel aan. Gelukkigerwijs was ze teruggegaan voordat de kanker verder uitgezaaid was. Ongelukkigerwijs was het al acht maanden later en was bestraling toen noodzakelijk. Haar behandeling vond alweer verscheidene jaren geleden plaats; ze is nu in goede conditie.

Ik heb in mijn vijftienjarige praktijk als healer ontdekt dat de meeste patiënten de oorzaak van hun ziekte kennen wanneer ze bij me komen. Ze spreken er in de eerste vijf minuten van het intakegesprek over. Meermaals

---

* Noot van de vertaler: in het Engels: response-ability: letterlijk: vermogen tot reageren, tegelijkertijd woordspel met: responsibility: verantwoordelijkheid.

weten ze ook wat er lichamelijk aan schort. Ze kennen meestal niet de technische naam van hun probleem, maar ze weten dat er iets mis is. Gewoonlijk weten ze welke organen erbij betrokken zijn. Ik heb ook ontdekt dat het harmoniesysteem heel vaak informatie verstrekt over een ziekte, voordat die ernstig genoeg is om voor de dag te komen in de vele testen die ons medisch systeem bij een diagnose hanteert. Dit betekent dat de patiënt er reeds van op de hoogte is, lang voordat het met ons medische systeem aantoonbaar is. Hier volgt een aantal goede voorbeelden van mensen die zichzelf geloofden, zelfs ondanks het feit dat ze niet meteen antwoorden konden krijgen.

David probeerde bij zijn symptomen van uitputting en slechte spijsvertering zes jaar lang hulp te krijgen van veel verschillende artsen en therapeuten. Alle testen, waaronder bloed-, urine- en haaranalyse, toonden aan dat hij niet ziek was. Heel wat artsen zeiden hem dat het allemaal in zijn hoofd zat en dat hij maar moest stoppen erover na te denken en gewoon verder moest leven. Blijkbaar was zijn probleem wat genoemd wordt subklinisch, wat zeggen wil dat de testen niet nauwkeurig genoeg zijn om het aan te tonen. Davids symptomen van uitputting en slechte spijsvertering bleven. Uiteindelijk kwam hij bij mij. Toen hij me bezocht was hij er zeker van dat hij een leverinfectie had en dacht hij dat het hepatitis was. Door zijn energieveld te onderzoeken kon ik zien dat hij veelvoudige infecties had over zijn hele onderbuik. Ik was eveneens in staat een medicijn af te lezen dat voor zijn lichamelijke conditie zou helpen. David kreeg een recept van een arts die het met mijn bevindingen eens was. Davids gezondheid herstelde zich door een combinatie van het medicijn en healingsessies.

Een vrouw die ik Ellen zal noemen kwam naar mij toe na zes maanden lang vele artsen bezocht te hebben. Wederom gaf haar harmoniesysteem haar informatie die subklinisch was, dat wil zeggen: medisch nog niet aantoonbaar. Ze konden niets verkeerds vinden en vertelden haar dat ze een hypochonder was. Die diagnose nam natuurlijk haar symptomen niet weg. Ze verzwakte met de dag. Toen ze voor haar healingsessie kwam, kon ik 'psychisch' zien dat ze vergiftigd werd door dampen die omhoog kwamen door de vloer van haar huis en dat ze bovendien allergisch was voor het stof uit de oude vloerbedekking die daar al jaren lag. Ik 'las' ook dat ze voor haar kinderen en zichzelf naar een psycho-immunoloog moest gaan om getest te worden. Ik zei haar die vloerbedekking op te ruimen en het gasfornuis na te laten kijken.

Ze bleek het huis net gekocht te hebben en was er ongeveer zes maanden daarvoor ingetrokken. Toen herinnerde ze zich dat ze steeds maar dacht dat haar ziekte iets te maken had met het huis, maar dat ze niet zeker was wat dan wel precies. Ze ging na de healing naar huis en liet het fornuis nakijken. Inderdaad lekte er op verschillende plaatsen gas uit de leidingen. Ze verving het gasfornuis, smeet de oude vloerbedekking eruit en begon zich onmiddellijk beter te voelen. Ze is nu helemaal in orde. Na haar kinderen onderzocht te hebben zei de psycho-immunoloog dat als het lek maar een paar weken langer geduurd had, haar beide kinderen ernstige hersenbeschadigingen hadden opgelopen en zij erg ziek zou zijn geworden.

De holografische functie van je harmoniesysteem

Naarmate ik dieper doordrong in de werking van het harmoniesysteem bij mijn patiënten, werd het me steeds duidelijker dat de directieve boodschappen die uit alle aspecten van hun leven afkomstig waren, iets gemeen hadden. Deze boodschappen werkten holografisch. Hun basisinhoud was dezelfde. Als iemand bijvoorbeeld problemen heeft met zijn alvleesklier, die een belangrijke rol speelt in de spijsvertering van zoetigheid, is het heel waarschijnlijk dat die persoon moeilijkheden heeft met het zoete op andere levensgebieden. En ook in deze gebieden worden er duidelijke noodsignalen afgegeven. Mensen die moeilijkheden hebben bij het verteren van suikers, kunnen ook op andere levensgebieden moeite hebben het zoete te beleven, zoals in relaties met hun echtgenoot of familie, op het werk of in hun vrijetijdsbesteding. Hierin zien we een voorbeeld van het holografisch functioneren van het universum.

Laten we dit fenomeen eens vanuit het perspectief van het auraveld bekijken. Zoetheid op het eerste niveau van het veld wordt als zoete smaak ervaren. Op het tweede wordt het beleefd als de aangename zoetheid van een goede relatie met jezelf. Op het derde is het een heerlijke gedachte; op het vierde de zoete geneugten van intimiteit; op het vijfde de verrukkelijke helderheid van de goddelijke wil; op het zesde de zaligheid van spirituele extase; op het zevende de heerlijkheid van de universele geest. En daar bovenuit is er de kosmische energie van zalige zoetheid die door heel het weefsel van het universum is verweven.

Een andere manier om te kijken naar het concept van een moeilijkheid die holografisch door je hele leven verweven is, is te letten op de relaties van frequentiebanden in het auraveld. Aangezien de niveaus van het MEV gezien kunnen worden als frequentiebanden, correspondeert iedere persoonlijke ervaring met deze banden. Een persoonlijke ervaring van zoetheid kan worden gezien als een andere frequentie of frequentieband voor elk niveau van het veld. Deze zoetheidsfrequenties van de verschillende niveaus van het veld staan in relatie tot elkaar zoals harmonieën of boventonen in de muziek.

Als een auraveld er moeilijkheden bij ondervindt een bepaalde frequentie te verteren en op te nemen op één niveau in het auraveld, zal het waarschijnlijk soortgelijke moeilijkheden ondervinden bij het verwerken van eraan verwante harmonieën op andere niveaus van het veld. Gezondheid vereist dat iemand in staat is zoetheid te aanvaarden en te assimileren (dat wil zeggen: te verteren) in alle niveaus van het auraveld.

Laten we nu dan de fundamentele vragen opnieuw vanuit holografisch gezichtspunt formuleren. Waar zit het onbehagen/de pijn in je leven? Hoe lang heb je daar al weet van? En wat heb je eraan gedaan? Hoe langer je het verwaarloosd en genegeerd hebt, hoe ernstiger de situatie nu waarschijnlijk is.

Als je eenmaal het onbehagen op het spoor gekomen bent, onderzoek dan alle andere gebieden van je leven en ontdek hoe dezelfde draad van onbehagen daar aanwezig is, verweven met je gehele bestaan. Dat is het ware probleem, zie je – dat wat door je gehele leven verweven is. Het schaadt je op al je levensgebieden, niet alleen maar op dat ene waarop het zich het meest voordoet.

Als je rugproblemen hebt, welke andere gebieden in je leven keer je dan de rug toe? Ik zoek dan meteen naar iets dat de cliënt altijd al heeft willen doen, maar waarvan hij/zij nooit gedacht heeft dat hij het echt kon. Dit speciale probleem heeft veel te maken met de diepste spirituele hunkering die ieder van ons in zich draagt. Deze hunkering bestuurt ons leven vanuit spiritueel niveau. Meestal ligt ze op de rand van het bewuste. Soms heeft de persoon er in geen jaren aan gedacht. Een andere keer is men gewoon bang om het te proberen, of ontloopt men het. Gewoonlijk zijn er innerlijke stemmetjes die zeggen: 'Wie denk je wel dat je bent?', of: 'Je bent niet goed genoeg', of: 'Er is niet genoeg... om het te doen.'

Een cliënt die als verkoper werkte voor een groot elektronicabedrijf, was voor 80 procent van zijn tijd bedlegerig toen hij bij me kwam. Met HZW kon ik duidelijk zien dat hij een heleboel inventieve ideeën had waar hij in zijn bedrijf niet mee naar voren kwam. Zijn rug herstelde zich tot op zekere hoogte tijdens het healingwerk, maar werd niet echt beter, tot hij enige tijd investeerde in zijn speciale projecten. Het bedrijf maakt er nu gebruik van en hij is er veel beter aan toe. Hij kon een deel van zijn tijd wijden aan research en ontwerpen. Dat was iets waarnaar hij altijd verlangd had.

Als je benen zwak zijn, op welke manier sta je dan niet in voor jezelf in alle andere gebieden van je leven? Heel vaak verdedigen mensen met beenkwalen zich niet. Of in andere gevallen verdienen zij hun eigen inkomen niet. Soms klagen ze alleen hun nood om verzorgd te kunnen worden en is dit de enige manier waarop ze dat kunnen vragen. Wanneer de oorspronkelijke nood gelenigd of het verlangen vervuld is, wordt de genezing bespoedigd. Een vrouw die tien jaar lang bedlegerig was na een operatie, had haar hele familie ingeschakeld om haar te verzorgen. Uiteindelijk had ze daar genoeg van en kreeg het briljante idee om een hondenuitlater in te huren om met haar te gaan wandelen. Het werkte, ze is nu veel vrijer.

Als je problemen hebt met het opnemen van voedsel, is er dan iets anders in je leven dat als voeding op je afkomt maar dat je moeilijk in je op kunt nemen? Een bepaalde cliënt, een vrouw van middelbare leeftijd met verteringsproblemen, had ook moeite de voeding te aanvaarden die van vrienden op haar afkwam. Ze was gewoon bang dat alles wat ze ontving schadelijk zou zijn. Ze had bijzonder slechte eetgewoonten en zag er niet tegenop drie warme maaltijden op een dag te nuttigen. Tijdens haar genezingsproces ontdekte ze een goed dieet dat haar lichaam voedde. En nu haar kracht toenam, kon ze ook anderen toestaan haar iets te geven op een voor haar ongekende manier. Haar vrienden moedigden haar aan zichzelf dingen te geven die ze nog nooit voor zichzelf gekocht had. Haar man nam haar mee op vakantie, iets waar ze voordien nog nooit mee had ingestemd. Ze kreeg een nieuw huis en richtte het voor de eerste keer in haar leven zelf in.

Als je problemen hebt met je schildklier, hoe reguleer je dan de energie in je leven? (De schildklier regelt de energiehuishouding in het lichaam.) Joan, een drukke zakenvrouw, werkte de hele tijd, jaren achtereen, tot ze haar schildklier had overbelast. Ze was niet in staat voor zichzelf te regelen waaraan ze haar energie zou besteden in haar leven, en strooide die allemaal in haar werk rond. Toen Joan het boek van Louise Hay las, *Je kunt je leven helen*, zag ze dat een uitspraak verbonden met schildklierproblemen luidt: 'Wanneer is het nu eens mijn beurt?' Joan zei dat ze dat werkelijk op zichzelf betrok. Ze had altijd de volgende klus te doen en nam nooit tijd voor zichzelf. Joan nam uiteindelijk ontslag van haar werk en leidt nu een veel gematigder leven.

De lever is verbonden met hoe we 'leven'. Ik ken een man die een trage lever heeft en ook de rest van zijn leven is traag. Hij is nooit echt uit zijn schulp gekropen en heeft nooit gedaan wat hij wilde. Hij heeft een heleboel tijd verdaan met hasj roken en dromen van een zangcarrière.

Als je kijkt vanuit het perspectief dat deze mensen gewoon niet wisten hoe ze de energieën moesten verteren die ze rechtstreeks in hun veld nodig hadden, dan hebben hun ervaringen betekenis. Wanneer je met deze mensen op zo'n manier werkt, helpt dit hun de leugens op te sporen die ze in hun leven naleven en die te stoppen, en bevordert dit een heleboel genezing.

Natuurlijk zeg je niet tegen iemand: 'O, je benen zijn zwak. Je komt niet goed op voor jezelf.' Dit is geen liefdevolle uitspraak. Het is daarentegen belangrijk die persoon te begeleiden naar zelfkennis. Healers vullen niet alleen de ontbrekende energiefrequenties in het veld in, maar leren de cliënt tevens hoe ze die zelf kunnen opnemen. De patiënten moeten leren dat zij zichzelf aan het verraden zijn door zichzelf niet te geven waar zij in het leven naar hunkeren. De healer laat hun zien dat dit specifieke lichamelijke probleem veel meer is dan alleen maar zwakke benen of een trage lever. Het is een ontevredenheid van de ziel die zij werkelijk willen helen.

Het holografische model werkt bij zulk onderricht heel goed. Ziekte is werkelijk iets heel eenvoudigs. En dat geldt ook voor het kennen van de oorzaak. Maar de meeste mensen hebben niet geleerd dat soort 'weten' te onderkennen. Healers wel. Daarom zou ik willen stellen dat het voornaamste werk van elke healer eruit bestaat de patiënt te onderrichten, zodat hij/zij weer vertrouwd raakt met harmoniesysteem, die diepere plek in onszelf die ons eraan herinnert wie we werkelijk zijn, wat we nodig hebben en hoe we onszelf kunnen genezen.

DEEL II

HEALINGTECHNIEKEN IN ONZE TIJD

'De werkelijke ontdekkingsdaad bestaat niet uit het ontdekken van
nieuwe landen maar uit het zien met nieuwe ogen.'

Marcel Proust

Inleiding

MIJN PERSOONLIJKE GEZICHTSPUNT ALS HEALER

Ik heb zo'n vijftien jaar een healingpraktijk gehad. Meer dan dertien jaar ben ik healingleraar geweest. Eén ding weet ik met absolute zekerheid en dat is dat healing en onderwijs met liefde, nederigheid, moed en kracht benaderd moeten worden, willen ze effect hebben. Healing en onderwijs moeten worden ondernomen in het heldere licht van de diepste spirituele waarheden. Iedere keer wanneer een patiënt naar me toekomt die healing nodig heeft, ben ik me bewust dat de diepste behoefte die ieder mens in zich heeft is zijn of haar weg naar huis te vinden, naar het werkelijke zelf, het goddelijke van binnen. Het doet er niet toe wat de klacht is die wordt geuit. De diepere innerlijke behoefte is altijd dezelfde. In het openen van de weg naar het werkelijke zelf helen patiënten zichzelf.

Alle healers en leraren moeten leven naar wat zij prediken. Het vergt een heleboel zelfontwikkeling en zelftransformatie en een hoop training in de kunst van healing om een effectief healer te worden. Nederigheid en nauwgezette eerlijkheid met jezelf zijn van het allergrootste belang. Het moeilijkste deel van healing bestaat niet uit de technieken maar uit de persoonlijke groei waar men doorheen moet om zichzelf klaar te maken voor het leren van die technieken. Dan komen de technieken volkomen natuurlijk. Zo heb ik in mijn jaren als leraar heel wat beginnelingen gezien die probeerden gevorderde technieken aan te leren voordat ze er spiritueel klaar voor waren de diepere spirituele ervaring aan te gaan die met de techniek is verbonden. Dat leidde tot een heleboel fantasie en soms tot tijdelijke schade aan het energieveld van hun medestudenten. In andere gevallen zag ik mensen deelnemen aan een weekendworkshop, het etiket healer krijgen of zichzelf als zodanig bestempelen, en een healingpraktijk beginnen. Veelal geven deze mensen ondoelmatige healingen en fantasieprognoses. Sommige verkondigen zelfs fantasieremedies aan ernstig zieke cliënten, die uiteindelijk toch weer in het ziekenhuis belanden.

De kern van healing bestaat niet uit de technieken maar uit de zijnstoestand van waaruit deze technieken tot stand komen. Bijvoorbeeld, toen ik net met healing begon, bereikte ik minder in een healingsessie van anderhalf uur dan ik nu in een paar minuten kan bereiken, omdat ik nu veel diepere en krachtigere spirituele zijnstoestanden kan binnengaan die duizendmaal meer nietontheiligende, genezende energie geleiden die uiterst precies is afgestemd op wat de cliënt nodig heeft.

Telkens wanneer een cliënt die healing nodig heeft naar een healer gaat dient die zich ervan bewust te zijn dat de diepste behoefte die we allemaal kennen is: onze weg terug naar huis, ons ware zelf, het goddelijke van binnen te vinden. De diepere noden van alle patiënten zijn altijd dezelfde. Wanneer patiënten de weg naar het werkelijke zelf openen helen zij zichzelf.

Healers zijn geen wonderdoeners. Het enige dat healing doen kan, is wat het menselijk lichaam zelf kan doen. Het kan heel veel, maar er zijn dingen die het bepaald niet kan. Naar mijn weten heeft geen mens ooit een ledemaat opnieuw laten aangroeien – tot nu toe. Maar ik ben bereid te wedden dat iedere ziekte die het etiket 'terminaal' gekregen heeft, bij ten minste één persoon geheeld of 'spontaan genezen' is. 'Terminaal' is de huidige staat van onze situatie als mens. We zullen allemaal 'sterven', wat wil zeggen: ons fysieke lichaam zal doodgaan. Maar dat betekent nog niet dat wij zullen sterven in de betekenis van 'ophouden te bestaan', of zelfs dat we voor heel lange tijd het bewustzijn verliezen, wat dat aangaat. Het moeilijkste deel van de fysieke dood is misschien wel de angst voor het zichzelf in het onbekende storten, de vrees dierbare mensen los te moeten laten en, in sommige gevallen, de fysieke pijn die met de dood verbonden is.

Ik zeg dit uit levenservaring, verworven door middel van wat ik Hoger Zintuiglijke Waarneming noem. Veel mensen noemen dit paranormale gaven. Ik verkies de term *Hoger Zintuiglijke Waarneming*, wat staat voor het ontwikkelen van de zintuigen op een manier die de normale reikwijdte van de meeste mensen te boven gaat. Dat is niet zo betoverend. Alle vijf de zintuigen kunnen uitgebreid worden buiten het normale bereik door goed onderricht en oefening. Zoals dat het geval is met alle vaardigheden zijn sommige mensen getalenteerder dan andere. Wanneer je je zien, horen, ruiken, proeven en tastzin ontwikkelt buiten de normale reikwijdte, gaat een hele nieuwe wereld voor je open. Het vergt nogal wat om eraan gewend te raken, maar als je jezelf ruim de tijd geeft, dan kun je deze nieuwe wereld in je leven integreren. Natuurlijk zal je leven veranderen, maar dat doet het evengoed altijd al.

Wanneer Hoger Zintuiglijke Waarneming zich bij iemand opent, kan die persoon zien hoe energievelden alles omgeven en doordringen, inclusief het menselijk lichaam. Deze energievelden zijn innig verbonden met alle levensfuncties en veranderen voortdurend in overeenstemming met de levensfunctie, waaronder fysieke, mentale en spirituele levensfuncties. Het menselijk energieveld of aura is samengesteld uit zeven energieniveaus, zoals we hebben gezien. Elk niveau heeft voortdurend veranderende energiepatronen die met de levenskracht pulseren. Elk niveau is samengesteld uit hogere trillingen of pulsaties dan het niveau dat het omgeeft en doordringt. Deze patronen veranderen bij gezondheid, ziekte en het stervensproces.

Wanneer we leren over het menselijk energieveld en het een tijdje observeren, daagt er een nieuw idee. Het menselijk energieveld is niet gewoon maar een energieveld. Het is de persoon. Feitelijk is het meer de persoon dan het fysieke lichaam dat is. De niveaus van het menselijk energieveld zijn in werkelijkheid energielichamen. Ze zijn jou. Jij bent energie. Jij zit niet in je fysieke lichaam, je fysieke lichaam bevindt zich in jou. Vanuit dit perspectief gebeurt er heel iets anders wanneer je doodgaat.

Ik kan een persoon 'zien' nadat hij het fysieke lichaam bij de dood verlaten heeft. Mensen die net gestorven zijn, hebben nog steeds enkele van die energielichamen. Deze zijn samengesteld uit de hogere vier niveaus van hun energielichamen, zonder een fysiek lichaam daarin. De lagere drie lichamen die het fysieke lichaam op zijn plaats houden, lossen in het stervensproces op. Voor mij betekent de dood een overgang. Het is een grote verandering. Het is een wedergeboorte in een ander werkelijkheidsniveau. Mensen zien er meestal kort na de dood heel gezond uit, als ze tenminste niet een lang ziekbed hebben gehad. In ziekenhuizen rusten ze gewoonlijk aan de 'andere kant' van het gordijn dat scheidt wat we normaal gesproken leven en dood noemen. Voor mij is dat gordijn illusie; het scheidt slechts ons fysieke zelf van ons hogere spirituele zelf dat niet sterft bij de fysieke dood. In dit licht bezien kunnen we ernaar kijken als een gordijn dat scheidt tussen wie we denken dat we zijn en wie we werkelijk zijn.

Dit alles mag ongehoord klinken, maar ik moet dit wel zeggen wil ik bij mijn waarheid blijven. Voor mij is het werkelijkheid. Als het voor jou geen werkelijkheid is, probeer dan niet mijn ervaring in jouw realiteit te persen. Jij moet jouw werkelijkheid opbouwen uit jouw ervaring. Overweeg bij dat opbouwen de mogelijkheid dat het leven een groter mysterie is dan je beseft, en, hoe de dood er voor jou ook maar komt uit te zien, hij draagt de mogelijkheid in zich een echt prachtige verrassing voor je te zijn.

Een ander aspect van Hoger Zintuiglijke Waarneming is het waarnemen van spirituele gidsen of engelbewaarders. Dit niveau van werkelijkheid opent wanneer iemand zijn Hoger Zintuiglijke Waarneming opent naar het vierde niveau van het menselijk energieveld en hoger. In het begin dacht ik dat ik gewoon een visioen had of iets verzon. Ik was dan een healing aan het geven en dan stapte er een engel de kamer in. Ik wist dat het engelen waren omdat ze vleugels droegen. Degenen die geen vleugels hadden noemde ik gidsen. Al spoedig legden ze hun handen door de mijne heen als ik met mensen aan het werk was. Ik kon hun handen zien *en* voelen werken. Daarna begonnen ze me te vertellen waar ik mijn handen leggen moest, en wat ik in een healing moest doen.

Ik hield nog steeds aan het idee vast dat het gewoon een visioen was. Natuurlijk werden mensen steeds beter wanneer ik deed wat ze (de engelen en gidsen) zeiden. Er kwam een enorme verandering toen ik besloot de gidsen vragen te stellen. Ze kwamen met dingen op de proppen die ik niet wist of had kunnen weten. Onze interacties waren een wederzijdse uitwisseling geworden. Ik kon ze zien, voelen, horen, ruiken en aanraken en we konden op elkaar reageren. Ze waren voor mij zo echt geworden als iemand in een fysiek lichaam. Dit vraagt nog steeds enige gewenning. Het is niet iets dat iedereen kan, tenminste nu nog niet.

Als engelbewaarders en spirituele gidsen geen deel uitmaken van je werkelijkheid, overweeg dan de mogelijkheid dat ze dat zouden kunnen. Je zou weleens aangenaam verrast kunnen zijn hoe je worstelingen in het leven makkelijker worden door de mogelijkheid toe te laten dat je hulp kunt krijgen door daar eenvoudigweg om te vragen en door te leren die hulp te herkennen wanneer die komt. Dit kun je – zelfs als je ze niet kunt zien, horen en voelen of met ze kunt praten. Het is een manier om de deur ertoe te openen ze uiteindelijk waar te nemen. Zo heb ik het gedaan en het heeft gewerkt.

Na enige tijd raakte ik bijzonder bevriend met een speciale gids die al vele jaren bij me was. 'Zijn' naam is Heyoan. Hij zegt dat hij geen geslacht heeft, maar ik zeg graag *hij*. Vele jaren lang heb ik met Heyoan en de gidsen van iedere patiënt die met de patiënt mee de healingkamer binnenkwamen, healingen gedaan. Nu geven Heyoan en ik les aan healingwerkgroepen. Ik geef een poosje een lezing, ga dan in een veranderde bewustzijnsstaat en 'channel' Heyoan. Dat wil zeggen: Heyoan geeft door mij heen een lezing. Dit tilt de hele klas altijd op tot een veel hoger niveau van spiritueel inzicht dan wanneer ik de klas zonder 'channeling' zou toespreken. In iedere klas komt er nieuwe informatie door die voortbouwt op al wat eraan voorafging. Heyoan heeft diverse healingmeditaties bijgedragen die je door dit hele boek heen aantreft.

Als aan de andere kant engelbewaarders en gidsen geen realiteit voor je zijn of wanneer ze niet acceptabel voor je zijn, kun je het fenomeen van leiding misschien 'informatie van een alter ego krijgen', 'gedachtenlezen' of eenvoudig 'paranormaal lezen' noemen. Voor mij is de werkelijkheidsmetafoor die je gebruikt om dit verschijnsel te beschrijven niet van belang, maar alleen het nut van de informatie die langs veranderde staat van bewustzijn wordt verkregen. Ik ben er zeker van dat naarmate dit fenomeen beter begrepen wordt, we betere metaforen zullen vinden waarmee we het kunnen omschrijven.

Wat is healing vanuit holistisch perspectief, waarin we allemaal bestaan uit energievelden waarbinnen ons lichaam leeft? Het is het opheffen van de sluier tussen ons persoonlijke zelf en onze innerlijke goddelijke kern. Het is het wegtrekken van de sluier tussen wie we denken dat we zijn en wie we werkelijk zijn. Het is het wegnemen van de sluier tussen leven en dood. Wanneer een patiënt bij me komt en vraagt: 'Ben ik aan het doodgaan?' of 'Houdt healing in dat ik lichamelijk beter word?', geef ik een antwoord binnen de context van de goddelijke kern in de patiënt en de spirituele werkelijkheid zoals ik die hierboven beschreven heb. Men wordt beter of men nu doodgaat of niet, en de dood is iets heel anders in de bovenstaande context.

Als een patiënt vraagt: 'Zal ik ooit weer dezelfde zijn?' dan is het antwoord nee, maar dat wordt gegeven in de context van het leven als een voortdurende persoonlijke verandering.

Als de vraag luidt: 'Zal ik beter worden?' is het antwoord, in de bovenstaande context, altijd ja. Want het leven beweegt zich altijd in de richting van eenwording met het goddelijke geheel.

Het antwoord op: 'Zal ik weer kunnen lopen?' is meestal: 'Dat weet ik niet, maar het is mogelijk. Niets is onmogelijk.'

VRAAG: Hoe kan ik met deze vreselijke pijn leven?
BARBARA: Healing vermindert meestal de hoeveelheid pijn, maar voel je er niet rot over wanneer je pijnstillers neemt; ze zijn ook een geschenk van God. Ontspannings- en visualisatie-oefeningen helpen de pijn te verminderen. Zelf-verwerping en zelf-veroordeling vermeerderen de pijn. Maak het jezelf niet moeilijk. Je bent hier niet in de fout. Dit is een levensles. Je wordt niet gestraft. Doe enkele minuten per dag de oefeningen in ademen, kleur, en jezelf liefhebben, die in deel IV worden beschreven.

VRAAG: Ik ben verstijfd van angst. Help me, vertel me wat ik doen moet.
HEYOAN, mijn gids, zegt:

Laat angst je bondgenoot zijn. Angst heeft je veel te leren. Angst is de ervaring losgekoppeld te zijn van wie je werkelijk bent; het is het tegengestelde van liefde. Angst kan een bondgenoot zijn als je die er laat zijn en gewoon zegt: ik ben bang. Door dit voortdurend te doen, ga je inzien dat je niet uit angst bestaat, maar dat angst eerder een gevoel is. 'Ik ben bang' wordt dan 'ik voel angst'. Het is de reactie van het vasthouden van gevoelens omdat je gelooft dat ze te snel komen. Deze gevoelens zijn gebaseerd op een groot aantal veronderstellingen over wat er misschien gaat gebeuren. De meeste angst draait niet om wat er nu gebeurt, maar om wat er misschien te gebeuren staat. Als je in staat bent in het moment te blijven, zal angst je niet kunnen vinden. Angst is de projectie van iets dat in het verleden is gebeurd, via een groot vergrootglas, op de toekomst. Wanneer je dus in angst zit, zit je niet in de realiteit. Maar spreek liever uit wat je in het moment voelt, dan te ontkennen dat je dit voelt. Deze daad alleen al brengt je terug in het moment, en haalt je zodoende uit de angst.

VRAAG: In welk opzicht zal mijn leven veranderen?
BARBARA: Omdat je ziek bent kun je misschien niet langer functioneren in wat je dacht dat je levensdoel was. Het is noodzakelijk dat je je definitie van jezelf wijzigt. Het is noodzakelijk je op innerlijke waarden te concentreren in plaats van op uiterlijke doeleinden. De uiterlijke doelen zullen op een later tijdstip wel terugkomen. Nu is het tijd om het innerlijk te helen. Waar je leven om draait zal een veel diepere betekenis voor je gaan krijgen. Je zult inzichten verwerven in de kostbaarheid van het leven zelf, die je nooit eerder hebt gehad. Je zult liefde verkrijgen. Dat is altijd een les in ziekte. Je leven zal op grootsere manieren worden beïnvloed dan je je nu voor kunt stellen. Het wordt tijd je over te gaan geven

aan het healingproces en jezelf gedragen te laten worden door je grotere wijsheid, die met het goddelijke verbonden is.

Een patiënt gaat vaak aanvankelijk naar een healer in de hoop verlichting te krijgen van zijn pijn of van een bepaald symptoom of om van een bepaalde ziekte te worden genezen, misschien zelfs om een tumor te doen verdwijnen. En de patiënt ontvangt *altijd* veel meer dan dat. De aandacht van de healer concentreert zich niet alleen op het wegnemen van de pijn in het been of van de tumor, maar is er ook op gericht er met de patiënt aan te werken de diepste oorzaak van het oorspronkelijke symptoom of de ziekte op te sporen en te genezen. En die zal op een dieper niveau van het wezen van de patiënt gevonden worden.

Als professioneel healer ben ik van allerlei soorten healing getuige geweest. Aanvankelijk verbaasden me sommige dingen nogal. Later begreep ik dat ze deel uitmaakten van het natuurlijke healingproces. Naargelang de innerlijke gangpaden naar het diepere zelf van binnen opengaan, verandert de levensbeleving van de patiënt. En dat is eveneens het geval met de rest van zijn of haar leven.

We hebben allemaal weleens gehoord dat mensen na een ziekte van beroep veranderden. Dat deden ze niet omdat de ziekte dat vereiste – bijvoorbeeld omdat ze het fysiek niet meer aankonden een vrachtwagen te besturen – maar omdat ze een ander levensdoel vonden. Ze hunkerden naar verandering. De 'eenvoudige' healing van een ziekte kan dramatische veranderingen teweegbrengen. Persoonlijke relaties ondergaan verandering. Sommige healingen leiden tot een huwelijk, andere tot de ontbinding van een huwelijk dat voor geen van beide partners meer voedend was. In andere gevallen vormt de ziekte de voltooiing van een hele levensfase, en zal de patiënt ongeveer alles veranderen – baan, huis, geografische locatie, vrienden en levenspartner. Sommige healingen herstellen langdurige breuken tussen familieleden. Via het doorleven van de healing krijgen mensen een veel groter respect voor en vertrouwen in hun eigen innerlijk weten. Veel mensen noemen dit een wedergeboorte.

Hoofdstuk 5

WAT DOET JE HEALER WAT JE ARTS OF THERAPEUT NIET DOET?

Als je overweegt naar een healer te gaan, is het van belang te weten dat healers binnen een heel andere context werken dan artsen. Deze twee kunnen elkaar aanvullen wanneer de communicatiekanalen open zijn en er vertrouwen is geschapen. Omdat ik geloof dat in de toekomst veel artsen en healers zullen samenwerken ten bate van iedereen, heb ik het volgende hoofdstuk aan dat visioen gewijd.

Veel patiënten bezoeken een healer en wensen eenzelfde behandeling als die een arts te bieden heeft. De meesten van ons kijken naar ziekte met de ogen van het medische systeem dat in dit land is gevestigd. Mensen zijn er zo aan gewend naar een arts te gaan om van hun specifieke kwaaltjes af te raken, dat ze ook van healingwerk verwachten dat het de pijn verzacht en een bepaalde ziekte geneest.

Het eerste dat een healer doen moet wanneer zo'n patiënt hem bezoekt, is de patiënt uitleggen wat er geboden wordt en wat niet. Laten we, om dit duidelijk te maken, beginnen met de basisvorm van een bezoek aan de spreekkamer van de dokter en dit dan vergelijken met wat er gebeurt wanneer je naar een healer gaat.

1. De dokter onderzoekt de patiënt in een behandelkamer.
2. De dokter regelt eventueel testen die moeten worden uitgevoerd om te helpen ontdekken wat eraan mankeert.
3. Na het onderzoek komen dokter en patiënt in een andere kamer samen, 'de spreekkamer van de dokter', waar de dokter achter een bureau plaatsneemt, om te bespreken wat de dokter denkt dat er mis is. De dokter doet wat hij of zij intussen voor de patiënt kan doen totdat de rest van de testen terugkomt.
4. De patiënt maakt een nieuwe afspraak voor wanneer de testen voltooid zijn.
5. Bij die afspraak verricht de dokter nog meer onderzoek, geeft de uitslagen van de testen en laat een diagnose volgen. De dokter schrijft een behandelingswijze voor gebaseerd op de diagnose of regelt nog meer testen als de eerste geen uitsluitsel geven.
6. De behandeling bestaat gewoonlijk uit een vorm van medicatie of een operatieve ingreep om het probleem kwijt te raken.

Wanneer patiënten naar een healer komen, verwachten ze in veel gevallen dat dezelfde zes stappen worden gevolgd. Ze verlangen een psychisch onderzoek. Ze vragen de healer om hun probleem (duidelijk langs magische weg) van hen weg te nemen, net als pillen en operaties een lichamelijk probleem verhelpen. Veel mensen verwachten een vervolgbijeenkomst waarin de healer een diagnose verschaft en vooruitzichten geeft hoelang het duren gaat 'voordat het weg is'.

De meeste healers maken geen gebruik van de zesstapsvorm wanneer ze met patiënten werken. Meestal wordt er maar erg weinig gesproken, zijn er geen testen, wordt er geen diagnose gesteld en worden er geen medicijnen voorgeschreven, en heel vaak wordt er geen uitleg gegeven van wat er voor, tijdens of na de healing plaatsvindt.

De stappen bij een healingsessie zijn erg eenvoudig:

1. Healers beginnen meestal met een kort gesprekje met de patiënt om te achterhalen waarom de patiënt gekomen is. Sommige healers vragen de patiënt gewoon binnen te komen, hun schoenen uit te trekken en op de behandeltafel te gaan liggen, of eenvoudigweg op een stoel plaats te nemen.
2. De healer werkt met de patiënt, waarbij hij de patiënt – al naargelang van zijn healingtechniek – al dan niet aanraakt. De healer kan enige uitleg geven. Er ont-

staat misschien enige discussie gedurende de healing.
3. De healer beëindigt de sessie en verlaat de kamer, nadat hij de patiënt gezegd heeft enige minuten te blijven liggen alvorens op te staan.
4. Nadien is er maar erg weinig discussie, en de healer vraagt de patiënt op een passend moment terug te komen.

Veel patiënten zijn nogal teleurgesteld na hun eerste healingervaring omdat ze niet begrijpen wat er is gebeurd. Ze voelen zich wel meer ontspannen en waarschijnlijk beter, en ze willen weten hoe dat kan. Ze zijn misschien met een heel stel vragen de praktijk binnengewandeld, allemaal gebaseerd op het ziektesysteem (en de M-1 metafysica) dat in dit land algemeen aanvaard is.

Ze kunnen vragen hebben als:

'Wat voor ziekte is dit?'
'Heb ik een tumor? Wat voor soort tumor?'
'Kun je die wegnemen?'
'Hoeveel healingsessies zijn daarvoor nodig?'
'Hoeveel gaat dit kosten?'
'Is mijn eileider verstopt en zorgt die ervoor dat ik niet zwanger kan worden? Open hem alstublieft. De doktoren zeggen dat ze dat niet kunnen.'

Na een healing zeggen mensen dingen als:

'Ik voel niet echt veel verschil – alleen wat meer ontspannen.'
'Wat hebt u gedaan?'
'Vertel me nu eens precies wat u gedaan hebt.'
'Hoelang zal dit standhouden?'
'Is het weg? Zal het terugkomen?'
'Moet ik terugkomen? Hoe vaak?'

Dit zijn allemaal belangrijke en gezonde vragen waarop moet worden ingegaan, maar ze komen voort uit het huidige medische systeem en gezondheidszorg van dit land. Om ze op een zinvolle manier voor de patiënt te beantwoorden moet de healer de patiënt tot een ander begrip van ziekte en gezondheid voeren.

Of healers zich nu wel of niet bewust zijn van de wetenschappelijke holografische context en de M-3 metafysica zoals die in hoofdstuk 3 werden uitgelegd, hun voornaamste aandachtspunt is holistisch – patiënten te helpen op alle levensgebieden gezond te worden. Ze doen dit door de energie van de patiënt schoon te maken en te harmoniseren, door eraan te werken zijn of haar intentie om te helen op één lijn te brengen, en door hem of haar te helpen zich te verbinden met de diepste kern van zijn of haar wezen, met de creatieve kracht en met het kernbewustzijn. Ze sturen helende energieën in het energiesysteem van de patiënt. Vele healers werken volkomen intuïtief, waarbij ze hun handen hun gang laten gaan. Ze bieden geen verklaring voor wat er aan de patiënt mag schorten, noch voor wat er tijdens de healing gebeurt. Dat is de reden waarom het 'faith healing' genoemd wordt.*

Andere healers proberen verklaringen te geven die de patiënt waarschijnlijk niets zeggen. Sommige hebben complete kennissystemen uitgewerkt. Deze systemen kunnen bij andere healers bekend zijn, zoals het acupunctuursysteem, of misschien een persoonlijke uitwerking van de healer zijn, alleen specifiek voor hem of haar. Ze beschrijven wat er in de patiënt aan de hand is en hoe de healing in haar werk gaat. Dit kan moeilijk te vatten zijn voor een patiënt die niet getraind is in het speciale systeem dat de healer hanteert om inzicht te krijgen.

Om patiënten te kunnen onderwijzen zoek ik eerst naar een gemeenschappelijk begripskader waarbinnen kan worden gesproken. Dan leg ik zo goed als ik kan het healingproces uit dat door de healingen in gang moet worden gezet. Ik vertel hun dat healing zich in hen zal blijven ontwikkelen en hoezeer dit hun leven zal gaan beïnvloeden.

Ik herinner me een sessie met een nieuwe patiënte, Liz genaamd, die een maagzweer had en een operatie wilde voorkomen. Ze liep mijn spreekkamer binnen en zei: 'Vertel me nu eens precies wat u doet.' Ik bleef een moment bij de vraag stilstaan en dacht: ik vraag me af of ze haar chirurg dezelfde vraag stelt en welk antwoord ze dan krijgt.

Het zou natuurlijk jaren kosten om uit te leggen wat ik nu precies doe. Een patiënte als Liz moet volkomen heropgeleid worden in de holografische visie op de realiteit, de oorzaken van ziekte vanuit dat gezichtspunt, het menselijk energiesysteem, therapeutische technieken en healingtechnieken.

Dus vroeg ik mezelf af: wat is de dieper liggende vraag die Liz stelt? Wat wil ze werkelijk weten?

Liz was duidelijk bezig te proberen de verantwoordelijkheid op zich te nemen voor haar gezondheid en haar genezing. Ze wilde oprecht begrijpen wat ze van de healingen kon verwachten. Ze wilde weten wat ik haar geven kon. Haar vraag luidde eigenlijk: 'Wat zijn de mogelijke resultaten van healingsessies?' Ze had er geen idee van hoe breed die effecten konden zijn. Ze wist niet hoeveel er allemaal afhing van haarzelf en haar aanvaarding van veranderingen in haar persoonlijk leven. Ze wist niet dat er zoiets als een menselijk energieveld bestaat dat invloed uitoefent op het fysieke lichaam. En bovenal wist ze niet dat ze zichzelf kon healen met haar intentie om te healen (haraniveau) en met haar creatieve kracht vanuit haar binnenste (wezenssterniveau). De uitdaging voor mij lag erin om een enorm kennisterrein

---

*Noot van de vertaler: woordspel; letterlijk: gebedsgenezing, hier: genezen in geloof en vertrouwen.

in een paar minuten te vatten. Ik zocht naar een simpele analogie om mee te beginnen en het schoot me te binnen hoe een radio werkt. Vanzelfsprekend zou ik in de volgende healingsessies meer tijd hebben om zaken gedetailleerder uit te leggen.

Dus zei ik: 'Heb je weleens van het menselijk energieveld of de aura gehoord?'

'Nee,' zei Liz.

'Welnu, er bestaat een energieveld dat het lichaam omgeeft en doordringt. Het is heel nauw verbonden met je gezondheid. Wanneer je ziek wordt, komt dat omdat het normale functioneren van dit veld verstoord werd. Wat ik doe is dit veld opnieuw afstemmen, het laden en het herstellen. Het lijkt een beetje op acupunctuur. Heb je daar weleens van gehoord?'

Liz zei: 'Ja, daar heb ik weleens van gehoord, maar ik weet er weinig van.'

'Welnu, acupunctuur is een aloude geneeswijze afkomstig uit het verre Oosten, die effect sorteert doordat ze evenwicht brengt in je energieveld dat de verschillende organen van je lichaam van bio-energie voorziet. Deze energie is ongemeen krachtig. In feite brengen we meer energie via dit veld ons lichaam binnen dan door ons eten. Is het je weleens opgevallen dat je op zonnige dagen meer energie hebt dan op bewolkte dagen? Dat komt doordat de zon de energie in de lucht laadt. Dan nemen we dat via ons energiesysteem in ons op. In onze cultuur denken we daar niet lang over na omdat we ons allereerst op het fysieke lichaam concentreren. Maar in China, Japan en India staat het als bijzonder belangrijk te boek voor onze gezondheid. Hun systemen zijn gebaseerd op kennis van deze levensenergievelden.'

Liz antwoordde: 'Waar komt deze energie dan vandaan?'

'De bron van deze energie bevindt zich in je en overal om je heen,' zei ik. 'Het lijkt op radiogolven die altijd in de lucht zijn. Je hoeft alleen maar te weten hoe je ze moet ontvangen om er profijt van te hebben. Zet de radio aan en stem af op het station dat je hebben wilt. Je energieveld lijkt op een radio. Ik ben hier om het te repareren en jou te helpen het beter te leren afstemmen. Ik zal je helpen om je chakra's te openen en in harmonie te brengen.'

'Mijn wat? Mijn chakra's?' vroeg Liz.

'De chakra's in je aura zijn je energie-ontvangers,' legde ik uit. 'Ze lijken op draaikolken van energie die, krachtens hun werveling, energie aanzuigen zoals iedere maalstroom dat doet. Nadat de energie in je lichaam opgenomen is, stroomt het daarna langs de energielijnen in je veld naar je organen. Iedere keer wanneer er een verstoring in je energieveld optreedt, krijgen je organen niet de energie die ze nodig hebben, worden ze zwak en raken uiteindelijk bevattelijk voor infecties en andere lichamelijke problemen.'

'Dat klinkt simpel genoeg,' zei Liz instemmend. 'Dus je zegt me feitelijk dat ik deze maagzweer kon krijgen omdat mijn energielijnen zwak zijn?'

'Het zit natuurlijk wat ingewikkelder in elkaar dan dat, maar dit is wel in grote lijnen het idee. De manier waarop je op stress-situaties reageert, kan in je veld worden afgelezen. Je verstoort je veld gewoonlijk op een manier die gezonde energie aan je maagstreek onttrekt, en onjuiste en daarom ongezonde energieën naar je maag toetrekt. Wanneer we je veld opnieuw in harmonie hebben gebracht, zul je in staat zijn te voelen hoe juiste, gezonde energieën in dat gebied aanvoelen. Wat je nu als voor jou "normaal" ervaart, is niet gezond.'

'Wat bedoel je daarmee?'

'Richt je bewuste gewaarwording nu op je maag,' zei ik.

'Die voelt aan als gewoonlijk.'

'Na de healing zal die anders aanvoelen,' zei ik. 'Dan zul je begrijpen wat ik bedoel. Het is iets dat je moet ervaren. Het is een subtiel, maar ook een heel krachtig verschil voor zover gezondheid reikt. Uiteindelijk zul je leren hoe je de juiste balans van je energieën in je systeem kunt behouden, en zul je in staat zijn een hoger gezondheidsniveau te handhaven. Wanneer ik dus je veld opnieuw in balans breng, dan stroomt de energie goed naar je lichaamssystemen en zul je je gezondheid terugkrijgen. Je zult in staat zijn de energievelden om je heen af te tappen.

'Ik noem deze energievelden de universele gezondheidsvelden. Ze staan iedereen ter beschikking. Ze zijn niet alleen beschikbaar voor je lichamelijke gezondheid, maar ook voor je emotionele, mentale en spirituele gezondheid. Wanneer ik nu dus aan je velden werk, zullen we ook aan de emotionele, mentale en spirituele aspecten werken die verband houden met het feit dat je een maagzweer hebt. Zie je, het is niet alleen maar iets lichamelijks. En dat niet alleen, alles wat voor jou persoonlijk geheeld wordt, zal ook elk aspect van je leven dat ermee verbonden is helen.'

'Wat bedoel je daar nu weer mee?' vroeg Liz. 'Wat voor verbindingen bedoel je?'

'Vanuit het gezichtspunt van de healer', ging ik verder, 'is alles met alles verbonden. Dit is het holistische standpunt. Het houdt in dat je maagzweer – die het resultaat is van een te hoge zuurgraad in je maag, veroorzaakt door je reactie op stress – niet alleen je spijsvertering en je voedselopname beïnvloedt, maar voor mij ook een teken is dat je naar alle waarschijnlijkheid spanning hebt in elk levensgebied dat met de "spijsvertering" van persoonlijke voeding te maken heeft. Met andere woorden: ook wanneer iemand je iets geeft, moet het moeilijk voor je zijn het te aanvaarden en je een goed gevoel te laten geven.'

'Dat klinkt bekend, maar ik zie niet in hoe dat in verband kan staan met een maagzweer,' antwoordde ze.

'Goed, laten we gewoon maar eens beginnen bij waar

we nu zijn, en laat je ervaringen op hun beloop. We zorgen voor de verbindingen wanneer ze naar boven komen. Ik zal het dan verduidelijken.'

'Hoelang zal het duren voor ik weer gezond ben?' vroeg ze.

'Hoeveel sessies er nodig zijn hangt er vanaf hoe goed je systeem op de healing reageert, hoeveel verandering het kan (jij kunt) verdragen en hoelang je in staat bent die verandering vast te houden. Verandering is niet altijd zo eenvoudig, weet je, omdat het alle gebieden van je leven raakt, zoals ik zei. Het vraagt tijd veranderingen te integreren. Zie je, we willen dat je de diepere oorzaak van de maagzweer aanpakt, niet de maagzweer alleen. We willen dat je in staat bent wat je ontvangt binnen te laten en ervan te genieten. We willen uitzoeken waarom je denkt dat dat misschien niet oké is.'

'Ik denk dat het goed is te ontvangen,' zei ze. 'Maar het is waar – ik heb steeds het gevoel dat ik in het krijt sta bij de persoon die me iets geeft. Ik houd er niet van mensen iets verschuldigd te zijn. Jeminee, ik wist niet dat er zoveel aan vastzat. Werkt dit echt?'

'Werken met het menselijk energieveld is eigenlijk nuttiger bij sommige ziekten dan onze reguliere geneeskunde,' zei ik. 'Gewoonlijk krijg ik de mensen met ziekten waarop het medische systeem geen vat heeft gehad. Mensen met kanker, dikkedarmontsteking, verstoringen in het immuunsysteem, virussen, migraine, enzovoort.'

'Ik ben blij dat ik hier ben. Dit klinkt interessant. Laten we eraan gaan staan.'

Liz wilde werkelijk weten hoe het healingproces in elkaar stak, en we waren in staat duidelijk met elkaar te communiceren. Dit hielp haar tijdens het healingproces. Toen we verscheidene weken lang doorgingen, verdween haar maagzweer en herstelde haar gezondheid zich. En dat niet alleen, ze veranderde van beroep en begon een nieuwe relatie.

De verworvenheden van een healer

Ik haalde Liz zachtjes over tot de holistische manier van kijken door die in eenvoudige termen voor haar te beschrijven. Als healer werk ik vanuit een bredere visie om ziekten te behandelen. Ik ben het met artsen eens dat er een infectie kan optreden die te wijten is aan een micro-organisme en dat een medicijn dit gewoonlijk verdrijft. Maar vanuit mijn gezichtspunt is het micro-organisme niet de oorzaak. Healers weten dat een zwakte of een disharmonie van het fysiek-energetische systeem van de patiënt de invasie van het micro-organisme toegang verschafte, wat zich uiteindelijk tot een ziekte ontwikkelde. De invasie van het micro-organisme is ook een symptoom. De oorzaak moet vanuit het holistische of holografische gezichtspunt worden aangepakt, voordat de werkelijke gezondheid kan worden hersteld. De healer stelt meer belang in de onderliggende balans van energieën, intentie en bewustzijn die de gezondheid ondersteunen of die uit balans raken en uiteindelijk ziekte toelaten.

Healers moeten het vermogen hebben met al deze aspecten van de menselijke gesteldheid van een patiënt te werken. Ze concentreren zich op het healen van het fysieke lichaam en zijn er tegelijk op uit de emotionele, mentale en spirituele aspecten van de patiënt te healen.

De gereedschappen en de opleiding van een healer zijn totaal anders dan die van een arts. Alhoewel de meeste hoogst bedreven healers waarschijnlijk toegang kunnen krijgen tot informatie over een ziekte en zelfs de naam van de ziekte en een juist medicijn kunnen opgeven, wat zou overeenkomen met de diagnose van een arts, is dat toch niet hun voornaamste bekommernis. Healers beschouwen die informatie als onderdeel van de beschrijving van 'Pribrams appel', en niet als de primaire realiteit en dus ook niet van primair belang. Inderdaad is het voor hen tamelijk illegaal zo'n diagnose te verschaffen. Dat recht is voorbehouden aan die moedige en toegewijde zielen die een medische studie hebben afgerond en geslaagd zijn voor hun doctoraalexamen.

Liz vroeg me niet om een diagnose, integendeel, ze vertelde mij meteen bij binnenkomst wat er aan de hand was. Ze vulde mijn cliëntenformulier in dat naar de medische geschiedenis van de patiënt vraagt. Ik toetste de informatie die ze me gegeven had. Met HZW kon ik zien dat een deel van het maagwandweefsel was weggevreten en dat het weefsel dat nog op die plaats zat ontstoken was. Het zag er rood uit. Met die HZW-informatie kwam ik eveneens tot de conclusie dat ze een maagzweer had. Toch diagnostiseer ik als healer niet meer dan jij, wanneer je gewoon kunt kijken en vaststellen dat iemand zich net gesneden heeft of een arm heeft gebroken.

Hoe healers met het menselijk energieveld werken
Er bestaan specifieke healingtechnieken voor elk niveau van het menselijk energieveld. Ik concentreer me meestal op de lagere niveaus van het veld van een patiënt wanneer ik aan het werk ben, en begin dan met niveau één. Het werk bevat het waarnemen, schoonmaken, in balans brengen, herstellen en laden van het veld. Meestal moet elke laag afzonderlijk behandeld worden om er zeker van te zijn dat alle niveaus geheald zijn. Een volledige healing moet het healen van alle niveaus van het veld omvatten, of *alle* energielichamen naast het fysieke. Daarom beweeg ik dwars door de niveaus van het energieveld van de patiënt heen, die niet alleen corresponderen met hun fysieke, emotionele en mentale aard maar ook met hun spirituele aard en hun basisovertuigingen omtrent de realiteit. Deze moeten alle in balans gebracht worden. Om dit te kunnen doen schakelt de healer aan op het universele gezondheidsveld dat in het holografische universum wordt bewaard. Als dit niet voltooid wordt, kan de patiënt heel wel dezelfde ziekte opnieuw scheppen of

een andere ontwikkelen.

Healers worden meestal geboren met een talent om het energieveld te leren waarnemen en ermee te leren werken. Dit talent verschilt niet wezenlijk van iemand anders' talent in muziek, wiskunde of zakendoen. De meeste healers zijn, net als andere beroepsmensen, opgeleid om deze aangeboren talenten te ontwikkelen tot een healingkunst. Deze opleiding leert de healer zijn Hoger Zintuiglijke Waarneming te ontwikkelen, waarmee hij de niveaus van het menselijk energieveld en ten slotte ook de niveaus van de hara en de wezensster onder de aura kan waarnemen. Het zal waarschijnlijk ook training in channeling inhouden.

Door de toegewijde toepassing van vele oefeningen die zijn ontworpen om de gevoeligheid van hun zintuigen te verhogen, leren healers hun zintuigen te gebruiken buiten het normale bereik van de menselijke waarneming. Veel healers kunnen dit energieveld voelen, horen en zien, en langs intuïtieve weg bovendien andere informatie erover verkrijgen. Naast het waarnemen van het veld moet de healer ook een heleboel leren over het werken met het veld om via de niveaus ervan te healen, verder over de menselijke anatomie, fysiologie, psychologie, over ziekte en de ethiek van het healerschap.

Met Hoger Zintuiglijke Waarneming onderscheiden healers de vele niveaus van het menselijk energieveld. Aangezien elke laag van dit energieveld ook in het lichaam doordringt, nemen healers het veld tevens binnen het menselijk lichaam waar. Goedgetrainde healers ontwikkelen bovendien het vermogen het energieveld van het gehele lichaam, van een enkele cel en soms van nog kleinere deeltjes waar te nemen. Door gebruik te maken van HZW kunnen healers toegang verkrijgen tot een heleboel informatie die ze in het healingproces kunnen benutten.

Maar bovenal is het belangrijkste gereedschap van healers de liefde. Alle healing wordt in de context van liefde volbracht. Ik geloof dat liefde het bindweefsel van het universum is. Het houdt het bijeen. Liefde kan alles helen. Healers werken niet alleen vanuit een plek van liefde, ze leren patiënten ook zichzelf lief te hebben. Naarmate we in dit boek vorderen, wordt het almaar duidelijker hoe belangrijk liefhebben is. Jezelf liefhebben is een dagtaak. De meesten van ons hebben op dit gebied nog een hoop te leren.

De healing van Liz zette zich langzaam door de niveaus van haar aura voort. Haar derde chakra, gelegen in de maagstreek, was gescheurd. Ik herstelde die en haar maagzweren begonnen te genezen. Op het emotionele niveau is die chakra verbonden met het aangaan van verbindingen met andere mensen en met het vermogen op een gezonde manier voeding van hen te ontvangen. Haar relaties werden inniger en rijker, naarmate we haar leerden een gezond energie-evenwicht te handhaven in die streek van haar lichaam. Op een dieper niveau van de psyche is die chakra verbonden met wie je bent in het universum, je plaats op aarde en in dit leven. Toen deze niveaus van haar veld op een gezonde manier gestabiliseerd waren, kreeg ze tevens meer zelfvertrouwen in wie ze is.

Het procédé van een healingsessie

Vanuit fysiek gezichtspunt is het procédé van een healingsessie heel eenvoudig. Natuurlijk verschilt het van healer tot healer. Het procédé dat ik hier beschrijf, wordt gevolgd door de mensen die hun diploma hebben behaald aan de Barbara Brennan School of Healing.

Als je ervoor kiest een healing bij zo'n gediplomeerd healer te ondergaan, zal je eerst gevraagd worden een intake-formulier in te vullen, waarop je meestal je geschiedenis op een rij dient te zetten en een overzicht moet geven van je klachten. De healer zal een vraaggesprek met je hebben om je op je gemak te laten voelen en om een gemeenschappelijke basis voor communicatie te vinden waarbinnen gesproken kan worden. Een belangrijke vraag zal zijn: 'Waarom ben je hier? Wat wil je volbrengen?'

Uit je antwoord zal de healer niet alleen opmaken wat je wenst, maar ook gaan ontdekken hoeveel ervaring je met healingwerk hebt.

Terwijl de healer naar je luistert en een gemeenschappelijk begripskader zoekt, gebruikt zij tegelijkertijd HZW om je energieveld af te tasten om disharmonieën, tranen, stagnaties en lekken op te sporen. Ze bekijkt jouw constant veranderende energiestroom terwijl je praat. Ze legt verbanden tussen deze schommelingen en je psychische toestand wanneer je jouw problemen beschrijft. Ze leest je fysieke lichaam met normale ogen om de psychische omgeving van je jeugd te ontdekken aan je lichaamsstructuur en lichaamstaal. Ze tast ook je fysieke niveau met HZW af om het te toetsen op de interne structurele afstemming en het functioneren van je organen. De healer gebruikt gewoonlijk zo'n tien tot vijftien minuten voor dit onderzoek om de voornaamste probleemgebieden in je lichaam en energiesysteem op te sporen. Soms zal ze deze informatie met je delen als ze er zeker van is en als het vrijgeven van deze informatie je healingproces niet doorkruist. Anders gezegd: ze zal op een manier spreken die je geen angst zal inboezemen, je energiestroom zal stoppen, of je vermogen om energie op te nemen zal doen afnemen. Al deze informatie verenigt zich tot een holografisch model, aangezien alle functioneringsniveaus elkaar beïnvloeden.

Na een algemeen overzicht gekregen te hebben zal de healer je vragen je schoenen en sokken uit te doen en op de behandeltafel te gaan liggen. Er hoeft niets anders te worden uitgetrokken. Soms kunnen enkele juwelen of kristallen je veld verstoren, en zal ze je vragen die af te doen. De healer gaat gewoon verder door haar handen op je voeten te leggen en energie door je lichaam heen te sturen. Langzaam aan gaat ze over het lichaam omhoog, waarbij ze handen op sleutelposities zet en verscheidene healingtechnieken gebruikt, afhankelijk van wat HZW over jouw conditie aan het licht heeft gebracht. Vanzelfsprekend observeert de healer steeds met HZW de effecten die ze op je energievelden heeft. (Ze neemt eveneens zorgvuldig haar eigen veld waar en reguleert dit, een bijzonder belangrijk onderdeel van de opleiding tot healer.) De healer vervolgt dit aftasten met HZW om te zien hoe goed je de healing ontvangt en om meer gedetailleerde informatie te verkrijgen over de veranderingen in je veld die zich tijdens de healing voltrekken. Met behulp van HZW kan de healer zichzelf ervan vergewissen dat alle noodzakelijke veranderingen zijn volbracht en dat er niets over het hoofd is gezien.

Naarmate de healing vordert, wordt ze veel sterker. Meer en meer energie wordt in je systeem uitgestort, en waarschijnlijk zul je een heel diepe staat van ontspanning bereiken die het healingproces enorm bevordert. Op dit moment raken je hersenen gesynchroniseerd met die van de healer. Beide zijn in sterk alpha-ritme (8 Hz), de healingtoestand.

Andere informatie via HZW verkregen zal omvatten: dieet, vitaminen, mineralen, kruiden of zelfs medicijnen die later door een arts voorgeschreven kunnen worden, wanneer dat gepast is. De HZW legt ook psychische problemen bloot die de ziekte hielpen veroorzaken. Ze onthult jeugdtrauma's, je beeld van hoe je denkt dat de werkelijkheid er uitziet, en ten slotte je geloofssysteem dat de voornaamste oorzaak is waardoor je ziekte intact blijft. De healer werkt rechtstreeks op dit alles in via je energieveld.

Tijdens de healing zal de healer ook HZW gebruiken om leiding te verkrijgen van spirituele leraren, gidsen of beschermengelen. Deze leiding komt in talloze verschillende vormen. De gidsen kunnen de healer vertellen wat het volgende is dat hij/zij doen moet; ze kunnen de healer vertellen waar hij/zij moet kijken voor je lichamelijke problemen; of ze kunnen zelfs de naam geven van de ziekte die je hebt. De gidsen vertellen de healer gewoonlijk de oorzaak van het probleem, zowel vanuit lichamelijk als psychisch gezichtspunt. De gidsen kunnen ook rechtstreeks via het kanaal van de healer tot jou spreken. Wanneer dit gebeurt, is het gesprek dat zich ontvouwt meestal heel zachtaardig en persoonlijk en brengt het je tot een dieper begrip van wat er met jezelf aan de hand is, waarom dit vanuit het perspectief van de oorzaak gebeurt, en geeft het je de ermee verbonden diepere spirituele lessen en levenslessen. Deze gesprekken zijn steeds ondersteunend en waarheidlievend en er worden geen valse beloften in gedaan, mits het kanaal zuiver is. De gidsen werken ook rechtstreeks via de handen van de healer om je te healen. Andere informatie die via HZW ontvangen wordt, wordt of opgeschreven of op de band opgenomen voor verder gebruik.

Het vergt gewoonlijk verscheidene sessies om bij de oorzaak in het geloofssysteem te komen. Tegen de tijd dat de healer door alle lagen van het veld is heengegaan en de healing tot een einde brengt, zul je waarschijnlijk in een toestand van diepe ontspanning en serene rust zijn geraakt.

Veel healers moedigen je aan zo'n tien tot dertig minuten op de tafel te rusten om de velden de gelegenheid te geven te stabiliseren. Dit biedt jou de gelegenheid volledig profijt te trekken van de healing en zorgt er tevens voor dat de healing in je energiesysteem kan integreren. De healer beantwoordt op zo'n moment gewoonlijk slechts een minimum aantal vragen, omdat je – om een rationele vraag te kunnen stellen – uit de genezende alpha-hersengolven moet gaan in de 'rationele' bêta- of snelle hersengolven, die het healingproces zullen stoppen. Toen ik healing in de praktijk beoefende, waarschuwde ik mijn patiënten altijd bij het begin van de healing voor deze heel belangrijke stille tijd ná de healing en moedigde hen daarom aan al hun vragen bij het begin te stellen, voordat de alpha-verbinding is gelegd. Later zal de healer je vragen om op een passend moment terug te komen en hij/zij zal je verzekeren dat de rest van je vragen de volgende keer beantwoord zal worden.

Algemeen gestelde vragen en antwoorden

Kan een patiënt zich tegen een healing verzetten? En als dat zo is, hoe dan wel?
Heel vaak bieden mensen weerstand aan het healingproces door te proberen de situatie met een overactief verstand in de hand te houden. Dit is makkelijk. Het enige dat de patiënt hoeft te doen is een heel actief verstand te forceren en te weigeren zich te ontspannen en de healing toe te staan zich te voltrekken. Als patiënten zich ertoe dwingen hun hersenen rationeel actief te laten blijven, zullen ze niet in een alpha-toestand geraken, 8 Hz, de healingtoestand. Integendeel, ze zullen in de normale waak-hersengolvenpatronen blijven, de bêta-golven. (Patiënten kunnen dit natuurlijk altijd doen, of er nu wel of niet een healer aanwezig is.) Als ze in zo'n toestand blijven zitten, zullen ze het normale healingproces in hun lichaam belemmeren. Wanneer het rationele denken van de patiënten wordt stopgezet en hun hersengolven in alpha-ritme gaan, zijn ze in staat zich over te geven aan hun natuurlijke healingproces dat door de healer is verhevigd.

Hoe frequent vinden healingsessies plaats?
Healingen worden meestal ingeroosterd voor eens in de week en duren zo'n één tot anderhalf uur, enkele weken achtereen. Soms, met name bij rugklachten, wil ik alleen met mensen werken wanneer ze tweemaal per week kunnen komen. De reden daarvan is dat er zoveel spanning op de rug ontstaat door de normale dagelijkse activiteiten, dat de patiënten onvermijdelijk moe worden, een

lage bloedsuikerspiegel hebben, een laatste opleving krijgen en dan hun rug weer aanspannen voor de week voorbij is. Ik heb ontdekt dat een dieet voor rugproblemen ook van bijzonder belang is. Mensen spannen hun rug alleen opnieuw aan wanneer ze overwerkt en hongerig zijn en een lage bloedsuikerspiegel hebben. Ik geef hun meestal de raad een zakje noten en gedroogde vruchten op zak te dragen, vaker te eten, en complete maaltijden te nuttigen. Het is verbazingwekkend hoeveel overspannen, ondervoede mensen onze rijke maatschappij voortbrengt!

De frequentie van sessies voor kankerpatiënten die een chemokuur of bestraling ondergaan, moet minstens wekelijks zijn en altijd meteen op een behandeling volgen, zelfs als het een dagelijkse behandeling betreft. Chemokuren en bestralingen veroorzaken afvalstoffen zowel in het fysieke lichaam als in het energieveld. De afvalstoffen van een chemokuur bestaan uit de chemicaliën van de kuur zelf en uit het weefsel dat gedood wordt. Het lichaam moet beide kwijtraken. Chemotherapie veroorzaakt in het auraveld slijmerig, donker, dik bioplasma van lage frequentie dat het leven niet ondersteunt. Het vertraagt het functioneren van het auraveld en dwarsboomt dat, en brengt zodoende een grote hoeveelheid ongemak teweeg voor de cliënt. Ook bestraling veroorzaakt afvalstoffen in het fysieke lichaam omdat het niet alleen cellen doodt, maar ook de normale biologische processen wijzigt in de vele cellen rondom degene die gedood zijn. Dit brengt een hoop afvalprodukten voort die eveneens verwijderd dienen te worden. Bestraling verbrandt het auraveld, heel erg vergelijkbaar met wat er gebeurt wanneer we een nylonkous in een vlam houden. Deze beschadiging moet gerepareerd worden. Bestraling zorgt er ook voor dat het auraveld als glas versplintert, wat een hoop afvalstoffen in het veld veroorzaakt die opgeruimd moeten worden. Hoe sneller de healer de afvalstoffen, teweeggebracht door chemokuur en bestraling, uit het veld verwijdert, hoe geringer de bijwerkingen zullen zijn.

Hoelang staat ervoor?
Hoelang een serie healingen duurt, is afhankelijk van de ernst van het probleem, van hoelang de patiënt er al mee rondloopt, en van de lange-termijneffecten van de healing. Meestal voelt de patiënt de effecten van de healing ongeveer drie dagen heel sterk. Daarna zal het energiesysteem beginnen zijn oude verstoringspatronen in zekere mate te hernemen. In welke mate en voor hoelang het energiesysteem van de patiënt een schone en evenwichtige toestand kan vasthouden, is volkomen persoonsgebonden en hangt van zoveel factoren af dat die onmogelijk hier allemaal opgesomd kunnen worden. Natuurlijk zijn de ernst van het probleem, de levensomstandigheden van de patiënt, het vermogen van de patiënt goed voor zichzelf te zorgen en de vereiste activiteiten en diëten te volbrengen, en de kwaliteiten van de healer allemaal factoren in het geheel.

Met iedere opeenvolgende healingsessie krijgt het energiesysteem van de patiënt meer en meer zijn oorspronkelijke gezonde samenstelling terug. De oude verstorende gewoonten worden langzaam aan ontbonden. Hoe snel permanente veranderingen kunnen optreden, is volkomen persoonsgebonden. Het volstaat te zeggen dat sommige patiënten in één healing klaar zijn, en andere vele maanden van healing behoeven. Naarmate het healingproces zich ontvouwt, wordt het voor de healer steeds makkelijker te weten hoelang het duren zal, omdat de healer de mate van de veranderingen waarneemt en ziet hoelang ze standhouden na elke gegeven healing. Soms zal een meer gevorderde healer in de eerste sessie via innerlijke leiding bij benadering de lengte van de healingserie aangeven.

Het healingproces zelf kan wellicht weken, maanden of jaren voortduren. Hoelang het duurt hangt er in veel gevallen vanaf welke gezondheidsgraad acceptabel is voor de patiënt.

Het voornaamste doel van de spirituele healer
Veel patiënten wensen het healingproces voort te zetten, lang nadat de oorspronkelijk zich aandienende klacht verdwenen is. Dat komt doordat datgene waarmee ze als 'gezondheid' genoegen zouden nemen voordat ze een healingsituatie aangingen, eenvoudigweg niet langer acceptabel voor hen is. Want healing brengt patiënten niet alleen kennis bij, maar helpt hen ook om veel dieper in contact te komen met hun innerlijke verlangens. In zo'n geval wordt het healingproces een proces van persoonlijke ontwikkeling en het vrijkomen van creativiteit. Het wordt een spirituele ervaring.

Vanuit holografisch gezichtspunt betekent dit dat de healer zal werken aan de verbinding van het individu binnen een systeem. Dat wil zeggen: binnen het grootste systeem, het Universele Wezen. Op dit niveau wordt een onacceptabele gezondheidstoestand gezien als een duidelijk gebrek aan verbinding met of een disharmonie ten opzichte van het geheel of het goddelijke.

Dat leidt tot vragen als: 'Wat is de relatie van de patiënt met God-Godin, de kosmos, of het Universele Wezen?' 'Hoe hebben haar overtuigingen haar geleid tot de ervaring losgeraakt te zijn van de essentiële verbinding met het Universele Wezen?' 'Op welke wijze is hij vergeten wie hij is en hoe heeft zijn manier van leven, die voortkomt uit dat vergeten, hem ertoe kunnen leiden uit balans te zijn en bevattelijk te zijn voor infecties?'

Healers werken rechtstreeks met het energieveld van de patiënt, om het in harmonie te brengen met de hoogste spirituele werkelijkheid waartoe de patiënt zich kan openen.

Het voornaamste doel van healers is hun cliënten te helpen de verbinding te leggen met de hoogst mogelijke spirituele werkelijkheid. Ze doen dat op heel praktische wijze, waarbij ze iedere sport van de ladder betreden vanaf de grond van het fysieke mens-zijn, via het persoonlijkheidsniveau van het menselijk energieveld, langs het haraveld van de intentie, tot de goddelijkheid in ieder menselijk wezen, de kernessentie.

De healer zoekt eerst naar de precieze aard van de patronen van het energieveld van de patiënt, die de verschillende aspecten van zijn/haar wezen tot uitdrukking brengen. Aangezien ze zich holografisch gedragen, dekt het onderzoeksspoor van de healer het totale fysieke en energetische patroonbeeld, dat correspondeert met de emotionele, mentale en spirituele gezondheid van de patiënt. De healer helpt de patiënten klaar te komen met hun intentie ten opzichte van hun gezondheid en hun levensdoel. Een van de voornaamste taken waar de healer voor staat is de patiënten te helpen de oorzaak van hun ziekte op te sporen. Hoe hebben de patiënten deze ziekte in zichzelf teweeggebracht?

Al deze onderzoeks- en healinggebieden zijn noodzakelijk om de volledige gezondheid te herstellen en te voorkomen dat de ziekte weer haar kop opsteekt, of dat er mogelijk een andere ziekte ontstaat. De healer en de patiënt werken samen om deze gebieden te onderzoeken. Uiteindelijk staan de healer en de patiënt oog in oog met de ultieme oorzaak van de ziekte van de patiënt.

Healers vragen: 'Wat zijn de geloofsovertuigingen van de patiënt omtrent goddelijkheid die helpen deze ziekte in stand te houden?' 'Op wat voor manier wordt God gezien als een negatieve autoriteit die eerder zou straffen dan liefhebben?' 'Hoe heeft deze persoon dan de straf op zich genomen waarvan hij denkt dat God die voor hem heeft beschikt?' 'Hoe meet deze patiënte dit zichzelf toe en veronderstelt zij dat God dit haar aandoet?'

We spreken hier niet alleen over datgene wat individuen voor zichzelf als straf scheppen, maar ook over hoe ze raken aan grotere cycli van gebeurtenissen die niet onmiddellijk met hun individuele schepping verbonden lijken te zijn. Deze grotere cycli zijn de lange-termijneffecten die in gang zijn gezet in het verleden, ofwel 'karmische cycli', alsook die gebeurtenissen die zijn ontstaan als resultaat van de collectieve creativiteit van de mensheid. Ieder individu heeft de keus deze ervaringen tegemoet te treden met de verwachting van straf voor een of andere vreselijke daad uit het verleden, of als een les door het hogere zelf uitgekozen met het doel te leren en de ziel te doen groeien.

De healer helpt cliënten een doorgang te openen naar de diepere creatieve energieën van hun kern, van waaruit ze hun ervaringen van de werkelijkheid scheppen.

Ethische beperkingen van de healer

Ons rest nog deze ene heel praktische vraag naar de ethische beperkingen. Deze vraag omvat een breed scala van aspecten, en de antwoorden erop hangen af van de betreffende healer. Hier volgen er een paar.

Onopgeleide mensen die zichzelf healer noemen
Allereerst is het van belang dat healers zich bewust zijn van hun capaciteitenniveau en daar ook rond voor uitkomen. Een van de ergste dingen die ik gezien heb, gebeurt maar al te vaak. Heel zieke mensen gaan naar een healer of een healingcircle en hun wordt gezegd dat ze genezen zijn. De healers komen overhaast tot deze conclusie omdat ze zoveel energie voelen en zich spiritueel zo high voelen door de healing, dat ze veronderstellen dat dit betekent dat de patiënt genezen werd. Soms krijgen zulke mensen zelfs de innerlijke leiding te zeggen dat dit inderdaad zo is. Ze kunnen de patiënten zelfs adviseren de behandelingen te staken waar de healers niets vanaf weten. Ze zijn volkomen overtuigd dat dit juist is en hun leiding waar is.

Deze healers staan buiten de realiteit. Ze zijn niet in contact met hun patiënten of hun omstandigheden. Ze zijn uit hun dak gegaan met hun eigen energetische highzijn en in dat proces losgeraakt van de patiënt. Dit is heel ernstig. Het is een dwaze eeuwige-optimistenvlucht in de ontkenning omdat zulke healers de realiteit van het leven, de pijn en de dood niet aankunnen. Het is een misbruik van spiritualiteit en healing ter wille van de ontkenning van hun eigen angst.

Er is niets mis met een healingcircle die liefde, hoop en steun geeft aan mensen die met hun ziekte geïsoleerd zitten in de angst. Maar het is belangrijk de werkelijkheidszin te bewaren omtrent de hoeveelheid liefde, hoop en steun die nodig zijn voor zo iemand. Het is geen kwestie van één shot, neen, het is een langdurig voortgaand proces. De steungroepen en workshops van Bernie Siegel, M.D., en Louise Hay getuigen van de sterke positieve effectiviteit van zulke groepen.

Geld vragen of geen geld vragen
Ik heb ontdekt dat er wereldwijd een kwestie is ontstaan dat mensen het verkeerd vinden dat healers geld vragen. Dit vooroordeel kan worden aangetroffen in Groot-Brittannië, Rusland, Europa en Zuidoost-Azië, evenals in de Verenigde Staten. Ik geloof dat er twee manieren zijn om met deze kwestie om te gaan. Dat hangt af van de opleiding en deskundigheid van de healer.

Als healers opgeleid zijn in een religieuze traditie zoals de christelijke charismatische beweging, dan worden de healingen in een kerkdienst uitgevoerd en worden er vaak donaties aanvaard. Vanuit mijn gezichtspunt lijkt dat juist.

Als healers echter een langdurige, nauwgezette training achter de rug hebben van ten minste vier jaar, dan hebben naar mijn mening healers het recht om geld te vragen. Zo'n opleiding omvat: anatomie, fysiologie, psychologie, ethica, en het professioneel opzetten van een praktijk, alsook het zich eigen maken van HWZ en healingtechnieken. Via zo'n opleiding zal het healerschap een rechtmatige professionele rol in ons gezondheidszorgsysteem kunnen gaan spelen. Deze healers hebben het volste recht om het voor deze beroepsgroep normale honorarium te vragen, net als psychotherapeuten, massagetherapeuten, wijkverpleegsters, fysiotherapeuten en artsen. Deze bedragen dienen in dezelfde schaal te liggen als die van iedere andere therapeut. Een niet-betalingsbeleid voor zo iemand is simpelweg een vooroordeel. Als deze healers geen geld zouden vragen, zouden ze de hele dag een baantje moeten hebben als financiële onderbouw, en wat er dan nog aan energie overbleef zouden ze aan hun healingwerk besteden. Dat zou eenvoudigweg de zo bitter noodzakelijke healingdienstverlening tot een minimum beperken.

Geen diagnose alsjeblieft!
Healers zouden geen diagnose moeten stellen en kunnen geen medicijnen voorschrijven. Ze zijn daartoe niet opgeleid. Een healer kan, aan de andere kant, innerlijke leiding ontvangen omtrent welk medicijn heilzaam zou kunnen zijn. De patiënt kan die informatie meenemen naar zijn arts om dat uit te testen. (Zie hoofdstuk 6 voor een meer diepgaande bespreking van de samenwerking tussen healer en arts.)

Zijn healers gehouden alles wat ze weten te vertellen?
Dit was een vraag die me in het begin van mijn praktijk werkelijk ondersteboven gooide. Aanvankelijk gaf ik alle informatie die ik ontving via mijn channel aan de betreffende persoon. Ik geloofde toen dat het niet mijn taak was om onderscheid te maken. Als ík het kreeg, dan kregen zij het ook. Hiermee kreeg ik meteen vanaf het begin problemen. Ik bracht mensen daarmee in hevige opwinding. Ze wilden het niet werkelijk weten, zelfs ondanks het feit dat ze het tegendeel aangaven. Ze waren nog niet klaar voor het antwoord.

Ik herinner me dat ik in 1978 op een healingconferentie in Washington was. Iemand uit het publiek wist dat ik HZW had en zijn nekwervels kon zien. Hij liep me het hele weekend achterna en vroeg me onophoudelijk hem te vertellen hoe zijn nek er uitzag. Uiteindelijk ging ik op de trap van een grote gang in het hotel zitten en tekende voor hem de verschuiving in zijn nekwervels. Hij werd heel rustig en vertrok met de tekening. Twee jaar later zag ik hem op een andere conferentie terug, en hij vertelde me dat hij nog dagen na die gebeurtenis van streek was geweest. Hij had nog nooit een tekening gezien van hoe nekwervels verschoven raken, en vatte de betekenis niet van zijn verschoven nek. Ik had niet de tijd genomen hem te vertellen hoe hij met het probleem om moest gaan en dat het niet zo ernstig was.

In een ander geval besloot een van mijn beste vriendinnen, Cindy M. uit Washington D.C., die een paar weken in New York studeerde, dat ze graag een healing wilde. Het probleem waar ze mee kampte was dat ze lichte pijn in haar borst voelde. Tijdens de healing keek ik met HZW in haar borst en zag een zwarte, staalgrijze vorm lijkend op een driedimensionale driehoek. Op hetzelfde moment dat ik dit zag, leunde mijn gids Heyoan over mijn rechterschouder en zei: 'Ze heeft kanker en gaat dood.'

Ik had een persoonlijke woordenwisseling met Heyoan. Ik was diep verontwaardigd dat hij kennis kon hebben van een aanstaand overlijden en, erger nog, dat hij mij daarvan op de hoogte bracht. Onnodig te zeggen dat ik dit voor me hield. Vlak na die sessie ging ik naar een verjaardagsfeestje. Ik was zo uit mijn doen dat ik vroeg wegging. Ik wist niet wat me te doen stond. Had mijn leiding het bij het verkeerde eind? Was het mogelijk op de hoogte gebracht te worden van iemands dood? Zou ik haar helpen die te creëren, als ik er op die manier over dacht wanneer ik haar healingen gaf? Wat moest ik haar vertellen te doen? Later ging ik te rade bij gevorderde healers die ik kende om uit te zoeken of zoiets mogelijk was. Ze zeiden dat dat zo was.

Ik deed het enige dat ik doen kon: ik vertelde Cindy te stoppen met de school, naar huis te gaan, tijd met haar echtgenoot door te brengen en haar borstkas door een arts te laten onderzoeken. Ze kwam naar nog twee healingen voordat ze New York verliet. Bij elke healing zag ik dezelfde donkere vorm in haar longen, en leunde Heyoan over mijn rechterschouder en zei: 'Ze heeft kanker en gaat dood.'

Ik bleef haar vragen naar huis te gaan. Ik deelde haar niet de details van mijn innerlijke leiding mee. Uiteindelijk deed ze wat ik haar vroeg. De testen wezen niets uit. Ik veronderstelde dat mijn gids het bij het verkeerde eind had. Maar haar toestand bleef verslechteren. Vier maanden en drie CAT-scans later ontdekten de artsen van het George Washington Hospital de plek – zelfde grootte, vorm en locatie. Ze zeiden dat het een bloedprop was. Wederom dankte ik God dat de innerlijke leiding onjuist was geweest. Ze reageerde niet op de behandelingen en haar toestand verslechterde. Ze maakten haar open en ontdekten mesothelioom – een longkanker waarvoor nog geen geneesmiddel bekend was. Ze stierf acht maanden later.

Toen ik ongeveer drie dagen voor haar overlijden in Washington was en haar hielp afscheid te nemen van haar vrienden, riep ze me haar kamer in vlak nadat ze naar de wc was geweest. Ze zei: 'Ik ben net pislink op je geweest vanwege je halve waarheden. Wat was er?'

Ik legde uit waarom ik haar niet verteld had wat ik had gezien toen ze de eerste keer bij me kwam voor een healing.

Ze zei: 'Dank je dat je het me niet eerder verteld hebt. Ik was er niet klaar voor. Het is nu in orde.'

Wat ik leerde was dat ik als healer, net als iedere andere deskundige, toegang kan krijgen tot 'bevoorrechte informatie'. Deze informatie moet professioneel behandeld worden, onder een ethische code die de juiste persoon en het juiste tijdstip bevat. Ik geef nu alleen maar 'bevoorrechte informatie' die via leiding tot me komt, wanneer de gids me zegt die te geven en ook aangeeft aan wie.

Wanneer healers zichzelf onbevoegd zouden moeten verklaren
Alle healers komen in situaties terecht waarin ze zichzelf onbevoegd zouden moeten verklaren. Het is zowel voor healers als patiënten enorm belangrijk dat ze dit begrijpen. Dit betekent dat je erop bedacht moet zijn dat elke healer naar wie je toegaat, zich misschien zal moeten diskwalificeren. Een kenmerk van goede healers is dat ze zich ervan vergewissen of ze gekwalificeerd zijn om je te behandelen, voordat ze je als patiënt aannemen. Ze hoeven dit niet openlijk met je te bespreken als zich geen probleem voordoet. Maar meestal zullen ze tegen het eind van de eerste sessie weten of er een probleem is en je dit ook zeggen. De twee voornaamste redenen waarom healers zichzelf onbevoegd verklaren, is hun voorafgaande relatie met een patiënt of de partner van een patiënt of omdat ze niet gekwalificeerd zijn dit geval te behandelen.

In het eerste geval: veel mensen denken dat ze naar een healer kunnen gaan die ook een vriend is. Dit is prima, zolang beiden weten dat dit hun relatie blijvend zal veranderen. Zij tweeën moeten de beslissing nemen wat belangrijker is: de healingrelatie of de persoonlijke relatie. Omdat healing zo'n diepgaand proces is, zullen beiden, wanneer ze hun persoonlijke vriendschap in stand willen houden zoals die was, snel een punt bereiken waarop de healingen in gevaar komen of het diepere healingproces verwaterd raakt. In gevallen waar twee echtgenoten naar dezelfde healer willen gaan, geldt wederom dat, als het healingproces over een lange periode wordt voortgezet, er relatieproblemen kunnen ontstaan vanwege de diepte van de persoonlijke veranderingen die het healingproces met zich brengt. Om deze redenen beveel ik aan dat healers dezelfde richtlijnen hanteren als therapeuten, namelijk dat ze niet beide partners van eenzelfde echtverbintenis in individuele behandeling nemen.

Healers moeten in staat zijn te weten of ze gekwalificeerd zijn om enig speciaal geval in behandeling te nemen. Dit kan ook te maken hebben met het verwachtingsniveau van de patiënt. Als patiënten wonderbaarlijke resultaten verwachten, moet de healer hen informeren dat de kans daarop bijzonder klein is. Slechts één procent van de gevallen geneest meteen. Sommige healers kunnen bepaalde ziekten of typen gevallen niet behandelen. Ze kunnen op bepaalde ziekten reageren die hun energiesysteem beïnvloeden op een wijze die hen ziek maakt of pijn doet. Ze zijn misschien niet in staat iemand te behandelen die te horen heeft gekregen dat hij 'terminaal' is en, als ze dat wel doen, de hele weg van het stervensproces met zo iemand afleggen. Ze kunnen misschien niet met de betrokken artsen samenwerken. Ze weten wellicht iemand die het beter kan. Als ze bevooroordeeld zijn over een bepaalde behandeling die de patiënt ondergaat, moeten ze daar eerlijk mee klaar zien te komen en het vooroordeel loslaten. Als ze dat niet kunnen, moeten ze de patiënt naar iemand anders verwijzen.

Ik moest mijzelf verscheidene jaren geleden onbevoegd verklaren in een geval van een jongeman die vanaf zijn middel verlamd was (dwarslaesie). Ik kon zien wat er in het energieveld aan schortte, maar ik had er absoluut geen effect op, na het anderhalf uur geprobeerd te hebben. Ik vroeg hem geen betaling voor de sessie en stuurde hem naar huis. Ik zei hem dat ik hem zou opbellen als ik een manier gevonden had om hem te helpen, of als ik iemand gevonden had die dat zou kunnen. Verscheidene jaren later vond ik iemand naar wie ik hem verwijzen kon.

Hoe rechtstreekse informatie te verkrijgen over de te verwachten resultaten
De beste manier om rechtstreekse antwoorden te krijgen is rechtstreekse vragen te stellen. Vraag de healer alles wat je weten wilt – het is zijn taak een manier te vinden om te antwoorden vanuit zijn healingkader. Het kan wel een antwoord zijn dat je niet wenst, maar je zou er altijd een moeten kunnen krijgen. Vraag hun zelfs naar hun percentage genezingen, als je dat weten wilt. Ze moeten daar eerlijk op antwoorden. Hoeveel patiënten met een dergelijke ziekte heeft de healer behandeld? Wat waren de resultaten? Healers moeten duidelijk zijn over wat ze te bieden hebben. Op deze manier kun jij, de patiënt, helderheid verkrijgen over welke resultaten je verwachten kunt en waarvoor je derhalve betaalt. Natuurlijk is je healing van nog zoveel andere dingen afhankelijk, maar je hebt het recht de ervaring en de resultaten van de healers te weten, alsook hoelang ze al een praktijk hebben en hoe goed ze opgeleid zijn.

Hoofdstuk 6

HET HEALER-ARTSTEAM

Als je overweegt om zowel met een healer als een arts samen te werken, is het belangrijk beiden te ondervragen om uit te zoeken of ze openstaan voor samenwerking. Laat zowel de healer als de arts weten hoe en met wie je werkt. Als ze nog niet eerder hebben samengewerkt, praat dan met hen om erachter te komen of ze zullen samenwerken. Laat ze weten hoe ze elkaar kunnen steunen jou te helpen je gezondheid te hervinden. De arts of de healer kan het te druk hebben om er veel tijd in te steken de ander te raadplegen. In de meeste gevallen is er niet echt veel tijd voor consultatie nodig. Als een van beiden niet in een goede verstandhouding tot de ander staat, raad ik je aan iemand anders voor deze taak te zoeken.

Het kan in de behandeling voorkomen dat er rechtstreeks botsende gezichtspunten zijn. Dan is het heel erg noodzakelijk dat de twee er met elkaar over praten. Op zulke momenten zijn een goede verstandhouding en wederzijds begrip van uitzonderlijk belang. Jouw behandeling en je gezondheid hangen er vanaf.

In mijn ervaring ontstaan er slechts zelden twee rechtstreeks botsende meningen of een openlijk conflict tussen de arts en de healer wanneer beiden werkelijkheidszin hebben en open van geest zijn. Veel mensen dragen echter het negatieve beeld in zich dat healers en artsen niet met elkaar overweg kunnen. Als mensen ontdekken hoe deze twee systemen elkaar aanvullen, kan dit negatieve beeld – gelukkig voor alle betrokkenen – worden opgeruimd.

Er zijn vijf hoofdmanieren waarop het healer-artsteam optimaal kan samenwerken om een bredere, diepere en nuttigere hoeveelheid informatie te verwerven over de toestand van de patiënt en wat daaraan te doen valt. De vijf hoofddoelen zijn:

1. *Een helder inzicht verkrijgen in het ziekteproces dat zich in de patiënt voltrekt.* In de termen van de healer wordt dit een ziekte-omschrijving genoemd, in de termen van de arts een diagnose. Beide komen ze in een andere context tot stand. De healer gebruikt Hoger Zintuiglijke Waarneming om daarmee het energieveld en het functioneren of disfunctioneren van het fysieke lichaam te beschrijven. De arts hanteert medische standaardprocedures om een medische diagnose te stellen.

2. *De gezondheid van de patiënt bewerkstelligen op zoveel mogelijk niveaus.* De healer werkt via het proces van directe handoplegging om daarmee de energielichamen en het fysieke lichaam in balans te brengen en te herstellen. De arts werkt er allereerst aan de gezondheid van het fysieke lichaam te herstellen.

3. *Een ruimere, vollediger, informatievere en zinvollere ziektegeschiedenis verkrijgen.* Het healer-artsteam verkrijgt dit door informatie, afkomstig van de geschiedenis van de levenservaringen die de healer via HZW verkrijgt, te combineren met een gestandaardiseerde medische geschiedenis zoals die door de arts in een dossier wordt aangelegd.

4. *De patiënt bijstaan de diepere betekenis en oorzaak van zijn ziekte te achterhalen.* Veel artsen helpen patiënten om te gaan met de mentale en emotionele en de lichamelijke oorzaken van hun ziekte door naar hun patiënten te luisteren en door hun advies te geven. Healers helpen de patiënt om op alle niveaus van zijn/haar wezen met de ziekte om te gaan – de lagere drie auravelden die corresponderen met de fysieke zintuigen, het emotionele en mentale; de drie bovenste spirituele auraniveaus; het haraniveau van de intentie; en het wezenssterniveau van de creatieve bron.

5. *Effectievere behandelingsmethoden scheppen; de tijd die voor genezing nodig is terugbrengen; ongemak reduceren; en de neveneffecten van zware medicijnen verminderen.* Gebruik

makend van HZW zal de healer informatie krijgen over dieet, kruiden, homeopathische middelen en andere stoffen of technieken die de patiënt kan gebruiken. Wanneer specifieke medische technieken of medicijnen via HZW worden ontvangen, kunnen ze aan de arts van de patiënt ter overweging worden voorgelegd. Tijdens mijn praktijkjaren ontving ik regelmatig, HZW gebruikend, specifieke medicijnen of wijzigingen in de dosering daarvan voor de patiënten. Hun artsen stemden later in met de informatie en de patiënten herstelden wanneer de recepten werden aangepast.

Als we beginnen een healer-artsteam te ontwikkelen, zal veel van de informatie van de healer de arts niet erg zinvol voorkomen omdat die niet binnen zijn/haar terrein van deskundigheid valt. Mettertijd zullen er, door samen te werken, communicatiebruggen worden geslagen en zal er veel meer begrip komen voor het lichaam, de energielichamen en het healingproces. Deze vijf gebieden te zamen zullen de genezing van de patiënt enorm vergemakkelijken en bovendien de arts helpen meer informatie te verkrijgen over wat er in de patiënt gaande is. Laten we wat gedetailleerder ingaan op elk type informatie die de healer verzamelen kan.

Doel 1: Een duidelijk begrip krijgen van het ziekteproces

Wanneer healers samenwerken met een arts of een groep geneeskundigen, zullen ze het ziekteproces kunnen beschrijven dat plaatsvindt in het fysieke lichaam en de energielichamen van de patiënt. Ze delen deze beschrijving mee aan het beroepsteam om het ziekteproces in de patiënt te verhelderen. De healer gebruikt hiervoor HZW om de toestand van de patiënt te analyseren. Ze zal als volgt beginnen het menselijk energieveld na te lopen:

* Het algehele energiepatroon van de patiënt, met de harmonieën en disharmonieën daarin.
* Het meer gedetailleerde patroon van elk niveau van het auraveld.

De healer richt dan haar aandacht op het fysieke niveau om de ongezonde of disharmonische fysiologische processen te beschrijven die in het lichaam van de patiënt plaatsvinden. Deze zijn vanzelfsprekend het resultaat van de energetische disharmonieën die ze eerst beschreef. Om dit te kunnen doen gebruikt ze HZW om het functioneren van de organen en de weefsels op lichamelijk niveau te kunnen aanvoelen. De healer gaat met verscheidene stappen verder, waarbij ze toetst:

* De algemene toestand van het menselijk energieveld.
* Het algemeen functioneren van elk orgaan.
* Het algemeen functioneren van de orgaansystemen.
* De wisselwerking tussen orgaansystemen.
* Een gedetailleerder functioneren van elk orgaan.
* De toestand van het orgaanweefsel.

Deze ziekteomschrijving zal, op vele manieren, aansluiten bij de diagnose van de arts. Alle zintuigen kunnen worden gebruikt in de HZW-methode. Ik zal de drie door healers meest gebruikte zintuigen bespreken: visueel, auditief en kinesthetisch (tastzin). De taal zal echter verschillen, afhankelijk van het zintuig dat gebruikt wordt om de informatie te ontsluiten. Deze taal zal naar alle waarschijnlijkheid geen technisch medische taal zijn.

Ziektebeschrijving van de healer bij gebruik van visuele HZW
Wanneer de healer het visuele type HZW gebruikt, hebben de organen van het lichaam specifieke kleuren die corresponderen met gezondheid, en andere kleuren die corresponderen met ziekte en disfunctioneren. De healer kijkt gewoon naar de organen in het lichaam om te zien of ze zwak of sterk zijn, te weinig actief of overactief. Wanneer ze door gebruik te maken van deze algemene manier van aftasten bepaalde organen gevonden heeft die meer aandacht behoeven, kan ze zich daarna richten op een gedetailleerder onderzoek van elk niet goed functionerend orgaan.

Laat me enkele voorbeelden geven van hoe het visuele zintuig werkt. Wanneer naar de lever gekeken wordt, kan de healer eerst haar blik richten op de gehele lever om de relatieve grootte ervan te ontdekken en zien of die al dan niet vergroot is. Ze kan ook waarnemen of die er te vast uitziet voor haar normale functioneren. Ze kan de scherpstelling van haar zicht veranderen – zoals je doet wanneer je met je ogen over een kolom in de krant gaat en dan je blik richt op één enkele zin – om uit te vinden of bepaalde delen van de lever te weinig functioneren terwijl andere te veel functioneren, door naar de leverprocessen te kijken. Als er gebieden van de lever zijn waarin zich afvalstoffen ophopen, vertelt de aurakleur van die afvalstoffen of ze te zuur of te alkalisch zijn. De healer kan zien of deze afvalstoffen te taai zijn om uit de lever weg te kunnen vloeien. Dit doet ze eenvoudigweg door naar de dikte van de vloeistof te kijken en waar te nemen hoe die zich door de lever beweegt.

Zo heb ik vele malen een ophoping van gestagneerde groene of gele vloeistof in delen van de lever waargenomen. Dit betekent dat gifstoffen zich in de lever aan het ophopen zijn en dat er een overmaat aan gal is. Soms is de gele kleur een overblijfsel van een of ander medicijn dat de persoon onlangs heeft ingenomen en waarmee de lever grote moeite heeft dit te verwerken. De aurawaarneming van hepatitis is altijd een oranjekleurige band of laag. Soms, als iemand medicijnen tegen hepatitis ingenomen heeft, wordt dit in de lever zichtbaar als een gebied van dik, bruinachtig slijm. Chemotherapie voor borstkanker en andere soorten kanker verschijnt altijd als groen-bruine viezigheid in de lever. Als de chemotherapie intraveneus via de arm is toegediend, verkleurt de aura van de arm ook tot bruin-groen. Ik heb configuraties gezien die tien tot twintig jaar in het auraveld bleven zitten wanneer er geen healing gegeven werd.

De healer kan de effecten van afzonderlijke voedingsstoffen of medicijnen op de lever zien. Heel vaak veroorzaakt de combinatie van het drinken van wijn en het eten van dikke, romige kaas, zoals brie, een grote hoeveelheid stagnatie in de lever. Het ziet eruit als vastzittend slijm. Dat vermindert het natuurlijke, gezonde levensritme van de lever en reduceert daardoor het vermogen tot het functioneren ervan.

Om meer informatie te verzamelen kan de healer haar scherpte van blik vergroten en haar blik dieper laten doordringen tot op celniveau, zodat ze de toestand van de cel kan zien. Heel vaak zijn de cellen vergroot of verlengd. Ofwel het celmembraan werkt niet op een chemisch evenwichtige manier, zodat bepaalde vloeistoffen die geacht worden het membraan niet te passeren dat toch doen. Langdurig roken breekt bijvoorbeeld gewoonlijk de celwand af en maakt die slap zodat de cel vergroot en misvormd raakt. De vervuiling afkomstig van roken vormt eveneens een zuurlaag aan de buitenkant van het celmembraan, die daarmee de doorlaatbaarheid ervan verandert. Met een hoge of microscopische scherpte kan de healer ook micro-organismen in het lichaam waarnemen en hun verschijningsvorm beschrijven. Alle informatie verkregen via visuele HZW zal in termen van beelden beschreven worden, waarbij visuele bewoordingen worden gehanteerd. Al deze informatie wordt in de taal van de healer gegeven in eenvoudige beschrijvingen, zoals hierboven, niet in de technische termen waaraan de patiënt of de arts gewend geraakt kan zijn.

Ziektebeschrijving van de healer bij gebruik van auditieve HZW
De healer kan ook gebruik maken van het gehoorstype HZW. Er bestaan twee hoofdsoorten auditieve informatie – geluiden (of tonen) en woorden. Het lichaam, de organen en weefsels produceren allemaal geluiden die met HZW gehoord kunnen worden, maar niet met 'normaal' horen. Deze geluiden geven informatie over de gezondheid van het lichaam en de organen. Een gezond lichaam brengt een prachtige 'symfonie' van geluiden voort die allemaal samenvloeien. Wanneer een orgaan niet goed functioneert, laat het een wanklank horen. Door haar geluidenvocabulaire te ontwikkelen zal de healer in staat zijn gezondheid en ziekte in het fysieke lichaam en de energielichamen in termen van geluid te beschrijven.

Zo kan de healer bijvoorbeeld, gebruik makend van auditieve HZW, heel wel een gierend geluid van hoge toonhoogte horen dat afkomstig is van de alvleesklier van iemand met suikerziekte. Ze zal ook een donkere draaikolk van energie op de alvleesklier kunnen zien (gebruik makend van visuele HZW) die het gierende geluid maakt. Deze twee stukken informatie zullen haar meteen vertellen dat de persoon in kwestie suikerziekte heeft. (De healer zal, op haar beurt, geluiden en tonen ter healing aanwenden, zoals we nog zullen zien.)

De tweede vorm van auditieve HZW is de ontvangst van woorden. Als de healer bedreven is in auditieve HZW, zal ze wellicht in staat zijn om rechtstreeks toegang te krijgen tot de naam van een organisme, een ziekte of zelfs een in te nemen medicijn, compleet met de dosis en het tijdstip. De meeste medische termen zijn lang en gecompliceerd en dat maakt ze erg moeilijk om via HZW te worden opgepikt. Ik ben slechts een paar maal in staat geweest dit voor elkaar te krijgen. De meeste auditieve informatie die ik krijg, komt óf als een simpele aanwijzing, óf als een lange uiteenzetting over de diepere betekenis van het menselijk bestaan of de wijze waarop de wereld in elkaar steekt. Een paar voorbeelden van auditieve aanwijzingen zullen verderop in de tekst opduiken. De healingmeditaties die in deel IV van dit boek gegeven worden, zijn goede voorbeelden van gechannelde uiteenzettingen die bijzonder bruikbaar zijn in het healingproces.

Ziektebeschrijving van de healer bij gebruik van kinesthetische HZW
Elk orgaan heeft een pulsering. Bepaalde organen pulseren sneller dan andere. De healer kan, gebruik makend van het kinesthetische type HZW (gevoelszintuig), de pulsering uit elk orgaan voelen. Eerst voelt de healer het gehele lichaamssysteem in zijn algemeenheid en ontdekt algemene disharmonieën in de organen. Daarna voelt ze in orgaansystemen en dan tussen orgaansystemen onderling. De healer zal bijvoorbeeld, gebruik makend van het kinesthetische type HZW, de orgaanpulsering van de lever onderzoeken om uit te vinden of die hoger of lager is dan normaal. De healer zal dan grotere gebieden van het lichaam voelen om te onderzoeken of de leverpulsering synchroon loopt met andere orgaanpulseringen van het lichaam. Als de lever abnormaal is, ontdekt de healer hoe dit abnormale functioneren van invloed is op organen in de buurt van de lever en andere gebieden in het lichaam.

Een kenmerkende vraag die opkomt in de ziektebeschrijving die door een healer wordt verschaft is: hoe beïnvloedt een slecht functionerende lever (abnormaal lage pulsering, wijzend op hypofunctioneren) de alvleesklier? Mijn antwoord, afkomstig van informatie die ik met kinesthetische waarneming verkregen heb, is dat een hypofunctionerende lever de alvleesklier onder spanning zet en ervoor zorgt dat die harder moet werken, wat de pulsering van de alvleesklier weer verhoogt en wat er de oorzaak van is dat de alvleesklier hyperfunctioneert.

Uiteindelijk zal de alvleesklier door het overwerk te zwak worden om nog goed te kunnen functioneren, en de pulsering ervan zal dan ook onder het normale peil zakken en ervoor zorgen dat de alvleesklier hypofunctioneert.

Informatie, kinesthetisch verzameld bij onvruchtbare vrouwen die zwanger probeerden te raken, is bijzonder interessant. In een gezond lichaam pulseren de eierstokken synchroon met elkaar, met de thymus bij het hart en met de hypofyse in het hoofd. Bij veel gevallen van onvruchtbaarheid zijn de pulseringen van de eierstokken in disharmonie met elkaar en met andere orgaanpulsen. De eierstokken moeten weer in balans gebracht worden met elkaar, met de thymus en de hypofyse, voordat ze in staat zijn een rijp eitje te produceren en de eisprong op het juiste tijdstip te laten plaatsvinden. Wanneer ze niet synchroon pulseren, zal de eisprong op het verkeerde tijdstip van de menstruatiecyclus plaatsvinden. Het eitje kan prematuur of overrijp zijn, of helemaal niet losgelaten worden. Om het evenwicht te herstellen zendt de healer energie om een synchrone pulsering tussen al deze drie hormonen te bewerkstelligen. Dit wordt via een reeks technieken met handoplegging verricht. Ik ben in staat geweest vele vroeger onvruchtbare vrouwen op deze manier te helpen. Ze zijn nu moeder. (Natuurlijk kunnen hier in sommige gevallen andere organen bij betrokken zijn, die de healer zal aanvoelen en eveneens in balans brengen.)

Een goed voorbeeld vond enkele jaren geleden plaats, toen ik nog een praktijk als healer had in New York City. De cliënt, Barbara, wilde zwanger worden. Ze was 42 jaar.

Barbara was vijftien jaar geleden klinisch dood geweest vanwege een hevige bloedvloeiing na de geboorte van een dochter. Ze vertelde me dat ze zich herinneren kon dat ze haar lichaam verliet en haar overleden vader bezocht, die haar vertelde terug te keren naar de aarde. Hij zei dat ze alle liefde en vrede naar de aarde kon brengen die ze daar met hem voelde. Daarna voelde ze hoe ze in haar lichaam teruggeworpen werd. Een dokter stond over haar gebogen en zei: 'Ze is er geweest.' Het volgende waarvan ze zich bewust was, was een grote verpleegster die over haar heen leunde, op haar borst pompte en schreeuwde: 'Adem dan toch, verdorie, adem!'

Na een lange weg van herstel, waarbij ze haar dochter alleen grootbracht en daarna uiteindelijk hertrouwde, wilde Barbara een tweede kind. Hier bestond een heleboel zorg omheen. Niemand had ooit de oorzaak van de bloedvloeiing gevonden, dus zou het weer kunnen gebeuren. Daarbij kwam nog dat Barbara vier jaar voor haar huwelijk baarmoederhalskanker had gehad. Haar artsen waren bezorgd dat, vanwege de chirurgische ingreep, de baarmoederhals niet sterk genoeg zou blijken om de foetus negen maanden lang te houden.

Voordat ze bij mij kwam, had ze drie jaar lang zonder succes geprobeerd zwanger te worden. Een korte inspectie van haar energieveld liet een grote traandruppel in de tweede chakra zien. Haar eierstokken functioneerden niet goed en waren niet afgestemd op de thymus of op de hypofyse. Ze placht onregelmatig te ovuleren, en wanneer dat gebeurde, was het voor het eitje te laat in de cyclus. Ik zag ook haar verzwakte baarmoederhals en een andere plek in haar baarmoeder waar een oude wond gezeten had. Die was de oorzaak van de bloedvloeiing.

Allereerst zuiverde ik de wond en herstructureerde het eerste niveau van het veld, zodat dit genezen kon. Daarna bouwde ik het energieveld van de baarmoederhals weer op om dit te versterken. Ik maakte het extra sterk zodat het de foetus zou kunnen houden. Vervolgens repareerde ik alle schade in de tweede chakra en stabiliseerde hem daarna. Toen synchroniseerde ik de eierstokken met elkaar, met de thymus en vervolgens met de hypofyse. Naarmate elk systeem in haar lichaam ging functioneren, nam Barbara's energie toe. Dit vergde één sessie in februari 1984.

Ik belde Barbara in september 1990 op om te vragen hoe zij zich die gebeurtenis herinnerde. Barbara zei het volgende:

> Je ontdekte een zwart energetisch gat bij de bron van de bloedvloeiing en je trof ook een energetisch disfunctioneren aan bij de baarmoederhals. Je vond beide bronnen van datgene waarover de medici zich het meest zorgen maakten. Toen raakte ik in maart zwanger. Het was gewoon een wonder.
>
> Een bijkomend interessant aspect was dat ik in mijn negende maand zwangerschap naar je terugkwam omdat Annie in een stuitligging lag. Je draaide haar... Bovendien was het interessant dat je me voorbereidde op een keizersnee. Ik kan me herinneren je innerlijk conflict gevoeld te hebben. Ook kan ik me herinneren dat ik probeerde je te steunen door te zeggen: het is in orde, het is oké, je kunt me alles vertellen wat er aan de hand is. Inderdaad kreeg ik een keizersnee. Na vierentwintig uur weeën gehad te hebben, werd mijn baarmoederhals niet wijder en raakte Annie in nood.

Toen Barbara in haar negende maand voor haar tweede healing kwam, ontving ik de innerlijke leiding dat ze een keizersnee zou krijgen. Ik wilde haar dat niet vertellen op een manier die klonk alsof het niet anders kon uitpakken. Ik wilde alle ruimte laten voor de mogelijkheid van een natuurlijke geboorte, maar ik slaagde erin haar te waarschuwen dat het een goed idee was het te nemen zoals het kwam, dat 't het belangrijkste was het kind te krijgen en niet het perfect te doen. Naar ik mij herinner leek het, toen ik met haar aan het werk was, dat we de keuze hadden tussen een sterke baarmoederhals maken en de baby via een keizersnee krijgen, of geen sterke baarmoederhals maken en de kans lopen de baby te ver-

liezen.
Later zei Barbara:

Dit zou me toch nooit zorgen hebben gebaard. Ik had er van tevoren nooit bepaalde gedachten over hoe je verondersteld wordt een baby te krijgen. Ik denk dat de meeste spirituele New Age-vrouwen een heleboel afkeer hebben van medische procedures. Ze kunnen de dualiteit tussen deze medische ingrepen en spiritueel verantwoordelijk-zijn voor je eigen healing niet aan. Ik had daar nooit enige moeite mee. Het is hun dualiteit, geen echte dualiteit.

Ik denk dat veel mensen er in het algemeen zulke vooropgezette gedachten over deze onderwerpen op nahouden. Het voelt alsof je een keuze moet maken tussen zelf de verantwoordelijkheid nemen voor je geestelijk en lichamelijk welbevinden en de medisch-technische know-how, kennis en deskundigheid. Telkens wanneer je zo'n keus maakt, beperk je in feite de werkelijkheid, omdat er echt geen noodzaak voor zo'n keuze is. Alleen wanneer ze samenwerken is het compleet. Waar we allemaal mee bezig zijn is te proberen die dualiteit op aarde te helen.

Tegelijk gebruik maken van visuele, auditieve en kinesthetische HZW om ziekte te beschrijven
Laten we nu, tegelijk gebruik makend van visuele, auditieve en kinesthetische HZW, de 'aandacht richten op' (visuele term), ons 'afstemmen op' (auditieve term) en ons 'verbinden met' (kinesthetische term) de alvleesklier om te 'zien' (visuele term) wat voor informatie we kunnen 'krijgen' (kinesthetische term). Bij mensen met problemen met het verteren van zoetigheid en suiker, zal de alvleesklier er zwak 'uitzien'. In plaats van een heldere en zuivere perzikbruine kleur te hebben, zal de alvleesklier er heel vaal perzikbruin uitzien. De alvleesklier kan opgezwollen zijn als gevolg van haar onvermogen goed te functioneren. Gebruik makend van visuele HZW kan de healer dit 'zien'. Door haar visuele scherpte te vergroten kan de healer ook hier en daar ophopingen van geelachtige, amberkleurige cellen in de alvleesklier zien. Het anatomieboek vertelt ons dat dit de eilandjes van Langerhans zijn. In sommige gevallen kunnen er meer van deze ophopingen van cellen zijn, dan wel kan elk eilandje meer cellen hebben en groter zijn dan normaal of uit vergrote geel-amberkleurige cellen bestaan. De overmaat aan eilandjes van Langerhans is de poging van het lichaam om meer van de uitscheidingsstof te produceren die zij maken. Auditieve HZW of een handboek fysiologie vertelt ons dat deze uitscheiding het hormoon insuline is. De healer ontdekt, gebruik makend van het kinesthetische zintuig, dat de orgaanpulsering van de alvleesklier ook lager is dan wat de healer als gezond beschouwt. De alvleesklier functioneert onder de maat. Zodoende vertellen visuele, auditieve en kinesthetische HZW te zamen ons dat deze patiënt healing nodig heeft om het functioneren van de alvleesklier weer terug te brengen naar normaal.

Wanneer een verzwakte alvleesklier langzamer begint te pulseren dan haar normale gezonde snelheid, begint ze gewoonlijk het pulseren van de linkernier te beïnvloeden, die er vlak achter ligt. Spoedig pulseert deze nier op een snelheid die overeenstemt met de lagere pulsering van de alvleesklier. Dit zorgt ervoor dat de nier suiker in de urine afscheidt. De nier ziet er dan donkerder uit dan normaal. Vanuit de waarneming van de healer is zowel het functioneren van de alvleesklier als van de nier achteruitgegaan. Zelfs het bindweefsel dat rondom de organen zit, de fascie genaamd, begint hard te worden, samen te trekken en de organen samen te binden. De fascie is het fysieke medium dat het merendeel van de energiestroom van het eerste niveau van het auraveld door zich heen laat gaan. Wanneer het verhardt, gaat zijn vermogen energie te geleiden hard achteruit. En dit vermindert op zijn beurt weer de hoeveelheid energie die het orgaan, omgeven door de fascie, ontvangen kan uit de energievelden overal om ons heen.

Ik geloof dat dit verminderde geleidingsvermogen via onze fascie heel wat te maken heeft met verouderen. Wanneer er werk verricht is om de verharde bindweefsels te verzachten, stroomt er meteen heel wat meer energie naar het orgaan of de spier die door de fascie wordt omgeven. Dat orgaan of die spier ontwaakt weer en wordt levend en gezond. Dit type werk, gecombineerd met healing-energiewerk, is effectief zelfs bij heel oud letsel. Het doet weefsels weer opleven die jarenlang onbruikbaar zijn geweest. Het vergt heel wat tijd en aandacht om oud letsel te herstellen, maar dat is het heel wat mensen waard. Mensen die lichaamswerk of energiewerk doen dat de fascie soepel houdt blijven langer jong. Veel van zulke mensen zien er tien jaar jonger uit dan hun eigenlijke leeftijd.

Healers gebruiken dezelfde HZW-technieken die hierboven zijn aangeduid om problemen in het haraniveau en het wezenssterniveau te beschrijven. Deze informatie zal de beschrijving bevatten van iedere vervorming of elk disfunctioneren op deze niveaus. (Het haraniveau en het wezenssterniveau alsmede de vijf healingdoelen zullen in de hoofdstukken 16 en 17 worden besproken.)

Doel 2: Healing door middel van directe handoplegging

Zoals eerder beschreven handelt de healer als een geleider voor genezende energieën uit het universele gezondheidsveld of het universele energieveld om ons heen. Het menselijk energieveld moet als bepaald niet minder werkelijk gezien worden als het fysieke lichaam. Er bestaan verscheidene niveaus of lichamen. De healer zal met elk ervan werken. Het eerste, derde, vijfde en zevende niveau van het auraveld zijn zodanig gestructureerd dat ze alle organen omvatten die ons in het fysieke lichaam bekend zijn, alsmede de chakra's die inneem-organen zijn. Chakra's nemen energie uit het universele energieveld op en verwerken die voor het gebied van het lichaam waarin ze gelegen zijn. Deze gestructureerde niveaus schijnen samengesteld te zijn uit staande lichtstralen. De even genummerde niveaus zijn niet gestructureerd. Deze zien eruit als druppels of wolken vloeistof in beweging. De vloeistof stroomt langs de staande lichtlijnen van de gestructureerde lagen.

Het werk van de healer aan de gestructureerde niveaus bestaat eruit de energielichamen te herstellen, te herstructureren en opnieuw te laden. Het werk van de healer aan de ongestructureerde niveaus van het veld bestaat eruit om verstopte gebieden schoon te maken, verzwakte gebieden te laden, en te hoog geladen gebieden in harmonie te brengen met de rest van het veld.

Dit alles heeft een groot effect op het functioneren van het fysieke lichaam. Zelfs als het fysieke orgaan verwijderd is, hebben het opnieuw opbouwen ervan in de gestructureerde lagen van het veld en het opladen ervan in de vloeistoflagen van het veld een bijzonder sterk effect op het lichaam. In gevallen waarbij de schildklier verwijderd was, heb ik stelselmatig gezien dat een op het auraveld opnieuw gestructureerde schildklier de hoeveelheid medicijnen reduceert die een patiënt moest innemen voor de schildklier. Handoplegging bekort gewoonlijk de benodigde genezingstijd met een derde tot de helft van normaal, vermindert de hoeveelheid medicijnen die nodig is, en reduceert de bijwerkingen van agressieve behandelingsmethoden enorm.

Een vriendin van mij die bijzonder allergisch was voor medicamenten kreeg een dubbele staaroperatie. Alleen tijdens de operatie gebruikte ze een verdoving. Erna nam ze geen pijnstillers, deed enkele malen per dag zelfhealing en genas tweemaal zo snel als de 'normale' herstelperiode voor een lensverwijdering aan één oog. Eenvoudige problemen als een verstuikte enkel, die normaal gesproken van de patiënt twee weken op krukken vergen, kunnen binnen een halfuur tot drie kwartier genezen worden als er meteen aan wordt gewerkt.

Als het niet mogelijk is om direct handoplegging te doen, zullen andere genezingsmethoden nog steeds de genezingsperiode tot enkele dagen beperken, methoden die zijn ontwikkeld in: osteopathie; structuurtherapie volgens Rolf (rolfing); bindweefselmassage; *unwinding* (terugdraaien van torsies); of spierfascie-therapie. Wanneer zulk letsel plaatsvindt, deinst het lichaam daarvoor terug en wringt het zich in bochten, weg van het letsel. De fascie en de spieren blijven soms in die verdraaide positie staan. Deze methoden zijn bijzonder van nut bij het genezen van letsel als resultaat van verrekkingen, verstuikingen, spanningen, kneuzingen, breuken, en letsel aan het ruggemerg. Door het lichaam in bepaalde posities onder spanning te houden en door de pulsaties van het lichaam te volgen, kan men eenvoudigweg het terugdraaien van de torsies volgen die het gevolg waren van het letsel.

Onlangs stortte een heel zware tafel in boven op de voet en het scheenbeen van een healingstudente. We raapten haar onmiddellijk op en werkten ongeveer drie kwartier aan haar. Ze was bang dat haar voet gebroken was. Na zorgvuldig visueel HZW-onderzoek wisten we dat die niet gebroken was. Hij was pijnlijk geschaafd en gekneusd. We deden handoplegging om het energieveld te herstructureren en tegelijkertijd pasten we een structurele *unwinding*-techniek toe (techniek, gebaseerd op het terugdraaien van torsies). Na die 45 minuten was er geen gezwel, waren er heel weinig blauwe plekken en maar een paar schrammetjes. Ze rustte een paar uur uit met ijs op het gebied en de volgende dag liep ze weer normaal. Het zag eruit alsof ze zich twee weken ervoor gestoten had.

Ik heb met een paar handopleggingen goedaardige 'operabele' tumors zien verschrompelen tot 'niet noodzakelijk om te opereren'. Ik heb gezien dat bij hartpatiënten een open-hartoperatie werd voorkomen, dat bij kankerpatiënten de hoeveelheid benodigde chemotherapie werd verminderd, dat suikerziekte in een vroeg stadium werd omgekeerd, dat een dikke-darmoperatie (colonectomie) werd voorkomen. In een paar gevallen heb ik kanker zien verdwijnen. Ik heb heel wat levens compleet zien transformeren tot de levenswijze waarnaar deze mensen zo verlangd hadden.

De healer doet ook handopleggingswerk op het hara-niveau en het wezenssterniveau. Wanneer de healer eenmaal de toestand van het hara- en wezenssterniveau heeft vastgesteld, kan ze rechtstreeks met beide werken. Hara-en/of wezenssterhealing is werk voor gevorderden. Het vereist een heleboel training en oefening om het te volbrengen. (Dit zal in de hoofdstukken 16 en 17 besproken worden.)

Doel 3: Een vollediger en bredere ziektegeschiedenis verkrijgen

Het derde werkveld van het healer-artsteam is het aanleggen van een ziektegeschiedenis. Een arts doet dat door middel van de medische dossiers van de patiënt en diens familie. De healer verkrijgt informatie uit het verleden door langs paranormale weg getuige te zijn van voorbije gebeurtenissen die zowel fysiek als psychisch met de ziekte verbonden zijn. De healer heeft het vermogen terug te gaan in de tijd en de opeenvolgende gebeurtenissen te aanschouwen die een bepaald orgaan, lichaamsdeel, of het totale lichaamssysteem getroffen hebben op het fysieke of het energetische vlak. De healer doet dit door zich eerst kinesthetisch te verbinden met het lichaamsdeel en daarna door het geheugen te raadplegen.

Dat laatste is zo goed als hetzelfde proces als het activeren van je eigen geheugen. Je doet dat automatisch voor jezelf. Het voelt gewoon als het terugrollen van de tijd om van een gebeurtenis uit het verleden getuige te zijn. Probeer het eens voor iemand anders door je eerst met hem te verbinden en dan het geheugen te activeren. Je zult versteld staan. Je kunt ook toegang krijgen tot zijn verleden. Je bent alleen maar opgegroeid met het geloof dat het enige verleden dat je je herinneren kunt, je eigen verleden is.

Op het fysieke vlak zal de healer gebruik maken van HZW om, in omgekeerde volgorde, getuige te zijn van trauma's die een bepaald lichaamsdeel getroffen hebben. In mijn ervaring is het merendeel van ernstige ziekten niet iets nieuws. Integendeel, de ziekteconfiguratie is over een lange periode en via tal van verschillende vormen en symptomen opgebouwd tot haar huidige staat. Hoe je nu bent, vertegenwoordigt de som van al je levenservaringen.

Een algemeen voorbeeld zijn heupproblemen bij oudere mensen. De meeste heupproblemen in latere jaren zijn geactiveerd door structurele verwringing in jongere jaren in de ruggegraat of de knieën. Ook diëtaire tekortkomingen kunnen bijdragen aan het degeneratieproces, totdat de oudere persoon valt en een heup breekt.

Veel mensen merken op dat hetzelfde lichaamsdeel bij herhaling letsel oploopt. Als een enkel op de tennisbaan eenmaal verdraaid en verstuikt is, zal diezelfde zwakke enkel hoogstwaarschijnlijk weer verstuikt worden. Dit ontzet-zijn van de enkel straalt door heel het structurele systeem van het totale lichaam uit en beïnvloedt elk deel ervan. Een vroege val van een driewielertje waarbij de knie wordt bezeerd, kan leiden tot een latere knieblessure met de fiets, die op haar beurt weer leidt tot een voetbalknie door het joggen, enzovoort. Elk letsel vergroot het structureel ontzet-zijn dat vervolgens tot nog meer letsel leidt.

Gewoonlijk is, tegen de tijd dat een ernstige klacht in het fysieke lichaam dóórbreekt, dat lichaamsdeel al diverse malen verwond. Een probleem in een orgaan is een teken dat het probleem diep in het lichaam gezonken is. De effecten van oude wonden uit de kindertijd worden versterkt, meegedragen en vastgehouden door herhaalde slechte levensgewoonten op het fysieke, emotionele, mentale en spirituele vlak. Mensen herscheppen en herhalen de problemen in hun leven telkens en telkens opnieuw vanuit hun negatieve geloofssystemen. Deze negatieve geloofssystemen zijn meestal onbewust. Door gebruik te maken van HZW kunnen deze her-schapen negatieve ervaringen in volgorde worden afgelezen.

Een patiënte, Tanya genaamd, die met de navelstreng om haar nek en met de tang geboren werd, herhaalde deze nek- en hoofdletsels haar hele leven in verschillende vormen. In haar vroege jeugd viel ze van een kanon in een park en belandde op haar hoofd. Vervolgens viel ze meer dan eens uit een boom. Later sloeg haar broer haar per ongeluk met een baseballknuppel op het hoofd.

Ze stond achter hem toen hij naar achter uithaalde om een bal te raken. Elke keer dat ze een slag op haar hoofd kreeg, werd ook haar nek slechter. Haar vader sloeg haar regelmatig als haar moeder hem rapporteerde dat ze iets verkeerds gedaan had. Ze was er niet op bedacht dat het komen zou, omdat de straf pas vele uren later kwam, wanneer haar vader thuiskwam van zijn werk. Soms sloeg hij haar met een maatlat terwijl hij haar bij een voet op haar kop hield. Vervolgens kreeg ze herhaaldelijk klappen op haar hoofd van een echtgenoot die haar mishandelde. Dit ging bijna tien jaar zo door. In die periode was er ook een voorval met een spierverrekking (zweepslag), toen een man haar in een motelkamer haar zwempak uit probeerde te trekken. Twee jaar daarna was er wederom een zweepslag plus een schedelbasisfractuur bij een auto-ongeluk. De voortdurende nek- en hoofdverwondingen leidden tot steeds meer structurele verwringingen die niet alleen de rechtstreeks betrokken gebieden verzwakten maar ook het gehele structurele systeem. De hele linkerzijde van haar lichaam was verzwakt. Ze zei dat dit kwam doordat ze met een rechtshandige man was getrouwd – het is de linkerzij die dan de klappen krijgt. Door middel van handoplegging en *unwinding* was ze later in staat de meeste van haar verwondingen te helen.

Aangezien organen allemaal samenwerken, zal chronisch disfunctioneren van enig bepaald orgaan uiteindelijk op alle andere organen effect hebben. Aanvankelijk kunnen de andere organen overwerkt raken om het verlies van het functioneren van één orgaan te compenseren. Daarna kunnen ze gaan disfunctioneren omdat ze niet in staat zijn de extra last te dragen. Voor de healer die het functioneren van het lichaam vanuit holografisch perspectief bekijkt, is alles wat in het ene deel van het lichaam gebeurt altijd met de rest van het lichaam verbonden.

Ik was getuige van een interessant geval van diëtaire tekortkomingen in de vroege jeugd bij een man die 'atletenkuiten'* had. Toen ik terugrolde in de tijd, zag ik dat de oorzaak verbonden was met het feit dat hij een heleboel melk gedronken had toen hij een snel groeiende tiener was. Melk was voor zijn lichaam niet de beste bron van calcium. Toen zijn lichaam botcellen aanmaakte, werden die 'te hard' en lieten die de spieren niet toe zich op de juiste wijze aan het bot te hechten. Dus toen hij veertig was, kreeg hij 'atletenkuiten' te dragen als hij ging joggen.

---

* Bij atleten acuut voorkomend oedeem en spierverstijving in de kuiten; zwelling waardoor verstijving van de spieren optreedt, shin splints in het Engels. Nieuwe Nederlandse term ervoor kan zijn: de atletenkuit (naar analogie van de voetbalknie en de tennisarm).

Doel 4: Patiënten helpen de diepere betekenis en oorzaak van hun ziekte te vinden

Door middel van HZW helpt de healer de patiënt toegang te krijgen tot algemene informatie over de achtergrond van de patiënt op psychisch niveau. Dit omvat informatie over mogelijke jeugdtrauma's, de interactie met ouders en omgeving, de mentale houding van de patiënt tegenover het leven en het geloofssysteem van de patiënt.

Een healer zal ook HZW gebruiken om specifieke informatie te 'lezen' over de psychische geschiedenis die verband houdt met een bepaalde zich aandienende klacht. Om dit te doen maakt de healer verbinding met het zieke lichaamsdeel, rolt hij terug in de tijd *terwijl hij afgestemd is op het psychische niveau*, en ziet hij de vroegere ervaringen van deze persoon die rechtstreeks verband houden met het fysieke probleem. Dit onthult ook meteen een heleboel over de persoonlijkheid van de patiënt, diens psychische jeugdtrauma's en de reacties daarop die bepaalde ongezonde levenspatronen in het leven geroepen hebben en die gedeeltelijk leiden tot het creëren van de lichamelijke moeilijkheden.

Deze informatie kan, mits die met gevoel gehanteerd wordt, het persoonlijke healingproces van de patiënt enorm helpen. Ze helpt patiënten ongezonde gewoonten op te geven die disharmonieën in hun energiesysteem veroorzaken, uiteindelijk leidend tot een ziekte in het fysieke lichaam.

Het denkbeeld dat iemand ongelukken in zijn leven kan scheppen als resultaat van zijn overtuigingen en vroegere verwondingen, is natuurlijk zowel interessant als controversieel. Sommige ongelukken zijn duidelijk het resultaat van een intentie. Ik ben er zeker van dat we allemaal weleens hebben gezien dat kinderen zichzelf bezeren direct nadat ze een standje gekregen hebben over iets dat ze niet hadden mogen doen.

Tanya's geval is een goed voorbeeld. Naarmate Tanya eraan werkte zichzelf via handoplegging en bindweefselmassage te helen, kon ze ontdekken hoe ze eraan had meegeholpen haar verwondingen te creëren, zelfs het auto-ongeluk waarbij ze niet zelf aan het stuur zat. Ze maakte contact met haar intentie voortdurend het 'slachtoffer' van andere mensen te zijn, wat op een of andere manier volgens kinderlogica betekende dat ze 'goed' was. Dit is wat ik versta onder een negatief geloofssysteem. Om 'goed' te blijven – gezien vanuit de onderbewuste kinderlogica – moest ze ervoor zorgen slachtoffer te blijven. Haar vader sloeg haar om haar te straffen voor het feit dat ze 'slecht' was. Volgens haar kinderlogica maakte die straf haar dan weer 'goed'. Ze herinnerde zich ook dat ze zich met haar vader verbonden voelde terwijl hij haar sloeg. Behalve dat ze verstijfd was van schrik, kon ze tegelijkertijd ook zijn pijn voelen en kon ze voelen dat hij feitelijk wat van zijn pijn kwijtraakte door haar te slaan. Dit is het fundament van martelaarschap. Bij het voorval met het auto-ongeluk zat haar mishandelende echtgenoot achter het stuur. Je kunt je afvragen, hoe ze de 'schuld' daarvan op zich kon nemen? Ze nam de schuld daarvan niet op zich, maar ze maakte contact met haar intentie van de avond ervoor om zichzelf te verwonden. Het was een manier de intense pijn in haar leven een halt toe te roepen. Ze vertelde dat ze de avond voor het ongeluk buiten zichzelf van woede was. Haar echtgenoot probeerde haar op te hitsen met een oud vriendje, en ze wist niet wat ze doen moest. Ze herinnerde zich dat ze herhaaldelijk naar de grote glaswand van haar huis keek en dacht hoe goed het zou voelen dwars door de kamer te rennen en met haar hoofd er tegenaan te slaan. Ze zei dat ze zich volslagen idioot voelde.

Eindelijk slaagde ze erin dit huwelijk te verlaten en voor zichzelf een nieuw leven te beginnen. Na al het werk aan haarzelf duurde het na haar scheiding nog geen jaar voor ze een heel gezonde, ondersteunende relatie begon met de man met wie ze nu zeven jaar getrouwd is.

Tijdens het lezen en ontvouwen van de informatie uit het verleden werkt de healer ook rechtstreeks in om de verstoringen in het energieveld te zuiveren die met deze gebeurtenissen en trauma's in verband staan. Er wordt op beide niveaus tegelijkertijd gewerkt. De informatie wordt naar het bewustzijn gebracht en de verstoringen in het veld afkomstig van deze gebeurtenissen worden opgeheven. Dit heeft voor de patiënt een heel positief effect op de healing.

De healer kan zich dan afstemmen op hogere niveaus in de patiënt die gedachtenpatronen of gewoonte-denkvormen blootleggen die de psyche van de patiënt bij tijden beheersen en regeren. De healer zal er uiteindelijk in slagen de patiënt te helpen haar of zijn negatieve, ongezonde geloofssystemen op te sporen die de wortel zijn van ongezonde gewoontepatronen die ziekte creëren.

Toen Tanya contact maakte met haar onbewuste pogingen een slachtoffer te blijven en daarom 'goed' te zijn, begon ze haar levenshouding te veranderen. Ze bereikte het haraniveau waar de intenties liggen. Ze had de intentie een slachtoffer te blijven zodat ze de 'goede' persoon kon blijven en ze tegelijk niet de wereld in hoefde te trekken en voor zichzelf verantwoordelijkheid te nemen.

Ze voegde zich naar de positieve intentie om te veranderen. Het was noodzakelijk contact te maken met een dieper deel van haarzelf dat reeds weet dat ze goed is: haar kern. Gezien vanuit een breder perspectief is de oorzaak van een ziekte: vergeten wie je werkelijk bent (losraken van je kern); en dan is healing: je ware zelf weer herinneren (je verbinden met je kern). Derhalve begon Tanya zich te herinneren wie zij was. Ze maakte verbinding met haar innerlijke fundamentele goedheid door communicatiekanalen aan te leggen met haar wezensster.

Ze hoefde haar goedheid niet meer te bewijzen door zichzelf tot slachtoffer te maken.

Doel 5: Effectievere behandelingsmethoden creëren

Het vijfde hoofddoel van het healer-artsteam bestaat eruit nieuwe gecombineerde behandelingsmethoden tot stand te brengen. De resultaten van de eerste vier doeleinden – de nieuwe ziektebeschrijving, informatie over het functioneren van het lichaam, de veranderingen in de visie op de oorzaken en diepere betekenis van ziekte, en de sterke positieve healingeffecten van handoplegging – brengen grote veranderingen in behandelingsmethoden met zich, evenals nieuwe richtlijnen die ons helpen gezond te blijven.

Enkele belangrijke veranderingen in behandelingsmethoden zijn:

1. De totale benadering van gezondheid en genezing verschuift naar een nieuw paradigma dat alle aspecten van het brede scala van menselijke levenservaringen omvat. In deze holistische visie, waar alles op alles invloed heeft, kan geen gebied van het leven van de patiënt buiten beschouwing gelaten worden alsof het niets met gezondheidsproblemen te maken zou hebben. Ook de patiënt zelf wordt beschouwd als iemand die alles te maken heeft met het creëren van het probleem.
2. Door in te zien hoe onze levensgewoonten en onze psychische omgeving onze gezondheid beïnvloeden, veranderen we onze houding tegenover de manier waarop we onze gezondheid willen behouden. We richten onze aandacht op die gebieden om gezond te kunnen blijven. We ontwikkelen gezonde psychische gewoonten en leren om automatisch oude emotionele blokkades en geloofssystemen die ons lichamelijke moeilijkheden bezorgen, te verwerken.
3. De noodzaak van voorgeschreven medicijnen en operationele ingrepen vermindert. Ik heb diverse patiënten gehad voor wie een operatie niet meer nodig was. Toen ze naar hun controlebezoek gingen, voorafgaand aan de operatie, gelastten hun artsen de operatie af. Ik heb mensen geholpen hun tumor te doen verschrompelen en hun schildklier te doen inkrimpen, afwijkende cellen uit de uterus te wassen ter voorkoming van een curettage van de baarmoederhals of zelfs van een baarmoederverwijdering, verwijdering van de dikke darm te voorkomen, de noodzaak van een open-hartoperatie weg te nemen.

   Heel wat van de voorgeschreven medicatie is door de artsen verlaagd omdat hun patiënten eerder genazen. Het gebruik van pijnstillers is aanmerkelijk afgenomen bij patiënten met chronische pijn zoals hoofdpijn, rugpijn of pijn in de eierstokken.
4. Healers en artsen die samenwerken kunnen ten behoeve van elke patiënt meer specifieke, persoonlijke informatie verschaffen omtrent de soort behandeling of medicijnen die ze moeten nemen en op welk tijdstip ze een bepaalde medicatie moeten beginnen en eindigen. Healers kunnen er ook informatie over verschaffen op welk tijdstip en in welke mate de medicatie tijdens het genezingsproces verminderd kan worden. Vanuit het gezichtspunt van de healer is geen enkel kruid, geneesmiddel of medicijn van zichzelf slecht of noodzakelijkerwijs ongewenst. Wat hier telt is dat de patiënt de vrijheid heeft die behandelingsmethode te kiezen die voor hem of haar het meest nuttig en passend kan zijn. Zoals mijn gids Heyoan zegt: 'De juiste stof, in de juiste hoeveelheid, op het juiste tijdstip gedraagt zich alchimistisch als een transformatieve substantie ten behoeve van de genezing.'

De healer kan de effecten aflezen die ieder afzonderlijk kruid, homeopathisch geneesmiddel of medicijn op het lichaam van de patiënt uitoefent. Het is voor de healer mogelijk om, door de patiënt die homeopathische geneesmiddelen neemt gade te slaan, het effect daarvan op het energieveld te zien, omdat geneesmiddelen zowel korte- als lange-termijneffecten op het veld hebben. Als het niet het juiste homeopathische middel is, zal er geen enkel effect zijn. Als het geneesmiddel niet sterk genoeg is, zal het niet tot het veld doordringen en geen groot effect sorteren. Een hogere potentie zal dat wel doen. Een hogere potentie zal hogere niveaus van het veld bereiken en misschien niet direct de lagere niveaus beïnvloeden. Deze informatie kan voor de homeopaat van groot nut zijn, niet alleen bij het kiezen van het juiste geneesmiddel, maar ook bij het uitkiezen op welk van de energielichamen van de patiënt hij wil dat het 't meest effect heeft.

Ik heb ontdekt dat healing de vereiste hoeveelheid medicijnen die het lichaam nodig heeft terugbrengt, zelfs als een klier verwijderd is. Ik heb dit diverse malen met verscheidene mensen en verschillende soorten medicijnen ervaren. Het is een automatisch resultaat van het healingproces via handoplegging.

Het terugbrengen van de hoeveelheid medicijnen die de patiënt die door een healingproces heengaat, nodig heeft, is een stap-voor-stapproces. Gewoonlijk is de ontvangen leiding in het begin, dat de patiënt doorgaat met de medicatie die hij heeft. Na een periode van healing, misschien slechts een paar weken, zal de innerlijke leiding aanraden de medicatie met een kwart terug te brengen. Na nog enkele weken of maanden zal een nieuwe verlaging nodig zijn.

Laat me een voorbeeld geven. Ik was aan het werk met een jonge vrouw die veelvoudige lichamelijke kwalen had, vrijwel vanaf haar geboorte: vele ziekten, vele chirurgische ingrepen. Ze was midden in de twintig. Haar vooruitgang vorderde traag, maar ze herkreeg haar gezondheid en energie gestaag. Na ongeveer zes maanden healing bereikte ze een stilstand in haar gezondheidstoestand. De healingen leken niet veel effect meer te sorteren. Ik vroeg om specifieke leiding, gebruik makend van auditieve HZW, over waarom ze niet verder vooruitging. Ik hoorde de volgende woorden: 'Vertel haar dat ze haar schildkliermedicatie met een derde terugbrengt.' Op dat moment wist ik helemaal niet dat ze die innam. Op een tamelijk verbouwereerde manier vroeg ik haar ernaar. Ze bevestigde dat ze die innam. In de paar erop volgende weken bracht ze, met instemming van haar arts, de inname van het medicijn terug volgens de gechannelde leiding en herstelde haar gezondheid zich weer verder. Na vijf maanden was het nodig opnieuw een verlaging in te voeren. Kort daarop staakte ze de behandelingen, tevreden met haar gezondheid, en besloot naar de universiteit te gaan.

5. Healers kunnen helpen bij de keuze van behandelingsmethoden. Bijvoorbeeld, voordat Jennifer in mijn kantoor aankwam voor haar eerste afspraak, ontving ik informatie die zei dat ze de soort chemokuur moest kiezen die drie maanden duurde en waarbij twee medicijnen werden gebruikt, in plaats van de soort die twee maanden duurde en waarbij drie medicijnen werden gebruikt. Ik had Jennifer nog nooit ontmoet en wist niet wat de reden was waarom ze healing van me wilde krijgen. Toen Jennifer me haar onderhavige klacht vertelde, verklaarde ze dat ze net een week daarvoor van haar oncoloog de keus had gekregen tussen twee verschillende chemokuren voor de behandeling van haar kanker. De ene zou drie medicijnen gebruiken en twee maanden duren, de ander zou twee medicijnen gebruiken en drie maanden duren. Ze was naar mij toegekomen om haar keus te helpen maken. Onnodig te zeggen dat ik het antwoord al had.

6. Samenwerken met een healer kan de negatieve bijwerkingen van veel agressieve behandelingen helpen terugdringen, niet alleen omdat er minder van de behandeling nodig is, maar ook omdat handoplegging tijdens de behandeling de negatieve bijwerkingen reduceert. Het vermindert of verwijdert ook de beschadiging van het lichaam op lange termijn, die door de chemotherapie en de bestraling wordt veroorzaakt. Chemotherapie vergiftigt de lever en verzwakt het natuurlijke afweersysteem van het lichaam. Handoplegging verhoogt het functioneren van de lever. Bestraling breekt de eerste laag van het energieveld in splinters, zoals gebroken glas; handoplegging herstelt dat.

Heel vaak zullen, zo'n tien tot twintig jaar later, de bestraalde lichaamsdelen gaan disfunctioneren. Een patiënte verloor het grootste deel van het gebruik van haar armen omdat de zenuwen verslechterden. Ze had tien jaar daarvoor voor de ziekte van Hodgkin zeer zware bestraling gehad in het gebied van de plexus brachialis (de plaats waar de zenuwen die de armen verzorgen, het ruggemerg verlaten).

We ontdekten door de behandeling met handoplegging bij een andere patiënte, zo snel na de bestraling als maar mogelijk was, dat we in staat waren voortdurend het versplinterde auraveld op te ruimen en het iedere keer weer opnieuw op te bouwen. Die patiënte ondervond maar heel weinig negatieve effecten van haar bestraling.

Weer een andere patiënte had tien jaar voor ik haar ontmoette een ruggewerveloperatie gehad. Toen ze naar de healingsessie kwam, was ze nog steeds vooral aan bed gekluisterd. Ze kon alleen naar de badkamer en terug lopen. Ik zag nog steeds rode kleurstof in haar ruggegraat opgesloten zitten. Klaarblijkelijk was die gebruikt om haar ruggewervels te kunnen zien met een of ander ziekenhuisinstrument. Met elke healingbehandeling die de rode kleurstof verwijderde, werd ze veel sterker en begon ze weer te lopen.

Healingen na de operatie verminderen de pijn effectief en herstellen datgene wat anders waarschijnlijk een langdurige bijwerking kan krijgen. Een patiënte, Elisabeth genaamd, had nog steeds pijn aan haar rechtereierstok en haar onderbuik, een jaar na haar keizersnee. Ik kon zien dat de energielijnen van de eerste laag van het veld verstrikt zaten en de normale energiestroom naar dat gebied van haar lichaam blokkeerden. In een healing slaagde ik erin de energielijnen van de eerste laag van het veld te ontwarren, te verbinden en opnieuw op te bouwen. Haar pijn verdween op slag en is in twee jaar niet teruggekomen. Als de verstoringen in haar veld gebleven waren, zou ze uiteindelijk waarschijnlijk infecties in dat gebied hebben gekregen aangezien het tekort aan energiestromen het gebied ten slotte zou verzwakken.

In het geval van Richard W. (zie het verslag van de healingsessie in appendix A) belemmerde een verticaal litteken in zijn borst afkomstig van een openhartoperatie, de energiestroom die zijn hart en borst bediende. Het repareren ervan maakte een langduriger gezondheid in dat gebied zeker.

7. Informatie over de negatieve lange-termijneffecten van agressieve behandelingsmethoden die vandaag de dag worden gebruikt, zal het protocol voor het gebruik daarvan wijzigen.

Wanneer we de negatieve lange-termijneffecten begrijpen die vele agressieve behandelingen hebben op ons energieveld en ons fysieke gestel, zullen ze niet zo makkelijk worden gebruikt als nu het geval is. Ik gaf hiervoor al het voorbeeld van hoe een rode kleurstof tien jaar na de behandeling in de ruggegraat bleef zitten. Ik heb andere medicamenten in de lever aangetroffen, jaren nadat ze werden gebruikt voor een behandeling van hepatitis. Veel medicijnen worden in veel te hoge doses toegediend aan bepaalde mensen die gevoeliger zijn dan andere. Wanneer we meer specifieke informatie kunnen verkrijgen over welke dosering iemand aankan, zullen we in staat zijn de dosering beter af te stemmen zodat die bij de individuele patiënt past.

In sommige gevallen kan de benodigde hoeveelheid medicijnen drastisch worden teruggebracht door healingmethoden. Zo was ik bijvoorbeeld met een andere healer aan het werk om een jonge vrouw te helpen die een levertransplantatie had ondergaan. We bereidden haar energieveld voor de operatie voor. Na de operatie verbonden we haar energielichamen met de nieuwe lever door alle energielijnen opnieuw op te bouwen die doorgesneden waren om de oude lever weg te kunnen nemen. We konden zien dat de nieuwe lever feitelijk groter was dan haar oorspronkelijke. We probeerden de ziekenhuisstaf te waarschuwen dat ze minder nodig had van het medicijn dat haar lichaam ervan moest weerhouden de lever af te stoten. Ongelukkigerwijs was er niemand te vinden die naar ons wilde luisteren. Ze brachten uiteindelijk de medicatie terug toen ze bijwerkingen begon te krijgen. Ze is nu in orde.

8. Door middel van HZW zijn er volkomen nieuwe behandelingsmethoden ontdekt die nog nooit eerder zijn gebruikt. Deze zullen natuurlijk onderzocht en getest moeten worden. Sommige daarvan gaan de mogelijkheden van de huidige technologie te boven. Zo heb ik eens de informatie ontvangen dat een bepaalde stof rechtstreeks via infuus toegediend moest worden in de milt van een kind met leukemie; zulke technologie bestond er nog niet. Ook heb ik informatie ontvangen die machines beschrijft waarmee het bloed van aids-patiënten gefilterd kan worden. Ongelukkig genoeg bestaan zulke machines nog niet op het moment dat ik dit schrijf. Eens zullen er machines gebouwd worden die bepaalde frequenties het lichaam inzenden om littekenweefsel op te lossen. Andere frequenties uit hetzelfde instrument zullen kankercellen laten exploderen zonder daarbij normale cellen aan te tasten vanwege het verschil tussen de celwandstructuur van normale cellen en kankercellen.

Aangezien de ziekteconfiguratie altijd eerst in het auraveld verschijnt en dan pas in het fysieke lichaam, zullen we ook behandelingsmethoden en instrumentaria ontwikkelen die de ziekte in de energieveldlichamen zal verhelpen, voordat die de kans gekregen heeft op het fysieke lichaam neer te slaan. Dit zal een heleboel lichamelijke ziekten voorkomen.

9. We zullen ons ook veel meer bewust worden van de fysieke omgeving waarin we leven en hoe die onze energievelden en onze gezondheid beïnvloedt. Een van de interessantste gebieden die ik ben tegengekomen bij het lezen van het functioneren van fysieke systemen met HZW, zijn de hoogst gevoelige chemische evenwichten die de hersenen nodig hebben. Vanwege de vervuiling waaraan we allemaal onderworpen zijn, zijn vele van deze gevoelige chemische evenwichten in de hersenen danig aangetast. Vele kleine groepen van verschillende soorten cellen, waarvan ik zeker ben dat die aan hersenfysiologen goed bekend zijn, produceren verscheidene chemicaliën in de hersenen die niet alleen elkaar en de verschillende gebieden in de hersenen reguleren, maar ook het totale functioneren van het lichaam. Milieuvervuiling – zoals toevoegingen aan voedsel, uitzonderlijk lage-frequentiestraling in elektrische velden uit hoogspanningskabels, en luchtvervuiling – verstoort deze chemische evenwichten. Over een lange periode verhoogt de langzame opeenhoping van innerlijke vervuiling deze disharmonieën en veroorzaakt heel veel zwakke gezondheid in het lichaam. Dit soort informatie kan via HZW verkregen worden en hopelijk zal het eens in het laboratorium bewezen kunnen worden.

De levensenergie in ons voedsel wordt ook door de vervuiling verlaagd. Vanwege de chemische vergiftiging van de grond produceren zelfs de planten niet eens voedsel met voldoende hoge pulseringssnelheden om het menselijk lichaam gezond te houden. Pulseringssnelheden van het voedsel dat we innemen moeten binnen het bereik van de levenspulseringen van organen liggen, of anders halen ze de pulsering van het orgaan naar beneden en raken de organen uiteindelijk ongezond. We merken dat veel Amerikanen vitaminen en mineralen innemen omdat het voedsel niet meer vol zit met levenskracht. Het fysieke lichaam kan door het eten van gezond, onbevuild voedsel de pulseringen handhaven die synchroon lopen met de pulsering van de aarde zelf. Dit is een van de redenen waarom biologisch-organisch voedsel zo belangrijk is.

Onthoud dat de aarde als geheel haar eigen levenspulseringen heeft. Een hiervan is de pulsering van het aardmagnetisch veld. Het pulseert acht keer per seconde (8 Hz). Aangezien we lichamelijk in die magnetische pulsering ontwikkeld zijn, is ze heel goed voor ons. Voor hij bevuild was, droeg onze grond de gezonde pulsering van de aarde. Het natuurlijke voedsel dat we aten was gezond, omdat het gesynchroniseerd was met de pulseringen van de aarde. Wanneer we nu een wortel eten die in vergiftigde en vervuilde bodem is gegroeid, komt die wortel niet op dezelfde wijze het lichaam binnen als een die op gezonde, met de aarde gesynchroniseerde bodem is gegroeid. Heel vaak is zo'n wortel voor ons vergif en we doen er beter aan die niet te eten. We hebben grote behoefte aan de natuurvoedingsindustrie. Het is een poging om ons te voorzien van voedsel dat onze levenskracht ondersteunt, wat ons lichaam nodig heeft; en om het evenwicht te herstellen tussen ons en de levenskracht van de aarde die onze lichamen heeft voortgebracht.

Naargelang healers en artsen meer werk samen verrichten, zullen we bruggen van communicatie bouwen. Dan zullen we leren hoe we de door de healer via HZW verzamelde informatie moeten combineren met de informatie die de arts vergaart in haar of zijn jarenlange opleiding en verzamelt door middel van het fysiek uittesten met geavanceerde technologieën. Ik ben er zeker van dat de healer en de arts, samen een fantastisch team zullen kunnen vormen. Uiteindelijk zullen ook artsen hun HZW gaan ontwikkelen. En healers zullen in de laboratoria helpen een instrumentarium te ontwikkelen dat de informatie zal verifiëren en meten die healers vergaren. Op een dag zullen we de beschikking hebben over gevoelige instrumenten die een nationaal onderzoek kunnen doen naar de energiesystemen van mensen om te voorkomen dat de disharmonieën in het veld neerslaan op het fysieke lichaam, wat zich daarna als ziekte in het fysieke lichaam openbaart.

DEEL III

DE PERSOONLIJKE HEALINGERVARING

'De geboorte en dood van bladeren maken deel uit van die grotere cyclus die tussen de sterren beweegt.'

Rabindranath Tagore

Inleiding

TIJD OM VOOR JEZELF TE ZORGEN

Toen ik nog regelmatig cliënten zag, werd het me duidelijk dat al mijn patiënten beter voor zichzelf moesten gaan zorgen. Dat hield in dat elk van hen heel wat verantwoordelijkheid op zich nemen moest in alle verschillende gebieden van zelfzorg die ze nodig hadden. Ze moesten de prioriteiten in hun leven opnieuw op een rijtje zetten om zichzelf en hun gezondheid daarbij bovenaan te zetten. Dit vraagt heel wat krachtsinspanning, omdat ze gewoonlijk iets anders de prioriteit gaven.

Zo zijn vrouwelijke kankerpatiënten geneigd hun prioriteiten te leggen bij wat andere mensen nodig hebben, zoals hun echtgenoot en kinderen. Velen van hen ondervonden een grote hoeveelheid druk van hun gezin om zo snel mogelijk weer naar huis terug te keren en voor iedereen te gaan zorgen. Dat deze druk gewoonlijk indirect en ondergronds plaatsvond, maakte het voor de cliënt zelfs nog moeilijker die te zien en rechtstreeks aan te pakken. Gezinsleden plegen te zeggen: 'We willen alleen maar dat ons leven weer normaal wordt.'

Mensen met hartklachten en overspannenheid hadden hun prioriteiten bij hun werk gelegd. Sommige van deze mensen moesten leren anderen te vertrouwen en beslissingsbevoegdheid te delegeren. Bij hun healingproces kwam de vraag aan zichzelf aan de orde waarom ze zoveel in de hand moesten houden. Meestal ontdekten ze dat ze zich niet veilig voelden zonder die controle. Ze leefden eerder op hun wil dan door hun hart.

Om op een juiste manier je gezondheid te handhaven moet je op een holografische manier voor jezelf zorgen – dat wil zeggen: op alle gebieden en niveaus van je leven. Het healingproces vraagt grote veranderingen. Het werkt niet naar een healer te stappen om iets recht te laten zetten zodat je leven 'weer normaal kan worden'. Verwacht eerder dat je nieuwe terreinen zult betreden, nieuwe wegen gaat bewandelen om voor jezelf te zorgen, nieuwe prioriteiten in je leven krijgt, nieuwe manieren ontwikkelt om je met je intieme partner, kinderen en vrienden te verhouden. Ze gaan niet allemaal zo makkelijk overstag als jij zou willen, er zullen naar alle waarschijnlijkheid enkele onaangename punten zijn die overwonnen moeten worden, enkele meningsverschillen. Maar uiteindelijk zal het allemaal voor iedereen het beste blijken te zijn. Jouw taak is het bij je waarheid te blijven.

Je werpt misschien tegen: 'Dit klinkt onzinnig. Hoe kan ik dat doen terwijl ik ziek ben? Ik word nu verondersteld te rusten.'

Mijn antwoord is dat dit het moment is dat je jezelf daarvoor gegeven hebt. In feite heb je alles wat nodig is om het te doen. Als we de lijst van niveaus van zelfzorg langslopen en de dingen waarvoor gezorgd moet worden bekijken, zul je ze of zelf blijken te kunnen doen of iemand anders kunnen vinden die je ermee helpen kan. Je precieze zorgplan is natuurlijk afhankelijk van de mate waarin je ziekte je in iedere fase ervan uitschakelt. Onthoud alleen dat dit je *kans* is op grote veranderingen. Het is een tijd van heroriëntatie, om je leven en de diepere betekenis ervan te overzien. Je hebt nu de tijd aan jezelf om dit te doen.

Hoe je deze tijd invult is volkomen persoonlijk. Misschien heb je er alleen maar behoefte aan weken achtereen te slapen om een diepere band met jezelf mogelijk te maken. Slapen geeft je de tijd aan jezelf die je misschien op een andere manier niet voor elkaar kunt krijgen. Of misschien besteed je die tijd aan het vragen om hulp. Misschien heb je jezelf nooit eerder die gelegenheid gegeven. Je zult beslist wat tijd besteden aan het opknappen van je systeem van normen en waarden. De veranderingen in je waardensysteem zullen holografisch door je leven gesponnen worden en zullen nog vele jaren veranderingen blijven creëren.

Wanneer je aan die veranderingen begint, is het handig om een landkaart te hebben van wat je in je persoonlijke ervaringen te wachten staat. Om je te helpen je pad te herkennen, zal ik de weg van het healingproces vanuit twee verschillende gezichtspunten bespreken. De eerste is het kader van de zeven stadia waar je doorheen gaat in je healingproces. De tweede beziet het healingproces in termen van de zeven niveaus van healing. Elk niveau staat in verband met een niveau van het auraveld van de menselijke ervaring.

Hoofdstuk 7

DE ZEVEN STADIA VAN HEALING

Wanneer ik naar mensen kijk die een healingproces doorleven, heb ik opgemerkt dat het nooit een glad verlopende, gelijkmatig stijgende lijn naar gezondheid is. Meestal ervoeren de mensen onmiddellijk een innerlijke verbetering. Daarna schenen patiënten weer een terugval te beleven. Op dat moment trekken ze vaak de behandeling in twijfel. Heel vaak dachten ze dat ze slechter af waren dan voor ze kwamen. Hun energieveld gaf duidelijk aan dat hun toestand inderdaad verbeterd was. De disharmonieën in hun veld waren veel geringer in aantal, hun organen functioneerden beter. Maar ondanks hun meer in harmonie gebrachte velden, ervoeren ze de disharmonieën die ze hadden heviger. Soms hadden ze zelfs ergere pijn. Wat er gebeurde was dat ze gevoeliger geworden waren voor de disharmonieën die eens voor hen volstrekt 'normaal' hadden gevoeld. Kortom, ze hadden een betere gezondheid.

Ik merkte ook op dat mensen door duidelijk te onderscheiden fasen gaan tijdens hun healingproces. Deze fasen maken deel uit van het normale menselijke transformatieproces. Healing vergt een verandering in denken, emotie en geest, alsook fysieke veranderingen. Ieder moet zijn of haar verhouding tot de onderwerpen die in een persoonlijk healingproces aan de orde komen, opnieuw bepalen en ze in een nieuwe context plaatsen.

Op de eerste plaats moeten mensen toegeven dat er een probleem ís en zichzelf toestaan dat probleem te ervaren. Ze dienen uit de ontkenningsfase over deze situatie te komen. Ik heb opgemerkt dat telkens wanneer iemand ervoer dat 'het slechter ging', hij of zij uit de ontkenningsfase kwam en zich van een ander aspect van het probleem bewust werd. Vele malen dachten patiënten dat ze boos waren omdat het slechter met hen ging. Maar in feite waren ze boos dat er nog meer was waar ze mee klaar dienden te komen.

De meeste patiënten zoeken dan naar een manier om het zich makkelijker te maken: ze wensen een makkelijke uitweg. Velen plegen dingen te zeggen als: 'Ik heb hier nu toch lang genoeg aan gewerkt?', of: 'O nee, niet dát weer!' Als de persoon uiteindelijk besluit dieper te gaan is er de bereidwilligheid om de volgende ronde in te gaan, tot uiting gebracht in uitspraken als: 'Oké, vooruit dan maar, laten we er maar aan gaan staan.'

Healing is, net als therapie, een cyclisch proces dat iemand in een leerspiraal brengt. Elke cyclus vereist meer zelfacceptatie en meer veranderingen, naargelang men dieper en dieper doordringt tot de ware, zuivere aard van het werkelijke zelf. Hoe ver en diep ieder van ons gaat is helemaal onze eigen vrije keus. Hoe iemand de spiraaltocht onderneemt en welke landkaart hij daarvoor meeneemt, is ook een kwestie van vrije wil. En dat klopt ook, want elk pad is anders.

Alle ziekten vereisen veranderingen in de patiënt om de genezing te vergemakkelijken, en alle veranderingen vereisen op hun beurt het opgeven, overgeven of de dood van een deel van de patiënt – of dat nu een gewoonte is, of een baan, een levensstijl, een geloofssysteem, of een lichamelijk orgaan. Dus zul jij als patiënt/zelfhealer de vijf stadia van het stervensproces doorlopen die Dr. Elisabeth Kübler-Ross in haar boek *Lessen voor levenden* beschrijft. Deze zijn: *ontkenning, woede, marchanderen, depressie* en *aanvaarding*. Je gaat door nog twee stadia heen: *wedergeboorte* en *het scheppen van een nieuw leven*. Ze maken een natuurlijk onderdeel van het healingproces uit. Het is van het grootste belang dat de healer het stadium accepteert waarin de patiënt zich bevindt en niet probeert hem daaruit te trekken. Natuurlijk, de healer moet hem er misschien uit leiden omdat er kans bestaat op een lichamelijk gevaar. Maar ook dan moet het een zacht en vriendelijk leiden zijn.

Om de persoonlijke ervaring van het doorlopen van de zeven healingstadia beter te kunnen beschrijven, heb ik twee gevallen gekozen waarbij een chirurgische ingreep in combinatie met handoplegging vereist was. Deze gevallen bieden een bredere blik op alle aspecten van healing. En natuurlijk, iemand die alleen handoplegging en 'natuurlijke' geneeswijzen gebruikt, gaat evengoed door dezelfde stadia heen.

Bette B., de eerste patiënte, is ongeveer 1,85 meter lang, heeft donkerbruin krullend haar met spoortjes grijs en is een heel liefdevolle persoonlijkheid. Ze is een professioneel verpleegkundige en een toegewijd healingstudente. Bette is 67 jaar oud, is getrouwd en moeder van twee kinderen. Ze leeft met haar echtgenoot Jack, een gepensioneerd veiligheidsdeskundige, in de omgeving van Washington D.C. Bette had eerder al pijn, slapheid en tintelingen gehad in haar linkerbeen die in 1954 tot een verlamming vanaf haar middel hadden geleid. Als gevolg daarvan waren in haar lendegebied twee tussenwervelschijven weggenomen. Na acht maanden persoonlijk healingwerk – bestaande uit watertherapie, fysiotherapie en een heleboel bidden – kon ze weer lopen, iets dat haar chirurgen voor onmogelijk hielden. In 1976 kreeg ze een tweede rugoperatie, waarbij een andere wervelschijf verwijderd werd, samen met littekenweefsel en beensplinters. Ze ging naar een pijn- en revalidatiekliniek voor herstel. In 1986 ontstonden er nieuwe symptomen van pijn, slapheid en tinteling in haar linkerarm en pijn in haar nek. In 1987 kreeg Bette weer een operatie, ditmaal in de nek. Ik ondervroeg Bette enkele maanden na die operatie.

Karen A., de tweede patiënte, is een lange, mooie brunette van midden veertig, getrouwd, met twee stiefkinderen. Ze heeft geen kinderen van zichzelf. Karen is een geroutineerd therapeute. Ook haar echtgenoot is een therapeut. Op het moment dat ik dit schrijf wonen ze in Colorado.

Karens ziekte openbaarde zich toen ze in de omgeving van Washington D.C. woonden. Haar lichamelijke problemen begonnen heel vroeg in haar leven, zo rond de puberteit. Ze had jarenlang chronische pijn in haar lagere bekkengebied. Later werd dit gediagnosticeerd als uterus-fibroom (bindweefselgezwel in de baarmoederwand) en endometriose (abnormaal gelokaliseerde groei van baarmoederslijmvlies) aan de rechtereierstok. Ze kreeg een ontsteking, de pijn werd erger, en ze besloot akkoord te gaan met een hysterectomie (baarmoederverwijdering). De ervaring van healing leidde haar in een heel diepe spiraal van zelfontdekking en innerlijke groei.

We zullen nu een voor een de verschillende stadia doorlopen en de basisbestanddelen van elk ervan onderzoeken.

Het eerste healingstadium: ontkenning

De behoefte aan ontkenning kent iedereen op z'n tijd. We proberen allemaal vrij te zijn van de pijnlijke ervaringen van het leven of we doen alsof we dat zijn. We gebruiken ontkenning om dit doen-alsof vast te houden, omdat we bang zijn. We denken dat we iets niet aankunnen, of we willen dat eenvoudig niet.

Als je ziek wordt, zul je waarschijnlijk ontkenning of op z'n minst gedeeltelijke ontkenning gebruiken, niet alleen in het eerste stadium van je ziekte of bij de volgende confrontatie, maar ook later nog van tijd tot tijd. Ontkenning is een tijdelijke verdediging die je de tijd geeft je voor te bereiden op de aanvaarding van hetgeen in een later stadium nog komt. Vooral als je een agressieve behandeling moet ondergaan, zul je waarschijnlijk maar een beperkte tijd in staat zijn over je situatie te praten. Daarna zul je het gespreksonderwerp willen veranderen in aangenamere dingen of zelfs in fantasie. Dat is oké, het is volkomen natuurlijk. Er is iets waar je bang voor bent, waarvoor je nog niet klaar bent het onder ogen te zien; na verloop van tijd zul je dat wel zijn. Geef je zelf de tijd die je nodig hebt.

Je zult gemakkelijk en rechtstreeks over je toestand kunnen praten met sommige familieleden, vrienden, en mensen in de gezondheidszorg. En met anderen zul je daar totaal niet toe in staat zijn. En dat hoeft ook helemaal niet! Dit heeft namelijk alles te maken met jouw vertrouwen in elk van die personen. Het is van groot belang dit in jezelf te eerbiedigen. Het heeft evenzeer te maken met de gevoelens van die personen omtrent ziekte, hun eigen lichaam en jouw ziekte. Jij reageert misschien ook weer op wat er in hen gaande is. (Het is voor geneeskundigen altijd noodzakelijk hun eigen reacties op ziekte te onderzoeken wanneer ze met patiënten werken. Hun reacties zullen altijd weerspiegeld worden in het gedrag van de patiënt en kunnen een heleboel bijdragen aan het welzijn van de patiënt dan wel nadelig voor hem zijn.)

Onthoud dat ontkenning een volkomen normaal gedragspatroon is. Veroordeel er jezelf niet om als je het bij jezelf opmerkt. We doen het allemaal, niet alleen ten opzichte van ziekte maar op de meeste terreinen van ons leven. Ontkenning dient om ons te verhinderen datgene te zien waarvoor we ons nog niet klaar voelen. Het is een verdedigingssysteem dat ons ervoor behoedt gek te worden. Als je systeem voelt dat het iets aankan, hoef je niet in ontkenning te zijn. Zodra je ervoor klaar bent iets aan te kunnen, stap je uit de ontkenning.

Langdurige ontkenning kan een hoge prijs hebben. Toch dient het met vriendelijkheid en mededogen bejegend te worden. Je zult liefde nodig hebben, zowel van jezelf als van anderen, om erdoorheen te komen. Daarom is het belangrijk dat je je omgeeft met mensen die je liefhebt en vertrouwt. Open jezelf voor hun liefde en deel met hen wat in je leeft, wanneer je maar kunt.

Bette gebruikte ontkenning door de boodschappen die van haar lichaam en haar harmoniesysteem kwamen te negeren.

Ik herinner me dat ik pijn had vanaf mijn schouder door mijn arm tot aan de elleboog en dacht: och, je wordt gewoon een beetje oud en misschien heb je artritis. Besteed er geen aandacht aan, dan gaat het wel weg.' Wanneer ik schilderde had ik moeite mijn linkerarm te gebruiken.

De moeilijkheden met mijn arm bleven komen en gaan. Ik denk dat het zo'n vier jaar op die manier doorging. De laatste anderhalf jaar voor ik uiteindelijk naar de dokter ging om geopereerd te worden, zat er beslist minder kracht in mijn hand en arm. Voor het eerst van mijn leven moest ik mijn man vragen om flessen en potten voor me te openen. Ik wuifde dit weg door mezelf te vertellen: 'Je hebt een beetje artritis in je hand. Dat is alles. Raak er niet van overstuur.'

Ik negeerde de slapheid in mijn arm omdat ook die kwam en ging. Ik werd pas echt, echt paniekerig over het kwijtraken van mijn kracht toen het zover kwam dat ik de boodschappentassen niet meer het huis in kon dragen. Maar ik stond mezelf niet toe die paniek lang te voelen. Ik bracht de tassen over van de linker- naar de rechterarm en maakte ze een stuk lichter.

Ik geloof werkelijk dat een deel van die ontkenning bijna noodzakelijk was om de ziekte een punt te laten bereiken waar ze 'operabel' was. Tenminste, zo schijnt het me vandaag toe. Ik geloof niet dat ze op dat moment al te opereren zou zijn geweest. Ik geloof dat het daarvoor nog niet ver genoeg was. Als ik het eerder geweten had, dan was ik doodsbang geweest. Het was makkelijker het te ontkennen dan om naar de dokter te hollen, omdat ik als verpleegster altijd het gezegde had dat ik zou weten wat er aan me mankeerde voordat ik naar een dokter ging, in plaats van in onwetendheid naar hem toe te gaan en te zeggen: 'Jij bent de dokter, wat scheelt eraan?' Ik vond dat ik het antwoord eerst zelf moest weten.

Als verpleegster was me steeds geleerd dat een heleboel dingen tussen de oren zitten. Mijn angst was, denk ik, dat omdat ik een verpleegster was en de dokter 'God', hij me vertellen zou dat ik me alleen iets in het hoofd had gehaald en dat er niets mis met me was. Dit was iets dat ik moeilijk overwinnen kon.

Nu ik dit zeg, begin ik te beseffen hoe belangrijk het toen voor me was om dit zelf op te knappen, in plaats van naar dokters te moeten gaan voor hulp. Ik denk dat het doel van deze hele ervaring was me machteloos te laten voelen en me in staat te stellen met andere mensen samen te werken.

Ik vroeg Bette wat ze met machteloos bedoelde. Ze legde uit dat ze daarmee bedoelde dat ze moest leren zich over te geven en veilig te voelen. Dit zal duidelijker worden als we met haar de verschillende stadia doorlopen.

Karens ontkenning nam ook de vorm aan van het negeren van de signalen van haar harmoniesysteem, die ze kreeg in de vorm van pijn. Werkzaam als ze was in een therapeutisch beroep besteedde ze er behoorlijk wat tijd aan om 'te werken aan' de psychische aspecten ervan. Helaas werd het ten slotte duidelijk dat ook dit een vorm van ontkenning was. Karen moest haar probleem op fysiek vlak aanpakken.

Ze vertelt:

Ik denk dat ik de hele tijd in de ontkenning zat totdat ik besloot me te laten opereren. Ik had meer lichamelijk ongemak dan ik mezelf toegaf en ik bleef mezelf vertellen dat als ik me maar door het volgende stuk heengewerkt had, dat het dan allemaal weer in orde zou zijn. Ik zou het kunnen genezen. De vorm die de ontkenning aannam was me steeds maar weer laten proberen de dingen in therapie te verwerken.

Wat er onder ieders ontkenning verscholen ligt is angst. De angst voor dingen die onder ogen moeten worden gezien en waar men doorheen moet vanwege de ziekte.

Karen was bang dat ze zichzelf niet genezen kon. Ze was bang voor de ervaringen in het ziekenhuis en voor de lichamelijke hulpbehoevendheid tijdens en na de operatie. Ze was ook bang tijdens de operatie te sterven, zelfs hoewel er geen twijfel over bestond dat ze die succesvol zou doorstaan. Ze ontliep lange tijd de behandeling vanwege deze angst.

Bettes angsten waren soortgelijk.

Ik was bang voor een operatie, om van anderen afhankelijk te zijn, omdat ik niet op natuurlijke wijze genas en nu geopereerd moest worden. Een andere angst was dat ik de creativiteit in mijn handen verliezen zou en niet meer zou kunnen schilderen. Schilderen was zo'n kalmerende, fantastische, creatieve ervaring voor me geworden dat het [verlies ervan] me meer beangstigde dan niet meer te kunnen lopen.

Heel vaak hebben we angsten die geen betekenis lijken te hebben, maar die angsten voelen wel heel echt en sterk. Of we zulke angsten nu irrationeel noemen of afkomstig uit 'ervaringen van een vorig leven' – zoals veel healers doen – we moeten deze angsten evengoed erkennen en aanpakken.

Bette herinnert zich:

Ik was bang dat mijn hoofd er afgeslagen zou worden, als er iets mis was met mijn nek. Dit was heel, heel angstwekkend voor mij. Het leek nergens vandaan te komen en was echt heel, heel beangstigend.

Ik denk dat er twee cycli waren van al deze stadia van ontkenning/woede/marchanderen/aanvaarding. Een ervan vond plaats voordat ik de diagnose kreeg, en de tweede nadat de dokter me verteld had naar een neurochirurg te gaan. In feite zei ik, toen de dokter me de eerste maal vertelde dat hij me naar de neurochirurg zou sturen: 'O nee, dat niet!'

Ik herinner me dat mijn echtgenoot tegen me zei: 'Waarom ben je toch zo bang voor een chirurgische ingreep?' En ik herinner me dat ik antwoordde: 'Ik weet niet waarom.' Ik heb twee andere ruggewervel-operaties gehad, maar het leek alsof dit het vitale deel van mijn leven was. Dit was zo beangstigend, omdat ik werkelijk diep van binnen geloofde dat dit een eind aan mijn leven zou maken.

Ik stelde het maar uit en uit en uit. Ik was gewoon doodsbenauwd. Ik kan me de ochtend van de eerste afspraak nog goed herinneren. Daar was die angst weer dat mijn hoofd er afgeslagen zou worden.

De morgen dat ik naar de neurochirurg moest, herinner ik me, stond ik op en zei wanhopig huilend tegen Jack: 'Ik wil niet. Laten we de hele zaak vergeten. Dit is meer dan ik aankan. Waarom overkomt mij dit?' Ik was doodsbang en huilde een halfuur aan één stuk voordat ik naar de neurochirurg ging.

In Bettes healingproces kon ze deze angsten met haar man en vrienden delen. Het was belangrijk voor haar ze in aanwezigheid van iemand anders te voelen, of ze nu realistisch waren of niet. Dit delen met anderen zorgde ervoor dat de angst getransformeerd kon worden. Toen ze dit deed, sloeg haar angst om in woede en ging ze over naar het tweede healingstadium.

Het tweede healingstadium: woede
Bij het doormaken van het healingproces zul je een moment bereiken waarop je niet langer het eerste stadium van ontkenning kunt volhouden. Dan zul je waarschijnlijk gevoelens krijgen als: woede, razernij, nijd en wrok. Je zegt dan misschien dingen als: 'Waarom ik? Waarom niet Jan Klap die een alcoholist is en zijn vrouw slaat?' Omdat dit soort woede in alle richtingen misplaatst is, zul je die waarschijnlijk bijna in het wilde weg op je omgeving projecteren. Vrienden, familie, healers, dokters – niemand deugt er meer, en allemaal doen ze van alles verkeerd. Wanneer je gezin je woede over zich heenkrijgt, zullen ze waarschijnlijk met verdriet, tranen, schuldgevoel of schaamte reageren en zullen ze zelfs toekomstig contact met je mijden. Dit kan je onbehagen en woede doen toenemen. Heb er geduld mee; dit is een fase.

Jouw woede is makkelijk te begrijpen omdat je je activiteiten in je leven om enkele onafgewerkte zaken onderbreken moet. Of omdat je niet in staat bent bepaalde dingen te doen die andere mensen wel kunnen, of omdat je je zuur verdiende geld moet gebruiken voor je healing in plaats van voor vakanties of de reizen die je verwachtte.

Iedereen die door het healingproces gaat komt enige woede tegen. Het zal voor ieder anders zijn. Voor sommigen zal het een grote uitbarsting zijn zoals in het geval van Bette, vooral wanneer ze zichzelf nog nooit hebben toegestaan boos te worden. Toen Bette het tweede stadium bereikte, explodeerde ze in woede en wendde zich rechtstreeks tot de Allerhoogste.

Ik herinner me dat ik ontzettend kwaad was. Ik was ontzettend kwaad op God omdat ik dacht: God stelde me op de proef met die verlamming aan mijn benen en alles, en mijn benen zijn nog steeds niet weer normaal. Ook dacht ik: je kunt me niet ook mijn armen en mijn benen afnemen, omdat mijn armen rechtstreeks met mijn spiritualiteit en creativiteit verbonden zijn.

Aan de andere kant was woede voor Karen gewoon een emotie die erbij hoorde.

Woede was gewoon één van een aantal gevoelens die door me heengingen. Ik kan wel af en toe boos geweest zijn over hoe ongemakkelijk het allemaal voor me was. Maar het voelt niet als een groot stadium waar ik doorheen ging. Ik denk dat ik op verschillende tijden verschillende gevoelens had, zoals woede over het feit dat ik niet genezen werd door de mensen die naar men mag aannemen ervoor waren om me te genezen, of op sommige van de verschillende dokters waar ik naartoe ging. Ik placht heen en weer te gaan tussen een tijdje boos zijn en daarna proberen het met God op een akkoordje te gooien.

Dus ging Karen heen en weer tussen het tweede stadium van woede en het derde van marchanderen.

Wees erop voorbereid dat je veel geïnteresseerder bent in marchanderen dan je mag hebben gedacht! Iedereen doet het.

Het derde healingstadium: marchanderen
Aangezien woede je niet gebracht heeft wat je wilde, zul je waarschijnlijk, en geheel onbewust, proberen te marchanderen door goed je best te doen en iets aardigs voor iemand te doen, zodat je zult krijgen wat je wenst. De meeste handeltjes worden met God gedreven en worden meestal geheim gehouden of tussen de regels door verteld – zoals je leven wijden aan God of een speciaal doel. Daaronder ligt vaak een stille schuld die ermee verbonden is. Je kunt je schuldig voelen dat je niet vaker naar de bijeenkomsten gaat van de religie van je keuze. Je wenst misschien dat je het 'juiste' voedsel gegeten had, de 'juiste' oefeningen gedaan had, op de 'juiste' manier had geleefd. Het is heel belangrijk dat schuldgevoel hier op te sporen en los te laten, omdat het alleen maar leidt tot nog meer gemarchandeer en ten slotte tot depressiviteit. Zoek al je 'had-ik-maars' en stel je voor dat ze uit-

eenvallen in wit licht. Of lever ze uit aan je engelbewaarder of aan God. Nadat je je reis door de zeven stadia voltooid hebt, zul je waarschijnlijk een verandering ontdekken die je in je leven wilt maken, maar die niet langer uit angst voortkomt, zoals deze.

Bette probeerde zich een uitweg uit haar ziekte te marchanderen door ieder ander dan de chirurg te laten proberen het te verhelpen.

> Ik probeerde of mijn man het niet verhelpen kon. Het leek alsof ik wilde dat hij me zou sussen en zeggen: 'Dit zal allemaal weer goed komen.' Ik denk niet dat ik besefte dat ik in wezen bezig was met marchanderen, maar ik weet dat ik tegen mezelf zei: 'Als je meer mediteert, als je meer baadt, als je jezelf meer masseert en als je doorgaat het witte licht te gebruiken, dan zal dit allemaal verdwijnen en zul je niet onder het mes hoeven.' Ik wilde mezelf opdragen me nog toegewijder aan meditatie over te geven, waarbij ik tegelijk hoopte dat dit me op een of andere manier uit de narigheid zou halen.
>
> Ik schommelde heen en weer tussen accepteren dat ik me inderdaad moest laten opereren, en hopen dat iemand ergens op een magische manier mijn wervelkolom in gouden licht zou wikkelen en dat dan voor alles gezorgd zou zijn. Ik vroeg om healingen, maar ik was nooit bij machte er eentje in mijn programma op te nemen. Ik kan me herinneren dat Ann [een medestudente die Bette healingen had aangeboden] zei dat ze naar me toe zou komen, en dat ik duizend redenen bedacht waarom Ann niet naar mijn huis hoefde te komen. Ik vertrouwde haar niet, ik vertrouwde niemand, eenvoudigweg omdat ik mezelf niet vertrouwde.

Met marchanderen wendde Karen zich rechtstreeks tot God.

> Mijn marchanderen nam de vorm aan van mijn innerlijke kind dat zei: 'Kijk eens God, jij maakt me beter en ik doe alles als je me hier doorheen helpt. Of als ik hier levend uitkom [waar niet erg aan getwijfeld hoefde te worden], dan zal ik heel diep beloven mijn leven te wijden aan het genezen van de planeet, in iedere vorm die me gevraagd wordt.' Hoe meer ik marchandeerde, hoe depressiever ik me daarna voelde.

Het vierde healingstadium: depressie

Depressie verwijst naar de gevoelstoestand die we ervaren wanneer onze energie erg laag is en we de hoop verloren hebben nog ooit te krijgen wat we willen op de manier die we graag willen. We proberen te doen alsof we er niets om geven, maar we geven er werkelijk om. We zijn bedroefd, maar we willen die droefheid niet uiten. We raken in een toestand van somberheid waarin we meestal geen contact meer met anderen willen. Neerslachtigheid betekent het neerdrukken van onze gevoelens.

Vanuit het perspectief van het menselijk energieveld betekent depressie het neerdrukken van de energiestroom door je levensveld. Een deel van die energiestroom heeft met gevoelens te maken. Daarom denken we wanneer we aan depressie denken, aan het verdrukken van gevoelens.

Er bestaan drie oorzaken voor depressie. Eén is het ontkennen afkomstig van marchanderen, hierboven genoemd. Dat is proberen jezelf te genezen door middel van vermijdingsgedrag en jezelf buiten de dingen houden zoals ze zijn, in plaats van oprecht te zoeken naar een oplossing.

De tweede oorzaak is het verdrukken van gevoelens van verlies. Alle ziekten vereisen het loslaten van een manier van leven, een lichaamsdeel, of iets als een slechte gewoonte. Als je je gevoelens van verlies blokkeert, zul je depressief raken. Als je jezelf toestaat je verlies te voelen en erom te rouwen, zal je depressiviteit wegtrekken. Dan zul je in rouw zijn, een totaal andere toestand. Rouw is een open stroming, een gevoel van verlies in plaats van een onderdrukking van gevoelens. Wat je ook maar verloren hebt, je moet erom rouwen. In je healingproces kun je op diverse momenten door rouw heengaan. Blijf bij je gevoelens van het verlies wanneer ze bij je omhoog komen. Dat zal je bij het stadium van aanvaarding brengen.

Een derde oorzaak van depressie is een harde agressieve behandeling, zoals chemotherapie, anesthesie en chirurgische ingrepen, die je lichaamschemie uit balans brengen en ervoor zorgen dat je in een depressie raakt. Wanneer je lichaam z'n fysieke balans herneemt, zal de depressie wegtrekken. Vanuit het perspectief van het menselijk energieveld stoppen, vertragen of verstoppen de harde behandelingen en drugs de normale energiestroom in je energieveld. Dus raak je depressief. Wanneer de medicamenten verzwakken, herstelt de energiestroom zich en verdwijnt de depressie. Handoplegging zuivert het veld in ongeveer de helft van de normale tijd, en patiënten komen sneller uit een postoperatieve depressie.

Bettes depressie nam de vorm aan van zelfverwerping. Ze trok zich in zichzelf terug en huilde een heleboel.

> Ik had het gevoel dat ik slecht was. Als ik harder aan mijn genezing had gewerkt, als ik mijn huiswerk beter had gedaan, als ik me meer met God had beziggehouden, dan had ik mezelf misschien kunnen healen. Het leek bijna alsof ik me eerst totaal gewonnen moest geven en mijn machteloosheid moest genezen voordat ik iemand anders zou toestaan het voor me op te knappen. Wat was er met me aan de hand? Ik zou zo nooit een healer kunnen worden. Dat was heel, heel eng voor me, omdat ik van binnen waarlijk geloofde – en dat

doe ik nog steeds – dat het de bedoeling was dat ik healer zou worden. Me door al deze healing heenwerken was bij vlagen bijzonder eng. Ik had zelfs het gevoel dat ik geen goede echtgenote meer was.

Het is werkelijk behoorlijk naar wanneer al dit soort negativiteit omhoog komt en je zo ongeveer terugkeert naar de oude God die je zo lange, lange tijd geleden kende, en je het gevoel hebt dat je voor iets gestraft wordt omdat je niet goed genoeg bent.

Ik moest een heleboel loslaten. Ik kon gewoon niet meer zoveel doen als ik wilde rondom het huis. Ik kon me niet meer concentreren op het huiswerk van de healingklas. We hadden plannen gemaakt om weg te gaan, maar ik kon het eenvoudigweg niet opbrengen omdat ik zoveel pijn had. Ik moest mezelf bij alles wat ik deed geweld aandoen. Ik moest mezelf forceren 's morgens uit bed te komen. Ik voelde me in bed niet prettig, maar daarbuiten voelde ik me nog minder prettig. Ik wist werkelijk niet wat ik doen moest. Ik vertrouwde mezelf niet meer. Ik vertrouwde niemand meer. Ik moest een periode doormaken waarin ik fysiotherapie moest volgen om te zien of die zou helpen, maar die maakte het feitelijk alleen maar erger. Dus moest ik rouwen om het feit dat dat niet hielp, vóór het voor mij de juiste tijd was voor een operatie. Een deel van mij hoopte dat het helpen zou en een ander deel wist eigenlijk wel dat dit niet zo was.

Er is nog iets, Barbara. Ik moest rouwen om het verlies van mijn vermogen tijdens die periode te schilderen. Dat was echt heel moeilijk voor me, omdat dit voor mij altijd een manier was om me te genezen. Het was een manier geweest om door dingen heen te gaan en tegelijk het gevoel te hebben creatief en spiritueel te zijn. Ik kon het niet meer omdat ik niet kon zien, en dat was een groot verlies, nóg een verlies. Ik was na de operatie heel depressief, ik was toen niet tot enige zelfhealing in staat, ik moest mezelf dwingen om naar een paar bandjes te luisteren.

De depressie van Karen zat ook vol zelfveroordeling en zelfverwerping.

Ik liep gewoon vast door mijn eigen zelfverwerping. Ik voelde dat ik er niet in slaagde mijzelf te healen. Ik wist niet of ik het op zou geven door naar een dokter te gaan. Ik ging daarin helemaal naar de knoppen.

Ten slotte werd ik op een morgen wakker en had ik werkelijk ernstige pijn in mijn rechteronderbuik, en ik voelde dit niet langer te kunnen volhouden. Ik wist niet of het psychisch of lichamelijk was, of naar welke dokter ik zou gaan. Ik kon mijn gynaecoloog niet spreken en ik was helemaal over de rooie, dus belde ik jou. En toen Heyoan door jou tegen me sprak, herinnerde hij me aan mijn zelfveroordeling. Ik wist niet eens dat ik mezelf veroordeelde. Dat was voor mij het keerpunt.

Ik herkaderde op dat punt een heleboel rondom de operatie. Ik begon het te zien als het loslaten van oordelen over mezelf en het laten vervullen van mijn behoeften. Dat werd het thema voor me. Na ons gesprek klaarde er iets op en ik belde en maakte tamelijk snel een afspraak met een dokter. Ik besloot me te laten opereren, en vanaf dat moment begon alles weer in beweging te komen.

Zodra Karen haar zelfveroordeling liet varen en de beslissing voor een operatie nam, klaarde haar depressie op en ging ze het stadium van aanvaarding binnen.

Het vijfde healingstadium: aanvaarding

Wanneer je genoeg tijd, energie en aandacht hebt gehad om de vier voorgaande stadia te verwerken, ga je een stadium binnen waarin je noch depressief, noch boos bent over je conditie. Je zult je voorgaande gevoelens hebben kunnen uiten, je afgunst op de gezonde mensen, en je woede op degenen die geen ziekte onder ogen hoeven zien. Je zult gerouwd hebben om het dreigende verlies dat je ziekte vereist. Je wenst misschien alleen gelaten te worden of om op een rustige, non-verbale wijze van Zijn te communiceren, omdat jij jezelf op verandering voorbereidt. Dit is de tijd waarin je jezelf werkelijk beter leert kennen, een tijd van naar binnen keren en jezelf opnieuw ontmoeten. Je zet vraagtekens achter de waarden waarvanuit je hebt geleefd en die ertoe hebben bijgedragen je ziekte te scheppen. Je begint je ware behoeften te voelen en je zoekt naar voeding op een manier die nieuw voor je is. Je wordt aangetrokken tot nieuwe vrienden en maakt je misschien los van enkele oude die geen deel meer uit kunnen maken van je volgende levensfase. Je brengt de noodzakelijke veranderingen in je leven aan om je healingproces te vergemakkelijken. Het proces versnelt. Je voelt grote bevrijding, zelfs ondanks het feit dat er een hoop te doen valt om je healing te voltooien.

Toen Karen eenmaal het stadium van aanvaarding bereikt had, veranderden de dingen volkomen. Alles werd toen binnen de context gezet van het vervullen van haar behoeften. Uit Karens aanvaarding groeide een manier om meer zeggenschap over haar leven te hebben door zich te richten op haar behoeften. Ze leerde hoe ze kon vragen om wat ze nodig had.

De waarheid spreken, de waarheid van mijn behoeften, dat was wat mij bevrijdde. Alleen maar mijn behoeften, zonder oordeel erover. Op het moment dat ik ze begon uit te spreken, werden ze beantwoord. Kijk eens aan!

Voor Bette was het het tegenovergestelde. In plaats van meer controle betekende aanvaarding voor haar juist diepe overgave, iets waarvoor ze voordien doodsbenauwd was geweest. Naarmate haar healingproces vorderde, werd de machteloosheid die een symbool van zwakheid was geweest in Bettes oude context, nu een symbool van kracht in de nieuwe context. Het vraagt een heleboel vertrouwen en kracht om je over te geven. Wat ze dacht stortte in machteloosheid ineen, en behoeftigheid was eigenlijk een overgave aan liefde en aan de hogere macht in haar en overal om haar heen. Voor haar kwam aanvaarding in fasen. De eerste kwam voor haar operatie.

Ze herinnert zich:

> Ik voelde heel diep in me dat het belangrijk voor me was me te laten opereren, ik moest door die ervaring heen, allereerst om te leren met andere medische mensen samen te werken, überhaupt om met andere mensen samen te werken. Ik moest niet zo ontzettend onafhankelijk zijn. Ik diende die waarde, alles in mijn eentje te kunnen klaren, te veranderen.
>
> Aanvaarding is niet iets dat permanent aanwezig is. Het kwam in kleine doses. Het kwam als: 'Ja, Bette, je moet die operatie ondergaan. Dit is noodzakelijk voor je, en je moet het doen.' Het andere stuk was feitelijk de gang naar het ziekenhuis. Ik ging weer van voor naar achter door bijna alle stadia heen. Ik ging weer door enige ontkenning. Ik was boos. Ik mocht niemand in het ziekenhuis graag, behalve één zuster. Ze leken me allemaal veel te druk in de weer. Maar, God zij gedankt voor de vrienden die mij steunen.

Een groot deel van Bettes overgave bestond erin een heleboel steun te vragen van haar vrienden en zichzelf toe te staan die te ontvangen.

Het zesde healingstadium: wedergeboorte – een tijd waarin nieuw licht naar buiten komt

Aanvaarding en healing leiden tot wedergeboorte, een tijd waarin je jezelf op een nieuwe manier ontmoet. Je zult verrukt zijn over wie je dan aantreft. In dit stadium heb je een overvloed aan rustige tijd met jezelf nodig om jezelf te leren kennen. Wees zeker dat je jezelf die tijd geeft. Ga misschien zelfs op stille retraite of ga een paar dagen vissen. Je hebt misschien wel een paar weken of zelfs een paar maanden privé-tijd nodig.

In het proces van je herstel ontdek je dat je onontdekte delen in jezelf hebt die lange tijd begraven zijn geweest. Wellicht nieuwe delen die je nog nooit naar buiten hebt zien komen. Er zal een overvloed aan *bronnen van licht* vanuit je binnenste opwellen. Kijk ernaar; zie de schoonheid ervan; ruik de geur; proef en verheug je in de nieuwe jij. Je zult nieuwe innerlijke bronnen aanboren die je niet eerder kon wekken. Je hebt misschien altijd het gevoel gehad dat ze er waren, maar nu beginnen ze naar de oppervlakte te wellen. Het kan werkelijk een wedergeboorte voor je zijn.

Je ervaart alles in je leven, zowel het heden als het verleden, in een nieuwe context. Dit is het moment waarop jouw geschiedenis herschreven wordt. Dit is de tijd waarin je begrijpt dat je feitelijk je relaties met vroegere gebeurtenissen kunt veranderen om ze te helen. Dat gebeurt automatisch omdat jij je houding in het leven veranderd hebt. Je hebt de context veranderd waarbinnen je jouw leven beleeft. Dit wordt bedoeld met ware healing.

Voor Bette begon haar wedergeboorte met nederigheid.

> Toen ik voor het eerst nederig genoeg was om hulp te vragen, leek het of ik minder en minder opstandig werd, en de noodzaak accepteerde aan de slag te gaan met mijn man en vrienden en op hen te steunen. En het feit te accepteren dat ik het niet allemaal alleen kon doen. Het voelde goed om die liefde en zorgzaamheid naar me toe te voelen komen. Het voelde warm en behaaglijk en heel geruststellend.
>
> Ik schrijf mijn healing toe aan de reusachtige operatie door de dokter, aan mijn zelfhelende vermogen, en aan mijn vrienden en de spirituele gemeenschap die me ook geholpen heeft.
>
> Ik ben niet meer zo bevreesd om machteloos te zijn. Voordien leek ik wel een schip zonder roer. Dus moest ik sterk zijn. Ik voelde de behoefte afgezonderd te zijn. Ik vertrouwde er niet op dat mijn hogere wezen of hogere macht ervoor zou zorgen dat ik kreeg wat ik nodig had. Dat moest ik op mijn wilskracht voor elkaar boksen. Nu is het fijn te weten dat ik andere mensen vertrouwen kan en dat ik me niet hoef af te zonderen. Ik voel me veiliger, nu ik mijzelf en anderen vertrouw.
>
> Het bleek dat datgene waarvan ik dacht dat het machteloosheid was, uiteindelijk mijn behoefte was me over te geven aan de hogere machten, zowel binnen me als buiten me. Ik weet dat er een universele macht is die er is om me van alles wat ik nodig heb te voorzien. Ik maak er deel van uit, en het is een deel van mij.

Ook Karen plaatste oude ervaringen in een nieuwe context tijdens het stadium van haar wedergeboorte. In de eerdere fase van het marchanderen was ze bereid geweest 'haar leven te geven' voor alles wat van haar 'vereist was' om de planeet te helen. Maar toen de wedergeboorte ontstond, ontdekte ze dat 'vereist' worden 'haar leven te geven' afkomstig was van een plek vol angst in haar. Het leek wel alsof ze daarmee zei: 'God, jij redt mijn leven en dan geef ik het op, om daarmee de planeet te redden.'

In haar wedergeboorte vond ze een diep vast voornemen eerst zichzelf te helen en dan pas de planeet. Dat is de manier waarop het gaat. Healing begint thuis en ontspint zich dan holografisch door de rest van het leven op de planeet. Door jezelf te helen, heel je de planeet. Deze vaste voornemens kwamen uit haar liefde voort. Karen voelde dat de hele healingervaring haar hielp haar aandacht gericht te houden op wat ze verder met haar leven wilde en erbij nodig had.

De uitkomst van de operatie was dat ik echt veel dieper toegewijd raakte op die manier. Ik kwam er uit te voorschijn met de wens mijn leven in dienstbaarheid over te geven, maar het voelde niet aan als de negatieve vorm van marchanderen. Waar ik het meest warm voor loop is healers helpen hun eigen unieke vorm van healing te vinden. Het voelt als een enorm belangrijk stadium waarin ik kijk naar wat me te doen staat en ik een dieper niveau van verantwoordelijkheid voor mezelf aanvaard.

Het zevende healingstadium: een nieuw leven scheppen

Alle terreinen van je leven zullen beïnvloed worden wanneer je weer terugkeert naar je gezondheid. Vele gebieden van verandering en kansen waarnaar je verlangd hebt, en die geblokkeerd waren of schijnbaar onbereikbaar, openen zich voor je. Je leeft eerlijker met jezelf en je ontdekt nieuwe gebieden waarop je jezelf accepteert, die je daarvoor niet in jezelf kon handhaven. Je ontdekt meer innerlijke nederigheid, geloof, vertrouwen en liefde voor jezelf. Deze innerlijke veranderingen leiden automatisch tot uiterlijke veranderingen. Ze zijn van je creatieve kracht afkomstig en verspreiden zich holografisch door je hele leven. Je trekt nieuwe vrienden aan. Je verandert ofwel van beroep of je verandert de manier waarop je je werk benadert en uitoefent. Je kunt zelfs naar een nieuwe plaats verhuizen. Al dit soort veranderingen is heel algemeen nadat een healing voltooid is.

Bettes leven is reusachtig veranderd. Haar operatie heeft, nu ik dit schrijf, al twee jaar geleden plaatsgevonden. Het eerste jaar besteedde ze er vooral aan om zichzelf te healen en zich te heroriënteren op haar nieuwe houding jegens het leven. Een heleboel van haar angst was verdwenen. Tijdens het healingproces had ze zich verbonden met de irrationele angst dat haar hoofd er afgeslagen zou worden, afkomstig uit een vorig leven in Frankrijk waar ze was geguillotineerd. Dit kan natuurlijk niet bewezen worden, maar het openen ervan en de gevoelens toelaten die er omheen hingen, deden een groot stuk van haar angst wegsmelten. Tijdens dat jaar van innerlijke ordening begon Bettes leven zich in te vullen. Haar relatie met haar echtgenoot werd hechter. Haar seksleven werd actiever. Op de rijpe leeftijd van 67 zegt ze dat haar seksleven beter is dan ooit tevoren! Haar echtgenoot is verrukt.

Ongeveer twee jaar na de operatie, in 1990, begon Bette haar eigen healingpraktijk. Aanvankelijk waren er een paar cliënten; daarna groeide het langzaam uit. Ik belde Bette na haar operatie op voor een vervolg op het eerdere gesprek. Ik vroeg haar naar de veranderingen in haar leven die door de operatie in gang waren gezet, en hoe haar praktijk liep.

Ze vertelde me:

Ik moest erdoorheen om van die vreselijke angst af te komen dat ik eraan dood zou gaan. Het stond allemaal in verband met dat leven waarin mijn hoofd onder de guillotine afgeslagen was. Nu ben ik door die verschrikking heen gegaan. Ik heb aan kracht gewonnen en ik kan nu heel wat meer aan. Toen ik er klaar voor was andere mensen te helpen, begonnen ze gewoon naar me toe te komen voor hulp. Nu lijken ze zich te vermenigvuldigen. Zodra ik één persoon geholpen heb, dagen twee van haar vriendinnen op voor hulp.

Mijn kunst staat op een laag pitje – ik heb er gewoon geen tijd voor. Maar het is van karakter veranderd. Mijn schilderijen zijn heel wat spiritueler geworden. Alles staat in een nieuwe dimensie. Het lijkt wel alsof ze, toen ze mijn nek schoonmaakten, dat ze ook een andere laag van de – hoe noem jij dat ook weer? – sluier rondom mijn kern opruimden. Ik leef in een heel andere dimensie. Mijn leven is veranderd, alles begint op zijn plaats te vallen. Ik denk dat het meest grootse is dat ik erachter begin te komen waarom ik hier ben – dat is om mijzelf en andere mensen te healen, andere mensen te helpen beter te worden. Ik voelde meestal een heleboel beperkingen, en nu lijkt het alsof de beperkingen weggevallen zijn. Er is geen grens. Ik denk dat het tot mijn taak behoort andere mensen te helpen inzien dat ze grenzeloos zijn.

Ook Karens leven veranderde, maar op een andere manier. Zij en haar man besloten om hun therapiepraktijk in het gebied rondom Washington D.C. op te geven en te verhuizen naar een bergachtige streek in Colorado. Ze besteedden er heel wat tijd aan afscheid te nemen van hun vrienden die ze al vijftien jaar kenden, het huis te verkopen en te vertrekken. Ze brengen de wintermaanden in Colorado door met mediteren, lezen en eenvoudig Zijn op een manier waar ze eerder in heel hun drukke bestaan aan de Oostkust niet toe in staat waren geweest. Na een jaar van deze persoonlijke innerlijke mijmering is Karen nu weer bezig een praktijk te starten in Colorado.

Hoofdstuk 8

DE ZEVEN NIVEAUS VAN HET HEALINGPROCES

Als we de ervaringen van Bette en Karen toen ze door de zeven healingstadia heengingen nader bekijken, ontdekken we twee hoofdbestanddelen die sleutels waren tot het ontsluiten van hun proces. Deze twee hoofdbestanddelen zijn op de persoonlijke healingreis vereist om het meest baat te kunnen hebben van je persoonlijke healingproces.

Het eerste bestanddeel is het herkaderen van het persoonlijke healingproces in een *persoonlijke levensles*. Heel vaak wordt onze ervaring van een ziekte gekleurd door de ideeën uit onze vroege jeugd dat 'ziek'-zijn betekent dat er iets 'mis' is met ons. Het is belangrijk onderscheid te maken tussen de oude negatieve ideeën over ziekte waarmee we zijn opgegroeid en de innerlijke ervaring waarmee we tijdens een ziekte leven. Er valt enorm veel van ziekte te leren als we het allereerst als een leerproces zien. Aangezien de ervaring van ziek zijn ons tart om in onze oude beelden van het verleden te vervallen, is het belangrijk ons steeds weer aan het nieuwe kader te herinneren van waaruit we streven te leven.

We zijn onszelf aan het 'her-inneren', ofwel: we brengen onze oorspronkelijke verbinding met het diepere zelf terug naar binnen wanneer we door een healingproces heengaan. 'Her-inneren' is het weer naar binnen en bijeenbrengen van alle delen van onszelf. Het lijkt erg op het opnieuw bijeenbrengen van de kleinere delen van de holografische plaat om een helderder, scherper beeld te verkrijgen.

Wanneer we door elk niveau van het healingproces heengaan, zullen we worden verleid terug te vallen in 'oude' patronen, oude oordelen en de oude vernauwde blik. Een groot deel van het healingwerk bestaat eruit te blijven kiezen om te leven in het nieuwe kader, hoe luid de oude stemmen in ons ook maar moord en brand schreeuwen.

Het tweede van deze bestanddelen is nauwgezette eerlijkheid met jezelf, *met speciale aandacht voor je persoonlijke behoeften*. Het is belangrijk toe te geven dát je behoeften hebt, te weten dat het prima is die te hebben, en je ervan bewust te worden. Dit vraagt erom te onderzoeken wat deze werkelijke behoeften zijn. Velen van ons zijn zich veel van hun behoeften niet eens bewust. Het is van essentieel belang onze behoeften op alle niveaus te vinden en te zorgen dat ze worden vervuld. Het vergt geduld en zelfonderzoek om onze ware behoeften bloot te leggen.

In het healingproces is het vervullen van onze behoeften op elk niveau van ons wezen bijzonder belangrijk, omdat onze onvervulde behoeften in de eerste plaats direct verbonden zijn met de manier waarop we ziek werden. Weet je nog dat we in hoofdstuk 1 erover spraken dat de fundamentele oorzaak van alle ziekte ontstaat door te vergeten wie we werkelijk zijn en door daarnaar te handelen? Het niet-vervullen van onze ware behoeften is een direct gevolg van het feit dat we niet leven volgens wie we werkelijk zijn. Een deel van het healingproces bestaat eruit op zekere van onze schreden terug te keren om ons te richten op de wezenlijke behoeften die niet vervuld werden, om deze behoeften te erkennen – hoe pijnlijk dat proces ook mag zijn – en om een manier te zoeken ze nu te vervullen. Waar en wanneer ons opborrelende creatieve proces gestopt wordt, zijn er onvervulde behoeften en pijn in het spel. Het blootleggen van deze innerlijke psychische plekken brengt er levensenergie heen. Het enige waar healing werkelijk om gaat, is het vervullen van de oorspronkelijke positieve creatieve intentie die van onze wezenskern afkomstig is. Dit trekt het waas weg dat onze wezenskern omgeeft, en dan leven we in de waarheid van wie we zijn. Het vervullen van behoeften van het moment brengt ons holografisch naar het helen van alle onvervulde behoeften uit het verleden. Het voert ons naar onze basisbehoefte: het scheppend tot uiting brengen van onze kern.

Laten we eens vanuit een heel praktisch werkbaar gezichtspunt naar dit proces kijken: via de niveaus van het menselijk energieveld en de behoeften die met elk niveau corresponderen. In mijn werk met mensen heb ik ontdekt dat iedere behoefte van een patiënt verbonden was met een specifiek niveau van het menselijk energieveld. Zoals in hoofdstuk 2 uiteengezet, is het menselijk energieveld rechtstreeks verbonden met de fysieke, emotionele, mentale en spirituele niveaus van het menselijk wezen en brengt die ook tot uitdrukking. Elk niveau van het veld is verbonden met een bepaald niveau van menselijke levenservaring (zie afbeelding 8-1 voor een overzicht van de behoeften op elk niveau).

Onthoud dat het eerste niveau van het veld verbonden is met het functioneren van ons fysieke lichaam en met fysieke gewaarwordingen. Onze behoefte op het eerste niveau is te genieten van een gezond lichaam en van alle fijne lichamelijke sensaties die daarbij horen. Het tweede niveau is verbonden met onze persoonlijke gevoelsband met onszelf. Onze behoefte op het tweede niveau van het veld is het zelf zoals we zijn lief te hebben en te accepteren. Het derde niveau is verbonden met onze mentale activiteit en ons gevoel van helderheid. Onze behoefte op het derde niveau is om een goed functionerend, vlug en helder denkvermogen te hebben. Het vierde is verbonden met ons interpersoonlijk gevoelsleven, onze 'Ik–Gij'-relaties. Onze behoefte op het vierde niveau van het veld is om lief te hebben en door anderen liefgehad te worden, in allerlei relaties, zoals vrienden, familie, collega's en een beminde.

Het vierde niveau, verbonden met het menselijk hart en met liefhebben, wordt beschouwd als de brug tussen de fysieke wereld, zoals in de eerste drie niveaus van menselijk functioneren tot uiting gebracht, en onze spirituele wereld, uitgedrukt in de drie niveaus van ons spirituele functioneren.

Het vijfde niveau van het veld is verbonden met de kracht van het woord in het creatieve proces. Het dient als de mal voor alle vormen op het fysieke vlak. Het is het niveau waarop het spreken van het woord leidt tot het scheppen van vorm in het fysieke vlak. Als je waarheid spreekt, schep je waarheid en helderheid in je leven. Als je niet eerlijk spreekt, schep je vervormingen in je leven. Daarom is onze behoefte op het vijfde niveau van het veld in onze waarheid te zijn en die te spreken.

Het zesde niveau is verbonden met spirituele gevoelens, zoals de gevoelens van extase die je wellicht in een religieuze ceremonie ervaart, of wanneer je inspirerende muziek hoort, of misschien wanneer je een zonsondergang ziet, op een berg zit, mediteert, of in de ogen van een geliefde kijkt. Onze behoefte op het zesde niveau is een behoefte naar spiritueel gevoed worden dat spirituele ervaringen doet ontstaan.

Het zevende niveau van het veld is verbonden met de goddelijke geest. Wanneer je je bewuste gewaarwording naar dat niveau brengt, en het is helder, sterk en gezond, dan ken je de goddelijke perfectie in al wat is. Je begrijpt alle stukken van de puzzel van je leven. Je ervaart serene rust.

Dit is het niveau waarop je overtuigingen liggen, waarvan sommige in harmonie zijn met de goddelijke wet en andere niet. De negatieve overtuigingen die je met je draagt zijn de bron van al je problemen. Vanuit deze negatieve overtuigingen of 'beelden' schep je ziekte die zich op elk niveau in je leven kan manifesteren: fysiek, emotioneel, mentaal of spiritueel.

Onze behoefte op het zevende niveau van het veld is om sereniteit te kennen. Serene rust ontstaat uit het begrijpen van het perfecte patroon van leven op de aarde. Dit ontstaat uit positieve overtuigingen die op de waarheid zijn gebaseerd.

Afbeelding 8-1 Je behoeften op elk niveau van het auraveld

Eerste niveau	**Eenvoudig lichamelijk gemak, plezier en gezondheid** We hebben vele prachtige fysieke sensaties nodig.
Tweede niveau	**Zelfacceptatie en liefde voor jezelf** We hebben het nodig op een liefdevolle en positieve manier een relatie met onszelf te onderhouden.
Derde niveau	**De situatie op een duidelijke, lineaire en rationele manier te begrijpen** We hebben rationele helderheid nodig die in harmonie met ons intuïtieve denkvermogen functioneert.
Vierde niveau	**Liefdevolle interactie met vrienden en familie** We hebben het nodig liefde te geven en te ontvangen in velerlei relaties, met onze partner, familie, kinderen, vrienden en collega's.
Vijfde niveau	**Ons op één lijn te brengen met de goddelijke wil in ons, om de verplichting aan te gaan de waarheid te spreken en te volgen** We hebben onze eigen persoonlijke waarheid nodig.

Zesde niveau	**Goddelijke liefde en spirituele extase**
	We hebben onze eigen persoonlijke ervaring van spiritualiteit en onvoorwaardelijke liefde nodig.
Zevende niveau	**Verbonden te zijn met de goddelijke geest en de grotere universele patronen te begrijpen**
	We hebben het nodig sereniteit te beleven en onze volmaaktheid in onze onvolmaaktheden te ervaren.

Wanneer we Karens proces gebruiken als een kader dat ons leiden kan, zullen we ontdekken dat door de twee noodzakelijke hoofdbestanddelen in te willigen – door het proces heengaan eerlijk onze behoeften te vervullen en de visie erop handhaven dat deze ervaring een levensles is of zelfs een levensavontuur – dat dan onze healingervaring zowel een persoonlijk transformatieproces wordt als daarna een persoonlijk transcendent proces. Het proces van transformatie is er een waarbij we introspectie gebruiken om te ontdekken hoe we onbewust functioneren.

Het is soms moeilijk om nauwgezet eerlijk met jezelf te zijn. Naar je tekortkomingen kijken en onderzoeken wat eronder zit, en dan voor verandering kiezen, is gewoon hard werk. Maar het levert veel op. Wanneer we het negatieve in ons blootleggen, leggen we daarmee ook de oorspronkelijke positieve scheppende kracht in ons bloot, die vervormd was in het negatieve aspect dat we nu wensen te veranderen. Daarom brengt het transformatieproces ons het geschenk van ons oorspronkelijke, ware, heldere en liefdevolle zelf.

Nadat we een zekere mate van transformatie hebben doorgemaakt, heft de vrijgekomen oorspronkelijke, creatieve energie ons automatisch op naar een transcendente ervaring. Dan kunnen we zowel de transformatieprocessen als de transcendente processen aanwenden voor onze healing. Niet alleen helen we ons lichaam en transformeren we ons leven, we transcenderen ook in een bovenpersoonlijke spirituele ervaring. Wanneer we het wereldse overstijgen, leren we hogere spirituele waarden in te passen in de praktische aspecten van ons leven. We 'vergeestelijken' de materie. We brengen onze geest in de fysieke aspecten van het leven.

Hieronder volgt hoe het transformatieproces er, op een persoonlijke en praktische wijze, met betrekking tot je auraveld uitziet. Jezelf healen op de eerste vier niveaus van je wezen houdt in dat je je dagelijks leven op elk van deze gebieden anders inricht. Dit vereist dat je door een *persoonlijk transformatieproces* heengaat om daarmee te veranderen hoe je voor jezelf zorgt, het eerste niveau van je auraveld; hoe je van jezelf houdt, tweede niveau van je auraveld; hoe je helderheid in je levenssituatie brengt zodat je die beter begrijpen kunt, derde niveau van je auraveld; en hoe je relaties met anderen aangaat, vierde niveau van je auraveld.

Jezelf helen op de drie hoogste niveaus vereist een persoonlijk proces van *transcendentie*. Je moet transcenderen of naar boven, of naar buiten, of in deze hogere waarden reiken en ze via een daad van moed en vertrouwen in je leven brengen. Zowel in het leven van Bette als in dat van Karen was het de overgave aan de waarheid en de beslissing ernaar te leven die hen geholpen hebben uit hun toestand van ontkenning te komen. Beiden lieten de houding varen die zei: 'Het moet op mijn manier; ik wil het zelf doen.' Beiden probeerden eerst de specifieke levenservaring die ze nodig hadden te voorkomen of te vermijden. Beiden moesten iets in zichzelf onder ogen zien dat ze, uit angst, lange tijd vermeden hadden. Toen ze een beroep deden op hun hogere innerlijke macht gaf dit hun de aanzet hun pogingen te staken om de situatie persoonlijk onder controle te houden en te gaan vertrouwen in de diepere levenscycli van veranderingen waar iedereen doorheen gaat. Zodra deze overgave een feit was, werd de scheiding opgeheven van het zelf met het grotere innerlijke 'ik ben', dat verbonden is met de levensbron zelf. En een healingproces begon.

Als je de drie hoogste niveaus van het auraveld nadert, gaat je transformatieproces vanzelf over in een transcendentieproces. Dat wil zeggen: je krijgt nu te maken met niveaus van je wezen die betrekking hebben op je spirituele aard in plaats van op de stoffelijke aard van je alledaagse leven. In het transcendentieproces begin je delen van jezelf te herkennen die je voorheen wellicht nog niet veel aandacht gegeven had, of waarvan je dacht dat die niet zo belangrijk waren. Je zult een hele nieuwe wereld aantreffen in deze gebieden van je wezen. Je zult ontdekken dat je veel groter bent dan je dacht. Je gaat het universele hologram ervaren. Dit proces is een automatisch proces, het ontvouwt zich in ieder individu. Ieders open-gaan verloopt anders. Geniet van het jouwe.

De tweede landkaart voor het healingproces is gericht op jouw healingproces zoals zich dat met betrekking tot elk van je behoeften voltrekt, die elk verbonden zijn met een bepaald niveau van je auraveld. Wanneer we alle niveaus van menselijke ervaring die verbonden zijn met alle auraniveaus behandelen, zullen we uiteenzetten welke behoeften we allemaal op die niveaus van ons wezen met elkaar gemeen hebben.

Je gezondheid en je leven transformeren

Een heel duidelijke en standvastige positieve intentie neerzetten is het sleutelelement in het transformatieproces. Dit vormt de eerste stap waarbij je verantwoordelijkheid neemt voor je zelfhealing. Stem jezelf duidelijk af op je goede wil, of de goddelijke wil in je, om jouw waarheid te vinden, te spreken en te volgen. Zorg ervoor dat wanneer je dit doet, je jezelf de tijd geeft om alleen te zijn en te mediteren. Doe je meditatie op een speciale plek en wees dankbaar voor het begin van veranderingen in je leven. Mediteer om de goddelijke wil in je te vinden zoals die spreekt in je eigen hart. Doe een gelofte aan je healingproces. Wanneer je dit doet, breng je de lagere fysieke niveaus van je veld in overeenstemming met de hogere spirituele niveaus zodat je de blauwdruk van je hogere macht zult volgen. Je activeert 'zo boven, zo beneden'. Als je dit eenmaal gedaan hebt, kun je aan de lagere auraniveaus gaan werken.

Het is uiterst belangrijk dat je niet de reguliere geneeskunde de rug toekeert nu je je behoeften ontdekt, alleen maar omdat je nu bezig bent met healing via handoplegging. Zoek in plaats daarvan de beste manier om die te benutten. Laat de veroordeling van ieder bepaald pad van genezing achterwege. De ervaringen van Karen en Bette illustreren het belang hiervan. Beiden hadden een operatie nodig. Je oordelen hebben een krachtige negatieve uitwerking op het stoppen van je healing. Carlos Castaneda citeert Don Juan wanneer die zegt 'een pad met hart te kiezen'. Uit de voorbeelden van zowel Bette als Karen is het duidelijk geworden dat *juist de daad van zelfveroordeling het hart verwijdert. Elk pad kan een hart hebben. Je legt het hart in het pad dat je kiest, maar zodra je je zelfveroordeling over je keuze erin legt, neem je het hart eruit weg.* Je behoeften erkennen, jezelf liefhebben, en al je behoeften vervullen: ze nemen de zelfveroordeling weg en leggen het hart in het pad. Jazeker, je bent een mens en je hebt veel niveaus van behoeften. Als je die vervult, is het veel minder waarschijnlijk dat je jezelf laat wegzinken in je negatieve verwachtingen over hoe een ervaring eruit moet zien (zoals de ontmoeting met je schoonmoeder, of het krijgen van een bepaald soort behandeling zoals een operatie). Evenmin zul je, met je negatieve verwachtingen, zó op de ervaring zelf reageren dat je een nieuw trauma schept. Je bent dus werkelijk bezig je negatieve beeld en je negatieve geloofssysteem te helen, die allereerst de oorzaak van het probleem zijn.

Karen deed een schitterende ontdekking toen ze eenmaal besloten had haar behoeften te vervullen.

Ik begon te beseffen dat ik op ieder niveau behoeften had. En toen ik besloot de operatie te ondergaan, werd het me glashelder dat ik gewoon alles ervan op me moest nemen. Door het besluit te nemen te handelen naar wat ik nodig had, vanaf het lichamelijke niveau en verder, werden mijn behoeften bijzonder duidelijk. Er waren bepaalde dingen die ik eerst moest doen om de operatie in te kunnen gaan en er het meest profijt van te hebben.

Ik denk dat als mensen wisten dat ze nog steeds hun behoeften kunnen vervullen wanneer ze een operatie ondergaan, ze er dan niet zo tegen zouden vechten. Vooral het soort spirituele mensen dat alles van healing afweet. Soms is de heersende norm dat het 'erg jammer is dat je een operatie moet ondergaan'. Maar wat mij betreft hoeft dat niet zo te zijn. Hoe meer mensen hun behoeften kunnen inzien, des te meer ze deze allemaal vervuld kunnen krijgen.

De behoeften zijn zoveel creatiever en gevarieerder dan ik dacht. De creativiteit ligt in het oplossen ervan, maar als je gelooft dat ze opgelost kunnen worden, kun je wel een triljoen behoeften hebben, en je krijgt er lol in ze op te lossen. Ze zijn niet problematisch.

Jouw behoeften op het eerste niveau van je auraveld
Behoeften van het eerste niveau zijn eenvoudige lichamelijke behoeften. Het is belangrijk je omgeving zo in te richten en de juiste tijd en plaats voor iedere handeling zo vast te stellen dat je voortdurend herinnerd wordt aan je innerlijke persoonlijke transformatieproces. Dit legt het zwaartepunt meer op de persoonlijke ervaring van de healing dan op de uiterlijke oude definities van ziekte.

Als je voor onderzoek of een gesprek naar de arts moet, zorg er dan voor dat je er een manier voor creëert die het best bij je past. Presenteer jezelf op een wijze die in overeenstemming is met je innerlijke levensbron, en deze ondersteunt en onderhoudt. Neem de situatie op een rustige manier in de hand. Als vasten voor een onderzoek niet vereist wordt, zorg er dan voor dat je gegeten hebt, zodat je bloedsuikerspiegel niet te laag is. Kies je kleren zo uit dat ze uitdrukking geven aan wie je bent. En kies, als dat mogelijk is, voor jou de beste tijd van de dag. Vraag een vriend(in) om met je mee te gaan voor steun als je uitslagen van onderzoeken te horen gaat krijgen die ernstig kunnen zijn. Kies de beste geneeskundigen, klinieken en laboratoria. Je hebt vele keuzes. Maak er goed gebruik van. Het is belangrijk.

Je gerieflijk voelen is een basisbehoefte op het eerste niveau van het auraveld. *Omgeef jezelf met dingen die je helpen de werkelijkheid vanuit dit nieuwe holografische gezichtspunt te bezien, zelfs wanneer er geen andere mensen om je heen zijn of wanneer je het mocht vergeten.* Als je in een ziekenhuis bent, neem dan boeken mee waarvan je houdt en die je herinneren aan de grotere werkelijkheid. Als de angst toeslaat, open er dan een en lees iets over angst.
Emmanuels Boek van Pat Rodegast is hier erg goed voor. Als je van kristallen houdt of van bandjes met muziek, zorg dat je ze onder handbereik hebt zodat je, als je werkelijkheid neigt te vergeten, iets hebt om je te herinneren wie je werkelijk bent en wat er werkelijk gebeurt. Het houdt je aandacht gericht op de diepere zienswijze. Als je weet welke bandjes je in een andere bewustzijnsstaat brengen, speel die. Je hebt eindelijk de tijd om te liggen en te luisteren. Deze bandjes kunnen je naar prachtige plaatsen leiden. Als je van het ziekenhuis een bewustzijnsveranderend middel gekregen hebt, zoals een tranquillizer of slaapmiddel, doe er je voordeel mee en heb een gratis trip naar diepe ontspanning.

Nadat de vriendinnen van Karen haar eraan hadden herinnerd dat ze een keuze had, besloot ze dat ze een kamer voor zichzelf wilde en ze kreeg er een. Dat was bijzonder belangrijk voor haar. Karen nam muziekcassettes en kristallen mee naar haar kamer. Aangezien ze niet op een speciaal medisch dieet zat, bracht haar echtgenoot haar eten. Dit vond ze heerlijk.

Iedereen weet dat het eten in ziekenhuizen bepaald niet is om over naar huis te schrijven. Ik denk dat ik er pas echt ziek van zou zijn geworden als ik het gegeten had. Ron bracht me steeds eten uit de groene winkel of het biologische eethuis. Ik weet niet wat ik gedaan had als ik ziekenhuismaaltijden had moeten eten. Dat was dus een belangrijke lichamelijke behoefte die werd vervuld omdat ik die kende en erom kon vragen.

Nadat je het ziekenhuis verlaten hebt en je behandeling voltooid is, kan het zijn dat je, als je nog steeds healingen krijgt of in een therapeutisch proces zit, de agressievere delen van de behandeling opnieuw gaat beleven. Dit is een goede manier om je veld te zuiveren van al het achtergebleven vuil van de drugs of het fysieke trauma. Dit vuil vertraagt je genezingsproces. Veel mensen krijgen pas vele jaren later een herbeleving van het trauma. Het is op elk moment dat het naar boven komt in orde. Wat het belangrijkste is, is het te laten gebeuren wanneer je er klaar voor bent.

Karen deed dat meteen, en geheel onverwacht.

Nadat ik uit het ziekenhuis thuisgekomen was, raakte mijn Demerol ten slotte op. Ik nam steeds minder en minder pillen tot ik er vanaf was. De volgende dag voelde ik me vreselijk. Ron hielp me om adem te halen, en ik schoot in een soort oertoestand waarin ik de hele operatie herbeleefde. Toen ik begon te ademen en te huilen, kwam dat vreselijke gevoel dat ik iets niet wilde zien terug, en toen besefte ik dat ik de operatie opnieuw beleefde. Ik voelde me zowel lichamelijk als emotioneel afschuwelijk. Mijn lichaam beleefde het opnieuw. Dat voelde als iets heel belangrijks omdat ik toen heel wat sneller begon te genezen, wat ik niet voor elkaar had gekregen wanneer de pijn van de operatie nog in me zat, in mijn cellen.

Onthoud dat wanneer dit met jou gebeurt, het 't beste is als er iemand is om je daarin te steunen. Het is in orde; je zult je daarna goed voelen. Laat het gewoon maar los en ga erdoorheen. Het zal je erg goed doen.

Hier volgen enkele goede vragen die je jezelf kunt stellen:

Wat voor soort omgeving heb ik nodig die het best bij mijn genezingsproces past?
Is de atmosfeer in mijn kamer goed voor me?
Is er ruim voldoende zonlicht en zijn er ruimschoots planten aanwezig?
Speelt mijn favoriete muziek?
Heb ik foto's of platen die me aan de dingen herinneren waaraan ik herinnerd wil worden?
Wat voor andere voorwerpen zouden me helpen herinneren aan de positieve aspecten van mijn leven? (Misschien bepaalde juwelen, kristallen, of andere favoriete voorwerpen.)
Heb ik geheugensteuntjes bij me die al mijn zintuigen helpen herinneren wie ik ben?
Wat kan ik zien en aanraken?
Wat voor soort geuren helpen me om me beter te voelen?
Welke dingen in mijn dieet, die ik kan proeven, zouden me helpen me plezierig te voelen in deze tijd?

Jouw behoeften op het tweede niveau van je auraveld
De behoeften op het tweede niveau draaien om zelfacceptatie en liefde voor jezelf. Een groot probleem op dit niveau is jezelf niet mogen, jezelf verwerpen, jezelf ondermijnen en zelfs in veel gevallen pure zelfhaat. Dit zijn slechte gewoonten die je rechtstreeks aan dient te pakken. Wat zijn je behoeften omtrent het accepteren en liefhebben van jezelf? Maak eens een lijstje van de manieren waarop je jezelf in de loop van een bepaalde dag afwijst. Begin ze een voor een ter zijde te leggen. Doe een bewuste inspanning de zelfafwijzing te vervangen door een positief gevoel. Schrijf enkele affirmaties die positieve gevoelens over jezelf bekrachtigen, en doe daar enkele malen per dag een oefening mee. Je kunt ze zelfs neerzetten op plaatsen waar je ze kunt lezen, zoals op je bedstijl, de koelkast of de badkamerspiegel.

Enkele goede affirmaties zijn:

Ik houd van mezelf.
Ik houd van mezelf in mijn onvolkomenheden.
Ik ben een sterk, creatief mens met een heleboel liefde.
Ik houd van mijn partner, kinderen, familie, dieren.
Ik aanvaard het leven dat ik voor mezelf heb gecreëerd en ik kan die delen veranderen die me niet meer zinnen.
Ik kan van degenen met wie ik sterk van mening verschil blijven houden, en ik pleeg geen verraad aan mezelf door me te dwingen het eens te zijn, of te doen alsof ik dat ben.
Ik ben een prachtig, stralend lichtwezen.
Ik ben vol van liefde.
Ik herinner me wie ik ben.

Deze kleine geheugensteuntjes over wie we zijn helpen ons erbij een heel positieve houding jegens onszelf aan te nemen.
Karen heeft eraan gewerkt haar negatieve houdingen op

te ruimen en dat heeft haar enorm geholpen.

> Ik denk dat de operatie me geholpen heeft mijn lichaam lief te hebben. Het dwong me op een ongekende manier in mijn lichaam te komen en dat hielp me. Ik moest mezelf wel op een nieuwe manier accepteren en liefhebben. Ik moest voor mezelf wel iets betekenen. Waarschijnlijk een van de ergste soorten pijn waar mensen bij een operatie doorheen gaan is, vermoed ik, dat ze zich distantiëren van hun lichaam en dat er dan met hun lichamen iets wordt uitgespookt. Ze proberen er gewoon niet te zijn en het te negeren en ze wachten tot het lichaam zich herstelt, in plaats van er op alle mogelijke manieren bij te zijn: je lichaam lief te hebben, het te accepteren, er tegen te praten over wat er te gebeuren staat.

Enkele goede vragen om jezelf te stellen zijn:
Aan welke delen van mijn lichaam heb ik een hekel? Waarom?
Op welke manier wijs ik die delen af?
Ik haat — omdat het — is.
Op welke manier herinneren deze lichaamsdelen me aan mijn zelfverwerping?
Ik haat mijn — omdat die me herinnert aan mijn —.
Hoe wijs ik mezelf af?

Jouw behoeften op het derde niveau van je auraveld
Je behoeften op het derde niveau hebben betrekking op je denkvermogen en op je behoefte de situatie op een heldere, rationele en lineaire manier te begrijpen. Dit betekent alle informatie vergaren over welk ziekteproces zich ook maar in je lichaam voltrekt en jezelf niet beperken tot maar één zienswijze daarop.

Het eerste dat je hiertoe moet doen, is je negatieve oordelen over jezelf en je ziekte op het spoor komen en die opruimen. Ze blokkeren je weg naar het vinden van oplossingen die je genezing ten goede komen.

We hebben een heleboel negatieve oordelen over onszelf. Negatieve oordelen verschillen van zelfverwerping in zoverre dat het mentale conclusies zijn, gebaseerd op de negatieve manier waarop we over onszelf voelen. Negatieve oordelen houden een lus van negatieve feedback in stand die meer negatieve gevoelens over het zelf oproept, welke gevoelens vervolgens bewijzen dat onze negatieve oordelen juist zijn. Velen van ons doen dit veel vaker met zichzelf dan ze zich realiseren. Luister eens naar binnen – en je zult verbaasd zijn over de omvang van deze innerlijke ouderstemmen die we met ons meedragen. Wanneer er negatieve oordelen de kop opsteken, kun je een van de twee hoofdmanieren kiezen om ermee om te gaan.

De eerste is ze hardop voor jezelf of een vriend(in) uit te spreken. Je zult ontdekken dat wat je van binnen tegen jezelf zegt, overdreven is zowel in aard als in tijd. Wat het probleem ook is, jij bent slechter dan iedereen, voor altijd. Zoals:

> Je verdient het om ziek te zijn omdat je een — bent.
> De reden dat je ziek bent is dat je altijd —.
> Nu je eenmaal ziek bent, weet iedereen wel dat je een — bent.
> Iedere keer dat je iets probeert te doen, maak je er een rotzooitje van, stommeling dat je bent.
> Jij zult nooit een goede — worden, vergeet het dus maar.
> Ik wist wel dat je er niets van terecht zou brengen. Geef het nu maar op en val er niemand meer mee lastig.
> Je bezorgt iedereen enorm veel last, houd dus je mond.

Als je deze dingen eenmaal hardop gezegd hebt, vooral tegen een vriend(in), ga je inzien hoe belachelijk ze zijn. Je vriend(in) zal ook de waarheid over je weten en je weer kunnen helpen eerlijk met jezelf te zijn. Het is verrassend hoe gek sommige van onze zelfveroordelingen klinken als we ze eenmaal hardop uitspreken zodat we ze zelf kunnen horen.

De tweede manier om hiermee om te gaan is je negatieve oordelen er gewoon te laten zijn en zo snel als je kunt naar het positieve terugkeren, zonder enige zelfveroordeling. Bijvoorbeeld, als je tegen jezelf zegt: 'Jongen, wat ben ik stom', kun je dit gewoon vervangen door een positieve uitspraak als: 'Ik ben slim', of: 'Ik begrijp —.' Misschien betrap je jezelf erop dat je zegt: 'Ik word maar niet beter.' Dit kun je vervangen door: 'Ik word iedere dag beter', of: 'Mijn lichaam heeft het vermogen zichzelf te helen.'

Kies de methode die het beste bij je past, afhankelijk van de situatie waarin je je bevindt op het moment dat jouw negatieve oordelen over jezelf de kop opsteken.

Het opruimen van je zelfveroordelingen zal de weg vrijmaken om meer manieren te vinden waarop je jezelf kunt behandelen, omdat je meer vragen zult kunnen stellen. Zelfveroordelingen weerhouden je ervan vragen te stellen omdat je de antwoorden al met verkeerde informatie ingevuld hebt. Als je eenmaal die verkeerde informatie hebt opgeruimd, komt er ruimte vrij voor de juiste antwoorden. Dit voert je naar de volgende stap: het zoeken naar de juiste behandelingsmethode.

Onderzoek welke verschillende behandelingsmethoden beschikbaar zijn en waaruit je kunt kiezen. Als je die informatie niet zelf vergaren kunt, laat dan iemand anders dat voor je doen. Als je een operatie moet ondergaan of als je bepaalde behandelingen moet volgen in het genezingsproces, lees dan alles over deze behandelingen. Zorg dat je erachter komt wat ze doen en wat hun bijwerkingen zijn.

Karen ontdekte precies wat er bij haar operatie gebeuren zou. Dat bewees haar een hele grote dienst.

> Ik wist genoeg om een heleboel vragen te kunnen stellen, en ook mijn vrienden hielpen me erachter te

komen wat ik vragen moest. De chirurg was een vrouw, die al mijn vragen beantwoordde. Ze vertelde me precies wat er gebeuren zou. Ze vertelde dat ik onderzocht en geschoren zou worden, een verdoving zou krijgen en naar beneden gereden zou worden. Ze vertelde me zelfs hoe het aanvoelde om onder narcose te raken en weer bij te komen.

Dit was voor mij heel belangrijk, omdat ik een heleboel verwrongen ideeën had over ziekenhuizen, waar je als een stuk vlees behandeld werd, en over wat er met me kon gebeuren. Ik kon maar al te makkelijk in mijn beeld schieten gestraft te worden voor het feit dat ik het vrouwelijke in mezelf verworpen had en dat daarom nu mijn baarmoeder verwijderd moest worden. Hoe het ook zij, ik deed dat niet, omdat ik iedere behoefte bleef vervullen. De operatie was evenwel werkelijk symbolisch voor het terugclaimen van een deel van mijzelf – zelfs ondanks het feit dat ik mijn baarmoeder kwijtraakte – namelijk voor het terugclaimen van mijn vrouwelijkheid.

Natuurlijk ging ik ook door een heleboel verdriet heen dat te maken had met het verlies van mijn baarmoeder. Maar dat was niet groot, het voelde niet aan alsof dit me terneer zou drukken of tegenhouden.

Enkele goede vragen om jezelf te stellen zijn:
Wat zijn mijn negatieve ideeën over wat er gebeuren kan?
Hoe kan ik erachter komen wat er stap voor stap gebeuren zal?
Wat kan ik hieraan veranderen, als er iets te veranderen valt?
Welke keuzen voor alternatieve behandelingen heb ik, als die er zijn?
Wat zal ik moeten loslaten en moeten betreuren?
Wat is de mogelijke diepere betekenis van dit alles?

Jouw behoeften op het vierde niveau van je auraveld
De behoefte van het vierde niveau is de behoefte aan liefdevolle interactie met je vrienden en familie. Het vierde niveau van je auraveld wordt heel vaak de 'brug' tussen de spirituele en de materiële wereld genoemd. Je hebt steun van je vrienden nodig. Bel ze op. Vertel ze wat je nodig hebt. Zet een soort ondersteuningsnetwerk op zodat er goed voor je gezorgd wordt. Of vraag een vriend om jouw ondersteuningsnetwerk bij elkaar te brengen. Als je niet thuis bent en je een telefoon kunt gebruiken, pleeg dan regelmatig telefoontjes met hechte vrienden, of vraag mensen jou te bellen.

Natuurlijk zul je, wanneer je door je lichamelijke conditie verzwakt bent, deze telefoontjes binnen de perken willen houden. Je zult de tijd willen beperken dat vrienden je bezoeken. Kies de mensen uit die *jouw* healingproces steunen. Wees niet bang om grenzen aan te geven. Het is van essentieel belang op het moment nee te zeggen tegen mensen die jouw healingproces niet stimuleren.

Je vrienden of familieleden kunnen van streek zijn vanwege de situatie of ze zijn het niet eens met de manier waarop jij ervoor zorgt. Je moet affirmaties maken die zeggen dat jij jezelf kunt liefhebben en je familie kunt liefhebben zonder daarbij jezelf te verraden. Jij bent niet verantwoordelijk voor hun ontstemming. Jij bent niet verantwoordelijk voor hun gekwetstheid. Hun angst met betrekking tot jouw situatie en jouw ziekte is naar alle waarschijnlijkheid niet op de realiteit gestoeld. Hun angsten zijn gewoonlijk onbewust en worden indirect tussen de regels van het gesprek door uitgesproken. Merk op hoe jij je voelt nadat iemand je bezocht of gebeld heeft. Als je je beter voelt, houd dan de communicatie in stand. Als je je slechter voelt, geef dan je grenzen aan tot er een geschikter moment is om je met hen bezig te houden. Zeg gewoon nee. (Zie hoofdstuk 13 voor informatie over het opruimen van negatieve contracten met vrienden.)

Vrienden kunnen je dingen komen brengen. Als je in het ziekenhuis ligt en moeite hebt met het voedsel aldaar, kunnen vrienden je gezond voedsel komen brengen. Ze kunnen je ook die materiële dingen brengen – boeken, sacrale voorwerpen, kleding – die je nodig hebt om jou eraan te herinneren wie je bent. Je hebt de aanraking van vrienden nodig. Vraag erom als ze aarzelen.

Karen ontving een heleboel hulp van vrienden. Ze zegt:
Ik voel me gewoon bijzonder gezegend dat iedereen die ik kende, die me kwam opzoeken, op een bepaald niveau een soort healer voor me was. Ze wisten werkelijk wat ze me moesten geven. Vrienden zaten daar en mediteerden met me de eerste dag. Pam kwam en Sheila kwam en ze mediteerden. Ron was er altijd, op elk niveau. Pam bracht me homeopathische spullen. De rest van de week was iedereen die kwam bijzonder intuïtief en niemand kwam naar me kijken met de instelling alsof ik iemand in een beklagenswaardige conditie was. Iedereen pikte op een of andere manier op hoe ik me voelde en liet dat moment een heilzaam moment worden, de hele week lang.

Enkele goede vragen om jezelf te stellen zijn:
Met wie voel ik me op mijn gemak?
Door wie wil ik geholpen worden? Hoe?
Met wie voel ik me niet op mijn gemak?
Hoe kan ik nee zeggen tegen hen?

Transcendentie gebruiken voor het healen van de drie hoogste niveaus van je auraveld

Jouw behoeften op het vijfde niveau van je auraveld
De eerste behoefte op het vijfde niveau is om je af te stemmen op de goddelijke wil in je en de toezegging te doen jouw waarheid te spreken en te volgen. Het vijfde niveau van het auraveld is de

mal waar doorheen alle fysieke vormen ontstaan. Het lijkt op het negatief van een foto. Op dit niveau is de macht van het woord heel sterk. De macht van het woord draagt de scheppende kracht. Het vijfde niveau is verbonden met staan voor wat je weet. Het is het niveau van de wil. Het betekent jezelf afstemmen op de goddelijke wil in je en die volgen. De vijfde chakra is verbonden met jouw waarheid spreken en met geven en ontvangen. Wat je op dit niveau nodig hebt is jouw waarheid te spreken en ernaar te leven. Het is ook verbonden met geluid of het gebruiken van geluid om vorm te scheppen.

Karen vertelde haar ervaringen van het vijfde niveau:

> De waarheden die ik bleef uitspreken voordat ik het ziekenhuis inging waren alle behoeften die ik had. Ik begon ze meer te zeggen dan ooit tevoren in mijn leven. Het dwong me op die manier op de knieën.
>
> Ik zal je het eerste vertellen dat in mijn gedachten opkomt. Ik heb het gevoel dat er een verband bestaat tussen de blokkade in mijn tweede chakra met de baarmoeder en de eierstokken, en mijn stem. Zingen is een niveau van uiting van mijn wezenskern dat nu naar buiten komt. Het voelt alsof het rechtstreeks vanuit hier beneden komt [lagere onderbuik]. Voordien kon ik dat niet. Ik moest door de hele healing heengaan voordat ik klaar was om te zingen.

Begin te praten en stem te geven aan je behoeften en je waarheid. Dit is het moment om toegang te krijgen tot de diepste waarheid in je. Het kan totaal niet overeenkomen met wat de mensen om je heen zeggen. Spreek je waarheid op een positieve, liefdevolle manier uit en blijf ernaar leven, zelfs als verwanten of oude vrienden het er niet mee eens zijn.

Er zullen momenten zijn, vooral als je in een ziekenhuis ligt, dat er niemand aanwezig is behalve het personeel dat waarschijnlijk niets weet van de soort werkelijkheid waarin jij leeft. Maak gebruik van je geheugensteuntjes die je om je heen hebt, om je waarheid op een heel positieve manier te handhaven. Geef anderen geen ruimte om hun negatieve mening over jouw werkelijkheid te spuien. Als ze aandringen, zeg dan dat je later naar hen zult luisteren, maar niet nu. Laat je niet gebruiken om hun angst of schuld te luchten. Jij bent niet verantwoordelijk voor hun ongenoegen. Dit zal je ook helpen om niet in de negatieve angsten te vervallen die je over je ziekte hebt.

Wanneer je wel in angst en twijfel vervalt, gebruik dan een van onderstaande manieren om ermee om te gaan.

1. Uit het tegen de juiste mensen om het te transformeren.
2. Vervang het door een positieve uitspraak om het te boven te komen.
3. Zoek de spanning in je lichaam waar de angst zit en doordrenk het met het roze licht van onvoorwaardelijke liefde.
4. Bid om hulp en overgave. Laat los en laat het over aan God. Hulp komt altijd, binnen vijftien tot dertig minuten. De angst zal veranderen in een ander gevoel. Wat er verandert is je bewustzijnstoestand, niet noodzakelijkerwijs de uiterlijke situatie.

Al het bovenstaande spreekt jouw waarheid. Als je angst voelt, dan is jouw waarheid op dat moment dat je bang bent. Als je twijfels hebt, dan is dat de waarheid over wat je op dat moment voelt. Zo simpel is het. Gevoelens zijn slechts gevoelens. Ze zullen voorbijgaan. Door op deze momenten je waarheid te spreken tegen de mensen die in staat zijn ermee om te gaan, vervul je een andere behoefte op het vierde niveau. Het is uiterst belangrijk je gevoelens te uiten door ze uit te spreken tegen degenen die ze kunnen begrijpen. Deel je twijfels niet in een onjuiste situatie – dat wil zeggen: met mensen die in dezelfde twijfels geloven en er belang bij hebben dat jij ze handhaaft. Als je dat wel doet is er goede kans dat deze mensen jouw twijfels zullen vergroten door je te vertellen dat jouw twijfels in feite waar zijn, dat hun manier de beste is, en dat je beter af was te doen wat zij zeggen. Vind oren die kunnen horen en ogen die kunnen zien, en dan zul je de steun krijgen die je nodig hebt.

Het is van het grootste belang dat je jouw waarheid uitspreekt.

Enkele goede vragen om jezelf te stellen zijn:
Wat heb ik nodig om te zeggen?
Wat is er nodig dat ik zeg tegen hechte vrienden die het misschien niet met me eens zijn?
Waar heb ik vele jaren lang over gezwegen?
Waarom heb ik niet geuit wat ik geloof?

Jouw behoeften op het zesde niveau van je auraveld
Het zesde niveau is het niveau van goddelijke liefde of spirituele extase. Door de waarheid te spreken over je behoeften wanneer ze maar opkomen en ze dan te vervullen, ga je vanzelf naar het zesde niveau. Het zesde niveau heeft meer te maken met voelen dan met begrijpen. Je zult gewoon soms in een toestand van extase zijn. Die komen en gaan. Ze veranderen bij de dag, omdat jij steeds verandert. Muziek helpt je je tot deze prachtige zijnstoestand te verheffen. Hetzelfde doen afbeeldingen die jou herinneren aan de heiligheid van het leven in je. Er bestaan geen goede woorden om uit te drukken wat die ervaring van spirituele extase is. Ieder heeft zijn of haar eigen omschrijvingen daarvan, die allemaal meestal behoorlijk ver van de eigenlijke ervaring verwijderd zijn. Woorden als 'leven in het licht', 'drijven in de armen van de Godin', 'bij God zijn' of 'liefde zijn' worden er allemaal voor gebruikt. Wat

zijn jouw woorden voor deze ervaring?

Vanuit het zesde niveau van ons wezen ervaren we onvoorwaardelijke liefde. Karen deelde haar diepste gevoelens van het zesde niveau als volgt:

> Wat het voor mij betekende was naar de diepste toegangspoort gaan die ik vinden kon, mijn goddelijke natuur, en die toelaten mij hierdoor heen te leiden. Ik heb lange tijd een gevoel over mijn levenstaak gehad. Het is gewoon diep liefhebben en accepteren en leven vanuit het vrouwelijke en er het mannelijke mee in overeenstemming brengen. Het mannelijke was voordien behoorlijk overheersend geweest en uit balans.
>
> In de laatste twee weken namen we afscheid van meer dan tachtig mensen van wie we werkelijk hielden en van wie we ons moesten losrukken omdat we naar Colorado verhuisden. Dat deden we met veel liefde. Zelfs met alle reacties van al deze mensen, waarvan sommige behoorlijk zwaar waren, kon ik openhartig blijven en er echt bij aanwezig zijn. Weet je, dat voelt aan als het hogere gevoelsniveau ervan.

Enkele goede vragen om jezelf te stellen zijn:
Wat is de aard van mijn spirituele behoeften?
Geef ik mezelf de tijd om mijn spirituele gevoelens naar de oppervlakte te laten komen?
Wat is de aard van mijn spirituele gevoelens?
Wanneer en op welke wijze voel ik onvoorwaardelijke liefde?
Op welke gebieden in mijn leven heb ik onvoorwaardelijke liefde nodig?
Hoeveel tijd wil ik er per dag aan besteden om in meditatie of visualisatie die gebieden in mijn leven te laten doordrenken met onvoorwaardelijke liefde?
Welke muziek brengt me tot mijn spiritualiteit?

Jouw behoeften op het zevende niveau van je auraveld
Het zevende niveau is het niveau van de goddelijke geest waarin jij het grotere universele patroon begint te begrijpen. De goddelijke geest voert je naar je reden van bestaan: het doel van de ziel in het leven, het grote patroon dat zich in jou en overal om je heen aan het ontvouwen is. In dit niveau is er een diep gevoel voor het doel van de ziel, voor de reden waarom je hier bent, een reden voor de ervaringen die je krijgt, een gevoel van vertrouwen. Er is een voortdurend gevoel van nieuwsgierigheid over wat er te gebeuren staat in plaats van een beducht-zijn. Wanneer je deze gebieden van spirituele beleving binnengaat, dan wordt de gehele ervaring opgetild naar een hogere of transcendente realiteit. Je zult weten dat in Gods wereld alles goed is. In sereniteit is er geen verwijt; alles ontvouwt zich op de meest geëigende manier, precies zoals het dit moet doen.

We moeten het goddelijke patroon in alles kennen en begrijpen: om het perfecte patroon te zien, in het gouden licht van al wat is gehouden, en te weten dat alles perfect is in zijn imperfectie. Vanuit dit niveau is het dat we sereniteit ervaren.

Tijdens het healingproces kunnen we toegang verkrijgen tot dit zevende niveau, en dan worden we bevrijd. Karen legt dit uit op de volgende manier:

> Mij staat innerlijk een heleboel ter beschikking, zelfs wanneer ik het vergeet. Ik heb een diep gevoel over de betekenis van het doel van mijn ziel en de reden waarom ik hier ben. Wat er ook gebeurde, er stak een les in die geleerd moest worden. Voor mij is het essentiële, fundamentele bestanddeel: weten dat er hoop is. Hoop geeft een niet-aflatend soort nieuwsgierigheid over wat er gaande is, in plaats van beduchtheid.
>
> Welnu, ik voel nu een soort serene rust rondom alles wat te maken heeft met het verlaten van cliënten en vrienden. Ik ben in staat op het niveau te blijven vanwaar ik alles vanuit een veel hoger perspectief overzie. Zoals, wanneer ik met een cliënt werk en ik vertrek, kan ik zien dat er nog iets samen te doen valt in de tijd die ons rest. Dat er, wie of wat er ook is, of het nu cliënten zijn dan wel iemand of iets anders, alleen maar een ontzettend goede symfonie gespeeld wordt. Als ik gewoon iedere stap zet wanneer die zich aandient, blijft alles in harmonie. Ik ben niet razend om dingen waarvoor ik in het verleden wel angstig of razend zou zijn geweest.

Enkele goede vragen om jezelf te stellen zijn:
Wat zijn de grotere patronen die zich door mijn leven heenweven?
Wat is de aard van de diepste hoop die me leidt?
Wat is mijn levenssymfonie?

Deel IV zal je helpen om een heel praktisch healingplan op te zetten voor elk niveau van je veld waarmee je al je persoonlijke behoeften kunt omvatten.

DEEL IV

EEN HEALINGPLAN OPSTELLEN

'Totdat men zich er helemaal aan overgeeft, bestaat er aarzeling, de kans om terug te trekken, altijd ineffectiviteit. Met betrekking tot alle daden met initiatief (en creatie) bestaat er één elementaire waarheid, waarvan het veronachtzamen talloze ideeën en fantastische plannen doodt: dat op het moment dat men zich definitief eraan overgeeft, ook de Voorzienigheid in beweging komt. Allerlei dingen gebeuren om iemand te helpen, die anders nooit zouden zijn gebeurd. De hele stroom van gebeurtenissen is het gevolg van de beslissing, die ten gunste van iemand allerlei onvoorziene voorvallen en ontmoetingen en materiële bijstand doet ontstaan, waarvan niemand kon dromen dat die zijn kant op zouden komen. Ik heb diep respect gekregen voor een van Goethes verzen: "Wat je kunt, of waarvan je droomt het te kunnen, begin eraan. Stoutmoedigheid heeft genie, kracht en magie in zich."'

W.H. Murray, *De Schotse Himalaya-expeditie*

Inleiding

JE PERSOONLIJKE HEALINGPLAN OPSTELLEN

Naarmate ik verder ging met mijn praktijk en mijn onderwijs en me meer ervaring met mensen verwierf, werd het me duidelijker dat iedereen een specifiek persoonlijk healingplan nodig had, gebaseerd op zijn/haar behoeften om de totale levenskwaliteit te verbeteren en niet op een algemene behandelingsprocedure om een ziekte te verhelpen. Natuurlijk is het genezen van het lichaam of een psychische ziekte van groot belang, maar dit nieuwe ruimere perspectief is essentieel. Het healingplan is geconcentreerd op het healen van de persoon, niet op het verhelpen van de kwaal. Hoe meer het healingplan hierop geconcentreerd is, des te dieper en diepgaander de healing wordt. Het lijkt alsof er geen grenzen aan gezondheid zijn. Als iemand eenmaal begonnen is aan een veelomvattend healingplan, wordt healing een levenslang leer- en groeiproces. Het wordt een groots avontuur dat iemand naar steeds diepere en rijkere levenservaringen voert.

Als we een healingplan opstellen, moeten we onthouden dat spirituele waarheden de achtergrond en het doel van ons leven formuleren in ons fysieke lichaam en op al onze auraniveaus. Als er een stoornis op een bepaald niveau van ons veld optreedt, dan vervullen we ongetwijfeld niet ons spirituele doel op dat niveau. We ontvangen niet wat we nodig hebben om ons leven te scheppen.

Daarom moeten we, als we de healing van een bepaald niveau van het auraveld bereiken, steeds vragen of dat niveau zijn doel dient. We gaan vragen als de volgende formuleren: dient ons fysieke lichaam zijn doel ons te helpen onze goddelijke individualiteit door middel van handelingen te onderscheiden? Voorziet ons tweede niveau ons van de ervaring van onze individuele gevoelens en liefde voor onszelf? Voorziet niveau drie van ons auraveld ons van het vermogen onze bewuste gewaarwording te focussen, onze waarnemingen te differentiëren en te integreren, zodat we als individu helderheid en een gevoel van eigenheid hebben? Leggen we, via niveau vier, liefdevolle 'Ik–Gij'-relaties die onze behoeften vervullen? Ervaren we onze verbondenheid met alle levende wezens?

Bij het scheppen van een healingplan voor ons dagelijks leven dienen we te beginnen met onze meest fundamentele behoeften, namelijk die behoeften die de fysieke en spirituele aspecten van ons wezen integreren.

In dit deel zal ik je laten zien hoe je een healingplan kunt opstellen voor elk van de vier lagere niveaus van je auraveld, waarvan elk een ander aspect van je leven en je behoeften als mens vertegenwoordigt. Het eerste niveau van je healingplan zal zich richten op de persoonlijke zorg voor je fysieke lichaam en zijn mal: het eerste niveau van je auraveld.

Een van de grootste veranderingen die je zult ondergaan in je healingproces, zal je gevoeligheid zijn voor de levensenergievelden om je heen, die door je heenstromen. We zullen naar je omgeving kijken in termen van de energie die ze je verschaft. En we zullen in hoofdstuk 9 beginnen onze aandacht te richten op de onmetelijkheid van deze omgeving en ons daarna concentreren op de kleinere schaal van de vele levensenergievelden waarin je voortdurend bent ondergedompeld.

Hoofdstuk 9

DE ENERGIEËN VAN DE AARDE ALS BASIS VOOR LEVEN

Verschillende plaatsen op aarde hebben verschillende combinaties van energieën. Het totale energieveld van iedere specifieke plaats is gecompliceerd. Het bestaat uit de energieën van plaatselijke geologische formaties, waaronder de energieën van de combinaties van alle organische en anorganische bestanddelen waaruit het samenstel van de aarde bestaat, zoals minerale afzetting; de energieën van heel de flora en fauna die er nu leeft of er ooit geleefd heeft; de energieën van de verscheidene gemeenschappen van mensen en hun activiteiten op die plaats sinds onheuglijke tijden; en de energieën van de mensen en hun activiteiten die daar nu leven.

Daar komt nog bij dat iedere plaats op aarde ook wordt beïnvloed door de energieën van het zonnestelsel, alsook door interstellaire en intergalactische energieën. Deze energieën doordringen op verschillende wijze de verschillende plaatsen op aarde, gaan daar doorheen of stapelen zich daar verschillend op. Het aardmagnetische veld speelt een gedeeltelijke rol in deze formatie, wanneer het bepaalde banden van kosmische energie naar bepaalde plaatsen op aarde dirigeert.

Heyoan zegt dat we in de toekomst kaarten zullen hebben van deze energievelden en dat mensen de plaats van hun huis en hun stad aan de hand hiervan zullen uitkiezen, ongeveer zoals de beoefenaars van de geomantiek in China. Via hun heel gecompliceerde systeem van waarzeggerij kozen de beoefenaars der geomantiek zowel de bouwplek als de plaatsing en richting van de huizen op de bouwplek. Ze kozen ook de locatie van belangrijke heilige steden zoals de Verboden Stad. Geomantici ontwerpen zowel het exterieur als het interieur van huizen, alsook meubels om daarmee de energiestroom door het huis te beheersen. Veel van hun kennis is afkomstig van traditionele overleveringen en van de kennis van energiestromen, dus heeft het zonder veel studie voor westerlingen niet veel betekenis. Heyoan zegt dat we in de toekomst ook – zelfs aan de hand van energieveldkaarten van de aarde en andere planeten – de locatie zullen kiezen om nieuwe naties geboren te laten worden. Hij oppert dat er bepaalde plaatsen zijn die gezonder zijn om er te wonen dan andere. Natuurlijk bestaan hier algemene richtlijnen voor die we in dit hoofdstuk naar voren zullen brengen, maar hij herinnert ons er ook aan dat er verschillen per individu bestaan.

Bijvoorbeeld, sommige mensen voelen zich op een natuurlijke manier veel beter in de nabijheid van de oceaan of een grote hoeveelheid water, terwijl anderen zich beter voelen in de bergen of in een woestijn. Deze geneigdheid is rechtstreeks verbonden met de combinatie van energieën waaruit ons menselijk energieveld bestaat. Ieder van ons is anders, omdat de energieën die te zamen ieders auraveld uitmaken anders zijn, en daarbij komt nog dat ieder van ons op een andere manier doordrongen wordt van de diepere essentie van zijn wezensster. Meestal weten mensen waar ze geografisch thuishoren en uiten dat in uitspraken als: 'Ik ben een bergmens', of: 'Ik wil bij een grote plas water wonen.'

Sommigen kiezen hun levensgebied aan de hand van klimaat of weer.

Het weer

Onze voorkeur voor een bepaald weertype is rechtstreeks verbonden met de soorten energie waaruit ons auraveld bestaat. Onze voorkeuren variëren overeenkomstig met wat verenigbaar is met de energieën in ons auraveld en met hoe we willen dat onze energieën stromen. Sommigen van ons verkiezen seizoenwisselingen. Andere mensen prefereren de constante warmte en helderheid in de woestijn, zonder regen. Weer anderen geven de voorkeur aan nat weer.

Elektrische stormen, ozon voorafgaand aan regen, en regen laden allemaal het auraveld en helpen het zuiveren. De toegenomen negatieve ionen in de lucht prikkelen en laden het auraveld, en zorgen dat de energie er sneller doorheen stroomt. Sommigen van ons houden hiervan; anderen zijn bang van de toegenomen stroom door hun veld.

De zon laadt de atmosfeer met *prana* of orgone energie. Om deze energie te zien moet je je ogen onscherp stellen en zachtjes naar de lucht staren. Kleine stipjes licht verschijnen en bewegen in gekromde banen. Als je de beweging van het hele veld van stipjes observeert, zul je opmerken dat het hele veld van stipjes tegelijk pulseert. Deze stipjes kunnen helder of dof zijn. Wanneer het zonnig is, zijn ze helder en bewegen ze zich kwiek rond. Dit hoge-energie-orgon maakt dat je je erg goed voelt. Het laadt je veld en geeft je een hoop energie. Wanneer het bewolkt is, zijn de kleine lichtstipjes niet zo helder en bewegen minder snel. Soms na lange bewolkte perioden zien ze eruit alsof een deel ervan heel donker of zwart is. Hoe langer het weer bewolkt was, des te donkerder en trager het orgon, des te minder het je veld laadt en des te chagrijniger je wordt.

In zonnige bergstreken is de orgone energie heel licht, helder en hoog geladen. Het allersterkst geladen orgon dat ik persoonlijk heb gezien, is geweest in de winter in de Zwitserse Alpen. Er ligt een heleboel sneeuw, er is een heleboel zonlicht en frisse lucht. Het orgon daar is niet alleen het hoogst geladen, maar ook het dichtste dat ik ooit gezien heb, met de meeste stipjes per kubieke centimeter. Geen wonder dat mensen daarheen op vakantie gaan om verjongd te worden.

Een deel van het depressieprobleem, veroorzaakt door het ontberen van licht in de winter in de gebieden met een hogere breedtegraad, is te wijten aan het gestaag afnemende orgon in de atmosfeer. Dit is de reden waarom veel mensen in het noorden van de Verenigde Staten in de zonnige bergen gaan skiën, of naar het zuiden trekken naar de zee voor een wintervakantie die hen weer oplaadt. Soms kost het ongeveer een week om weer op te laden.

Het is natuurlijk belangrijk jezelf niet te veel bloot te stellen aan de zon. Gebruik altijd een zonnescherm. Begin met een zonnecrème met een hoge beschermingsfactor en verminder die langzaam naarmate je meer geacclimatiseerd raakt. Als je eenmaal weer opgeladen bent, is ongeveer twintig minuten zon per dag het enige dat je nodig hebt om goed opgeladen te blijven. Hoeveel langer iemand in de zon kan blijven zonder negatieve gevolgen te ervaren als uitputting, een zonnesteek, verbranding, en huidziekten, hangt af van ieders persoonlijke gevoeligheid. Een overdosis zon die sterk genoeg is om verbranding aan het fysieke lichaam te veroorzaken, verbrandt ook het eerste niveau van het auraveld. De zonnestralen dringen door dit energieveld heen en zorgen ervoor dat het afbreekt en versplintert als gebroken glas. Het is niet verwonderlijk dat herhaalde overdoses zonnestralen kanker veroorzaken. Zonnecrème beschermt alleen tegen de schadelijke stralen. Ze belet de zon niet je auraveld op te laden.

De zee laadt de energie in de lucht ook op. De zoute damp in de lucht laadt het auraveld en helpt het te zuiveren van trillingsfrequenties die te laag zijn om het leven te onderhouden. Wandelen langs het strand van de oceaan zorgt ervoor dat het auraveld zich uitbreidt. Soms verdubbelt het in grootte en strekt het zich over het water uit.

Zonnebaders krijgen aan zuidelijke kusten het hele jaar door en aan noordelijke kusten in de zomer een drievoudige oplading. De zon laadt het auraveld rechtstreeks op, de zoute lucht zuivert het en laadt het, en een zwempartijtje van twintig minuten in het zoute water maakt oud vastzittend slijm, dat zich daar in de donkere wintermaanden wellicht heeft opgestapeld, heel diepgaand schoon. Een paar dagen van dit soort activiteiten zijn fantastisch voor de gezondheid van je auraveld.

Natuur: de zee, bossen, beekjes, meren, woestijnen, bergen en de ongerepte natuur

We kunnen ons onmogelijk voorstellen hoe het voor de oorspronkelijke bewoners van Amerika, de Indianen, geweest moet zijn voordat de Europeanen het evenwicht met de natuur in dit land grondig verstoorden. De mensen leefden als een geïntegreerd onderdeel van de natuur, een voorrecht waarvan we onszelf hebben beroofd. We zijn hoe langer hoe meer ontworteld geraakt van de aarde en dit openbaart zich overal op de planeet als ziekte en natuurrampen.

Wanneer de natuur niet verstoord wordt, blijft zij in evenwicht met de totale aarde-energieën op grote schaal. De energieën van de natuur laden het auraveld op en brengen het in harmonie met zijn omgeving. In een onverstoorde, natuurlijke omgeving ontdekken we onze natuurlijke synchroniciteit met de energieën van de planeet. Wanneer we in harmonie zijn met onze omgeving, die op haar beurt weer in harmonie is met de gehele aarde, zijn we een natuurlijk deel van alles. Wat we uit onze omgeving eten zal voedzaam voor ons zijn, omdat onze energievelden in evenwicht en uitgebalanceerd zijn om het op te nemen. Wanneer je enkele uren per week doorbrengt in een onbedorven omgeving, wordt de harmonie tussen jouw auraveld en de energieën van de aarde opnieuw gevestigd. Dit is noodzakelijk voor een volledige gezondheid.

Vredige meertjes hebben een groot kalmerend effect op ons doordat ze de spanning of de hyperincoherente pulseringen in ons veld, veroorzaakt door de stress van het moderne leven, ontspannen. De aurapulseringen uit snelstromende rivieren verhogen het auraveld en zorgen dat het sneller pulseert op een coherente, gezonde manier. De aura-energie bij de bodem van een waterval is reusachtig. Afgebroken boomtakken die in deze energie gevangen zijn, blijven veel langer in leven dan ze zonder deze energie zouden doen.

De bomen in een naaldbomenbos pulseren met een snelheid die erg op die van het menselijk auraveld lijkt. Wanneer je in zo'n bos gaat zitten of eenvoudig tegen de stam van een naaldboom leunt in je achtertuin, zal je veld zich weer opladen, wanneer je dat nodig hebt. Doe dit zolang je wilt. Je raakt misschien zelfs in contact met het bewustzijn van de boom terwijl je eronder zit.

Bergen helpen ons de kracht van het mineralenrijk van de aarde te voelen en ons in die kracht te gronden, zodat we ons dan naar de grote ijle hoogten van ons bewustzijn kunnen uitstrekken. De zuivere lucht van een heldere woestijn nodigt ons uit ons veld uit te breiden tot een grotere omtrek en ons groter te voelen en – voor sommigen geldt dat – tot meer in staat dan daarvoor.

Door in de natuur met wilde dieren tijd door te brengen, absorberen we hun energieën, wat ons automatisch tot een intuïtief (niet-mentaal) begrijpen voert van ons vermogen om te synchroniseren met de natuur om ons heen. Het vermogen te synchroniseren met de natuurlijke en daarom planetaire energieën verschaft ons toegang tot grote wijsheid en leert ons vertrouwen te hebben in onze fundamentele menselijke natuur.

De energie van de natuur brengt ons tot een groter begrip van het leven in al zijn vormen. Elke soort draagt grote wijsheid met zich, die verschilt van de wijsheid van alle andere soorten. We kunnen enorm veel van dieren leren, niet alleen van hun gedrag maar ook van de integriteit waarmee zij leven. Healers gebruiken voor de healing gewoonlijk hulpmiddelen die ze vormen uit dierenlichamen die ze in het bos gevonden hebben of die aangereden zijn. Al deze lichamen worden beschouwd als een geschenk van de 'Grote Geest'. Ze worden allemaal met eer en respect behandeld. De voorwerpen worden in een ceremonie vervaardigd teneinde de wijsheid van de soort waarvan ze afkomstig waren te bewaren. Zo'n voorwerp wordt in het healingproces gebruikt om een rechtstreeks holografisch verband te leggen met de wijsheid van die soort.

Onze bloementuinen en parken helpen ons om ons met de aarde te verbinden op een manier die misschien onze verloren erfenis van de wildernis compenseert. Hier bezitten we een raakvlak tussen mensen en de natuur, een samensmelting van de wil van de natuur en de wil van de mens. Buitengewone bloemen van allerlei vorm vervullen onze zintuigen met de pracht die de natuur in onze eigen achtertuin, bloemenkas of woonkamer brengt. Planten leveren verschillende soorten en frequenties energie aan het energieveld dat ons omgeeft en dat ons veld voedt. Kamerplanten houden in het bijzonder de energie van een huis opgeladen, zuiver en gezond. Hoe meer contact we met deze planten hebben, des te groter de energie-uitwisseling is die zowel ons als de planten voedt.

Biologische tuinen helpen ons ons te verbinden met de energieën van de aarde en verschaffen voedsel dat in energie uitgebalanceerd is ten opzichte van onze behoeften. Hoe meer we in de aarde werken, des te meer we verbonden zijn met en gevoed worden door de energieën van de aarde. En natuurlijk hebben we bovendien baat van het organische voedsel dat we verbouwen.

Bevolkingsdichtheid

Aan het eind van de jaren zeventig, begin jaren tachtig had ik gedurende een periode van zeven jaar het voorrecht eenmaal per jaar naar Holland te gaan om te helpen groepsbijeenkomsten te leiden waar intensieve transformaties plaatsvonden. Bij de privé-sessies die ik in die tijd gaf, merkte ik iets heel merkwaardigs op. De cliënten (meestal Nederlanders of mensen uit andere Europese landen afkomstig) schoven hun stoel dichter naar de mijne wanneer we tegenover elkaar gingen zitten om te werken. Zonder erover na te denken schoof ik mijn stoel een stukje naar achteren. Tijdens de sessie schoven de cliënten dan weer een stukje dichterbij, en ging ik weer naar achteren. Meestal zat mijn stoel tegen het eind van de sessie tegen de muur gedrukt. Ik voelde me allerminst op mijn gemak hiermee. Zoiets had ik in Amerika nog nooit beleefd.

Door dit alles in verlegenheid gebracht begon ik de zaal van tevoren in te richten om te proberen mezelf meer ruimte te geven. Maar onvermijdelijk zat ik tegen het eind van de sessie weer tegen de muur gedrukt. Onder deze omstandigheden vond ik het erg moeilijk om te kunnen nadenken en mezelf gescheiden te houden van de cliënt. Ik begon te denken dat er werkelijk iets aan me schortte. Misschien was ik gewoon minder aardig dan deze mensen. Ik probeerde mezelf te dwingen me aan deze nieuwe grenzen aan te passen, maar dat lukte niet. Ik begon door de zaal te lopen om wat ruimte te krijgen. Dat werkte slechts voor een paar minuten, daarna volgde de cliënt me om dichter bij me te zijn.

Uiteindelijk besefte ik dat het probleem was dat mijn aura zich ongeveer een halve meter verder uitstrekte dan de hunne. Ze probeerden 'normaal' contact met me te maken, precies zoals ze met andere Europeanen deden. Toen ik de interacties tussen de auravelden begon te observeren, besefte ik dat deze mensen (met name de Nederlanders, die tegen de zee aan zaten gedrukt) hun auradimensies hadden aangepast om met elkaar samen te kunnen leven op een kleiner gebied dan waaraan ik gewoon was.

Enige jaren later ontdekte ik een groot verschil tussen de aura's van Amerikanen aan de Oostkust en aan de Westkust. Algemeen gesproken hebben mensen in New York aura's die zich niet zo ver uitbreiden als die van mensen die in zuidelijk Californië wonen. Ik vermoed dat iemand die in een groter gebied met minder mensen woont, een auraveld zal hebben dat zich verder van het lichaam uitstrekt dan iemand die in een kleiner gebied met meer mensen samenwoont. In het algemeen kan worden gezegd dat de aura's van mensen in een drukke stad kleiner zijn dan die van mensen op het platteland. De aura's van mensen in dichtbevolkte landen zijn kleiner dan die van mensen in landen die dunner zijn bevolkt.

Hier komt nog bij dat er een verschil is in de grenzen die mensen met hun auraveld met elkaar scheppen. De mensen uit het gebied van New York die aan mijn trainingen deelnamen, hadden meestal stevige grenzen om zich van anderen gescheiden te houden. Het leek wel alsof hun aura's op het zevende niveau van elkaar afketsten, zoals twee rubberballen van elkaar wegketsen. In zuidelijk Californië nam ik waar dat mensen die aan mijn trainingen deelnamen, geneigd waren hun auravelden gewoon door elkaar heen te laten vloeien zonder botsingen. Ze leken de niveaus vier tot en met zeven te laten doordringen in dezelfde ruimte, zonder elkaar echt te raken. Dus zullen mensen uit Californië, hoewel ze grotere auravelden hebben, toch dichter bij elkaar willen staan om te communiceren dan voor Newyorkers aangenaam zal zijn. De Newyorker kan de communicatie als ietwat zweverig of niet helemaal aanwezig ervaren. De Californiër kan tegelijkertijd de Oostkustbewoner als hard en stijf beleven.

Natuurlijk zijn er nog andere factoren die bij deze verschillen een rol spelen. De voornaamste is dat we graag contact hebben met mensen, door die niveaus van onze aura met elkaar te vermengen waarin we ons het meest op ons gemak voelen. Ieder van ons ontwikkelt sommige niveaus van het auraveld meer dan andere, afhankelijk van onze familie en de maatschappelijke normen waarin we zijn opgegroeid. Verschillende maatschappijen concentreren zich op specifieke waarden. Deze waarden concentreren de ontwikkeling op verschillende aspecten van de menselijke ervaring. Bijvoorbeeld, als waarheid als hoogste waarde geldt, dan zal het derde niveau van het veld een heleboel aandacht krijgen. Als liefde als de hoogste waarde wordt beschouwd, dan zal naar alle waarschijnlijkheid het vierde niveau van het veld in die maatschappij meer ontwikkeld zijn.

Natuurlijk is de ontwikkeling afhankelijk van de manier waarop iedere maatschappij die waarden tot uitdrukking brengt. Als spirituele waarden als goddelijke liefde of goddelijke wil als de hoogste beschouwd worden, zoals in sommige religieuze gemeenschappen, dan zal het auraveld van de mensen in die samenleving die waarde weerspiegelen door daarin hoger ontwikkeld te zijn. Het zesde of vijfde niveau van het veld zal dan het meest ontwikkeld zijn. Mensen uit zo'n samenleving zijn geneigd hun auravelden op die niveaus met elkaar te vermengen wanneer ze communiceren.

Europeanen zijn meestal bijzonder intellectualistisch, met een hoog ontwikkeld eerste en derde niveau, en ze verbinden zich graag op het derde niveau. Newyorkers houden van het tweede, derde en vierde niveau, maar ze vermengen ze niet graag, ze verkiezen dat hun velden op een manier koppelen die spanning veroorzaakt. Die spanning dient ervoor mensen verschillen te laten onderscheiden. Mensen uit Californië houden van het tweede en vierde niveau en vermengen graag diffuse energieën zonder al te veel verbinding en koppeling. Misschien letten deze Californiërs op gelijkheid zonder spanningen. Al deze conclusies zijn gebaseerd op [ervaringen van] mensen die mijn trainingen hebben gevolgd. Misschien vertegenwoordigen ze maar een bepaald deel van de bovengenoemde bevolkingsgroepen.

Steden

Grote steden zijn plaatsen van hoge energie met een grote verscheidenheid aan energiesoorten. Heyoan zegt dat grote steden en beschavingen plekken op aarde vormen waar enorme hoeveelheden levensenergie vanuit de kosmische ruimte opgebouwd worden. Deze energieën zijn een bron van kennis. Hij zegt dat we onbewust tot deze gebieden aangetrokken worden. Op deze plek wordt iedereen geïnspireerd om te scheppen, wat resulteert in de opkomst van een beschaving die de kennis in de opgebouwde energie van die plaats in materie vorm geeft. De geboorteplaatsen van wiskunde en taal waren eens geconcentreerd op zulke draaikolken van energie. De mensen die daarheen aangetrokken waren, werden kanalen waar doorheen deze vormen van kennis in de wereld gebracht werden.

Heyoan zegt verder:

Dus, zoals je je kunt voorstellen, zijn die enorme centra van geleerdheid die nu op aarde bestaan, plaatsen met zulke energiedraaikolken van kennis. Een van de redenen dat centra van beschaving over het oppervlak van de aarde verschuiven, is dat ze ieder de bron zijn van een bepaalde kennis [die in de energievelden wordt vastgehouden] die in een gegeven periode van de geschiedenis de voornaamste is. Dit is een van de minder bekende en een van de belangrijkste factoren in de vooruitgang van de beschaving. De wereld is geneigd zich te concentreren op de meest vooraanstaande beschaving en bemoeit zich zodoende niet met de plaats die de bron zal zijn van de volgende opkomende beschaving.

Wanneer steden creativiteit, uitvindingen en kennis brengen, produceren ze een hoop afvalmateriaal, zowel op fysiek vlak als op auraniveau. In steden leren we hoe we met elkaar moeten leven onder hoge energie. Deze hoge energie is geneigd negatieve blokken energie los te slaan die opgeruimd dienen te worden. Ongelukkigerwijs is een van de voornaamste resultaten van dit proces dat grote steden niet alleen enorme hoeveelheden energie met hogere kennis opbouwen, maar ook enorme hoeveelheden van deze negatieve of DOR-energie ophopen.

DOR, een term die door Wilhelm Reich is geijkt, staat voor dode orgone energie. DOR-energie trilt behoorlijk onder de frequentie die voor het leven nodig is en kan schadelijk zijn voor de gezondheid en het welzijn. Wanneer het dicht opeengehoopt is kan DOR gevaarlijk zijn, zelfs levensbedreigend. Het zorgt ervoor dat ziekten in de zwakste delen van het lichaam en het energieveld uitbreken. In veel grote steden doordringen deze DOR-energieën alles en dringen diep door in de aarde. Ze beïnvloeden iedereen die op zo'n plek woont, en velen moeten regelmatig even hun biezen pakken om gezond te blijven. Ik had bijvoorbeeld bijna vijftien jaar lang een healing- en opleidingscentrum in New York City. Om me te kunnen gronden in goede energie van de aarde en die ten behoeve van healing af te tappen, was het noodzakelijk door ongeveer 35 meter opgestapelde negatieve energie naar beneden te gaan die er uitzag als donker zwartgrijze slijmerigheid. Dit slijm bevindt zich overal in de bodem en rots waarop New York staat. Er zijn natuurlijk plekken waar het niet zo donker of zo dik is. Maar over het algemeen ligt het aan iedere activiteit in deze grootse stad ten grondslag. Onder het donkere slijm zijn normale zuivere aarde-energieën die nog niet aangetast zijn door de vervuilde energieën. De massa en de diepte van DOR schijnt elk jaar te groeien. *Ghostbusters II* was niet ver weg!

Ik bemerkte ook dat de luchtvervuiling in New York City elk jaar vreselijk toenam. Met elk volgend jaar kon ik de toename van de negatieve effecten zien in de patiënten die daar woonden. Elk jaar zag ik het immuniteitssysteem van mensen verder achteruitgaan vanwege de vreselijke milieuvervuiling. Het voornaamste effect dat ik zag vond in de hersenen plaats. Volgens mijn aurawaarnemingen produceren de vele hersencellen die we hebben heel minieme hoeveelheden van verscheidene stoffen die noodzakelijk zijn voor een gezond functioneren van de hersenen en het lichaam. Deze stoffen lijken zich te gedragen als activatoren om het functioneren van de orgaansystemen van het lichaam te controleren. Wat ik in de loop der jaren waarnam was een steeds verder uit balans raken van de afscheiding van deze stoffen. Het bleek dat een heel kleine afwijking in de hoeveelheid van deze stoffen en het tijdstip van hun produktie reeds een grote verstoring in het normale functioneren van de lichaamsprocessen tot gevolg had. Zelfs hoewel ik in staat was de verstoorde energieën in de hersenen weer in evenwicht te brengen, keerde de patiënt toch weer terug naar een levensenergieveld in een vervuilde omgeving dat vervolgens een gezond functioneren van de hersenen verstoorde. Niemand scheen zich helemaal bewust te zijn van wat er gaande was.

Toen begon me de algehele gezondheidstoestand van de oudere mensen die in New York City woonden op te vallen. Jarenlange blootstelling aan milieuvervuiling had van hen haar tol geëist. Ze waren heel wat minder energiek en hun velden waren heel wat meer uit balans dan de oudere mensen die ik zag die in een landelijke omgeving woonden. Ik besefte dat hoe langer deze mensen aan DOR waren blootgesteld, des te ongevoeliger ze werden. Het lijkt een beetje op een kikker in water stoppen dat je langzaam verwarmt. Hij merkt niet op dat het water heter wordt en sterft ten slotte. Aan de andere kant zou hij er direct uitspringen als je hem meteen in heet water zou hebben gestopt.

Het kiezen van een plek om te wonen
We koesteren allemaal wel een wens waar we zouden willen wonen 'als we dat maar konden'. Veel mensen wensen dat ze konden wonen op de plaats waar ze opgroeiden omdat ze zich zo innig de landschappen van hun jeugd herinneren. Ze hunkeren naar de gevoelens, aanblik, geluiden, vormen en geuren van de flora en fauna in die gebieden op aarde waar ze opgroeiden, omdat ze in hun jeugd gevoeliger waren voor hun natuurlijke omgeving. Deze herinnerde ervaringen geven gewoonlijk de verbinding tussen lichaam en geest weer die we in onze jeugd hadden en die we tijdens het proces van volwassenwording zijn kwijtgeraakt. Deze verbinding herstelt de gezonde, uitgebalanceerde ontspanningstoestand van het auraveld die healing tot stand brengt.

Anderzijds verkiezen andere mensen, met een wellicht meer verstoorde en moeilijke jeugd, zich opnieuw te vestigen in een volkomen ander klimaat en landschap. Ze vinden een nieuwe horizon bevorderlijker voor hun healing dan de oude.

Onze voorkeur over waar we willen leven staat rechtstreeks in verband met de configuratie van ons levensenergieveld die we 'normaal' noemen. We voelen ons op ons gemak met een bepaald samenstel van verschillende energietypen uit onze omgeving – de zee, de bossen of de bergen. En we kiezen de plaats waar we willen wonen hiernaar uit. We zijn ook gewend aan een bepaalde omvang van de energie en de kracht die door ons heenstroomt. Wat voor de een normaal is, kan voor de ander heel lage of ook juist veel te hoge energie zijn. We zijn gewend aan een bepaalde mate van 'openheid', met een speciale manier waarop we onze grenzen bewaken.

We kiezen onze woonplaatsen ook uit om ons normaal te helpen voelen. 'Normaal' is eigenlijk, zoals je je herinneren zult, een bepaalde ingeslepen disharmonie die we in ons veld meedragen. We zijn geneigd van een omgeving te houden die de status-quo bevestigt. Meestal houden we niet van erg veel veranderingen in ons leven. We houden er niet van wanneer iemand of iets op onze normale energieniveaus de boel in het honderd stuurt. De meeste tijd kiezen we onze leefomgeving dienovereenkomstig uit. Het helpt onze holistische leefwijze wanneer we deze keuze bewust maken. Als we werkelijk moeten verhuizen naar een nieuwe omgeving om de soort verandering tot stand te brengen die we in ons leven zouden wensen, maar die we steeds maar uitstellen, kan het een goed idee zijn te overwegen naar een heel ander gebied van het land te verhuizen. Dat werkte in elk geval voor Karen, de vrouw die, zoals je je zult herinneren, na haar operatie naar de andere kant van het land verhuisde.

De aloude kunst van 'feng shui'
'Feng shui' is de aloude Chinese kunst van het ontwerpen en scheppen van een harmonieuze omgeving. Feng shui (uitspraak: fang shjweeï) is gebaseerd op het geloof dat energiepatronen worden opgewekt en beïnvloed door alles wat we doen, opbouwen of scheppen. Het leert ons dat onze bestemming en ons leven verweven zijn met de wisselwerkingen tussen het universele energieveld en ons menselijk energieveld. Feng shui gebruikt de plaatsing van gebouwen en objecten als middel om de energieën in onze omgeving te beheren en in harmonie te brengen met onze persoonlijke energieën. Zo is het heel belangrijk waar je voordeur is geplaatst en waar die op uitkijkt. Als die tegenover een muur staat, zal die muur de natuurlijke stroom van aardenergie naar je huis blokkeren. Wanneer je altijd om die muur heen moet om je huis binnen te gaan, zal dit nog meer van je energie wegnemen en jouw natuurlijke stroom verstoren. Altijd tegen een muur aan moeten kijken wanneer je je huis nadert, blokkeert de natuurlijke energiestroom die jij met je huis verbindt wanneer je het nadert. Dit zal je relatie met je huis belemmeren en kan je zwak, verslagen en geremd doen voelen in je leven omdat je moet strijden om je plek van comfort te bereiken. Dit kan dan weer meer strijd in je leven teweegbrengen.

Volgens feng shui is het belangrijk de energetische invloed te kennen van het landschap, van de positie en stroom van water ten opzichte van je huis, van de sterren, kleuren, het weer, de dieren, vormen, ontwerpen, enzovoort.

Feng shui maakt gebruik van allerlei hulpmiddelen om een gecontroleerde energiestroom op te zetten in de ruimten waar we onze tijd doorbrengen. Het maakt bijvoorbeeld van spiegels gebruik om energie te reflecteren – een spiegel hangen aan de muur tegenover je voordeur buigt alle inkomende negatieve energie om. Het gebruikt geluiden om de energie te wijzigen of positieve energie je huis in te sturen ten behoeve van gezondheid, welzijn en voorspoed.

Feng shui kan je helpen de plaats uit te kiezen waar je je huis of kantoor wilt bouwen. Het vertelt je hoe dat neer te zetten ten opzichte van het landschap, de wegen, de buren. Het zegt je waar je je inrit kunt maken.

Er bestaan verscheidene boeken over feng shui. Voor een westerling lijken vele van de specifieke regels en principes die het onderwijst zinloos. Dit komt deels vanwege de culturele verschillen in wereldbeeld, deels omdat het een heel oude traditie is. In wat is overgeleverd kan bijgeloof volkomen zijn vermengd met wat werkelijk werkt. Maar ben je geïnteresseerd om meer gedetailleerd te weten hoe je door je huis of kantooromgeving beïnvloed wordt, neem dan een boek over feng shui ter hand en onderzoek dat.

Ik raad je aan alle informatie uit dit hoofdstuk te gebruiken om nog eens onder de loep te nemen waar je woont. Dit land [de Verenigde Staten] biedt een enorm scala aan keuzen in typen plekken om te wonen; het is mogelijk naar een plek van je keuze te verhuizen en daar ook werk te vinden als je dat wenst. Als je in een stad wilt wonen om deel te kunnen nemen aan de hoge energie die jou daar ter beschikking staat, zorg er dan voor dat je regelmatig uitstapjes naar het platteland maakt. Maak bovendien je energieveld regelmatig schoon, gebruik makend van de technieken zoals beschreven in de paragraaf over het verzorgen van je energieveld in hoofdstuk 10.

Enkele goede vragen die je jezelf kunt stellen over waar je woont:
Wat voor soort landschap kies je?
Als je niet woont in het soort landschap dat je verkiest, wat kun je er dan aan doen om daar bij gelegenheid enige tijd door te brengen?
Welk gebied van het land biedt je het soort grenzen dat je prefereert, met de bevolkingsdichtheid die je verkiest?
Waar woont het soort mensen met wie je graag omgaat?
Heb je altijd al ergens heen willen verhuizen, en heb je dat nooit gedaan?
Welke onvervulde behoefte denk je dat zo'n verhuizing zou vervullen?
Kun je deze behoefte ook vervullen waar je nu woont?
Is de behoefte in werkelijkheid iets anders?
Is blijven zitten waar je nu zit het ontlopen van iets waarvoor je bang bent om het onder ogen te zien?
Als dat zo is, onderzoek dan wat het is, zodat je bewust ervoor kunt kiezen te blijven of te verhuizen als je dat wilt.

De energieën van ruimten en voorwerpen die jouw veld omgeven en voeden

Levende ruimten
De energie van de ruimte waarin je leeft heeft grote invloed op je auraveld. Alle ruimten hebben energie. De energie van een ruimte hangt af van de vorm, de kleuren, de materialen waaruit ze is opgebouwd en de ener-

gie van de scheppers van de ruimte. Ruimten slaan de energie op van de mensen die er gebruik van maken, de energie van wat ze in die ruimte doen, en de energie waarmee ze dat doen. Al deze energieën stapelen zich in een kamer op, of ze nu gezond of ongezond zijn. Hoe meer een bepaalde ruimte met dezelfde energie gebruikt wordt, door dezelfde mensen met een speciaal doel, des te meer wordt die ruimte opgeladen met de energie van dat doel.

Ik ben er zeker van dat je het verschil in energie hebt opgemerkt tussen een bus- of treinstation en een kathedraal of tempel. Vergelijk bijvoorbeeld eens, als je in New York bent geweest, de energie op een plaats als het Port Authority-eindstation en Grand Central Station met de energie in de kathedralen St. Patrick en St. John the Divine en de Tempel Emmanuel. De energieën in de stations zijn grof, chaotisch, scherp en meestal vol donkere vervuilde wolken. Het is niet aangenaam daar lang te zijn. Het voelt zelfs gevaarlijk aan, niet vanwege de misdaad maar vanwege de verschrikkelijke hoeveelheid opgehoopte negatieve energie die er hangt en die je mogelijk in je auraveld kunt oppikken. De energieën van de kathedralen en tempels daarentegen zijn helder en van een hoge vibratie. De hogere spirituele aard van de energie in deze plaatsen beïnvloedt iedereen die er binnengaat positief.

Energieën die tijdens religieuze diensten zijn opgebouwd bevatten ook de energieën van de overtuigingen van de mensen die er bidden. Mensen die er dezelfde overtuigingen op nahouden, zullen zich erdoor gesteund voelen wanneer ze in zulke ruimten zijn, omdat ze zich in een energieveld van overtuigingen bevinden dat met het hunne overeenkomt. Maar dezelfde energieën kunnen voor iemand die er niet dezelfde geloofsovertuigingen op nahoudt, afschrikkend of verstikkend aanvoelen.

Ruimten die gebruikt worden voor stille meditatie of eenvoudige gemeenschap met God, zoals de ontmoetingshuizen van Quakers, bezitten een prachtig heldere, schone energie van erg hoge vibratie. De helderste meditatieruimte die ik ooit gezien heb is de gewijde plaats in de spirituele gemeenschap in Schotland, genaamd Findhorn. Findhorn staat bekend om haar contact tussen mens en natuur. Hier komt de gemeenschap enkele keren per dag samen om in stilte te mediteren. Met de jaren heeft er zich een prachtige schone en heldere energie opgebouwd, synchroon aan de energieën van de natuur.

De temperatuur en vochtigheidsgraad van een ruimte hebben ook invloed op je energie. Hete-luchtverwarmingssystemen verlagen de vochtigheid in de ruimte tot die van een woestijn. Het is moeilijk die op een gezonde manier te bevochtigen. Deze droge lucht maakt het auraveld een beetje bros en vatbaar voor infectie. Vloer- of plintverwarming op basis van heet water is de beste omdat die de lucht niet zo uitdroogt. Gaskachels lekken soms en bezorgen een boel schade voordat het lek gevonden is. Als je een gaskachel of -geiser hebt, laat die dan regelmatig nakijken of laat een gasdetector installeren.

. Aluminium heeft een trillingssnelheid die ver ligt onder hetgeen nodig is om menselijk leven te onderhouden. Ik zou het niet in mijn keuken of huis willen hebben. Zijplanken van aluminium op huizen of caravans vermindert de trillingssnelheid van de levensenergie in het huis of de caravan. Het laat de energie van de mensen erbinnen weglekken. Hout is erg goed verenigbaar met levensenergietrillingen en het is gezond om erin te leven. Beton heeft een neutraal effect op het auraveld. Sommige grote appartementenwoningen hebben een staalconstructie die de normale uitbreiding van het auraveld verhindert. Als de kamers van een appartement groot zijn en hoge plafonds hebben, zal het staal er waarschijnlijk weinig effect op hebben. Grote ramen brengen veel licht naar binnen dat de lucht oplaadt ten behoeve van een betere gezondheid.

Voorwerpen waarmee je leeft
Voorwerpen dragen ook energie. Ze bevatten de energie van de materialen waaruit ze samengesteld zijn, de energie die er door hun schepper (bewust of onbewust) in is gelegd, en de energie van al hun eigenaars. Als de voorwerpen antiek zijn, dragen ze de energie van alle plaatsen waar ze werden bewaard. De voorwerpen die je in een kamer plaatst brengen al deze energieën met zich om zich te voegen bij de energiesymfonie van de kamer.

Kristallen die in huis op speciale plekken worden geplaatst of neergelegd met het doel de energie van het huis vast te houden, zijn bijzonder nuttig en werken geweldig goed. Een vriend van mij heeft voor dit doel in een ceremonie enkele grote kristallen in elke kamer geplaatst. Iedere keer als ik er op bezoek ben, voelt de energie in dit huis fantastisch.

Healers zetten natuurlijke kristallen in hun healingruimte om verhoogde healingenergie in de ruimte te brengen, om hun ruimten vrij te houden van DOR, om geholpen te worden gegrond te blijven in de aarde, en om de schoonheid van de kamer te verhogen. Ze maken deze kristallen dagelijks schoon door ze in rechtstreeks zonlicht te plaatsen en door ze onder te dompelen in een badje van vier eetlepels zeezout op een liter water, ongeveer twintig minuten lang.

Verschillende soorten kristallen bezitten verschillende trillingen terwijl afzonderlijke kristallen verschillend trillen, zelfs als ze uit dezelfde mineralen zijn samengesteld. Het is belangrijk elk kristal te testen om er zeker van te zijn dat het 't werk doet waarvoor je het daar gelegd hebt. Een eenvoudige test is het kristal daar neer te leggen waar je het zou willen hebben en het daar een paar dagen te laten liggen. Als je nog steeds van de energie ervan houdt, laat het daar dan liggen zolang als je het daar prettig vindt. Als je het niet prettig vindt, verleg het dan naar een andere plek, en laat het daar dan een paar dagen liggen. Als dat niet de goede plek is, herhaal dan de hele procedure. Misschien leg je ze ten slotte buiten neer. Wat van belang is, is wat jij fijn vindt. Jij leeft ermee.

Kunst heeft een buitengewoon effect op het auraveld. Dit effect verschilt van individu tot individu enorm, maar we kunnen enkele algemeenheden zeggen over het effect ervan. Sommige kunstwerken, zoals Van Goghs *Sterrennacht*, openen het veld voor diepe persoonlijke contemplatie over de levensweg, de zielestrijd en de extase ervan. Fraaie impressionistische taferelen, zoals Monets *Waterlelies*, laden het zesde niveau van ons energieveld op en doen een ervaring van serene rust ontstaan. Rembrandt voert ons tot de hunkering naar het licht en verhoogt het wezenssterlicht van binnen. De uitmuntendheid in elk kunstwerk inspireert ons ook ons best te doen door ons veld tot meer coherentie te brengen. Een passende lijst is er een die in dezelfde frequentie trilt als het schilderij. Het schilderij heeft van zichzelf een zekere visuele volledigheid. Een verkeerde lijst maskeert het visuele potentieel van de bedoeling van de kunstenaar. Een juiste lijst is er een die ten minste overeenstemt met de intensiteit van het schilderij zonder de lijst, en ideaal gesproken iets aan het wezen van het schilderij toevoegt. Thomas Cole, de beroemde 19de-eeuwse Amerikaanse schilder, zei: 'De lijst is de ziel van het schilderij.' Hang jouw kunstwerk op om de juiste stemming te scheppen die overeenkomt met wat je wilt doen in de ruimte waar je het ziet.

Klank in je omgeving
Klank is al eeuwenlang ten behoeve van genezing in gebruik door genezers en medicijnmensen uit alle tradities en culturen. De aloude traditie van het 'chanten' (herhaald zingen), in dit land sinds de jaren zestig weer populair, verandert het auraveld zodat we in andere bewustzijnstoestanden gebracht worden. Veel hedendaagse healers gebruiken 'tonen' om het auraveld van hun cliënten te veranderen en aldus hun gezondheid te verbeteren.

Ik heb gezien dat klanken een heel sterk en direct effect hebben op het auraveld. In mijn vijftienjarige praktijk als healer in New York City heb ik het voor veel verschillende doeleinden gebruikt. Door gebruik te maken van mijn stem gaf ik rechtstreeks toon en harmonie aan het fysieke lichaam en het auraveld van mijn cliënten. Ik nam deze klanken voor iedere cliënt op, zodat ze de band met voor hun lichaam en veld specifieke genezende klanken een- of tweemaal per dag konden spelen. De cliënt hoeft de band simpelweg maar te spelen terwijl hij/zij comfortabel op bed ligt, of op de tape mediteert. Naarmate de toestand van de cliënt verbeterde, paste ik de klanktape aan met een nieuwe reeks klanken. Op deze wijze bleek de cliënt in staat veel sneller beter te worden door middel van zelfhealing thuis. Ik gebruikte verschillende tonen en tooncombinaties voor verschillende doeleinden, zoals: het kwijtraken van energieblokkades, het opladen van bepaalde gebieden van het lichaam, het schoonmaken van bepaalde energielijnen van het auraveld, het vergroten van weefselgroei, het stoppen van bloedingen, het bewegen van vloeistoffen, het uitdrijven van parasieten uit het lichaam, het doen ontploffen van de eitjes van parasieten met hun resonantiefrequentie, en het snel doen draaien en opladen van chakra's.

Door de juiste klank in een vervormd chakra te laten klinken, neemt de chakra de vorm aan die het hebben moet. Gebruik makend van HZW heb ik dit regelmatig met cliënten in mijn praktijk gedaan. Het effect is bijzonder krachtig. Omdat mijn HZW-blik zo nauwkeurig is, ben ik in staat de juiste klank te vinden, eenvoudigweg door te kijken hoe de chakra reageert op de verschillende tonen die ik produceer. Wanneer ik de juiste toon raak, gaat de chakra eenvoudig recht staan en draait op de juiste manier. Het vraagt maar een paar seconden wanneer hij eenmaal de juiste vorm en draai heeft aangenomen op het eerste niveau van het veld, voor hij op het tweede niveau van het veld de juiste kleur aanneemt. Het is verbazend hoe snel het werkt. Wanneer ik een paar minuten doorga met 'tonen' (toon en harmonie brengen) in de chakra, raakt de chakra gestabiliseerd.

De tonen die ik gebruik zijn een combinatie van vele frequenties met boventonen. We hebben nog geen frequentie-analyse gemaakt van de tonen om te ontdekken welke frequenties erbij betrokken zijn, omdat dit geavanceerde apparatuur vergt die we op dit moment nog niet in huis hebben. Ik heb deze tonen diverse malen bij verschillende mensen op band opgenomen. Meestal zijn ze hetzelfde. De noten die ik zodoende gevonden heb voor elk chakra heb ik in afbeelding 9-1 op een rij gezet.

Afbeelding 9-1 *Chakratonen*

chakra	kleur (niveau 2)	noot
7	wit	**G**
6	indigo	**D**
5	blauw	**A**
4	groen	**G**
3	geel	**F**
2	oranje	**D**
1	rood	**G** (onder midden 'C')

Iets dat ook interessant is aan dit soort 'tonen', is het onmiddellijke effect dat het heeft op het vermogen van de patiënt zich in zijn of haar geest een bepaalde kleur voor te stellen. De meeste mensen kunnen dit vrij direct. Maar als de cliënt een chakra heeft dat hypofunctioneert, zal deze niet in staat zijn de kleur op te nemen die ermee verbonden is. En de cliënt zal dan ook niet in staat zijn die kleur in zijn of haar geest voor te stellen. Bijvoorbeeld, als de derde chakra niet goed functioneert en alle andere wel, zal de cliënt alle kleuren verbonden met alle andere chakra's zich kunnen inbeelden, behalve geel dat met de derde chakra verbonden is. 'Tonen' in de derde chakra zal het weer in de goede vorm brengen. Zodra de chakra 'opstaat en draait' en de juiste kleur aanneemt, zal de cliënt weer in staat zijn zich de kleur voor te stellen.

Klank beïnvloedt niet alleen het eerste niveau van het auraveld dat de chakra vorm geeft, maar ook het tweede niveau van het veld waar de chakra's de kleuren van de regenboog hebben: rood, oranje, geel, groen, blauw, indigo en wit. Ik heb invloed op alle niveaus van het veld door 'tonen'-technieken. Het aantal niveaus dat in één keer beïnvloed wordt, is afhankelijk van het aantal boventonen die de healer in één keer kan voortbrengen. Wat mijzelf betreft heb ik ontdekt dat zodra ik probeer boventonen te krijgen om daarmee de hogere niveaus van het veld te beïnvloeden ten behoeve van een bepaald chakra, ik de lagere frequenties begin te verliezen en dus minder effect heb op de lagere niveaus van het veld. Om dit probleem op te lossen doe ik het gewoon twee keer. Ik doe de hogere niveaus van het veld voor elk chakra met een reeks hogere toonhoogten nadat ik door de chakra's ben gegaan.

Twee soorten chakra-'tonen'-tapes zijn verkrijgbaar bij de Barbara Brennan School of Healing. Op de eerste tape zijn de chakratonen met de stem geproduceerd, op de tweede zijn ze instrumentaal voortgebracht.

Een groeiend onderzoeksgebied laat zien dat klank rechtstreeks verbonden is met de schepping van vormen in de natuur. Dit onderzoeksveld wordt *cymatiek* genoemd. In zijn boek *Cymatics* toonde wijlen Dr. Hans Jening uit Bazel (Zwitserland) door middel van experimenten aan dat klank rechtstreeks verbonden is met vorm. Toen hij fijne zandkorreltjes of lycopodiumpoeder (wolfsklauw) op een metalen plaat legde en er daarna een gestage ononderbroken klankfrequentie doorheen stuurde, vormden de fijne zandkorrels of het poeder zich tot specifieke patronen. Wanneer hij de klank wijzigde, kreeg hij een ander patroon. Herhaalde hij de eerste klank, dan kreeg hij het oorspronkelijke patroon terug. Zolang hij dezelfde klank herhaalde, hield hetzelfde patroon stand; zodra hij de klank stopte, hield het patroon op en verdeelden de korreltjes zich weer langzaam volgens de zwaartekracht.

Dr. Guy Manners, een orthopedisch arts die zijn eigen kliniek heeft in Bretforton (Worcestershire, Engeland), zette dit werk van Jenning voort om te proberen driedimensionale vormen te scheppen uit klank. Om dit te bewerkstelligen gebruikten ze meerdere klankfrequenties tegelijkertijd. Twee, drie en vier gecombineerde frequenties schiepen geen driedimensionaal beeld. Maar zodra ze vijf klankfrequenties simultaan probeerden, namen de kleine deeltjes op de metalen plaat een driedimensionale vorm aan.

Dr. Manners besteedde twintig jaar onderzoek aan dit fenomeen en ontdekte de tooncombinaties die geschikt zijn voor ieder orgaan. Daarna vervaardigde hij een machine, het *Cymatics Instrument* genaamd, waarmee deze klanken kunnen worden voortgebracht ten behoeve van geneeskundige toepassing. Op dit moment zijn ze overal ter wereld in gebruik. Ik bezocht Dr. Manners in de Bretforton Hall Clinic en zag deze machines aan het werk. Ze hadden duidelijk een sterk effect op de wederopbouw van het auraveld tot zijn correcte, gezonde vorm. Dit effect zal op zijn beurt de tijd die voor healing nodig is behoorlijk bekorten.

Nu kun je inzien dat alle klanken om ons heen rechtstreeks ons auraveld beïnvloeden, of het nu muziek is, verkeerslawaai, fabriekssherrie, of de onbedorven klanken van de natuur. We zijn net begonnen te begrijpen wat de grootschalige effecten van geluid zijn op onze gezondheid en welzijn. Zelfs hoewel we dit nog niet allemaal begrijpen, is het toch belangrijk dit heel sterke effect te onderkennen en onze klankomgeving dienovereenkomstig in te richten.

Als je in een grote stad woont, neem dan alle voorzorgen die je nemen kunt om de klankvervuiling in bedwang te houden die op je afkomt. Misschien slaap je door stadsgeluiden heen, maar die beïnvloeden evengoed wel je veld. Ik raad je aan om, als dat mogelijk is, dubbelglas te nemen en dikke geluiddempende gordijnen voor je ramen te hangen. Probeer het lawaai in je kantoor zoveel als jou mogelijk is te beheersen. Als je een privé-kantoor hebt, maak dit dan geluiddicht zodat geen geluid van de rest van het kantoor of van buiten kan doordringen. Als je in een grote ruimte werkt met een hele hoop lawaai, maak je onmiddellijke omgeving dan geluidarm door het geluid er te dempen. En scherm je oren af als dat mogelijk is.

Muziek speelt een heel belangrijke rol bij gezondheid en healing. Veel healers gebruiken muziek om het auraveld te helpen kalmeren of om het juist naar hogere trillingshoogten op te voeren om daarmee de patiënt te helpen in een healingtoestand te geraken. De ruime verscheidenheid aan muziek biedt ons een brede verscheidenheid aan effecten. Muziek kan erg kalmerend en troostend werken; het veld opladen; meteen een andere bewustzijnsstaat versterken; de rationele geest opwekken. Er is een heleboel New Age-muziek verschenen die in volgorde elk chakra oplaadt en opent wanneer die wordt gespeeld. Sommige muziek is fantastisch ten behoeve van meditatie. In de trainingen gegeven door de Barbara Brennan School of Healing, gebruiken we muziek de hele tijd om studenten in andere bewustzijnstoestanden te brengen voor de healing. Zo is drummuziek heel goed om te aarden, je met aarde-energieën te verbinden, en de eerste en tweede chakra te openen. Populaire rockmuziek opent onze seksualiteit en zorgt ervoor dat het lichaam en de auravelden op een levendig, snel ritme bewegen, wat de energiestroom door het veld vergroot. Liefdesliedjes openen de vierde chakra om ons te helpen met elkaar relaties aan te gaan. De vele soorten meditatiemuziek die met synthesizers zijn gemaakt, zijn fantastisch om onze spiritualiteit op te tillen. Elk instrument kan ons door alle niveaus van menselijke ervaring heenvoeren als de musicus weet hoe dat te doen. Aan de Brennan School gebruiken we regelmatig harpmuziek om ons naar de ervaring te leiden van de essentie van onze kern.

Een regelmatig muziekmenu helpt ons gezond te blijven. De soort muziek die je verkiest is rechtstreeks verbonden met de soorten energie waaruit jouw energieveld bestaat en met welk soort persoonlijk leerproces je op dat moment bezig bent. Geef jezelf de vrije hand te kiezen welke muziek je mooi vindt, en die te gebruiken op iedere manier die je wenst. Hier ligt een hele wereld van voeding voor je open. Beroof jezelf er niet van. Als je ontdekt dat je er oude vooroordelen op nahoudt omtrent een bepaalde soort muziek, zou je die misschien eens enige tijd kunnen proberen en ondervinden wat die met je veld doet. Misschien ben je bezig iets te ontlopen. Of misschien ben je klaar met die fase van persoonlijke ontwikkeling die deze bepaalde muziek vertegenwoordigt.

Als je partner van muziek houdt die jij haat, beperk die muziek dan tot een bepaalde kamer, zodat je de keus hebt ernaar te luisteren of niet. Misschien hebben jullie twee verschillende luisterkamers nodig, zodat ieder van jullie kan spelen wat je graag wilt. Misschien houdt een van jullie twee van stilte. Onderzoek welk deel van de dag je dat wilt, en maak dan enkele afspraken in huis die ertoe kunnen bijdragen dat iedereen zijn behoeften kan vervullen. Zet als dat nodig is, meer deuren tussen de kamers in je huis. Of vraag je partner om een koptelefoon op te zetten.

Als je tieners hebt die graag harde muziek draaien, probeer dan die muziek tot hun kamer beperkt te houden door geluiddempende materialen, of vraag hun ook koptelefoons te gebruiken. Het is beter jezelf af te schermen tegen deze muziek (dit lawaai) dan om te proberen hen te veranderen. Ze hebben die muziek waarschijnlijk nodig voor hun overgang naar de volwassenheid.

Wanneer we in het proces van de menselijke groei de puberteit ingaan, beginnen zich energieën te ontplooien in ons auraveld, die we nog niet eerder ervaren hebben, althans niet in dit leven. Nieuwe intellectuele en spirituele energieën van hogere frequentie beginnen door het gehele veld te stromen. Er komen dan nieuwe energieën zowel in de hartchakra als in de seksuele chakra's. Het integreren van deze nieuwe energieën in ons veld is een ware worsteling. We maken ons niet alleen steeds meer los van onze ouders, we leren ook om met anderen contact te maken op manieren die we nog niet kennen. We voelen onszelf tamelijk kwetsbaar tegenover deze auraontplooiing, wanneer we van de ene dag op de andere verschuiven van kinderen die willen dat hun ouders voor hen zorgen, naar het verwerpen van onze ouders en naar een kalververliefdheid op iemand die we nauwelijks kennen. Als tieners gebruikten wij rockmuziek om ons door deze overgang heen te helpen. Het hielp ons ons los te maken van onze ouders door een geluidsmuur tussen hen en ons te bouwen. Rockmuziek pookt de energieën in het auraveld op die in de puberteit vrijkomen en zich ontwikkelen. Het laadt onze levenswil op, de eerste chakra, en onze seksualiteit, de tweede chakra. Het helpt ons onze afhankelijkheid van onze ouders los te koppelen en contact te maken met onze gelijken (de derde chakra). En natuurlijk, romantische zwijmelmuziek opent de hartchakra. Het verbindt ons met liefde voor degenen die door dezelfde ervaringen heengaan. Het bevrijdt ons van ouderlijk overwicht, terwijl we onze afhankelijkheid naar onze leeftijdgenoten richten. Om de vele behoeften die we als volwassenen zullen hebben te kunnen vervullen, moeten we essentiële vaardigheden cultiveren in het leggen van contacten en het samenwerken met gelijken. Als deze vaardigheden niet vóór de puberteit zijn aangeleerd, krijgen we nu een laatste duwtje om dat te doen voor we volwassen zijn. Hoezeer we als ouders ook deze herrie nu niet kunnen verdragen, eens was het ook ons symbool van het betreden van de buitenwereld.

Geef je ruimte energie met kleur
Alles wat we daarnet hebben gezegd over klank, kan ook over kleur worden gezegd. Beide worden door middel van een trillingsgolf gecreëerd en dus bezitten beide een golfstructuur en een trillingsfrequentie. Klank en gekleurd licht zijn heel verschillend. Klank is een longitudinale compressiegolf die zich voortplant door materie, zoals lucht of de muur van je huis. *Longitudinaal* betekent dat het zich langs dezelfde weg voortplant als de golfbeweging ervan. De klanken die we horen bestaan niet in een vacuüm of in de kosmische ruimte. Ze behoeven materie om overgebracht te worden. Gekleurd licht is, aan de andere kant, een elektromagnetische golf die loodrecht op haar bewegingsrichting vibreert. Het kan zich wel voortplanten door de kosmische ruimte en in een vacuüm. Beide zijn uiteindelijk manifestaties van hogere frequenties die buiten de stoffelijke wereld bestaan. Beide zijn manifestaties van het goddelijke.

Kleur is voor gezondheid van essentieel belang. We hebben alle kleuren in ons auraveld nodig. Als we zuiver zijn, worden we aangetrokken door de kleuren die we nodig hebben. Afbeelding 9-2 geeft een overzicht van de verschillende kleuren en de effecten die ze in het algemeen op je hebben. Bijvoorbeeld, de kleur rood pept onze emoties op terwijl blauw onze emoties bekoelt en kalmeert. Deze lijst kan worden gebruikt wanneer je kleuren kiest om je huis, kantoor of healingkamer mee in te richten. Wanneer je eenmaal duidelijk het doel van elke woonruimte hebt vastgesteld, kun je de kleur kiezen die dat doel ondersteunt.

Aangezien iedere ziekte verbonden is met het disfunctioneren van bepaalde chakra's en die disfunctionerende chakra door de ontbrekende kleur dient te worden gevoed, kan kleur bij de behandeling van verschillende ziekten worden gebruikt. Bijvoorbeeld, iemand die een laag functionerende schildklier heeft, heeft de kleur blauw nodig. Als de schildklier overactief is, heeft zo iemand te veel blauw en heeft hij waarschijnlijk groen nodig, wat een kleur is die in het algemeen het veld in balans brengt. Multiple sclerose-patiënten hebben rood en oranje nodig omdat hun eerste en tweede chakra het meest zijn aangetast. Alle kankerpatiënten hebben ook de kleur van de chakra nodig in het gebied waar de kanker zich in het lichaam bevindt. Bijvoorbeeld, patiënten met lever- of alvleesklierkanker hebben geel en perzikkleur nodig, respectievelijk de kleuren van de derde chakra op het tweede en vierde niveau van het veld.

Ik heb gehoord dat het blauw schilderen van de kamer

Afbeelding 9-2 *De algemene effecten van kleuren*

Rood	Vergroot je verbinding met de aarde en geeft kracht aan de fundamentele levensdrang, zoals de wil om te leven in de stoffelijke wereld. Laadt op, beschermt en schermt af. Goed voor alle organen in het gebied van de eerste chakra.
Kastanjebruin	Brengt hartstocht en wil te zamen.
Dieproze	Brengt sterke, actieve liefde voor anderen, helpt je lief te hebben. Heel heilzaam bij hart- en longklachten.
Roze	Brengt zachte, meegaande liefde voor anderen.
Perzik	Brengt een zachte, meegaande, uitstralende geest van licht.
Oranje	Laadt je seksuele energie op en verhoogt het immuunsysteem. Goed voor alle organen in het tweede chakragebied. Vergroot je ambitie.
Geel	Geeft meer mentale helderheid, een gevoel van juistheid. Goed voor alle organen in het derde chakragebied. Maakt de denkende geest schoon.
Groen	Brengt harmonie en een gevoel van volheid: ik ben oké, jij bent oké, en de wereld is oké. Goed voor alle organen verbonden met de vierde chakra, zoals het hart en de longen.
Blauw	Brengt vrede, waarheid en rustige orde. Helpt je de waarheid te spreken, verhoogt gevoeligheid, versterkt de innerlijke leraar. Goed voor alle organen in het vijfde chakragebied, zoals de schildklier. Bij spirituele chirurgie gebruikt om wonden dicht te branden.
Donker blauw	Brengt een sterk gevoel van doelgerichtheid.
Indigo	Opent spirituele waarneming, brengt gevoel van extase. Helpt je om je te verbinden met het diepere mysterie van het spirituele leven. Goed voor alle organen bij de zesde chakra.
Paars	Helpt je om je te verenigen met spiritualiteit en je daar naartoe te bewegen, brengt een gevoel van vorstelijkheid. Helpt een gevoel van leiderschap en respect te vergroten.
Zacht lila	Brengt een luchthartige houding tegenover het leven. Reinigt en zuivert binnenkomende micro-organismen, brengt een gevoel van lichtheid.
Wit	Helpt je contact te maken met je zuiverheid en doet je veld uitbreiden. Brengt spirituele expansie en verbondenheid met anderen op spiritueel niveau; geeft een uitstromende energiebeweging. Vermindert pijn. Goed voor de hersenen.
Goud	Versterkt het hogere denkvermogen, begrip van het perfecte patroon, brengt een gevoel van grote kracht. Helpt je om je met God en de spirituele kracht in je te verbinden. Versterkt elk lichaamsdeel.
Zilver	Heel sterke zuivering van micro-organismen, wordt meteen na zacht lila gebruikt om afvalstoffen op te ruimen. Helpt je om sneller vooruit te gaan en beter te communiceren. In spirituele chirurgie gebruikt om wonden dicht te branden.
Platina	Reinigt en zuivert binnenkomende micro-organismen, zelfs in hogere mate dan zilver licht.
Bruin	Versterkt een rijke verbinding met de aarde en gronding.
Zwart	Helpt je om naar binnen te keren en in je centrum te blijven. Brengt complete vrede. Als je dit goed gebruikt, helpt het je om diepe innerlijke creatieve krachten aan te boren. Brengt je naar de leegte, de bron van wemelend ongemanifesteerd leven, wachtend om geboren te worden in een verschijningsvorm. Voert je tot Genade. Goed als hulp om klaar te komen met de dood. Goed voor de genezing van botten.

van hyperactieve kinderen hun helpt om te kalmeren. Sommige psychiatrische inrichtingen schilderen de wanden blauw om de patiënten te helpen kalmeren. Ik durf te wedden dat op een dag ziekenhuizen geschilderd worden in de kleur die patiënten helpt in een helende bewustzijnstoestand te blijven. Grasgroen en roze helpen de patiënt de hartchakra te laden en in balans te brengen op het tweede en vierde niveau van het auraveld. De hartchakra is van centraal belang bij alle genezing, omdat alle helende energie door het centrum van de hartchakra heen moet op weg naar het lichaam van de ontvanger. We kunnen ook grote panelen van gekleurd glas maken met erachter een spectrale halogeenlamp, welke kan worden verplaatst van de ene kamer naar de andere wanneer die voor healing nodig is. Elk groot paneel kan worden vervaardigd van de kleur van iedere chakra, zodat het auraveld de kleur gewoon kan indrinken. Tegelijkertijd kunnen de chakratonen worden gespeeld, zodat iedere hypofunctionerende chakra zijn gezonde kegelvormige vorm kan aannemen die rechtop staat en kloksgewijs draait om de kleur te ontvangen.

Natuurlijk zijn er uitzonderingen op de kleurenlijst uit afbeelding 9-2. Je kunt heel goed iedere kleur associëren met persoonlijke pijnlijke ervaringen. In zo'n geval wordt de kleur met de ervaring verbonden en heeft dan een ander effect op jou. We houden van bepaalde kleuren en andere haten we. Onze relatie met kleuren is ook een uiting van wat er in ons energieveld omgaat. Als ons eerste en tweede chakra, rood en oranje, onvoldoende geladen zijn – wat betekent dat we onze fysieke wil-om-te-leven en onze sensualiteit hebben getemperd – willen we dat misschien zo houden. In dat geval hebben we misschien rood in ons veld nodig ten behoeve van onze emotionele en fysieke gezondheid. Maar tegelijkertijd kunnen we de versterking van deze kleuren vermijden vanwege onze persoonlijke ervaring ermee. We zullen weigeren rood en oranje te dragen omdat ze deze energieën versterken. Wanneer deze energieën in ons veld worden versterkt, brengen ze tevens alle emotionele kwesties naar boven die we mogen hebben met die aspecten van ons leven waarmee ze verbonden zijn.

Leven met geuren die fleuren
We nemen de dingen zelden op een neutrale manier waar. Verschillende beelden en geluiden maken ons gelukkig, bedroefd of boos. Bepaalde geuren kunnen sommige mensen op een positieve manier extatisch maken. Er is ook een tweerichtingsverkeer tussen deze emotionele aspecten van waarneming aan de ene kant en gedachten en herinneringen aan de andere kant: de juiste aroma's kunnen het beeld van maaltijden en wijnen die in het verleden genuttigd zijn te voorschijn toveren, en de geur van verschillende soorten wierook kan ons doen terugkeren naar de hoge geestelijke ervaring die we eens beleefden in een spiritele ceremonie waarbij ze werden gebruikt. De geur van een parfum kan ons naar de aangename herinnering voeren samen te zijn met een geliefd persoon die dat parfum gebruikte. Natuurlijke lichaamsgeuren kunnen ons in de erotische herinnering van het liefdesspel brengen. Wanneer we deze positieve emotionele toestand betreden, neemt ons auraveld de configuratie van die positieve toestand aan, en er vindt healing plaats. Dat is de kracht van aromatische healing.

Onze geurzin was een van de eerste zintuigen die we ontwikkelden in onze evolutie. Onze geurzin wordt door het olfactorische systeem opgenomen, dat het afgeeft aan de tussenhersenen bij het limbische systeem. Als resultaat daarvan is het olfactorische systeem altijd verbonden met het limbische systeem. Het limbische systeem is rechtstreeks verbonden met onze emotioneel geladen reacties, die we dierlijke instincten kunnen noemen. Deze driftgebonden handelingen – voeding, verdediging en seksueel gedrag – zijn van centraal belang voor het voortbestaan van het individu en de soort van alle mensen en heel het dierenrijk.

Honden gebruiken bijvoorbeeld de geur van angst om te overleven. Ken je de geur van angst? Sommige mensen wel. Wanneer een hond angst ruikt, reageert hij op verschillende manieren, afhankelijk van wie er bang is. Als het zijn meute is, zal hij op zijn hoede en alert zijn, zoekend naar de bron van het gevaar. Als het een vijand betreft waarop hij zich concentreert, zal hij voordeel willen hebben van de angst van zijn tegenstander en waarschijnlijk aanvallen. Reageer jij op de geur van angst? Hoe?

De aroma's die ons omgeven maken heel veel verschil in ons leven. Ik durf erom te wedden dat je de geur van je geliefde kent. Ik wed dat die geur je stemming onmiddellijk beïnvloedt. Het gebruik van geur is zo oud als de mensheid. Wierook wordt in heiligdommen gebrand om de gemeente te helpen zich in een sacrale geestestoestand te begeven. Mannen en vrouwen gebruiken sterk ruikende parfums om de persoon, die ze verlangen te ontmoeten, aan te trekken en opgewonden te maken. Bloemen lokken vogels en bijen met geur. Als je een speciale sfeer wilt scheppen in je huis, gebruik dan geur naast licht en andere effecten. Van welke geuren houd je? In wat voor stemming brengen ze je? Gebruik je verschillende geuren voor verschillende dingen? Als je dat niet doet, probeer het eens, je zult versteld staan van de kracht van het geurzintuig.

Aangezien aroma's rechtstreeks en heel snel werken om fysiologische reacties teweeg te brengen, kunnen ze helpen, mits goed gebruikt, om heel snelle healingreacties te genereren. Aromatherapie is al eeuwenlang in gebruik om te genezen. Het werd door de oude Egyptenaren ontwikkeld, en in India en China op grote schaal gebruikt. De medicijnmensen van de Amerikaanse Indianen hebben het vanaf hun grijze verleden gebruikt. Het wordt in Amerika weer meer populair. Je kunt nu aromatische essentiële oliën en aromatische plantenextracten kopen voor ongeveer ieder denkbaar doel. Er zijn aroma's om je te kalmeren en je op te fleuren, om je spieren te ontspannen of je energie te geven, of om je al dan niet op te winden. Er zijn aroma's om je naar verschillende zijnstoestanden te brengen. Er zijn verschillende aroma's om iedere chakra energie te geven en in balans te brengen. En als ze goed gemaakt zijn, werken ze allemaal.

Het is al eeuwenlang bekend dat op de huid gesmeerde olie helende energie helpt binnenkomen. Maar volgens mijn HZW-blik is er meer aan de hand dan dat – en meer dan de reactie van het limbische systeem waar we het hierboven over hadden. Het schijnt mij toe dat sommige van de aroma's die bij healing worden gebruikt, in feite aura-essenties zijn die direct het auraveld ingaan, en het de benodigde energie geven, zeer vergelijkbaar met de werking van homeopathische geneesmiddelen. Spieren ontspannen alleen al bij de aanraking van een 'kalmerende voedende stof' die erop gelegd wordt. De olie had absoluut geen tijd om door de huid of de spier te kunnen worden opgenomen. Ik kan de gekleurde energieën van de aroma's het veld zien binnengaan. In feite begint er zich meteen een gang voor de energiestroom te openen op het moment dat men naar het flesje reikt dat het extract bevat.

Ik raad dus aan dat je dit gebied op je eigen manier verkent: niet alleen voor healing, maar ook om de juiste sfeer te scheppen in je huis, kantoor of healingkamer. Zorg ervoor dat je natuurlijke geuren gebruikt die aan natuurlijke bestanddelen onttrokken zijn. Gebruik geen synthetische – die werken niet.

Een energie-wijze ruimte creëren
Een aantal dingen kun je doen om de energie in je woonruimte schoon te houden. Zorg dat er overvloedig zonlicht binnenvalt. Dat zal de levensenergie in de kamer laden en verhinderen dat dode orgone energie zich ophoopt. Als energie met lage trilling zich toch gaat ophopen in de ruimte, kun je die verwijderen door de kamer uit te roken met het branden van vlotgras of salie. Of brand een combinatie van een beetje pure graanalcohol op een kwart kopje Epsom-zout. Ik raad je aan in ruime mate planten in je kamer te houden, zodat er voortdurend een verse uitwisseling van energie tussen planten en mensen plaatsvindt. Open de ramen zo vaak mogelijk voor frisse lucht.

Zindelijkheid en orde in de ruimte houden eveneens de energie schoon. Orde is heel belangrijk om een goede positieve energie in de ruimte te handhaven. Zorg dat alle dingen hun plaats hebben zodat je makkelijk de zaak opgeruimd kunt houden. Wanorde legt een psychische rem op je systeem en zuigt je energie weg. Wanorde is een uiting van innerlijke chaos. Het vertelt je over je onafgemaakte innerlijke zaken. Als je de neiging hebt dingen te verzamelen die je niet gebruikt of die je niet echt leuk vindt, dan kun je beter eens onderzoeken waarom dat zo is, want ze zullen zeker vele andere gebieden van je leven aantasten. Orde is een goddelijk principe. Orde heeft voor ons de functie een ruimte te scheppen waarin we ons levenswerk kunnen verrichten. Orde schept een veilige ruimte waarin de creatieve krachten in ons naar buiten kunnen komen.

Een patiënte die naar me toekwam vanwege pijn in haar heup bleek niet in staat haar appartement te zuiveren van al haar oude spulletjes, waarvan haar vele door haar overleden moeder waren nagelaten. Ik gaf haar zoveel healing als ik kon, maar ik bleef maar de boodschap krijgen dat ze haar appartement moest opruimen om haar heup te genezen. De pijn in de heup was verbonden met haar onmacht oude restproblemen met haar moeder los te laten. Ze droeg een irreëel schuldgevoel hierover met zich mee. Toen ze eindelijk de onwerkelijke schuldgevoelens losliet en haar appartement opruimde, begon haar heup beter te worden. Het verbaasde mij gade te slaan dat, telkens als ze een nieuwe doos met spullen weggooide, haar heup een stuk beter werd.

Veel bouwmaterialen die in onze huizen zijn verwerkt, zijn giftig voor ons. Fluorescerende lampen (TL) slaan tegen je auraveld en zorgen ervoor dat het incoherent wordt. Ze produceren dode orgone energie die je ziek kan maken. Draai ze uit, plak een stuk plakband over de schakelaar en schaf je enkele staande lampen of tafellampen aan met gloeilampen. We voeren de lucht voortdurend met vervuilde stoffen uit ons gasfornuis en andere gastoestellen. Iedere keer wanneer iemand in zijn appartement het ongedierte verdelgt, ademt hij iets van het gif in. Zelfs de chemicaliën die gebruikt worden om openbare gelegenheden te steriliseren, zoals de toiletten in een trein, zijn ongezond om in te ademen. Zelfs wanneer vergiften in de lucht makkelijk te achterhalen zijn, dan nog verwachten we dat ons lichaam er niet op reageert wanneer we ze inademen. We wuiven het weg, alsof het iemand anders' probleem is.

Niet alleen bestaat er nu een enorme luchtvervuiling in al onze steden, maar ook dringt er een enorme hoeveelheid elektromagnetische energie in ieders woonruimte door. Dat is iets dat heel moeilijk langs natuurlijke weg valt op te merken. In zijn boek *The body electric* beschrijft Dr. Robert Becker zijn onderzoek, dat de gevolgen van deze straling op het lichaam laat zien. Dr. Becker presenteert onderzoeksresultaten die aantonen dat auto-immuunziekten – zoals leukemie en andere vormen van kanker – vaker optreden bij mensen wier huis dicht bij hoogspanningskabels staat.

We raken langzaam aan bewust van het feit dat we een heleboel moeten doen om de verspilling en vervuiling in ons leven te stoppen. De beste plek om daarmee te beginnen is thuis. Recycle alles zoveel mogelijk. Dat is werkelijk niet zo moeilijk. Ieder jaar wordt dat al beter georganiseerd. Er bestaat nu feitelijk al een grote banenmarkt in de nieuwe recycling-industrie.

Hieronder staat een aantal dingen die je kunt doen aan het wegnemen van de vervuiling van je persoonlijke ruimte:

* Woon zover mogelijk weg van hoogspanningskabels.
* Gebruik een goed bevochtigingssysteem in je huis, iets dat water de lucht in verdampt. Maak geen gebruik van ultrasone bevochtigingsapparatuur die kleine deeltjes de lucht inwerpen, waarmee ziekten worden overgedragen.
* Schaf een negatieve-ionengenerator aan.
* Filter de lucht met een luchtfilter in je huis.
* Filter je water met een goed drietraps waterfilter. Gebruik die in het hele huis. De meeste zaken in huishoudelijke artikelen leveren die nu.
* Breng, om te voorkomen dat je 's winters gebrek aan zonlicht hebt, extra lampen met spectraal licht aan, bij voorkeur halogeen. Of schaf een speciale lichtkast van 2500 lux aan. Gebruik die een uur per dag.
* Verwijder alle fluorescerende lampen of schakel ze uit.
* Als je gastoestellen hebt, zorg dan voor een gaslekdetector.

Een healingruimte creëren
Het is erg belangrijk tijdens je ziekte zorg te dragen voor de behoeften die je aan je naaste omgeving stelt. Onthoud dat je in een healingkamer bent, niet in een ziekenkamer. Hoe meer je jezelf omringt met dingen die je herinneren aan wie je werkelijk bent, des te plezieriger zal je ziekteperiode verlopen. Zorg ervoor dat de kamer waarin je bent vol van leven, plezier en vreugde is. Zorg voor elk detail van je lichamelijke behoeften, niet alleen wat betreft je lichamelijk gemak, maar ook met betrekking tot het licht in de kamer, muziek, voedsel, en favoriete voorwerpen om je heen. Hier is een lijst van dingen die je in je healingkamer kunt hebben:

* iets om alle aspecten van jezelf mee uit te drukken
* overvloedig licht, als het tenminste geen pijn doet aan je ogen
* hang figuren van gekleurd glas voor het raam
* hang kristallen voor het raam die regenboogkleuren maken als de zon erin schijnt
* je favoriete schilderijen of platen aan de muur
* bloemen en planten
* helder gekleurde stof in je lievelingskleur
* je lievelingsvoorwerpen
* je favoriete muziek binnen handbereik
* dingen die je graag eet binnen de grenzen van je dieet
* zachte dingen om aan te raken of vast te houden wanneer je je eenzaam voelt
* geuren die je behaaglijk vindt
* foto's van je vrienden en dierbaren
* frisse lucht

Zorg ervoor dat de energie van je woonruimte uitdrukt wie je bent. De energiesamenstelling van je woonruimte is heel belangrijk voor je gezondheid en welzijn. Wanneer je je meubels en je woonruimte kiest, onthoud dan dat dit alles bijdraagt aan de energie-opmaak ervan. De grootte van een vorm is van belang voor je auraveld. Ik houd bijvoorbeeld niet van lage plafonds omdat ik kan voelen hoe mijn auraveld erdoorheen gaat. Ze geven me een bedrukt gevoel. Om dezelfde reden houd ik ook van grote kamers. Gebruik alle informatie uit de voorafgaande paragrafen om je te helpen de volgende vragen over je leefruimte te beantwoorden.

Enkele goede vragen om jezelf te stellen omtrent je leefruimte zijn:

Is die comfortabel en gezellig voor je?
Houd je van de hoeveelheid licht die het heeft?
Zijn de kleuren de juiste voor jou?
Heb je planten nodig?
Brengt je ruimte alle aspecten van jezelf tot uitdrukking? Wat zou je moeten toevoegen om ze allemaal te omvatten?
Hoe drukt je ruimte je gezondheid uit?
Hoe drukt het je ziekte uit?
Wat zeggen je kasten over je psyche?
Zegt de ruimte duidelijk wie je bent, of vertegenwoordigt het een deel van je dat aandacht, zorg en liefde behoeft?
Is het geordend op de manier die je prettig vindt, of is er iets dat je al jarenlang dwars zit en dat je nog niet gerepareerd of veranderd hebt?
Heb je dingen die je niet nodig hebt of wenst en die je niet los wilt laten?
Welke andere gebieden van je leven worden hierdoor aangetast?
Wat wil je nog meer niet loslaten?
Welke angst ligt ten grondslag aan dit vasthouden?
Hoe beïnvloedt je woonruimte je relaties?
Drukt de energie van je ruimte uit wie je bent?

Hetzelfde geldt voor je werkruimte.

Enkele goede vragen om jezelf te stellen omtrent je werkruimte zijn:

Hoe ziet de energie van je werkruimte eruit?
Hoe voelt je bureau/gereedschap/apparatuur aan en hoe ziet een en ander eruit?
Hoe voelt je werkgebied aan en hoe ziet het eruit?
Heerst er orde?
Hoe drukt het uit wie je bent?
Dient het je op een goede manier?
Wat heb je nog nodig om je werk goed uit te voeren?
Drukt de energie van je werkruimte uit wie je bent?

Hoofdstuk 10

JE FYSIEKE LICHAAM ALS SPIRITUEEL LEEFGEBIED

Vanuit spiritueel perspectief is ons lichaam een voertuig waarmee we een taak uitvoeren. Wanneer we de psychische aanpassing maken ons lichaam te zien als voertuig waarmee we in de stoffelijke werkelijkheid een taak volbrengen, dan wordt het heel belangrijk op een nieuwe manier ons lichaam te verzorgen. Niet alleen willen we het lichaam gezond maken, we willen het ook heel schoon en zuiver houden zodat we in de hoogst mogelijke harmonie met de natuur en met de hoogst mogelijke gevoeligheid voor Hoger Zintuiglijke Waarneming kunnen leven. Wat we eens gezond noemden, lijkt nu misschien zo gezond niet meer. Bijvoorbeeld, het nuttigen van zware stukken vlees, suiker, en pepmiddelen als koffie stompt onze zintuigen af. De kleren die we aanhebben verhogen of vertragen de energiestroom door ons lichaam. Hygiëne wordt erg belangrijk om onze energievelden vrij van vervuiling te houden. Het kijken naar deze en nog andere gebieden verbetert niet alleen je gezondheid, maar verhoogt tevens je gevoeligheid voor je energieveld en alle energievelden om je heen.

Persoonlijke hygiëne voor het fysieke lichaam
Onthoud dat je huid het grootste uitscheidingsorgaan van je lichaam is, het is dus belangrijk het in goede werkconditie te houden. Gebruik natuurlijke niet-toxische zeep of huidreinigers die pH-neutraal zijn voor je huid. De huid heeft een natuurlijke zuurmantel die infecties helpt voorkomen. Als je zeep gebruikt die te alkalisch is, zul je de beschermende mantel verwijderen en jezelf aan indringers blootstellen. We verliezen allemaal op natuurlijke wijze de bovenlaag van onze huid wanneer de oude cellen afsterven en door nieuwe worden vervangen. Een doucheborstel helpt de oude cellen verwijderen. Als je vochtinbrengende crème of lotion voor je huid gebruikt, zorg dan dat het op natuurlijke basis is en pH-neutraal. Hetzelfde geldt voor je make-up. Gebruik geen shampoo of haarspoeling die zware resten op je haar achterlaat. Overtuig je ervan dat de produkten op natuurlijke basis en niet-toxisch zijn.

Zorg ervoor dat je tweemaal per dag je tanden poetst en flos eenmaal per dag. Gebruik natuurlijke tandpasta, of een mengsel van een deel zout op acht delen zuiveringszout.

Neem iedere twee weken een nieuwe tandenborstel of steriliseer degene die je hebt. Er zijn ook apparaatjes in de handel die tandplak verwijderen. Kom erachter welke je tandarts jou aanraadt en schaf die aan. Voor mij werken ze erg goed.

Als je te ziek bent om deze dingen zelf te doen, of als je nooit eerder natuurlijke produkten gebruikt hebt, zorg er dan voor dat iemand je ermee helpt.

Het verzorgen van je energieveld
Je energieveld heeft net als je lichaam verzorging nodig. Zoals je weet stapelt donkere gestagneerde energie zich op in het auraveld, wanneer dit niet goed functioneert. Dit gebeurt wanneer je vasthoudt aan negatieve gevoelens, wanneer je onder hoge druk staat, wanneer je uitgeput en afgedraaid bent, en soms wanneer je bent blootgesteld aan de hevige negatieve energie van anderen. Donkere wolkachtige massa's stapelen zich dan in het tweede niveau van het veld op, en zwaar taai slijm hoopt zich in het vierde niveau op. Je weet wanneer je opeengehoopte donkere wolken of zwaar slijm in je veld hebt omdat je het op verschillende manieren kunt voelen. Je voelt wellicht pijn in het gebied waar het opgestapeld is, zoals een lichte spierpijn of hoofdpijn. Je voelt je misschien sloom, moe, geïrriteerd of ziek. Zelfs kun je voelen dat je meer weegt dan normaal of dat je vergiftigd of vervuild bent. Je voelt je misschien alsof je een kou gaat pakken of bezig bent de griep te krijgen. Dit zijn allemaal signalen dat je zo snel mogelijk je veld schoon moet

maken zodat je niet ziek zult worden. Hieronder staat een aantal manieren om de donkere wolken of het slijm op te ruimen uit je veld.

Baden
Een van de beste manieren die ik ken om het veld schoon te maken is een bad nemen in zeezout en zuiveringszout. Je kunt van elk één pond in een badkuip water gebruiken. Dit is een sterke oplossing, dus neigt die je energie weg te halen. Maar als je een hoop negatieve energie opgepikt hebt of een hoop energie van lage trilling hebt opgeslagen vanwege een ziekte, dan is het een goed idee om het zo stevig aan te pakken. Zorg ervoor dat het water niet te heet is. Je zult niet zulk heet water kunnen verdragen als gewoonlijk zonder zout en soda. Als je problemen met lage bloeddruk hebt, wees dan heel voorzichtig, want het is van sommige gevallen bekend dat mensen flauwgevallen zijn in zo'n bad, iets dat je niet wilt riskeren. Als je duizelig wordt, stap dan uit het bad, en probeer het nog eens met koeler water. Week zo'n twintig minuten in het bad. Ga dan zo'n tien tot twintig minuten in direct zonlicht liggen om je veld weer op te laden. Gebruik een bescherming tegen de zon. Je zult versteld staan hoe veel schoner en helderder je je na zo'n bad voelt.

Andere badsoorten die tegenwoordig op de markt zijn kunnen ook het veld schoonmaken. Ga eens kijken bij je plaatselijke reformwinkel welke zij in hun assortiment hebben en probeer er eens een paar. Er zijn badsoorten die je oppeppen, die je doen ontspannen, en die je na een inspanning helpen het melkzuur uit je pijnlijke spieren te verwijderen.

Het is altijd fijn om muziek en kaarslicht naast je bad te hebben. Wanneer je dit doet, kun je een diepe healingtoestand bereiken en tijdens het baden enkele visualisaties doen.

Uitroken
Je kunt je veld ook schoonmaken door uitroken. Gebruik daarvoor salie, vlotgras, ceder, of een combinatie hiervan uit je reformwinkel. Laat de rook van het stokje zich eenvoudig door je auraveld verspreiden. Het zal de DOR uit je veld halen. Zorg ervoor dat je dit buitenshuis doet of met een open deur of raam. Sommige wierook maakt ook het veld schoon. Experimenteer met je favoriete stokjes.

Kristallen
Houd een schoon, helder kwartskristal in je hand, zoek de energie van lage trilling in je veld en stuur die in het kristal. Doe dit met je intentie. Dit werkt alleen als je in staat bent om al het andere volkomen buiten je denkende geest te houden terwijl je dit doet. Op het moment dat je denken en je intentie naar iets anders afdwalen, stopt het schoonmaken, en gaat de negatieve energie terug je veld in. Als je ervaring hebt met mediteren en je de energie met lage trilling in je veld kunt opsporen, zou dit je moeten lukken. Maak het kristal schoon nadat je klaar bent.

Er zijn diverse manieren om kristallen schoon te maken. De makkelijkste is ze gewoon een dagje buiten in de zon te leggen. Als je bij de zee woont, kun je ze voor een middagje of een hele dag in het zand onder het zoute water begraven. Wees voorzichtig, je kunt ze op deze manier kwijtraken. Je kunt ze een nachtje onder in een oplossing van een kwart theelepel zeezout op een halve liter bronwater laten staan. Mijn ervaring is dat al deze methoden goed werken. Ik heb gehoord dat sommige mensen ze gewoon in droog zeezout stoppen voor een dag of zo. En ik heb eens gezien hoe Marcel Vogel ze zuiverde met een stoot energie uit zijn derde oog en een mep met een goed geënergetiseerde hand. Maar dat vergt oefening!

Auraborstel
Een andere goede manier om je auraveld te verzorgen is met de simpele auraborstel. Het lijkt op je haar borstelen, maar nu borstel je je aura. Doe dit met z'n tweeën. Een van de twee gaat staan met z'n benen op schouderbreedte uiteen, armen langs de zijden en de ogen gesloten. De ander begint aan de voorkant van het lichaam. Reik met wijd gespreide vingers zover mogelijk boven het hoofd van je partner. Beeld je in dat je vingers vijftien centimeter langer worden dan ze zijn. Begin nu de verlengde vingers van beide handen als borstel te gebruiken. Maak lange ononderbroken strijkbewegingen van boven het hoofd, langs het lichaam naar beneden, helemaal tot aan de grond. Wanneer je de grond bereikt, maak de bodem van het veld dan klokvormig. Merk op dat je denkbeeldig verlengde vingers feitelijk door het fysieke lichaam heengaan. Maak één lange strijkbeweging naar beneden door het lichaam, zonder te stoppen. Onderbreek je beweging niet. Als je dat doet, begin dan opnieuw bovenaan bij het hoofd om te voorkomen dat zich energie ophoopt. Doe nu een stapje rondom het lichaam en doe hetzelfde als daarnet zodat je nu net naast de laatste beweging strijkt. Ga door tot je helemaal het lichaam rond bent geweest. Zorg ervoor dat je geen gebieden overslaat. Nu is het jouw beurt om gestreken te worden met de auraborstel. Dit heeft een fantastisch kalmerend en grondend effect. Geniet ervan!

Kleding en sieraden
Ooit weleens in je klerenkast gekeken en je had niets om aan te trekken, terwijl die helemaal vol kleren hing? Misschien heb je een kleur nodig die er niet bij hangt. Je energieveld reageert op de kleuren die je draagt. Gewoonlijk zul je de kleur willen dragen die je tekortkomt of waar je je die dag mee in evenwicht voelt. Bijvoorbeeld, wanneer je meer fysieke energie behoeft,

heb je die dag waarschijnlijk rood nodig. Echter, woede maakt het energieveld donkerrood. Als je je kwaad voelt en op je werk niet kwaad wilt zijn, kun je beter geen rood dragen. Het kan je woede juist helpen opladen. Aan de andere kant helpt rood je energieveld beschermen door negatieve energie af te weren. Het zal je ook helpen om geen negatieve energie te absorberen. Elke kleur die jij draagt (of anderen om je heen dragen), beïnvloedt je stemming. Over het algemeen werken de kleuren zoals in afbeelding 9-2 op een rij gezet (zie p. 115) ook bij kleding.

Als je ziek bent en in je pyjama zit zonder al te veel keuze in kleur, kun je nog altijd wensen dat iemand enkele van je lievelingskleren uit de kast haalt, zodat je ze kunt zien en de kleur ervan kunt indrinken. Je kunt proberen pyjama's in verschillende kleuren te krijgen. Of kies de kleur die je nodig hebt volgens het schema en zorg dat een vriend(in) een meter katoenen stof in die kleur voor je koopt. Drapeer die over je bed. Gekleurde lampen of een groot groen spotje helpen ook enorm. Bloemen zijn ook fantastisch om kleur toe te voegen aan je omgeving en die op te vrolijken.

Een healervriendin van me vertelde mij dat de toestand van een MS-patiënt van haar verbeterde nadat ze begonnen was rode sokken te dragen om daarmee haar benen energie te geven. De cliënt was er zeker van dat die rode sokken er veel mee te maken hadden.

Draag natuurlijke vezels. Ze hebben een sterk positief effect op het energieveld, verhogen en onderhouden het. Katoen, zijde en wol zijn het beste. Weefsels die uit verschillende garens bestaan zijn ook prima. Zorg er alleen voor dat er meer natuurlijke vezels in zitten dan synthetische. Het is het beste om garens te mijden die gemaakt zijn uit de bijprodukten van petroleum, vooral als je denkt dat je er gevoelig voor zou kunnen zijn. Dit zijn acryl, polyester en nylon. Deze synthetische garens belemmeren de natuurlijke energiestroom van het menselijk energieveld. Nylonkousen belemmeren heel sterk de energiestroom omhoog en omlaag door de benen en staan, naar mijn mening, in verband met vele moderne vrouwelijke ziekten. Ik raad aan dat je ze alleen draagt als dat echt nodig is. Zoek ergens zijden kousen als je kunt.

Als je juwelen of kristallen draagt, zorg er dan voor dat ze binnen het trillingsbereik liggen dat voor jouw veld gezond is. Om dit uit te testen moet je ze stevig in de palm van je hand houden en het effect voelen dat ze op je hand hebben. Voelt de energie ervan zwaar of licht aan? Scherp of zacht? Steekt het in je veld, of streelt het zachtjes over de buitenkant van je veld? Pept het je op of kalmeert het je? Laadt het je op met de soort energie die je nodig hebt, of trekt het energie bij je weg omdat de trillingen ervan te traag voor jou zijn? Onderzoek waar het 't prettigst voelt door je energie te voelen terwijl je het op verschillende plaatsen op je lichaam legt. Voel je je er behaaglijk onder? Misschien heb je een bepaalde kleur in je auraveld nodig. Vraag jezelf af voor welk doel je dit kristal draagt. Werkt het ook zo? Vraag je innerlijke leiding wat je met dit kristal behoort te doen. Herhaal deze procedure met al je kristallen en al je sieraden.

Het is mogelijk om ziek te worden wanneer je voorwerpen draagt die aan andere mensen hebben toebehoord wier energieën niet met die van jou stroken. Om dit te voorkomen kun je een oud juweel dat je gekregen of geërfd hebt, beter een week in zout water laten liggen. Gebruik vier eetlepels zeezout op een kwart liter bronwater. Laat, als dat mogelijk is, dit badje met het voorwerp in de zon staan.

De levensenergie in het voedsel dat je eet

Al het voedsel dat je eet is vervuld van levensenergie. Verschillende voedingsstoffen dragen verschillende energiecombinaties in zich. Dit betekent dat wanneer je voedsel tot je neemt, je de energie in het voedsel in je opneemt. Als dit een soort energie is die je auraveld nodig heeft, zal het je lichaam helpen en bijdragen aan je gezondheid. Als de energie in het voedsel dat je eet niet is wat je auraveld nodig heeft, dan zal het je gezondheid verstoren.

Er is nog een heleboel onderzoek nodig om op te helderen hoe de levensenergie in ons voedsel ons beïnvloedt. De twee voornaamste onderzoekers die ik ken die onderzoek hebben gedaan naar de levensenergie in ons voedsel zijn de beroemde Michio Kushi, die de macrobiotiek ontwikkeld heeft, en Dr. Hazel Parcelles, een natuurgeneeskundig arts uit Albuquerque (New Mexico), die een studie heeft gemaakt van de levensenergie in biologisch-dynamisch verbouwde groenten in vergelijking met de levensenergie in groenten die met pesticiden bespoten zijn.

De macrobiotiek verdeelt voeding in essentie in twee groepen in naar hun energie: de voedingsmiddelen die yin, of vrouwelijke energie, bevatten en de voedingsmiddelen die yang, of mannelijke energie, bevatten. Alle voedingsmiddelen kunnen worden uitgezet op een grafieklijn die de mate van yin of yang aangeeft met een neutrale waarde in het midden. Volgens de macrobiotiek hebben we een zekere combinatie van soorten voedsel nodig, gebaseerd op de energie die ze dragen. Deze combinatie varieert naar wie we zijn, het seizoen van het jaar, en de plaats waar we wonen. Macrobiotiek is nu heel populair in dit land. Ik heb heel wat mensen er beter door zien worden. Andere mensen hebben het er niet zo goed op gedaan, omdat hun lichaam er niet aan kon wennen. Het was een te drastische verandering in hun levenslange eetpatroon, of het was gewoon niet wat hun lichaam op dat moment nodig had.

Dr. Hazel Parcelles is haar leven lang al healer en is op het moment dat ik dit schrijf 103 jaar oud, en ze beoefent haar kunst nog steeds. Ze was een pionier op het gebied van het meten van de levensenergie in voedsel om te bepalen of er 'leven-ondersteunende of leven-versterkende' energiesnelheden in zaten. (Energiesnelheid betekent de frequentie van de pulseringen.) Ze bedacht een methode om de levensenergiesnelheid in voedsel te meten met een pendel. Als enig voedsel ónder de leven-ondersteunende of -versterkende snelheid bleef, adviseerde ze het niet te eten. Als het wel gegeten wordt, onttrekt het slechts energie aan het systeem.

Volgens Parcelles bestaan er twee belangrijke factoren die de levensenergie in voedsel verminderen. De eerste is vervuiling door pesticiden en zure regen. Wil voedsel gezond zijn, dan moet het een aurapuls-snelheid vasthouden die ten minste zo hoog is als de pulssnelheid van het menselijk energieveld. Vers, natuurlijk verbouwd voedsel heeft altijd een hogere energie dan dat wat met pesticiden is bespoten en vervuild. Organisch voedsel bevat de trillingspatronen van de levensenergie die we nodig hebben voor onze gezondheid. Organisch voedsel is niet alleen gezond omdat dit het normale energiepatroon van het produkt vasthoudt, maar ook omdat het een intensiteit en trillingssnelheid handhaaft die hoog genoeg is om het leven te onderhouden. Het bevat ook meer natuurlijke voedingsstoffen zoals vitaminen en mineralen.

Dr. Patrick en Gael Crystal Flanagan uit Flagstaff (Arizona) hebben vele jaren lang het effect van voedingsstoffen op het bloed waargenomen door middel van een donker-veldmicroscoop van hoge capaciteit. Ze hebben ontdekt dat organische rauwe groenten en vruchten alsook het sap ervan het bloed snel op een positieve manier beïnvloeden. Rauwe groenten en vruchten verschaffen sporen van mineralen en enzymen die krachtige bloedkatalysatoren zijn. De vloeistof in de cellen van organische groente- en fruitsoorten heeft een hoog zèta-potentieel of negatieve elektrische lading. Het zèta-potentieel is de kracht die de losheid handhaaft van de miljarden circulerende cellen die het menselijk organisme voeden. Onze bloedcellen worden erdoor in circulatie gehouden. Als het zèta-potentieel laag is, kunnen gifstoffen niet in suspensie overgaan ten behoeve van eliminatie, kunnen voedingsstoffen niet in suspensie overgaan ten behoeve van transport naar de cellen, en raakt het gehele systeem verstopt.

De Flanagans hebben ontdekt dat vergiften en vervuiling ertoe leiden dat het zèta-potentieel in het voedsel dat we eten wordt vernietigd en het daardoor erg moeilijk wordt het voor de voedingsbehoefte van het lichaam te gebruiken. Verzadigde vetten en dierlijke vetten, aangetroffen in melk en melkprodukten, aardappelchips, bewerkt voedsel en vlees, veroorzaken vaak bloedklonteringen en kleverigheid. Dit belemmert de mobiliteit van het bloed en het vermogen om voedingsstoffen naar de cellen te transporteren. Het weerhoudt het lichaam er bovendien van vergiften uit te stoten.

Bepaalde positief geladen ionen, zoals het aluminiumion, zijn uitzonderlijk vernietigend voor de balans van het biologisch-colloïdaal systeem. Dit is de reden waarom we geen aluminium pannen zouden moeten gebruiken bij het koken. We moeten zorgvuldig alle aluminiumhoudende produkten weren, zoals antaciden (middel tegen maagzuur), bakpoeders en deodorants.

Pesticiden verlagen niet alleen de trillingssnelheid van het produkt tot beneden wat het leven onderhoudt, ze misvormen ook het energieveld van het produkt en veranderen daardoor de aard ervan. Hoe meer pesticiden in voedsel worden aangetroffen, des te meer het energieveld van het voedsel is verstoord en verzwakt. Parcelles heeft een methode om de effecten op te heffen van de negatieve energie van gifstoffen die achterblijven in onbewerkt voedsel, zoals groenten, fruit en eieren. De formule mag absurd lijken omdat ze zo simpel is, maar ze herstelt het oorspronkelijke patroon en de intensiteit van het levensenergieveld van het produkt. Het werkt met groenten, vruchten, hele granen en rauwe eieren. Het werkt niet met voedsel waarvan het energieveld niet meer intact is, zoals vlees, kip, bewerkt voedsel, gemalen graan of zuivelprodukten.

Vul gewoon je gootsteen met koud water. Voeg een theelepel Clorox (bleekmiddel) toe. Het moet pure Clorox zijn, zonder toevoegsels (niet nieuw en verbeterd met speciale geurtjes of zoiets). Leg alle tuinprodukten en eieren die je van de kruidenier meegenomen hebt twintig minuten in de gootsteen te weken. Spoel alles na twintig minuten met koud water schoon en je bent klaar. Stop het daarna zoals gewoonlijk in de koelkast.

Dr. Parcelles vertelt dat de tweede belangrijke factor waardoor voedsel zijn energie kwijtraakt bederf is. Als voedsel bederft, verliest het zijn frequentiesnelheid en trilt dan op een frequentie lager dan het leven. Als je zulk voedsel eet, zal het gewoon de trillingssnelheid van je veld naar beneden brengen. Je veld zal dan de verlaagde frequentie moeten aanvullen door energie te onttrekken aan een andere bron, zoals de spijsverteringsorganen, of ze als afgewerkte energie afdanken. Het is beter geen bedorven voedsel te eten. Zorg ervoor dat je voedsel vers is. Het doorkoken van voedsel vermindert ook de levensenergie ervan. Het is dus het beste om licht gestoomde in plaats van volkomen doorgekookte groenten te gebruiken.

Er zijn nog andere zaken die de energie in voedsel aantasten. Bijvoorbeeld, wanneer dieren met grote angst zijn geslacht, draagt hun aura de energiesamenstelling van angst. De angstaura, die grijswit is met scherpe punten, wordt dan opgenomen door de personen die het vlees eten. Ze moeten dan de energie van de angst uit hun veld opruimen. Vanuit mijn perspectief bezien is dit een van de redenen waarom rabbi's een ritueel doen voor ze vee slachten voor koosjer vlees.

Om de energie in vlees schoon en gesynchroniseerd met de energie van de aarde te houden, namen de Amerikaanse Indianen alleen het vlees dat ze nodig hadden om te eten. Dat deden ze met eerbied en dankbaarheid. Ze vroegen in een ceremonie om toestemming de voeding te ontvangen van de dieren die op het punt stonden gejaagd en gedood te worden. Door dit te doen handhaafden ze holografisch de verbinding van het vierde niveau met de dieren, die zij als gelijke bewoners van de aarde zagen. In die ceremonie is er erkenning voor het feit dat op een dag ook die persoon geconsumeerd kan worden om andere levensvormen te voeden en zo de grote levenscyclus in stand te houden van leven dat leven eet om in leven te blijven. Dit was een manier om binnen het goddelijke patroon van Gods wil te blijven.

Synthetische vitaminen en mineralen hebben niet het normale energieveld van natuurlijke vitaminen en mineralen die je energieveld nodig heeft. Daarom zal het innemen van synthetische vitaminen en mineralen niet noodzakelijkerwijs geven wat je energieveld nodig heeft.

Medicijnen worden niet vervaardigd met het energieveld in gedachten. Vele ervan veroorzaken sterke negatieve bijwerkingen in het veld, zoals het verminderen of wijzigen van de normale trillingsniveaus die nodig zijn om gezond te blijven. Homeopathische middelen zijn aan de andere kant energiemedicijnen en die werken direct door het veld heen in op het fysieke lichaam. Hoe hoger de potentie, des te hoger het auraveld dat ze beïnvloeden.

Je eetgewoonten en je aura

Eet wanneer je honger hebt. Wanneer een veld niet alle soorten energie ontvangt die het nodig heeft, of wanneer er geen voedsel beschikbaar is, raakt het energieveld heel uitgeput. Hoe langer de honger duurt, des te uitgeputter het veld raakt. Het veld raakt op die gebieden uitgeput waar die bepaalde energieën ontbreken en waar het al verzwakt is. Een van de moeilijkste dingen bij het healen van rugklachten is te voorkomen dat de blessure opnieuw ontstaat. Zo'n hernieuwde blessure ontstaat altijd wanneer de cliënt hongerig is. Ik vroeg cliënten met rugklachten om steeds een klein zakje met verse noten en rozijnen bij zich te hebben naar het werk. Iedere keer als ze laat waren voor een maaltijd, konden ze toch eten om hun bloedsuikerspiegel hoog te houden. Dan kregen ze geen nieuw letsel. Hun bloedsuikerniveau bleek de sterkte van hun spieren te beïnvloeden en ook hun besef wat voor hen fysiek goed was om te doen en wat niet.

Overeten kan er anderzijds ook voor zorgen dat de trillingen van het veld afnemen, zodat de persoon in kwestie in een depressie raakt. De aura van iemand die zich overeet ziet er donker en slijmerig uit en zit vol vergiften.

Wanneer je niet drinkt wanneer je daaraan behoefte hebt, gaat je energieveld zich samentrekken. Na een lange tijd van dorst, gaat het bros worden. Als je dorst aanhoudt en uitdroging begint, zal je auraveld gaan versplinteren.

Schenk aandacht aan je voedsel wanneer je het eet, en zorg dat het er aantrekkelijk uitziet. Geef jezelf voldoende tijd om te eten. Kauw je eten goed. Het is buitengewoon belangrijk dat je geen stressige ontmoeting hebt terwijl je eet. Stress beïnvloedt meteen de derde chakra door die te sluiten of aan te draaien. De derde chakra voert de levensenergie naar je spijsverteringsorganen. Onthoud dat het voedsel je cellen gaat voeden en dat het jou wordt als het eenmaal in je lichaam zit.

Doe een kleine meditatie voor je gaat eten, waarbij je je handen boven je voedsel houdt om het energie te geven en ermee te synchroniseren. Visualiseer hoe het je zal voeden. Dank ervoor. Volg je voedsel dan, terwijl je eet, helemaal door je spijsverteringskanaal je cellen in. Dat zal je helpen het te waarderen.

Algemene richtlijnen voor goede voeding
Iedereen heeft een menu nodig dat speciaal voor hem of haar geschikt is. Dit menu zal met de seizoenen en mettertijd wisselen. Als je enige spijsverteringsproblemen hebt zoals ingewandengassen, laat jezelf dan alsjeblieft onderzoeken voor welke stoffen je allergisch bent of welke spijsverteringsorganen niet goed functioneren. Uitputting, duizeligheid, het onvermogen om helder te denken, en zelfs ruggegraatverschuivingen kunnen allemaal verband houden met voedselallergieën. Opgeblazenheid na de maaltijd is heel algemeen in dit land voor mensen van middelbare leeftijd; dit duidt vaak op het onvermogen van het lichaam om koolhydraten en polysacchariden (meervoudige suikers) te verteren. Veel ziekten, zoals de ziekte van Crohn, dikke-darmontsteking (colitis ulcerosa), uitstulpingen aan de darmwand (diverticulitis), coeliakie (spijsverteringsziekte), fibrose aan de blaas, en chronische diarree, zijn genezen of verlicht door middel van een dieet met een laag of specifiek koolhydraatgehalte.

Als je in goede gezondheid bent, werkt je menu waarschijnlijk goed voor je. Ik aarzel om enig specifiek dieet aan te raden, omdat ieders behoeften zo individueel zijn. Toch staan hieronder enkele goede algemene richtlijnen voor een gezonde manier van eten.

Eet alleen organisch voedsel

Het energieveld van organisch voedsel is sterker en heeft een trillingssnelheid die hoog genoeg is om het leven te onderhouden en te versterken. Als je dit niet kunt krijgen, gebruik dan de schoonmaakmethode van Dr. Parcelles om de oorspronkelijke energiepatronen te herstellen. Kies onbewerkt voedsel uit. Als je voorverpakt voedsel koopt, lees dan het etiket om uit te vinden wat eraan toegevoegd kan zijn in het bewerkingsproces. Drink alleen vers bronwater, in glazen flessen, of schaf een heel goed drinkwater-filtersysteem aan.

Wat we eten

Je menu zou hoofdzakelijk uit hele granen, salade en verse organische seizoengroenten moeten bestaan. Dat betekent meer knolgroenten in de winter om je te synchroniseren met winter-aarde-energieën. Je kunt ook verse vis eten, organisch mager vlees zoals kippe- en kalkoeneborst, en sommige andere vleessoorten zoals lamsvlees, afhankelijk van de behoeften van je lichaam. Zorg ervoor dat je koud geperste oliën met meervoudig onverzadigde vetzuren over je sla giet. Sommige studies hebben aangetoond dat bepaalde oliën, zoals levertraan en lijnzaadolie, het cholesterolgehalte in het bloed reduceren. Ze bevatten ook veel vitamine A. Misschien wil je ze in je menu opnemen.

Stoom of rooster je voedsel wanneer dat mogelijk is. Of eet het rauw.

Kies verse hele granen boven brood en pasta. Hele granen houden de levensenergie veel langer vast dan bloem. Het mengen van granen, mout, maïs en bonen om alle proteïnen binnen te krijgen is goed. Gedroogde bonen moeten langzaam en goed gekookt worden zodat ze makkelijker te verteren zijn. Veel mensen hebben er moeite mee om sojabonen te verteren. Als je gassig wordt van het eten van bonen, betekent dit dat je het voedsel niet volkomen verteerd hebt. Gooi ze uit je menu totdat je sterker bent. Probeer eens tofu. Dat is al voor een deel voor je verteerd.

Koop alleen verse noten en bewaar ze in de koelkast. Als ze ranzig worden, zijn ze erg moeilijk te verteren en is het beter ze maar niet te eten. Onthoud dat noten een hoog oliegehalte hebben, wees er dus zeker van dat ze goed voor je zijn. Eet er niet te veel van.

Wat we niet eten

Laat alle voedsel staan dat conserveermiddelen of andere chemische toevoegsels bevat, omdat de trillingssnelheid hiervan het leven niet ondersteunt. Houd je menu spaarzaam wat voedingsstoffen betreft die vet, cholesterol, suiker, zout en zuivel bevatten; spaarzaam in zuurhoudende voeding zoals tomaten; en spaarzaam in voedsel dat opwekkende middelen bevat zoals koffie en chocola. Melkprodukten en soms tarwe hebben de neiging slijm in het systeem te produceren. Ik raad je aan je inname van zuivelprodukten te beperken tot heel weinig of niets. Er zijn tegenwoordig tal van niet-vette zuivelprodukten met verlaagd lactosegehalte op de markt. Misschien wil je die eens proberen. Veel mensen reageren negatief op nachtschaden, zoals aubergine en groene paprika.

Eet geen platvis zoals tong of bot, of soorten die vervuild zijn. Elk jaar raakt weer andere vis in andere gebieden van de wereldzeeën op andere manieren vervuild. Vraag, om op de hoogte te blijven, aan de mensen van je reformwinkel wat je veilig eten kunt, of verifieer het bij regeringsinstanties.

Lees de etiketten

Op ieder pakje eetwaar moet staan wat je nu eigenlijk koopt. Doe dit vooral in de reformwinkel bij eetwaren die beweren proteïnesnacks te zijn. De meeste zijn dat in werkelijkheid niet. Het is een New Age-manier om onze inname van zoetigheid te ontkennen. Het meeste van die spullen is echt gewoon New Age-junkfood.

Let op de verdeling van je inname van calorieën

Schaf je een van de vele op de markt zijnde kleine boekjes aan die de hoeveelheid calorieën en cholesterol en de verschillende soorten vet in de verschillende voedingswaren laten zien. Gebruik het als een handleiding waarmee je het voedsel kiest dat je eten wilt. Er is ook een aantal goede boeken die menu's aanreiken met een uitgebalanceerde verhouding van proteïnen, vruchten, groenten, koolhydraten en vet. Ze geven zelfs specifieke maaltijdoverzichten en recepten. Lees de etiketten van het voedsel dat je koopt om de grammen proteïnen, koolhydraten, vetten en cholesterol vast te stellen. Als het etiket je niet vertelt wat je weten moet, zul je dat produkt misschien liever niet willen kopen. Veel etiketten zijn behoorlijk misleidend omdat ze willen verkopen.

Voedselcombinaties

Sommige voedselcombinaties zijn voor je lichaam makkelijker te verteren. Moeilijk te verteren voedsel blijft in je systeem zitten en stort vergiften in je lichaam. Slijm in het spijsverteringsstelsel bestaat uit lange ketens van onverteerde proteïnen. Als je simpele richtlijnen volgt in het mengen van voeding volgens het spijsverteringsproces, zal je lichaam ze makkelijker kunnen verteren. Granen en groenten combineren goed. Over het algemeen kunnen we zeggen dat zetmeel en groenten ook goed samengaan. Dat geldt ook voor proteïnen en groenten, zoals vlees en groenten, of noten en groenten. Olie en bladgroente, of olie en zure of halfzure vruchten verteren ook goed samen. Maar olie met zoete vruchten zoals bananen of dadels gaan niet goed samen. Onthoud dat olie de spijsvertering vertraagt. Dingen die moeilijk samen zijn te verteren zijn: proteïnen en zetmeel (vlees en aardappelen), olie en zetmeel of fruit en zetmeel. Eet meloen apart en wacht een paar uur voordat je iets anders eet. Elke soort fruit is een prima tussendoortje. Fruit eet je het best apart, zoals ook vruchtesappen. Als je 's morgens sap drinkt, drink het dan meteen na het opstaan. Wacht een halfuur tot een uur en ontbijt dan pas.

De wateren des levens drinken

Water is bijzonder belangrijk voor onze gezondheid. Water is de drager van alle voedingsstoffen naar de cellen, inclusief zuurstof. We kunnen zelfs niet eens ademen zonder water. De menselijke hersenen bestaan voor meer dan 90 procent uit water, en het lichaam voor ten minste 70 procent. Zelfs onze botten bevatten nog 60 procent water. Aangezien ons lichaam grotendeels uit water is opgebouwd, heeft het soort water dat we drinken een diepgaande invloed op ons welzijn. Er bestaan verscheidene plaatsen op aarde die een 'speciaal water' bezitten waar de mensen honderd jaar of ouder worden. De Flanagans hebben ontdekt dat dit speciale water vol zit met natuurlijke colloïdale minerale klusters die in suspensie overgaan door een elektrische lading of zètapotentieel. Dit verandert de oppervlaktespanning van het water en maakt het tot een beter oplossings- en bevochtigingsmiddel. Het is het oplossend vermogen van het water dat het in staat stelt zijn functie in het levend organisme te vervullen. Bepaalde mineralen in dit speciale water veranderen in feite de structuur ervan, zodat het heel erg lijkt op het water dat in cellen van levende vruchten en groenten wordt aangetroffen.

Aluminiumzout wordt gebruikt om organische colloïden te doen neerslaan of stollen uit de watervoorraden van vele gemeentelijke installaties. Vrije aluminiumionen worden soms aangetroffen in stadswater uit de kraan. Deze aluminium-ionen neutraliseren het zètapotentieel in het water en maken het als drinkwater bijzonder ongezond, omdat dit het vermogen van ons bloed vermindert om voedingsstoffen naar en vergiften uit de cellen te transporteren. Daarom is het belangrijk om vers bronwater te drinken, of water dat is gedestilleerd of door een omgekeerd osmosesysteem is gegaan.

Vitaminen en mineralen

Neem alleen natuurlijke vitaminen en mineralen. Zij dragen natuurlijke aarde-energie. Veel mensen vertonen sterk negatieve reacties op sommige vitaminen die ze innemen omdat ze gevoelig zijn voor de bindmiddelen waarmee vitaminen gemaakt worden. Als je menu goed is, heb je ze waarschijnlijk niet nodig. Wees je bewust van de veranderingen in je lichaam vanwege stress wanneer je je normale dagprogramma afwerkt. Er zijn momenten dat je ze nodig hebt en momenten dat je ze niet nodig hebt. Als je voedsel nuttigt dat op zwakke grond gegroeid is, heb je misschien vitaminen nodig om de tekorten in je voeding aan te vullen. Als je werkzaam bent in de gezondheidszorg en je veel persoonlijk contact hebt met zieke mensen, moet je je menu aanvullen met vitaminen en mineralen. Zorg ervoor dat je een goed natuurlijk multimineraal/vitamineprodukt krijgt en dat je extra hoeveelheden calcium, kalium, magnesium en vitamine C inneemt. Neem vloeibaar calcium zodat het in de maag verteerd wordt in plaats van in de lagere ingewanden. Neem nooit vitamine C zonder tegelijk vitamine A en E te nemen. Zoals steeds hangt de hoeveelheid af van je lichaam. Het zeewier dat tegenwoordig op de markt is, is een heel goede bron van mineralen en vitaminen.

De Flanagans hebben ontdekt dat alle natuurlijke rauwe vegetarische eetwaren meer dan twee keer zoveel magnesium als calcium bevatten. Daar bovenop bevatten ze ook ten minste vijf keer zoveel kalium als natrium. Het natrium/kalium-evenwicht controleert de mobiliteit van het bloed via elektrisch geladen evenwicht, terwijl het magnesium/calcium-evenwicht de uitstoot van hormonen beïnvloedt die het transport van deze ionen in en uit de botten en zachte weefsels controleren. Deze hormonen kunnen rechtstreeks de bloedbalans beïnvloeden. De Flanagans verklaren dat een overmaat aan magnesium helpt om calcium uit zacht weefsel naar de botten te voeren waar het thuishoort. Wanneer calcium in overmaat aanwezig is ten opzichte van magnesium, komen er hormonen vrij die calcium aan de botten onttrekken en naar het zachte weefsel voeren waar de overmaat aan calcium-ionen de cellen vernietigt. Dit heb ik jarenlang in het lichaam van mijn cliënten waargenomen. Ik was zo verheugd dat het nu wetenschappelijk bewezen was dat ik het even wilde noemen.

Het is belangrijk om je extra voedingsstoffen gelijkmatig over de tijd verdeeld in te nemen, om ze effectief te doen zijn. Neem daarom niet al je vitaminen tegelijk in; verspreid ze liever, zodat je bloedspiegels de hele dag door op een gezond niveau kunnen worden gehandhaafd.

Stel je eigen speciale menu samen

Als je een ernstige ziekte hebt, moet een belangrijk deel van je healingplan bestaan uit het plannen van je menu. Welk dieet goed voor je is hangt af van wat je klacht is en welke behandelingswijze je gekozen hebt. Sommige artsen en healers zijn niet doorkneed in dietgenezing. Als de jouwe dat niet zijn, zoek dan iemand die in diëten is gespecialiseerd om in je healingteam te komen werken. Overtuig je ervan dat ze iets weten over de energie in voedsel en voedselevenwicht, alsook van de fysieke voedingswaarde ervan. Werk openlijk met je arts, je healer en je andere geneeskundigen. Sommige diëtisten wijzigen je dieet van week tot week of van maand tot maand, afhankelijk van je vooruitgang. Het voedsel dat je eet dien je niet alleen op specifieke manieren overeenkomstig je conditie te voeden, maar het dient ook voor je systeem makkelijk te verteren te zijn. Het zal heel waarschijnlijk belangrijk zijn om je inname van proteïne, vet en koolhydraten te reguleren, alsook die van zout, zoetigheid en pepmiddelen. Misschien moet je alles eerst gekookt hebben om je spijsvertering te helpen. Onthoud dat je nog steeds manieren moet kunnen vinden om de dingen te kiezen die je lekker vindt, waar je dieet ook uit bestaat.

Macrobiotiek is tegenwoordig welbekend. Zoals eerder gezegd, ik heb gezien dat het voor veel mensen die het volgen heel goed werkt. Anderen waren er niet bij gebaat. Sommige van de macrobiotische basisprincipes van het uitbalanceren van voeding zijn erg belangrijk. Ik heb gezien hoe macrobiotische diëten het energieveld heel netjes schoonmaakten. Als je een of andere bestralingsbehandeling ondergaat overweeg dan eens op macrobiotiek over te gaan. Volgens Michio en Aveline Kushi is macrobiotiek heel effectief in het genezen van bestralingsziekten. In zijn boek *Macrobiotisch Dieet* legt Michio Kushi uit:

> Tijdens het atoombombardement op Nagasaki in 1945 was Tatsuichiro Akizuki, M.D., directeur van de afdeling Interne Geneeskunde aan het Sint-Franciscusziekenhuis in Nagasaki. De meeste patiënten in het ziekenhuis, dat ongeveer anderhalve kilometer van het centrum van de inslag gelegen was, overleefden de eerste gevolgen van de bom, maar vertoonden spoedig daarna de symptomen van bestralingsziekte vanwege de radioactiviteit die was vrijgekomen. Dr. Akizuki gaf zijn staf en patiënten een strikt macrobiotisch dieet van bruine rijst, miso en tamari-sojasaussoep, wakame en andere zeegroenten, Hokkaido-pompoen, en zeezout, en hij verbood de consumptie van suiker en zoetigheid. Als resultaat daarvan redde hij iedereen in het ziekenhuis het leven, terwijl vele andere overlevenden in de stad stierven aan bestralingsziekten.

Ook andere healingdiëten – zoals het Pitkin-dieet en Dr. Ann Wigmores diëten – hebben zieke mensen geholpen. Ik heb gezien hoe veel mensen enorm geholpen waren met een proteïnerijk dieet dat door biochemici voor hen was samengesteld. Het *Een leven lang fit*-dieet, wat onder andere in de morgen een heleboel fruit bevat, heeft veel mensen geholpen gewicht te verliezen, zich lichter, gezonder en energieker te voelen. Maar de toestand van anderen, die candida hadden (een schimmelinfectie), verslechterde juist vanwege het hoge gehalte aan vruchtensuikers (fructose) in dat dieet. Zie de bibliografie achterin voor boeken over deze diëten. Sta ervoor open om te onderzoeken, maar schenk er aandacht aan hoe het dieet voor jou valt.

Sommige geneeskundigen raden speciale vormen van vasten, schoonmaakdiëten of speciale purgeermiddelen als klysma's en darm- of leverspoelingen aan, om het systeem schoon te maken. Dit is effectief wanneer het met zorg wordt gehanteerd, en met inachtneming van je lichaam en wat het verdragen kan. Als je wilt vasten, zorg dan dat je enige begeleiding krijgt over welke type vasten goed voor jou is. Doe het niet zonder te weten hoe het moet, omdat je jezelf ermee kunt beschadigen.

Terwijl klysma's en darmspoelingen een snelle schoonmaak bieden van de gifstoffen in het lichaam, wassen ze ook je natuurlijke spijsverteringssappen weg, die je zult moeten vervangen. Als je te veel klysma's en dergelijke neemt kun je verzwakken. Neem geen doorspoelingen op eigen houtje. Als je doorspoelingen doet, heb je een deskundige nodig die je hele programma begeleidt. Het is het beste wanneer dat deel van het doorspoelapparaat dat bij jou naar binnen gaat, nooit eerder gebruikt is geweest. Als dat niet zo is, koop dan dat deel alleen voor je eigen gebruik. Ik heb sommige patiënten enorm zien opknappen na doorspoelingen en anderen zien verzwakken doordat ze er te veel namen. Als je allergisch bent voor koffie, neem dan geen koffieklysma; gebruik in plaats daarvan zuiver water. Koffie kan je lichaam stuiptrekkingen geven. Als je niet allergisch bent voor koffie, kun je je er anderzijds heel erg schoon en high van voelen.

Als je eenmaal precies weet wat voor jou goed is om te eten, kun je daarna de 'Algemene richtlijnen voor goede voeding' gebruiken die hierboven staan, om het voedsel te kiezen waarmee dat dieet kan worden samengesteld.

Energieoefeningen voor al je lichamen

Studies hebben aangetoond dat wanneer je lichaamsoefeningen doet, je niet alleen het proces van verouderen vertraagt, maar het zelfs kan omkeren. Het is nooit te laat ermee te beginnen. Onlangs stond er in *Time*-magazine een foto van een tachtigjarige grootmoeder die met karate was begonnen en binnen zo'n twee jaar een zwarte band had gehaald.

De Amerikaanse Hartstichting raadt aan minimaal driemaal per week een aerobic-achtige oefening te doen van ten minste twintig minuten. Je kunt dan opwerken naar vijf keer per week als je dat wilt. Met *aerobic* bedoelen ze elke activiteit die grote spiergroepen oefent om voor een periode van vijftien minuten of langer continu een verhoogde hartslagsnelheid van 60 tot 65 procent van de maximale hartslag vast te houden. Je maximum hartslag is het absolute vermogen van je hart om te kloppen. Natuurlijk zul je niet op die snelheid willen oefenen omdat dit je hart ernstig forceren kan, misschien zelfs tot de dood erop volgt. Je kunt jouw maximale hartslagsnelheid bepalen door je leeftijd af te trekken van het getal 220. Deze oefeningen omvatten aerobic-training of -dansen, wandelen, fietsen, zwemmen, roeien, touwtjespringen, en cross-country-skiën. Aerobic-oefeningen houden je bloedsomloopsysteem sterk, doen gewoonlijk niet aan spierontwikkeling en helpen je evenmin gewicht te verliezen. Je begint pas gewicht te verliezen als de periode van twintig minuten overschreden wordt. Daarvoor moet je dus langer doorgaan. Om spieren te ontwikkelen moet je op andere manieren oefenen. Onderzoek hoe dat moet bij een plaatselijke sportvereniging.

De beste manier om gewicht te verliezen is oefeningen te doen en goed te eten, zoals beschreven in de passages over voeding. Studies hebben aangetoond dat het om af te vallen veel beter is oefeningen te doen en te eten dan om je voedselinname drastisch te beperken.

Yoga is heel goed voor het lichaam en voor alle niveaus

van het auraveld, wanneer het met een goede instructeur wordt beoefend. Het helpt een sterke verbinding tussen lichaam en geest te bewerkstelligen en brengt een grote hoeveelheid kalm stromende energie in je systeem. Sommige van de houdingen zijn ontworpen om de acupunctuur-meridianen in balans te brengen en te laden. Je zult het misschien nodig hebben het aan te vullen met de aerobic-training voor je hart.

Regelmatig zwemmen, dansen en aerobic-oefeningen laden het eerste niveau van het veld tamelijk goed op, vooropgesteld dat alle delen van het lichaam aandacht krijgen. Oefenmachines zoals de Nautilus, zullen de spiersterkte verhogen van het eerste niveau van het veld en een beetje de sterkte van de organen, maar doen dat niet zo goed als snelle bewegingsoefeningen.

Voor de niveaus één tot en met drie van je auraveld – de energielichamen verbonden met de stoffelijke wereld – bieden tai chi en chi gong balans, lading en kracht aan het veld op deze niveaus. Als het op de juiste manier volgens individuele behoeften gebeurt, kunnen ze alle delen van het lichaam versterken en gezond maken. Tai chi en chi gong zijn fantastisch om je energie te verhogen, de verbinding tussen lichaam en geest te verstevigen, en je gronding te vergroten. Ik denk dat zulke milde vechtkunsten de beste soort lichaam-geesttraining vormen die er zijn, mits de instructeurs goed zijn opgeleid. Tai chi en chi gong kunnen nog meer niveaus versterken, afhankelijk van hoe goed er op de verbinding tussen lichaam en geest wordt gelet. Als ze met meditatie worden beoefend, kunnen ze de hogere niveaus versterken. Al deze oefeningen worden met specifieke ademhalingstechnieken gecombineerd die het auraveld laden en in harmonie brengen.

Oefening: energie-uitwisseling
De volgende oefening voor energieuitwisseling heeft een fantastisch effect op het vierde niveau van het veld. Deze oefeningen worden met een partner gedaan. Zet muziek op waar je van houdt, en ga met de gezichten naar elkaar toe staan. Begin, samen met je partner, je handpalmen omhoog te houden, rakelings maar niet elkaar rakend. Beweeg nu op de muziek, waarbij je je handpalmen blijft synchroniseren. Merk op hoe makkelijk dat na enige oefening gaat. Wanneer het makkelijk gaat, probeer het dan met gesloten ogen. Ga door met bewegen op de muziek. Je zult er wellicht versteld van staan hoe makkelijk het is je met de energie van iemand anders te synchroniseren. Als jullie eenmaal gesynchroniseerd zijn, open dan je ogen weer.

Richt nu iets van je aandacht op jezelf. Hoe gaat je dit af? Wat doe je met je energieveld om dit mogelijk te maken? Zoek naar bepaalde gevoelens in je veld zodat je zult weten hoe je deze toestand van gemeenschap later terug kunt krijgen. Doe deze oefening met een andere partner. Waarin verschilt dit? En waarin komt het overeen? Ga door voor hoelang je wilt. Probeer dezelfde oefening zonder muziek. Hoe bevalt dit je nu? Wanneer je eenmaal gewend bent geraakt aan de toestand van gemeenschap, kun je die goed in andere situaties toepassen. Probeer het bijvoorbeeld toe te passen als iemand je hulp inroept of als je op het punt staat met iemand ruzie te krijgen.

Ademhalen en lichaamsoefening
Via beheerste ademhaling kunnen we de energiestroom door ons lichaam en auraveld reguleren en richten. Iedere goede oefening houdt ook adembeheersing in.

Healers ademen sterk en diep om hun energie en kracht te vergroten ten behoeve van een healing.

Veel mensen in onze cultuur ademen niet erg diep en gebruiken alleen maar de bovenkant van hun borstkas daarvoor. Dit maakt het energieveld zwakker dan het zou kunnen zijn. Kinderen halen automatisch diep adem naar het middenrif, maar we beginnen onze adem af te snijden wanneer we onze gevoelens blokkeren. De beste manier om gevoelens te stoppen en onszelf te verdoven is onze adem in te houden of onze ademhaling te temperen. De longen worden met vrijheid in verband gebracht. Als we onze ademhaling temperen of onze borstkas laten invallen, voelen we droefheid. Ons oppervlakkige ademen in deze cultuur is verbonden met ons gevoel dat we verstrikt zijn in een wereld die we niet beheersen kunnen en waarin we ons erg onveilig en onvervuld voelen.

Volledig en diep ademen met ons middenrif helpt ons de kracht te vinden onze vrijheid terug te winnen en draagt ertoe bij afstand te doen van de geest van angst die ons allemaal in dit nucleaire tijdperk in de greep houdt.

Hier volgt een eenvoudige ademhalingsoefening: ga staan met gebogen knieën, voeten op schouderbreedte uiteen, zodat je knieën boven je voeten hangen; of ga rechtop in een stoel zitten, waarbij alleen je onderrug steun krijgt. Ontspan je. Houd met je rechterwijsvinger je linkerneusgat dicht. Haal diep adem door je rechterneusgat. Houd je adem vast, sluit je rechterneusgat met je rechterduim. Adem nu uit door je linkerneusgat. Adem dan in door je linkerneusgat. Houd je adem vast. Sluit je linkerneusgat met je rechterwijsvinger. Laat je rechterneusgat los en adem uit. Herhaal deze manier van ademhalen terwijl je je middenrif naar beneden duwt zodat je lagere onderbuik tegen je borst drukt. Vul je hele borstkas met lucht. Nu kun je er bij iedere in- en uitademing een simpele mantra aan toevoegen als je daarvoor kiest: vrijheid, kracht, gezondheid. Wanneer je gewend raakt aan het gevoel van diep ademen, kun je het op ieder moment door beide neusgaten tegelijk doen. Hopelijk wordt het een gezonde gewoonte van je.

In de vechtkunst is de richting van de kracht en de sterkte altijd de richting van de energiestroom. Een hevige uitbarsting van energie, gericht op de tegenstander, wordt altijd vergezeld van een grote naar buiten gestuwde ademstoot en een luide schreeuw.

Vechtkunst, waarbij twee mensen op elkaars energieveld inwerken, zal het vierde niveau van het auraveld laden en verstevigen: het niveau van relaties. Echter, de beste lichamelijke oefening die ik bedenken kan om het vierde niveau van je auraveld te verstevigen is: dansen. Dansen wordt altijd in relatie gedaan – als het niet tot een ander mens is dan toch tot de muziek zelf!

Het vijfde, zesde en zevende niveau van het veld zijn de energielichamen, verbonden met de spirituele wereld. Deze niveaus worden geladen, in balans gebracht en versterkt door het doen van speciale oefeningen, zoals kundalini-yoga en kriya-yoga die yogahoudingen combineren met de 'adem van vuur'. Het is werkelijk het beste dit alleen van een goede instructeur te leren.

'Adem van vuur' is een soort snelle hijg-en-puf-adem die het middenrif als pomp gebruikt. Het laadt de aura heel krachtig en heel snel op. De laatste adem wordt diep ingehaald, vastgehouden en daarna langzaam losgelaten. Door dit in verschillende yogaposities te doen laadt de beoefenaar eerst het veld en stuurt dan de energie precies naar de plek waar die nodig is.

We hebben allemaal lichaamsbeweging nodig, zelfs als we ziek zijn. Een patiënt van mij die jarenlang grotendeels bedlegerig was als gevolg van letsel aan de ruggegraat, kon slechts korte stukjes lopen met een stok of met hulp. Ze werd hier zo moe van dat ze iemand, die honden uitliet, inhuurde om met haar uit te gaan. Eerst ging dat maar een heel klein stukje. Nu loopt ze enkele malen rondom het huizenblok. Dit verbeterde haar gezondheid zozeer dat ze niet langer een rolstoel nodig heeft.

Wat je conditie ook is, zorg ervoor dat je de lichaamsbeweging krijgt die je aankunt. Dat is heel belangrijk. Als je te ziek bent om veel te doen, doe dan een beetje. O. Carl Simonton, M.D., raadt in zijn boek *The healing journey* een reeks bewegingsoefeningen in bed aan. Ik raad deze ook bijzonder aan. Kies jouw soort van oefening; of vind zo mogelijk iemand die veel weet van oefeningen en laat hem/haar er een paar speciaal voor jou in jouw toestand ontwerpen. Er bestaan vormen van tai chi en chi gong die speciaal met het oog op genezing ontworpen zijn. Ze zijn ontworpen om iedere acupunctuurmeridiaan te openen. Laat, zo mogelijk, een goede tai chileraar bij je thuis komen die speciaal met jou aan de slag gaat. Een klein ommetje zal een heleboel goed doen. Als het warm is, ga dan naar buiten in de zon en zorg dat je wat frisse lucht binnenkrijgt. Naarmate je herstelt, zul je steeds verder kunnen lopen. Uiteindelijk kun je jezelf opwerken tot een goede kwieke wandeling van een halfuur tot een uur.

Slaap en rust

Wanneer je moe wordt, krimpt je auraveld en wordt het dof. De kleuren vervagen. De anders normaliter mooie, heldere lichtstralen van de zes niveaus stromen nu alle kanten op, nemen af en kwijnen weg. Hoe langer je zonder rust doorgaat, des te meer vervallen je veld eruit gaat zien. Hoe eerder je rust neemt als je moe wordt, des te sneller je aura zijn normale volheid, helderheid, glans en vorm herkrijgt.

Sommige mensen hebben zo'n negen tot tien uur rust nodig, andere acht, weer andere minder. Over het algemeen hebben we naarmate we ouder worden minder rust nodig. Er zijn mensen die hun rust in één keer achter elkaar nodig hebben, of die juist behoefte hebben aan vaker een kleinere hoeveelheid. Andere mensen zijn nachtbrakers of juist vroege vogels.

Wanneer en hoeveel rust je nodig hebt, verschilt van persoon tot persoon. Het is een goed idee te luisteren naar wat je lichaam wenst en te proberen daarnaar te luisteren. In de ongeveer vijftien jaar dat ik een healingpraktijk had, worstelde ik met dit probleem. Ik ontdekte dat ik tussen 1.30 en 2.45 uur 's middags uitzonderlijk moe werd. Het was heel moeilijk om in die tijd healingen te geven. Ik besefte dat het voor mij gewoon niet werkte – dus veranderde ik mijn dagindeling. Aangezien ik een ochtendmens ben, begon ik vroeg. Ik gaf tussen 8.00 uur 's morgens en 1.00 uur 's middags vier healingen. Daarna at ik van 1.00 tot 1.30 uur, sliep van 1.30 tot 2.45 uur, en gaf dan weer healingen van 3.00 tot 5.00 of 6.00 uur 's middags. Het kostte me om 1.30 uur maar een paar minuten om in slaap te vallen. Iedere keer zag ik mezelf een wit licht binnengaan. Ik werd dan klokke 2.45 uur wakker en voelde me klaar voor een hele nieuwe dag! Het leek alsof ik twee dagen in één had, en dat werkte voor mij heel erg goed.

Er zijn geen regels hoe jij zou moeten slapen – behalve dan: rust wanneer je moe bent en luister naar het ritme van je lichaam. Experimenteer met wat voor jou werkt en probeer het een tijdje uit. Je zult verbaasd zijn over hoeveel meer energie je dan ter beschikking hebt. Hanteer je rustschema niet rigide over een lange tijdsspanne, omdat het veranderen zal. Ga gewoon met de stroom mee die je aura helder en opgeladen houdt.

Hoe je tijd te gebruiken

Hoe jij je tijd dagelijks en wekelijks doorbrengt, is van groot belang voor je lichamelijke, emotionele, mentale en spirituele welzijn. Onthoud dat ieder niveau van je auraveld correspondeert met specifieke aspecten van je leven. De enige manier om je veld gezond en opgeladen te houden is ieder levensaspect tijd en aandacht te geven. Je bent misschien niet in staat aan alle aspecten van je leven evenveel tijd te geven. Maar zorg ervoor dat je ten minste enige uren per week aan alle aspecten te zamen geeft. Dingen die in je tijdsindeling moeten worden opgenomen zijn: tijd alleen voor jezelf, voor je partner, je gezin en je vrienden, je werk en sociale leven, en je ontspanning. Als je de neiging hebt aan een van deze aspecten meer tijd te besteden ten koste van de andere, deel dan de vergeten activiteiten in je agenda in. Als je het type van de workaholic bent, zorg er dan voor dat je, even grondig als je je werktijd indeelt, tijd indeelt voor jezelf alleen en tijd met je partner. Geef er voldoende tijd aan om ieder aspect van je leven te ontplooien teneinde ieder aspect van je auraveld te ontwikkelen. Laten we ze nog eens even nalopen.

Besteed tijd aan het doen van lichamelijke activiteiten en lichaamsbeweging en eet goed, om je fysieke lichaam en je eerste niveau van je veld in goede conditie te houden.

De manier om je tweede niveau gezond te houden is jezelf lief te hebben. Besteed er tijd aan jezelf liefdevolle zorg te geven en doe alles wat je fijn vindt om te doen. Je hebt tijd voor jezelf nodig, ten minste één uur per dag of één dag per week die gewijd is aan jou en aan wat jij graag doet. Dat betekent dat je die dag voor jezelf zorgt, en niet voor iemand anders. Speel je favoriete spelletjes of draai je lievelingsmuziek. Bezoek de mensen met wie je graag omgaat, of wees alleen, aan jou de keus. Doe de dingen waarvoor je jezelf nog nooit eerder de tijd hebt gegund.

Besteed, om je derde niveau gezond te houden, er tijd aan je denkvermogen te gebruiken. Lees boeken, los problemen op, schep nieuwe ideeën.

Je vierde niveau kan gezond worden gehouden door een goed functionerende intieme relatie en ondersteunende vriendschappen te onderhouden.

De hoogste drie niveaus van je veld kunnen gezond worden gehouden door het doen van spirituele oefeningen die goed voor je zijn, zoals meditatie, gebed, werken met de goddelijke wil en diepe contemplatie.

Ook als je ziek bent, kun je nog steeds op alle zeven gebieden van je leven actief blijven. Natuurlijk, het zal anders zijn dan wat je als normaal beschouwt. In feite zul je waarschijnlijk meer tijd kunnen wijden aan de spirituele aspecten van het leven. Dit is van groot nut voor je genezing. Bij een ziekte vinden de paar grootste veranderingen in tijdsindeling plaats bij je werk en je relaties. De tijd die je eens besteedde aan je werk of aan het verzorgen van je gezin, wordt nu besteed aan het verzorgen van jezelf. Dit kan aanvankelijk heel vreeemd lijken als je er niet aan gewend bent. Het kan je vooral moeilijk vallen als je een groot deel van je leven besteed hebt aan je werk, en als werken een van de belangrijkste manieren is waarop jij je goed kunt voelen over jezelf.

Je hebt je identiteit misschien aan je werk ontleend. Opeens ben je daarin niet actief meer. Dit zal aanvankelijk heel bedreigend voor je kunnen zijn. Zorg ervoor dat je deze gevoelens de tijd en de ruimte geeft. Mediteer er zelf over, en praat erover met vrienden. Vertel hun precies op welke manier jij je bedreigd voelt, en ze zullen in staat zijn je te helpen. Onthoud dat jij altijd belangrijker bent, hoe belangrijk je werk ook is. Naargelang je beter leert die identiteit af te leggen voor de periode die je ziekte vraagt, zul je diepere gebieden van jezelf ontdekken die in je drukke bestaan waren weggedrukt en die je misschien lange tijd niet bent tegengekomen. Je eerste zakenopdracht is: zorg voor jezelf. Probeer dat eens een poosje – je komt er misschien achter dat je het leuk vindt! Wat je werkkwaliteiten ook mogen zijn, ze komen nu ook goed van pas, omdat je wat je op je werkterrein geleerd hebt, kunt toepassen in je nieuwe project: jezelf genezen. Bijvoorbeeld, als je een manager bent, zul je in staat zijn je organisatietalenten aan te wenden om je healingteam te organiseren en je healingplan op te zetten. Anderzijds kan het ook goed voor je zijn dit helemaal los te laten en het aan iemand anders over te laten.

Je zult ontdekken dat je levensritme tijdens je ziekte verandert. Wanneer je gezond bent, vloeit je levensritme op een manier die je voor jou als normaal beschouwt. De meeste dagen word je bijvoorbeeld op een regelmatige tijd wakker en op een ander tijdstip slaperig – zeg, midden op de dag. Je gaat misschien vroeg naar bed, of misschien ben je een nachtuil. Misschien krijg je op gezette tijden tijdens de dag honger en eet je bepaalde afgemeten maaltijden waarvan je denkt dat het gezond en natuurlijk is. Waarschijnlijk doe je graag wat lichaamsbeweging op een bepaald tijdstip van de dag en niet op een ander.

Raak niet in paniek wanneer dit alles verandert. Probeer jezelf niet tot het oude ritme te dwingen en keer er evenmin naar terug. Dat is niet gezond. Je bent op weg naar andere gezonde ritmecycli. Je eetlust zal veranderen, je slaapuren zullen veranderen. Je gaat misschien zelfs slapen op tijdstippen waarop je dat altijd gewild had maar waarop je moest werken. Je hebt misschien meer energie wanneer andere mensen indutten, of omgekeerd. Nu is het gezonde ritme voor jou datgene wat je lichaam aangeeft. Nu is het de tijd om gewoon met de nieuwe healingritmes van je lichaam mee te gaan. Uiteindelijk zullen ze bezinken tot wat je normaal noemt. Je hebt gewoon een beetje aanpassing en gewenning nodig. Je ritme kan misschien nooit meer terugkeren tot wat je gezond en normaal noemde voordat je ziek werd. Dat is prima. Je zult het nieuwe ritme waarschijnlijk prettiger vinden.

Enkele goede vragen om jezelf te stellen over het verzorgen van je lichaam en je auraveld zijn:

Moet ik enkele van mijn gewoonten betreffende mijn persoonlijke hygiëne verbeteren?

Welk soort lichaamsbeweging is voor mij de beste?

Welk soort dieet is voor mij de beste?

Wat voor kleren en sieraden zijn nu het geschiktst voor mij?

Welke kleuren moet ik nu dragen, mijn stemmingen en

mijn gezondheidstoestand in aanmerking genomen?
Is mijn dieet het juiste voor mij?
Sla ik acht op de levensenergie in de voeding die ik kies?
Is mijn tijdsindeling voor mij de beste?

Hoofdstuk 11

JEZELF MET LIEFDE GENEZEN DOOR JE PERFECTIONISME OP TE GEVEN

Je bent je eigen voornaamste healer. Een van de krachtigste wegen van zelfgenezing is het aangaan van een positieve gevoelsrelatie met jezelf. De meesten van ons hebben op dit gebied nog heel wat werk te doen. We willen onszelf gewoon niet accepteren zoals we zijn. Bijvoorbeeld, een schuldgevoel is niets anders dan de verwerping van de toestand waarin we onszelf op dit moment bevinden, wat aangeeft dat we onwillig zijn onszelf te aanvaarden zoals we nu zijn. Dat wil zeggen: als we ons schuldig voelen over iets dat we hebben gedaan of nagelaten, dan zijn we ofwel bezig iets uit te stellen om het recht te zetten, zijn we het nog aan het verwerken, ofwel hebben we de keus gemaakt onszelf met schuldgevoel te straffen omdat onze daden niet onze integriteit tot uitdrukking brachten. Het is eenvoudiger ons ergens schuldig over te voelen dan om te doen wat we moeten doen om onze integriteit te bewaren. We zijn bang voor alles wat we doen moeten. Het is makkelijker ons schuldig te voelen dan om onze angst onder ogen te zien. Onze schuld bedekt onze angst, maar die leidt tot zelfverwerping. We verkiezen zelfverwerping boven angst.

Het meest epidemische gezondheidsprobleem dat we hebben is zelfhaat. Ik besef dat dit ongehoord klinkt, vooral voor iemand die geen zelfhaat heeft gevoeld of die in ontkenning verkeert. Maar iedere keer wanneer je iemand dieper leert kennen, vind je een kern van zelfhaat in hem of haar die heel diep gaat.

Liever dan het zelfhaat te noemen gebruiken we de term *laag gevoel van eigenwaarde*. In iedereen is een voortdurende strijd gaande rondom eigenwaarde, die de zelfhaat verhult. De strijd om de eigenwaarde stopt zelden. Iedereen probeert op een bepaalde manier speciaal te zijn om daarmee zijn eigenwaarde te bewijzen. Het hoeft niet bewust te zijn, maar het toont zich in het gedrag, zowel door minder als door meer te presteren. Er zijn mensen die zich harder inspannen en er zijn er die zich nergens druk om maken. We zitten in een vicieuze cirkel. We spannen ons in, of we spannen ons overduidelijk niet in, om te bewijzen dat we wat waard zijn volgens een stel normen die we eens voor onszelf in onze jeugd hebben opgesteld. Maar wanneer we de doelen bereiken die in deze normen zijn neergelegd, leggen we ze gewoon naast ons neer en jagen weer andere na.

We baseren ons gevoel van eigenwaarde op wat we van onszelf verwachten. We eisen een onmogelijke perfectie van onszelf. Daarna beoordelen en verwerpen we onszelf wanneer we niet aan die perfectie beantwoorden. We eisen een lijst prestaties van onszelf waar geen einde aan komt. Een geleverde prestatie negeren we en achten we van weinig waarde. We richten onmiddellijk onze aandacht op de volgende horde die we nemen moeten. We gunnen ons geen tijd om de prestatie te laten bezinken of om onszelf te feliciteren met wat we hebben volbracht, of met wat we geworden zijn door onze inspanningen en worstelingen. We geven onszelf niet de geschenken die wij hebben verworven of aan anderen gegeven hebben. Vraag healers maar eens een vergelijking te maken tussen het aantal zelfhealingen en het aantal healingen dat ze anderen gegeven hebben. Vraag musici maar eens of ze naar hun eigen muziek kunnen luisteren en ervan genieten zonder te gaan zitten oordelen.

Geen wonder dat er mensen zijn die niet eens proberen iets te bereiken. Ze zien de gekte in van het hele systeem, en daarom weigeren ze het mee te spelen. Ongelukkig genoeg doden ze in dit proces hun eigen creativiteit, geest, levensenergie, en soms hun lichaam.

Er zijn twee niveaus van oorzaken aan te wijzen onder al dit streven of niet-streven. Het ene is het niveau van de psychische oorzaak, het andere is de diepere, spirituele oorzaak.

De oorzaak van zelfhaat op het psychische niveau

Op het psychische niveau is de oorzaak van zelfhaat zelfverraad, iets dat voor ons meestal al in de vroege jeugd begint. Vanaf de tijd dat we kleine kinderen waren, hadden we een hekel aan onszelf als we niet konden doen wat we dachten dat we moesten kunnen doen, of dat nu iets was waartoe we zelf het initiatief genomen hadden, of iets dat ons gevraagd was door een ouder, leraar of een andere gezagdrager. Onthoud dat we kleine kinderen waren. We hadden erg weinig besef van wat mogelijk was.

Wat we weten is dat we, als alle kinderen, geboren werden met onvoorwaardelijke liefde voor iedereen om ons heen. We willen dat iedereen om ons heen gelukkig en liefdevol is. We verwachten onvoorwaardelijke liefde van de mensen om ons heen. Jammer genoeg gebeurt het maar zelden op deze manier. Hieronder volgt wat er in plaats daarvan gebeurt.

Wanneer we zien hoe andere mensen in ons leven – bijna allemaal zijn ze groter dan wij – hun negatieve gevoelens uiten, maakt dit ons bang. Veel volwassenen overweldigen ons wanneer zij kwaad zijn of wanneer wij onze negatieve gevoelens uiten. Dit gebeurt zelfs als we een heel goede reden hebben voor onze negatieve gevoelens, die echt onze reactie op een nare situatie tot uitdrukking brengen. Als klein kind voelt die overweldiging werkelijk levensbedreigend, dus onderdrukken we onze gerechtvaardigde reactie op een benarde levenssituatie.

Naast het onderdrukken van gerechtvaardigde negatieve reacties weten we niet op welke manier we om dienen te gaan met het feit dat mensen in ons gezin niet altijd liefdevol zijn naar elkaar en dat ze angst en haat uiten. Dus doen we wat logisch is – voor een kind. We proberen de wonden te laten verdwijnen en te zorgen dat alles weer koek en ei is. We ontkennen onze eigen gevoelens, en verraden onszelf daarbij.

Natuurlijk is het een onmogelijke taak op deze manier voor iedereen te zorgen. Maar dat houdt ons niet tegen. Hoe meer we proberen dingen glad te strijken en de negatieve gevoelens in onszelf en anderen ontkennen, des te minder zijn we trouw aan onszelf en onze oorspronkelijke impuls van onvoorwaardelijke liefde. Hoe harder we proberen alles in orde te maken, des te hulpelozer we ons voelen, en des te meer we een bedrieger worden – verradend wie we werkelijk zijn. Daaronder proberen we de liefde te krijgen die we verwachtten. Hoe meer we proberen die liefde te krijgen en daarin niet slagen, des te meer we ervan overtuigd raken dat we niet het liefhebben waard zijn, en des te minder we in staat zijn van onszelf te houden. (Zie de ontwikkeling van het maskerzelf, beschreven in hoofdstuk 1.)

Er zit nog een tweede stuk aan deze vicieuze cirkel dat de zaak alleen maar erger maakt. Wanneer we, als kleine kinderen, wel succes hebben, en lof en hulp krijgen bij hoe we nog beter kunnen slagen, voelen we van binnen dat er iets mis is omdat we nog steeds de liefde niet ontvangen hebben die we wensten. In plaats daarvan kregen we lof. Lof en liefde zijn niet hetzelfde. Dus proberen we het nog harder. Iedere keer dat we deze vicieuze cirkel doorlopen, succes hebben en meer lof oogsten, bewijst deze opeenvolging eens te meer dat er iets aan ons schort.

En dat niet alleen, op het moment dat we werkelijk succes hebben in het 'goed-zijn' en een beloning krijgen – zelfs al bestaat die uit liefde en erkenning – dan is het nog het bedriegerkind en niet het werkelijke kind van binnen dat de liefde krijgt. Het echte innerlijke kind is bedekt door de bedrieger. Aangezien de bedrieger het lekkers krijgt, wordt daar eens te meer mee bewezen dat het echte innerlijke kind geen liefde waardig is.

Telkens wanneer we er als kinderen in slagen goed te zijn, krijgen we ergens in onze psyche de boodschap dat ons 'ware zelf' niet beminnelijk is. We hebben liefde nodig en kunnen geen liefde krijgen. Via dit proces leren we nooit hoe we van onszelf moeten houden. Integendeel, we vergeten wie we zijn. Onze ware behoefte om erkenning en liefde te krijgen voor wie het 'echte innerlijke kind' is – en niet wat de bedrieger doet – wordt nooit vervuld. Deze pijnlijke cirkel gaat in de volwassenheid door.

De oorzaak van zelfhaat op het spirituele niveau

De tweede oorzaak van zelfhaat is in feite dezelfde als de psychische, maar kan in ons spirituele leven worden aangetroffen. Als je dit boek leest, ben je waarschijnlijk bewust een of ander spiritueel pad aan het bewandelen. Soms maakt het feit dat je op zo'n pad bent het alleen maar moeilijker jezelf te aanvaarden, omdat veel van de inspanningen in je leven erop gericht zijn helderheid over jezelf te verkrijgen, jezelf te begrijpen en te verbeteren. Daarom ben je je waarschijnlijk veel meer van je imperfecties en de wijze waarop je negatieve ervaringen in je leven schept bewust, dan je was voordat je actief aan je spirituele werk begon. Nogmaals, het is moeilijk om van binnen zowel onvolmaaktheden te ontdekken als jezelf te accepteren.

Er is een tweede aspect van het spirituele werk dat de imperfecties van het stoffelijke bestaan moeilijk te accepteren maakt. Wanneer we spiritueel aan het werk zijn, bewegen we ons voortdurend van het ene niveau van bewustzijn naar het andere. Op de hogere niveaus is dit werk vol licht en zaligheid. Maar wanneer we weer naar beneden gaan, naar het stoffelijke niveau, en proberen wat we ervaren hebben te integreren, wordt het soms nog moeilijker de onvolmaaktheden van ons mens-zijn te aanvaarden. Het is heel moeilijk in een stoffelijke, eindige werkelijkheid te leven en tegelijkertijd te weten dat onze grotere werkelijkheid oneindig is. Het is heel moeilijk onze angst te voelen en op een hoger niveau te weten dat er geen reden tot angst is, verwarring te voelen in ons denken en op een hoger niveau van ons wezen te weten dat we helderheid en licht zijn.

Ook de spirituele leringen zelf kunnen het ons moeilijk maken onszelf te accepteren en lief te hebben. Soms lijken ze paradoxaal. Het is moeilijk te horen vertellen dat we onszelf moeten bevrijden van de gevangenis van ons mens-zijn en tegelijkertijd de menselijke situatie dienen te vertrouwen. Het is moeilijk te horen vertellen dat de materiële wereld een uiting is van het goddelijke, in feite goddelijk *is*, en hier evengoed de chaos, woede en haat in te zien. Het is moeilijk te horen vertellen dat we, om spiritueler te worden, de stof moeten vergeestelijken en dat de enige manier om dat te doen is de materiële wereld te accepteren zoals ze is. En het is bijzonder moeilijk de fundamentele dualistische aard van onze stoffelijke wereld te aanvaarden, en toch te proberen aan die dualiteit te ontstijgen in een staat van eenheid ermee.

De weg daar naartoe loopt via zelfliefde en via het aanvaarden van het universum en van ons leven zoals het is, in de wetenschap dat er altijd en overal leiding en bescherming is en er altijd een hogere reden bestaat voor alles wat er gebeurt. En wanneer deze brede aanblik van aanvaarding is geïncorporeerd in je bewustzijn en in je bewuste leven, zul je merken dat je vooruitgang inderdaad heel snel gaat.

Het healingproces kan vanuit spiritueel gezichtspunt moeilijker lijken omdat het niet rationeel lijkt. Ons wordt door onze gidsen verteld dat we geestelijke lichtwezens zijn, en toch voelen we ons gevangen in een lichaam dat vol pijn en ziekte kan zitten. We krijgen te horen dat we deze pijn en ziekte met liefde dienen te accepteren zoals ze zijn, en met liefde dienen te aanvaarden dat we ze gecreëerd hebben, en zelfs liefdevol te aanvaarden hoe we ze hebben geschapen. Dat betekent uit de ontkenning stappen dat het bestaat en dat het een reden heeft; onszelf als scheppers ervan liefhebben en aanvaarden; en alle gedachten en daden accepteren waarmee we het schiepen. Als we dat doen, betekent dit dat we de verdere creatie van de ziekte aanvaarden.

Zelfs hoewel het er op het eerste gezicht misschien op lijkt, houd dan toch alsjeblieft het volgende in de gaten: *Acceptatie betekent niet overgave aan de ziekte of het ziekteproces. Het betekent heel diep ons leven en onszelf vertrouwen, liefhebben en accepteren, wat er ook gebeurt.* Het betekent werkelijk het diepere zelf leren kennen, ermee samensmelten, je ermee vereenzelvigen, en zijn goddelijkheid ontdekken. Door dat te doen ontdekken we dat het gezonde lichaam een uiting is van dat diepere zelf. We ontdekken dat op de plek waar de ziekte in ons lichaam zit, we daar onze diepere goddelijke zelf niet hebben toegestaan zichzelf uit te drukken. Dat is de plek waar we verward waren tussen het ware zelf en de bedrieger, en waar we de bedrieger hebben toegestaan te heersen. Het is de plek waar we de vicieuze cirkel van zelfhaat hebben toegestaan rond te draaien.

Het doorbreken van je vicieuze cirkel van zelfhaat

De enige manier om uit de vicieuze cirkel te breken die de zelfhaat op zijn plaats houdt, is de bedrieger van binnen te identificeren en te stoppen met proberen jezelf om te smeden teneinde anderen te behagen. Begin jezelf te observeren om te ontdekken hoezeer je de bedrieger geworden bent; hoe je jezelf manipuleert, verraadt en verwerpt in overeenstemming met wat *je denkt dat anderen van je willen*; en hoe je daarbij het contact verliest met je ware zelf. Ik durf te wedden dat het lijkt op de manier waarop je dat vanaf je jeugd gedaan hebt.

Wil je de vicieuze cirkel van je zelfhaat vinden, vraag jezelf dan af:

Hoe verkoop ik mezelf en doe ik wat ik meen dat gezagdragers van me willen?

Op welke manier verwerp ik mezelf voor die uitverkoop?

Met wat voor soort zelfhaat overlaad ik mezelf hierom?

Verwerp ik mezelf vóórdat iemand anders dat kan?

In wat voor situaties heb ik eerder een hekel aan mezelf en verwerp ik mezelf meer (bijvoorbeeld: verliezen in een competitie)?

Wat doe ik mezelf aan wanneer ik verlies?

Maak een lijst. Schrijf aan de ene kant van de bladzijde alles wat je verkeerd vindt aan jezelf; schrijf aan de andere kant hoe je je daarover naar jezelf voelt. Door middel van dit soort zelfonderzoek kun je je bewust worden van je zelfveroordeling en je negatieve gevoelens omtrent jezelf. Dat is al een groot deel van de slag gewonnen. Als die eenmaal opgespoord zijn, dan heb je de sleutel in handen om dieper naar de kern van het probleem te gaan. De volgende stap is deze gevoelens toe te staan. Ik zal het auraveld gebruiken om te illustreren hoe en waarom dit werkt.

Hoe negatieve gevoelens omtrent jezelf het tweede niveau van je veld aantasten

Onze emotionele relatie met onszelf wordt op het tweede niveau van het auraveld aangetroffen. Het tweede niveau van het auraveld draagt onze positieve en negatieve gevoelens omtrent onszelf. Het zijn de negatieve gevoelens omtrent onszelf die veel problemen veroorzaken. De energie en het bewustzijn, verbonden aan negatieve gevoelens in het tweede niveau, zijn van een soort die tegengesteld is aan het leven. Om de zaak nog erger te maken houden we dit energiebewustzijn stil en staan we onze negatieve emoties niet toe om te stromen. Dit verlaagt de trillingsfrequentie naar een trilling die lager is dan die welke leven en gezondheid schraagt, en dit veroorzaakt een stagnatie in het tweede niveau. Die stagnatie beïnvloedt vervolgens weer het eerste niveau van het veld en blokkeert de stroom van levensenergie naar het fysieke lichaam.

De manier waarop we deze emoties op hun plaats houden is door iets van hun energiebewustzijn over te hevelen naar het mentale niveau om de energie te verspreiden. Daar wordt het negatieve energiebewustzijn als zelfveroordeling tot uitdrukking gebracht. Deze zelfveroordeling onderdrukt dan de gevoelens eens te meer.

Laat me dit nog eens op een andere manier zeggen, simpelweg sprekend van de overdracht van energiebewustzijn. We hevelen de negatieve energie die normaliter in termen van negatieve emoties zou worden geuit, over naar het derde niveau van het veld waar het omslaat in zelfveroordeling die op haar beurt de negatieve emoties van het tweede niveau nog sterker onderdrukt. Deze lus van negatieve feedback drukt het tweede niveau van het veld samen en verlaagt de frequentie ervan tot beneden het niveau van wat gezond is voor het leven. Dit veroorzaakt dan een emotionele depressie in de persoon in kwestie.

Het auraveld van zo iemand ziet er heel krap uit op het tweede niveau. De normaal helder gekleurde energiewolken die langs de lijnen moeten stromen die door het eerste niveau worden gevormd, zijn nu donker en smerig. Sommige mensen die een helder tweede niveau bezitten, begrijpen soms helemaal niets van die situatie en voelen zich dan allerminst op hun gemak in de buurt van zo iemand. Andere zullen ertoe bewogen worden hen uit hun situatie te helpen.

Het is relatief makkelijk om het tweede niveau van het veld schoon te maken. Technisch gezien is het een kwestie van het terughevelen van het energiebewustzijn naar beneden naar het tweede niveau en ervoor zorgen dat het gaat bewegen door het op te laden. De bewegende energie zal emotionele ervaringen oproepen die de persoon dieper in zichzelf zullen brengen, naar de wortel van het probleem, en uiteindelijk in de essentie van zichzelf en zijn wezenskern. Een healer kan dit bewerkstelligen door met het tweede niveau van het veld te werken om het schoon te maken en door de cliënt aan te moedigen zijn gevoelens te uiten.

Je kunt dit ook zelf doen, wanneer je eenmaal het proces kent. Eerst word je je bewust van je zelfveroordeling en begrijp je dat dit pijn bedekt. Maar begrijpen alleen is niet voldoende. Je moet het laten zakken en voelen. Laat je energiebewustzijn zakken naar het tweede niveau om het te kunnen voelen. Voelen is noodzakelijk, omdat het voelen de energiestroom terugbrengt naar het tweede niveau van het veld dat verstopt zit. De energiestroom ruimt dan de verstopping op en laadt het veld weer op een gezonde manier op.

Oefen in het omzetten van oordelen, afkomstig van het derde niveau van het veld zoals: 'ik ben niet goed omdat...', of: 'ik had er beter aan gedaan...', in gevoelens op het tweede niveau zoals: 'ik heb pijn', of zelfs: 'ik haat mezelf'. Laat de gevoelens stromen, wat het ook maar zijn. Het werkt echt. De gestagneerde wolken van het tweede niveau van het auraveld beginnen meteen te bewegen en schoon te raken. Door middel van de schoonmaak en de beweging laadt het tweede niveau op. Spoedig slaat 'ik haat mezelf' om in 'ik heb pijn', wat weer verandert in 'ik houd van mezelf', 'ik heb er spijt van mezelf zo behandeld te hebben', enzovoort. Emotionele ontlading herstelt het veld tot zijn natuurlijke toestand van de stromende, heldere kleuren van het energiebewustzijn van zelfliefde.

Een zakenman, die ik Jeffrey zal noemen, was niet bij machte uit zijn vicieuze cirkel van perfectionisme te breken totdat hij zijn gevoelens van pijn begon te uiten. Jeffrey was er vanaf zijn geboorte door zijn familie toe aangezet heel bekend te worden op zijn terrein en in financieel opzicht geslaagd te zijn. Als volwassene had hij het gevoel dat hij nooit genoeg kon doen. Wat hij ook allemaal gepresteerd had, hij kon gewoon geen voldoening vinden in zichzelf. Ieder succes bracht hem minder genoegen. Hij voelde zich van binnen leeg.

Jeffreys auraveld toonde een heleboel rigiditeit in het derde niveau, alsook een stagnatie in het tweede. Zijn derde niveau drukte zijn tweede samen. Hij was zich van geen gevoelens bewust en uitte ze zelden. Die leegheid bracht hem naar mijn healingtafel. Toen hij in die leegheid verzonk, begon zijn tweede niveau zich op te laden en te bewegen. Het veranderde van helder ambergeel in helder rood toen hij eerst zijn zelfveroordelingen naar buiten bracht en daarna zijn zelfhaat. Door het veld te lezen en eraan te blijven werken terwijl hij zichzelf uitte, leidde ik hem zodat hij op zijn spoor zou blijven. Weldra versmolt de zelfhaat tot pijn.

Hier begon hij voor de eerste keer van zijn leven de pijn van het innerlijke kind te voelen dat onder spanning gezet was om te proberen perfect te zijn. Soms ging hij weer even over op zelfveroordelingen om de pijn te stoppen. Wanneer dit gebeurde, stopte de energiestroom in het tweede niveau van het auraveld en gaf dan ruimte aan activiteit op het derde niveau, vooral aan de achterzijde van zijn lichaam waar de chakra-activiteit een uiting van de wil is, dat wil zeggen: de wil om de pijn te doen stoppen. Ik beschreef hoe dit er uitzag en hielp hem zijn bewustzijn en energiestroom terug te sturen naar de voorkant van zijn lichaam en naar het tweede niveau van het veld. Wanneer hij dit deed, maakte een automatische natuurlijke stroom van energiebewustzijn aan de voorkant van zijn lichaam weer gevoelens vrij. Toen hij leerde deze energiestroom terug te sturen door zijn lichaam, werd het makkelijker voor hem naar zijn gevoelens terug te keren.

Naargelang deze eb en vloed van uitingen voortduurde, gaven de huidige gevoelens van zelfverwerping ruimte aan de pijn van vroegere zelfverwerping. Jeffrey besefte dat hij dit vanaf zijn jeugd met zich meedroeg. Hij had zo hard geprobeerd te doen wat zijn ouders van hem wilden, en hij probeerde dat nog steeds, of hij dit nu echt zelf wilde of niet. Hij voelde zichzelf de bedrieger, die alles deed om de liefde van zijn ouders te krijgen. Hij kreeg van hen de boodschap wat hij geacht werd te doen om 'goed' te zijn, en op een of andere manier deed hij dat nu nog steeds in de zakenwereld.

Aldus bereikte hij de bron van zijn vicieuze cirkel. Hij vond die in de conclusie van het jonge kind dat hij naar perfectie moest streven om de liefde van zijn ouders te verwerven. Plotseling kreeg hij een andere blik op zijn hele leven. Eerst was dit erg ontmoedigend. Het leek alsof alles wat hij ooit gedaan had om succes te hebben om de verkeerde reden was gedaan: om liefde te kopen.

Wederom probeerde hij zichzelf aan het voelen van die pijn te onttrekken door weer in meer zelfveroordelingen te stappen. Toen ik hem aanmoedigde in de pijn te blijven, viel hij diep in de realiteit van het innerlijke kind. De behoefte aan liefde in dit innerlijke kind was inderdaad heel reëel. Hij had dit innerlijke kind met heel zijn hart lief. Hij voelde en erkende de essentie van dit kind en de essentie van zijn kern. Hij was eindelijk thuisgekomen.

Jeffreys leven was veranderd. Vanaf dat moment kon hij zichzelf en ieder mens op een andere manier bezien. Hij zou nooit meer in die mate zijn gevoelens kunnen ontlopen als hij had gedaan. Hij zou nooit meer zijn zelfveroordelingen kunnen ondersteunen zoals ze waren. Hij zou zichzelf erop betrappen wanneer hij weer naar perfectie streefde, zou kalm aan doen en zijn innerlijke kind vragen wat het wilde. Hij zou een paar grote transacties aan hem voorbij laten gaan en kiezen voor Zijn in plaats van voor te veel doen.

De energiestroom door Jeffreys tweede niveau bleef zich mettertijd opbouwen. Zijn tweede niveau nam, door er verder aan te werken, een normale toestand aan van heldere, stromende kleuren. Ook zijn derde niveau werd helderder, buigzamer, en voor en achter meer in balans. Zijn eerste niveau werd sterker en meer geladen. Als resultaat hiervan voelde zijn fysieke lichaam jonger en energieker aan. Deze veranderingen zetten zich door naar het vierde niveau van zijn veld, en zijn relaties met andere mensen kregen diepere betekenis.

Juist via dit proces van emotionele ontladingen leren we hoezeer we ons innerlijke kind met onze zelfveroordelingen geweld aan hebben gedaan. We hebben het niet de volle omvang gegund van zijn emotionele uitingen jegens zichzelf, die het zo nodig heeft om in ons op een gezonde manier te kunnen leven. En zoals we dit naar onszelf hebben gedaan, zo hebben we dit ook naar anderen gedaan. Als we eenmaal ermee ophouden dit naar onszelf te doen, stoppen we er ook mee dit anderen aan te doen. Wanneer we onze eigen beperkingen en de behoeften van ons innerlijke kind en zijn onvolmaaktheden accepteren, dan accepteren we die ook in anderen.

Wanneer we beginnen onszelf te accepteren zoals we zijn en ons innerlijke kind leren kennen, ontstaat er een nieuw besef: we zien in dat we de veronderstelling hebben gemaakt dat het innerlijke kind zou moeten opgroeien. Er zijn inderdaad delen van het kind die zouden moeten opgroeien, maar in hoofdzaak moet de geest van het innerlijke kind worden bevrijd. Het moet volledig in ons tot bloei komen. Ons innerlijke kind verrijkt onze persoonlijkheid met een gevoel van verwondering en vreugde over het leven. Het geeft ons eenvoudige genoegens die nooit door volwassen activiteiten kunnen worden gehaald. Het innerlijke kind heeft de sleutel tot ons 'ware zelf', omdat het er deel van uitmaakt. Ons innerlijke kind is een poort naar de essentie van onze wezenskern. Als je meer tijd met je innerlijke kind doorbrengt, zul je ontdekken wie je ware zelf is. Het is samengesteld uit vele delen, afkomstig uit alle levenservaringen die je ooit hebt gehad.

Je innerlijke kind leren kennen

Een goede manier om je innerlijke kind te leren kennen is spelen. Het blijkt dat spelen ook een fantastische manier is om uit te vinden wat je behoeften zijn, vooral degene die je in je jeugd achter je gelaten hebt. Wanneer je speelt zullen ze automatisch te voorschijn komen. Zodra ze eenmaal geactiveerd zijn, zullen sommige ervan rijpen tot je ware volwassen behoeften. Spel is eveneens een fantastische manier om te ontdekken dat je behoeften goed zijn en dat jij uniek en waardevol bent. Spelen is een prachtig middel om positieve gevoelens over jezelf te uiten. Het laadt het tweede niveau van het auraveld en maakt het vloeibaar.

Om dit te doen raad ik je aan om iedere dag wat tijd te vinden, misschien een uur of zo, waarin je alleen maar doet wat je wilt en niets dat je niet wilt. Plan deze tijd in alsof het een zakenafspraak was. Vervul je verlangen, het doet er niet toe hoe jong dat deel van jou is dat iets wil. Bijvoorbeeld, draag wat je dragen wilt, hoe extravagant het ook mag lijken. Eet wat je wilt, ga waar je heen wilt, speel de muziek die je wilt. Als je iets niet leuk vindt, stop er dan meteen mee, maar alleen omdat je geen plezier hebt, niet omdat een of ander stemmetje je vertelt dat je niet doet wat je doen moet. Let er eens op hoe snel je kunt veranderen wat je doet naar je wensen van het moment. Laat het los en geniet ervan. Onthoud dat je dit als kind ook deed. Je zult verbaasd zijn over de resultaten.

Nadat je eraan gewend bent geraakt regelmatig speeltijd te hebben, zul je opmerken dat er een verband bestaat tussen de behoeften van het innerlijke kind en die van de volwassene. Kinderspel heeft altijd de diepe teleologische hunkeringen tot uitdrukking gebracht die mensen met zich meedragen. Wanneer de psyche volwassen wordt, worden deze verlangens op rijpe volwassen manieren geuit. Activiteiten die in het rijk van het kind beginnen, kunnen rijpen tot volwassen activiteiten. Of ze blijven zoals ze zijn. Laat ze helemaal zijn wat ze zijn. Stel geen eisen aan je spel.

Toen mijn dochter jong was, waren we vaak samen aan het spelen. Een van mijn favoriete bezigheden was Celia 's avonds in bed stoppen. Ik speelde de rol van een stout eendje, met een handpop. Eendje wilde nooit dat Celia echt ging slapen en ze sprong met haar onder de dekens, was een paar minuten stil en smeet dan plotseling de dekens opzij. Of Eendje vroeg haar steeds of ze al sliep. Het was dolle pret!

Ook schilderden we samen tamelijk vaak. Celia schilderde altijd zonnen en manen. Op een keer wist ik niet wat te schilderen, dus schilderde ik een aura. Daarna schilderde ik er nog een. Weldra had ik er een heleboel. Jaren later maakte een professionele kunstenaar ze voor me over voor *Licht op de aura* (dat zijn de afbeeldingen 11-1 en 11-2 in dat boek).

Spel activeert en bevrijdt de fantasie van een kind. Fantasie in de volwassen psyche wordt creatieve visualisatie.

Toen ik destijds *Licht op de aura* publiceerde, gaf Dorian, een van mijn healingstudenten uit Colorado, mij een prachtige witte beer, die bekend raakte als Boeddha Beer. Iedereen was het erover eens dat ik absoluut een beer nodig had als ik de wereld introk om te onderwijzen. Ze hadden gelijk. Boeddha Beer was vanaf dat moment voor mijn innerlijke kind een grote hulp. In het begin reisde hij zelfs met me mee.

In gechannelde boodschappen gaf Heyoan onlangs aan dat als we ons kindzelf eenmaal de ruimte geven, we het ook ruimte moeten geven om tot volheid open te bloeien en om te worden geïntegreerd in ons hele wezen.

Oefeningen in zelfliefde

Het is ook goed om rechtstreekse zelfliefde te oefenen. Hier volgen enkele prachtige oefeningen om te leren van jezelf te houden. Als je bij de eerste oefening moeilijkheden hebt om gevoelens van liefde op te wekken, dan zal de volgende je misschien kunnen helpen. Probeer ze allemaal eens, en kies die oefening uit die je prettig vindt. Besteed iedere dag enige tijd eraan jezelf actief lief te hebben. Dit kun je doen door er iedere morgen en avond vijftien minuten voor te nemen. Een andere mogelijkheid is om er elk uur één minuut voor uit te trekken op het hele uur!

Deze oefeningen zijn misschien niet zo makkelijk uit te voeren als ze klinken. Meestal beginnen we, zodra we ons op onszelf gaan concentreren, meteen allerlei innerlijk vervelend gedrag te analyseren, te benaderen, er dwang en oordelen overheen te leggen en over onszelf uit te storten. Dit is geen zelfliefde. Als je bemerkt dat je negatief wordt, stop er dan op een milde manier mee negatief te zijn en keer terug naar het positieve. Het is niet egoïstisch van jezelf te houden. Denk liever aan jezelf als aan een kom die gevuld kan worden. Wanneer je kom overloopt, dan vloeit de liefde over naar de mensen om je heen. Je moet van jezelf houden om je liefde aan anderen te kunnen geven. Onthoud dat alle negatieve dingen die je jezelf aandoet, je ook anderen aandoet, wellicht onbewust, en alle goede dingen die je jezelf geeft, geef je ook aan anderen.

Het lichaam en het zelf met liefde vullen:

Misschien wil je eerst met slechts een deel van je lichaam beginnen, omdat dat makkelijker is. Kies een deel van je lichaam uit dat hulp nodig heeft, of waaraan je een hekel hebt, dat je afwijst of waarvoor je je schaamt. Concentreer je eenvoudigweg op dat deel van je lichaam en stuur er liefde naartoe. Vul het met energie; spreek er vriendelijk tegen. Als je in een bepaald lichaamsdeel pijn hebt, geef dat dan extra liefde. In plaats van ervoor weg te lopen (wat we allemaal doen wanneer we pijn hebben) ga je dat deel van je lichaam met je bewustzijn binnen. Bezet dat deel van je lichaam met bewuste gewaarwording en liefdevolle vriendelijkheid.

Doe nu hetzelfde met je totale zelf. Concentreer je simpelweg op jezelf en stuur liefde naar jezelf, zoals je dat doet naar degenen die je liefhebt. Als je kleuren wilt gebruiken, gebruik dan eerst groen, dan roze en ten slotte goud en wit. Vul je hele lichaam met deze kleuren.

Zet de gevoelens van liefde in gang met iets dat makkelijk is:

Concentreer je op het ding dat of de persoon die je het makkelijkst lief kunt hebben, zoals een roos, een dier, een kind. Betreed een toestand van liefde ervoor, en geef het jouw liefde. Bijvoorbeeld, als het een roos is, kijk er dan naar met waardering voor haar schoonheid. Voel haar weefselstructuur, geniet van haar geur. Voel je verbondenheid met haar. Voel hoezeer je haar liefhebt en van haar geniet.

Breng, nadat je zo sterke gevoelens van liefde in jezelf hebt gegenereerd, deze gevoelens van liefde naar jezelf over. Doe hetzelfde met jezelf als je deed met de roos. Kijk rechtstreeks naar je lichaam. Gebruik er geen spiegel voor. Waardeer je lichaam. Kijk naar je favoriete lichaamsdeel, daarna na elk ander deel van je lichaam. Raak het aan. Voel de huid ervan. Voel jezelf daarbinnen. Streel het zachtjes. Ruik de verschillende delen van je lichaam. Voel hoeveel plezier je lichaam jou gegeven heeft. Houd van je lichaam. Spreek er vriendelijk tegen. Oefen dit dagelijks tot het makkelijk wordt.

De volgende oefening is iets moeilijker, maar bijzonder effectief. Doe ze in fasen en je zult een meester worden in de kunst van het liefhebben van jezelf. Begin met een korte periode, en werk naar de tien minuten toe.

De persoon in de spiegel liefhebben:

Ga voor een spiegel zitten, kijk jezelf in de ogen en houd

van jezelf. Geef jezelf tijdens deze periode niet de gelegenheid jezelf te oordelen of te kwetsen. Zoals je misschien weet, kijken de meeste mensen in de spiegel en zien meteen alles waarvan ze denken dat het niet goed is en veroordelen dat. Als je merkt dat jij dit doet, verander de zelfveroordeling onmiddellijk in een liefdevolle gedachte en daad jegens jezelf. Spreek jezelf weer vriendelijk toe. Kijk diep in je ogen en zie de geest, het verlangen, de liefde en de levensstrijd erin. Merk op hoe mooi je ogen zijn. Merk de positieve aspecten van je haar en je gelaatstrekken op. Zie hoe ze een uitdrukking zijn van je geest. Kijk naar het kind van binnen. Zie zijn vreugde, verwondering en liefde. Kijk nu naar alle andere aspecten van deze persoon. Zie wat deze persoon leuk vindt om te doen. Zie hoe dit favoriete tijdverdrijf deze persoon geholpen heeft zich te vormen tot wat jij nu bent. Zie de kennis waarvan jij de schatbewaarder bent. Met welk doel is deze persoon naar de aarde gekomen? Wat zijn de diepe verlangens van die persoon in de spiegel? Hoe kun je deze persoon helpen zijn/haar verlangens te vervullen. Houd van deze mens, en van alles wat jij bent.

Nadat je deze oefening met succes hebt gedaan, ben je klaar om naar de vierde te gaan.

De persoon en het lichaam in de spiegel liefhebben:

Ga naakt voor een grote passpiegel staan. Accepteer en bemin elk deel van jezelf en je lichaam. Concentreer je op ieder deel van je lichaam, zoals je eerder deed. Versmelt je bewuste gewaarwording ermee. Of stel je een klein zelf voor precies zoals jij, ga dat deel van je lichaam binnen en wees daar simpelweg. Streel het deel van je lichaam waarop je je concentreert en waarnaar je kijkt. Heb het lief. Heb de persoon in dat deel van je lichaam lief. Wanneer er weer negatieve zelfveroordelingen de kop opsteken, spreek die dan hardop uit en voel je emotionele reactie daarop. Dit is wat je met jezelf doet, telkens als je zo'n oordeel velt. Vervang nu dat negatieve oordeel door een positieve uitspraak over dat gebied van je lichaam. Vul het dan met eenvoudige liefdevolle vriendelijkheid. Ga op deze manier langs je hele lichaam. Sta eerst het negatieve toe hardop uitgesproken te worden zodat jij je er volledig bewust van worden kan, en ook van de gevoelens die dat oproept. Vervang ze dan door positieve.

Onthoud dat je je eerst op het deel van het lichaam concentreert en dan pas op de persoon in dat lichaamsdeel. Onderzoek, al doende, hoe jij elk deel van je lichaam behandeld hebt en hoe jij jezelf behandeld hebt met betrekking tot dat deel van je lichaam. Ben je vriendelijk en vol waardering geweest? Of heb je je lichaam en jezelf als een tiran behandeld, die perfectie en prestatie eist en die de boodschappen die het lichaam je zond, veronachtzaamd heeft? Je zult ontdekken dat er delen van je lichaam en van jezelf zijn die je voortdurend afwijst, waarschijnlijk vele malen per dag. Genees dit negatieve proces in je door je er bewust van te zijn en door die delen van je lichaam en jezelf extra liefde te geven. Vervang alle negatieve uitspraken die je aantreft omtrent je lichaam en jezelf door positieve.

Die delen van je lichaam die ziek of vervormd zijn liefhebben:

Nadat je elk deel van je lichaam langs bent gegaan, breng je je aandacht terug naar die delen die ziek of verminkt zijn. Geef hier meer liefdevolle aandacht aan en accepteer ze precies zoals ze zijn, vul ze met onvoorwaardelijke liefde en met de essentie van je wezenskern. Breng dat deel van je lichaam terug tot de natie die jij bent. Een sleutel om dit te doen en om een deel van je lichaam lief te hebben waarover je misschien het gevoel hebt dat het je verraden heeft, is uit te zoeken welk doel dat deel in je leven gediend heeft. Ik garandeer je dat dit deel van je lichaam je een les aan het leren is of dat het een vorm of verantwoordelijkheid heeft aangenomen waartoe jij niet in staat was. Het heeft je geholpen om te overleven. Het heeft je ook geholpen bepaalde levenservaringen te verdragen wat je zonder dat niet was gelukt. Bijvoorbeeld, tumors dragen soms het energiebewustzijn van het vullen van een gat of hol in iemands leven. Ze vullen mensen op wanneer ze zich leeg voelen. Zwakke benen helpen mensen te gaan zitten wanneer ze niet langer voor zichzelf kunnen opkomen. Verschoven nek- en ruggewervels helpen mensen hun woede in bedwang te houden omdat ze de hoeveelheid rode energie temperen die in de ruggegraat kan oplaaien in razernij. Wanneer dit soort problemen mensen voor een paar weken in bed stopt, is dat omdat ze vrede, kalmte en rust nodig hebben.

Als je eenmaal dit verwaarloosde deel weer in jezelf aanvaard hebt en er weer één mee bent, kun je het ook een positieve visualisatie geven. Vertel het hoe het beter zal worden. Wees specifiek. Als je een tumor hebt en die heeft zijn doel gediend om jou op te vullen, vertel de tumor dan dat je hem niet langer als vulmiddel nodig hebt. Vertel hem dat hij zich kan oplossen en zich weer in de rest van je lichaam kan voegen. Vertel de rest van het lichaam eromheen om zijn herintegratie in het geheel te aanvaarden. Of als je een gebroken been hebt dat met moeite geneest, visualiseer dan hoe het aan elkaar groeit en normaal groeit, een heel natuurlijk iets. Als je een chronische wervelverschuiving hebt, visualiseer hoe de spieren ontspannen en sterk worden op een manier die de botten op hun plaats houden en die de angst en negatieve gevoelens opruimen die met de lichamelijke pijn verbonden zijn.

Iemand die ik Bob zal noemen, veronachtzaamde voortdurend zijn nek. Hij had een tamelijk lange nek en een dubbele kin. Deze afwijzing ging een aantal jaren zo door. Hij kreeg diverse nekletsels en ontwikkelde ook een trage werkende schildklier. Zijn nekwervels verschoven voortdurend, wat hem een heleboel pijn bezorgde en soms zelfs mentale verwarring. Bob begon met de spiegel en werkte later met zichzelf wanneer hij 's avonds in bed lag net voor het slapengaan.

Naarmate Bob zijn eigen nek ging healen, concentreerde hij zich erop alle onderdelen van zijn nek en hals lief te hebben, inclusief de dubbele kin. Iedere avond legde hij bij het naar bed gaan zijn vingers in zijn nek op de plek waar die zwak was of pijn deed en sprak die vriendelijk toe. Hij liet de energie van zijn vingers in zijn nek stromen. Toen hij de energieblokkades in zijn nek aldus opende, kwam hij op die plek vele angststemmen en klaagstemmen op het spoor. In het tweede niveau van zijn veld zaten alle dingen die hij zichzelf niet aan anderen had laten zeggen. In plaats daarvan placht hij, wanneer zijn blokkade geactiveerd was, voortdurend de dingen die hij niet tegen anderen kon zeggen tegen zichzelf te herhalen. Op deze manier probeerde hij een acceptabele manier te vinden om te zeggen wat hij moest zeggen zonder zijn angst wakker te roepen, die ook op dezelfde plek in zijn nek werd vastgehouden. Het werkte niet. Het maakte de blokkades in zijn nek alleen maar sterker.

Gezien vanuit het perspectief van het auraveld was hij voortdurend bezig energie van het vierde niveau weg te nemen – het 'Ik–Gij'-interactieniveau – energie die in de dingen aanwezig was die hij tegen anderen wilde zeggen, en die energie naar het tweede niveau over te brengen door ze tegen zichzelf te zeggen. Hierdoor was hij het tweede niveau aan het verstoppen.

Tijdens het healingproces diende Bob die energie terug te brengen naar het vierde niveau en die te bevrijden door uit te schreeuwen wat hij zichzelf niet toegestaan had te zeggen. Op deze manier bevrijdde hij de stemmetjes die in zijn keel vastzaten. Dit voerde hem natuurlijk ook naar de angst, die vrijkwam door het te voelen. Iets van die angst kwam van zijn heel vroege kindertijd, toen hem niet was toegestaan om 'terug te praten' tegen zijn ouders.

Onder dit alles lag het onvermogen te vragen wat hij nodig had. De keelchakra is verbonden met de waarheid spreken. In Bobs geval betrof het het spreken van de waarheid van zijn behoeften. Hij besefte dat de enige manier waarop hij als kind zijn behoeften vervuld kreeg was er steeds maar om te smeken. Dan na lang wachten werden enkele ervan vervuld. Bob besefte dat zijn vergrote schildklier verbonden was met het vullen van het gat van honger in zijn hals, dat daar was ontstaan doordat hij zo lang moest wachten voor hij gevoed werd. Naarmate zijn healingproces verscheidene maanden voortduurde, was hij weer in staat de waarheid van zijn behoeften uit te spreken, verdwenen de energieblokkades in zijn keel en werd zijn nek steviger.

Toen ontdekte hij een interessant aspect waar hij nooit eerder aan gedacht had. Bij verschillende gelegenheden bemerkte hij dat hij in bepaalde situaties plotseling heel erg kwaad op iemand kon worden. Op het moment dat zijn kwaadheid langs zijn ruggegraat omhoog begon te trekken, stopte hij die door zijn nekspieren zo hard samen te trekken dat het zijn nek naar achteren wierp. Hij besefte toen dat de wervelverschuivingen in zijn nek hem hielpen zijn woede onder controle te houden. Het weerhield hem ervan mensen pijn te doen. Anders gezegd: hij koos ervoor zichzelf pijn te doen in plaats van de persoon op wie hij kwaad was. Toen hij zich realiseerde wat een dienst zijn verwrongen nek hem bewezen had, begon hij die meer te waarderen. Hij ontplooide ook betere manieren om zijn woede in de hand te houden door op te merken hoe hij situaties schiep of zich in situaties werkte die zijn woede opwekten, namelijk door niet op te komen voor zijn behoeften en niet goed voor zichzelf te zorgen. Bij ieder geval waarin hij zijn behoeften serieus genomen had, was hij niet in een situatie geraakt waar die bepaalde woede werd gewekt. Zijn woede kwam altijd omhoog in situaties waarin anderen zijn behoeften niet respecteerden. Toen hijzelf begon zijn eigen behoeften te respecteren, kwamen die situaties gewoon niet meer voor, of was er geen woede meer die kon worden opgeroepen.

Elke avond raakte Bob zijn lichaam aan en gelastte de blokkades het veld te ruimen, de schildklier tot normale grootte te krimpen en zijn nek steviger te maken. De spieren in zijn nek werden sterker. Weldra kon hij nekoefeningen doen waartoe hij jarenlang niet in staat was geweest. Zijn nek ging niet langer uit z'n verband. Bob nam enkele maanden het middel Synthroid waarna zijn schildklierfunctie weer normaal werd. Hij heeft nu al vele jaren geen nekletsel meer gehad.

Deze spiegeloefeningen kunnen heel wat gevoelens bij je oproepen. Laat ze maar stromen; hieronder staan wat dingen die je daarbij kunnen helpen.

Laat je gevoelens stromen

Misschien wel een van de moeilijkste dingen bij het healen van jezelf, is jezelf toestaan je gevoelens te voelen, als je er nog geen oefening mee hebt. Onthoud dat het energiebewustzijn van het tweede niveau ervaren wordt als gevoelens omtrent jezelf. Als je wilt dat het tweede niveau van je veld in balans komt, schoon, geladen en gezond wordt, dan moet je je gevoelens over jezelf toestaan te stromen. Tijdens een ziekte gaan je gevoelens op en neer van droefheid tot blijdschap, tot serene rust, tot woede, angst, diepe paniek, zwakheid, schuldgevoel, walging, veeleisendheid, zelfmedelijden, eenzaamheid, afgunst, liefde, enzovoort. Al deze gevoelens hebben hun relatie met energie in het tweede niveau van het veld, en hoe meer je ze de vrije loop laat, des te meer je veld schoon kan worden. Een deel van het healingproces is ze gewoon naar buiten te laten stromen, omdat ze zolang geblokkeerd zijn geweest. Dat werkte bij Jeffrey en Bob en het zal ook voor jou werken.

Ik heb met veel mensen gewerkt en ik ben nooit iemand tegengekomen bij wie dit niet opging. We zijn allemaal zo behendig om de onplezierige emoties die we met ons meedragen te ontlopen. Velen van ons beseffen gewoon niet dat het blokkeren van gevoelens onze creatieve kracht blokkeert en er actief aan bijdraagt om juist datgene waar we bang voor zijn mogelijk te maken. Anderzijds maakt het onder ogen zien en verwerken van onze gevoelens ons vrij om datgene te creëren wat we in het leven willen.

Het is nu de gelegenheid om ze eruit te krijgen. Aanvaard ze zoals ze zijn. Het zijn maar gewoon gevoelens die je naar buiten laat stromen en die je reinigen. Wees niet bevreesd om negatieve gevoelens te uiten. Mensen die ziek zijn, die positieve visualisatie bestudeerd hebben, krijgen soms het idee dat ze geen negatieve gevoelens mogen hebben, uit angst dat de gevoelens of gedachten een negatieve visualisatie worden en hun ziekte nog erger zouden maken. Vanwege deze angst schieten ze soms in nieuwe lagen van ontkenning omtrent hun negativiteit. Ze besluiten dan dat slechts een zekere hoeveelheid ervan geoorloofd is. Nadat die geuit is, stappen ze in ontkenning over de rest.

Ik heb niet gezien dat het uiten van negatieve gedachten of gevoelens schade berokkent als daarbij bepaalde factoren in acht worden genomen. De eerste is dat het uiten van negativiteit geen gewoonte moet worden. Zodra het een gewoonte wordt, is het geen catharsis, geen reiniging meer. De tweede is dat het ondernomen wordt met de bewuste positieve intentie om te helen. Als je alle negatieve gedachten toestaat om in je bewustzijn te voorschijn te komen en alle negatieve gevoelens om naar buiten te stromen *met de positieve intentie jezelf te helen*, dan zul je niet blijven steken in een negativiteit die je schaadt. Waar het hier om gaat is: een heldere intentie. Breng je negatieve gevoelens naar buiten met de intentie ze te bevrijden, laat ze gaan en ga er vervolgens aan voorbij. Dit zal je helpen healen. Als je in de ontkenning schiet omtrent je negatieve gevoelens, dan zijn ze nog steeds binnen in je aan het werk en maken je ziek. Ze zullen niet verdwijnen door een suikerlaagje.

De beste manier om het negatieve door positieve groei te vervangen is om de uiting van het negatieve vergezeld te doen gaan van een positieve visualisatie. Ruim eerst het negatieve uit je veld op, en vervang het dan – in de ruimte die vrijgekomen is – door de positieve, heldere kleuren van een visualisatie.

Wat we willen is vaak precies het tegenovergestelde van de angst die we vermijden. Anders gezegd, er bestaat een rechtstreeks omgekeerd verband tussen wat we vrezen en wat we willen scheppen. Het prachtige gedicht hieronder stelt dat heel duidelijk. Het werd door Eva Broch Pierrakos gechanneld in een Padwerk-gidslezing, nr. 190.

Door de poort

Door de poort van het voelen van je zwakheid
ligt je kracht.
Door de poort van het voelen van je pijn
ligt je plezier en vreugde.
Door de poort van het voelen van je angst
ligt je zekerheid en veiligheid.
Door de poort van het voelen van je eenzaamheid
ligt je vermogen vervulling, liefde
en kameraadschap te vinden.
Door de poort van het voelen van je haat
ligt je vermogen lief te hebben.
Door de poort van het voelen van je wanhoop
ligt je ware en gerechtvaardigde hoop.
Door het accepteren van de tekortkomingen van je jeugd
ligt je vervulling nu.

Healingmeditaties

Om je te helpen je healingproces voort te zetten volgen hier enkele meditaties om het tweede niveau van het auraveld te helen. Ze zijn eenvoudig en makkelijk uit te voeren en zijn bijzonder werkzaam bij het zuiveren, in balans brengen en opladen van je veld.

Meditatie in kleurademing

Aangezien het tweede niveau van het veld alle kleuren bevat, is een eenvoudige manier om het tweede niveau op te laden een kleurademing te doen. Je kunt elke kleur gebruiken die je prettig vindt. Ik stel voor dat je de volgende probeert: rood, oranje, geel, groen, blauw, indigo, paars, zacht lila en roze. En misschien wil je daar nog wit, zilver, goud en zwart aan toevoegen. Zoek een staal van iedere kleur die je gebruiken wilt, zoals een stukje stof, papier, plastic of glas. Je kunt zelfs de regenboogkleuren gebruiken die de zon door een glaskristal in je raam werpt.

Zorg dat je de instructies zorgvuldig opvolgt. Denk niet alleen maar aan de kleur, want dan maak je geel. Door te denken activeer je het derde niveau van je veld en trek je er energie naartoe. Geel is de kleur die je maakt wanneer je denkt. Om te zorgen dat de energie in het tweede niveau van je veld komt, moet je de kleur voelen. Je moet die kleur worden. Om een kleur te worden moet je de gevoelsstaat van die kleur betreden.

1. Houd de kleur in je hand, voel de kleur, kijk ernaar.
2. Adem de kleur in. Vul je hele lichaam met de kleur.
3. Word de kleur.
4. Adem nu de kleur uit.
5. Adem de kleur weer in. Vul ditmaal je hele auraveld met de kleur. Stel je voor dat je de kleur bent.

6. Voel hoe het voelt deze kleur te zijn.
7. Adem nu de kleur uit.
8. Herhaal dit een aantal malen.
9. Adem nu de volgende kleur in. Vul weer je lichaam en je veld met de kleur.
10. Herhaal iedere kleur een aantal malen voordat je naar de volgende gaat.

Je zult merken dat wanneer je dit doet, verschillende kleuren verschillende uitwerkingen op je stemming hebben. Elke kleur is verbonden met een principe of kwaliteit. Als je dat kenmerk in je leven nodig hebt, dan zal het mediteren op die kleur en het naar binnen halen ervan je helpen om dit in je leven te ontwikkelen. Afbeelding 11-1 biedt een lijst van kleuren en de chakra's en lichaamsdelen die ze voeden.

Afbeelding 11-1 *De chakrakleuren op het tweede niveau van het auraveld en de lichaamsgebieden die ze voeden*

chakra 1	**rood**	onderlichaam, bijnieren, stuitbeen
chakra 2	**oranje**	onderbekken, geslachtsorganen, immuunsysteem
chakra 3	**geel**	gebied van de solar plexus (zonnevlecht), maag, milt, lever, alvleesklier, nieren
chakra 4	**groen**	hartgebied, bloedsomloopsysteem
chakra 5	**blauw**	keel, longen, oren
chakra 6	**indigo**	ogen, hoofd, hersenstam
chakra 7	**wit**	hersenschors, ogen

Kleurmeditaties voor de chakra's
In hoofdstuk 2 heb ik een algemene beschrijving gegeven van het auraveld en zijn chakra's. Onthoud dat de chakra's dienen als energietransformators naar de gebieden van het lichaam waarin ze gelegen zijn. Als je energie ontregeld is of zwak is in een bepaalde streek van je lichaam, dan is het goed die kleur te dragen of een kleine meditatie in kleurademing te doen. (Kijk op afbeelding 9-2 om te ontdekken welke kleur je nodig hebt. Gebruik, om de chakra-kleurenmeditatie te doen, de tekening in afbeelding 2-5 om de plaats van elke chakra te bepalen.)

Begin met de eerste chakra. Richt je aandacht op het gebied van je lichaam waar de chakra is gelegen. Breng de chakrakleur op dat lichaamsgebied in beeld, zowel aan de voorkant als aan de achterkant. Vorm de kleur tot een schijf met een diameter van vijftien centimeter. Als je in drie dimensies kunt visualiseren, verander de schijf dan in een trechter door de punt ervan zich tot in je lichaam te laten uitstrekken totdat de punt je ruggegraat raakt. Laat de schijf of trechter op je lichaam met de richting van de klok mee draaien.* Haal de kleur van de schijf of de trechter je lichaam in terwijl je inademt. En laat de kleur verder je lichaam in gaan terwijl je uitademt. Verbeeld je dat ze de specifieke organen in dat gebied van je lichaam in stroomt, zoals die in afbeelding 11-1 zijn weergegeven. Ga dan verder naar de volgende chakra. Herhaal het voor elke chakra enkele malen.

Zorg ervoor dat je alle chakra's gehad hebt, beginnend bij de eerste chakra, en wel in volgorde langs het lichaam omhoog. Al omhoog werkend geef je extra tijd aan die gebieden van je lichaam die niet goed voelen.

Zelfhealing-meditatie voor je specifieke ziekte
Twee schitterende boeken bevatten een lijst specifieke meditaties voor specifieke ziekten. De eerste is *Healing visualizations*, geschreven door Dr. Gerald Epstein. Het is op zo'n manier vorm gegeven dat je jouw speciale probleem kunt opzoeken en de visualisatie kunt doen. Hij vertelt je zelfs hoe vaak je het doen kunt. Een tweede boek dat ik aanraad is *Je kunt je leven helen* van Louise Hay. Dat biedt simpele mantra's die je kunt herhalen voor elk probleem dat je hebt. Deze mantra's zijn betrokken op het geloofssysteem dat je waarschijnlijk hebt en dat met je ziekte verbonden is. Bijvoorbeeld, voor problemen met de schildklier is de negatieve uitspraak die iemand daarover doet: 'Wanneer is het mijn beurt?' De positieve visualisatie om dit probleem te veranderen is: 'Ik heb alle tijd van de wereld.'

Inleiding op het blootleggen van de innerlijke heler

Verbeelding en mythe zijn heel krachtige healinginstrumenten die ons uit de alledaagse werkelijkheid halen en in een wereld van symbolen zetten die ons helpen de grotere omvang van de levensreis te ervaren. Wanneer we geconfronteerd worden met een ernstige ziekte of plotselinge grote veranderingen in onze familiesamenstelling, hebben we deze hulp nodig. In zulke mythen kunnen we onszelf verenigen met de macht van de goden, boven het wereldse uitstijgen en heroïsche daden volbrengen. Hieronder vind je een metaforisch verhaal dat je zal helpen enorme healingkracht af te tappen en je zelfs kan helpen vragen te beantwoorden die in termen van de alledaagse realiteit niet te beantwoorden zijn.

Bij het werk in dit hoofdstuk hebben we het innerlijke kind ontmoet dat verwond en grof behandeld was. We hebben met dat kind gespeeld en het de ruimte gegeven

---

* *Met de richting van de klok mee* betekent hier alsof je buiten je lichaam naar een klok op iedere chakraplek keek. Dit geldt zowel voor de chakra's aan de voor- als de achterkant. Een andere manier om dit te bepalen is om eerst de vingers van je rechterhand te krommen. Wijs daarna met de duim van je rechterhand in de chakra. De gekromde vingers wijzen dan in de draairichting van de chakra. Gebruik je rechterhand zowel voor de voor- als de achterkant van je lichaam.

voor de uiting van leven. Nu is het de tijd voor de rechtstreekse healing van dit kind. De wonden en ziekten van het fysieke lichaam zijn die van het kind. Wanneer we ons diep in deze wonden gaan begeven, kan dit overweldigend zijn, tot we de innerlijke heler ontmoet hebben. Vlak naast ons innerlijke kind dragen we de innerlijke heler, die volkomen in staat is alles waar we in het leven tegenop lopen te hanteren. De innerlijke heler kent onze levensgeschiedenis vanaf het allereerste begin, kent onze taak in deze incarnatie, en pakt al onze problemen aan vanuit dat brede, wijze perspectief. Hieronder staat een visualisatie om je innerlijke heler te ontmoeten. Het is een mythe of verbeelding voor je persoonlijke healing.

HET BLOOTLEGGEN VAN DE INNERLIJKE HELER
gechanneld vanuit
Heyoan

Er was eens, eonen lang geleden voordat de nu bekende tijd er was, een lichtvonk in het hart van het goddelijke. Die vonk in het goddelijke barstte uiteen in miljoenen sterren. Elke ster had een naam die geschreven stond in het woord van God. Een van die sterren ben jij. Als ster groeide en ontwikkelde jij je en zong je dwars door de hemel naar de andere sterren.

In deze tijd, voor je als mens geboren werd, kende je licht, liefde en wijsheid. Ongeboren als je nog was, had je natuurlijk geen lichaam, dus had je een enorme vrijheid. Je was je volkomen bewust van de essentie van je wezen. Je had de grote vrijheid om op je wil door het universum rond te bewegen. Je bewoog in de richting waarop je je aandacht had gericht. Met je intentie begon je dingen te scheppen. Als je een wens had, dan schiep je die automatisch.

Je schiep steen en aarde; boom en bloem; ster en planeet; zelfs wolk en wind schiep je. Je essentie bewoog zich makkelijk, veranderde van de ene vorm in de andere. Je ervoer het wolk en maan, zon of vis of kat te zijn. Je ging maar door met bewegen naar waar je plezier je leidde. Naargelang je van de ene vorm naar de ander bewoog, en meer vormen schiep, raakte je langzaam met vormen vereenzelvigd, en schaduw was geboren. Je raakte zo opgetogen over het scheppen dat je geheugen wegleed en je vergat wie je was. Je was zo druk aan het scheppen dat je niet eens in de gaten had dat je begon te denken dat je vorm was.

De schaduw werd donkerder en pijn werd geboren uit het vergeten dat het ware zelf zuivere essentie is. Het ware zelf is de schepper die vorm te boven gaat. Zo schiep je schaduw en pijn. Je vergat wie je bent. Je splitste jezelf in tweeën: het deel dat vergat, en het geheel dat herinnert.

In ieder mens zit de goddelijke vonk in iedere cel van zijn lichaam. Het is de zuivere essentie van het zelf. In die ware essentie van wie je bent zit de innerlijke heler wie al de scheppingskracht van het hele universum ter beschikking staat. De heler in je is genoemd naar het woord van God. Dat is wie je werkelijk bent.

Verplaats je bewuste gewaarwording nu naar jouw innerlijke essentie, jouw kracht en licht die volkomen uniek zijn. Jij bent het woord van God tot manifestatie gebracht. Beweeg je bewuste gewaarwording naar de totale essentie van je wezen – dat is de heler in je. Die heb je je gehele leven gevoeld. De gouden draden van deze kracht zijn door het weefsel van je leven heengeweven, nog vanaf de tijd voor je geboren was. Je wist als klein kind, zoals je dat nu weet, wat dit betekent. Voel de essentie, de kracht, door je heenstromen. Het is jouw uniekheid. Het is jouw schoonheid. Het is je liefde. Het is de zoetheid des levens die je als kind ervoer.

Jouw kracht ligt in de zoetheid van wie je bent. Het zit in de zoete verlangens die je hebt beschermd en voor anderen hebt afgeschermd. Je bent als een bloem die zich in het zonlicht ontvouwt. Voel de kracht en de aard van jouw goddelijkheid die zo anders is als van enig ander. Grond dat nu goed in je lichaam. Dat deel van je is nog steeds vrij. Dat deel van je kan nog steeds vrij door ruimte, tijd en andere werkelijkheden bewegen. Voel jezelf nu in die vrijheid.

Nu je door tijd en ruimte naar andersoortige werkelijkheden beweegt, hoor je op verre afstand een kreet. Die kreet zwelt aan en wordt meer hoorbaar, en je zegt: 'O, wat kan dat zijn?'

Je hoort het verlangen in die kreet om hulp. Dan krijg je het in de gaten en zie je de prachtige blauw-witte planeet glinsterend in de lucht. Je wordt sterker naar die geliefde planeet toegetrokken door de noodkreten. Als je dichterbij komt, zeg je: 'Wat kan ik doen om te helpen? Hoe kan ik die kreet, die roep beantwoorden? Hoe kan ik de pijn die op de aarde is helpen helen?'

Dan krijg je een groots idee. Je besluit een fysieke vorm te scheppen door die uit de aarde te trekken en je trekt de pijn erbij op. Je hebt de bedoeling die lichamelijke vorm te gebruiken om de pijn te helen.

Je daalt af in een nietig fysiek lichaam. Na negen maanden ongeveer werd je in deze wereld geboren als een menselijk wezen. Hoe langer je aan dat lichaam gehecht bleef, des te vager de herinnering aan je oorspronkelijke essentie werd.

Als kind, en wie weet al ver daarvoor, begon je de pijn op je te nemen. In die ervaring van de pijn vergat je compleet wie je was. Wanneer de pijn zou weggaan, zou je het je weer herinneren. Wanneer de pijn terugkwam, zou je het weer vergeten. De pijn die je koos voor je heling, groeide in je lichaam.

Overzie je jeugd eens. Vind de diepste pijn die je in al die jaren gedragen hebt. Met die pijn zul je je diepste verlangen vinden. Wat is het dat je wilt zijn? Wat is het dat je als kind verlangde te zijn en waarvan je zo nu en dan dacht dat je het nooit zijn kon? Wilde je tussen de sterren bewegen? Wilde je iedereen op aarde helen? Wilde je schilderen of mooie muziek scheppen? Wilde je iedereen het gevoel geven veilig te zijn? Wat is het dat je meer dan iets anders wilde? Als je alles kon zijn of hebben wat je wenste op aarde, als iedere fantasie bewaarheid werd, wat is dan je fantasie? Hoe is het onvervuld-zijn daarvan verbonden met je heel diepe pijn?

Kijk eens terug op je leven. Terwijl je door elk moment van je leven heenging en die pijn droeg, was er één draad: een herhaalde cyclus op de levensspiraal, waar die diepste pijn uit je jeugd steeds en steeds weer opnieuw wordt beleefd in de vele verschillende ervaringen die je hebt gehad. Als je naar al deze ervaringen kijkt, zul je een gemeenschappelijke rode draad in allemaal vinden. Als je die rode draad gevonden hebt, sta jezelf dan toe die pijn te gaan voelen. Laat je lichaam die pijn voelen. Waar heeft die je lichaam aangetast? Wanneer je die pijn in je lichaam voelt, waar spant je lichaam zich?

Onderzoek nu door je hele lichaam heen waar die pijn je bovennatuurlijke, je spirituele, je mentale, je psychische en je fysieke wezen heeft aangetast. Die draad loopt holografisch door elk deeltje van je wezen, en terwijl hij door je lichaam loopt stoot hij op bepaalde plaatsen die uiteindelijk worden ervaren als fysieke pijn. Vind die in je lichaam. Als je gevoelig bent voor het auraveld, vind die dan in het auraveld.

Als je die pijn vindt, op welk niveau die zich maar het doordringendst heeft gemanifesteerd – misschien een angst, misschien een relatieprobleem, misschien in een lichamelijk ongemak, misschien in je beroep – vraag jezelf dan af: wat heeft dit met mijn diepste verlangen te maken? Op welke wijze is dit specifieke probleem verbonden met mijn diepste verlangen naar wie ik wens te zijn, naar wat ik met mijn leven doen wil, naar waar ik verlang te leven?

De eerste taak die je wacht is die pijn in het lichaam te helen. Want het is door de pijn in je lichaam en je leven dat je de persoonlijke vaardigheden leren zult die je nodig hebt om je verlangen te vervullen, wat dat ook is.

Vind die pijn in je lichaam en leg er je handen op: dat wat je een leven lang gedragen hebt, dat donkere geloofssysteem dat het meest grondige vergeten kent, die ene voornaamste, diepste pijn, of die nu in je hart, je buik of in je keel zit. Leg je hand daar nu, en ervaar het bewustzijn op die plek dat in afgescheidenheid gelooft. Het is de schaduw. Die gelooft dat ze van alles en iedereen gescheiden en afgezonderd is, afgezonderd en afgescheiden zonder hoop. Vind die pijn die zich daar al vanaf de vroegste dagen bevond en laat die schaduw beginnen zich op te lossen.

Ga die schaduw in. Vergezel jezelf in de kerker van het zelf dat heling behoeft. Ontken niet de menselijke ervaring van werkelijke pijn, gezien vanuit menselijk oogpunt. Het is geen nieuwe pijn. Het bevindt zich daar al zolang jij je herinneren kunt. Het is niet het soort pijn dat makkelijk weggaat, want het is heel diep, diep ingeworteld. Blijf enige tijd bij die pijn.

Verplaats dan, wanneer je klaar bent, je bewuste gewaarwording naar de heler in je. Hier bevindt je wijsheid zich. Hier zijn je verlangen en je licht, waarmee je hier gekomen bent om de pijn te helen die nu in je lichaam zit.

Keer terug naar de pijn en voel de pijn. Ga dan naar het verlangen en voel het verlangen. Ga terug naar de pijn en daarna weer naar het verlangen. Blijf tussen de twee heen en weer gaan tot je de verbinding ertussen gevonden hebt, tot je de vragen beantwoorden kunt: wat betekent deze pijn in mijn leven voor me? Wat poogt ze mij te zeggen? Wat is de boodschap die ze me brengt?

Terwijl je die pijn met je handen voelt, vanuit menselijk oogpunt bezien, vraag dan de healer-essentie die je bent wat je doen moet. Wat is de diepste oorzaak van deze pijn? Vraag om hulp om deze pijn te helen. Vraag de innerlijke healer hulp om datgene in jezelf te helen waartoe je tot nu toe niet in staat was. Vraag het oprecht en het zal beantwoord worden. Vraag heel specifiek wat jij doen kunt. Wat is de oorzaak? Wat is het geloofssysteem? Wat moet je iedere dag eraan doen?

Sta de essentie van de healer in je toe via jouw handen te werken om je lichaam te helen. Wees een kanaal om het zelf te helen. Laat het licht door je heenstromen.

Reik, nadat je zoveel informatie ontvangen hebt als je kunt, naar de hoogste geestelijke werkelijkheid die je kent: je hogere zelf of je gidsen. Reik naar de herinnering aan wie je bent vanuit die hoogste geestelijke realiteit. Je zult ontdekken dat de pijn in je precies de pijn is waartoe je naar de aarde getrokken werd om te helen, heel ver voor je geboren werd, toen je dat buitengewone geestelijke wezen was. Dat is wie je waarlijk bent.

Reik dan omhoog naar dat deel van het zelf dat incarneerde om precies die pijn te helen die je in jezelf meedraagt en die je vanaf je geboorte gedragen hebt. Want dit is precies de pijn, voor de heling waarvan je gekomen bent, en jij bent het die ervoor gekozen heeft die pijn op je te nemen, en door dat te doen koos je te incarneren met exact de goede combinatie van energieën en wijsheid en liefde waarmee je die speciale pijn zou helen.

Dit is voor de heling waarvan je gekomen bent, en je bent volkomen toegerust dat te doen. Je hebt jezélf volkomen toegerust dat te helen. En dat buitengewone spirituele wezen dat je voor je geboorte was toen je de kreten en de verlangens hoorde vanaf de aarde en dat naar de aarde werd toegetrokken, dat is de healer in je. Jij bent degene die weet hoe die pijn te helen, meer dan iemand anders. Dat is je innerlijke healer. Wees de healer in je, en heel die draad van pijn die je je hele leven door gedragen hebt. Raak je lichaam aan op plaatsen waar de pijn zich voelen laat.

Beweeg – terwijl je aan het werk bent – je bewustzijn heen en weer tussen de innerlijke healer en de innerlijke persoon die pijn heeft. Als je voortgaat heen en weer te bewegen, begin je de relatie te begrijpen tussen de healer in je en de pijn die hij is komen helen. Je hebt deze pijn uit de aarde omhoog getrokken om die te transformeren. Geef jezelf alle tijd om dit proces te volbrengen. Je bent bezig de pijn in je, het verlangen dat je in je hart draagt, en de healer in je die je helen kan, te integreren.

Laat de healer in je die pijn uit je trekken en jou tot heelheid laten weerkeren. Beweeg je heen en weer tussen de mens met de diepe pijn en de healer met universele kracht. Breng ze, al heen en weer gaande, dichter en dichter tot elkaar tot ze samensmelten. Zet het proces voort tot jij volkomen versmolten bent. Wanneer je je er tevreden over voelt dat het samensmelten voltooid is en zich heeft gestabiliseerd, zou ik willen dat je ten minste een uur stil bleef. Blijf stil, zit in meditatie verzonken, of sta op en ga in het bos wandelen.

~

Naarmate de tijd vordert zal al het bovenstaande makkelijker voor je worden. Nadat je de zelfliefde beoefend hebt en je gevoelens hebt laten stromen, is het een goed idee eens te zien hoe dit je leven verandert. Loop eens snel na hoe goed je nu voor jezelf zorgt door de onderstaande vragen te beantwoorden. Begin daarna jezelf in die gebieden van je leven te voeden. Als je fysiek daar nu niet toe in staat zou zijn, vraag dan iemand je te helpen met een plan te maken om ermee te beginnen nadat je gezondheid is teruggekeerd.

Vraag jezelf het volgende, om vast te stellen hoe goed je voor jezelf zorgt:

Op welke gebieden word je liefdevol gevoed, en op welke gebieden kom je tekort?

Hoe en waar in je leven heb je jezelf niet de liefde gegeven die je niet alleen nodig hebt, maar ook verdient?

In welk opzicht verwaarloos je jezelf met betrekking tot je eigen gezondheid?

Wat heb je jezelf onthouden wat mogelijk is om te hebben of te doen, maar wat er gewoon niet van gekomen is?

Wat verlang je werkelijk van het leven dat je tot nu toe nog niet hebt kunnen scheppen?

Is er een vaardigheid die je altijd al hebt willen leren? Hoe kun je die nu aanleren of – als dat nu niet kan – nadat je beter geworden bent?

Hoofdstuk 12

HEALING VIA ZELFBEWUSTZIJN

Energie die met onze mentale processen verbonden is, wordt op het derde niveau van het auraveld aangetroffen. Weet je nog dat in het creatieve proces, door middel waarvan we ons hele leven scheppen, de creatieve energie van de wezenskern via het haraniveau en alle niveaus van het auraveld naar het fysieke beweegt? Op ieder niveau wordt het doordrenkt met dat aspect van het menselijk leven dat op dat niveau bestaat. Op het derde niveau van het auraveld wordt de scheppende energie uit onze wezenskern doordrenkt met individueel denkvermogen. Via het individuele denkvermogen worden we onszelf bewust.

Heyoan zegt dat ons denkvermogen als voornaamste taak heeft: ons bewuste gewaarzijn te richten. Met ons gerichte bewuste gewaarzijn kunnen we onze waarnemingen gebruiken om alle informatie die tot ons komt te differentiëren en te integreren. We krijgen helderheid en begrip over onszelf en de situaties waarin we verkeren. Dan kunnen we eigen zijn met onszelf en de situatie. Voor het creatieve proces zijn differentiatie, integratie, helderheid en geëigend-zijn van essentieel belang. Wanneer deze niet aanwezig zijn, worden onze scheppingen niet wat we bedoeld hadden of raken ze anderszins incompleet, en daarom onbehaaglijk, lastig of pijnlijk.

Op het derde niveau van het auraveld betekent healing het vergroten van ons bewuste gewaarzijn over hoe we plezier en vreugde of pijn en ziekte in ons leven creëren. Op dit niveau behoeven we rationeel begrip van onszelf en ons lichaam. Wanneer we realiteitszin hebben ten opzichte van onszelf, zien we wat onze ware vermogens zijn en leggen we onszelf reële beperkingen op. Vanuit onze fantasie over onszelf stellen we aan onszelf irreële verwachtingen, en creëren zo teleurstelling.

Om in werkelijkheid ten opzichte van onszelf te staan moet het derde niveau van het auraveld gezond zijn. Wanneer dit gezond is, is het helder citroengeel, zuiver en goed gestructureerd. Het is buigzaam en toch veerkrachtig. Wanneer we een gezond derde niveau bezitten, wordt denken een levensomvattend proces. We integreren informatie die uit de niveaus onder en boven het derde stroomt, op een manier die niet over onze denkprocessen heerst. Met andere woorden: uitgebalanceerd denken laat vanuit de lagere niveaus van het veld invoer van gegevens toe van onze fysieke zintuigen en onze gevoelens over onszelf. Het laat de invoer van gegevens vanuit relaties toe van het vierde niveau van het veld om ons te helpen onszelf te begrijpen en ons denken met liefde te vullen, via verbondenheid met anderen.

Wanneer energie van de hoogste, spirituele niveaus vrijelijk stroomt naar het derde niveau van de goddelijke geest, liefde en wil, doordrenkt ze ons denken met creatieve principes, inspiratie en een zich ontvouwend model van onze bestemming. Het maakt ons denken holistisch. Dan kunnen we de boodschappers van ons harmoniesysteem begrijpen en volgen om elk ziekteproces om te keren en plezier en vreugde te scheppen.

Door je angsten en zelfveroordelingen op te helderen zul je zonder dat ze je belemmeren een healingteam kunnen kiezen. Als je bang bent dat je misschien kanker hebt, wil je je misschien niet laten onderzoeken. Of dwing je anderzijds jezelf misschien haast te maken en er vanaf te zijn en neem je niet de tijd je team samen te stellen. Uiteindelijk ga je dan naar de gemakkelijkste, snelste plek in plaats van naar de beste. Als je oordelen hebt omtrent jezelf over, zeg, je overgewicht, dan vind je het misschien te pijnlijk om hulp te zoeken, of ontken je dat je hulp nodig hebt. Te veel eten betekent niet dat je slecht bent. Het is een emotioneel verdedigingsmechanisme. En er bestaan nog vele andere medische redenen voor overgewicht behalve te veel eten.

Maar hoe rationeel zijn we eigenlijk? Een van de grootste problemen die we allemaal kennen is onze neiging tot rationaliseren. We overtuigen onszelf ervan dat we rationeel handelen. In feite gebruiken we ons verstand om excuses te verzinnen voor ongezond gedrag dat niet met ons harmoniesysteem overeenkomt. Wat er hier gebeurt, vanuit het gezichtspunt van de aura, is dat – vanwege onbewuste angsten – onze emoties of onze wil te grote invloed hebben op ons verstand.

Elke disharmonie op het derde niveau, of de integratie van alle informatie van andere zijnsniveaus in het derde niveau, brengt irrationaliteit teweeg.

Wanneer het derde niveau van het veld stijf en onbuigzaam is, wordt het van citroengeel een soort amberkleur. Het laat dan geen gezonde informatiestroom toe vanuit de andere niveaus van het veld, en het raakt geïsoleerd. Het resultaat van deze onbuigzaamheid is bekrompen denken, denken dat is afgesneden van ruimere aspecten van het leven. Het schept gebaande energiestromen die corresponderen met hokjesdefinities van het leven. Dit soort denken zet het denkvermogen voorop om het leven te ervaren. Eigenlijk wordt het heel irrationeel in zijn overrationaliteit. Dit soort denken verdeelt alles, maakt alles nodeloos ingewikkeld en ziet zichzelf als de meester.

Anderzijds kan het derde niveau heel lichtgeel worden, te zwak, te buigzaam en te beïnvloedbaar door de andere niveaus, vooral door de emoties. Dan hebben we moeilijkheden de overdreven gevoelens van het moment te scheiden van de werkelijkheid op langere termijn. Dit heeft het soort fantasie tot gevolg waarin de personen zichzelf en hun leven veel rooskleuriger of slechter voorstellen dan ze in feite op het moment zijn. Ze vermengen het heden met een mogelijke toekomst die ze misschien kunnen scheppen via visualisatie, zelfverbetering en een lange periode van een heleboel werk.

Natuurlijk zijn er veel verschillende configuraties in verschillende mensen waarin het derde niveau te sterk wordt beïnvloed door bepaalde andere niveaus van het veld en door zekere andere weer te weinig wordt beïnvloed. Het is voor ons van belang uit te zoeken hoe en waarom we irrationeel worden. Het is belangrijk voor ons erachter te komen waarom we rationaliseren, wat onze rationalisaties inhouden, wat het effect ervan is en wat eraan ten grondslag ligt.

De 'waarom-niet-redenen' van het kleine dronken aapje

Een paar jaar geleden nam ik deel aan een korte cursus over organisatieplanning. De spreker vertelde ons dat je in de bedrijfswereld ofwel de resultaten boekt die je wenste of allerlei 'waarom-niet-redenen' krijgt. Er bestaan werkelijk maar twee categorieën. Onze waarom-nietredenen zijn een listige vorm van ontkenning die we overal in ons leven toepassen. Ze verschaffen ons excuses, alibi's, rationalisaties, rechtvaardigingen, of verhalen om uit te leggen waarom we niet de resultaten boekten die we wensten. Wat ze ons in elk geval *nooit* geven zijn de gehoopte resultaten. Ons denkvermogen is er een kei in ons talloze waarom-niet-redenen te verschaffen en het slaagt er op een of andere manier zelfs in ons ervan te overtuigen dat onze waarom-niet-redenen minstens zo goed zijn als de resultaten die we wensten!

Waarom-niet-redenen dienen ertoe ons in ontkenning te houden. Hiermee ontlopen we iets in onszelf, iets waar we bang voor zijn. Anders zou er immers geen noodzaak tot waarom-niet-redenen zijn. We zouden dan gewoon zeggen dat we niet de bedoeling hadden het te doen, wat dat 'het' ook maar moge zijn.

Oosterse mystici noemen het deel van ons van waaruit die waarom-niet-redenen komen 'het kleine dronken aapje'. We luisteren allemaal naar het dronken aapje in onze geest wanneer we een waarom-niet-reden nodig hebben. Vooral wanneer we bijvoorbeeld besloten hebben: ons aan een dieet te houden; een bepaalde vastgestelde reeks lichaamsoefeningen te doen; een andere handeling af te maken, zoals het bestuderen van een nieuw onderwerp. Hoe onze toezegging aan onszelf ook luidt, ons behoeftige kind van binnen wil nog steeds 'wat het wil op het moment dat het dit wil'. Dat is het moment wanneer we onbewust het kleine dronken aapje inroepen om ons enkele goede rationalisaties te geven die ons moeten helpen dit voor elkaar te krijgen.

Het dronken aapje is verheugd ons alle redenen te vertellen waarom het eten van maar één stukje chocola niet 'echt' erg is. We vertellen onszelf dat we nog steeds op dieet zijn. We geven niet toe dat we in feite niet echt meer op dieet zijn. Of we stappen er eventjes vanaf voor een snack en keren er dan weer naar terug. Maar eigenlijk, hoewel we denken dat we al dagenlang op dieet zijn, hebben we ons er misschien hooguit een paar uur aan gehouden! Rokers steken regelmatig nog één sigaret op en houden vol met roken te zijn gestopt. Ik heb zelfs eens mensen horen uitroepen: 'Ik ben gestopt met roken. Ik rook nog maar één pakje per dag!' Het dronken aapje dient de ontkenning. Hij vertelt je heel graag dat één dagje je oefeningen overslaan niet echt erg is.

Natuurlijk, wanneer we eenmaal het programma onderbroken hebben, missen velen van ons nog wel meer dan één dagje oefeningen. Het dronken aapje is heel behoedzaam daar geen toespelingen op te maken. Feitelijk zal hij ons niet eens lastig vallen als we het een paar maanden lang compleet vergeten zijn. Wanneer we het ons toch herinneren, of wanneer iemand anders ons eraan herinnert, springt hij in actie en voorziet hij ons van een eindeloze rij waarom-niet-redenen. Enkele populaire waarom-niet-redenen zijn:

'Ik heb geen tijd.'
'Ik ben te druk.'
'Ik weet niet hoe ik dat doen moet.'

'Ik stop pas als jij stopt.'
'Jij bent niet gestopt, dus hoef ik het ook niet.'
'Hij/zij zorgde dat ik het deed/niet deed.'
'Ik ben er te zwak voor.'
'Het kan me niet schelen.'
'Het doet er niet toe.'
'Het is niet erg.'
'Ik ben er te stom voor.'
'Ik ben niet goed genoeg.'
'Ik wist het niet.'
'Ik wist echt niet dat er een regel, of een snelheidsbeperking, of een avondklok was.'

Gewoonlijk pikken we er een paar favoriete waarom-niet-redenen uit en gebruiken ze voor alles en nog wat.

Onze waarom-niet-redenen werken holografisch in ieder aspect van ons leven door. Wanneer we een waarom-niet-reden op het ene terrein gebruiken, past die automatisch ook op alle andere gebieden in ons leven. Het wordt een gewoonte. Zo hebben we bijvoorbeeld op het terrein van de zorg voor onszelf 'geen tijd' om onze oefeningen te doen of te koken, dus 'moeten we wel' iets bij de snackbar gaan halen. Op een ander terrein van ons leven hebben we dan misschien weer 'geen tijd' om brieven te beantwoorden, mensen terug te bellen, onze betalingen bij te werken, een project op het werk af te maken, enzovoort.

Onze ontkenning, in de vorm van waarom-niet-redenen, van de noodzaak voor onze eigen gezondheid te zorgen neemt ook een verscheidenheid van uitspraken aan. We hebben ons bijvoorbeeld een tijdje niet prettig gevoeld, en hebben daar niets aan gedaan. Onze waarom-niet-redenen kunnen ongeveer als volgt klinken:

'Er is echt niets met me aan de hand.'
'Als ik het negeer, gaat het vanzelf wel over.'
'De dokter zal me pijn doen.'
'Ik heal mezelf wel even.'

Maar vervolgens gaan we er nooit toe over om regelmatig zelfhealing te doen, omdat er geen tijd voor is.

Vermijden of ontkennen houdt ons op veilige afstand van onze angst. Het helpt ons het onder ogen zien van onze innerlijke tijger uit te stellen. Ongelukkigerwijs houdt het ons ook afgesneden van ons harmoniesysteem en zal het daarom waarschijnlijk tot ziekte leiden. Om het contact met ons harmoniesysteem te herstellen dienen we onze angst onder ogen te zien. We moeten omkeren en onze innerlijke tijger in het gezicht kijken.

Oefening om de angst op te sporen die je ervan weerhoudt je harmoniesysteem te volgen

Leg, nadat je enige tijd eraan hebt besteed dat kleine dronken aapje in je hoofd te leren herkennen, de angst bloot die hij je helpt ontkennen. Dit zal je helpen het verschil te leren onderscheiden tussen hem en de boodschappen van je harmoniesysteem. Onthoud dat ontkenning het eerste stadium van healing is. Het is wel noodzakelijk weer uit die ontkenning te komen om de volgende stap in het healingproces te zetten. Hier is een goede manier om dat te doen.

In hoofdstuk 10 gingen we de gebieden langs waarop wijzelf dagelijks voor ons lichaam kunnen zorgen, en maakten we een lijst met vragen die je jezelf kunt stellen omtrent de zorg voor je lichaam en je auraveld. Loop die lijst nog eens langs en kruis die gebieden aan waarmee jij de meeste moeilijkheden hebt.

Maak nu een schema met vijf kolommen zoals in afbeelding 12-1. In de eerste kolom zet je de boodschappen van je harmoniesysteem, of de gebieden van lichamelijke verzorging waar je moeite mee hebt. Vraag jezelf dan af waarom je niet in staat bent op deze manier voor jezelf te zorgen. De tweede kolom is bestemd voor het verlangde resultaat dat je bereiken zou, als je wel voor jezelf zou zorgen op de manier die je opgeschreven hebt. Als je bijvoorbeeld regelmatig je tanden floste, zou je een gezonder gebit en tandvlees hebben. Zet in de derde kolom de waarom-niet-redenen van het dronken aapje bij elk van de moeilijkheden die je opgeschreven hebt. Je flost bijvoorbeeld 's avonds je tanden niet omdat je er te moe voor bent, en 's morgens heb je waarschijnlijk geen tijd.

De vierde kolom voert de holografische waarheid in. Als je andere gebieden van je leven nagaat, zul je opmerken dat je gewoontegetrouw je lievelingsexcuus op al het andere toepast. Op deze wijze wordt het holografisch.

Zeker, ik begrijp dat het kan zijn dat je geen tijd hebt om bepaalde handelingen te verrichten omdat je voor de kinderen moet zorgen of vanwege je werk. Maar dat is een kwestie van je keuze je leven in te richten naar wat je wilt. Vanzelfsprekend moeten we allemaal keuzen maken om ervoor te zorgen dat aan al onze levensbehoeften wordt voldaan. Maar ik wed dat je hetzelfde 'ik heb geen tijd'-argument tegenover je kinderen en in je werk gebruikt om bepaalde dingen te vermijden. Misschien is het zorgen voor je kinderen wel jouw excuus om niet voor jezelf te hoeven zorgen. Of misschien gebruik je jouw werk wel als excuus jezelf andere pleziertjes die je nodig hebt te onthouden. In dat geval is het niets anders dan weer een waarom-niet-reden die je gebruikt om iets in jezelf te ontlopen.

Onderzoek je leven dus hierop om de vierde kolom in te vullen. Op welke andere gebieden gebruik je dit excuus? Neem jezelf door de dag heen waar, terwijl je jouw waarom-niet-redenen gebruikt om iets op verscheidene terreinen van je leven niet te hoeven doen of onder ogen te zien – bijvoorbeeld met je partner en kinderen. Waar heb je nog meer geen tijd voor of ben je te moe voor? Met je kinderen spelen? De liefde bedrijven? Merk op hoe je hetzelfde smoesje voor vele gebieden van je

Afbeelding 12-1 *Schema om de angst onder je waarom-niet-redenen op te sporen*

Boodschap van harmoniesysteem	Verlangd resultaat	Waarom-niet-redenen	Andere beïnvloede gebieden	Vermeden angst
Voorbeelden uit gezondheid				
Roger: pijn in onderrug	vrij van pijn zijn; rust	'Ik heb het te druk om hulp te krijgen.'	niet in staat in alle andere gebieden werk af te maken	faalangst en slaagangst; angst voor kritiek
Emily: knobbels en pijn in de borsten; tijd voor een onderzoek	geen knobbels; geen pijn	'Het zal míj niet gebeuren. Ik vertrouw die dokters niet.'	algeheel ongezond gevoel; gevoel oneerlijk te zijn in alle gebieden; een vaag schuldgevoel	angst voor kanker en de behandeling daarvan; angst voor de dood
Voorbeelden uit andere levensgebieden				
Pat: geen tijd voor ontspanning	lol; plezier	'Ik heb het te druk.'	intieme relaties	angst om buitengesloten te worden
George: creativiteit in fijnschilderen geblokkeerd	mooie schilderijen; erkenning voor werk	'Ik ben niet goed genoeg. Ik ben gewoon te lui.'	doet al het andere af als niet goed genoeg gedaan of niet werkelijk van belang, zelfs als het wel goed gedaan is	angst om zichzelf te voelen; angst voor kritiek; angst voor dieper zelf dat in het werk naar buiten zou komen

leven hanteert. Maak een lijstje in kolom vier van de andere gebieden in je leven waarin je jouw favoriete excuus gebruikt.

Vraag jezelf af, wanneer je waarneemt hoe je jouw excuus voor andere gebieden van je leven hanteert: waar ben ik nou bang voor? Laat deze vraag bij je naar binnen komen, en blijf enkele ogenblikken bij je gevoelens stilstaan. Blijf dieper in je gevoelens wegzinken totdat je angst voelt. Wat ben je bang onder ogen te zien? Zet deze angst in de vijfde kolom. Onderzoek alle terreinen van je leven die door deze angst worden aangetast. De angst die je vermijdt onder ogen te zien beïnvloedt alle gebieden van je leven op een of andere wijze. Je zult de sterkste effecten ervan aantreffen in de gebieden die onvervuld zijn en die je problemen geven. Onderzoek het verband tussen deze gebieden en je angst. Laat jezelf in je gevoelens hierover verzinken.

Kijk eens naar de voorbeelden in afbeelding 12-1 om te zien hoe dit werkt.

Roger, een constructiewerker, had chronische rugklachten afkomstig van een oud letsel dat hij nooit de kans gegeven had te genezen. Telkens wanneer zijn rug pijn deed, negeerde hij dat, hopend dat de pijn weer weg zou trekken. Hij wist dat alles wat hij hoefde te doen was korte tijd gaan liggen en dan zou de pijn wegtrekken. Zijn waarom-niet-reden was dat hij het gewoon te druk had. Hij moest werken. Hij was de enige kostwinner en daar was hij trots op.

Hij bleef de pijnboodschappen uit zijn rug negeren. Zijn rugpijn werd erger. Ten slotte probeerde hij op een dag een zware koffer op te tillen. De volgende dag kon hij niet meer bewegen en moest hij twee weken in bed blijven. Zijn lichaam had hem twee weken gegeven om gewoon te liggen en zichzelf te voelen. Al doende kwam hij in contact met gevoelens waarvan hij niet wist dat hij ze had. Hij voelde geweldige angst dat zijn gezin hem verlaten zou, als hij niet opkrabbelde en weer aan het werk ging. Hij vreesde dat hij er kritiek op zou krijgen dat hij lui was en in bed lag. Hij wist dat die angst irrationeel was, omdat hij werkelijk geen vin kon verroeren, maar de angst kwam evengoed op. Toen besefte hij dat zijn ouders zijn oudere broer altijd bekritiseerd hadden dat hij lui was. Hij herinnerde zich het besluit dat hij toen als kind had genomen: nooit op zijn broer te lijken. In plaats daarvan zou hij een macho-man zijn! Dus moest hij, om zijn kinderangst onder ogen te zien en zijn rug te genezen, ermee ophouden een macho-man te zijn.

Roger bleef twee weken in bed wat ervoor zorgde dat hij kon toegeven geen macho meer te hoeven zijn. Het eerste dat hij deed was toegeven dat zijn rug verzorging nodig had. Hij nam er de tijd voor uit te zoeken hoe hij die genezen kon. Hij ontdekte enige bijzonder eenvoudige rugstrek-oefeningen die hij regelmatig deed. Hij bezocht een healer. Vele maanden was hij heel voorzichtig met wat hij optilde. Iedere keer als hij fysieke arbeid verrichtte, ging hij tien minuten liggen met ijs op zijn rug. Hij at alleen als hij honger had omdat hij wist dat een lage bloedsuikerspiegel de mogelijkheid op letsel verhoogde.

Deze healing had eveneens invloed op een ander gebied van Rogers leven: zijn relatie met zijn broer. Hij kon nu zijn oordelen over diens vermeende luiheid laten vallen en goede vrienden met hem worden.

Het volgende verhaal gaat over een vrouw die ik Emily zal noemen, een fysiotherapeute met een heleboel privécliënten. Hoewel Emily knobbels in haar borst had, vermeed ze het een röntgenfoto van haar borst te laten maken, omdat kanker 'mij niet overkomt want ik ben op een spiritueel pad'. Ze zei dat ze de dokters niet vertrouwde. Ze was, natuurlijk, bang dat ze borstkanker had. Als gevolg van haar vermijdingsgedrag droeg ze een voortdurend gevoel van angst en niet-lekker-voelen met zich mee. Ze had ook een vaag gevoel van oneerlijkheid en schuldgevoel over zich aangezien ze in de gezondheidszorg werkte. Ze projecteerde met haar boodschap van wantrouwen haar schuldgevoel om haar oneerlijkheid op de dokter.

Toen ze uiteindelijk ging, bleek het geen kanker te zijn. Haar gevoelens van angst, niet-lekker-voelen, oneerlijkheid en schuld verdwenen. Als gevolg daarvan had ze heel wat meer levensenergie en voelde zich beter over haarzelf, vooral in haar werk. Emily kon toen zien op welke plaatsen ze in haar leven nog meer oneerlijk met zichzelf was geweest. Ze stopte haar voortdurende overwerk met haar cliënten, wat haar het excuus gegeven had dat, aangezien ze werkte om mensen te helpen en ze op een spiritueel pad was, kanker haar niet overkomen zou. Ze had haar overwerk eigenlijk als excuus gebruikt om niet voor zichzelf te hoeven zorgen. Ze ontdekte dat de cysten in haar borst symbolisch waren voor haar verwaarlozing van haar innerlijke kind. Toen ze zichzelf begon te verzorgen, ging ze over op een dieet met weinig vet. Toen begonnen de cysten in haar borsten te verschrompelen. (Merk op dat de borsten het kind voeden. Toen ze begon haar innerlijke kind te voeden, verdween de ziekte in haar borsten.)

Dus vanuit een breder perspectief gezien waren de knobbels in Emily's borsten het resultaat van haar onvermogen of onwilligheid om voor zichzelf te zorgen. Dat gold ook voor haar werkverslaving, die ze gebruikte als excuus om niet voor zichzelf te hoeven zorgen. De angst, het ongezonde gevoel en het schuldgevoel die er het gevolg van waren, waren slechts een deel van de prijs die ze ervoor betaalde op het emotionele niveau. Een ander deel ervan was dat ze in een beroep bleef dat niet goed voor haar was. Doordat ze haar innerlijke kind niet voedde, verhinderde dit haar zichzelf diepgaander te kennen. Toen ze haar innerlijke kind inderdaad meer tijd gaf, veranderde ze van beroep. Ze bleef wel in de wereld van de gezondheidszorg maar ze ontving veel minder cliënten privé, en ze hielp veel meer mensen door les te geven.

Oefening om de ontkenning op te ruimen die onder je waarom-niet-redenen ligt

Je kunt afbeelding 12-1 weer gebruiken om dezelfde oefening te doen voor ieder terrein van je leven waarop je moeilijkheden ondervindt – je beroep, relaties, vrije tijd. Dezelfde principes zijn van toepassing. Zet in de eerste kolom het gebied waar je moeilijkheden ondervindt. Beschrijf in de tweede wat je wilt. Geef je waarom-niet-redenen, en zoek daarna naar de andere gebieden die erdoor beïnvloed worden en naar de vermeden angst. Als je de angst eenmaal gevonden hebt, zie die dan onder ogen, en ruim die op door hem te voelen, je hebt je ontkenning niet langer meer nodig.

Een vrouw, Pat genaamd, heeft geen vrije tijd om plezier te maken. Haar waarom-niet-reden is dat ze het te druk heeft. Andere gebieden worden erdoor beïnvloed:

ze heeft erg weinig intieme relaties en ze is eenzaam. Haar onderliggende angsten zijn de angst voor intimiteit en de angst buitengesloten te worden. Als klein meisje mocht ze niet met de andere kinderen in de buurt spelen. Pat voelde zich buitengesloten omdat ze nooit vriendinnetjes met hen werd. Hetzelfde geldt voor nu. Als ze eenmaal te weten komt wat de onderliggende angst onder haar ontkenning is, kan ze die angst onder ogen zien door opzettelijk en regelmatig relaties te beginnen. Dit zal voor haar in het begin heel angstig zijn en ze zal zich waarschijnlijk diverse malen in het leerproces afgewezen en buitengesloten voelen. Maar oefening baart kunst. Een heel nieuw levensgebied zal voor haar opengaan. Ze zal het soort mensen vinden waarvan ze houdt en de interessegebieden die ze graag met anderen delen wil. Ze zal heel wat van anderen leren. Ze zal enorm plezier gaan beleven aan relaties en zal er ruim voldoende tijd voor vinden. Uiteindelijk zal ze waarschijnlijk zelfs een intieme relatie aangaan.

Een ander voorbeeld: George wil graag schilderen, maar hij blokkeert zichzelf daartoe met het excuus dat hij niet goed genoeg is of gewoon te lui is. Vele andere terreinen in zijn leven worden erdoor beïnvloed. Niets anders beschouwt hij als zo belangrijk als schilderen. Daarom geeft al het andere dat hij presteert niet echt voldoening omdat het niet waardevol is, zelfs al is het goed uitgevoerd. George ziet zichzelf als lui op andere werkterreinen. Onder dit alles ligt de angst om te falen en om kritiek te krijgen en, nog belangrijker, de angst voor zijn diepere zelf dat tijdens het creatieve schilderproces naar buiten zal komen.

Om in zo'n creatief proces succes te hebben is een eerste vereiste: een vrije stroom van energie. De enige manier om dat te bereiken is alles naar buiten te brengen, inclusief al het negatieve bewustzijn dat is vastgezet in de geblokkeerde energie van het auraveld. Dit is de reden waarom veel kunstenaars en schrijvers als excentriek en onaangepast worden beschouwd. Zij leven niet in het maskerzelf van sociaal geaccepteerd gedrag. Het is onmogelijk om creatief te zijn en tegelijk aangepast. In de film *Amadeus* was de componist Salieri ontzet over Mozarts uitzinnige gedrag en kon dat niet verenigen met de schoonheid van Mozarts muziek. Wat Salieri niet begreep was dat Mozarts uitzinnige gedrag diens manier was om zijn creatieve kracht stromend te houden. Het was Mozarts manier om zijn negatieve kant te uiten.

Door middel van expressieve therapieën hebben we nu betere manieren om een vrije energiestroom te bereiken, alhoewel vele kunstenaars uit het verleden dat niet ter beschikking hadden. In therapie vergt het uiten van negatief bewustzijn maar een paar minuten en het hoeft niet eens echt uitgespeeld te worden. In expressieve therapieën kunnen mensen gewoon in een kussen schreeuwen, met hun vuisten op een kussen slaan, of hout hakken terwijl ze alle vreselijke dingen die ze zouden willen doen, uitschreeuwen.

Heel vaak worden de niet-ingehouden uitingen van creatieve mensen door de maatschappij beschouwd als uitzinnig of gevaarlijk gedrag. Meestal is zulk gedrag allerminst schadelijk, maar het doorbreekt sociale regels die mensen onder controle houden en macht over hen uitoefenen. De regels doorbreken wekt angst in mensen op, omdat het 't transformatieproces en het uiteenvallen van het masker in gang zet, wat weer leidt tot het blootleggen van diepe innerlijke pijn. Wat velen niet begrijpen is dat het helen van de blootgelegde pijn naar hun persoonlijke licht en kracht leidt. Voordat de pijn geheeld kan worden, moet die worden blootgelegd. Dit is hetzelfde principe als een steenpuist doorprikken zodat de infectie schoongemaakt kan worden. Jammer genoeg weten de meeste mensen dit niet en beschouwen ze daarom gedrag dat maskers doet uiteenvallen als erg gevaarlijk.

George zit in het proces waarin hij contact maakt met zijn ontkenning en de onderliggende angst en woede naar buiten brengt. Wanneer hij eenmaal zijn angst en woede begint te uiten, zal hij weer kunnen gaan schilderen. Als hij de creatieve kracht in hem de ruimte blijft geven, zal niet alleen zijn kunst zich ontwikkelen, maar zal iedere fase daarvan nieuwe angst en woede naar buiten brengen. Naargelang hij de angst en woede uit zijn systeem opruimt, zal dit meer creatieve kracht vrijmaken, zodat hij meer zal kunnen schilderen.

George kan zelfs bang zijn voor succes. Hierom zal hij, naarmate hij meer schildert, meer moeten schoonmaken om de creatieve energie stromend te houden. Hij kan zelfs bang zijn wat hij met die kracht aan moet als hij veel succes krijgt. Toegenomen kracht in de wereld betekent toegenomen kracht in het energieveld. Hoe sterker de energie/kracht is die door het veld stroomt, des te meer wordt de diep en stevig vastgehouden negatieve energie bevrijd. De enige manier om goed met kracht om te gaan is steeds bezig te blijven het negatieve energiebewustzijn op te ruimen dat vrijkomt uit steeds diepere niveaus van het veld (en het onderbewuste), naarmate de toegenomen kracht erdoorheen stroomt.

Deze voortgaande cyclus zal doorgaan zolang George doorgaat met opruimen. Zijn creativiteit zal nooit eindigen. Natuurlijk zal het proces waarmee de negativiteit wordt opgeruimd met de jaren makkelijker en sneller gaan en nieuwe vormen aannemen, omdat zodra iets gewoonte wordt het niet langer louterend werkt. Als iets van zijn woede op zijn moeder gericht is, zal uiten daarvan op den duur gewoonte worden. Wanneer dit gebeurt, kan hij het heel goed gebruiken als een verdedigingsmechanisme tegen wat eronder ligt. Dan wordt het tijd om zijn uiting te wijzigen en nieuwe gebieden van zijn psyche te betreden die misschien nog angstwekkender en onbekender voor hem zijn.

Een healer die in dit proces met George zou werken,

Afbeelding 12-2 *Schema voor het opruimen van je oordelen en hun gevolgen*

Zelf veroordeling	Wat je zou willen doen	Goede gevoelens	Ouderlijke stemmen	Vermeden angst	Andere beïnvloede gebieden

Voorbeelden:

Roberta: ik ben te dik	me vrijer in mijn lichaam voelen; meer mijzelf laten zien; minder in de verdediging gaan; me sexy voelen; intimiteit in het leven	me mooi voelen; me krachtig voelen; me goed over mezelf voelen; ik wil seks	'Wie denk je eigenlijk wel die je bent?' 'Je bent arrogant. Anderen zullen weten wat je wilt.'	angst voor aandacht; angst voor energie; angst voor seksualiteit	onderdrukt seksuele gevoelens en creativiteit overal in haar leven; niet gevoed op seksgebied
Terry: ik zal nooit een man/vrouw krijgen	een huwelijk, kinderen en een thuis hebben	zich vervuld, gelukkig en krachtig voelen	'Hij/zij zal me verraden en alles inpikken.'	angst voor intimiteit; angst om te delen; angst voor verraad	geen nauwe relaties met mannen/vrouwen in andere levensgebieden

zal hem helpen zijn veld schoon te maken door middel van healingtechnieken die vele therapeuten en lichaamsgerichte werkers niet ter beschikking staan. De healer neemt blokkades weg die in het expressiewerk niet naar buiten komen, laadt gebieden op die opgeladen dienen te worden, en herstelt delen van het veld die verstoord zijn. De healer leert hem bovendien hoe hij de verstoringen en blokkades, die in zijn veld door ontkenning en verdediging zijn geproduceerd, kan opsporen en hoe hij zijn veld weer terug kan brengen tot een normaal helder functioneren. Zodoende zal zijn proces veel sneller gaan.

Telkens als George een nieuwe schildercyclus doorloopt, zal dit creativiteit losmaken in andere gebieden van zijn leven, zoals in zijn werk en zijn relaties. Hij zal zijn werk in een galerie interessanter vinden. Hij zal aangenaam verrast zijn te ontdekken dat zijn vermogen om diepere niveaus van intimiteit te onderhouden ook groeiende is. Een heleboel van zijn ontkenning – en de oude angst en woede die tussen hem en de rest van de wereld in stonden – is verdwenen.

Als je er nog nooit aan gewerkt hebt negatieve energie vrij te maken, raad ik je aan dit samen met een healer of een lichaamsgericht psychotherapeut te proberen. Het is bijzonder effectief om door dit stadium van het opruimwerk heen te geraken. Als je eenmaal de techniek kent van het vrijmaken van negatieve gevoelens en daarbij het negatieve energiebewustzijn dat in je veld vastgehouden wordt, dan zul je het in je eentje, zonder de hulp van een therapeut, kunnen doen wanneer je het maar nodig hebt. Zorg dan wel dat de ramen dicht zijn. Het zal niemand pijn doen of schaden, wel zal het de sappen vloeiend houden. Als het goed wordt gedaan, zal de vrijgekomen energie heel snel in grote hoeveelheden liefde veranderen.

Oefening om je oordelen en de effecten daarvan op te ruimen
Laten we nu meer duidelijkheid verkrijgen omtrent de gebieden waarin je jezelf niet liefhebt en jezelf veroordeelt. Ditmaal zullen we een schema met zes kolommen maken, zoals je in afbeelding 12-2 kunt zien. Maak een lijstje van al je zelfveroordelingen die omhoog kwamen toen je voor de spiegel de oefening in zelfliefde deed (zie hoofdstuk 11). Zet ze in de eerste kolom. Maak in de tweede kolom een lijst van alle dingen die je zou doen of zou willen zijn, als deze oordelen over jezelf niet waar waren. Stel jezelf nu voor dat je deze dingen doet. Het zal je een goed gevoel geven. Zet deze goede gevoelens in kolom drie.

Blijf bij de oefening en zak dieper in je gevoelens. Als je dat doet, zullen je goede gevoelens verdwijnen en je zult uiteindelijk angst gaan voelen. Dit zal je aanvankelijk misschien bevreemden, maar blijf bij dat gevoel – en het zal je duidelijk worden. Je zult van binnen je geïnternaliseerde ouderlijke stemmen horen, de stemmen van andere gezagdragers uit je jeugd, of de stem van je eigen innerlijke kind dat je negatieve waarschuwingen geeft. Deze stemmen weerspiegelen je negatieve conclusies over de werkelijkheid, die negatieve beelden of negatieve overtuigingen worden genoemd. Zij waarschuwen je voor de gruwelijke gevolgen die staan te gebeuren als je ermee doorgaat het genoegen te smaken je verlangens te vervullen.

Onthoud dat deze stemmen komen van je maskerzelf en dat hun oorspronkelijke bedoeling was je veiligheid te bieden en te beschermen – dat wil zeggen: veilig in de interpretatie van jou als kind van wat je ouders en opvoeders je vertelden over wat je veiligheid zou bieden. Dit hoeft niets met de werkelijkheid uitstaande te hebben.

Als je de angst nog steeds niet voelt, blijf er dan bij stilstaan. Deze stemmen zullen je uiteindelijk schrik aanjagen omdat ze je er voortdurend aan herinneren wat een gevaarlijke onderneming het leven is. Ze zeggen je wat je moet doen om veilig te zijn. Het is een kansloze affaire omdat je nooit alles kunt doen wat ze je opdragen. En daarom ben je niet veilig! Wanneer je de angst gevonden hebt, zet die dan in de vijfde kolom.

Zoals we besproken hebben in hoofdstuk 1, beschermen je geïnternaliseerde ouderlijke stemmen je inderdaad op een andere manier. Ze beschermen je ertegen je wond te voelen. Ongelukkigerwijs beschermen ze je tevens tegen je creatieve energie! Als je luistert naar je geïnternaliseerde negatieve stemmen en hun raad opvolgt, zal je creatieve energie in je maskerzelf opgesloten blijven. Als je deze waarschuwingen in de wind slaat, zul je energieën in jezelf vrijmaken die je heel lange tijd niet ervaren hebt, misschien zelfs niet sinds je kindertijd. Je gaat lijken op de hierboven besproken kunstenaars. Het kan zijn dat je je wond moet blootleggen en je met je diepere woede en pijn moet zien klaar te komen. Maar het zal je leven vrijmaken!

Hier komt nog bij dat het kan zijn dat jouw daden niet meer de maskers van anderen ontzien. Je kunt mensen de stuipen op het lijf jagen en hen kwaad maken. Ik houd geen pleidooi voor het botvieren van je negatieve gevoelens noch voor het lozen ervan op anderen. Maar ik bedoel wel het opeisen van je onafhankelijkheid. Het kan heel juist zijn ermee op te houden je handelingen te beteugelen vanwege wat andere mensen ervan denken. Je stopt misschien met je baan als die niet voor jou de juiste is, of je breekt je huwelijk af als dit je niet meer voedt.

Afbeelding 12-2 bevat ook een paar voorbeelden van de negatieve gevolgen van zelfveroordelingen en de beloningen die het opgeven daarvan met zich brengt. Roberta's zelfveroordeling luidde: 'Ik ben te dik.' Deze zelfveroordeling deed haar zich nog slechter over zichzelf voelen, dus at ze nog meer. Toen ze probeerde zichzelf op dieet te zetten, stak een andere stem de kop op. Die zei: 'Dat kun je niet maken!' Ze was op haar verzet gestuit. Toen ze hier in haar sessies aan ging werken, ontdekte ze dat haar ouders haar, in haar jeugd, op dieet hadden proberen te zetten. Het bleek dat vanuit haar gezichtspunt haar ouders haar een heleboel probeerden te laten doen. Eten was toen een manier om haar vrijheid te claimen. Het probleem was dat toen ze opgroeide, ze het vermogen kwijtraakte te onderscheiden wat zijzelf wilde en wat haar ouders van haar wilden.

Na enige tijd ermee bezig te zijn geweest haar innerlijke kind te leren kennen, kon Roberta onderscheid beginnen te maken tussen wat ze voor zichzelf deed en wat ze uit verzet deed. Ze besloot dat ze echt gewicht wilde verliezen omdat ze geloofde dat ze dan vrij in haar lichaam zou zijn, meer zichzelf zou laten zien en minder in de verdediging zou zitten.

Roberta ging op dieet. Naarmate ze gewicht verloor, begon ze te voelen dat ze mooi, krachtig, goed en sexy was. Toen kwam de healingcrisis. Haar geïnternaliseerde ouderlijke stemmen, stemmen uit haar maskerzelf afkomstig, schreeuwden meer oordelen naar haar: 'Wie denk je wel dat je bent?', 'Je bent arrogant' en 'Anderen zullen weten dat je seks wilt.' Ze werd bang en begon in haar angst weer te eten. De stemmen kwamen tot bedaren toen ze weer aankwam in gewicht. Ze werkte in haar therapiesessies aan de gewichtstoename en herkende haar angst. Ze keerde terug naar het dieet en ging verder de angst in haar sessies onder ogen te zien. Onder die angst lagen diepere angsten: de angst voor aandacht, de angst voor haar eigen energie en wat ze daarmee aan moest, en de angst voor haar seksualiteit. (Deze angsten zijn in kolom vijf gezet.) Haar diepere angsten hadden invloed op andere gebieden van haar leven waar ze haar gevoelens, haar seksualiteit en haar creatieve kracht onderdrukte. Toen ze haar angsten onder ogen durfde zien, kon ze ook haar gevoeligheid accepteren bij andere mensen te zijn, zodat ze niet meer zo bang was om in het middelpunt van de aandacht te staan. Ze vond meer genoegen in haar seksualiteit en raakte behoorlijk wat gewicht kwijt. Waarschijnlijk het meest dramatische gevolg was het openbloeien van haar creativiteit. Ze werd een vruchtbaar schilderes.

Het tweede voorbeeld, Terry, is zowel bij mannen als vrouwen bekend, daarom is het voor beiden geschreven. Deze mensen zijn lange tijd vrijgezel gebleven of zijn gescheiden. Het eerste oordeel over zichzelf luidt dat ze nooit een partner zullen krijgen. Ze vrezen dat de juiste persoon nooit langs zal komen. Het zal hen nooit overkomen en daar kunnen ze zelf niets aan doen. Ze hunkeren naar een gevuld leven met kinderen en een thuis. Ze beelden zich in dat dit hun een gevoel van vervulling, geluk en kracht zou geven. Hoeveel mensen hun pad ook kruisen, de juiste zit er nooit bij. Zodra ze intiem worden met iemand, beginnen alle innerlijke ouderlijke stemmen te waarschuwen tegen verraad en verlies. Op dat moment ontdekken deze mannen en vrouwen dat er iets mankeert aan de persoon die ze net ontmoet hebben en komen ze tot de conclusie dat die persoon dus niet hun aanstaande echtgeno(o)t(e) kon zijn. Als deze mensen in therapie gaan, ontdekken ze een diepgewortelde angst voor intimiteit. Hun oordeel over zichzelf dat ze nooit een partner zullen krijgen is in werkelijkheid een ontkenning van hun diepe angst voor intimiteit. Tot het moment dat ze deze angst onder ogen zien, zullen deze mensen niemand in hun dagelijks leven dichtbij genoeg laten komen om intimiteit te kunnen scheppen.

Oefening om de waarheid te vinden die onder je zelfveroordeling verscholen ligt
Nu kun je zien dat je je oordelen over jezelf gebruikt om je angst te vermijden. Behoorlijk listig, niet? Het is zelfs listiger dan je denkt. Je oordelen zijn in wezen waarom-niet-redenen. Zet nu in afbeelding 12-2 boven de eerste en vierde kolom 'waarom-niet-redenen' en boven de tweede 'verlangde resultaten'. Word je de volgende keer dat je in zelfveroordelingen vervalt bewust dat het eigenlijk waarom-niet-redenen zijn, verkleed in een onaangenaam kostuum.

Als je zelfveroordelingen hebt over het naar een dokter of healer gaan voor hulp, dan zijn dat waarschijnlijk redenen waarom je niet hoeft te gaan en te zorgen dat er voor het probleem gezorgd wordt. Enkele algemene waarom-niet-redenen in de vorm van zelfveroordelingen zijn:

'Ik ben maar een hypochonder.'
'Ik ben kleinzielig, ik kan een beetje pijn niet eens aan.'
'Ik ben een lafaard.'
'Ik wil de dokter niet weer met mijn onbetekenende kleine klachten lastig vallen.'

Deze bedekken de angst om de waarheid van je situatie onder ogen te zien zodat je er iets aan zou kunnen doen.

Met behulp van deze oefeningen zul je de negatieve effecten van je angsten op je rationele processen kunnen stoppen en er helderheid over verkrijgen. Als je eenmaal uit de ontkenning bent gestapt, naar een arts of healer bent gegaan, en een diagnose of ziekteomschrijving gekregen hebt, zul je misschien weer door dit proces heen moeten gaan. Onthoud dat dit proces zelfs moeilijker kan zijn als iemand je eenmaal verteld heeft dat er iets mis is, welke taal hij of zij ook gebruikt. Als je je fysiek erg slecht voelt, gedesoriënteerd bent of niet veel energie hebt, zal het nog moeilijker zijn. Zorg dat iemand die je nabij is je dan helpt.

Zorg in elk geval dat je de tabellen in de afbeeldingen 12-1 en 12-2 gebruikt bij het kiezen van je gezondheidszorgteam. De tabellen zullen je erbij helpen de praktische informatie heel waardevol te maken. Als je eenmaal de benodigde informatie hebt, zul je bij machte zijn je waarom-niet-redenen te achterhalen, weten wat je te doen staat en uitzoeken hoe je de juiste stappen kunt zetten om met je ziekte om te gaan.

Rationeel begrip verwerven van je ziekte en je healingpad

In hoofdstuk 8 bespraken we hoe belangrijk het is te weten wat er in je lichaam en auraveld omgaat, alsook op de hoogte te zijn van de verschillende soorten behandelingsmethoden die er beschikbaar zijn. Het is goed dat te onderzoeken voor je ziek wordt. Maar als je al ziek bent op het moment dat je dit leest, is het nu de tijd om de mechanismen te begrijpen van je ziekte en van het healingproces waarvoor je zult kiezen om doorheen te gaan. Dit alles zal ertoe bijdragen je op je healingproces te concentreren en eraan toe te geven.

Bijvoorbeeld, als je je rug bezeert en weet dat je twee weken in bed moet blijven, dan kun je je aan dat programma houden. Je zult die tijd veel beter kunnen benutten om grondig in jezelf naar binnen te keren met het doel jezelf te genezen van het diepere probleem dat onder die rugpijn ligt. In het andere geval neem je, iedere paar dagen dat je rug beter voelt, maar aan dat je weer beter bent en houd je op met rusten. En dat is de beste manier om je opnieuw te bezeren.

Natuurlijk is het belangrijk te weten dat ieders healingproces zijn eigen tempo heeft. Je arts of healer kan je alleen algemene richtlijnen geven om je te helpen begrijpen wat je misschien te wachten staat. Waar je doorheen zult gaan, zal je eigen ervaring in je eigen tempo zijn. Geen enkele informatie over hoe je healingproces eruit zal zien of hoe lang het nemen gaat, is een garantie dat het bij jou inderdaad zo zal verlopen. Het zegt alleen maar hoe het gewoonlijk verloopt. Het is bijzonder belangrijk geen vastomlijnde verwachtingen te koesteren over wat je zult ervaren. Want dit kan ervoor zorgen dat je van je stuk raakt wanneer het anders blijkt uit te pakken. Het is eerder bedoeld om een goed overzicht van je waarschijnlijke healingproces te krijgen zodat je je leven eraan kunt aanpassen.

De geneeskundigen vinden die beschikbaar zijn voor jou
Onthoud dat het altijd beter is om te weten hoe je informatie moet krijgen over ziekte en de verschillende behandelingsmethoden vóórdat je ziek wordt. Als je hier nog geen tijd aan wilt besteden, maak dan nu ten minste enig contact met mensen die je kent die toegang hebben tot dit soort informatie, gewoon voor het geval je dit eens nodig hebt. Ik raad je aan een huisarts te nemen en je ieder jaar te laten keuren, waarbij je tegelijk ook die arts kunt uittesten. Zoek uit welke ziekenhuizen jouw regio bedienen. Doe een klein onderzoek naar wat andere behandelingsmethoden te bieden hebben – zoals acupunctuur, homeopathie, bindweefselmassage, lichaamsgerichte psychotherapie en natuurgeneeswijzen – en of ze in jouw wijk beschikbaar zijn. Test alle mogelijkheden die de professionele gezondheidszorg biedt. Het lijkt een beetje op een verzekering afsluiten of een EHBO-cursus volgen. Appendix B geeft een overzicht van verschillende mogelijkheden en hoe je die in jouw omgeving kunt achterhalen. Het zet tevens op een rij wat ze voor je kunnen doen.

Ik raad je aan dat je, wanneer je ziek wordt, naast je arts ook iemand raadpleegt die je voedingsadviezen geven kan, dat je enige vorm van lichaamsgericht werk doet, bijvoorbeeld handoplegging, en enig therapeutisch werk om de psychische aspecten van je ziekte aan te pakken. Daarom is het goed om ten minste vier professionele mensen in je healingteam te hebben die bereid zijn met elkaar samen te werken.

Ziekten worden verschillend omschreven, afhankelijk van de desbetreffende discipline. Om je een ruimer inzicht te geven van het ziekteproces dat zich in je voltrekt, raad ik je aan er ten minste vanuit vier belangrijke invalshoeken over te lezen. In de bibliografie achter in dit boek vind je aanbevolen literatuur over verschillende disciplines die een ziekte vanuit verschillende invalshoeken beschrijven.

Nu je weet wie je moet vragen, waar je hen kunt vinden en hoe ze tegen ziekte aankijken, kun je de procedure van je healingplan samenstellen met je team van deskundigen uit de gezondheidszorg. Hieronder staat een ideale lijst van de vijf voornaamste gebieden waarop je professionele hulp kunt krijgen. Ik besef goed dat je ze misschien niet alle vijf erbij kunt betrekken, maar gebruik er zoveel je kunt.

Vijf belangrijke terreinen waarop je professionele hulp kunt krijgen bij je healingplan:

1. Laat een diagnose opstellen door je arts (medisch of homeopathisch) met een prognose en een aangeraden behandeling.
2. Laat een ziektebeschrijving maken van je lichaam en je aura door je healer, met een voorspelling en een behandelingsprogramma.
3. Laat een voedingsanalyse maken en een dieetprogramma opstellen.
4. Laat een diagnose maken van je probleem door je andere geneeskundige: een lichaamsgericht therapeut of acupuncturist.
5. Bezoek een therapeut om aan de emotionele aspecten van je ziekte te werken.

Misschien moet je wel met vele kandidaten voor jouw werk een vraaggesprek houden. Dit kan een probleem zijn omdat de meeste artsen en therapeuten weinig tijd hebben voor zulke vraaggesprekken. En jij kunt te ziek zijn om dit te doen. Jij of iemand die je helpt zal hier naar alle waarschijnlijkheid hun personeel om moeten vragen. Wees daar niet bang voor. Onthoud dat jij hen inhuurt voor een dienst. Dit vereist dat je zo goed mogelijk geïnformeerd raakt over de diensten die ze kunnen verschaffen. Alweer, het is beter dat je hen, vóórdat je ziek wordt, uitkiest als je regelmatige steunnetwerk. Als je dit voorwerk nog niet verricht hebt, doe het dan nu naar beste kunnen. Wees niet bang hulp te vragen. Je vrienden kunnen je op dit terrein bijzonder behulpzaam zijn. Ze hebben misschien veel ervaringen met tal van artsen waar ze je nooit eerder over gesproken hebben, vraag hun er dus naar. Dit heeft misschien niet altijd het gewenste resultaat omdat iedereen anders is en je vrienden misschien meer van een bepaalde stijl van een arts houden dan jij.

Ik heb hieronder een lijstje vragen gemaakt die niet vaak door patiënten worden gesteld. Maar als we iemand inhuren om een of ander klusje voor ons te doen, zouden we ons vrij voelen deze vragen te stellen. Aangezien healing een relatief nieuw onderwerp in dit land is, stellen mensen mij regelmatig zulke vragen. Dit zorgt ervoor dat er tussen de cliënt en mij een helderder contact wordt gelegd, en dit helpt duidelijk te krijgen wat ik voor hen doen kan. Ik heb artsen en andere mensen in de gezondheidszorg bereid gevonden zulke vragen te beantwoorden. En als cliënten bereid zijn dit soort vragen te blijven stellen, dan zullen meer healers dit accepteren. Je beledigt niemand door zulke vragen te stellen. Integendeel, je toont je belangstelling om de best mogelijke zorg te krijgen. Dat zou gerespecteerd moeten worden.

Enkele belangrijke dingen om te weten te komen omtrent de werkervaring van je specialisten in hun tak van gezondheidszorg:
- Wat voor opleiding hebben zij genoten?
- Wat zijn hun bekwaamheden?
- Wat kunnen ze je bieden?
- Wat zijn de nieuwste en beste methoden om jouw kwaal te behandelen?
- Hoe lang zijn ze al werkzaam in de gezondheidszorg/- in het healingwerk?
- Hoeveel patiënten met jouw ziekte hebben ze behandeld?
- Welke resultaten hebben ze met hen geboekt?
- Welke resultaten verwachten ze bij jou te boeken?
- Wat voor soort informatie kunnen/willen ze jou geven?

Het medische terrein is nu zo gecompliceerd dat je heel waarschijnlijk iemand wenst die al enige tijd werkzaam is op dat medische gebied waarop jij zorg behoeft. Ervaring en het bijhouden van de laatste ontwikkelingen en nieuwe behandelingsmethoden tellen wel degelijk bij heel wat ziekten mee. Onthoud dat de geciteerde statistieken meestal nationaal zijn en misschien helemaal niet gelden voor de mensen of het ziekenhuis waar jij overweegt heen te gaan. Het stellen van specifieke vragen, zoals het aantal patiënten met jouw ziekte die de specialist gezien heeft, en de resultaten ervan, geeft jou grondige informatie over zijn of haar feitelijke ervaring op dat terrein van gezondheidszorg dat voor jou het belangrijkste is. Sommige artsen geloven in het verschaffen van zo min mogelijk informatie; andere houden het achter tot ze het gevoel hebben dat de cliënt rijp is om het te horen; weer andere vertellen alles op een tamelijk botte wijze. Let op de manier waarop de mensen met wie je spreekt zich naar je uitdrukken. Vergewis je ervan of je hun stijl prettig vindt voordat het menens wordt en je ernstige informatie verteld krijgt op een manier die niet overeenkomt met de wijze waarop jij emotioneel in elkaar zit.

Alle geneeskundigen hebben een netwerk waarvan gebruik gemaakt kan worden. Onderzoek dit door het stellen van de volgende vragen.

Enkele belangrijke dingen om te weten te komen omtrent het netwerk van je geneeskundige:
- Tot welke andere connecties of faciliteiten hebben zij toegang?
- Waaruit bestaat hun steunnetwerk?
- Naar welk ziekenhuis zul je gaan wanneer dat nodig is? Welke reputatie heeft het?
- Over welke faciliteiten beschikt dit ziekenhuis?
- Is dit het juiste ziekenhuis voor jouw ziekte? (Verschillende ziekenhuizen specialiseren zich in verschillende ziekten, vooral de zeldzame of moeilijk geneesbare ziekten.)
- Hoe lang behandelen ze al patiënten met jouw speciale ziekte? Zijn ze er vertrouwd mee?
- Is er iemand bij het ziekenhuispersoneel die jouw zienswijze begrijpt en jouw wijze van genezing wil steunen?
- Moet je naar een speciaal laboratorium voor bepaalde onderzoeken? In welke plaats staat dit?

Er zijn veel verschillende soorten chemotherapie. De soort die voor jou het beste is wordt misschien niet verstrekt in het plaatselijke ziekenhuis waarop je bent aangewezen. Het is beter de moeite te nemen wat te reizen voor de best mogelijke behandeling. Als je toevallig een van de mensen bent die een harttransplantatie nodig hebben, maakt dit enorm veel uit. Sinds de eerste succesvolle harttransplantatie hebben veel ziekenhuizen de faciliteiten om die service te bieden aan hun arsenaal toegevoegd. Hun mate van succes loopt echter nogal drastisch uiteen. Zorg dat je de overlevingsstatistieken op het aantal behandelde patiënten van dat bepaalde ziekenhuis in handen krijgt in plaats van het landelijk gemiddelde. Ik besef maar al te goed dat dit alles onmogelijk lijkt als je eenmaal ziek bent, maar het zal je uiteindelijk enorm steunen. Zorg dat iemand je hierbij helpt. Als je het niet kunt uitleggen, laat hun dan dit boek zien.

Als je team eenmaal is samengesteld en je iets meer begrijpt over hoe zij het ziekteproces vanuit hun discipline bezien, dan is de volgende stap het samenstellen van je healingplan. De volgende informatie heb je nodig om een behandelingsmethode te kiezen.

Goede vragen om te stellen over de behandelingsmethoden:
- Wat zijn de verschillende stappen in de behandelingsmethode?
- Wat is de effectiviteit van de behandeling?
- Waar is de dichtstbijzijnde behandelingsfaciliteit?
- Wat zijn de bijwerkingen?
- In welke mate kan handoplegging die bijwerkingen verminderen?
- Wat kosten zulke behandelingsprogramma's?
- Hoeveel dekt je verzekering daarvan? (Vraag er je verzekeringsmaatschappij naar.)
- Wat zul je moeten doen om dit behandelingsprogramma te voleindigen?
- Hoe zal het aanvoelen?
- Hoelang zal het duren?
- Hoelang duurt de herstelperiode na de behandeling?
- In welke mate kan healing deze tijd bekorten?
- Hoelang, hoeveel en wat voor soort hulp zul je thuis nodig hebben?

Hoeveel bedrust zul je nodig hebben?
Hoe kun je je lichaam van de medicijnen die je zult innemen, helpen zuiveren door middel van zuiveringsdiëten, kruiden, homeopathische middelen, vitaminen en handoplegging?

Als je deze informatie eenmaal hebt, zal het niet zo moeilijk meer zijn om je gecombineerde behandelingsplan uit te kiezen. Onthoud dat het succes van het plan grotendeels afhangt van jouw vasthoudendheid eraan en jouw aandeel erin.

Je healingplan ontvouwen aan je geneeskundige
Maak, nadat je je team hebt samengesteld, een zo gedetailleerd mogelijk plan omtrent wat je nodig zult hebben wanneer je de verschillende fasen van je healingproces doorloopt. Dit plan moet omvatten: dieet, aanvullingen op je voeding zoals vitaminen en mineralen, lichaamsoefeningen, meditatie, medicijnen en kruiden, en specifieke behandelingen. Dit niveau van de behandeling zal door je persoonlijke transformatieproces ondersteund worden. Houd in gedachten dat je door alle stadia van het healingproces zult gaan die in hoofdstuk 7 zijn beschreven.

Als je een healer en een arts gevonden hebt die willen samenwerken, herlees dan hoofdstuk 6 over het healer-artsteam. Moedig de healer en de arts aan om een gemeenschappelijke taal te vinden waarin ze jouw zaak kunnen bespreken, zodat ze samen kunnen werken om het meest effectieve healingplan samen te stellen dat jou ter beschikking staat.

Visualisaties ten behoeve van zelfhealing

Een groot deel van wat jij zelf kunt, naast het ondergaan van de behandeling, is het doen van healingvisualisaties, zoals degene die door dit hele boek heen gegeven worden. Ze werken in op elk niveau van je wezen: hoe je je veld schoon kunt maken, hoe je met bepaalde zieke lichaamsgebieden kunt werken en hoe je je creatieve proces vrij kunt maken. Andere bronnen waaruit je healingvisualisaties kunt betrekken, staan in de lijst van aanbevolen literatuur.

Het is de moeite van het opmerken waard dat het visualisatieproces – dat vereist dat je je er steeds een voorstelling van maakt hoe goed je echt wilt dat de dingen zullen gaan en hoe goed het aan zal voelen – ook negatieve reacties kan oproepen, zoals te zien is in de afbeeldingen 12-1 en 12-2. Wanneer die negatieve stemmen inderdaad de kop opsteken, is het belangrijk ze te laten spreken. Druk de negatieve stemmen niet in ontkenning weg. Je hebt hard gewerkt om ze ruimte toe te staan. Laat ze wel spreken, maar laat ze niet winnen. Wanneer je ze hoort, zul je ze als zodanig herkennen, wat ze zal ontkrachten. Natuurlijk zullen ze de ene dag meer winnen dan de andere. Wees hier niet bang voor. Uiteindelijk zullen ze verliezen. Jouw intentie jezelf te genezen zal je helpen jezelf weer op te krikken en voort te blijven gaan in de richting van je werkelijke zelf, wat je helen zal. Geef je over op die dagen dat de negatieve stemmen lijken te overwinnen, en doe niets anders dan bidden. Laat los. Rust. Je zult vrede vinden. De volgende dag zal beter zijn.

Als je eenmaal hebt ingezien wat die negatieve stemmen zijn, kun je ze vervangen voor positieve. Je schept wat je wilt, door telkens wanneer de negatieve stemmen en gevoelens de kop opsteken, terug te keren naar beelden van hoe goed jij wilt dat je leven zijn zal en daarbij te blijven. Door daaraan vast te houden ga je er uiteindelijk doorheen en ruim je alle negatieve stemmen en de onderliggende angsten op waarna je ze vervangt door positieve beelden en creatieve energie. Beschouw visualisatie vooral als een middel om de creatieve energie te richten die vrijgekomen is in het proces van het opruimen van ontkenning en negatieve gevoelens. Je bent bezig een nieuwe gewoonte te scheppen, ditmaal echter een positieve. Een interessant gegeven over de menselijke geest is dat als iets maar vaak genoeg wordt herhaald, de geest ernaar handelt alsof het waar is. Dat is ook de wijze waarop je ooit begonnen bent de negatieve gewoontestemmen te geloven. Nu hoef je ze slechts te vervangen door positieve stemmen. Het werkt echt! Zodoende is het visualisatieproces een andere, heel positieve manier om je angsten onder ogen te zien en je gevoelens te voelen.

DEEL V

HEALING EN RELATIES

'Wanneer ik terugkijk, heb ik meestal eerder spijt van de dingen die ik naliet dan van de dingen die ik niet had moeten doen.'

Malcolm Forbes

Inleiding

HET BELANG VAN RELATIES VOOR JE GEZONDHEID

Hoe langer ik werk met en onderwijs geef over gezondheid en het menselijk energieveld, hoe meer ik me bewust word van het grote belang van onze relaties voor onze gezondheid. In feite zijn onze relaties van cruciaal belang voor onze gezondheid. Alles staat met elkaar in verhouding en is met elkaar verbonden. Niets is geïsoleerd, en niets kan in afzondering worden gedaan. Zelfs onze gedachten zijn niet geïsoleerd. Alles wat we denken, voelen en doen staat in relatie tot elkaar, de planeet en het universum. Zoals aan de wetenschap goed bekend is, staat elk voorval altijd in relatie tot alle andere gebeurtenissen. Alle gebeurtenissen zijn relationeel. We zijn holografisch verbonden in relatie met al het andere en met alle gebeurtenissen. Daarom staan onze gezondheid en ons welzijn ook altijd in relatie tot alles.

Toen ik ons verbonden-zijn in healing begon te onderzoeken, ontdekte ik dat de oorzaak van elke ziekte die we krijgen altijd met onze relaties in verband staat. Onszelf helen met betrekking tot onze relaties werd het centrale thema van mijn werk. In de volgende drie hoofdstukken laat ik zien hoe onze relaties onze gezondheid beïnvloeden en hoe healing, via de context van relaties en het menselijk energieveld, ons leven en ons lichaam op wonderbaarlijke en vervullende manieren verandert.

Hoofdstuk 13

GEZONDE RELATIES SCHEPPEN

Naargelang we helderder worden in ons zelfbewustzijn, kunnen we beginnen die zelfkennis toe te passen in de relaties die we aangaan. We zien dat we dezelfde waarom-niet-redenen die we op onszelf toepassen, ook op onze relaties toepassen. We hebben besproken hoe we die waarom-niet-redenen kunnen opruimen om in ons leven de gewenste resultaten te verkrijgen. Nu kunnen we leren hetzelfde te doen met betrekking tot relaties. Een eenvoudig hulpmiddel hiertoe is gebruik te maken van het begrip contracten.

De onuitgesproken contracten die we in onze relaties afsluiten

We kunnen al onze relaties met anderen in termen van contracten bezien. Contracten bepalen de grenzen die acceptabele gedragspatronen binnen de relatie vastleggen en handhaven. Het contract van een relatie bestaat uit onuitgesproken, vaak onbewuste overeenkomsten tussen mensen over hoe zij met elkaar om zullen gaan, inhoudende wat ze wel en wat ze niet zullen zeggen en doen. Contracten kunnen worden afgesloten tussen twee mensen, dan wel binnen of tussen groepen mensen, waar ze de vorm aannemen van sociale normen.

We zullen ons hier hoofdzakelijk concentreren op contracten tussen twee mensen. Maar alles wat daarover gezegd wordt kan zonder meer worden toegepast op contracten tussen een individu en een groep of tussen groepen onderling, hoe groot die ook mogen zijn. Het kan ook worden toegepast op jouw individuele relatie tot de planeet en die van de mensheid, waarop ik aan het eind van dit hoofdstuk even zal ingaan.

Gezonde positieve relaties zijn wederkerig en hebben duidelijk omlijnde contracten over eerlijkheid, steun en zorg tussen vrienden. Erbinnen bestaat er ruim voldoende ruimte voor vrijheid, creativiteit en zelfexpressie, alsook voor gezonde zorg en zorgzaamheid voor elkaar.

Deze positieve contracten bevorderen de groei van alle betrokkenen. Anderzijds ontstaan wederzijdse afhankelijkheidsrelaties uit negatieve, ongezonde contracten die de betrokken mensen beperken, verstrikken, gebruiken, onder controle houden en zelfs intimideren. Ze belemmeren creativiteit, persoonlijke expressie en persoonlijke vrijheid en ze dwarsbomen de natuurlijke persoonlijke groei van alle betrokkenen.

We scheppen allemaal zowel positieve als negatieve contracten. Meestentijds zijn deze contracten onbewust en werken ze automatisch. De terreinen in ons leven die soepel lopen en ons vervullen, zijn die terreinen waar we positieve contracten met anderen hebben gesloten, gebaseerd op wederzijdse positieve overtuigingen. Bijvoorbeeld, de ervaring op zo'n plezierige manier met anderen aan een taak te werken dat de klus geklaard wordt, is gebaseerd op een positief contract dat stelt dat helder denken, een bereidheid tot werken en samenwerking tussen de individuen, de beste garantie bieden om de taak te volbrengen. Dit contract is op een positieve overtuiging gegrondvest én op de overtuiging dat de wereld een plek is die zulke positieve wederkerigheid steunt.

In onze probleemgebieden maken we negatieve contracten met anderen. Wanneer we leven in een beperkte blik op de realiteit, nemen we bepaalde houdingen, standpunten in het leven en levenswijzen aan die helpen onze beperkte blik te bewijzen. Wanneer we dat doen, vormen we negatieve psychologische contracten om ervoor te zorgen dat anderen zich ten opzichte van ons zullen gedragen op een manier die onze beperkte blik op de werkelijkheid weerspiegelt. De voornaamste reden van deze contracten is om bepaalde gevoelens en ervaringen te vermijden die we niet willen hebben. Met onze negatieve contracten bevriezen we onze levensenergieën, evenals een heleboel creatieve energie in ons.

Aan een negatief contract ligt niet alleen onze angst

voor levenservaring maar ook onze negatieve overtuiging over hoe de wereld in elkaar steekt ten grondslag. Meestal is deze overtuiging onbewust en is ze afkomstig van een jeugdtrauma. Zo kan bijvoorbeeld een meisje dat door haar vader streng wordt gestraft en mishandeld, opgroeien met de overtuiging dat mannen wreed zijn. Haar vroegste ervaringen met mannen in haar leven, haar vader, hebben haar dat geleerd. Als volwassene maakt ze goede kans mannen te ontlopen of moeilijkheden te ondervinden in haar relaties met hen, als gevolg van haar negatieve verwachtingen. Ze zal negatieve contracten opstellen die mannen van haar weghouden, of ze stapt in relaties met wrede mannen. Deze relaties zullen haar overtuiging bevestigen dat mannen wreed zijn.

Contracten, eenmaal opgesteld, worden in gang gezet en blijven in beweging. Telkens wanneer een negatief contract vervuld wordt, dient het om de negatieve houding ten opzichte van het leven en de werkelijkheid die het ondersteunt te bekrachtigen. Deze negatieve overtuigingen worden almaar sterker en beperken ons in het leven, iedere keer meer wanneer we weer ronddraaien in een nieuwe negatieve ervaring. De auraconfiguratie die hiermee correspondeert raakt telkens meer verstoord. Een andere manier om dit te zeggen is dat een negatief contract een negatieve gedachtenvorm of overtuiging versterkt.

Het energiebewustzijn dat met een negatieve overtuiging verbonden is, verschijnt in het energieveld als een verstopping en verstoring op het zevende niveau. Deze verstoringen worden langzaam maar zeker naar beneden overgedragen op de andere auraniveaus. Op het vierde of relationele niveau vertonen de verstoringen zich als verstoppingen of blokkades in het veld van een enkel persoon of als negatieve auraveldinteracties tussen mensen. Zodoende wordt een veldverstoring op niveau zeven, dat een negatief geloofssysteem onthult, naar beneden overgebracht naar niveau vier, waar het via veldinteracties van het vierde niveau met anderen naar buiten komt als een negatief contract. Hoe meer een negatief contract in relaties wordt uitgespeeld, des te groter is de verstoring op het vierde niveau van het veld. De verstoringen worden steeds verder naar beneden overgebracht via de lagere niveaus van het veld totdat ze uiteindelijk het fysieke lichaam bereiken. Uiteindelijk komen ze als fysiek ongemak en ziekte naar buiten.

Aangezien zowel positieve als negatieve contracten holografisch werken, maken we uit gewoonte met veel mensen hetzelfde soort contracten. Elk healingproces vereist een blootleggen en oplossen van al deze negatieve contracten. Wanneer deze negatieve vormen of patronen in het auraveld van relaties worden opgeruimd door middel van handoplegging en een persoonlijk verwerkingsproces, vallen het psychische perspectief van negatieve standpunten in het leven, de negatieve overtuigingen, en de daden of gedragspatronen die daaruit voortkomen, uiteen en worden ze vervangen door positieve.

Negatieve contracten verkennen

Eerst zullen we onderzoeken hoe negatieve contracten tot stand komen, dan zullen we naar hun vorm kijken en ontdekken hoe we ze kunnen opruimen. Daarna zullen we leren hoe we positieve contracten met intieme partners, vrienden en geneeskundigen kunnen afsluiten.

Een typisch negatief contract begint in de jeugd tussen ouder en kind, vooral als er moeilijkheden in het gezin zijn. Bekijk eens het geval van Gary, een jongen wiens moeder moet werken en uitgeput, vol met geldzorgen thuiskomt. Ze zal haar zoon niet kunnen geven wat hij nodig heeft. Gary zal van alles ondernemen om haar aandacht te vangen. Als hij een manier gevonden heeft die succes heeft, zal hij die vaker toepassen en waarschijnlijk blijven gebruiken voor zolang ze werkt. Hij ontdekt dat hij mama's aandacht krijgt wanneer hij haar helpt of voor haar zorgt als ze zich rot voelt. Hij verwart deze aandacht onbewust met liefde. Dus ontvangt hij de boodschap dat hij voor zijn moeder moet zorgen, wil hij haar liefde krijgen. Dit is natuurlijk de omgekeerde wereld. Onbewust trekt Gary de conclusie dat als hij niet voor mama zorgt, hij dan ook niet mama's liefde zal krijgen. Zo leert hij dat liefde een prijs heeft. Nadat deze dynamiek zich enige malen heeft herhaald, wordt het een gewoonte die tot in de volwassenheid blijft bestaan, waar ze de vorm aanneemt van een ongezonde, overdreven zorgzaamheid. Iedere keer als hij betrokken raakt in een relatie met een vrouw, zal hij ten slotte altijd op een ongezonde, overdreven manier voor haar gaan zorgen, of het nu zijn vrouw, zijn zakenpartner of een werkneemster betreft. Heel diep van binnen gelooft hij dat dit noodzakelijk is om haar liefde te krijgen. Vanzelfsprekend is deze reden onbewust. Hij weet alleen maar dat hij iedere keer als hij een relatie aangaat, te veel verantwoordelijkheid op zich neemt en wordt leeggezogen. Dan gaat hij relaties vermijden omdat ze gewoon al dat werk niet waard zijn. Dit brengt hem in een vicieuze cirkel van behoeftigheid, wanhoop, rancune en zich terugtrekken. Hij zal er zelfs bij tijd en wijle voor kiezen zich af te zonderen.

De tabellen in afbeelding 13-1 helpen om de stappen duidelijk te maken in het negatieve contract dat Gary gewoontegetrouw opstelt. Houd voor ogen dat het zorgen in dit negatieve contract een overdreven zorgzaamheid is. Het is het zorgen voor een volwassene wanneer hij/zij dat helemaal niet nodig heeft, alsof hij/zij een kind was. De eerste kolom draagt als opschrift 'Als ik wel/niet... doe'. Dit verwijst naar de handelingen die Gary onbewust meent te moeten verrichten om te kunnen krijgen wat hij nodig heeft. In dit geval gelooft hij dat hij voor zijn moeder moet zorgen, of enige andere vrouw op wie hij betrokken is. Deze soort zorgzaamheid is alomvattend, alsof zijn moeder of die andere vrouw

Afbeelding 13-1 *Gary's negatieve contract*

Naam van de persoon: *Moeder*

Als ik wel/niet... doe	Zal hij/zij wel/niet...	Onbewuste overtuiging	Onmiddellijke prijs	Ondersteunde negatieve overtuiging	Andere beïnvloede levensgebieden	Ware prijs
Als ik voor mama zorg...	Zal ze van me houden	Ik moet voor mama zorgen om haar ertoe te bewegen van me te houden	Ik zorg voor mama, maar ik krijg haar liefde desondanks niet	Relaties zuigen energie weg en vervullen mijn behoeften niet werkelijk	Ik betaal overal in steeds andere vormen voor liefde, bijvoorbeeld door het geven van geld, geschenken, persoonlijke tijd	Ik ben deze last zat. Ik vermijd relaties liever. De prijs is te hoog

een kind was. Hij neemt de verantwoordelijkheid voor haar en haar leven alsof ze dat zelf niet kon. Daarom zetten we in kolom 1: *Als ik voor mama zorg...*

De tweede kolom, met het opschrift 'Zal hij/zij wel/niet...', is bestemd voor de resultaten waarvan Gary gelooft dat hij die zal verkrijgen als hij zijn onbewuste overtuiging volgt. In dit geval gelooft hij dat hij mama's liefde of die van een andere vrouw zal krijgen. We zetten: *Zal ze van me houden*.

De derde kolom, met het opschrift 'Onbewuste overtuiging', is bestemd voor Gary's onbewuste overtuiging over wat hij doen moet om te krijgen wat hij verlangt: *Ik moet voor mama zorgen om haar ertoe te bewegen van me te houden*.

De 'Onmiddellijke prijs' in kolom vier is de prijs op korte termijn die Gary moet betalen omdat zijn overtuiging vals is. Hij moet niet alleen voor zijn mama of voor enige andere vrouw in zijn leven zorgen, maar hij krijgt op die manier niet eens haar liefde: *Ik zorg voor mama, maar ik krijg haar liefde desondanks niet*.

Kolom vijf, met het opschrift 'Ondersteunde negatieve overtuiging', is bestemd voor de bredere, onbewuste, negatieve overtuiging die door de ervaring bevestigd wordt. Voor Gary is het: *Relaties zuigen energie weg en vervullen mijn behoeften niet werkelijk*.

Kolom zes, met het opschrift 'Andere beïnvloede levensgebieden', is bestemd voor het holografische effect van de bredere, onbewuste, negatieve overtuiging op andere delen van het leven: *Ik betaal overal in steeds andere vormen voor liefde, bijvoorbeeld door het geven van geld, geschenken, persoonlijke tijd*.

De laatste kolom, 'Ware prijs', geeft de gevolgen van deze onbewuste overtuiging aan op het persoonlijke, psychische niveau. Het toont de lange-termijneffecten op Gary's leven. Al zijn geven is niet in staat de liefde te kopen die hij op de eerste plaats zocht. Hij krijgt misschien aandacht en lof, maar nooit liefde. Dit veroorzaakt teleurstelling, desillusie en een hoop wrok over relaties. Hij komt tot de conclusie: *Ik ben deze last zat. Ik vermijd relaties liever. De prijs is te hoog*.

Tegen die tijd is Gary behoorlijk ongelukkig. Zijn gevoelens gaan waarschijnlijk op en neer tussen zich belast en wrevelig voelen en zich afzonderen. Het is mogelijk jarenlang in een vicieuze cirkel van overdreven zorgzaamheid en afzondering te zitten.

Om uit deze vicieuze cirkel te stappen moet Gary de kans aangrijpen zijn negatieve overtuiging te betwijfelen en de gevolgen die hij vreest onder ogen te zien. Hij moet het gedrag dat door zijn onbewuste overtuiging wordt gedicteerd omkeren. Als hij zijn zorgzaamheid maar lang genoeg volhoudt, zal hij kwaad genoeg worden om te stoppen zo'n aardige vent te willen zijn en zijn overdreven zorg voor de vrouwen in zijn leven te staken, of het nu zijn mama is, zijn vrouw, zakenpartner, werkneemster, zus of vriendin. Naar alle waarschijnlijkheid is hier meer dan één vrouw bij betrokken. Hij heeft dit soort relatie ontwikkeld met de meeste vrouwen die hij kent. Hij kan met eentje beginnen. Maar als hij bij deze slaagt, zal hij zijn negatieve overtuiging en de eruit voortvloeiende handelingen in alle gebieden van zijn leven die erdoor beïnvloed worden, kunnen transformeren. Hij zal versteld staan te zien wat de resultaten blijken te zijn.

Laten we nu afbeelding 13-2 gebruiken om Gary's

Afbeelding 13-2 *Positieve resultaten van het opheffen van Gary's negatieve contract*

Naam van de persoon: *Moeder*

Als ik wel/niet... doe	Zal hij/zij wel/niet...	Ware resultaten	Ondersteunende positieve overtuiging	Andere beïnvloede levensgebieden	Positieve resultaten voor mij	Positieve resultaten voor de ander
Als ik niet voor mama zorg...	Zal ze niet van me houden	Mama houdt nog steeds van me. Ik hoef haar liefde niet te kopen!	Ik ben het liefhebben waard; liefde kent geen prijs	Ik hoef niet langer waar dan ook liefde te kopen	Ik geef en ontvang meer liefde en schep vervullende relaties	Mama staat op haar eigen benen; ze krijgt liefde in plaats van onderdanigheid

oude negatieve contract op te heffen en een gezonde relatie met zijn moeder en andere vrouwen in zijn leven te scheppen. De eerste kolom, met het opschrift 'Als ik wel/niet... doe', is bestemd voor de omgekeerde daad die Gary niet wil verrichten. In dit geval is het: *Als ik niet voor mama zorg...*

De tweede kolom, met het opschrift 'Zal hij/zij wel/niet...', is bestemd voor het gevreesde resultaat wanneer de handeling omgekeerd wordt. In dit geval is zijn angst: *Ze zal niet van me houden.*

Gary's moeder zal misschien eerst klagen. Ze zal behoeftiger worden en de oude status-quo terugeisen. Gary kan vrezen dat ze hem verlaten zal of ziek zal worden. Hij kan zich ook enige tijd rot voelen over zichzelf. Meestal is dit niet echt, omdat het soort overdreven zorgzaamheid dat hij tentoon heeft gespreid, niet is wat zij werkelijk nodig heeft. Natuurlijk, wanneer iemand ziek is, ligt de lijn tussen gezonde en ongezonde zorg anders en is die moeilijker te trekken. (We komen hier in de volgende paragraaf, 'Gezonde relaties opbouwen met je familie en vrienden', op terug.) Uiteindelijk zal alles goed komen. Het zal blijken dat Gary's moeder nog steeds van hem houdt, zelfs al zorgt hij niet meer op de oude ongezonde manier voor haar. De derde kolom, de 'Ware resultaten' van het verbreken van een negatief contract, laat zien hoezeer de dingen ten goede zijn gekeerd! In dit geval: *Mama houdt nog steeds van me. Ik hoef haar liefde niet te kopen!*

Aanvankelijk kan Gary niet meteen geloven dat dit waar is en zal hij het een tijdje op de proef willen stellen. Hij zal heen en weer geslingerd worden tussen ongezonde en gezonde zorgzaamheid. Wanneer hij het verschil tussen die twee leert kennen, zal er een nieuwe wereld voor hem opengaan. Hij zal zien dat zijn moeder nog steeds van hem houdt terwijl hij het proces doorloopt waarin hij zijn leven ontwart. Aangezien zij nog steeds van hem houdt, zelfs hoewel hij niet voor haar op de oude ongezonde manier zorgt, steunt zijn levenservaring nu een nieuwe positieve overtuiging. Dat is in de vierde kolom gezet, onder 'Ondersteunde positieve overtuiging'. Hij begrijpt: *Ik ben het liefhebben waard; liefde kent geen prijs.*

Gary begrijpt dat je het werkelijk niet voor elkaar kunt krijgen iemand te dwingen van je te houden, wat je ook maar doet. Liefde stroomt op natuurlijke wijze uit mensen die weten hoe lief te hebben. Het is een geschenk van het leven. Nu zet de bevrijding in. Het heeft een sneeuwbaleffect op alle andere gebieden van zijn leven. Hij is in deze gebieden eveneens het liefhebben waard, en liefde kan niet gekocht worden en dat hoeft ook niet. Dit wordt zichtbaar gemaakt in de vijfde kolom, 'Andere beïnvloede levensgebieden'. Gary ontdekt: *Ik hoef niet langer waar dan ook liefde te kopen.*

Gary is ermee gestopt om nog ergens in zijn leven liefde te kopen, omdat hij weet dat hij liefde verdient. Hij zal zichzelf niet langer hoeven afzonderen. Hij is nu vrij om relaties aan te gaan, omdat ze niet langer een last voor hem zullen zijn. Hij zal zijn behoeften in de relaties kunnen vervullen. In plaats van de cirkel van overdreven zorgzaamheid, wrokken, en zichzelf van zijn moeder afzonderen, geeft hij nu zijn liefde vrijelijk. Er bestaat nu een prachtige stroom liefde tussen hem en de vrouwen in zijn leven. Kolom zes, 'Positieve resultaten voor mij', laat de resultaten voor Gary zien, die nu van zijn last is bevrijd: *Ik geef en ontvang meer liefde en schep vervullende relaties.*

Dit heeft onmiddellijke, wonderbaarlijke, positieve gevolgen voor alle vrouwen in Gary's leven. Hij speelt niet

Afbeelding 13-3 *Schema om je negatieve contracten op te helderen*

Naam van de persoon: _____

Als ik wel/niet... doe	Zal hij/zij wel/niet...	Onbewuste overtuiging	Onmiddellijke prijs	Ondersteunende negatieve overtuiging	Andere beïnvloede levensgebieden	Ware prijs

langer de overbezorgde ridder. Dit geeft hem de ruimte hen werkelijk lief te hebben. Dit daagt hen uit voor hun eigen kracht uit te komen en voor zichzelf te zorgen. Ze krijgen nu dan ook liefde in plaats van overbezorgdheid als surrogaat ervoor. De vrouwen in zijn leven worden nu voor de keus gesteld ook hun kant van het contract op te heffen en de relatie te behouden, of de relatie te verbreken. Kolom zeven zet 'Positieve resultaten voor de ander' op een rij. In dit geval zal de moeder hoogstwaarschijnlijk werkelijke liefde in zichzelf vinden: *Mama staat op haar eigen benen; ze krijgt liefde in plaats van onderdanigheid.* En dat geldt ook voor alle andere vrouwen in zijn leven.

Wat een fantastische transactie! Iedereen heeft er baat bij! Natuurlijk werkt dit ook voor een meisje van wie de vader zowel verzorger als kostwinner is.

Gezonde relaties opbouwen met je familie en vrienden

Je zult de behoefte hebben je interacties in de vele intieme relaties die je hebt te veranderen. Tijdens je healingproces zul je dus merken dat je je vriendschappen anders gaat inrichten, sommige ingrijpender dan andere. Als je leert onderscheiden wat deze contracten zijn, zal het opruimen of breken ervan en het maken van nieuwe contracten soepeler gaan. Hoe meer je je van dit proces bewust bent, des te minder waarschijnlijk is het dat je weer zulke negatieve contracten zult aangaan.

Heb je weleens opgemerkt dat je om bij bepaalde mensen te kunnen zijn, een zekere rol moet spelen of je op een bepaalde manier moet gedragen? Dit is het eerste teken van een negatief contract. Aan de andere kant zijn er mensen bij wie je helemaal jezelf kunt zijn. Je hoeft niets te verbergen noch hen van iets te overtuigen. Toch weet je dat ze je eerlijk zullen vertellen wat ze van een gegeven situatie denken, zelfs als jij dat niet prettig zou vinden. Dat is een teken van een positief contract.

Oefening om je negatieve contracten op te sporen
Maak een tabel, gebruik makend van afbeelding 13-3, waarmee je je relaties kunt testen, zoals we deden in afbeelding 13-1. Dit schema kan je jouw negatieve contract tonen. Je kunt het gebruiken om aan de hand ervan te kijken naar iedere relatie waarin je zit, of het nu een lang bestaande of net aangeknoopte relatie is. Ik raad je aan te beginnen met een relatie waarmee je problemen hebt. Kies het soort relatie waarin je je niet op je gemak voelt en je gedraagt op een manier die je niet prettig vindt. Misschien ben je je niet eens bewust van die handelingen wanneer je in aanwezigheid van die persoon verkeert, maar nadat hij/zij weg is, blijf jij achter met een ongemakkelijk of rot gevoel. Je hebt er misschien geen weet van wat eraan schort, maar je weet wel dát er iets aan schort. Laat weer eens de revue passeren hoe jij je gedroeg bij die persoon en vergelijk dat met hoe jij je gedraagt bij iemand met wie je je wel op je gemak voelt. Wat doe je anders? Die handeling is een handeling waarvan je onbewust gelooft dat je die moet verrichten om te krijgen wat je van deze persoon nodig hebt. Zet je valse handeling in de eerste kolom, genaamd: 'Als ik wel/niet... doe'.

Om te ontdekken waarom je zulke dingen doet, moet je de onderliggende emotie vinden. Meestal is dat angst. Waar ben je bang voor dat die ander wel of niet zal doen, als jij niet handelt volgens je negatieve overtuiging? Stel je eens voor, om deze angst te achterhalen, hoe je in de typische situatie met die persoon zit met wie je moeilijkheden hebt. Stel je nu voor hoe je een handeling verricht die precies het tegenovergestelde is van degene die je denkt te moeten doen. Kijk, in je verbeelding, wat de ander doet in reactie op jouw gedrag. Schrijf al wat je je voorstelt dat ze zullen doen in kolom twee, 'Zal hij/zij wel/niet...'.

Nu begrijp je dat als je je valse handelingen staakt, je bang bent dat die ander alles zal doen wat in kolom twee staat. Daarom zijn je valse handelingen bedoeld om het gedrag van die ander onder controle te houden. Ze laten zien wat jij gelooft dat je doen moet om die ander te laten doen wat jij wilt. Kolom drie is bestemd voor je 'Onbewuste overtuiging'. Het weerspiegelt het onmiddellijke resultaat dat je zult krijgen als jullie beiden vasthouden aan je negatieve contract. Vul hier in: *Als ik wel/niet (je valse handeling) doe, dan zal hij/zij wel/niet (zijn/-haar verbeelde gedrag jegens jou) doen.*

Stel, het betreft iemand die je niet durft tegen te spreken, met wie je bang bent van mening te verschillen of die je niet ergens op durft aan te spreken. Je kunt dan opschrijven: *Als ik (naam) nergens op aanspreek, zal hij/zij me steunen.* Of: *Als ik (naam) ergens op aanspreek, zal hij/zij me niet steunen. Of hij/zij zal me onderuithalen, wellicht publiekelijk.*

In een ander voorbeeld ben je ziek en ben je beschaamd of bang om je partner te vragen je behoeften te vervullen. Je bent altijd de verzorger geweest en nu zijn de rollen verwisseld. Je partner wil niets liever dan dat je opschiet en zo snel mogelijk weer terug bent bij het oude normale. Maar jij hebt heel echte behoeften: *Als ik niet vraag om (wat je nodig hebt), zal hij/zij aardig voor me zijn.* Of: *Als ik wel vraag om (wat je nodig hebt), zal hij/zij boos worden.*

De volgende kolom is voor de prijs die je voor dit resultaat betaalt. Wat is het effect op jou wanneer je je valse handeling verricht en je niet bent wie je van nature bent? Op welke manier heb je jezelf niet geuit? Op welke manier ben je ontrouw geweest aan jezelf? Zet wat je hierover ontdekt in kolom vier: 'Onmiddellijke prijs'.

In het eerste voorbeeld krijgen we: *Als ik (naam van de persoon) nergens op aanspreek, spreek ik mijn waarheid niet noch handel ik naar mijn overtuigingen. Ik druk niet uit wie ik ben. Ik schep niet de kracht in mezelf die voortkomt uit het leven van mijn waarheid. Als ik (naam van de persoon) nergens op aanspreek, zal ik op mijn beurt nergens op aangesproken worden, en zal ik mezelf niet de gelegenheid geven uit te zoeken wat er in mij veranderd moet worden.* In het tweede voorbeeld krijgen we: *Als ik niet vraag om wat ik nodig heb wanneer ik ziek ben, word ik misschien nog zieker.*

Vanwege deze tekortkomingen in je leven ga je jezelf op een valse manier zien en voelen. Je begint te geloven dat je minder bent dan wie je werkelijk bent. Je valse handelingen beperken je zelfexpressie, en je gaat geloven dat de beperkte jij de ware jij is. Wat denk je over jezelf wanneer je dit doet? Op welke wijze heeft deze handeling je creativiteit geblust? Je levenservaring gedoofd? Je levenstaak gesmoord?

Als je je aangesproken voelt door het eerste voorbeeld hierboven, vind je jezelf misschien een lafbek. Als lafaard uit je je creativiteit niet omdat je bang bent dat iemand erdoor wordt geprikkeld en jou 'en plein publique' onderuit zal halen of aanvallen. Door niet je creativiteit naar buiten te brengen, creëer je niet de droom van je leven. Als je je aangesproken voelt door het tweede voorbeeld hierboven, walg je misschien van jezelf omdat je ziek bent. Je hebt misschien het gevoel dat je iedereen tot last bent. Je gaat geloven dat de wereld een wereld is die jouw valselijk beperkte jij steunt. Wat is de algemene negatieve overtuiging die zegt dat de wereld een plek is waar de bovenstaande beperkingen goed zijn om te hebben? Zet in kolom vijf de 'Ondersteunde negatieve overtuiging', of gedachtenvorm, die je energie geeft iedere keer dat je deze valse handeling herhaalt.

In het eerste voorbeeld luidt de ondersteunde negatieve basisovertuiging ongeveer als volgt: *Het tot uiting brengen van mijn waarheid en mijn creativiteit is gevaarlijk en leidt tot een publieke aanval.* In het tweede voorbeeld luidt de ondersteunde negatieve basisovertuiging ongeveer: *Wanneer ik iets nodig heb of ziek ben, zullen mensen kwaad op me zijn. Ik moet dus nooit ziek worden. Behoeften hebben is zeer gevaarlijk.*

Je negatieve overtuiging hindert je holografisch in je gehele leven. Maak een lijst van alle 'Andere beïnvloede levensgebieden' in kolom zes.

Als je je aangesproken voelt door het eerste voorbeeld, vermijd je misschien op vele andere gebieden en op vele andere manieren in je leven om mensen ergens op aan te spreken. Je vermijdt misschien jezelf ergens op aan te spreken of te prikkelen. Je blokkeert je creativiteit misschien overal waar die wordt uitgedaagd en aangesproken. Als je je verbonden voelt met het tweede voorbeeld, vraag je waarschijnlijk niet om wat je nodig hebt in vele of alle andere gebieden van je leven.

De prijs die je betaalt is niet alleen de onmiddellijke korte-termijnprijs die in kolom vier staat. De ware prijs is dat je negatieve contract of je negatieve overtuiging je op alle gebieden van je leven beperkt en je leven ervan weerhoudt zich voorwaarts te bewegen. Zet de 'Ware prijs' in de zevende kolom.

Als je door het eerste voorbeeld wordt aangesproken, kan de ware prijs een leven zijn dat verstoken is van uitdagingen en prikkelingen, en dat daardoor gestagneerd, saai en niet-vervullend is. Als je je meer met het tweede voorbeeld verwant voelt, kan de ware prijs een leven vol onvervulde behoeften en vol van gemis zijn. Je hebt er niet eens weet van wat je werkelijke behoeften zijn. Je kunt de behoeften van anderen niet begrijpen.

Oefening om je negatieve contracten op te heffen
Anderzijds, wanneer je het negatieve contract zou breken, dan zul je waarschijnlijk niet verheugd zijn over de eerste reactie van je vriend of over het directe resultaat dat je verkrijgt. Maar op de langere termijn heb je er wel degelijk veel aan. Maak een nieuw schema – gebruik

Afbeelding 13-4 *Positieve resultaten van het opheffen van je negatieve contract*

Naam van de persoon: _____

Als ik wel/niet... doe	Zal hij/zij wel/niet...	Ware resultaten	Ondersteunende positieve overtuiging	Andere beïnvloede levensgebieden	Positieve resultaten voor mij	Positieve resultaten voor de ander

afbeelding 13-4 daarvoor – om de resultaten te laten zien van het breken van je negatieve contract. (Het lijkt op dat van Gary in afbeelding 13-2.)

De eerste kolom is 'Als ik wel/niet... doe'. Vul dat in. De tweede kolom is 'Zal hij/zij wel/niet...', de gevreesde prijs. Het is de prijs die je gelooft te moeten betalen en die je hoopt te kunnen vermijden. Vul dat in.

In ons eerste voorbeeld krijgen we: *Als ik (naam van de persoon) ergens op aanspreek, zal hij/zij me niet steunen of zal hij/zij me onderuithalen, misschien publiekelijk.* In ons tweede voorbeeld krijgen we: *Als ik inderdaad vraag om (wat je nodig hebt), zal hij/zij boos worden.*

Het is nu de tijd om af te betalen. Je wilt immers geen schulden meeslepen naar je nieuwe manier van zijn. Je zult verbaasd zijn over wat de prijs uiteindelijk blijkt te zijn. Probeer je *ware handeling* uit te voeren in plaats van de valse, alleen maar om te zien wat er gebeurt. Je ware handeling kan het tegenovergestelde zijn van je valse, maar niet noodzakelijkerwijs. Je kunt zelfs een veel betere vinden! Kolom drie, met het opschrift 'Ware resultaten', verwijst naar het feitelijke resultaat van wat er wordt verkregen. Vul dat in.

In ons eerste voorbeeld kan je ware handeling het tegenovergestelde van je valse zijn: je spreekt de persoon met wie je bang bent van mening te verschillen ergens op aan. Je zegt je mening over iets die direct tegengesteld kan zijn aan die van hem/haar. Dit hoef je niet op een strijdlustige manier te doen. Zeg gewoon je mening zonder negatieve energielading. De ander kan vele verschillende dingen doen. Hij/zij kan je op jouw beurt ergens op aanspreken, en jullie kunnen een levendige discussie krijgen waarin jullie beiden een heleboel leren door naar elkaar te luisteren en door wat je probeert te communiceren op verscheidene manieren uit te leggen. Je kunt er achterkomen dat de situatie niet zo zwart-wit is als je innerlijke kind dacht dat die was. Als de ander je werkelijk publiekelijk onderuithaalt, dan spreek je hem/haar ook daarop aan. Als je doorgaat jouw waarheid te spreken en als je open van geest blijft, zul je een heleboel leren en je eigen kracht voelen. Je creativiteit zal worden vrijgemaakt door de uitdaging die jij jezelf op de eerste plaats gesteld hebt door dit aan te gaan. Je zult door middel van interactie leren. Daarom, het 'Ware resultaat' is: *Ik kan (naam van de persoon) ergens op aanspreken en veilig zijn, en zelfs iets leren!*

In het eerste voorbeeld is de gevreesde prijs niet alleen dat jij op jouw beurt ergens op aangesproken wordt door de persoon die jij niet goed ergens op durfde aan te spreken, je zult ook de mogelijkheid onder ogen moeten zien 'en plein publique' onderuitgehaald te kunnen worden. Je zult uitgedaagd worden onderscheid te maken tussen de ware werkelijkheid en jouw projectie van de werkelijkheid die voortkomt uit je negatieve geloofssysteem.

Als je ons tweede voorbeeld beproeft – te vragen wat je nodig hebt wanneer je ziek bent – zul je verbaasd zijn dat de persoon aan wie je het vraagt anders zal reageren dan je verwacht had. Hij/zij zal waarschijnlijk bijzonder gedienstig voor je zijn. Misschien diende hij/zij alleen even aan jouw behoeften herinnerd te worden. Hij/zij kan onmiddellijk gaan denken aan andere dingen die je nodig mocht hebben waaraan kan worden voldaan. Hij/zij kan wel wrevelig worden als jij een lange tijd ziek bent. Maar als jullie blijven praten, zullen jullie beiden wel oplossingen vinden. Je zult je behoeften op een andere manier gaan begrijpen en kennen. Je zult ontdekken dat het redelijke menselijke verlangens zijn. Daarom is het 'Ware resultaat' voor ons tweede voorbeeld: *Wanneer ik erom vraag, worden mijn behoeften vervuld.*

Kolom vier is voor de 'Ondersteunde positieve overtuiging', ondersteund door jouw nieuwe handelingen. Vul die in. Kijk even naar onze twee voorbeelden om een idee te krijgen van wat die kan zijn. Voor ons eerste voorbeeld is de positieve overtuiging die wordt ondersteund: *De wereld is een plek van waarheid. Waarheid is veilig, bouwt kracht op en opent creativiteit.* Voor ons tweede voorbeeld kan de positieve ondersteunde overtuiging als volgt worden geformuleerd: *Mijn behoeften zijn natuurlijke, menselijke behoeften. Ik kan weten wat ze zijn, om hulp vragen erbij en zorgen dat ze vervuld worden. De wereld is een plaats waar behoeften natuurlijk zijn en vervuld kunnen worden.*

Zet in kolom vijf de 'Andere beïnvloede levensgebieden', beïnvloed door de positieve overtuiging die je ondersteund hebt met je nieuwe handelingen en die je angst uitdaagt. Je zult ontdekken dat alle gebieden in je leven er invloed van ondergaan. In ons eerste voorbeeld ga je waarschijnlijk, als je eenmaal begonnen bent iemand ergens op aan te spreken die je voordien niet hebt durven uitdagen, alle delen van je leven en de mensen daarin prikkelen op een wijze die je nog niet eerder hebt ondernomen. Je zult jezelf erop aanspreken in je waarheid te leven en creatiever te zijn in alle aspecten van je leven. In het tweede voorbeeld ga je misschien niet alleen vragen om wat je nodig hebt, maar ook om wat je wilt. Je zult tussen deze twee onderscheid kunnen maken. Je zult dit naar alle waarschijnlijkheid in alle gebieden van je leven doen.

De 'Positieve resultaten voor mij' (in kolom zes) zullen enorm zijn. Als je je verwant voelt aan ons eerste voorbeeld, zul je meer zelfvertrouwen, meer vrijheid en meer creativiteit in je leven krijgen door meer uitdagingen aan te gaan. Je zult je gevoel van eigenwaarde enorm vergroten. In het tweede voorbeeld zul je meer gevoed worden en vervulling vinden in je leven, naarmate je meer leert over je ware behoeften en hoe je die vervullen kunt. Je zult ook leren zien wat je wilt en erop af kunnen gaan.

Zet in de laatste kolom de 'Positieve resultaten voor de ander'. Op welke manieren hebben anderen baat bij jouw gedragsverandering? Zet de voordelen voor anderen in de laatste kolom. In ons eerste voorbeeld is de eerste persoon die baat heeft bij jouw veranderde gedrag, behalve jijzelf, waarschijnlijk de persoon die jij ergens op aanspreekt. Deze uitdaging zal hem/haar helpen groeien als hij/zij dat wenst, omdat hij/zij hieruit een heleboel over zichzelf kan leren. Je naaste omgeving zal baat hebben bij je toegenomen kracht en creativiteit omdat je hen niet alleen prikkelt de hunne te ontwikkelen, maar je bent ook een levend voorbeeld voor hen. Natuurlijk zul je hun waarschijnlijk ook aanspreken op hun gewoontepatronen!

In ons tweede voorbeeld zal de persoon aan wie je vraagt je te helpen je behoeften te vervullen, meteen de kans geboden worden jou zijn/haar liefde te betonen en iets voor jou te betekenen. Hij/zij kan worden uitgedaagd uit te zoeken hoeveel hij/zij kan geven en liefhebben en liefde van een grotere diepte in zichzelf te vinden. Hij/zij zal ook leren beter te communiceren, via het geven-en-nemen dat gepaard gaat met het verzorgen van iemand die ziek is. Hij/zij zal ook leren, als hij/zij dat niet al eerder heeft gedaan, zijn/haar eigen behoeften te onderkennen en te zorgen dat ze vervuld worden. Ook hij/zij zal leren vragen om wat hij/zij nodig heeft, omdat jij een goed voorbeeld bent waaraan men kan leren z'n behoeften te vervullen.

De voordelen van het verbreken van negatieve contracten
Hoe meer negatieve contracten je op deze wijze verbreekt, des te meer vrijheid, creativiteit en kracht je zult hebben – en des te veiliger je je zult voelen. Als je jezelf eenmaal tot een nieuwe wijze van zijn hebt bevrijd, zal je positieve geloofssysteem worden geactiveerd. Dit zal zich holografisch over je hele leven gaan uitstrekken. Je zult heel verbaasd zijn over de geweldige positieve effecten van het verbreken van je negatieve contracten, niet alleen op jezelf, maar ook op de personen met wie je ze had. Het verbreken van zulke contracten maakt een grote hoeveelheid creatieve energie vrij die je nu in andere gebieden van je leven kunt gebruiken. Het zal je persoonlijke healingproces enorm vooruithelpen. Het zal ook creatieve energie vrijmaken in het leven van je vriend(in).

Sommige vrienden kunnen erop aandringen het oude contract te handhaven. Aangezien jij dat niet wilt, zal die vriendschap samen met het contract verdwijnen. Je oude vriend zal misschien iemand anders vinden die bereid is het oude contract op te nemen. Laat het los en geef het over aan God. Je oude vrienden zullen deze veranderingen in hun leven ontmoeten wanneer zij er klaar voor zijn. Hierover bestaan geen oordelen – ieder is vrij in zijn eigen tempo te veranderen en te groeien. Ook bij intieme relaties kan dit gebeuren. Het is natuurlijk veel moeilijker een intieme relatie te verliezen, maar het gebeurt wel wanneer mensen snel veranderen.

Het is in zulke gevallen, wanneer er verdriet om die oude vriendschap of intieme relatie in je omhoog komt, goed te bedenken dat in elke soort relatie altijd liefde wordt opgewekt en er altijd iets te leren valt. Dat wat er altijd van alle vriendschappen en intieme relaties overblijft is de liefde. Alleen het negatieve verdwijnt. De pijn en de vervorming verdwijnen met de tijd én door ervan te leren. De liefde die erin aanwezig was, blijft altijd en zal nooit verminderen. Wanneer je oude vriend(in) door de noodzakelijke verandering in zijn of haar leven is heengegaan, ontmoeten jullie elkaar misschien weer eens en kan de vriendschap nieuw leven ingeblazen worden. De liefde zal er nog steeds zijn.

Als je ziek bent en door een healingproces gaat, zul je

veel oude negatieve contracten met vrienden en met je intieme partner transformeren. Je zult ontdekken dat die mensen die instemmen met de verandering in jullie wederzijdse contract, ook samen met jou door alle healingstadia heen zullen groeien. Als je alle zeven niveaus (zoals in hoofdstuk 8 besproken) doorloopt en elk ervan transformeert, leid je ook de mensen die bij jou betrokken zijn tot een ruimere blik op het totale proces. Wanneer jij diepe veranderingen in je leven doormaakt, zullen ook de mensen om je heen dat meemaken. Hun leven zal eveneens veranderen.

Healingrelaties aangaan met je geneeskundigen

Het is enorm belangrijk om positieve contracten te vormen met de geneeskundigen die je helpen. De bedoeling van zo'n positief contract is: helderheid te scheppen over je behoeften; de juiste mensen te vinden die ze kunnen helpen vervullen; en zorgvuldig een vertrouwde, veilige omgeving te scheppen waarin je je werk kunt doen en je kunt overgeven aan het healingproces en aan de wijsheid en hulp, afkomstig van de geneeskundigen die je gekozen hebt. Hoe zorgvuldiger dit is bewerkstelligd des te beter, omdat ergens in het proces *van je gevraagd wordt vertrouwen te hebben, los te laten en vanuit hoop en vertrouwen te leven.* Wees er zeker van dat je de juiste mensen hebt aangetrokken en dat je de juiste atmosfeer en situatie hebt geschapen waarin dit kan gebeuren.

Ik raad je aan dat je, voor je een relatie met een geneeskundige instapt, aan je persoonlijke relaties werkt vanuit de vorige paragraaf. Dit zal je de informatie geven over de vorm van elk negatief contract dat je misschien automatisch, onbewust gaat opstellen met de geneeskundige die je behandelt. Het zal je dan makkelijker vallen het materiaal dat volgt te verwerken. Laten we, gebruik makend van de informatie gegeven in dit hoofdstuk en in hoofdstuk 12, enige belangrijke vragen als richtlijnen gebruiken om positieve helende relaties aan te gaan met je healer, je arts en enige andere geneeskundige van wiens diensten je wellicht gebruik wenst te maken. Het doel is het beste cliënt-healer-artsteam samen te stellen waartoe jij maar in staat bent. Je kunt deze richtlijnen ook gebruiken als je een voedingsdeskundige, een therapeut of enige andere geneeskundige wilt raadplegen.

Als je te ziek bent om dit zelf te doen, zorg dan dat iemand je hiermee helpt. Als je anderzijds voor iemand aan het zorgen bent, zoals een familielid dat te ziek is om met dit alles aan de slag te gaan, probeer het dan te doen vanuit de informatie die je over hem/haar kent. Dat zal je enorm helpen.

Gebruik de tabellen in afbeelding 12-1, zoals je dat in hoofdstuk 12 gedaan hebt, om de vragen te beantwoorden.

Punten om voor jezelf te achterhalen vanuit welk geloofssysteem je opereert en wat je nodig hebt:

Wat is het door mij gewenste resultaat?
Wat is mijn waarom-niet-reden, waarom ik dit gewenste resultaat niet eerder heb verkregen?
Wat is de angst die ik heb vermeden, die ik nu onder ogen zal moeten zien?
Op wat voor een negatief geloofssysteem is die angst gebaseerd?

Jouw helft van elk negatief contract met iemand anders is altijd op je negatieve overtuigingen gebaseerd. Je zult ontdekken dat de negatieve overtuigingen die je opschrijft, je zeer vertrouwd zijn. Je gebruikt ze in vele gebieden van je leven. Je bent ze misschien al tegengekomen toen je de oefeningen in dit hoofdstuk deed die negatieve contracten in relaties onderzoeken. Je voelde je misschien verwant aan de twee gegeven voorbeelden. Ze zijn zeer van toepassing op de healingrelatie. Het eerste voorbeeld zegt dat het gevaarlijk is iemand die het met je oneens is ergens op aan te spreken. Dit is gebaseerd op de negatieve overtuiging dat het universum niet de waarheid of het proces van het zoeken naar de waarheid zou ondersteunen, of persoonlijker gezegd: *Mijn waarheid en mijn creativiteit naar buiten brengen is gevaarlijk.*

Als deze negatieve overtuiging in jou actief is wanneer je contact hebt met een geneeskundige, zul je er problemen mee hebben te staan voor wat je gelooft. Als je niet houdt van de houding of het standpunt dat geneeskundigen tegenover jou en je genezingsproces aannemen, zul je hun daar vermoedelijk niet op aanspreken. Je zult ervan afzien je twijfels te verwoorden over het plan dat ze je voorleggen. Je zult vermoedelijk je creatieve ideeën over het healen van jezelf voor je houden. Ongelukkigerwijs kunnen zulke zorgen, twijfels en creatieve ideeën de sleutels tot je healingproces zijn.

Als je door je healingproces wilt gaan met een houding dat je je zelfbewustzijn vergroten wilt en je waarheid iedere stap van deze weg wilt vinden, dan dien je hulp te krijgen van iemand die bereid is op die manier met je te werken. Het kan dan niet iemand zijn die je gewoon zegt hoe het moet. Je moet iemand vinden die met je wil werken, die het healingplan op tafel legt en er openlijk met je over praat. Je dient te weten wat je keuzemogelijkheden zijn en wat de mogelijke consequenties van die keuzen zijn naar het beste weten van de geneeskundige. Vele, vele artsen zijn nu bereid dat met een open hart te doen.

Onderscheiden of een plan het juiste voor je is of er een betwisten dat niet het juiste is, zal je veel makkelijker afgaan, als je helder hebt dat jouw positieve geloofssysteem zegt dat het universum de waarheid, het zoeken naar waarheid en het uiten van creativiteit bij probleemoplossingen ondersteunt. Hoe dichter je jezelf concentreert rondom deze realiteit voordat je een beslissing moet nemen, des te duidelijker je over de te nemen beslissing zult zijn wanneer er een van je vereist wordt.

In het tweede voorbeeld hierboven, waardoor je je misschien voelde aangesproken, is de ondersteunde negatieve basisovertuiging iets als: *Wanneer ik behoeften heb of ziek ben, zullen mensen boos op me zijn. Ik moet maar nooit ziek worden. Behoeften hebben is gevaarlijk.*

Dit zal overduidelijk je healingproces en je relaties met je geneeskundigen voor een groot deel dwarsbomen. Ze zullen het veel te druk hebben om te proberen uit te vinden wat al jouw behoeften zijn. En dat kunnen ze ook niet, zelfs al hadden ze de tijd. Het is aan jou te beginnen te begrijpen dat je echte volwassen behoeften hebt en dat je behoeften als je ziek bent groter zijn dan wanneer je niet ziek bent. Het is volkomen redelijk hulp te zoeken om ze te vervullen. Als je van jezelf weet dat je de neiging hebt niet te vragen wat je nodig hebt, moet je je concentreren op de positieve overtuiging dat we in een wereld leven waar iedereen natuurlijke menselijke behoeften heeft en waar behoeften vervuld kunnen worden. Daarom kun je je geneeskundige vragen om deze behoeften te vervullen. Zelfs als je er verlegen mee bent, is het beter het te vragen. Als ze er niet aan tegemoet kunnen komen, of als ze het gevoel hebben dat het niet klopt om dat te doen, ben jij nog steeds op pad om ze vervuld te krijgen. Je kunt blijven vragen tot je de juiste persoon vindt die ze vervullen kan.

Vragen om wat je nodig hebt en agressieve behandelingsmethoden voor een levensbedreigende ziekte betwisten is heel, heel moeilijk. Het vergt duidelijkheid over het motief van waaruit je dingen doet. Bijvoorbeeld, niemand wil chemotherapie en niemand wil bestraling. Maar komt je weerstand hiertegen voort uit je belofte aan jezelf te vragen om wat je nodig hebt en te staan voor jouw waarheid: jezelf te healen op een wijze die voor jou klopt? Of is het een manier een heel onplezierige behandeling te ontlopen en zodoende je ontkenning te kunnen volhouden? Dit zijn vragen waar zich veel mensen voor gesteld zien. Het zijn geen gemakkelijke vragen. Weten op welk geloofssysteem je meestal geneigd bent je handelingen te baseren, kan op zulke momenten goed van pas komen.

Als je de neiging hebt nooit iets te betwisten of iemand ergens op aan te spreken, is het misschien eens tijd daarmee te beginnen. Als je, anderzijds, het soort mens bent dat alles en iedereen betwist, doe je dat waarschijnlijk vanuit een negatief geloofssysteem dat zegt dat mensen je vertrouwen niet waard zijn. In dat geval zijn zulke handelingen waarschijnlijk desastreus voor je healing. De grote vraag is: doe je dingen vanuit liefde of vanuit angst? Als het niet vanuit liefde is, probeer het dan nog eens.

Er bestaan talloze variaties op wat ik de spelletjes noem die mensen met geneeskundigen spelen. Veel patiënten willen dat artsen of healers bovenmenselijk zijn, dat ze onfeilbaar zijn en dat ze alle verantwoordelijkheid nemen voor hun gezondheid. Zo heeft het negatieve geloofssysteem dat je erbij steunt niet te vragen om de vervulling van je behoeften, de keerzijde dat de arts of healer wordt verondersteld al-wetend en al-zorgend te zijn. In iedereen is een deel aanwezig dat terug wil keren naar de moederschoot, waar voor al onze behoeften automatisch wordt gezorgd zonder dat we erom hoeven vragen. Maar dat is niet zoals de wereld werkelijk in elkaar zit. Iedereen is beperkt. Ieder van ons is menselijk.

Wees je ervan bewust dat de kennis van geneeskundigen noodzakelijkerwijs begrensd is. Medische kennis is beperkt. Alhoewel ze wetenschappelijk behoorlijk gevorderd is, weet ze veel minder dan er te weten valt. Per slot van rekening werd en wordt ze door mensen geformuleerd die eenvoudig binnen een bepaald kenniskader zoveel mogelijk proberen te leren. En dat is ook bij healing het geval. Healing is een pad van kennis dat aansluit op de weg van de medische kennis, en er bestaan vele healingpaden. Noch de medische wetenschap noch healing kan de verantwoordelijkheid wegnemen van de persoon die op de eerste plaats in dat lichaam geboren is. Jij was altijd verantwoordelijk voor je lichaam en dat zul je altijd blijven.

Als healingleraar loop ik hier vaak tegenaan bij degenen die bij me komen studeren. Aangezien ik het auraveld kan lezen en in het lichaam kan kijken, menen sommige studenten dat dit betekent dat ik automatisch alles over hun gezondheid lees wanneer ze in een van mijn groepen zitten. Diverse malen is het voorgekomen dat mensen boos op me werden omdat ik ze niet van tevoren gewaarschuwd had voor iets dat opdoemde in hun jaarlijkse medische keuring. Als deze mensen eenmaal over de eerste schok heen zijn, ontdekken ze dat ze in wezen liever geen dingen over de werking van hun eigen lichaam willen weten. Dit vermijdingsgedrag wordt gewoonlijk ingegeven door onze angst voor de menselijke omstandigheden waarin we als kwetsbare fysieke wezens leven.

Echter, hoe beter we op de lange duur ons natuurlijke lichaamsgerichte bewustzijn weten te handhaven, des te beter we kunnen luisteren naar de boodschappen uit ons harmoniesysteem en het lichaam zodoende dagelijks gezond kunnen houden. Dit geeft enorm veel kracht. Met ons harmoniesysteem blijven we zoveel mogelijk waakzaam voor wat er in ons lichamelijke leefgebied gaande is. Daarom hoort de persoon die er het meest aan kan doen (wijzelf), als eerste de alarmbel luiden. Zitten we niet immers altijd in ons lichaam?!

Wanneer we aldus bezig zijn, maakt dat een enorm verschil uit. Ik noemde bijvoorbeeld in een eerder hoofdstuk een geval van het genezen van rugpijn. Ik achtte het noodzakelijk dat de patiënt altijd een kleine hoeveelheid gezonde hapjes bij zich had om een goede bloedsuikerspiegel te behouden, zodat hij geen nieuw rugletsel zou oplopen. Dit werkte voor hem erg goed. Hij werd zich heel wat meer bewust van wat er zich van minuut tot minuut in zijn lichaam afspeelde. Door alert te zijn en geruime tijd op zijn eigen behoeften te reageren, heelde hij zijn rug. Een cliënte van mij met wie ik in diezelfde periode werkte, weigerde dit te doen. Ze wilde niet haar lichaamsbewustzijn op een hoog niveau houden. Ze at niet wat ze nodig had noch wanneer ze iets nodig had om haar bloedsuikerspiegel te handhaven teneinde letsel te voorkomen. Ze bleef zichzelf herhaaldelijk bezeren. Ze had eerst diepere kwesties rondom zelfverantwoordelijkheid af te handelen, voordat ze deze praktische manier van probleembehandeling aankon.

Nadat je eenmaal het werk in dit hoofdstuk gedaan hebt om de soorten negatieve contracten op te sporen die je met mensen opstelt, kun je gaan onderzoeken hoe je dezelfde soort negatieve contracten opstelt met je geneeskundigen. Overpeins de hier geboden voorbeelden en stel jezelf dan deze vier aanvullende vragen:

Welke negatieve contracten heb ik in het verleden opgesteld die ik misschien onbewust bij mijn geneeskundigen gebruik?
Wat is het positieve geloofssysteem van waaruit ik nu mijn handelingen laat opkomen? (Je zult het ondersteund willen hebben door degene met wie je kiest te gaan werken.)
Wat heb ik van mijn healer, arts of geneeskundige nodig om het verlangde resultaat te helpen scheppen?
Welke simpele mantra, die deze positieve overtuiging tot uitdrukking brengt, kan ik vinden om te eniger tijd te gebruiken? (Je kunt bijvoorbeeld een eenvoudige mantra van één woord gebruiken, zoals: *gezondheid*, *creativiteit*, *vrede*, *waarheid*, *vraag*, *uitdaging*, *overvloed*, *genot* of *liefde*. Je kunt deze mantra op ieder moment van de dag gebruiken. Als je het prettig vindt precies te zijn, denk er dan gewoon een paar maal aan op het hele uur, of wanneer je 's morgens opstaat of wanneer je naar bed gaat. Je kunt het ook in een vastgelegde meditatie invlechten, waarbij je in stilte met een rechte ruggegraat zit. Of je ligt gewoon in bed en je concentreert je op twee simpele woorden die veel voor jou betekenen.)

Nu je weet wat je nodig hebt, kun je het toepassen bij de verscheidene geneeskundigen die je in hoofdstuk 12 kiest. Stel een denkbeeldig contract met elk van hen op. Wees duidelijk over wat je van elk verlangt. Dit proces zal zich voortzetten naargelang je meer informatie verzamelt. Je zult beslist een ander contract nodig hebben voor je healer dan voor je arts. Herlees de hoofdstukken 5 en 6 voordat je een contract maakt. Bedenk dat hoe meer je dit doet voordat je ziek bent, des te makkelijker het zal gaan als je inderdaad ziek wordt. Doe het bij wijze van maatregel van preventieve gezondheidszorg om je gezondheid nu te behouden, en het zal zoveel makkelijker zijn om healingrelaties te laten ontstaan met diegenen wier hulp je vraagt op het moment dat je ziek bent. Als je hulp nodig hebt om het proces op te helderen, aarzel dan niet om iemand te vragen die zal begrijpen wat je aan het doen bent.

Aangezien de meeste geneeskundigen geen voorbereidende gesprekken organiseren, zul je naar alle waarschijnlijkheid niet eerder in de gelegenheid zijn om je ideeën uiteen te zetten dan op je eerste afspraak met de arts of de eerste sessie met de healer. Zorg ervoor dat je dit dan doet tijdens het inleidende gedeelte van je afspraak. Ná een healing is het te laat. Je zult in een andere bewustzijnstoestand zijn en het zal waarschijnlijk niet kloppen om dan veel te praten.

Punten om bij je geneeskundige te onderzoeken om er zeker van te zijn dat je een positief contract met hem of haar kunt maken:

Is hij/zij bereid jou het soort informatie te geven dat je wenst, zo gedetailleerd als jij vraagt, om aan je behoefte tegemoet te komen? (Zorg ervoor dat hij/zij keuzen in behandelingsplannen duidelijk omschrijft.)
Is hij/zij duidelijk en eerlijk over wat hij/zij jou te bieden heeft en over wat zijn/haar beperkingen zijn?
Vanuit welk stelsel van overtuigingen werkt hij/zij? Lijkt het op datgene wat jij wenst te onderschrijven? (Deze vraag kan moeilijk te beantwoorden zijn. Als dat zo is, sla hem voor het moment even over – uiteindelijk zal het zichzelf duidelijk maken.)
Zijn jullie beiden het eens over het verlangde resultaat?
Wat wil hij/zij van jou? Wat zijn jouw verantwoordelijkheden om het healingproces tot een goed einde te brengen?

Als je eenmaal je healingteam hebt samengesteld, zorg dan dat iemand een tijdschema maakt van de vele dingen die gedaan moeten worden en de hulp die je daarbij nodig hebt – zoals naar afspraken gaan en ervoor zorgen dat iemand boodschappen voor je doet zodat je je dieet kunt volhouden. Vraag je vrienden mee te helpen je healingruimte te scheppen. Zorg dat je tijd voor jezelf alleen hebt, om jezelf beter te leren kennen.

Een healingrelatie met de aarde creëren

Er bestaat een holografische verhouding tussen jouw persoonlijke healing en de healing van de aarde. Velen van ons zijn bezorgd om de grote hoeveelheid pijn op aarde tegenwoordig. We willen weten hoe we specifiek geholpen hebben die te creëren en hoe we persoonlijk weer helpen kunnen die te helen. Zoals ik aan het begin van dit hoofdstuk zei, kan alles wat gezegd is over persoonlijke relaties zo worden toegepast op onze relatie met de aarde. Collectief gezien worden onze negatieve contracten zichtbaar in de manier waarop we de aarde behandelen. Op persoonlijk vlak zijn alle negatieve contracten die je werkzaam vond in je persoonlijke relaties, tevens holografisch aan het functioneren in je relatie tot de aarde.

Op het vierde niveau van het veld verbinden we ons met de aarde en scheppen relaties met de aarde zoals we relaties met elkaar aangaan. Vanuit het perspectief van de aura is de aarde een levend, bewust wezen en maken wij deel uit van haar lichaam. Dit idee is binnen de M-3 metafysica zinvol. Aangezien alle materie geschapen is vanuit geest of bewustzijn, heeft bewustzijn het fysieke lichaam van de aarde geschapen. De fysieke aarde is dan, net als ons lichaam, uit het bewustzijn ontstaan dat het geschapen heeft. Precies zoals ons bewustzijn verbonden is met ons lichaam via het auraveld, zo heeft de aarde bewustzijn dat met haar verbonden is via het auraveld van de aarde. Iets van de aura van de aarde is bekend via onze studie van de magnetosfeer en de Van Allen-gordels die deel uitmaken van het aardmagnetische veld. Velen van jullie hebben de prachtige kleuren van het noorderlicht gezien, die erg lijken op de menselijke aura.

Aangezien ons lichaam deel uitmaakt van de aarde, zijn we holografisch verbonden met de aarde. We zijn uit haar geboren, en zij is onze moeder. De Amerikaanse Indianen eren deze band en behouden een nederig respect voor onze afhankelijkheid van de aarde.

Vele mensen in onze huidige cultuur vergeten liever onze afhankelijkheid van de aarde en onze onderlinge verbondenheid met alle levende wezens die erop leven. We handelen alsof wij de eigenaars zijn; we geloven inderdaad zelfs dat we stukken ervan ons eigendom kunnen noemen. Ik dacht dat Crocodile Dundee het toch klip en klaar gezegd had toen hij in de film opmerkte: 'Het is alsof twee vlooien ruzie maken over wie de eigenaar is van de hond waarop ze leven.' Veel van onze mishandeling van de aarde komt voort uit onze persoonlijke pijn, die door onze negatieve overtuigingen steeds opnieuw in leven gehouden wordt. Collectief houden we onszelf vast in deze pijn en collectief mishandelen we de aarde.

Aangezien we uit de holografische theorie geleerd hebben dat alles wat we doen invloed heeft op alles wat er is, moeten we op enigerlei wijze, op misschien een of andere kleine manier, verantwoordelijk zijn voor wat er heden ten dage gaande is op de aarde. Het kleinere systeem in het grotere is tenslotte rechtstreeks ermee verbonden en heeft invloed op het grotere systeem. Zo'n soort gedachte is voor de meesten van ons verpletterend. We hebben al heel wat te stellen in ons eigen leven zonder dat we daar planetaire problemen bij halen. Veel mensen keren de onmetelijkheid van de problemen waar de mensheid als geheel nu voor staat de rug toe.

Om met zo'n kwestie om te kunnen gaan vroeg iemand eens aan Heyoan: 'Wat kan ik doen voor de wereldvrede?' Het gechannelde antwoord dat ik ontving maakt niet alleen duidelijk hoe we het probleem hebben helpen scheppen, maar geeft voor ons tevens een weg aan ons aandeel te leveren, zonder zo verpletterd te raken dat we ons ervan afkeren.

De kern van wat Heyoan zei komt erop neer dat net zoals je er stelsels van negatieve overtuigingen op nahoudt die in je leven pijn veroorzaken, je ook meehelpt die negatieve overtuigingen vast te houden in het collectieve onbewuste van de mensheid, waaruit de pijn van de mensheid voortkomt.

Hier volgt het gechannelde antwoord en het stap-voor-stapproces om het gebied van dienstbaarheid te vinden dat bij jou past.

WAT KAN IK PERSOONLIJK VOOR DE WERELDVREDE DOEN?
Gechanneld vanuit Heyoan

Dit is een prachtige vraag, en ik hoop dat meer mensen die zichzelf gaan stellen. Het wordt steeds belangrijker dat steeds grotere aantallen mensen de verantwoordelijkheid gaan nemen om wereldburgers te worden. De eerste stap in de richting van dat doel is jezelf te bezien vanuit het grotere perspectief, en je beslissingen en handelingen laten ontstaan vanuit die bredere kennis.

Vanuit ons perspectief hebben jullie, aangezien jullie medescheppers van de aarde zijn en van alles wat hier bestaat, haar gemaakt zoals ze is. Je hebt alles geschapen wat je in je leven ervaart, en wanneer er pijn is, is die er alleen omdat jij die zo gemaakt hebt. Dit betekent niet dat je slecht bent; het betekent eenvoudig dat je een les niet geleerd hebt waarvoor je gekomen bent om die te leren, en zo heb je een situatie geschapen die niet alleen uit die onwetendheid is ontstaan maar je ook precies de middelen in handen geeft die je nodig hebt en je de richting aangeeft waar-

in je kunt kijken om die les in je op te nemen.

Neem ons perspectief over en pas het toe op de wereldsituatie. Stel jezelf eerst de vragen die je omtrent iedere persoonlijke kwestie zou stellen. Wat betekent deze wereldsituatie voor mij persoonlijk? Wat is de boodschap die de grotere wereld (die een spiegel is van het zelf) me probeert te vertellen over wat ik moet leren? Wat is de aard van de pijn die ik heb helpen creëren? Wat moet eraan gedaan worden, en wat kan ik persoonlijk doen? Hoe heb ik persoonlijk bijgedragen aan de grotere situatie?

Nu zeg je misschien: 'Ik heb het niet gedaan.' Je geeft anderen misschien zelfs de schuld – 'Het waren die politici' – of je kiest een andere natie of etnische groep uit als zondebok. Maar jij bent het die deelgenomen heeft aan een verkiezing of die niet is gaan stemmen. Jij bent het die vooroordelen in je hebt gekoesterd over anderen die anders lijken dan jijzelf. Dat doe je met volslagen vreemden en met mensen die je kent. Deze generalisaties en vooronderstellingen die je over anderen maakt, leg je automatisch en vaak onbewust ook aan voor jezelf. Dit geeft je een heleboel innerlijke persoonlijke pijn. Wanneer je jezelf negatief over iemand anders hoort praten, vraag jezelf dan af wat voor effect dat op jou heeft wanneer je hetzelfde over jezelf zegt.

De verlangens van de menselijke ziel beperken zichzelf niet tot nationale grenzen, talen of geloofsbelijdenissen. Maar met deze onderscheidingen vindt de ziel een geschikte leerschool (of speelplaats) waarin ze leren kan. Het is juist deze verscheidenheid die de aarde tot zulk een prachtige keuzeplaats maakt om te incarneren. Volkeren zijn geschapen om verscheidenheid en opgetogenheid in je leven te brengen. Ze zijn nooit bedoeld om een slagveld te worden. Inderdaad kan iemand vele levens op aarde leven in vele leefwerelden en nooit verveeld raken.

Wat is er dan gebeurd? De zaken die je naar de aarde gebracht hebben voor je scholing, zijn nu precies die dingen die de problemen veroorzaken. Eigenlijk wenkt je geloof in een afgescheiden werkelijkheid je om iedere keer terug te keren naar de aarde. Dat geloof geeft je ook angst. Je bent dus hier gekomen om angst op te lossen, maar het is juist door middel van de angst die opgelost moet worden dat je meer angst hebt aangevoerd. Vraag jezelf dus af: wat is het nu precies waar ik bang voor ben, zowel in mijn persoonlijk leven als op wereldschaal? Zie hoe deze twee in wezen dezelfde angst zijn. Weet je dat deze angsten precies dezelfde angsten zijn die de meeste mensen hebben, en van waaruit de meeste mensen handelen? Deze gemeenschappelijke angsten zijn dan de oorsprong van wereldconflicten.

Jullie zijn allemaal bang voor verlies, ziekte, dood en een gebrek aan vrijheid. Jullie zijn allemaal bang dat iemand iets van waarde van je weg zal nemen als je dit eenmaal in je leven hebt verworven. Maar ik zeg je, de enige persoon die dat kan doen ben jezelf.

In dezelfde mate als waarin je uit angst je eigen persoonlijke vrijheid wegneemt, in die mate zul je ook proberen een ander zijn vrijheid te ontnemen. In dezelfde mate als waarin je ziekte in je lichaam creëert, in precies die mate zul je anderen toestaan het in hun lichaam in stand te houden en zul je terzijde blijven staan zonder hulp te bieden. In dezelfde mate waarin je je lichamelijke, emotionele, mentale en spirituele voeding verarmt, in die mate kun je verarming in anderen tolereren en zelfs hopen op medestanders. Zoals je het jezelf gedaan hebt, zo doe je het anderen.

Dus de eerste plek waar je wereldvrede kunt scheppen is thuis. Schep harmonie thuis, op je kantoor, en in je gemeenschap en breidt die dan over de landsgrenzen uit. Zou jij je kind honger willen laten lijden? Waarom zou je dan je naaste buren, de Afrikanen of de Indiërs honger laten lijden? Waar je de grens trekt is de plek waar je jezelf beperkt: je zelfbeeld, je liefde en je kracht.

Ik raad ieder van jullie aan om tien procent van je tijd en energie te wijden aan een privéproject dat het tot stand brengen van wereldvrede tot doel heeft. Dit kan liggen op het gebied van opvoeding en opleiding, politieke activiteiten of communicatie, of eenvoudigweg een geldelijke bijdrage aan een doel waarmee je je diep verbonden voelt. Doe dit alleen vanuit het perspectief dat je meegeholpen hebt de situatie zoals die nu is te scheppen, en daarom de intentie hebt die te helen als de healer die je bent, en vanuit de kracht die jou als medeschepper ter beschikking staat. Dus, in plaats van voor wereldvrede te werken omdat je dat moet, zul je ervoor werken omdat je dat wilt. Liever dan vanuit angst of schuldgevoel te werken, zul je te werk gaan vanuit het gezichtspunt van een schepper die zijn of haar werk in orde brengt. Benader wereldvrede nooit, nooit vanuit het gezichtspunt dat je zo goed als machteloos bent er iets aan te doen. Dat is simpelweg niet waar en zal nooit waar zijn. Je bent de medeschepper van al je ervaringen, inclusief de wereldsituatie. Als je niet houdt van wat je geschapen hebt, zoek dan de lessen die je uit je onvolmaakte scheppingen leren moet en herschep ze op een andere, passender manier.

Als je armoede vreest, dan zullen je handelingen die uit die angst voortkomen – persoonlijke armoede proberen tegen te gaan – armoede op wereldschaal helpen scheppen. Jouw angst helpt het massageloof in armoede te handhaven. Dit massageloof in armoede heeft een tegenreactie tot gevolg waarbij iedereen ernaar streeft meer te vergaren en het voor zichzelf te houden. Deze hebzucht leidt tot het gevecht om economische groei die op zijn beurt de uitputting van 's werelds hulpbronnen teweeg heeft gebracht. Dit schept meer armoede en houdt ze in de fysieke wereld in stand.

Overweeg dit eens, mijn vrienden: de dingen die je moet verfoeien en vrezen zijn precies de dingen die je schept. Daarom moet je niet alleen je eigen geloof in je persoonlijke armoede en wat die voor jou betekent, grondig onderzoeken, je moet ook tien procent van je tijd erin steken om naar armoede op wereldschaal te kijken. De mondiale oplossing is dezelfde als de persoonlijke.

Hebzucht is gebaseerd op de angst niet genoeg te hebben. Wat als hebzucht verschijnt is in werkelijkheid een resultaat van de angst voor armoede. Dat schept, op zijn beurt, armoede, wat vervolgens leidt tot de vernietiging van de hulpbronnen van de aarde en juist een bedreiging vormt voor je bestaan. Uiteindelijk verhult je angst voor armoede, daarom, je existentiële angst, en berust je hebzucht uiteindelijk op de wankele basis van je diepere existentiële angst.

Wat kan er nu over deze hebzucht worden gezegd? *Hebzucht* is een term die je liever nooit op jezelf zou laten slaan. Laten we hem een beetje verzachten: als je naar binnen kijkt in jezelf, ontdek je vele 'behoeften'. Maak een lijstje van je 'behoeften'. Je zult ontdekken dat vele ervan ontworpen zijn om je een gevoel van veiligheid te geven, wat ze evenwel nooit zullen kunnen. Vraag jezelf nu af: welke van deze behoeften wens ik vanuit een hoger bewustzijn te scheppen, gebaseerd op mijn positieve overtuigingen? Welke wil ik in stand houden omwille van een gevoel van veiligheid, gebaseerd op mijn negatieve overtuigingen? Verdeel de lijst op deze manier. Concentreer je nu op de positieve lijst en vraag jezelf af: hoe komt ieder van deze behoeften van mij de wereld alsook mijn persoonlijke zelf ten goede? Wanneer je daarmee klaar bent, richt je dan op elk punt dat ontworpen is om een angst te bevredigen en vraag: welke angst ben ik aan het bevredigen, en hoe? Als ik naar deze behoeften handel, welke invloed zullen mijn handelingen dan op de wereld hebben? Zoals je uit het voorgaande materiaal weet, handel je voornamelijk uit angst en bevestig je die angst in de wereld door zo'n handeling af te ronden. Merk op dat als je dit doet, je misschien zult ontdekken dat enkele van de punten op de verkeerde lijst staan.

Deze oefening kan je een beter inzicht geven in hoe verantwoordelijk je bent voor het scheppen van je eigen levenservaringen niet alleen, maar ook van de wereldsituatie. Je bent bijzonder verantwoordelijk! Je hebt in feite grote invloed!

Dus, mijn dierbaren, wees je bewust van het heel directe effect dat je overtuigingen hebben op zowel je persoonlijke relaties als op de wereldsituatie. Vanwege dit krachtige directe effect kun je beide zaken veranderen door je negatieve overtuigingen te ontdekken en ze te veranderen om daarmee liefde, zorgzaamheid en vertrouwen de wereld in te projecteren. Wees in vrede en in liefde.

~

Huiswerk van Heyoan

1. Maak een lijstje van je angsten op persoonlijk niveau. Doe hetzelfde met je angsten op wereldniveau. Zie de overeenkomsten.
2. Maak een lijstje van je behoeften. Verdeel de lijst in behoeften om angsten te bevredigen die voortkomen uit negatieve overtuigingen (negatieve behoeften), en behoeften die voortkomen uit positieve overtuigingen (positieve behoeften).
3. Zoek de angst waaruit je negatieve behoeften ontstaan. Zoek het hogere bewustzijn van waaruit je positieve behoeften ontstaan.
4. Wat heb je op het persoonlijke niveau vanuit deze positieve en negatieve behoeften gecreëerd? Wat komt in de wereldsituatie overeen met je persoonlijke situatie? Dat is wat je in de wereld hebt helpen creëren, zowel positief als negatief.
5. Op welk terrein van dienstbaarheid aan de wereld (overeenkomstig je negatieve scheppingen uit angst) wil je jouw tien procent aan wereldvrede geven?

Resultaten van het opruimen van je behoeften om je angst te bevredigen

Denk eens aan iemand die vraatzuchtig is uit angst te verhongeren. Hij overeet zich misschien of hamstert zelfs voedsel. Zo iemand helpt de angst voor verhongering in het collectieve onbewuste van het menselijk ras te handhaven. Wanneer hij aan zijn probleem werkt, kan hij ervoor kiezen te geven door degenen op deze aarde die honger lijden te helpen voeden.

Een vriend van mij die ik Mark zal noemen, deed dit. Hij had een overgewicht op het moment dat ik hem ontmoette. Ik wist niets over zijn achtergrond. Maar ik wist dat hij erg bezorgd was om zijn gewicht en de ermee gepaard gaande gezondheidsproblemen. Hij was vooral bezorgd om de extra druk op zijn hart. Hij had in het verleden diverse malen aan dit probleem gewerkt door allerlei diëten te volgen, waarbij hij dan een paar pondjes verloor die hij er onmiddellijk weer aan kreeg. Hij moest behoorlijk diep afdalen in alles wat met zijn gewicht samenhing om het probleem te overwinnen. Hij bezocht een healer om erbij geholpen te worden te stoppen met te veel eten. Hij vertelde mij zijn healingproces, en hij heeft me toestemming gegeven erover te schrijven.

Mark ontdekte dat het eerste niveau van zijn angst gewoon de angst voor honger was. Hij kon een hongergevoel gewoon niet verdragen. Dit was voor hem een verrassing, en hij had er geen idee van waar zo'n angst vandaan kwam. Hij onderzocht waar de angst voor honger vandaan kwam en ontdekte dat zijn ouders ten tijde van zijn geboorte in vreselijke financiële problemen zaten, in de crisistijd eind jaren dertig. Hoewel ze zich steeds zorgen maakten waar de volgende maaltijd vandaan zou komen, kreeg niemand ooit honger. Hij had de bron van zijn angst voor honger gevonden. Zijn vroege familieerfenis bevatte een angst voor honger, hoewel het nooit voorkwam. Als jong kind leerde hij zodoende dat dit onbekende dat honger werd genoemd, iets vreselijks was dat gevreesd moest worden. Zijn jonge psyche kon nog geen onderscheid maken tussen fantasie en realiteit. De oplossing die hij in zijn vroege jeugd koos was ervoor te zorgen dat hij gewoon nooit honger zou hebben. Dat werkte, maar hij werd te zwaar.

In Marks healingproces begon hij verdraagzaamheid te beoefenen tegenover zijn angst voor honger door goede gezonde maaltijden te nuttigen en op te houden met zijn vrijwel constante tussendoortjes. Toen hij op deze wijze zijn menu verbeterd had, kreeg hij onmiddellijk meer energie en ging zijn zelfbewustzijn omhoog. Waarin dit proces verschilde van zijn vroegere dieetpogingen was dat zijn motieven nu dieper waren dan alleen maar gewichtsverlies. Het was een verkenning van zijn innerlijke wereld geworden.

Soms vloog de angst hem weer naar de keel en nam hij een snack. Op deze manier was hij mild voor zichzelf. Naargelang hij doorging het hongergevoel uit te diepen, ontdekte hij dat hij een onderscheid kon gaan maken tussen een gevoel van honger en van innerlijke leegte. Hij ontdekte dat hij zelfs genoot van het gevoel van innerlijke leegte omdat dit hem enorm veel ruimte van binnen gaf. Het was vredig. Het was alleen maar leven zonder vorm. Zo nu en dan kwam er iets nieuws uit zijn innerlijk leven zonder vorm omhoog. Meermaals ervoer hij hoge spirituele extase.

Toen begonnen andere dingen uit deze innerlijke leegte naar boven te komen. Toen hij zich op een dag in zijn innerlijke stilte bevond, kwam zijn angstgevoel om van honger te sterven snel omhoog. Toen brak het in volle kracht open. Onmiddellijk bevond hij zich midden in de ervaring te sterven van honger. Het was een andere eeuw. Hij zat in een ander lichaam en in een ander leven. Hij sprong in angst uit zijn meditatie op. Later in zijn healingsessie vertelde hij zijn healer wat er gebeurd was. Tijdens de healing gingen ze samen terug in de tijd naar het vorige leven dat in zijn bewustzijn was opgekomen. De healer maakte zijn auraveld schoon van het auravuil dat deze ervaring had achtergelaten. Hij ervoer dat hij in een tijd van grote hongersnood leefde. Volgens zijn ervaring had hij door zijn misbruik van macht aan de hongersnood bijgedragen. Hij en vele anderen verloren uiteindelijk door verhongering familieleden en lieten zelf het leven.

Natuurlijk is er in dit geval geen enkele mogelijkheid te bewijzen dat dit inderdaad met hem gebeurd is. Wel bestaan er enkele goed georganiseerde onderzoeken die zijn ervaring ondersteunen, bijvoorbeeld een onderzoek uitgevoerd door Ian Stevenson van de Universiteit van Virginia, die informatie uit vorige levens van heel jonge kinderen verifieert. In ieder geval zijn wij er vooral in geïnteresseerd welk heilzaam effect het heeft deze ervaring uit Marks auraveld op te ruimen. Eerst raakte hij zijn angst voor honger en verhongering kwijt, daarna richtte hij zijn leven totaal anders in.

Zoals Mark zei:

> Toen mijn energieveld schoon werd, begreep ik eindelijk dat mijn angst kwam van iets dat al lang was gebeurd in plaats van iets dat stond te gebeuren. Toen kreeg ik het overweldigende verlangen de mogelijkheid, dat het nog eens gebeuren zou, te voorkomen. Ik zag de fouten die ik hieromheen de laatste keer gemaakt had en wenste het nu anders te doen.
>
> Ik begon eten te zien als een aangename manier om mezelf te voeden, zodat ik vrij was te zijn wie ik ben en te doen waarvoor ik gekomen ben. En dat is: de werkelijke hongersnood die nu op aarde plaatsvindt aan te pakken.

Mark gelooft niet langer in de angst voor honger. Hij geeft les in meditatie op innerlijke leegte als pad naar zelfontdekking. Hij koestert het geloof dat de ervaring van innerlijke leegte een prachtig en noodzakelijk onderdeel van het menselijk leven is, dat leidt naar groter inzicht in jezelf en de verbondenheid met alle dingen. Hij is 25 kg kwijtgeraakt. Hij werkt voor een organisatie die de honger in de wereld bestrijdt.

Hoofdstuk 14

DE DRIE TYPEN AURAVELDINTERACTIES IN RELATIES

Een van de interessantste voorrechten die HZW (Hoger Zintuiglijke Waarneming) verschaft, is de gave auraveldinteracties tussen mensen waar te nemen, wanneer ze in relatie tot elkaar treden. Op het vierde niveau van het auraveld verschijnt alles wat we met elkaar doen als een levend, bewegend, voortdurend veranderend vertoon van gekleurd, vloeibaar licht, of bioplasma. De wisselwerking van het bioplasma onthult veel over relaties, iets dat ik zeker nooit had vermoed voor ik deze auraveldinteracties in detail zag. Beelden van bioplasma laten zien dat we op vele manieren, die door onze psychologische en sociologische theorieën buiten beschouwing worden gelaten, met elkaar verbonden zijn. Ze tonen een onderlinge afhankelijkheid tussen alle levende wezens die alles wat we vroeger begrepen hebben verre te boven gaat.

Hoezeer we ook denken dat we onafhankelijk zijn en de dingen op onszelf doen, dat is nooit echt het geval. Dit is een les die veel mensen nu opnieuw aan het leren zijn. In de stammengemeenschappen van ons verleden wisten we hoezeer we van elkaar afhankelijk waren. Maar aan het begin van de 20ste eeuw gaf de moderne wereld ons een vals gevoel van vrijheid. Nu krijgen we met satellietbeelden van de aarde en de moderne communicatietechnologie een ruime blik op wat het betekent onderling afhankelijk te zijn. We zien dat onze individuele handelingen zich verenigen tot een machtige invloed die het aangezicht van de planeet doet veranderen. We zien dat wat er in het ene land wordt gedaan, onmiddellijk gevolgen heeft voor alle andere. Dat zien we in het wereld-banksysteem, in de aandelenmarkten, in onze bewapening en in onze vervuiling van de aarde. De internationale zorgen die de gemiddelde Amerikaan [en Europeaan] nu heeft, in gang gezet door zoiets eenvoudigs als het kijken naar het avondnieuws, tonen dat de planetaire holografische verwantschap ingevuld begint te raken.

Alles wat we denken, zeggen en doen, beïnvloedt holografisch ieder ander mens via de levensenergievelden. De meesten van ons zijn zich de diepte van deze uitspraak niet bewust. Maar velen beginnen zich dat bewust te worden. Veel mensen voelen het op een primitieve manier. We krijgen het instinctmatige gevoel dat er iets vreselijks is gebeurd en we zetten de tv aan om te weten wat het is. Dat deden velen van ons op 17 oktober 1989 toen onze tv vertelde dat ons gevoel juist was: de twee na ergste aardbeving in de geschiedenis had net San Francisco getroffen. Dit intuïtieve gevoel dat er iets mis is, kennen veel mensen wanneer een grote ramp ergens op aarde plaatsvindt. In andere gevallen hebben we een gevoel van lichtheid en vrijheid dat ons vertelt dat er iets moois aan het gebeuren is. Zo voelden we bijvoorbeeld, toen de Berlijnse muur viel, onze verbondenheid met de Berlijners in hun streven naar en opkomen voor vrijheid.

We voelden verbondenheid, niet alleen maar omdat we het op tv zagen, maar ook omdat we met alle mensen ter wereld energetisch verbonden zijn, via het vierde niveau van het auraveld. We resoneren met hen die vurig naar vrijheid verlangen. Het openen van onze bewuste gewaarwording op het vierde niveau betekent letterlijk anderen voelen. Het betekent hun aanwezigheid voelen en hun diepere werkelijkheid van gevoelens, hoop, vreugden, angsten en verlangens voelen alsof wij hen zijn. Op het vierde niveau zijn persoonlijke grenzen totaal verschillend van die in de fysieke wereld. Laten we eens onderzoeken wat dat betekent.

Op het vierde niveau van het veld neemt energiebewustzijn de vorm aan van wat het gelooft dat het zelf is. Wat het gelooft dat het zelf is hangt af van de trillingsfrequentie en de energie-inhoud ervan. Wanneer onze energieën op het vierde niveau hetzelfde zijn, hebben we het gevoel alsof we dezelfde persoon zijn, omdat we precies voelen wat anderen voelen. 'Ben ik het of jij?' vragen we dan.

Maar wanneer onze energieën verschillend zijn op het vierde niveau, voelen we dat we niet dezelfde persoon zijn. Dat wil zeggen: we zijn die anderen niet omdat we onze eigen gevoelens hebben, anders dan die van hen. Op het vierde niveau bewegen we heen en weer tussen versmelting of eenheid met andere mensen, en afscheiding van hen in een poging geïndividualiseerd te raken.

In het levensproces op het vierde niveau komen we samen en versmelten we in gemeenschap. Deze gemeenschap staat ons dan toe om afzonderlijk individualiteit binnen te gaan. Alleen via individualiteit kunnen we onze unieke innerlijke goddelijkheid kennen. Hoe meer we onze innerlijke goddelijkheid kennen, des te meer we in gemeenschap samen kunnen komen. Door middel van dit circulaire proces van groeiend zelfbewustzijn wordt liefde gecreëerd.

Het vierde niveau wordt als volgt gecreëerd: de creatieve kracht uit de kern van ons wezen projecteert zich naar beneden via de hoogste niveaus van het auraveld naar het vierde, op haar weg naar de fysieke wereld. Tijdens dit proces splitst zij zich in tweeën en wordt relationeel. Op dit punt ontstaat een dualistische splitsing. Op het vierde niveau van ons veld worden we voor het eerst pas dualistisch. Het vierde niveau van ons auraveld vormt de brug tussen de fysieke en de spirituele wereld. We ervaren deze brug door middel van relaties met anderen. Zonder deze brug van relaties zouden het fysieke en het spirituele verdeeld en gescheiden lijken te zijn.

Op het vijfde, zesde en zevende niveau, die met onze spiritualiteit corresponderen, ervaren we geen dualiteit. De hoofdfunctie van dualiteit is het verkennen van verscheidenheid en het bepalen van grenzen. Naarmate de schepping zich door de niveaus beneden het vierde niveau voortplant en daarna de fysieke wereld ingaat, worden de grenzen steeds duidelijker bepaald. Elk volgend lager niveau bezit een duidelijker vastgelegde dualiteit. Op het vierde niveau begint dualiteit zich het eerst te manifesteren in de heen en weer gaande beweging tussen voelen dat je hetzelfde bent als iemand anders en voelen dat je je van hem onderscheidt.

Net onder het vierde niveau ligt het niveau van de denkende geest. Hier denken we, in helderheid, over wie we zijn: 'Ik denk, dus ik ben. Ik denk anders dan jij. Daarom ben ik ik en jij jij.' Op het tweede niveau van het veld komt dualiteit weer op een andere manier naar buiten: 'Ik heb emotionele gevoelens over mijzelf, dus ik ben. Ik voel anders over mijzelf dan over jou, daarom zijn we verschillend. We zijn niet een en dezelfde persoon.' Op het eerste niveau van het veld wordt dualiteit aldus duidelijk gemaakt: 'Ik voel mezelf door middel van mijn zintuigen. Ik neem mijn lichaam waar. Ik neem jouw lichaam waar. Ze zijn verschillend, daarom verschil ik van jou.' Op fysiek niveau bepaalt onze huid onze vorm. We kijken in de spiegel en zeggen: 'O ja, dat ben ik!'

Maar wat is nu zo belangrijk aan differentiatie en individuatie als we toch allemaal één zijn? Door dualiteit leren we om onze bewuste gewaarwording te individualiseren via de 'Ik–Gij'-relatie. *Alleen via de dualiteit waarin we afdalen, kunnen we onze bewuste gewaarwording doen ontwaken tot individualiteit.* Via dualiteit verschaffen we onszelf een spiegel waarin we goed naar onszelf kunnen kijken. Zonder dualiteit kan het onderscheiden van onze individualiteit niet geschieden. Ik kan het belang van dit feit niet genoeg onderstrepen.

Stylianos Atteshlis, die in Cyprus woont, is een wereldberoemd healer, bekend als Daskalos in het boek *The Magus of Strovolos* van Kyriacos Markides. In zijn theologische verhandelingen legt Atteshlis dualiteit uit in termen van de afdaling van de mens uit de engelen. Hij zegt dat alleen via de afdaling in de menselijke ervaring van dualiteit en vrije wil bewuste gewaarwording kan bestaan. Hij zegt dat we allemaal aartsengelen zijn die via het 'idee van de mens' de dualiteit zijn ingegaan om tot onze innerlijke goddelijkheid te kunnen ontwaken en inzicht te kunnen verkrijgen in de evolutie van het bewustzijn. Hij zegt dat aartsengelen en engelen niet geïndividualiseerd zijn zoals wij, ze hebben geen bewustzijn van zichzelf als individu en ze kennen geen individualiteit. Vrije wil is automatisch goddelijke wil; er is geen vrije wil. Met andere woorden: het idee van keuze bestaat niet in een niet-geïndividualiseerd wezen. Aan de andere kant zijn mensen die hun cycli van geboorte en dood op deze planeet beëindigd hebben en daarna naar hogere werelden zijn getranscendeerd, wezens met grote spirituele kracht die tevens geïndividualiseerd zijn.

Individuatie is een proces dat aanvangt met incarnatie via het vierde niveau van dualiteit naar beneden en dan dieper in de dualiteit van de fysieke wereld. Het is een heel langdurig scheppingsproces dat eeuwen op het fysieke vlak in beslag neemt. Daarna beweegt het zich naar hogere frequenties van levenservaring die blijkbaar oneindig doorgaan.

Dus zelfs hoewel velen van ons klagen over dualiteit en de moeilijkheden van menselijke relaties, *vormen relaties het middelpunt van spirituele groei en ontwikkeling.* Het vierde niveau is een brug tussen onze spiritualiteit en onze fysieke aard. Het is een brug tussen hemel en aarde. Het is een brug ook die is samengesteld uit relaties. Via relaties is het dat we heel worden. In het verleden hebben sommigen het als bijzonder spiritueel beschouwd om ergens op een bergtop te gaan zitten mediteren. Maar dat is niet langer waar. Als we eenmaal op de berg gezeten hebben om God te leren kennen, moeten we wat we geleerd hebben terugbrengen naar de mensheid om te worden vervuld. Kunnen we dan nog steeds liefdevol, eerlijk en waarheidlievend zijn? Dat is veel moeilijker in relaties dan op een bergtop.

Velen van ons raken verloren op de brug van het vierde niveau omdat we niet weten hoe we relaties moeten aangaan die onze behoeften vervullen, zowel in geven als in ontvangen. Via relaties wordt datgene wat we geleerd hebben op de proef gesteld. Door onze relaties beter te laten functioneren bij het vervullen van onze behoeften en die van anderen, bouwen we de brug tussen ons persoonlijke zelf (de niveaus één tot drie van het auraveld), via het interpersoonlijke zelf (niveau vier van het auraveld), naar ons transcendente verenigde zelf (de niveaus vijf tot zeven van het auraveld). Op het vierde niveau leren we onszelf, elkaar en uiteindelijk God beter kennen, door in onszelf en in elkaar God te herkennen.

Alle energieverbindingen met onze interacties met mensen (individuen of groepen van elke omvang), dieren, planten, mineralen en de planeet worden aangetroffen op het vierde niveau van ons veld. Het is het niveau waarop we liefde vormen en uiten voor alle levende wezens. Het vierde niveau van het veld is een brug van liefde. Telkens wanneer twee mensen met elkaar contact hebben, vindt er een heleboel veldactiviteit plaats op het vierde niveau van het auraveld.

Wanneer HZW-visie zich op het vierde niveau opent, gaat er een hele wereld van verbondenheid voor ons open. Er bestaan drie hoofdtypen van veldinteractie op het vierde niveau van ons veld. Het eerste type is via harmonische inductie van de frequenties van het ene veld in het veld van de andere persoon. Het tweede en meest duidelijke type is de stroom van gekleurde vloeibare energie, of bioplasma, die tussen de velden heen en weer vloeit. En het derde type zijn de lichtkoorden waarmee we ons verbinden met elkaars chakra's.

Elk type aura-interactie kan of positief of negatief zijn. De positieve interacties dienen om ons veld op te laden en te voeden. Hoe meer we daarvan hebben, des te rijker, meer vervuld en gelukkiger ons leven wordt. Aan de andere kant kunnen negatieve interacties schade veroorzaken aan het auraveld en tot ziekte leiden.

Communicatie via harmonische inductie van veldpulsaties

Een belangrijke manier waarop we via het auraveld communiceren, is door elkaars veldpulsatiesnelheden te beïnvloeden. De pulsatiesnelheden in het veld van de een brengen een verandering teweeg in de pulsatiesnelheden van dat van de ander. Het werkt precies zoals stemvorken. Het auraveld dat het sterkste is, beïnvloedt meestal het andere. Dat is de reden waarom mensen grote afstanden reizen om in het auraveld van hun goeroe te zitten. De goeroe is meestal iemand die een grote hoeveelheid tijd in zijn of haar leven besteed heeft om te mediteren en om de frequentie, omvang en kracht van zijn of haar veld te vergroten. Wanneer volgelingen binnen het bereik van het veld van de goeroe zitten, wordt hun auraveld naar een hogere trilling opgetild. En ze voelen zich geweldig. Natuurlijk maakt dit ook persoonlijke processen bij de mensen los, omdat de toegenomen kracht die door hun veld stroomt energieblokkades opruimt waaraan dan iets gedaan moet worden.

Harmonische inductie is een belangrijke factor in relaties. Als je veld sterk is, met meer energie dan in het veld van je partner, en je pulsatiesnelheid hoger is, zal je veld een snellere pulsatie teweegbrengen in het veld van je partner. Als je veld een lagere snelheid heeft maar jij nog steeds sterker bent – meer energie hebt – zal jouw veld de pulsaties van je partner vertragen. Mensen willen hun veld graag binnen een zeker bereik van pulsatiesnelheden houden. Echtparen passen gewoonlijk binnen nagenoeg hetzelfde bereik. Ofwel nemen mensen een partner die buiten hun pulsatiebereik valt om hen te helpen versnellen of juist te vertragen.

Het is moeilijk om door een heel groot verschil in pulsatiesnelheid heen te communiceren. Intimiteit vereist het koppelen van velden. Anders gezegd: het vermogen om ofwel binnen hetzelfde frequentiebereik te pulseren ofwel de velden, gebruik makend van harmonieën, te synchroniseren is voor gemeenschap noodzakelijk.

Wanneer mensen niet binnen hetzelfde frequentiebereik zitten of niet harmonieus kunnen synchroniseren, is het uiterst moeilijk om te communiceren. Ze begrijpen elkaar gewoon niet. Het voelt aan als praten tegen een muur. Jouw pulsaties hebben op die van hen geen enkel effect. Of het voelt alsof jouw woorden in een wolk verdwijnen. Jouw pulsaties worden gewoon geabsorbeerd in hun veld zonder enige verandering teweeg te brengen, of ze ketsen af de ruimte in. Zoals bij een spiegel kaatsen jouw pulsaties gewoon zonder effect terug. Of het gaat gewoon over hun hoofden heen – jouw pulsaties hadden dan een te hoge frequentie en hun veld is niet in staat zo snel te pulseren. Voor uitwisseling van informatie moet het ene veld in staat zijn effect te hebben op het andere. Natuurlijk is het heel vaak mogelijk om met opzet je veld niet door dat van een ander te laten beïnvloeden. Je kunt opzettelijk een spiegel, een muur, een wolk of gewoon te ondoordringbaar worden, om zodoende gemeenschap te voorkomen. Dit doen we allemaal bij tijd en wijle om elkaar buiten te houden.

Wanneer twee mensen werkelijk nauw contact hebben, beïnvloeden hun velden elkaar op een prachtige manier. De pulsering van het ene veld veroorzaakt een verandering in het andere, wat vervolgens nieuwe veranderingen opbouwt in het eerste. Dit proces zet zich in een positieve feedback-lus voort, waarbij het nieuwe kleuren en frequenties in de twee velden creëert en heel veel genoegen voor beide betrokkenen schept. Beide mensen leren met zulk soort communicatie een heleboel.

We voelen onszelf in een relatie onmiddellijk niet op ons gemak, wanneer we voelen dat er vibraties ons veld binnenkomen die we niet prettig vinden. Er zijn momenten dat de auravelden van twee mensen tegen elkaar slaan, waarbij een snerpende storing van hoge toonhoogte ontstaat, die heel erg lijkt op de terugkoppelreactie die ontstaat wanneer per ongeluk een microfoon te dicht bij een speaker komt. Deze interacties tussen energievelden zijn bijzonder onplezierig, en we vinden het erg moeilijk om ermee om te gaan. Bewust worden ze opgemerkt als afstoting, afkeer, angst of zelfs walging. We mógen die persoon gewoon niet. Dit gaat door tot een van de twee verandert. Wanneer dat gebeurt, verandert ook zijn auraveld.

Verbinden door middel van bioplasmalinten

Iedere keer wanneer twee mensen contact hebben met elkaar, vloeien er grote stromen van bioplasma tussen hen heen en weer. Wanneer mensen van elkaar houden wordt er een heleboel energie uitgewisseld. Het energiebewustzijn in die bioplasmalinten komt overeen met het soort communicatie dat er tussen de betrokken mensen gaande is. De kleuren en vormen van de bioplasmalinten beelden de aard van de interactie uit. Bij aangename, plezierige communicatie vloeien de stromen soepel met zachte, heldere kleuren die dansen in een uitwisseling van energie. Als een lint vanuit het veld van de een het veld van een ander bereikt en raakt, vult die het veld van de ander met kleuren, gevoelens en energie. In normale relaties worden talrijke veelsoortige linten van energiebewustzijn uitgewisseld tussen de betrokken personen. De linten kunnen iedere kleur van de regenboog en iedere vorm bezitten. Het algemene effect van de kleuren volgt dezelfde karakteristieken als gegeven in afbeelding 9-2. Hoe helderder en duidelijker ze zijn, des te positiever, krachtiger en zuiverder het energiebewustzijn is. Dit zijn soorten communicatie waarbij ieder heel veel aan de ander geeft; beiden raken gevuld, terwijl ieders behoeften worden vervuld.

De hartchakra op het vierde niveau van het veld is roze. Als er veel liefde in de interactie zit, vloeit er een heleboel zachtroze energie in zachte golven. Wanneer twee mensen verliefd worden op elkaar, wordt de hartchakra op het vierde niveau heel actief, en stuurt het meer roze energie in hun auraveld (zie afbeelding 14-1 in het kleurenkatern). Spoedig stromen hun aura's over van roze energie. Verliefde stelletjes scheppen een prachtige roze wolk van energie om zich heen. Ieder die in hun buurt of in deze wolk komt, voelt zich fantastisch. We houden allemaal van mensen die verliefd zijn. Wanneer we dicht bij hen zijn, begint onze hartchakra op het vierde niveau zich meer te openen en trekt meer roze licht naar binnen. En ook ons auraveld begint een roze wolk te produceren. Als er hartstocht in het spel is, zal het roze een heleboel oranje in zich hebben, wat een stimulerend effect heeft. De golven zullen sneller zijn en hogere pieken hebben.

Waarschijnlijk een van de leukste dingen om gade te slaan is wanneer twee mensen doen alsof ze geen contact met elkaar hebben. Ze kijken elkaar misschien niet eens aan of doen openlijk alsof de ander niet bestaat, maar er vloeien grote linten gekleurd bioplasma tussen hen heen en weer. Het veld van beiden reageert met heldere fonkeling. Dit kan gebeuren wanneer twee mensen elkaar voor het eerst zien en zich enorm tot elkaar aangetrokken voelen. En het kan gebeuren wanneer mensen een diepe betrokkenheid naar elkaar voelen, misschien in het geheim, en doen alsof ze elkaar niet kennen. Of ze nu al dan niet de interactie openlijk toegeven, de HZW-waarnemer deelt in het geheim!

Wanneer mensen een hekel hebben aan elkaar, proberen ze gewoonlijk geen energiestroom uit te wisselen. Dat werkt soms niet en de wrijving bouwt zich tussen hen op. Dan, zoals een tussenruimte van hoog voltage die plotseling ontlaadt door een vonkje elektriciteit, varen ze tegen elkaar uit. Soms is dat zo krachtig dat het inderdaad op een bliksemschicht lijkt. Bij grove communicatie zijn de relationele energiestromen scherp, puntig en donker van kleur, en dringen ze het veld van de ander binnen als speren of pijlen. Bijvoorbeeld, woede is gepunt, doordringend, binnenvallend en donker rood. Jaloezie is donker, grijsgroen, slijmerig en plakkerig. Als iemand heimelijk iets van een ander probeert te krijgen, zijn de linten compact, slijmerig en tentakelachtig. Ze zullen ingrijpen in het veld van de ander om er energie weg te zuigen als een zuignap. Of ze zijn bros en scherp, haken in het veld van de ander, en hechten zich op een wanhopige manier. Bedenk dat al deze vormen mogelijk zijn, omdat op het vierde niveau energiebewustzijn de vorm aanneemt van wat het gelooft dat het is.

Negatieve interacties voelen feitelijk als speren, pijlen of dolken die het veld openrijten. Ze voelen als slijmerige zuigende tentakels die energie stelen of wegzuigen. Ze voelen als enterhaken die het energieveld naar beneden trekken. Zo voelen ze aan omdat dit precies is wat ze doen.

Bioplasmastromen tijdens ziekte in een gezin en in andere hechte relaties

Er vinden, wanneer mensen ziek zijn, enkele algemene interacties via bioplasmastromen plaats. Zieke mensen hebben een dubbel probleem met hun energiebehoefte. Ze hebben extra energie nodig om hun ziekte te bestrijden, terwijl ze al moeite hebben zelfs een normale hoeveelheid energie voor zichzelf uit hun stofwisseling te halen, omdat hun chakra's naar alle waarschijnlijkheid niet goed functioneren. Zo werden ze immers op de eerste plaats ziek: hun veld is zwakker. Onthoud dat energie van een hoger naar een lager voltage stroomt. Wanneer de ene persoon ziek en de ander gezond is, zal de gezonde gewoonlijk heel wat gezond bioplasma naar de zieke overdragen. Dat doet hij/zij automatisch.

Daarnaast zal de zieke, wanneer hij of zij iets nodig heeft, een smekend bioplasmalint uitzenden naar het auraveld van de gezonde persoon. Deze linten zuigen de benodigde energie weg. Dit gebeurt, of de persoon daar nu rechtstreeks om vraagt of niet. Dat proces is normaal.

natuurlijk en onbewust. Het maakt deel uit van het principe van geven en nemen binnen het gezinsleven. Energie-uitwisseling in het gezin is erg goed voor de zieke omdat ze de kracht geeft de ziekte te bevechten. Alle familieleden, inclusief de kinderen en huisdieren, geven op deze manier levensenergie aan de zieke. Dat is een van de voordelen van de holografische verbindingen die ieder van ons in een gezinssituatie heeft. Mensen worden meestal sneller beter in een situatie waarin ze energetisch ondersteund worden.

Tijdens het genezingsproces zal de zieke eerst in staat moeten zijn energie van anderen te ontvangen, dan uiteindelijk leren op eigen benen te staan en ten slotte weer helpen energie voor het gezin aan te vullen. Er bestaan talloze variaties van hoe dit in zijn werk gaat. Ik zal hier twee uitersten van de schaal beschrijven.

De zieke kan al vele jaren energie gezogen hebben voordat de ziekte zich in zijn lichaam begon te manifesteren. Op een passend moment in zijn herstelperiode zal hij moeten leren hoe hij alle benodigde energie voor zichzelf uit zijn stofwisseling kan halen. Dit zal een natuurlijk deel van het healingproces zijn, wanneer zijn chakra's hersteld worden en weer op de juiste manier functioneren om hem te voorzien van alle benodigde levensenergie.

In een tegenovergesteld geval kan een gezinslid dat eerst zelf in een grote hoeveelheid energie van haar gezinsleden voorzag, het nodig hebben nu een heleboel voor zichzelf te ontvangen. Dit zal voor haar en haar gezin aanvankelijk heel moeilijk zijn omdat de rollen omgedraaid worden. Zij is misschien niet in staat om te ontvangen en zal dat moeten leren. Op dit punt kan haar gezin haar leren ontvangen door een goede, liefdevolle verzorging. Ze zullen af en toe zelfs enige dwang moeten uitoefenen. Aan de andere kant zullen gezinsleden in zo'n geval, uit gewoonte, nog steeds proberen energie aan haar te onttrekken wanneer zij het zelf juist het meest nodig heeft. Als je dit in je gezin ziet gebeuren, wees dan bijzonder oplettend haar daarvoor te beschermen. Op dit moment energie aan haar onttrekken kan een negatief effect op haar gezondheid hebben.

Als de ziekte langdurig is, zullen de gezinsleden naar alle waarschijnlijkheid de psychische belasting van de ziekte rechtstreeks op hun eigen veld ervaren. Ze nemen uit hun stofwisseling niet alleen energie op voor zichzelf, maar ook voor de geliefde persoon. Ze zullen waarschijnlijk niet weten wat er met hen gebeurt, maar ze zullen moe en geprikkeld raken en bij tijden niet meer voor hun dierbare willen zorgen. Het is van essentieel belang voor ieder gezinslid en elke intieme partner van iemand die ziek is, af en toe weg te gaan en tijd voor zichzelf te nemen om weer bij te tanken. Anders zullen wrevel en een schuldgevoel over de wrevel ontstaan wat dan tot depressie en uitputting, en zelfs tot een lichamelijke ineenstorting en ziekte kan leiden.

Alle gezinsleden dienen manieren te vinden hoe ze voor zichzelf energie kunnen verzamelen. Dit kan heel goed via meditatie, leuke hobby's, sport, persoonlijke creatieve activiteiten, gezonde vrienden en andere vrijetijdsbestedingen. Vierentwintig uur per dag thuis naast het bed van de dierbare zieke doorbrengen is het slechtste dat mensen kunnen doen, zowel voor zichzelf als voor de zieke. Uiteindelijk is iedereen dan ziek. Gezonde mensen moeten met andere gezonde mensen contact hebben ten behoeve van een creatieve uitwisseling van energie. Mensen die uitzonderlijk creatief zijn, besteden graag tijd met soortgenoten die ook zo creatief zijn, omdat ze te zamen een heleboel creatieve energie van hoge frequentie weten op te wekken en uit te wisselen. De uitwisseling maakt dan de creatieve kracht in ieder van hen vrij.

Bioplasmalinten bij publieke beroepen
Onderwijs geven of een presentatie houden is een handeling waarbij men op zo'n manier energiebewustzijn aan studenten voedt dat ze hiermee geholpen worden naar een ander begripsniveau op te klimmen. Grote stromen van bioplasma vloeien tussen een onderwijzer of toneelspeler op het podium en een klas of gehoor. De healingleraar moet in staat zijn de energie van een lokaal te dragen zodat het collectieve energiebewustzijn van de studenten opgetild en verlicht kan worden tot een ervaring van hoger begrijpen. Leraren moeten in staat zijn de energie van wat ze onderwijzen vast te houden terwijl ze les geven.

Bijvoorbeeld, ik dien mijn energie op het vierde niveau van het auraveld te houden wanneer ik een healingoefening van het vierde niveau leid, anders zullen de studenten die niet kunnen leren. Als ik probeer healing van het vierde niveau te onderrichten terwijl ik mijn energie op het derde niveau van het veld houd (het niveau van het rationele denkvermogen), zullen de studenten dat dupliceren. Ze zullen dan proberen de healing op het derde niveau uit te voeren en zullen niet in staat zijn het vierde niveau vast te houden. De oude mythe dat 'zij die niet kunnen verrichten altijd kunnen onderrichten' is eenvoudigweg niet waar. De leraar dient niet alleen te weten hoe hij moet 'verrichten', hij dient dit ook te kunnen doen terwijl hij het aan anderen overdraagt. Dat is zelfs moeilijker.

Dezelfde soort smekende bioplasmalinten treedt op in alle vormen van relaties waarbij de een iets van de ander wil. Als een eis het verzoek vergezelt, zullen de stromen die met het verzoek verbonden zijn energie zuigen. Als er een eenvoudig verzoek is, en dan een loslaten, zullen de linten geen energie zuigen. Bijvoorbeeld, nu we het over onderwijssituaties hebben: als een student besluit om persoonlijk met een docent te praten en vastbesloten is dat voor elkaar te krijgen ook al heeft de docent het heel erg druk, dan zal hij of zij een energielint uitgooien om het veld van de docent te grijpen. Soms doen studenten dat zelfs voor ze het klaslokaal binnenkomen. Of ze doen het helemaal van achter uit het lokaal en volgen dan het pad van het auralint over de hele lengte van het lokaal. De docent kan diep in een gesprek gewikkeld zijn met iemand anders, maar zal waarschijnlijk de intentie voelen op het moment dat de student(e) aanhaakt in zijn (haar) veld.

Iedereen die ooit een publieke persoon is geweest, heeft energielinten vanuit zijn publiek of zijn fans bemerkt. In zulke gevallen proberen veel mensen allemaal tegelijk hun linten vast te hechten, en wordt de psychische last ervan moeilijk te hanteren. Hoe meer mensen dit doen, des te zwaarder wordt de last. Aangezien het vierde niveau van het veld niet gebonden is aan ruimte, kunnen deze verbindingen vanuit alle plekken op aarde gelegd worden, wat ook gebeurt. Het is een grote verantwoordelijkheid om te proberen liefdevol te zijn in al deze verbindingen, die ook de vorm kunnen hebben van projecties, eisen of allerlei verzoeken. En dat vraagt oefening. Wanneer de publieke persoon vermoeid is, is het moeilijk om altijd op een liefdevolle, positieve manier te reageren. Dit is een van de redenen waarom ieder die in de publieke belangstelling staat, een uitzonderlijke behoefte aan privacy voelt. Die behoefte is gewoon alleen zijn, zichzelf voelen en weer bijtanken.

Bioplasmalinten en opbranden
Alles wat er gezegd is over bioplasmalinten bij publieke beroepen, gaat ook op voor het meer besloten werk in de hulpverlening en de geneeskunde. Het is de taak van de beroepskracht om een auraveld van gezonde vitaliteit en harmonie te bewaren terwijl smekende bioplasmalinten van lage energie en lage frequentie voortdurend aan hem/haar duwen en trekken. Dit maakt helpen en helen tot erg moeilijk werk. De beroepskrachten moeten goed voor zichzelf blijven zorgen. Ze dienen een dagelijks programma op te stellen om hun energieveld weer te vitaliseren en zichzelf op te frissen, of anders zullen ze opbranden. Dat is de reden waarom opbranden zo vaak voorkomt bij deze beroepen. De meeste van deze mensen beseffen niet dat ze beter voor zichzelf moeten zorgen dan iemand die niet in de hulpverlenende sector werkt.

Bioplasmalinten en voorwerpen
Bioplasmalinten ontstaan ook wanneer we een verbinding aangaan met levenloze voorwerpen. Onthoud dat iedere handeling die we verrichten, wordt voorafgegaan door gedachten en gevoelens die in het auraveld kunnen worden waargenomen voordat we de handeling verrichten. Anders gezegd: we doen de dingen eerst energetisch voordat we ze fysiek doen. Als de handeling relationeel zal zijn, zal die het eerst in de auralinten van het vierde niveau worden geuit. Op het moment dat we besluiten iemand op te bellen, zenden we een lint van energiebewustzijn uit naar de telefoon. Dan pas pakken we de telefoon. Dit verschijnsel gaat de hele dag door. Iedere keer wanneer we op deze wijze een verbinding maken met een voorwerp, blijft iets van ons bioplasmatisch energiebewustzijn in dat voorwerp achter. Hoe meer we met een voorwerp werken, des te meer energie het van ons opneemt, en hoe meer wij ons ermee verbonden voelen.

De soort energiebewustzijn die we in een voorwerp leggen via onze bioplasmatische linten, hangt af van onze gevoelens over dat voorwerp. Als we ervan houden of het graag mogen, dan vullen we het met liefde. Als we er een hekel aan hebben, vullen we het met de energie van de soort weerzin die we ertegen voelen. Als we in een rotbui zijn wanneer we de telefoon opnemen, zal iets daarvan in de telefoon achterblijven. Als we het voorwerp met onze energie blijven vullen, gaat het steeds meer van de soort energie bevatten waarmee we het gevuld hebben. Het voorwerp zal dan die energie afgeven aan ieder die ermee in aanraking komt.

Healers gebruiken dit principe wanneer ze een object, zoals een stukje stof of een kristal, met healingenergie laden en het naar een cliënt zenden. Het stukje stof of het kristal draagt de healingenergie van de healer naar de cliënt die dan de energie eruit opneemt. Wat meer is: de healer kan het voorwerp over grote afstand opnieuw blijven opladen. Het kan dan een bron van helende energie voor de cliënt blijven.

In wezen werken amuletten volgens dit principe. Sjamanen of magiërs hebben geleerd hoe ze voorwerpen kracht kunnen geven door heel heldere, doelmatige manieren van concentratie aan te leren waarmee ze hun energiebewustzijn overdragen op een voorwerp. Voorwerpen kunnen met elke soort energiebewustzijn worden gevuld. Dit energiebewustzijn is uit gevoelens en gedachten samengesteld. Aangezien dit energiebewustzijn niet pure gedachte is, gebruik ik er niet de populaire term *gedachtenvorm* voor. Ik noem het liever een psychonoëtische gedachtenvorm: *psycho* verwijst dan naar gevoelens en *noëtisch* naar het verstand of het denken. Iedere psychonoëtische gedachtenvorm neemt de vorm aan die correspondeert met de gevoelens en gedachten waaruit hij is samengesteld.

Rituelen werden en worden traditioneel hiervoor gebruikt. Rituelen stellen een vorm, beoefening of procedure vast die telkens met regelmatige tussenpozen wordt herhaald. Rituelen bevatten niet alleen vastgestelde handelingen maar ook vastgestelde woorden en speciale dingen waarop de geest geconcentreerd wordt, terwijl de handelingen en woorden worden herhaald. Bij een ritueel is het belangrijk zekere gevoelens met de wil op te roepen, om de gedachtenvorm met de kracht van gevoelens te vullen. Anders gezegd: het ritueel is een manier om een bepaalde soort bioplasmatische linten van energiebewustzijn, of psychonoëtische gedachtenvormen, voor een bepaald doel met de wil te scheppen. Een ritueel is een bewuste scheppingsdaad. Iedere keer dat iemand een ritueel herhaalt, voegt hij of zij meer energiebewustzijn toe aan de oorspronkelijke psychonoëtische gedachtenvorm die werd gecreëerd toen het ritueel de eerste keer werd uitgevoerd. Aangezien rituelen generaties lang worden herhaald, zijn ze een manier om je te verbinden met heel krachtige gedachtenvormen die over een lange periode zijn opgebouwd. Elke keer wanneer mensen een ritueel uitvoeren, tappen ze de kracht van de psychonoëtische gedachtenvorm voor eigen gebruik af. En ze bekrachtigen op hun beurt het krachtobject met de gedachtenvormen die zij in het ritueel scheppen.

Creatieve visualisatie werkt volgens hetzelfde principe. Door je te concentreren op wat je scheppen wilt, schep je dit eerst in de psychonoëtische wereld. Uiteindelijk zakt het vanzelf af naar een manifestatie in de fysieke wereld. Dit zijn we voortdurend ieder moment van ons leven aan het doen. We zijn het ons meestal alleen niet bewust. Hoe meer we ons echter van dit proces bewust worden, des te meer we bewust kunnen kiezen voor wat we scheppen.

De koorden die ons binden

Het derde type aura-interactie in relaties gaat via de koorden van auralicht die ons via onze chakra's met elkaar verbinden. Deze koordverbindingen ontstaan tussen alle gelijksoortige chakra's. Dat wil zeggen: mensen verbinden zich met elkaar met koorden die van eerste naar eerste chakra gaan, van tweede naar tweede chakra, van derde naar derde chakra, enzovoort.

De eerste koorden die ik ooit, werkend als healer, heb waargenomen zijn degene die derde chakra's met elkaar verbinden. Het blijkt dat in onze cultuur de koorden tussen derde chakra's het meest schade oplopen tijdens ons leven. Bijna alle mensen met wie ik heb gewerkt, hebben schade aan hun derde chakrakoorden. Daarom merkte ik ze aanvankelijk ook op. Eerst begreep ik het belang van die koorden nog niet, want ik had er nooit eerder van gehoord. Ik wist alleen dat ik mezelf bij een groot aantal cliënten met wie ik werkte, bezig zag koorden op te diepen die in de derde chakra vastzaten. In andere gevallen bengelden de koorden los in de ruimte. Langzaam maar zeker besefte ik dat deze koorden verbonden waren met de mensen met wie de cliënt een relatie had.

Ik werd via innerlijke leiding geïnstrueerd de koorden uit de knoop te halen, ze te herstellen en in vele gevallen de verbinding tussen de twee mensen te verstevigen. Die innerlijke leiding liet me ook enkele van de koorden diep door de chakra van de cliënt heen en door nog diepere dimensies tot in de wezensster inwortelen. Heyoan zei:

Je wortelt de koorden van 'wie deze persoon in het universum is' [wat de psychische functie aan de voorkant van de derde chakra is] diep in de kern van diens wezen, en aldus bevrijd je een ongezonde verstrengelde afhankelijkheid.

Na verloop van tijd begon ik feedback van cliënten te krijgen over het diepgaande effect dat het veranderen van de koorden op hun relaties had. Niet alleen veranderde de cliënt in een relatie, dat gebeurde ook met de andere betrokkene. Pas toen besefte ik de kracht van de koorden binnen relaties en zag het krachtige effect dat rechtstreeks daaraan werken via het auraveld had op het veranderen van de relaties en de levens van deze mensen. Na verloop van tijd ging ik de koorden zien die alle andere chakra's met elkaar verbonden, en werkte ik ook daarmee.

Aangezien de koorden verbonden zijn aan het vierde niveau van het veld en hoger – welke voorafgaan aan de driedimensionale fysieke ruimte en daarbuiten bestaan – vinden veel koordverbindingen eigenlijk al plaats voordat het leven in de fysieke dimensie aanvangt. Ze blijven zelfs bestaan na de dood van een van de betrokkenen. De koorden blijven verbonden met de overleden mensen die hun lichaam hebben verlaten en zich in de astrale of geestelijke wereld bevinden. Als deze koordverbindingen eenmaal zijn gemaakt, houden ze nooit meer op te bestaan. Ze lossen nooit op. Ze gaan de fysieke wereld te boven. Bij het fysieke sterven ondergaan de auravelden van het vierde niveau en hoger niet echt veel verandering. Ze zijn alleen niet langer met een lichaam verbonden. Daarom is het niet zo verbazingwekkend dat de koordverbindingen na de fysieke dood blijven bestaan.

Heyoan zegt dat er vijf hoofdtypen koorden bestaan:

* **De zielekoorden die de bestendige ziel draagt vanaf haar oorspronkelijke verbinding met God en haar monade binnen de geestelijke wereld.**
* **De koorden vanuit vorige levens, op aarde of elders.**
* **De genetische koorden die verworven worden door de verbinding met de ouders.**
* **De relationele koorden die ontstaan via de relaties met ouders.**
* **De relationele koorden die ontstaan via de relaties met andere mensen.**

Het zielekoord verbindt ons altijd met God en ons thuis. Via dit koord staan we in verbinding met onze beschermengel of onze persoonlijke gids.

De koordverbindingen met vorige levens helpen ons de verbindingen in herinnering te roepen die we met mensen voor dit leven hebben gehad. Dikwijls ontmoeten we mensen en hebben meteen het gevoel dat we hen al kennen. We voelen ons met hen verbonden op een manier die eerst moeilijk te omschrijven lijkt maar die heel werkelijk aanvoelt. We ontdekken dat we van dezelfde dingen houden of dezelfde hunkering in ons meedragen. Na enige tijd ontdekken we dat we samen al aan het werk zijn die hunkering te vervullen. Af en toe vangen we misschien eens een glimp op van mogelijke vorige levens samen, of komt er zomaar een volledige herinnering aan een vorig leven aan de oppervlakte.

Even een paar waarschuwende woorden over verschijnselen rondom vorige levens. Herinneringen aan vorige levens kunnen bijzonder bedrieglijk zijn. Zodra je merkt dat je een vorig leven gebruikt als excuus voor negatief gedrag, let dan op: je zit waarschijnlijk op het verkeerde spoor. Als je anderen de schuld geeft van jouw negatieve gevoelens naar hen; of als je jezelf in het verleden in een hogere positie plaatst ten opzichte van iemand dan nu het geval is (bijvoorbeeld, als je toen de baas was en nu ben je dat niet, of als je toen de leraar was en jouw huidige leraar was toen je student); of als je jezelf toestemming geeft tot anderszins asociaal gedrag zoals buitenechtelijke seks, dan geef je een verkeerde interpretatie aan het vorige leven en misbruik je het, en stapel je nog meer karma op. Meestal heb je nu dezelfde soort problemen als toen. Maar vaak zijn ze nu niet meer zo erg als toen, omdat je zo hier en daar wat hebt bijgeleerd in de tussenliggende levens.

De koorden van vorige levens omvatten niet alleen levens op aarde maar ook elders. We zijn niet alleen in het verleden als mensen op aarde geïncarneerd, maar we hebben ook levens meegemaakt als andere bestaansvormen en op andere plaatsen in het universum. Sommigen van ons voelen die verbinding nu, omdat we begonnen zijn zo'n mogelijkheid tot ons bewustzijn te laten doordringen. Veel mensen kijken naar de sterren en herkennen ze als thuis.

De genetische koorden
Onze genetische koorden leggen al een verbinding diep in het innerlijk van de hartchakra's van een aanstaande moeder-en-kind *nog voor de conceptie plaatsvindt!* Ik heb het veld van een aanstaande baby net buiten het veld van zijn aanstaande moeder zien drijven. De inspanning om het eerste koord te verbinden wordt verricht door de persoon die gaat incarneren. Als de moeder bang is om zwanger te worden, kan ze de plek diep in haar hartchakra niet laten opengaan zodat de verbinding vanuit het aanstaande kind gelegd kan worden. Ze zal niet eerder zwanger raken dan nadat ze dit gedaan heeft. Dit kan een oorzaak van onvruchtbaarheid bij vrouwen zijn. Ze kan bidden en mediteren om de angst onder ogen te zien. Haar angst zal omhoog komen zodat ze er al doende mee kan afrekenen en ze daarmee tegelijk die heel diepe plek in haar hart kan openen. Dit openen van de hartchakra zal de thymus (zwezerik) activeren. Daarna is ze, aangenomen dat de andere klieren – met name de eierstokken en de hypofyse – ermee in harmonie zijn, klaar voor de conceptie.

Met diepere observatie met een hogere scherpte heb ik gezien dat er ook koorden zijn die de hartchakra van de moeder met haar eitje verbinden en de hartchakra van de vader met zijn sperma. Wanneer het eitje en het sperma samenkomen, worden deze koorden tussen beide ouders en het kind dat uit deze conceptie voortkomt, verbonden. Op deze wijze zijn de ouders ook via het kind met elkaar verbonden. Als eenmaal de eerste genetische koorden via de hartchakra van de moeder zijn verbonden, worden er via alle andere chakra's genetische koordverbindingen gelegd. Aldus ben je via al je chakra's verbonden met je ouders. Zij zijn op hun beurt via al hun chakra's met al hun kinderen verbonden. Op deze wijze ben je met je broertjes en zusjes verbonden. Deze verbindingen gaan door via grootouders, tantes, ooms en neven en nichten. Ze zetten zich via al je bloedverwanten voort, via de grote genetische levensboom die teruggaat tot onheuglijke tijden. Het schept een groots netwerk van lichtkoorden die al het menselijk leven verbindt met de eerste mensen op aarde. Dit grootse levensnetwerk bestaat buiten de driedimensionale ruimte en onafhankelijk ervan. Op deze wijze ben je nauw verbonden met iedereen die eens op aarde geleefd heeft. In feite ben je op dezelfde wijze – als de evolutietheorie gelijk heeft – verbonden met alle levensvormen die ooit zich uit de aarde ontwikkeld hebben en erop geleefd hebben. Via deze oorspronkelijke geboortekoorden dragen we onze genetische bagage op het auraniveau.

Ik heb ook opgemerkt dat wanneer er aangeboren afwijkingen en erfelijke aanleg voor bepaalde (chronische) ziekten, en miasmen optreden, ze verbonden zijn met problemen met de genetische koordverbindingen. Zo kunnen problemen met de genetische koordverbindingen in de vierde chakra leiden tot de geboorte van een kind met een gat tussen de twee hartkamers.

De relationele koorden
De relationele koorden tussen ouders en kind ontwikkelen zich tussen alle chakra's. Ze blijven verbonden, of het kind nu wel of niet bij zijn oorspronkelijke ouders blijft. Als een kind geadopteerd wordt, ontstaan er nieuwe koorden tussen het kind en de nieuwe ouders. De genetische koorden en de eerste relationele koorden die in de baarmoeder, tijdens de geboorte en kort daarna zijn ontwikkeld, blijven nog steeds. En de biologische ouders blij-

ven het kind hier doorheen beïnvloeden wanneer het zich ontplooit.

De relationele koorden vertegenwoordigen verschillende aspecten van de relatie, in overeenstemming met de psychische functie van de chakra's:

* Koorden vanuit de eerste chakra, die ook diep de aarde in groeien, vertegenwoordigen de standvastigheid van de wil om te leven in een fysiek lichaam in relatie tot de aarde en in relatie met andere mensen.
* Koorden vanuit de tweede chakra vertegenwoordigen het genieten van de vruchtbaarheid des levens in sensuele en seksuele relaties.
* Koorden vanuit de derde chakra vertegenwoordigen de zuiverheid en juistheid van het zorgen voor zichzelf en anderen binnen relaties.
* Koorden vanuit de vierde chakra vertegenwoordigen liefhebben en het mysterie van de harmonie tussen liefhebben en willen in relaties.
* Koorden vanuit de vijfde chakra vertegenwoordigen een vast vertrouwen in de hogere wil van de relatie. Ze vertegenwoordigen ook geven en ontvangen in waarheidlievende communicatie via geluiden, woorden, muziek en symbolen.
* Koorden vanuit de zesde chakra vertegenwoordigen de vervoering in het zien van hogere concepten in de uitwisseling en wisselwerking van ideeën, terwijl terzelfder tijd onvoorwaardelijke liefde wordt ervaren ten opzichte van iedereen met wie deze uitwisseling plaatsvindt. Ze vertegenwoordigen het genoegen je geliefde te herkennen als een prachtig wezen van licht en liefde. Ze vertegenwoordigen het vermogen lief te hebben vanuit een spiritueel perspectief, zoals veel religieuze voormannen deden zoals Christus en Boeddha.
* Koorden vanuit de zevende chakra, die ook de verbindingen leggen naar de hogere rijken, vertegenwoordigen de kracht om in de geest van God te zijn in relatie met God, het universum en een ander mens. Ze vertegenwoordigen het vermogen het perfecte patroon van een relatie te begrijpen. Ze vertegenwoordigen eveneens het vermogen in een relatie de stoffelijke en geestelijke werelden te integreren.

De toestand van deze koorden vertegenwoordigt de aard van de relatie die we met elk van beide ouders hebben. Als het kind volwassen wordt via de ontwikkelingsstadia van groei, dan groeien de koorden eveneens. Met elk nieuw inzicht over relaties krijgen de koorden meer stevigheid en veerkracht. De aard van de koorden weerspiegelt de aard van de relaties die het kind doet ontstaan. De koorden weerspiegelen hoe stevig en gezond een relatie is. De patronen die kinderen ontwikkelen, worden het hele leven door herhaald. Zij bepalen hoe goed ze in staat zullen zijn relaties met andere mensen aan te gaan. Een kind gebruikt het model van zijn beide oorspronkelijke relaties: die met zijn moeder om relaties met vrouwen te leggen en die met zijn vader om relaties met mannen aan te gaan. Dit is een van de redenen waarom we geneigd zijn het soort relatie dat we met onze ouders hadden, opnieuw met onze intieme partners in het leven te roepen.

De koorden aan de linkerzijde van alle chakra's verbinden zich altijd met een vrouw. De koorden aan de rechterzijde van alle chakra's leggen altijd een verbinding met een man. Zodoende kan een healer, wanneer hij/zij weet aan welke kant van iemands chakra het probleem zit – of de rol nu die van ouder, kind of gelijke is – onmiddellijk zien of het probleem afkomstig is van de relatie van de cliënt met diens moeder of met diens vader en vervolgens met iemand anders van dat geslacht werd gedupliceerd.

Iedere keer wanneer we enige vorm van relatie met iemand anders hebben, scheppen we nieuwe koorden. Deze koorden veranderen en groeien met de verandering en groei van die relatie. De koorden kunnen zich alleen tussen de chakra's hechten als beide mensen dat toestaan. Ongezonde verstrengelde afhankelijkheid of gezonde wederkerigheid is altijd een overeenkomst van twee kanten. Hoe voller en sterker de relatie, des te voller en sterker de koorden. Hoe meer interacties binnen een relatie, des te meer koorden er voor die relatie zijn. Hoe meer relaties we creëren, des te meer koorden creëren we.

De toestand waarin de koorden verkeren, laat de aard zien van de relaties die we hebben en de manier waarop we verbonden zijn. Sommige zijn gezond, andere zijn niet zo gezond. In gezonde wederkerige relaties zijn deze koorden levend, helder, pulserend en buigzaam. Ze dienen om intimiteit, vertrouwen en begrip te handhaven, terwijl ze een zee van ruimte maken voor vrijheid en flexibiliteit in de relatie.

Anderzijds, in ongezonde, wederzijds afhankelijke relaties zijn de koorden donker, ongezond, geblokkeerd, zwaar en slijmerig of stug, dof en bros. Deze koorden dienen om de relatie in een toestand van afhankelijkheid en onbuigzaamheid te houden en om individualiteit buiten te sluiten. Hoe meer we met ongezonde koorden aan iemand verbonden zitten, des te waarschijnlijker zal het zijn dat de interacties uit gewoonte in plaats van uit spontaniteit zullen plaatsvinden.

In ongezonde relaties misbruiken we de koorden die ons verbinden. Als we de koorden gebruiken om de relatie te vertragen, om te verhinderen dat die verandert, en om ervoor te zorgen dat de interacties zich sloom en sleurderig voltrekken, worden de koorden dik, dicht, zwaar en dof. De relatie raakt waarschijnlijk verstokt in onderdrukte wrok en woede. Als de ene persoon heimelijk probeert iets van de ander gedaan te krijgen – zoals verzorgd worden – maar dat niet toegeeft, zal de eerste persoon een lange, kleverige, tentakelachtige energiestroom uitzenden, die naar de derde chakra van de ander reikt om daar energie weg te zuigen. Zulke koorden kunnen zich eveneens vastklemmen of vasthaken in de ander in een poging controle uit te oefenen. Als we de koorden broos, stug en onverzettelijk maken, dan wordt de relatie precies zo. De koorden kunnen ook uitgeblust, zwak en breekbaar worden, evenals de relatie waarmee ze corresponderen.

Naarmate de relatie gezonder wordt, worden de koorden helderder, meer geladen met energie, buigzamer en veerkrachtiger. Ze zijn bij gezonde relaties heel mooi en veelkleurig.

Iedere chakra ontwikkelt koorden die een bepaald aspect van de relatie vertegenwoordigen, zoals hierboven is getoond. Iedere keer wanneer we in dat aspect een ervaring met iemand krijgen, ontstaan er daar nieuwe koorden. Als we met iemand interactie hebben op alle aspecten vertegenwoordigd door de zeven chakra's, zullen er koorden ontstaan om alle zeven chakra's met elkaar te verbinden. Bij intieme, langdurige relaties bouwen we vele koorden op die ons via al onze chakra's verbinden. Op deze manier is het dat we heel diepe intieme relaties opbouwen en psychisch met mensen verbonden blijven, waar op aarde ze zich ook maar bevinden en hoeveel tijd er ook verstreken is sinds we hen voor het laatst zagen. Moeders weten bijvoorbeeld precies hoe het hun kinderen vergaat, waar ze ook zijn en hoelang ze elkaar ook niet hebben gezien.

Levenstrauma's en relationele koorden

Een van de pijnlijkste ervaringen in het leven is iemand van wie je houdt te moeten verliezen door verlating, scheiding of de dood. De koorden raken dan gewoonlijk door deze ervaringen vreselijk beschadigd. Ik heb gezien hoe na zo'n ervaring alle chakra's aan de voorkant van het lichaam opengereten waren, met de koorden bungelend in de ruimte. De ervaring van zo'n trauma wordt wel beschreven als het gevoel verscheurd te zijn, of alsof je betere helft ontbreekt. Veel mensen raken gedesoriënteerd en weten zich na zo'n ervaring met zichzelf geen raad.

Bij een moeilijke scheiding probeert de partij die eruit wil stappen, meestal zoveel mogelijk koordverbindingen los te trekken, waarmee ze de ander nogal verbijsterd achterlaten, en zelf in hun eigen veld een heleboel pijn en verwoesting aanrichten. Wanneer dit gebeurt, hebben beiden pijn en blijven ze achter met het gevoel losgerukt te zijn van vele aspecten van hun leven, omdat dit allemaal zo met de partner vervlochten was. De beschadigde koorden vertegenwoordigen niet alleen de oude relatie maar ook de activiteiten die het paar samen ondernam. Veel mensen die op zo'n gewelddadige manier uit elkaar zijn gegaan, hebben de neiging van de weeromstuit maar weer verkering te krijgen, in een poging de pijn te genezen die ze hebben opgelopen door hun drastische acties. Ongelukkigerwijs zijn ze geneigd precies dezelfde soort negatieve relatie te creëren met hetzelfde type man of vrouw als voorheen, omdat ze hun relationele koorden niet eerst hebben genezen. Als er enorm veel schade aan de koorden is toegebracht bij een gedwongen scheiding van echtelieden die lange tijd getrouwd waren, heb ik waargenomen dat het zeker vijf, soms zeven jaar kost voor hun nieuwe leven weer enigszins georiënteerd raakt. Het hangt ervan af hoeveel schade er is toegebracht en hoe goed de persoon in kwestie in staat is die te genezen. Natuurlijk, een healer die in staat is de koorden te zien en ermee te werken, kan het proces versnellen.

Wat mensen niet begrijpen aan dit verschijnsel is dat bij iedere scheiding bepaalde koorden moeten oplossen, terwijl andere blijven. Wanneer een partner vertrekt, hangt wat er met de achtergebleven partner gebeurt af van hoe hij of zij zich op de scheiding heeft voorbereid en de afhankelijkheid in de oude relatie kan loslaten. Ongezonde koorden verzetten zich tegen de verandering en proberen de status-quo te handhaven, terwijl gezonde koorden eenvoudigweg de overgang toestaan. Gezonde koorden blijven verbonden, wat er ook gebeurt. Als eenmaal twee mensen in liefde samenkomen, blijft de liefde, en dat geldt ook voor de koorden die deze liefde vertegenwoordigen.

Problemen met relationele koorden

Problemen met koorden van de eerste chakra
Koorden vanuit de eerste chakra (die ook diep de aarde in groeien) vertegenwoordigen de standvastigheid van de wil om te leven in een fysiek lichaam in relatie tot de aarde en in relatie met andere mensen.

De hoofdoorzaken van zwak ontwikkelde of beschadigde eerste chakrakoorden die ik heb gezien zijn:

* De tegenzin van een kind om te incarneren.
* Een geboortetrauma dat het vermogen van de pasgeborene vernietigt om de koorden bij de geboorte met de aarde te verbinden.
* Vroege lichamelijke problemen die verhinderen dat het kind een relatie met de aarde kan laten ontstaan en die een normale groei van koorden de aarde in voorkomen.
* Lichamelijke mishandeling op jonge leeftijd waarbij het kind voelde dat zijn leven bedreigd werd, wat ervoor zorgde dat het kind zich klaarmaakte om te vertrekken door de koorden uit de aarde los te halen.
* Navolging door het kind van ouders die niet met de aarde verbonden waren.
* Letsel opgelopen bij een ongeval wat het stuitbeen beschadigd heeft, wat op zijn beurt de binnenkant van de eerste chakra en de koorden beschadigde.

Beschadiging van de koorden van de eerste chakra veroorzaakt moeilijkheden in de wil om te leven en te functioneren in de fysieke wereld. Het veroorzaakt problemen met het gronden van de cliënt in de aarde en zijn vermogen zich met anderen in een lichamelijk georiënteerd leven te verbinden, zoals door middel van sport, lichaamsoefeningen, en het genieten van de natuur en de aarde in het algemeen. Het voornaamste effect van deze beschadiging is een niet-gegrond-zijn, een onvermogen de dichte aarde-energieën op te nemen. Dit zorgt op zijn beurt voor een zwakheid in het algehele energieveld dat dan geen stevig lichaam kan ondersteunen. Het lichaam wordt als gevolg daarvan zwak.

Een tekort aan verbondenheid met de aarde heeft heel veel angst over het leven in de fysieke wereld op zich tot gevolg, zoals de angst in een fysiek lichaam te leven omdat het schijnbaar afgescheiden is van de evident vijandige fysieke wereld eromheen. De persoon voelt zich een gevangene in een vreselijke kooi – het fysieke lichaam – vol beangstigende en pijnlijke martelingen. Mensen die zich in deze toestand bevinden, hebben het gevoel dat ze gestraft worden voor iets vreselijks dat ze gedaan zouden moeten hebben. Ze proberen erachter te komen wat dit is. Als ze het maar goed konden maken, denken ze, zullen ze van hun lijden worden verlost. Ze voelen zich nooit veilig.

Ze ontdekken misschien dat mediteren, zoveel mogelijk energiebewustzijn uit de bovenkant van hun hoofd laten bewegen, een veilige haven schept, als ze dat maar de hele tijd konden doen. Ongelukkigerwijs is deze meditatie zo ongeveer het slechtste dat ze voor zichzelf kunnen doen, omdat dit de koorden die de verbinding met de aarde leggen, alleen maar zwakker maakt. En op de lange termijn maakt meditatie hen minder bekwaam met de fysieke wereld om te gaan.

Algemene ziekten die voortkomen uit beschadigde koorden van de eerste chakra: zwakheid in de koorden van de eerste chakra verzwakt het energieveld en het fysieke lichaam in een dergelijke mate dat uiteindelijk eigenlijk elke ziekte er, direct of indirect, mee verband houdt. Aanvankelijk openbaart de zwakte zich waarschijnlijk als een gebrek aan fysieke energie. Daarna kan het zich in de bijnieren openbaren. Later kan het kanker, aids of een auto-immuunziekte als reumatoïde artritis worden. Meestal heeft de wijze waarop de ziekte zich later manifesteert, heel veel te maken met de staat waarin de andere chakra's en koorden verkeren.

Voorbeelden van healingen en de effecten ervan: waarschijnlijk de meest voorkomende soort healingen die ik heb uitgevoerd op eerste chakrakoorden, zijn die bij mensen met een gebroken stuitbeen of een jeugdtrauma waardoor ze zich loskoppelden van de aarde. Tijdens mijn praktijk als healer heb ik regelmatig de eerste chakra opnieuw gestructureerd en daarna nieuwe koorden bevestigd de aarde in. De resultaten van deze healingen waren een opleving van het immuunsysteem, een versterking van het fysieke lichaam, en een verdubbeling van de fysieke energie die de cliënt ter beschikking stond.

Een speciaal geval komt in me op, waarbij een vrouw het virus van Epstein-Barr had en niet beter kon worden. Haar eerste, tweede en derde chakra functioneerden niet goed. Haar healer bleef werken aan de derde chakra. Hoewel haar dat in zekere mate hielp, kreeg ze regelmatig een terugval. Pas toen ik de tweede en, vooral, de eerste chakra had gerepareerd en daaraan de koorden bevestigd had de aarde in, werd ze beter en bleef ze gezond.

Problemen met koorden van de tweede chakra
Koorden vanuit de tweede chakra vertegenwoordigen het genieten van de vruchtbaarheid des levens in sensuele en seksuele relaties. Hoe helderder onze relatie tot onze sensualiteit en seksualiteit, des te gezonder de koorden die we zullen scheppen. Hoe beter een stel seksueel op elkaar ingespeeld is, des te beter de seksuele relatie zal zijn en des te gezonder, sterker en mooier de koorden zullen zijn. Iedere stoornis in de koorden zal als een stoornis in deze gebieden van ons leven worden beleefd. Of, als we problemen hebben met onze sensualiteit en seksualiteit, zullen de koorden tussen ons tweede chakra en die van de persoon met wie we een seksuele relatie onderhouden, deze problemen tonen.

Iedere keer als we seksueel contact hebben met iemand, scheppen we meer koorden en blijven met die persoon verbonden voor de rest van ons leven. Dit schept soms wat verwarring in mensen die nogal wat sekspartners hebben gehad, vooral als de relatie geen gezonde was. Deze koorden kunnen gezuiverd en schoongemaakt worden zodat alleen de positieve aspecten van de verbinding overblijven en de negatieve geheeld worden. Ze zullen echter nooit volledig ontbonden worden.

De hoofdoorzaken van zwak ontwikkelde of beschadigde tweede chakrakoorden die ik heb gezien zijn:

* Moeilijkheden met betrekking tot sensualiteit en seksualiteit uit een vorig leven, waarmee het kind geboren is.
* Algehele veronachtzaming of degradatie van sensualiteit en seksualiteit in de omgeving van het kind.
* Rechtstreekse verwerping van de sensuele of seksuele uitingen van het kind door de ouders of andere nabijstaande volwassenen.
* Seksuele aanranding in de jeugd.
* Verkrachting door iemand van hetzelfde of het andere geslacht.
* Agressieve medische behandelingen van het jonge kind.
* Verkeerde behandeling door een seksuele partner.

Algemene ziekten die voortkomen uit beschadigde koorden van de tweede chakra: de problemen die ik gezien heb als gevolg van beschadiging van de tweede chakrakoorden zijn:

* Onderdrukte seksualiteit die voortkomt uit seksuele mishandeling.
* Seksuele perversiteit (voortkomend uit alle soorten seksuele mishandeling).
* Onvermogen een orgasme te bereiken.
* Onvermogen tot conceptie.
* Impotentie ten opzichte van een bepaalde persoon.
* Prostaatkanker.
* Vaginale infectie.
* Vaginale kanker.
* Infectie aan de eierstokken.
* Ontstekingsziekte aan het bekken.
* Homoseksualiteit voortkomend uit herhaalde verkrachting door iemand van hetzelfde geslacht.

Hiermee wil niet gezegd zijn dat homoseksualiteit een ziekte is. Volgens Heyoan:

Iemand incarneert voor een levenstaak die het best gediend is door al diens fysieke parameters, inclusief het lichaam. Veel mensen kunnen een mannelijk of vrouwelijk lichaam kiezen zonder de traditionele aantrekking tot het andere geslacht, eenvoudigweg omdat dit niet het soort levenservaring is dat de persoon in dit bepaalde leven nodig heeft. In de geestelijke wereld bestaan er geen oordelen over hoe iemand kiest zich seksueel te uiten. Het doel is eerder je seksualiteit met liefde, waarheid, wijsheid en moed te uiten.

We kunnen twee soorten homoseksualiteit onderscheiden: een die het resultaat is van een vrije keus om zulke omstandigheden te scheppen om een bepaalde levenservaring op te doen, en een die voortkomt uit een trauma dat het gevolg was van karma van handelingen uit het verleden. (En laat me je eraan herinneren dat karma geen straf is; het is eerder het weerslageffect van een vroegere daad. Al onze daden zijn oorzaken die gevolgen creëren die uiteindelijk naar ons terugkomen. Soms duurt het een aantal levens voordat de gevolgen terugkomen.) In zekere zin zijn beide typen homoseksualiteit hetzelfde, omdat beide de omstandigheden scheppen die nodig zijn om de levenstaak te volbrengen. In het tweede geval heeft het trauma healingwerk nodig, wat echter niet betekent dat de healing noodzakelijkerwijs tot heteroseksualiteit leidt. Het doel is eerder heelheid voor het individu.

Ik dien duidelijk te maken dat beschadigde koorden niet de enige algemene oorzaken van deze problemen in het auraveld zijn. Ik zet alleen voorbeelden op een rij van gevallen die ik gezien heb in het werken met mensen, wier probleem in hoofdzaak door beschadigde koorden werd veroorzaakt.

Voorbeelden van healingen en de effecten ervan: in verscheidene gevallen heb ik eraan gewerkt de energiekanalen weer in balans te brengen die het endocriene systeem aan het auraniveau verbinden, om zo vrouwen te helpen weer vruchtbaar te worden. Soms verhinderen ongezonde of vastzittende koorden afkomstig van vroegere relaties dat er gezonde koordverbindingen gelegd konden worden met de persoon in de huidige seksuele relatie. In zulke gevallen dien ik de oude koorden schoon te maken en te zuiveren voordat nieuwe, juiste koorden op de juiste manier verbonden kunnen worden. Als eenmaal de koordverbindingen van de huidige seksuele relatie hersteld zijn, kan er zwangerschap optreden. Wanneer beide partners hierbij samenwerken, heb ik vele malen succes gehad.

Anderzijds, als beide partijen niet samenwerken en er in beiden healing nodig is, werkt het verbinden van de koorden niet. Zo kwam er een vrouw naar mij voor een healing omdat ze zwanger wilde worden. Haar veldconfiguraties in verband met endocriene evenwichten waren verstoord en losgeraakt. Ik werkte ongeveer driemaal met haar en ontwarde alles. Ze was klaar.

Aan het eind van de laatste sessie kwam haar echtgenoot haar ophalen. Hij kwam een paar minuten de healingkamer binnen en ik zag dat de koorden tussen hun beider tweede chakra's niet verbonden waren. Ik begon te proberen de koorden te verbinden. Maar naarmate ik verder ging, zag ik dat er veel dieper werk aan zijn veld te doen was, vooral rondom zijn genitaliën. Er waren beschadigingen diep in de eerste en tweede chakra. Ik kon zien dat zijn sperma erg zwak was en niet in staat zou zijn het eitje goed binnen te dringen. Ongelukkigerwijs was de echtgenoot bijzonder sceptisch en een beetje vijandig ten aanzien van dit werk en wilde er niets mee te maken hebben. Aangezien hij geen healing wilde, kon ik niets doen. Ik wist dat wanneer ze het sperma zouden laten onderzoeken, zou blijken dat er een gering aantal heel zwakke zaadcellen in aanwezig was.

Later vernam ik via een vriend dat ze kunstmatige inseminatie hadden geprobeerd, wat ook niet had gewerkt vanwege de aura- en lichaamsproblemen van de man. Ik heb me steeds tamelijk bedroefd gevoeld over die ontmoeting. Misschien had ik niet mijn mond moeten houden. Misschien had de brug van scepticisme kunnen worden overgestoken. Maar ik wilde zijn mening en keuze respecteren.

Problemen met koorden van de derde chakra
Koorden vanuit de derde chakra vertegenwoordigen de zuiverheid en juistheid van de zorg voor zichzelf en anderen in relaties. Voor een kind zorgen betekent er voor het kind zijn voor zijn alledaagse behoeften: wassen, aankleden, voeden, verhaaltjes voor het slapengaan en in bed stoppen. Er bestaan ouders die heel veel van hun kinderen houden maar niet weten hoe ze op deze manieren voor hen moeten zorgen. Of omgekeerd: er zijn ouders wier liefdesband zwak is maar die heel goed weten hoe ze hun kinderen moeten verzorgen.

Bij een trauma in de relatie kunnen de koorden enorm worden beschadigd. Meestal komt dit trauma voort uit een gebrek aan contact en emotionele voeding of uit een te grote controle door een van de ouders. In beide gevallen is de reactie van het kind: de koorden tussen zijn derde chakra en de derde chakra van de betreffende ouder losscheuren. Als het trauma afkomstig was uit een gebrek aan emotionele voeding, dan zweven de uiteinden van de losgescheurde koorden uit de derde chakra van het kind uiteindelijk meestal los in de ruimte. Het lijkt alsof het kind iemand anders zoekt om zijn koorden aan vast te maken. Wanneer het trauma afkomstig is van te grote controle, raken de koorden meestal vast in de derde chakra van het kind. Ik vermoed dat dit een beschermend middel is dat moet voorkomen dat iemand hem of haar nog ooit zo probeert te controleren. Ditzelfde trauma zal naar alle waarschijnlijkheid ook optreden in andere relaties wanneer het kind opgroeit en zijn leven gaat leiden.

Gewoonlijk raken deze koorden na verloop van tijd in de derde chakra verstrengeld en vast en zorgen er dan voor dat die niet goed functioneert. Over een langere periode gaat het proces als volgt:

1. Eerst is de ouder overdreven controlerend en laat dan controlerende koorden naar het kind toe ontstaan.
2. Daarna probeert het kind zich daarvan los te rukken en trekt de koorden eruit.
3. Dan raakt het kind verstrikt in zichzelf en raken de koorden van het kind verstrengeld in zijn of haar derde chakra.
4. Ten slotte kan het kind niet goed contact maken met anderen omdat zijn/haar koorden te ongezond zijn om zich met anderen te verbinden.

Mensen die in dit proces leven, leiden hun leven zonder verbonden te zijn met hun ouder(s) en hebben moeite zich met anderen te verbinden. Ze hebben het gevoel dat hun ouders nooit onderkennen of begrijpen wie ze werkelijk zijn. Ze koesteren waarschijnlijk wrok jegens hun ouder(s) en zijn niet in staat die ouder te zien als een mens die ook door het leven moet gaan.

Via healing door middel van handoplegging kunnen deze koorden op een gezonde manier door een healer naar buiten worden getrokken, ontward, schoongemaakt en opnieuw verbonden. Het is voor een getrainde healer eigenlijk tamelijk makkelijk om dit te doen. De koorden zullen gezond blijven als de cliënten klaar zijn om gezonde relaties te leggen. Anderzijds kunnen zij ze opnieuw beschadigen door middel van een negatieve relatie. Maar ze zullen daar minder toe geneigd zijn omdat de gezonde koorden hun de ervaring van een gezonde relatie verschaffen, iets dat ze in dit leven misschien nog nooit eerder hebben beleefd.

Algemene ziekten die voortkomen uit beschadigde koorden van de derde chakra: de meest voorkomende ziekten die het gevolg zijn van beschadigingen aan de derde chakrakoorden, zijn ziekten aan organen in het gebied van de derde chakra. Gebroken of vastzittende koorden aan de linkerzijde van de derde chakra die hun oorsprong vinden in problemen in de relatie met de moeder, resulteren in kwalen als: hypoglycaemie (daling van de bloedsuikerspiegel), suikerziekte, kanker aan de alvleesklier, spijsverteringsmoeilijkheden of zweren.

Gebroken of vastzittende koorden aan de rechterzijde van de derde chakra die hun oorsprong vinden in problemen in de relatie met de vader, resulteren in kwalen als: een traag of slecht functionerende lever, infectueuze leverkwalen of leverkanker.

Voorbeelden van healingen en de effecten ervan: in een demonstratie tijdens een workshop werkte ik met een studente, genaamd Carey. Deze lange, slanke, mooie vrouw komt uit het gebied rondom Boston. Carey was het hele jaar door in de klas erg stil geweest, dus besloot ik met haar te werken om haar te helpen naar buiten te komen. Ik kon zien dat ze vastzittende koorden in haar derde chakra had. Het ene uiteinde van de koorden was verbonden aan de innerlijke punt van haar derde chakra, het andere uiteinde dat normaliter verbonden zou moeten zijn met haar moeder, zat vast in haar derde chakra. Ik maakte de vastzittende koorden vanaf de linkerzijde van haar derde chakra tot aan de linkerzijde van haar moeders derde chakra los. Toen ik de bundel van verstrengelde koordeinden uit haar derde chakra nam, slaakte ze een diepe zucht en rekte zich uit in reactie op de ruimte die ze nu voelde op die plek in haar lichaam.

Daarna maakte ik de koorden schoon. Toen dit gedaan was, maakte ik enkele van die losse uiteinden, die afhankelijkheid vertegenwoordigen, diep in Carey's derde chakra vast, bracht ze naar beneden door het haraniveau en wortelde ze diep in de wezensster. Anders gezegd: ik wortelde haar koorden diep in de kern van haar wezen.

Aangezien deze koorden verzorging vertegenwoordigen, betekent dit dat nu het verzorgen van zowel zichzelf als anderen vanuit de kern van haar wezen zal komen.

Daarna hechtte ik de rest van de koorden weer aan de linkerzijde van de derde chakra van Carey's moeder. Haar moeder was fysiek niet aanwezig bij deze healing; dit werd dus gedaan met dezelfde soort verbinding als wordt gebruikt bij lange-afstandshealing. Dit gaf Carey een heel ander gevoel van verbondenheid met haar moeder.

De feedback op dit soort healing is verbazingwekkend. Die is min of meer bij de meeste mensen met wie ik gewerkt heb dezelfde. De relatie verandert erg drastisch. Meestal verlaten mensen de healing met het denkbeeld dat ze zich nu eindelijk anders naar hun ouder(s) zullen kunnen gedragen. Ze zijn verrast te bemerken hoe verschillend niet alleen zij zijn, maar ook hoe anders hun ouder(s) is (zijn).

Zowel Carey's relatie met haar moeder is veranderd als de manier waarop haar moeder met haar omgaat. De keer dat Carey haar moeder daarna zag, verwelkomde haar moeder haar en gaf Carey erkenning op een manier die ze altijd van haar moeder gewenst had. Na zich jaren vervreemd gevoeld te hebben, voelde Carey dat haar moeder haar eindelijk zag zoals ze is in plaats van zoals haar moeder wilde dat ze was. Sinds die tijd ontplooit en ontwikkelt hun relatie zich nog steeds.

Verwarring in relaties wordt soms veroorzaakt door verstoorde koordverbindingen. Wat de aura laat zien en wat de cliënt denkt dat de oorzaak van het probleem is, zal soms lijnrecht tegenover elkaar staan. Een cliënt kan door het leven gegaan zijn met de gedachte dat het probleem bij zijn of haar vader lag, terwijl het de hele tijd met de moeder te maken had. Veel vrouwen lijken problemen met mannen te hebben. Ze lijken gewoonweg niet uit een relatie met een man te kunnen halen wat ze nodig hebben. Maar wanneer ik in hun auraveld kijk, zitten de gescheurde, verstrengelde koorden uit de derde chakra aan de linkerkant en die verraden dat het probleem zijn oorsprong heeft in hun relatie met hun moeder.

Bijvoorbeeld, mijn cliënte Joyce leerde op heel jonge leeftijd dat ze van haar moeder niet kreeg wat ze nodig had. Dit was een bijzonder pijnlijke en angstwekkende ervaring, want vanuit het perspectief van een kind is de Moeder de gever en onderhouder van het leven. Anders gezegd: voor het kind lijkt het levensbedreigend. Om deze bedreiging niet te voelen, trok Joyce de koorden van de derde chakra los uit de verbinding met haar moeder. Ze verplaatste haar behoefte aan bemoedering naar haar vader. Vanuit het perspectief van het auraveld betekende dit dat al haar behoeften via de koordverbindingen van de derde chakra op haar vader werden gericht. Joyce kreeg voeding via haar vader. Papa deed zijn uiterste best, maar hij was nu eenmaal geen moeder.

Later in haar leven werden dezelfde relaties herschapen. Joyce, inmiddels een volwassen vrouw, probeert van haar man bemoedering te krijgen. Dat werkt nooit echt. Dus veronderstelt ze dat er iets mis is met haar relatie met mannen, wat natuurlijk nog waar is ook, dus werkt ze daar in haar sessies aan. Heel logisch heeft ze daartoe een mannelijke therapeut gekozen die haar moet helpen aan haar relaties met mannen te werken en te leren haar behoeften door de mannen in haar leven vervuld te krijgen. In dit stadium van het spel heeft ze nog niet veel problemen met vrouwen omdat ze van hen toch niet veel verwacht. Ze gaat niet naar vrouwen om iets te krijgen, zelfs geen healing of therapie.

Als deze situatie voortduurt, zal Joyce het nooit werkelijk veel beter krijgen, zelfs hoewel dat van buiten af zo mag lijken. Ze zal in de overdrachtspositie blijven steken van een braaf meisje zijn en zelfs een nog braver meisje worden. Ze is vol ontzag voor haar mannelijke therapeut, prijst hem de hemel in, en wil alles voor hem doen. Jammer genoeg geniet hij hier onbewust soms zo erg van dat hij niet het grotere plaatje kan zien van wat er aan de hand is.

Een slimme healer zal weten dat een vrouwelijke cliënt met een vrouwelijke therapeut of een vrouwelijke healer, die erin getraind is om te gaan met psychische kwesties, aan haar relaties met vrouwen moet werken, wil het probleem geheeld kunnen worden. Ze moet haar existentiële angst openbreken die ze afgesneden had toen ze haar relatie met haar moeder verbrak. Via dit proces zal ze gaan begrijpen dat de vrouwen in haar leven haar een heleboel te geven hebben en dat vele van de behoeften die ze bij haar man heeft neergelegd daar niet thuishoren. Dit zal haar relatie tot haar man helen. Een healer kan op de juiste wijze de verscheurde koorden van de cliënt naar haar moeder uit de knoop halen, repareren en opnieuw verbinden. Dit zal de relatie drastisch doen veranderen zodat die zich kan ontvouwen en ontwikkelen vanaf het punt waarop die lang geleden bevroren was.

Ik demonstreerde een healing op een eerstejaars studente die ik Grace zal noemen; deze healing laat tevens het sterke effect zien van het schoonmaken van relationele koorden. In het geval van Grace werkte ik aan de koorden van de eerste chakra, en daarna van de derde; zes maanden later was het toen het goede moment om aan de koorden van haar hartchakra te werken. Dit voorbeeld laat de progressie van het healingproces zien.

Grace is tenger gebouwd, blond, en rustig en vriendelijk van aard. Ze werkt als financieel manager en boekhoudster voor een architectenbureau. De healingsessies duurden ongeveer 45 minuten.

Eerst werkte ik aan de eerste chakra: het openen en gronden van de koorden diep in de aarde. Ook structureerde ik het etherische lichaam van het linkerbeen opnieuw, wat volgens mijn HZW enige healing nodig had. (Grace merkte later op dat het haar zwakke been was.) Ik maakte tevens de blaasmeridiaan schoon die door haar linkerbeen omhoog gaat. Vervolgens maakte ik de tweede chakra schoon en structureerde die opnieuw.

Daarna besteedde ik de meeste tijd aan de derde chakra van Grace. De koorden waren heel erg beschadigd. Ik haalde ze uit de knoop en maakte ze schoon. Sommige waren zo naar binnen gedraaid dat ze zich rondom de centrale verticale krachtstroom hadden gewikkeld. De gidsen namen de oude koorden eruit en zetten er splinternieuwe voor in de plaats. Dat had ik nog nooit eerder gezien. Ik had tot dan toe gidsen alleen koorden zien repareren en schoonmaken. De gidsen stopten een prothese die er uitzag als een badmintonshuttle in de derde chakra. De gidsen zeiden dat die in drie maanden zou oplossen.

Zes maanden later ondervroeg ik Grace aan de telefoon over de resultaten van de healing die ik met haar gedaan had. Hier is wat ze te zeggen had:

Mijn relatie met mijn ouders veranderde nadat je aan mijn koorden gewerkt had. Na de healing was mijn eerste chakra erg open. Ik voelde me meer gegrond dan ooit tevoren. Toen ik thuiskwam, omarmde mijn moeder me en keek me met zoveel liefde aan, wat ik nog nooit gezien had. De liefde die ze voor me voelde was diepgaand getransformeerd. Voordien had ze die nooit geuit. Ze wilde dat hele weekend bij me zijn. Ze was buiten in de tuin aan het werken en ik zat gewoon op het gras en ze bleef me maar vragen over healing stellen. Ze was opener naar mij en opener naar wie ik ben.

Van mijn vader voelde ik hetzelfde. Ik voelde een echte hartelijke liefde van hem uitgaan naar mij. Hij is niet iemand die zichzelf zoveel als hij kan openlijk uitspreekt – dat is iets dat veranderd was. En dat voelde ik de hele zomer doordat ik niet zo in de verdediging zat. Ik werd niet door hen geraakt en zij niet door mij. Toen besefte ik hoeveel van de intimiteit die er tussen ons had bestaan, uit de patronen van elkaar wederzijds raken bestond. Met de nieuwe koorden die me met hen verbonden, schenen deze patronen volkomen verdwenen te zijn, de hele zomer lang.

De chakra bleef vijf maanden stevig. Nu in december is de chakra weer begonnen te wiebelen. Ik heb een heleboel kantoorwerk gedaan en sta onder grote druk. Ik krijg geen enkele lichaamsbeweging.

Grace vertelde ook dat haar relatie met haar ouders meer 'in slaap' raakte sinds haar derde chakra weer was gaan wankelen. Het was niet wat het vóór de healingen was geweest; eerder werd de liefde veel minder naar buiten gebracht.

Dus 'las' ik Grace wederom, over de telefoon. De eerste chakra was minder open dan vlak na de healing, maar hij was veel sterker dan daarvoor. De derde chakra wiebelde een beetje, maar dat werd veroorzaakt door een donkerrode prop stilstaande energie in het centrum ervan. Ik beschreef verscheidene manieren hoe ze die kon healen. Ik zag ook dat haar relatie met haar ouders veel dieper werd en dat het belangrijk was voor Grace de hartchakrakoorden tussen zichzelf en haar ouders te zuiveren, te herstellen en er een sterkere verbinding mee te maken. Dat deed ze, en wederom is haar relatie met haar ouders naar een dieper niveau van intimiteit gegaan.

Problemen met koorden van de vierde chakra
Koorden vanuit de vierde chakra vertegenwoordigen liefhebben en het mysterie van de harmonie tussen liefhebben en willen in relaties. Deze koorden tussen hartchakra's zijn datgene waarnaar verwezen wordt wanneer we praten over 'heartstrings': onze gevoelige snaar voor elkaar. De meeste mensen met wie ik gewerkt heb, hebben problemen met hun 'heartstrings' of vierde chakrakoorden. De vierde chakrakoorden worden beschadigd tijdens ongezonde liefdesrelaties. De ongezonde configuratie begint in de jeugd en wordt herhaald wanneer de persoon opgroeit. Wat het probleem ook is, het wordt iedere keer als het trauma wordt herhaald versterkt.

Algemene ziekten die voortkomen uit beschadigde koorden van de vierde chakra: de meest voorkomende oorzaak van beschadiging aan de hartchakrakoorden die ik heb gezien bij cliënten en studenten, is pijn opgelopen in een intieme liefdesrelatie. De ziekten die daaruit voortkomen zijn: hartklachten, hartkloppingen, hartboezem-fibrilleren, en beschadiging van hartweefsel, iets dat later een hartaanval tot gevolg kan hebben.

Voorbeelden van healingen en de effecten ervan: in de zomer van 1991 vroeg ik iemand die deelnam aan een inleidende workshop, of ik met haar kon werken bij wijze van demonstratie van gevorderde healingtechnieken, en ze stemde daarmee in. Eerder in de workshop had ik opgemerkt dat de koorden die haar hartchakra verbonden met die van haar overleden vader, heel erg beschadigd waren. De meeste ervan zaten diep in de hartchakra verstrikt. Andere bungelden in de ruimte. Ook zag ik verscheidene vormen van psychonoëtisch energiebewustzijn die uit vorige levens in de hartchakra waren achtergebleven. Als gevolg van dit alles was haar hartchakra rond aan het wiebelen in plaats van rond aan het draaien in een gelijkmatige draaibeweging in de richting van de klok.

Ik vroeg haar hoe ze voor deze case-study genoemd wilde worden en ze koos de naam Esther, omdat ze zich verwant voelt met de bijbelse Esther. Esther is advocaat en freelance schrijfster en woont in het midwesten van de Verenigde Staten.

In 1976, toen ze rechten studeerde, had Esther de diagnose gekregen dat ze een defecte tweeslippige hartklep (mitralisklep) had. De dokter zei dat het een betrekkelijk milde soort afwijking was en dat ze geen medicijnen hoefde te slikken, tenzij het haar dagelijkse activiteiten zou hinderen. Toen begon Esther een paar jaar geleden met een fors lichaamsbewegingsprogramma. Bij een van deze lichaamsoefeningen begonnen de problemen.

Esther legt uit:

Mijn hart sloeg op hol en ik kon het niet meer stoppen. Dat ging meer dan dertig minuten zo door. Toen kreeg ik de diagnose van hartboezem-fibrilleren. Ik bezocht een cardioloog en die zei: 'Nee je hebt geen defecte mitralisklep, je hebt hartboezem-fibrilleren.' En hij zei dat ik een ongebruikelijk type had, in de zin dat een deel ervan positioneel was. Het kan eenvoudig op gang gebracht worden wanneer ik op mijn linkerzij ga liggen. Ik had twee symptomen: het ene was dat het hart in een sneller ritme klopte, het andere dat het soms slagen oversloeg. De dokter schreef dus Lanoxin voor, omdat wanneer je hart op hol slaat, het een embolie kan doen ontstaan die dan een beroerte tot gevolg kan hebben. Dus om een beroerte te voorkomen, was dit het veiligste.

De meeste tijd dat ik met Esther werkte, besteedde ik aan haar hartchakra. Eerst ruimde ik de vastzittende energie op. Daarna maakte ik de beschadigde koorden los, trok ze eruit, ontwarde ze, maakte ze schoon, laadde ze op en verstevigde ze, en verbond ze ten slotte weer op de juiste manier met haar vaders hartchakra. Toen dit eenmaal was volbracht, begonnen zich op het vierde niveau van het veld configuraties uit vorige levens te ontvouwen die zich eveneens in de hartchakra bevonden. Ik trok een lang scherp object dat er uitzag als een lans uit de linkerzij van haar hart. Met HZW zag het eruit alsof ze in een strijd in een vorig leven verraden en gedood was. Er zaten ook twee heel zware, dichte schilden over haar hart heen, die daar in een ceremonie ten tijde van de oude Godinnereligie waren aangebracht. Priesteres-zijn in die aloude tijden betekende dat je je leven wijdde aan de Godin en de gelofte deed af te zien van alle relaties met mannen. De schilden waren beschreven met een soort oud schrift. Schilden zoals deze werden in een ceremonie over het hart geplaatst om de priesteressen te helpen voorkomen dat ze verliefd zouden worden op een man. Toen ik eenmaal de schilden weg kon nemen, kon ik ook iets dat er uitzag als een borststuk van een middeleeuws harnas verwijderen.

Voorwerpen uit vorige levens zoals deze blijven in het auraveld als onopgelost psychonoëtisch energiebewustzijn zitten en beïnvloeden het huidige leven. De speer zou ervoor kunnen zorgen dat Esther hartsverraad verwachtte; de schilden zorgden er misschien voor dat haar vermogen om relaties met mannen aan te knopen werd doorkruist. Het borststuk van het harnas toonde een sterke psychische band met Jeanne d'Arc en martelaarschap.

Nadat deze voorwerpen eenmaal verwijderd waren, kwam er een heleboel licht uit Esthers borst. Ik heb nog nooit iemands borst zo'n mooi, helder licht zien uitstralen.

Na de healing vroeg Esther of ze nu van haar medicijnen afkon. Ik zei om een aantal redenen nee. Op de eerste plaats had ik niet de autoriteit om ja te zeggen. Daar moest een arts over beslissen. En ik had geen plannen om haar vervolghealingen te geven, aangezien ik geen healingpraktijk meer heb. Het bleek dat Esther uiteindelijk op eigen houtje met haar medicijnen stopte.

Vijf maanden na de healing ondervroeg ik Esther om meer te weten te komen over haar ervaringen tijdens de healing en om op de hoogte te worden gebracht van wat er sindsdien gebeurd was.

ESTHER: Wat ik me het levendigst herinner is dat ik me steeds lichter en lichter ging voelen toen je de schilden wegnam. Ik was me voordien nooit van een zwaar gevoel bewust geweest, maar ik herinner me dat ik me lichter voelde toen ze weggenomen werden... De verbinding met Jeanne d'Arc had veel betekenis voor me omdat ik de neiging tot martelaarschap heb. Ik neig ertoe martelaar te zijn voor goede doelen... al mijn vrienden kunnen je vertellen dat ik een heel intens toegewijd mens ben, heel actief ben voor een aantal goede doelen. Het is een gebied waarop ik me bij tijden terug moet trekken, vanwege mijn intense overbetrokkenheid. Het laat me niet meer los. Ik gooi mezelf zo helemaal in deze dingen dat het soms ten koste gaat van mijn energiehuishouding. Ik ben een vredesactivist. Ik ben een advocaat, en ik zette me actief in voor burgerrechten. De meeste zaken die ik verdedigde, waren zaken van minst bedeelden. Ik vertegenwoordigde veel vrouwen die voelden dat ze discriminatie hadden ondergaan, zoals ongewenste intimiteiten op het werk, discriminatie op het werk, rassendiscriminatie, discriminatie vanwege sekse... Anita Hill leek heel erg op tal van mijn cliënten... Ik ben een feministe...

Wat de healing voor me bewerkstelligde was dat mijn hartklachten voor 95 procent verdwenen zijn! Ik ervaar er nog steeds iets van, niet het boezem-fibrilleren maar het andere – het slaat zo nu en dan eens een slagje over. Ik heb geleerd op zo'n moment de palm van mijn rechterhand over mijn hartchakra te leggen en die met de klok mee te draaien. Het reguleert het energieveld. Jij zag de hartchakra rondwiebelen, wat ik nu doe is die wiebelende hartchakra voor mijn geestesoog roepen en dan kan ik hem laten kalmeren en terug laten keren naar z'n regelmatige draaipatroon met de wijzers van de klok mee. Dat gebeurt niet vaak meer, maar wel zo af en toe. Maar dat is het enige dat ik eraan doe.

Ik bracht de Lanoxin in de volgende tien tot veertien

dagen terug. Ik geloof dat ik toen ongeveer één à anderhalve pil per dag slikte. Ik bracht dat terug tot eerst één en later een halve. Daarna nam ik om de andere dag een halve. Uiteindelijk was ik binnen ongeveer twee weken helemaal van de pillen af.

Ik denk dat het opwindendst voor me was dat ik, verscheidene maanden nadat ik opnieuw gediagnostiseerd was, niet op mijn linkerzij in bed kon gaan liggen, zelfs niet met het innemen van Lanoxin, zonder snelle hartkloppingen te krijgen. En nu na deze healing kon ik gewoon op mijn linkerzij gaan liggen. Eerst voelde het alsof mijn hart niet precies wist wat het doen moest. En daarna kalmeerde het en was het gewoon zichzelf, een normaal hart. En zo is het vandaag nog steeds. Ik kan me op mijn linkerzij draaien en dan is er misschien een periode van drie of vier seconden, een heel, heel korte periode, waarin mijn hart zich schijnt te herinneren wat het vroeger deed. Maar dan doet het dit niet meer. Ik weet niet hoe ik het anders beschrijven kan. Het is een heel grappig gevoel.

BARBARA: Dus in de momenten dat je je omdraait ben je bij je hart. Het klinkt alsof je je bewuste gewaarwording naar je hart brengt. Het klinkt me in de oren alsof je daar automatisch een nieuw patroon aan het instellen bent.

ESTHER: Ja, dat doe ik, ik ben er en ik ben erbij aanwezig. Ik vermoed dat ik het zo'n beetje verzeker dat het voor mij niet meer gek hoeft te doen. En het werkt.

Maar het meest opwindende was wel, toen ik op een morgen wakker werd en besefte dat ik op mijn linkerzij geslapen had en ik dus in mijn slaap omgedraaid moest zijn, midden in de nacht, en dat mijn hart niet op hol geslagen was, wat het meestal deed wanneer dat gebeurde. Ik werd er dan meteen wakker van en het maakte me gek tot ik op mijn andere zij ging liggen. Maar nu was ik klaarblijkelijk in staat me in mijn slaap om te draaien en op mijn linkerzij te slapen zonder enige consequentie, en 's morgens wakker te worden als een nieuw mens.

BARBARA: Fantastisch!

ESTHER: Daar was ik heel erg opgetogen over. Maar ik raakte een beetje gefrustreerd omdat ik het gevoel had dat ik er met deze fantastische healing helemaal vanaf zou moeten zijn. Ik wilde dat het helemaal, helemaal weg was. Ik was hier een tijdje gefrustreerd over omdat het maar voor 95 procent voorbij was... Omdat, toen het op die tafel gebeurde, als een groot wonder, ik echt het gevoel had dat... dat jij de sjamaan was. Jij was degene die dit deed, en jij nam al deze dingen uit me en liet het verdwijnen. Ik was zoveel lichter! Ik herinner me dat ik de volgende dag mijn hartchakra pendelde en dat die de totale breedte van mijn borstkas had. Het was gewoon enorm en het was een prachtig gevoel zo open te zijn... Maar dan was er ook dit... bijna een spookpatroon dat er nog steeds zo af en toe was. Mijn man zegt me dat ik te hard ben voor mezelf, waarschijnlijk weer mijn martelaarscomplex.

Maar voor het moment heb ik hier echt zoveel van geleerd over de relatie tussen wie ik emotioneel ben en wat mijn lichaam is. En dat het energieveld een echt communicatiemiddel voor mij is. En dat leerde me het meest... Ik besefte uiteindelijk dat dit alles voor mij een heel leerzame ervaring was geweest. Op de eerste plaats dat ik de verantwoordelijkheid nam voor mijn eigen healing en dat het me leerde dat ik iedere dag daarvoor verantwoordelijk ben. Ik ben verantwoordelijk voor mijn energieveld, en er zijn dagen dat ik niet voor mijn energieveld zorg zoals ik dat zou moeten. Ik laat mezelf overspannen en oververmoeid raken en dan begin ik dat spookpatroon weer te voelen. Mijn hart probeert me dan weer te vertellen: 'Hé, je bent weer een martelaar. Je stort je hier te veel in. Je bent te intens. Je bent te betrokken. Doe het langzaam aan.'

En ik herinner me dat je hier in de workshop iets over zei, over wat ons lichaam ons vertelt, wat ons ziekteverloop ons vertelt, en het lijkt bijna wel alsof ik nog steeds iets daarvan nodig heb als mijn thermostaat, als mijn waarschuwingsbel, denk ik. Klinkt dat zinnig?

BARBARA: Dat klinkt fantastisch. Ja, dat is waar en dat is waarschijnlijk de reden waarom je dat spookpatroon daar bewaard hebt, omdat je voor jezelf nog steeds die bescherming nodig hebt.

ESTHER: Ja.

BARBARA: En op een dag gaat dat misschien ook wel weg. Omdat je dan de situatie bereikt hebt waarbij je automatisch stopt wanneer je lichaam je dat op een subtielere manier zegt, zoals eenvoudigweg het gevoel dat het tijd is om op te houden.

ESTHER: Nu heb ik nog steeds een alarmsysteem nodig dat me vertelt wanneer ik mijn energie aan het verspillen ben. Dan weet ik dat het tijd is om te stoppen, me opnieuw te concentreren, mijn energieveld in mijn centrum te brengen, en met mijn hartchakra aan de slag te gaan. En ik heb nu de middelen om dat te doen.

Ik doe mijn best het punt te bereiken waarop ik kan anticiperen op het verstrooien van mijn energie. Als ik dat vooraf kan zien aankomen in plaats van achteraf, dan geloof ik dat ik dit helemaal niet meer nodig heb. Ik denk dat het dan helemaal zal verdwijnen.

BARBARA: Fijn voor je! Heb je enige veranderingen bemerkt in je relatie met je vader?

ESTHER: O, ja, dat is interessant! De healing vond plaats midden in een innerlijke reis die ik in april begonnen was, waarbij ik, voor de eerste keer van mijn leven, deelnam aan een therapiegroep die werkte aan problemen in familierelaties uit de vroege jeugd. Het belangrijkste stuk werk dat ik daar verrichtte, heb ik gedaan nadat ik uit de healing teruggekomen was. Het bestond eruit mijn vader met bepaalde dingen te confronteren. Ik heb een geschiedenis achter de rug met een niet zo beste relatie met mijn moeder, en met die relatie heb ik heel wat jaren geworsteld. Ik heb al heel wat innerlijk werk met mijn moeder gedaan. Maar ik liet mijn vader altijd buiten schot. Hij was te beangstigend voor me of [deed] iets om echt boos op te zijn, totdat ik dit innerlijke werk toen kon doen, en dat was na de healing. Ik had nooit de moed gehad om mijn gang te gaan en boos op hem te zijn. Een aantal van de dingen die ik mijn moeder kwalijk genomen had, hoorde eigenlijk bij hem thuis. En dus gaf ik hem zijn eigen zaakjes terug, en toen kon ik mijn moeder in een veel sympathieker daglicht zien en zag ik hoezeer zij al die jaren ermee geworsteld had met deze alcoholist getrouwd te zijn, die ook nog achter de vrouwen aanzat en behoorlijk egoïstisch was, en z'n eigen gang ging. En zo kon ik heel wat daarvan naar hem overhevelen en hem ermee confronteren en heel wat dichter bij een punt komen, denk ik, waarop ik hem vergeven kan. Dus inderdaad, de relatie met mijn vader is absoluut veranderd!

Problemen met koorden van de vijfde chakra
Koorden vanuit de vijfde chakra vertegenwoordigen een vast vertrouwen in de hogere wil van de relatie. Ook vertegenwoordigen ze geven en ontvangen in waarheidlievende communicatie via geluiden, woorden, muziek en symbolen. Hoe communicatie en hogere wil onderling samenhangen is heel interessant. Wanneer de keelchakra open is en goed functioneert, spreken we onze waarheid in het moment. Die waarheid is automatisch in overeenstemming met de hogere wil. In den beginne was het woord en het woord was God. Het woord was openbaar gemaakt. Wat we uitspreken, wordt manifest in de fysieke wereld. Wanneer onze relationele koorden gezond zijn, brengen de waarheden die we naar elkaar in een relatie uitspreken, een positieve manifestatie van de relatie tot stand, die in overeenstemming is met de hogere wil van de relatie. Dan zijn we in staat ons doel in het aangaan van relaties te bereiken.

Wanneer de koorden van onze vijfde chakra niet functioneren, weten we niet hoe we de waarheid van de hogere wil van onze relatie moeten spreken. We hebben er moeite mee het doel van onze relatie te volbrengen, en de relatie wordt pijnlijk.

Alle relaties worden gevormd met het doel om te leren. De hogere wil van elke relatie is altijd verbonden met al wat er uit die relatie te leren valt. Sommige relaties worden alleen gevormd om karma te voltooien. Karma is niets anders dan lessen die nog niet geleerd zijn en die van het ene naar het volgende leven worden overgeheveld. Er zijn ervaringen die nog niet voltooid zijn. In het verleden heeft men de intentie gehad een bepaalde les te leren, en wanneer de les niet geleerd is, wordt die naar een volgend leven meegenomen. We scheppen een levensplan, en binnen dat plan zitten ook allerlei veelbetekenende relaties die we zullen hebben om onze lessen te leren. We kiezen onze ouders en onze familie uit. De vraag is: kiezen we ook lang van tevoren onze 'toekomstige maten' uit? Hebben we zielematen, zielewederhelften?

Heyoan zegt:

In de grote wijsheid van het Universum zijn er vele, vele individuen die het verlangen met zich dragen een bepaalde les, de wijsheid en het karma te voltooien; [individuen] die passen op jouw behoeften en die beschikbaar zijn voor een ontmoeting met jou. Het universum is niet zo inefficiënt om je maar van één mogelijkheid te voorzien. In elk geval is het individu dat je ontmoeten zult iemand die je herkennen zult als de ene, de maat, voor die bepaalde tijd in je leven. Vanuit onze visie hier is tot op zekere hoogte iedereen op de planeet je zielemaat en inderdaad ook diegenen die nu niet geïncarneerd zijn. Echter, wanneer je een bepaald leven bent binnengekomen met een belangrijk doel, een belangrijke taak, dan zal je toeneiging tot een speciale maat groter zijn, als die mens een levenstaak heeft die volkomen met de jouwe harmonieert. In die zin zijn jullie inderdaad zielematen. Je zult een zielemaat dus herkennen vanuit het gezichtspunt dat die perfect is wat energietrilling, energieuitwisseling, verbondenheid en hogere idealen betreft, alsmede wat betreft wie jij bent en waarheen je op dat moment en over een bepaalde periode onderweg bent. Wanneer de les geleerd is, is het karma voltooid en kan de relatie haar activiteit verliezen. De relatie zal nooit eindigen, omdat de band altijd blijft bestaan. Of jullie nemen samen een nieuwe les op en blijven een leven lang bij elkaar, als jullie daarvoor kiezen. Dat is helemaal aan jullie, omdat er vanuit ons perspectief helemaal geen scheiding bestaat.

Een andere manier om hiernaar te kijken is in de vorm van hoeveel keren jullie al eerder samen zijn geweest. Als jullie al eerder samen zijn geweest, zul je de ander herkennen als jezelf. Hoe meer keer jullie samen zijn geweest, des te meer je de ander als jezelf zult herkennen. Misschien is er een bepaald moment waarop het aantal malen dat jullie bij elkaar zijn geweest je het geloof zal geven dat dit inderdaad een tweelingziel is. Eens verbonden, altijd verbonden, en hoe meer jullie verbonden zijn, des te meer jullie overeenkomen in ervaringen, wijsheid en het niveau van integratie van bewustzijn en individualiteit.

Relaties worden buiten de fysieke wereld voortgezet. Ze worden ook voortgezet tussen iemand die in het fysieke leeft en iemand die het fysieke heeft afgelegd. Die relaties lijken heel erg op die in het fysieke vlak. Dat is hoe iemands relatie met God in elkaar zit. Weet je, de menselijke romantische relatie is een van de getrouwste manieren om het goddelijke te ervaren, want men ervaart het goddelijke in de individualiteit van de ander. Dit is een voorproefje van hoe goed het met God samen zal zijn. De menselijke romantische relatie is de eerste stap van vele samensmeltingen die je ervaren zult, voordat je je met God in relatie verenigt. Nooit verlies je de eros en de schoonheid en de verwondering van het herkennen van de ander.

De koorden van de vijfde chakra kunnen beschadigd worden in grove interacties die te maken hebben met de waarheid en de hogere wil in de relatie. Ze kunnen zijn overgebracht uit vorige levens waarin de persoon in kwestie verraden was of anderen verraden heeft. Ze kunnen in de jeugd beschadigd zijn door harde interacties in verband met de waarheid, zoals wanneer een ouder of andere gezagdrager kinderen niet gelooft wanneer ze de waarheid vertellen. Ze kunnen door ouders beschadigd zijn die geen verantwoordelijkheid nemen voor hun rol. Bijvoorbeeld, een van de rollen van een vader is het kind tegen letsel te beschermen. Maar als de vader het kind niet beschermt en zelfs zijn eigen frustraties op het kind botviert door het lichamelijk te mishandelen, dan verraadt hij de hogere wil van hun relatie. Het kind zal geen relaties met andere mannelijke gezaghebbenden meer vertrouwen.

Algemene ziekten die voortkomen uit beschadigde koorden van de vijfde chakra: de ziekten die ik het meest gezien heb zijn onder andere: een traag werkende schildklier, kropgezwel (struma), verschuivingen in de nek, en longziekten.

Voorbeelden van healingen en de effecten ervan: een vrouw van begin vijftig die ik Lorie zal noemen, kwam naar mij toe na vele jaren van therapie waarin ze heel wat problemen in haar leven had opgeruimd. Haar huidige klacht was een traag werkende schildklier. Nog steeds had ze een centraal thema: ze vertrouwde relaties niet. Ik zal in dit geval een langere voorgeschiedenis geven, omdat het een duidelijker beeld schept van hoe iemand, stap voor stap, veel van de chakrakoordproblemen kan oplossen die in de jeugd ontwikkeld zijn. Hoewel sommige onderdelen van Lories verhaal ingrijpender zijn dan wat je als normaal mag beschouwen, waren haar chakrakoordproblemen niet veel erger dan de zogenaamd normale toestand van de meeste mensen die problemen hebben. Met andere woorden: de meeste mensen hebben problemen in hun koordverbindingen in veel van hun chakra's. Het neemt gewoonlijk heel veel tijd om ze te healen, wanneer je niet weet dat ze bestaan en er daarom ook niet rechtstreeks aan kunt werken. Alhoewel Lorie zich de meeste tijd van haar leven niet bewust was van het bestaan van relationele koorden, zal ik haar verhaal toch in die bewoordingen vertellen.

Lorie groeide op in een conservatieve boerencultuur in het midwesten van de Verenigde Staten. Ze was een rustig meisje, had weinig vrienden, studeerde veel en blonk uit op school. Ze voelde zich niet erg met haar moeder verbonden, die haar oudere broer en jongere zusje boven haar verkoos. Ze verbond zich met haar vader, die ze aanbad en voor wie ze alles overhad – zelfs voor haar vader de zoon worden die haar broer weigerde te zijn. Ze speelde niet veel met poppen, ze hield van knutselen, en ze hielp haar vader bij veel dingen. Ze was vreselijk jaloers op haar kleine zusje dat alle adoratie kreeg, terwijl Lorie vele uren moest werken om haar ouders te helpen.

Deze ervaringen uit haar vroege jeugd brachten een verstoring van de koorden naar haar ouders teweeg in veel van haar chakra's.

De eerste chakrakoorden groeiden tamelijk goed de aarde in, aangezien ze heel wat werk op het land deed met haar familieleden op de boerderij.

De tweede chakrakoorden waren aan de linkerkant beschadigd – degene die een band leggen met de moeder – omdat ze zich niet met haar moeder kon verbinden wat betreft sensueel en seksueel plezier, iets dat haar moeder in haar eigen leven ontkende. Lorie kreeg bovendien nog een erg strikte seksuele opvoeding vanwege de cultuur waarin ze opgroeide. Seks was een plicht waar je je doorheen moest zien te slaan.

De derde chakrakoorden van verzorging ontwikkelden zich goed tussen Lorie en haar vader, maar ze trok de koorden naar haar moeder eruit. Haar vader gaf haar aandacht en zorgde voor haar, maar bij haar moeder waren de rollen omgekeerd. Lorie deed de verzorging. Ze probeerde haar behoeften aan bemoedering van haar vader te krijgen.

Lories vierde chakrakoorden waren een beetje vastgeraakt in de linkerzijde van haar hart omdat ze ook haar hart van haar moeder had losgemaakt. Ze voelde zich schuldig omdat ze met haar moeder om haar vader streed.

Na verloop van tijd waren Lories vijfde chakrakoorden verstrengeld aan beide zijden, omdat ze zo verward was over haar eigen identiteit en haar ware behoeften. Ze had in haar gezin geen voorbeelden van hoe je vraagt om de vervulling van je behoeften. Niemand wist echt hoe dit gedaan moest worden. De meeste persoonlijke behoeften werden bovendien overtroefd door de barre economische tijden.

De zesde chakrakoorden ontwikkelden zich goed. Er bestond in de familie veel vrijheid ten aanzien van ideeën. Er werden in het gezin eigenlijk maar erg weinig intellectuele discussies ergens over gehouden, maar beide ouders hadden een groot respect voor kennis. De koorden van creatieve ideeën waren sterk en gezond, ofschoon er niet veel van waren.

Lories zevende chakrakoorden waren ook in orde. Ze maakte verbinding met haar moeder in haar spiritualiteit. Haar moeder had 'het geloof van een mosterdzaadje'. Ze leerde ook de voordelen van stil-zijn terwijl ze met haar vader ging vissen. Dit was in feite zijn methode om te mediteren en God te voelen. Lorie nam haar moeders geloof en haar vaders praktische gebruik van meditatie over. Zodoende kon ze heel sterke banden maken door haar zevende chakra heen.

Als gevolg van Lories reacties op het leven van haar jeugd en hoe ze hierom relationele koorden had ontwikkeld, begon ze heel natuurlijk zich op die gebieden van haar leven te concentreren waar haar koorden het gezondst waren. Ze trok zich langzaam uit het gezinsleven terug en concentreerde zich op school, waar ze een punt voor zichzelf kon halen. Het was het voornaamste gebied dat haar als jonge tiener overbleef waarop ze erkenning en respect kon vinden. Dit werkte. Ze blonk uit op school en ging naar de universiteit. Alles liep goed tot ze met mannen in contact kwam. Feitelijk was er niets aan de hand zolang zij hen bij hun studie kon helpen. Maar ze kon de rol van een vrouwelijke verzorger of geliefde niet spelen, want ze had daarvan geen rechtstreeks voorbeeld van haar moeder gekregen.

Lorie had twee huwelijken achter de rug waarbij ze niet bij machte was haar behoeften te doen vervullen, of waarbij ze er niet op kon vertrouwen dat die relatie de juiste voor haar was of haar in haar leven steunde. Ze had jarenlang moeilijkheden haar behoeften uit te spreken in haar relaties met haar beide echtgenoten.

Eerst trouwde ze iemand die veel ouder was dan zij. Ze was tamelijk jong en wilde in zekere zin iemand die voor haar zou zorgen. Zoals ze haar vriendinnen in die tijd zei: 'Hij brengt me mijn leven op een gouden presenteerblaadje.' Ze kende de man nauwelijks maar huwde hem uit angst om alleen te blijven. De week na het trouwen voelde ze zich volledig in de val gelopen en zat uit het raam te staren van het eenkamerappartement waarin ze nu terechtgekomen was. Na verscheidene maanden lang steeds weer te hebben ontdekt dat ze maar erg weinig met haar man gemeen had, die als zendamateur uren met zijn radio zat te spelen, begon ze zich op haar carrière te concentreren als een manier om ten minste iets in haar leven de moeite waard te maken. De volgende vijf jaar bouwde ze een carrière op en werd financieel onafhankelijk. Hoewel haar man erg aardig voor haar was, bloeide het huwelijk nooit echt op. Hun seksleven bestond nagenoeg niet eens. Er waren niet veel vrienden of leuke uitstapjes en er werden geen kinderen geboren. Lorie wilde geen kinderen. Ze had geen flauw idee hoe ze moeder voor hen moest zijn en dat wilde ze ook niet. Na vijf jaar kreeg ze een verhouding met iemand op het werk, wat ze aangreep om uit haar tamelijk saaie, niet-vervullende huwelijk te stappen.

Wat Lorie in haar eerste huwelijk wel voor elkaar kreeg was een grotere ontplooiing en versterking van de koorden van de zesde chakra, waarmee ze haar financiële onafhankelijkheid verwierf. Omdat haar man zo liefdevol was, kon ze ook een begin maken met werken aan haar seksualiteit. Deze koorden begonnen daardoor losser te worden en te helen, vooral die koorden die het idee vertegenwoordigden dat seks een plicht was waar je je doorheen moest zien te slaan. Zelfs ondanks het feit dat seks niet zo erg interessant was geweest, was het nu ten minste toch geen plicht meer.

Lorie had zoveel schuldgevoelens omtrent de verhouding dat ze besloot er het beste van te maken en ze trok bij de tweede man in. Er ontstonden meteen al problemen in de relatie. Tegen deze tijd wilde Lorie wanhopig haar behoeften vervuld krijgen, maar dat begreep ze niet. Ze wist niet wat haar behoeften waren. En ze kon ze evenmin op een wijze communiceren die effect had. Integendeel, ze was wederom met iemand samen die heel anders was dan zij. Lorie begon aandacht, verzorging en seks te eisen. De nieuwe echtgenoot die een kind was van alcoholistische ouders, reageerde daarop met geweld. Hoe meer zij eiste, des te angstiger haar man werd en des te gewelddadiger. Ieder jaar werden de mishandelingen erger, en raakte Lorie verder in de put. Ze had geen idee wat ze doen moest. Ze wist niet eens dat zijzelf deze situatie aan het scheppen was waarin ze een slachtoffer leek. Ze was succesvol in haar carrière, maar voelde zich thuis ellendig.

In deze gewelddadige situatie ontwikkelde ze erg verstoorde koorden. Haar tweede, derde, vierde en vijfde chakra werden slechter. Haar diepe ellende dwong haar uiteindelijk hulp te halen. Ze begon met therapie en maakte grote vorderingen bij het opruimen van een heleboel kwesties. Ze ontdekte hoe ze de mishandelingen kon stoppen door duidelijke grenzen te scheppen waar ze niet overheen ging. In het proces van het scheppen van grenzen gebruikte ze haar zevende chakraverbinding met spiritualiteit – die haar man ook had – om zichzelf op het spoor te houden. Vanuit deze nieuwe veiligheid ontdekte ze veel meer liefde voor haar man en heelde ze veel van haar hartchakrakoorden. Ze behield in het proces de helderheid van de zesde chakrakoorden, maar ze was nog steeds niet in staat om de tweede, derde en vijfde chakrakoorden te helen. Ze paste seksueel helemaal niet bij haar echtgenoot, die bang was van seksuele passie en die vermeed. De enige manier die Lorie kende om seks te krijgen was die te eisen. En dat maakte haar man alleen maar banger. Spoedig sukkelde hun seksleven in slaap.

Ze was niet bij machte om te leren voor zichzelf te zorgen, en haar man kon niet met haar eisen omgaan. Dus hij ontliep haar voortdurend of wees haar af. De linkerzijde van haar derde chakra begon open te scheuren, wat een zwakheid in haar alvleesklier tot gevolg had die zich daarna over haar hele spijsverteringssysteem uitbreidde. Ze werd gevoelig voor voedsel en moest speciale diëten volgen om uitputting en opgeblazenheid te voorkomen. Haar vijfde chakra verslechterde. Ze had regelmatig gevechten met haar man, die nog steeds met lichamelijk geweld dreigde, maar die dit deed omslaan in verbaal geweld, wreedheid en grote controle.

In deze periode van haar leven deed Lorie ook een heleboel persoonlijke en partnertherapie en lichaamswerk. Ze bleef zich stevig diep in de aarde gronden. Door dit werk versterkte zij haar eerste, vierde, zesde en zevende chakra.

Na veel worsteling en gewetensonderzoek besloot ze uiteindelijk haar huwelijk te beëindigen om alleen aan zichzelf te kunnen werken. Zo had ze bij het eind van haar tweede huwelijk veel van de koorden van haar eerste, vierde, zesde en zevende chakra in orde. Maar de koorden van haar tweede, derde en vijfde chakra waren er slecht aan toe.

In de tijd dat ze alleen was, werkte ze aan haar tweede, derde en vijfde chakra. Ze gaf zichzelf de ruimte te onderzoeken wat haar behoeften waren, het vertrouwen te vinden dat daaraan tegemoetgekomen zou worden en te beginnen daarom te vragen op een niet-eisende manier. Dit maakte geleidelijk haar vijfde chakra sterker, waar ze sinds haar vroege jeugd de meeste problemen had gehad. Ze begon beter voor zichzelf te zorgen, wat haar derde chakra verstevigde. Ook begon ze haar seksualiteit in een vrijere situatie te verkennen dan ze voordien ooit gekund had en ze ontdekte dat ze op dat gebied heel goed functioneerde. De koorden van de tweede chakra begonnen zich nu eveneens te herstellen.

Na twee jaar ontmoette ze een man en trouwde met hem, haar derde echtgenoot. Ze voelden onmiddellijk hun hartverbinding en seksuele band. Omdat ze zoveel werk aan haar chakra's had gedaan, kon ze zich ditmaal koppelen aan iemand die veel beter bij haar paste. Ze huwde een man die erg weinig moeilijkheden met seksualiteit had en die zorgzaam voor haar was. Haar tweede chakra was nu goed op weg naar herstel. Haar echtgenoot nam er jaren de tijd voor haar door al haar seksuele pijn heen te begeleiden, die overgebleven was van haar twee vorige relaties. Hij zorgde op een manier voor haar waarvan zij niet eens wist dat zoiets bestond. Voor hem was dit natuurlijk, omdat hij opgegroeid was in een gezin waar men dit voor elkaar deed. Lorie begon hem hierin na te volgen. Ze begon sterkere banden te leggen met haar oorspronkelijke familie, vooral met haar moeder. En de derde chakrakoorden naar haar moeder begonnen zich te herstellen. Toen ze haar derde chakrakoorden naar haar moeder schoonmaakte en verstevigde, herzag ze ook haar relatie met haar vader. Ze begon gezonde derde chakrakoorden naar andere mensen te ontwikkelen met wie ze relaties had.

Tegen de tijd dat Lorie bij mij kwam, was voor de meeste van deze problemen zorg gedragen. Maar ze had nog steeds heel wat problemen met haar nek, kaak en schildklier. Ze had nog steeds geen vertrouwen in relaties. Ze vond het nog steeds onmogelijk genoeg vertrouwen te hebben in haar man om zichzelf toe te geven dat ze ergens van hem afhankelijk was. Haar oplossing voor problemen was op haar eigen twee benen te staan en zich nooit echt op een ander te verlaten, zich nooit echt over te geven aan de hogere wil van een relatie, noch het vertrouwen te hebben dat de relatie haar erdoorheen zou helpen.

Naarmate haar relatie dieper en dieper werd, werd ze meer en meer op de proef gesteld dit wel te doen. Haar reactie daarop was zich wederom op haar werk te storten en over de kop te werken. Dus begon haar schildklier, die rechtstreeks in de vijfde chakra zit – waar haar koorden sinds haar vroege jeugd verstrengeld waren – na jaren overwerk het op te geven. Dit wantrouwen in relaties belemmerde haar nu ook in haar werk. Ze vond het moeilijk om werk aan haar ondergeschikten te delegeren. Heel vaak deed ze het dan maar zelf. Op het moment dat ze bij me kwam, had ze gemiddeld zestig tot tachtig uur per week gewerkt, bijna twintig jaar achtereen. Ze was bijzonder succesvol en had nog steeds bergen energie, maar ze was haar lichaam aan het verslijten. De kwestie was of ze zich kon overgeven aan de hogere wil van de relatie die ze gecreëerd had, en kon leren dit te zien als een voortdurende mede-schepping van haarzelf en haar man.

Toen ik aan haar vijfde chakra werkte en de koorden schoonmaakte, begon Lorie een beetje minder streng te worden voor zichzelf. Ze stopte elke dag om vijf of zes uur met haar werk en ging tv kijken met haar man. Ze raakte meer betrokken bij haar leven thuis, bij schilderen en bij andere genoegens die haar vervulling gaven. Ze was meer tijd met haar echtgenoot samen, en ging zelfs mee op zijn zakenreizen. En hij ging met de hare mee. Naarmate ze zichzelf heelde, besefte ze dat ze een neiging had gehad kwaad te spreken van mensen of werknemers die niet aan haar behoeften tegemoetkwamen. Ze besefte dat ze moeite had verplichtingen naar haar ondergeschikten te communiceren zonder boos te worden of verwijten te maken, omdat ze er bij voorbaat van uitging dat ze niet zouden doen wat zij wilde. Dit alles was verpakt in haar vijfde chakra en haar ongeloof in de hogere wil van elk van de relaties waar ze deel van uitmaakte.

Toen de vijfde chakra na een aantal healingen schoon was, kromp haar schildklier en functioneerde die weer normaal. Ze concentreerde zich op haar communicatieve vaardigheden met behulp van mensen die wisten hoe ze met werknemers om moesten gaan, zodat die zich goed voelden over wat ze deden en ze dingen gedaan kregen. Ze gebruikte hen als rolmodellen om te leren haar behoeften te communiceren. Ze oefende haar communicatieve vaardigheden op vrienden. Ze probeerde nieuwe manieren uit om in woorden uit te drukken wat ze wilde zeggen. Ze besefte dat ze alle relaties die ze ooit gehad had moest nalopen, er de hogere wil in ontdekken, en zien wat ze uit elk ervan had geleerd, zodat ze zich in een relatie nu veilig kon voelen. Ze besteedde een jaar lang haar dagelijkse meditatietijd hieraan. Op het moment dat ik dit schrijf, zit Lorie midden in dit proces en maakt ze grote vorderingen. Alles in haar leven valt op een nieuwe manier op zijn plaats en ze heeft veel meer vertrouwen in al haar relaties.

Problemen met koorden van de zesde chakra
Koorden vanuit de zesde chakra vertegenwoordigen de vervoering in het zien van hogere concepten in de uitwisseling en wisselwerking van ideeën, terwijl terzelfder tijd onvoorwaardelijke liefde wordt ervaren ten opzichte van iedereen met wie deze uitwisseling plaatsvindt. Ze vertegenwoordigen het genoegen je geliefde te herkennen als een prachtig wezen van licht en liefde. Ze vertegenwoordigen ook het vermogen lief te hebben vanuit een spiritueel perspectief, zoals vele van onze religieuze voormannen als Christus en Boeddha deden.

De koorden van de zesde chakra kunnen beschadigd zijn door ervaringen uit vorige levens waarbij mensen gedwongen werden een godsdienst te beoefenen waarin ze niet geloofden.

Algemene ziekten die voortkomen uit beschadigde koorden van de zesde chakra: beschadiging aan de koorden van de zesde chakra kan resulteren in: hoofdpijn, verwarring, desoriëntatie, hersenaandoeningen zoals schizofrenie, en leermoeilijkheden.

Voorbeelden van healingen en de effecten ervan: in een inleidende workshop in februari 1992 had ik het voorrecht te werken aan de koorden van de zesde chakra. De cliënte zal ik Aida noemen. In de pauze van een lezing die ik gaf kwam Aida naar me toe en stelde me een vraag over de dyslexie (leesblindheid) van haar dochter en haarzelf. Ik onderzocht Aida's zesde chakra en de koorden daarvan. Inderdaad, haar zesde chakra was aan de rechterkant beschadigd. De koorden die normaal gesproken de verbinding leggen vanuit het centrum van de zesde chakra in het corpus callosum (hersenbalk), waren in het geheel niet verbonden. Ik rolde terug in de tijd en zag dat iets van de beschadiging ontstaan was toen ze heel jong was, en dat een deel ervan had plaatsgevonden een paar jaar voor Aida zwanger werd van haar dochter terwijl ze heel hoge koorts had. Ze moest toen haar amandelen laten weghalen. De koorden die haar zesde chakra moesten verbinden met de zesde chakra van haar vader, waren beschadigd. Ik kon zien dat haar vader geprobeerd had zijn negatieve ideeën over het leven met geweld in haar geest te drukken via zijn zesde chakrakoorden, waardoor zij ze uitgetrokken had. Ik vroeg haar of ze wilde deelnemen aan een demonstratie. Ze stemde daarmee in.

Eerst hielp ik Aida zichzelf te gronden om haar zwakke eerste en tweede chakra te verstevigen. Daarna werkte ik aan de derde chakra, die niet goed functioneerde. Ik maakte de verstopte draaikolken in elk van deze chakra's schoon. Daarna zuiverde ik de verticale energiestroom langs de ruggegraat helemaal omhoog tot aan het hoofd. Ik tilde een donkere sluier, ietwat lijkend op een wolk, van haar hoofd en schouders. Deze had daar al lange tijd gezeten. Ze begon zich veel lichter, vrijer en opgelucht te voelen toen hij loskwam.

Haar vader had vanwege zijn financiële moeilijkheden een pessimistische levenshouding, die hij op Aida overbracht. Als kind wist Aida echter al dat het heel belangrijk was tot de kern van een zaak door te dringen voordat je naar een oplossing ervoor zocht. Dat was precies wat ze miste in de ideeën die van haar vader kwamen. Heyoan zei dat Aida als kind de koordbrug van de zesde chakra naar het corpus callosum verbroken had, omdat ze bang was dat ze de pessimistische levenshouding van haar vader over zou nemen. Volgens haar kinderlogica was ze op haar hoede om informatie van wie dan ook aan te nemen, uit angst dat die pessimistisch zou zijn. Hiertoe moest ze de zesde chakrakoorden losmaken van haar corpus callosum, en aldus had ze haar dyslexie gecreëerd.

Terwijl ik Aida beschreef wat er gebeurd was, haalde ik haar verticale energiestroom uit de knoop.

Toen legde Heyoan haar uit:

Voor ieder staat de incarnatiemogelijkheid open dyslexie te scheppen, teneinde de kennis vast te houden dat het erg belangrijk is eerst tot de kern van de zaak door te dringen voordat je een intellectueel oordeel over enige situatie vellen kunt. Gegeven de structuur van het schoolsysteem in Amerika zou het ook erg moeilijk geweest zijn om je hart op de eerste plaats te stellen. Dus kies je ervoor om, althans voor zolang het duurt, het vermogen op te geven informatie op te nemen vanuit een perspectief waarvan je dacht dat dit het hart zou kwijtraken. Want je zag de nood op de

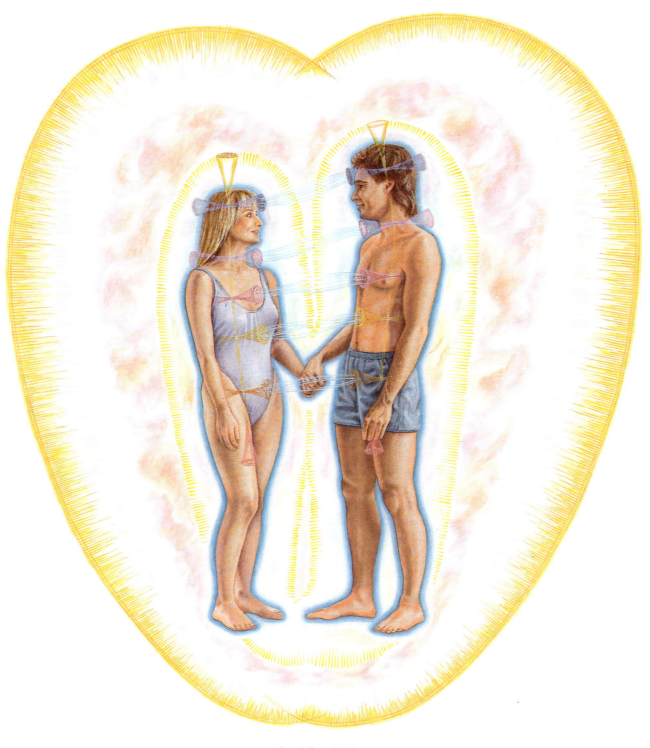

Afbeelding 14-1
De auravelden van een verliefd stel

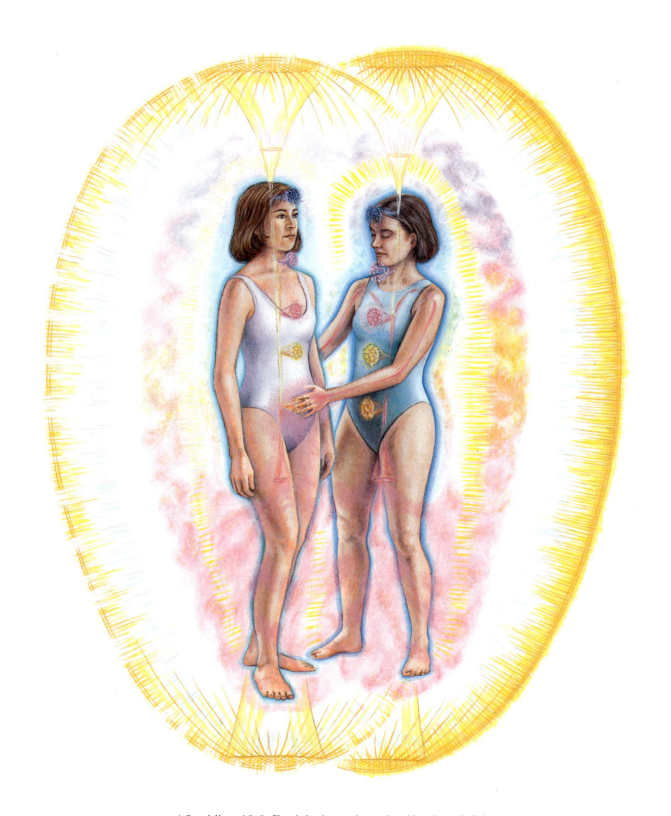

Afbeelding 15-8 *Een helende reactie op de schizoïde verdediging*

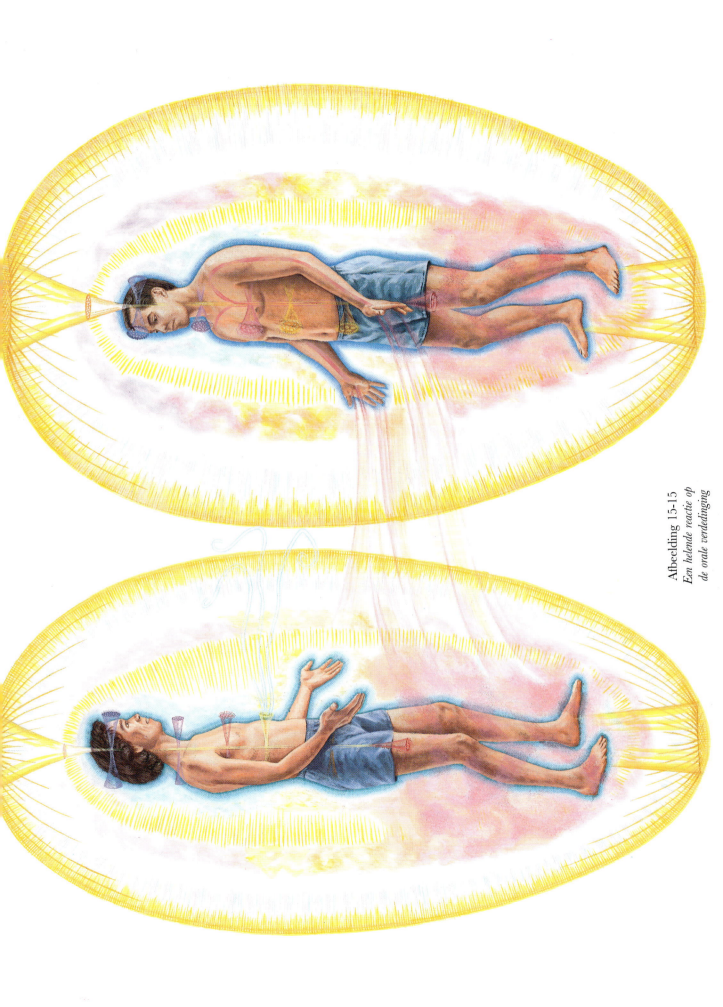

Afbeelding 15-15
Een helende reactie op de orale verdediging

Afbeelding 15-22
Een helende reactie op de psychopathische verdediging

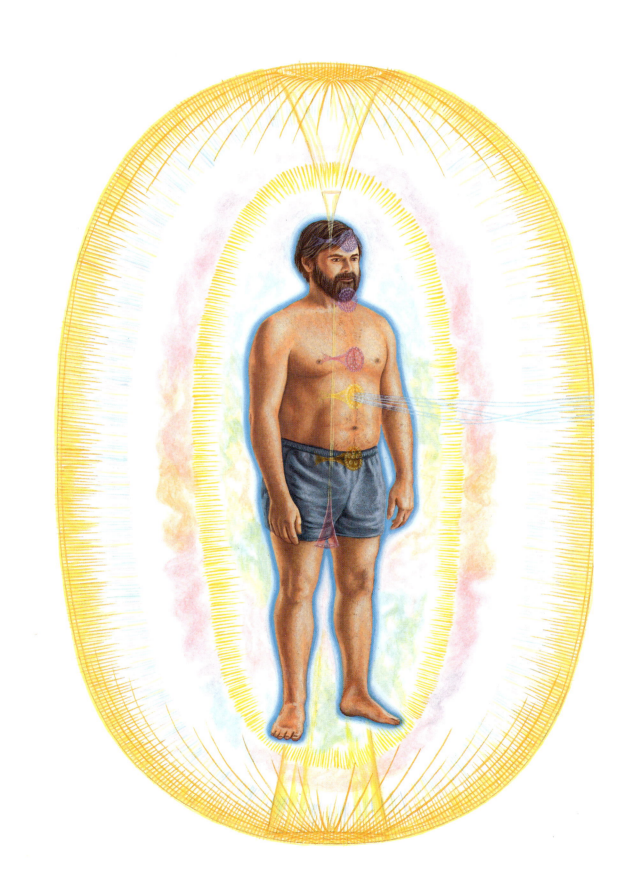

Afbeelding 15-29
Een helende reactie op de masochistische verdediging

Afbeelding 15-36
Een helende reactie op de rigide verdediging

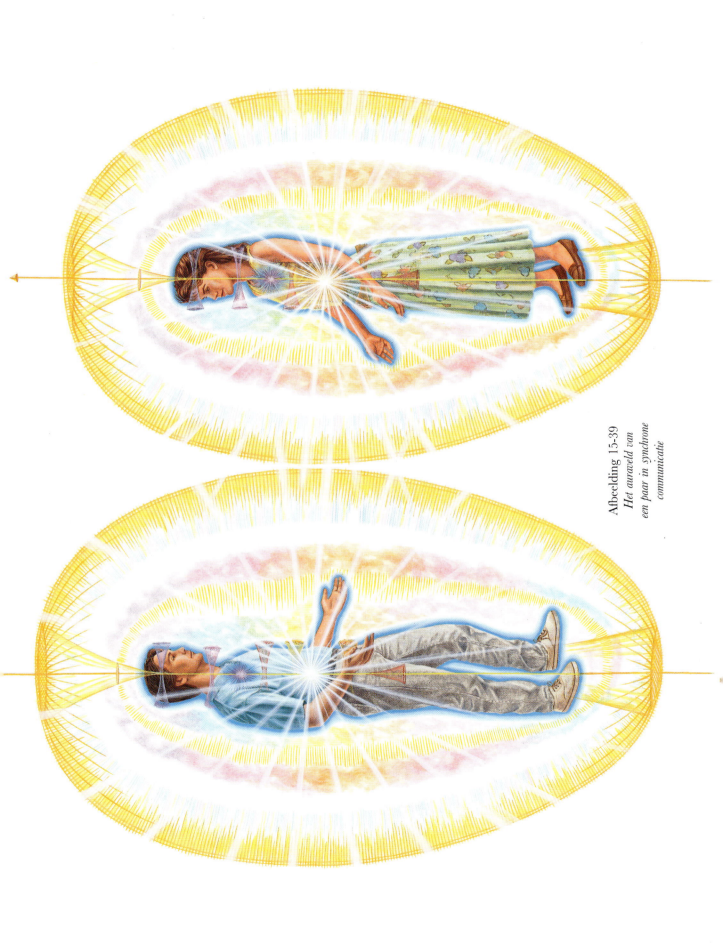

Afbeelding 15-39
Het auraveld van een paar in synchrone communicatie

Afbeelding 17-1
De hara van een gezond iemand

Afbeelding 18-1
De wezensster

Afbeelding 18-2
Niveau van de wezensster van een groep mensen

aarde, en door af te dalen in incarnatie besloot je het geschenk te geven anderen te onderrichten om hun hart op de eerste plaats te zetten, vóór het rationele verstand. Nu dit geschenk duidelijk is, zullen we aan deze koorden werken.

Toen ik aan de koorden van de zesde en zevende chakra werkte, vertelde Heyoan verder:

Alle koorden die aan de achterkant de chakra uitgaan, hebben verband met relaties uit het verleden die nu niet actief deze incarnatie beïnvloeden, en de koorden aan de voorkant beïnvloeden deze incarnatie wel actief.

Ik verbond de koorden afkomstig van de binnenpunt van de zesde chakra met het corpus callosum. Daarna ontwarde ik de koorden aan de voorkant van de zesde chakra en maakte die schoon, en ik vroeg Aida of ze bereid was zich weer diep met haar vader te verbinden. Ze stemde in. Toen ik telepathisch contact maakte met haar vader, kon ik zien dat hij een zwaar hart had van alle lasten van zijn leven en dat hij bedroefd was om zijn vele onvervulde verlangens. Hij zei (telepathisch) dat hij er nu beter aan toe is. Ik werkte (over lange afstand) aan zijn derde oog om te helpen wat van de negatieve ideeën op te lossen en ik verbond zijn hoofd met zijn hart. Op dat moment gingen enkele koorden aan de voorkant van Aida's chakra naar de achterkant.

Heyoan legde uit:

Sommige van deze kwesties heb je nu achter je gelaten.

Toen de koorden de verbinding begonnen te herstellen tussen de zesde chakra van Aida en die van haar vader, kwam er een nieuwe relatie tot stand. Ik werkte toen aan Aida's hartchakrakoorden naar haar vader. Ik kon zien dat ze vroeger in haar leven heel erg kwaad op hem was geweest en hem niet meer bij zich binnenliet. Aida zei: 'Ik deed alsof mijn vader dood was.'

Heyoan zei:

Na verloop van tijd zul je zien waarom het zo belangrijk is de liefde van je vader te accepteren zoals die is. De manier waarop hij die uitte en nu uit. Je moet de manier waarop ieder mens zijn essentie uitdrukt accepteren. In het verleden heb je gezegd: 'Jouw liefde is niet zoals die moet zijn, dus aanvaard ik die niet.' Er zit voor jou een diepe les hierin verscholen: te leren hoe je de essentie van ieder mens kunt accepteren. Dit is wat je in je relaties met mannen en met een partner blokkeert. Ze kunnen nooit voldoen aan hoe jij oordeelt dat ze zouden moeten zijn.

Op dit punt aangekomen hield Aida de koorden tegen om haar hart binnen te gaan. Dus zei ik: 'Kun jij je vader op je toe laten komen? Je vader wil jouw hart in wandelen, precies zoals hij is, met al zijn menselijke zwakheden. Dat is goed, laat hem recht in je wandelen. Je kind zal zeggen: "Dat doet pijn, dat doet pijn. Dat doet pijn omdat hij daar al zolang niet meer is geweest." '

Toen de koorden zich diep in Aida's hart verbonden, werd haar adem dieper.

'Het voelt nu aardig, niet?' zei ik.

'Aardig levend!' riep Aida uit.

Heyoan sprak door terwijl ik werkte:

Verbind dit diep in de zetel der ziel. Verbind het aan je levenswerk. Want het is rechtstreeks verbonden met je levenswerk: het aanvaarden van de realiteit van een ander, de waarheid daarin vinden en de bruggen ontdekken om met elkaar te communiceren. Dat kan alleen via het hart worden bewerkstelligd, door de ander toe te laten in je hart. Dit is de manier waarop jij je gedachten kunt denken en de ander toestaan zijn/haar eigen gedachten te denken. Zodoende kunnen individuele waarheden zij aan zij bestaan met duidelijke verschillen of zelfs oneenigheden ertussen vanuit het perspectief van de dualiteit, en tegelijkertijd – vanuit de hogere spirituele waarheid – verschillen ze niet.

Ik voltooide de verbinding in Aida's zetel der ziel op het haraniveau en ging toen over op het wezenssterniveau om haar kernessentie zich 360 graden in de ruimte te laten uitbreiden. Ik zei: 'Voel wie je bent en hoe dat verschilt van ieder ander op aarde. Voel het licht dat helemaal door je lichaam heengaat. Het komt van binnen uit je lichaam, vanuit je wezensster.'

Aida's licht straalde uit over het publiek. Ze voelde zich schitterend levend. Het was voor iedereen zichtbaar.

Toen we afsloten, voegde Heyoan er nog aan toe:

Dit bepaalde patroon is generaties lang doorgegeven. Het is maar één soort dyslexie. Er bestaan drie soorten. Daarover zal ik in de toekomst spreken.

Ik houd ervan healingen steeds na een tussenpoos van enkele maanden, voor zolang als mogelijk, een vervolg te geven om de lange-termijneffecten van een healing te zien. Aida's healing is nu pas vijf maanden geleden, maar aangezien dit boek naar de drukker moet, kan ik me niet veroorloven langere tijd voorbij te laten gaan voor een vervolg. Hieronder staat wat ze te zeggen had over de effecten van de healing op haar relatie met haar vader en op haar dyslexie.

AIDA: Het heeft de relatie met mijn vader enorm beïnvloed. Er zit zeker heel wat meer liefde en ondersteuning in. Het lijkt wel alsof ik een heleboel dingen uit het verleden vergeven heb, en ik voel me veel meer verbonden met mijn vader. Er zijn beslist enkele prachtige ervaringen geweest als gevolg van de healing.

BARBARA: Behandelt hij je nu anders?

AIDA: Ja. In het verleden kreeg ik altijd het gevoel dat hij er niet voor me was; hij had geen tijd voor me. En nu, bij het minste of geringste dat ik nodig heb, schiet hij me te hulp. Hij steunt me enorm. Zou ik in het verleden iets gezegd hebben, dan ging er een week, een maand, een jaar overheen, en hij zou me nog niet gehoord hebben. Nu zeg ik één woord en binnen een paar uur is het voor elkaar, en ik denk bij mezelf: lieve hemel, dit is wat je noemt een verandering! Ik voel me dus bemind op een manier die ik nooit eerder gevoeld heb, omdat mijn vader gewoonweg niet beschikbaar was. De communicatie tussen hem en mij is ook verbeterd. Hij kan me nu dingen over zijn jeugd vertellen. Hij heeft als kind heel wat mishandelingen ondergaan. Hij werd heel vaak in elkaar geramd zowel door zijn stiefvader als door zijn moeder, die op haar beurt ook weer mishandeld werd en die alcoholiste was. Door aldus te zien en te begrijpen uit wat voor nest hij kwam, kon ik ook beter accepteren en vergeven hoe hij mij en ons – mijn broers en mijn zuster – behandeld had. Omdat een heleboel mishandeling en grofheden en onbeheerste razernij zijn deel was geweest.

BARBARA: Dat is fantastisch!

AIDA: Nu de dyslexie. Er is een deel in mij dat zich echt goed georganiseerd voelt, maar ik merk ook wat meer desorganisatie op. Het lijkt wel alsof dat meer aan de oppervlakte komt. Ik word me er meer van bewust. Ik ben me meer bewust van de moeilijkheden die ik heb. Ik zie mezelf dingen omdraaien. Ik zie mezelf over nieuwe woorden struikelen die ik nog niet gezien heb of die me echt vertrouwd zijn. In het verleden zou ik gefrustreerd raken en boos op mezelf zijn, en nu ben ik wat meer vergevensgezind en verdraagzaam naar mezelf.

BARBARA: Dus de verbetering bestaat eruit dat je je nu bewust bent wanneer je het doet. Was je je dit tevoren ooit bewust geweest wanneer je het deed?

AIDA: Nee, nooit.

BARBARA: Dat is interessant, omdat meestal de eerste stap op weg naar het veranderen van iets is, je bewust te worden wanneer je datgene doet wat je wilt veranderen.

AIDA: Jazeker. Ik heb heel wat ervaren dat zich richting transformatie schijnt te bewegen. Ik had een visioen van mezelf als een oude boom. Ik kon mijn armen en benen zien als een oude opgedroogde boom. Het was een visioen, want ik sliep niet. Toen kon ik zien of voelen of herkennen dat er licht in me was om die twijgen te verjongen of opnieuw tot leven te wekken of opnieuw te laten groeien. En het volgende plaatje was weer mijn gezicht, maar ik had een vibrerend levend lichaam. Ik besefte pas onlangs wat dit alles te betekenen had. Het lijkt bijna alsof mijn leven zichzelf zodanig aan het organiseren is, dat ik niet meer zozeer het focuspunt voor mijn kinderen ben. Mijn dochters gaan straks het huis uit om te studeren en ze gaan in juli naar een zomerschool. Mijn andere kind studeert al, en ik denk er ook over om terug naar school te gaan. Ik word naar een mogelijk nieuw gebied gedreven... misschien heb ik krachten om heel wat healingwerk te doen. In mezelf voel ik heel wat bevestiging hierover, en ik wil dit ook graag doen, maar er is van mijn kant tevens angst om me over te geven. Ik wil graag bereid zijn Gods werk te doen. Ik heb me ingeschreven voor een cursus communicatiestoornissen. Kan ik hierover enige leiding ontvangen? Is dit in de lijn van wat mijn levensdoel is?

BARBARA: Jazeker.

Heyoan zegt:

Duidelijk, communicatiestoornissen liggen precies in de lijn van waarover we gesproken hebben.

Problemen met koorden van de zevende chakra
Koorden vanuit de zevende chakra, die ook de verbindingen leggen naar de hogere rijken, vertegenwoordigen

de kracht om in de geest van God te zijn in relatie met God, het universum en een ander mens. Ze vertegenwoordigen het vermogen het perfecte patroon van een relatie te begrijpen. Ze vertegenwoordigen eveneens het vermogen in een relatie de stoffelijke en geestelijke werelden te integreren.

Algemene ziekten die voortkomen uit beschadigde koorden van de zevende chakra: beschadiging aan de koorden van de zevende chakra kunnen resulteren in: depressiviteit, het onvermogen tot normale fysieke ontwikkeling in het proces van volwassenwording, hoofdpijn, en mentale stoornissen zoals schizofrenie.

Voorbeelden van healingen en de effecten ervan: de koorden van de zevende chakra staan in verband met relaties die bestaan in het leven van de ziel tussen incarnaties in menselijke vorm in. Ze leggen de verbinding met onze geestelijke erfenis. Soms is die erfenis verbonden met onze relatie tot God of geestelijke wezens die door de georganiseerde religies werden geaccepteerd, zoals Christus, Boeddha, beschermengelen en geestesgidsen. Soms zijn ze verbonden met wezens in werkelijkheden die ongehoord lijken voor diegenen van ons die op het westelijk halfrond zijn opgegroeid.

Zevende chakrakoorden neigen voor de geboorte beschadigd te raken, bij de conceptie of in de baarmoeder. Ze zijn altijd verbonden met problemen om het bewustzijn van de binnenkomende ziel in het lichaam binnen te brengen, en met het incarnatieproces. Beschadiging aan de zevende chakrakoorden heeft tot gevolg ofwel dat we in ons lichaam vastzitten zonder enige spirituele verbinding, ofwel dat we in de geestelijke wereld zijn blijven steken en niet in staat zijn volledig in de fysieke wereld naar beneden te komen.

Bijvoorbeeld, geestelijk gehandicapte kinderen zijn niet in staat geweest volledig in hun lichaam te komen, en ze lijken een heleboel angst te hebben dat te doen. Ik heb niet het voorrecht gehad met geestelijk gehandicapten te werken, dus ik weet niet of eerst het lichaam beschadigd was zodat ze er niet in konden komen, of dat het lichaam gehandicapt raakte omdat ze onwillig waren erin af te dalen. Ik vermoed dat het allebei mogelijk is. Waarschijnlijk varieert de oorzaak per geval en, natuurlijk, per levenstaak. Geestelijk gehandicapte kinderen zijn grote leraren en incarneren soms vrijwillig op die manier om het gezin te helpen waarin ze geboren zijn. Mij is één geval bekend waarin een healer een geestelijk gehandicapt kind tot een normale ontwikkeling kon brengen na jaren van dagelijks healingwerk door handoplegging.

Voor diegenen van ons die zichzelf normaal noemen, is er meestal één hoofdreden waarom we niet helemaal in ons lichaam zijn ingedaald en derhalve problemen hebben met onze zevende chakrakoorden. We gebruiken de spirituele verbinding om incarnatie te ontlopen en om te vermijden dat we ons met het leven als mens nu op aarde moeten inlaten. We doen dit door gewoon ons bewustzijn naar buiten te verschuiven uit de top van ons hoofd, of door 'uit ons dak te gaan'. Dit is enkel een defensieve manoeuvre voortkomend uit angst.

Deze defensieve manoeuvre is heel populair bij veel healingstudenten! Wanneer aan de koorden gewerkt wordt en de angst is aangepakt, begrijpen deze studenten dat, aangezien ze nu mens zijn, hun spiritualiteit alleen vanuit het perspectief van een mens in een menselijk lichaam gerealiseerd kan worden. Ze veranderen hun leven en beginnen de materie te vergeestelijken in plaats van daaraan te ontsnappen.

Een interessant zevende chakrakoordprobleem komt veel voor onder mensen die geloven dat ze uit een ander sterrenstelsel afkomstig zijn. Deze mensen hebben het gevoel dat ze niet helemaal mens zijn, maar dat ze ertoe gedwongen zijn om hier te komen vanuit hun ver gevorderde cultuur, meestal van buiten het zonnestelsel. Ze missen hun 'ware' thuis en hebben het er erg moeilijk mee om in een fysiek lichaam te komen en te blijven. HZW onthult dat de zevende chakrakoorden van deze mensen verbonden zijn met die andere sterrenstelsels en in verbinding staan met hoog ontwikkelde wezens uit gevorderde culturen op planeten in die sterrenstelsels. Deze cliënten noemen zichzelf gewoonlijk sterrenkinderen en beweren nooit eerder als mens geïncarneerd te zijn. In zulke gevallen krijgt healing een andere kleur. Het probleem is meestal dat deze mensen, door hun verbinding met de aarde te ontkennen, ook hun verbinding met die andere plaats ontkennen. Ze hebben de koorden verscheurd die de verbinding leggen met die andere stelsels, en tegelijk proberen ze hun lichaam te verlaten om naar 'huis' terug te keren via hun gebroken koorden (wat niet zal gaan). Het resultaat is dat ze het heel moeilijk vinden zich met iets op een stabiele manier te verbinden.

Op die wijze verzetten ze zich dus ook tegen incarnatie. Ik heb ontdekt dat de beste manier om deze mensen erbij te helpen in te dalen in hun lichaam en zich met de aarde te verbinden is: deze verbroken koorden te herstellen en de verbinding met het andere sterrenstelsel sterker te maken. Om dit te doen moeten zij zich verbinden met dat deel in hen dat vrijwillig hierheen kwam uit liefde en kracht. Dan worden ze gevoed door deze koorden. Als eenmaal de volledige verbinding is gelegd, dalen deze mensen in hun lichaam in en claimen ze hun mens-zijn; zelfs geven ze ruimte aan de heel grote waarschijnlijkheid dat ze al eens eerder als mens zijn geïncarneerd. Door hun sterrenkoorden opnieuw te verbinden krijgen ze een sterke verbinding met de sterren, waar doorheen ze gevoed kunnen worden.

Dit kan voor sommige lezers volkomen belachelijk lijken, maar ik herinner je aan mijn motto: 'Vraag niet of het echt is. Vraag alleen of het nuttig is.' Het werkt! Meestal is een deel van de channeling die zulke healingen vergezelt bedoeld om de cliënten te leren zichzelf te zien als holografisch afkomstig uit het hele universum in plaats van uit slechts één planeet of een speciaal sterrenstelsel. Aangezien we allemaal holografisch met alles verbonden zijn, kunnen we theoretisch ons ieder leven herinneren dat ooit op deze planeet, of een andere, geleefd is, alsof we het zelf geleefd hebben.

Ik heb bij diverse gelegenheden aan de koorden van de zevende chakra gewerkt. Het healingwerk is hetzelfde als bij alle andere koorden. Ze worden opgeruimd, ontward, schoongemaakt, en weer op de juiste wijze verbonden.

In een bepaald geval in een van mijn klassen had een studente via al haar chakra's koordverbindingen met planetaire wezens van een bepaald sterrenstelsel. In de healing begon ik bij de zevende chakra en werkte langs het lichaam naar beneden om alle koorden die ze doorgesneden had, te herstellen en opnieuw te verbinden. Zij voelde zich daarna veel beter en was veel meer in haar lichaam dan ik haar ooit gezien had. Op het moment van schrijven is ze veel meer in haar lichaam gegrond, en is er verbaasd over hoezeer ze daarvan geniet. Ze voelt zich veel veiliger in haar lichaam en maakt het heel goed.

Een andere keer werkte ik aan de beschadigde koorden van de zevende chakra om een depressieve cliënt te healen. Voor de healingsessies voelde de cliënt zich wel verbonden met zijn medemensen, maar ervoer het leven als een eindige, tamelijk zinloze doorgang naar niets. Hij voelde helemaal geen verbinding met God. Als gevolg daarvan was hij depressief. Na in een aantal sessies zijn koorden gerepareerd te hebben begon deze cliënt een gevoel van verbondenheid te krijgen met al wat is, inclusief het goddelijke. Zijn depressiviteit verdween, en hij begon vanuit een dieper betekenisniveau te genieten van het leven. Hij begon keuzen te maken over hoe hij zijn tijd wilde besteden, en na verloop van tijd veranderde zijn leven ingrijpend. Hij veranderde zijn houding ten opzichte van werk. Voorheen was hij accountant geweest; nu koos hij ervoor professioneel therapeut te worden, erin gespecialiseerd om mensen te helpen hun levensaspecten op bredere schaal te begrijpen, teneinde hen te doen achterhalen wat hun werkelijke levensdoel is.

Nu ik dit hoofdstuk besluit en naar de verzamelde informatie kijk, ben ik er verbaasd over hoe belangrijk al onze huidige en vroegere relaties zijn voor onze gezondheid, healing en persoonlijke ontwikkeling. Aangezien het tegenwoordig mode is te zeggen dat we allemaal onze eigen realiteit scheppen, is er bij veel spirituele groepen een kentering gaande in het omgaan met deze kwestie richting isolationisme. Het schijnt dat sommige mensen, in totale afzondering van iedereen, werken aan 'hoe creëer ik mijn eigen realiteit'. Maar in feite, holistisch gesproken, is onze werkelijkheid diepgaand verweven met anderen, via onze aura-interacties en -verbindingen, via onze geschiedenis van vroegere relaties en via onze genetische koorden. We zijn zowel het produkt van miljoenen jaren evolutie van het fysieke lichaam, als van de auraverbindingen. Onze aurakoorden ontwikkelen zich ongetwijfeld eveneens in de tijden van evolutie, aangezien we ons altijd ontwikkelen in ons vermogen relaties aan te gaan.

We weten dat we onze eigen ervaring van de werkelijkheid scheppen, maar wie zijn die 'wij' of die 'ik' die aan het scheppen zijn? Waarschijnlijk de beste praktische context waarin we bij zelftransformatiewerk en bij healing kunnen werken aan het concept van het creëren van je eigen werkelijkheid is dat *wat ons ziek maakt niet per se onze relaties zijn maar onze energetische en psychische reacties op deze relaties*. Geen van deze aura-interacties kon plaatsvinden zonder de toestemming van de mensen die erbij betrokken zijn, maar ze zijn meestal automatisch en onbewust.

Onze negatieve interacties op relaties resulteren in healingcycli waarin we meer over onszelf nadenken en daardoor door een individuatieproces heengaan dat – zoals ik aan het begin van dit hoofdstuk stelde – het hoofddoel van levenservaring op het vierde niveau van het veld is.

Zo werkt, vanuit een breedschalige visie, zelfontwikkeling of individuatie door middel van het incarnatieproces. Ziekten die het gevolg zijn van onze negatieve reacties op relaties helpen ons wie we zijn te onderscheiden van wie we niet zijn. Succesvolle relaties leren ons wie we zijn, zelfs als ze moeilijk zijn en tot ziekte leiden. Als we niet groeien door over onszelf te leren in een relatie, dan is die relatie niet succesvol.

Dit houdt niet in dat mensen in een pijnlijke relatie zouden moeten blijven. In zulke gevallen bestaat een deel van wat we moeten leren er meestal uit erachter te komen dat we een veel betere situatie in ons leven verdienen en die vervolgens ook kunnen creëren.

Hoe meer we onszelf leren kennen en onze negatieve onderlinge gebondenheid helen, des te meer we over onszelf kunnen leren in een gelukkige, soepel vloeiende relatie. Hoe meer geïndividualiseerd we raken, des te meer positieve onderlinge verbondenheid we bereiken.

Hoofdstuk 15

WAARNEMINGEN VAN AURAVELD-INTERACTIES IN RELATIES

Wanneer we samenkomen, in gemeenschap samensmelten en dan weer uiteengaan, wordt er liefde gecreëerd. De effecten zijn meteen positief en we ervaren in ons leven meer vreugde. Wanneer we samenkomen en botsen, scheppen we levenslessen of healingcycli die als negatief ervaren kunnen worden. Maar uiteindelijk, als de lessen eenmaal zijn geleerd of de healing is voltooid, brengen ze ons weer terug bij het positieve. Dit alles is zichtbaar in auraveldinteracties.

Om elkaars veld te beïnvloeden gebruiken we alle drie de hoofdmanieren die we in hoofdstuk 14 besproken hebben. Sommige van deze manieren zijn positief, andere negatief. In de positieve interacties kunnen we goed overweg met elkaar. We leggen positieve verbindingen met mensen via de chakrakoorden. We wisselen met elkaar positieve energie uit via onze bioplasmalinten. We tillen elkaars vibraties op en brengen helderheid en lichtheid naar elkaar via harmonische inductie. We accepteren elkaar zoals we zijn en proberen niet elkaar te manipuleren ten behoeve van onze eigen doeleinden. In deze positieve interacties staan we andere mensen ook niet toe ons onheus te behandelen. We blijven in ons eigen centrum en communiceren heel goed.

Negatieve aura-interacties in relaties
We kennen ook de gebruikelijke negatieve manieren van interactie met en manipulatie van elkaar via onze velden. Dit doen we gewoonlijk uit angst en onwetendheid. We zijn ons dat meestal niet bewust. We proberen het veld van iemand anders te laten pulseren als het onze via harmonische inductie, omdat we ons niet op ons gemak voelen met hun trillingen. We trekken en duwen aan elkaars velden met de bioplasmastromen van energie die heen en weer stromen, of we stoppen de stroom bio-energie helemaal. We gebruiken de koorden die ons met elkaar verbinden om te krijgen wat we hebben willen. We proberen elkaar ermee te enteren of te verstrikken. Al deze aura-interactie is meestal onbewust en onzichtbaar voor de meeste mensen, maar iedereen kan leren er zich bewust van te worden en het waar te nemen door de ontwikkeling van Hoger Zintuiglijke Waarneming.

Er bestaan werkelijk maar vier vormen van energiestromen die we in interacties gebruiken: we duwen, trekken, stoppen of staan de energie toe te stromen. Als de ene persoon trekt, kan de ander terugtrekken of de energiestroom compleet stoppen. Als de een duwt, kan de ander terugduwen of zijn hakken in het zand zetten en stoppen.

Een typische intieme relatie kan als volgt verlopen: zij wenst liefde van hem en zij reikt naar hem uit en probeert het uit hem te trekken. Hij wenst een poosje alleen gelaten te worden en stuwt een krachtige stoot energie naar haar zodat ze weg zal gaan. Of hij staat simpelweg met zijn veld op de rem en reageert niet, zodat niets van wat zij doet tot hem doordringt.

Denk er eens over na hoe jij met anderen contact hebt. Bijvoorbeeld, wanneer iemand energie naar je toe duwt, duw je dan terug? Trek je die energie naar binnen? Zet je de zaak op stop, of geef je toe en sta je de energie toe in je te stromen wanneer die in je wordt geduwd? De meesten van ons stoppen de energiestroom of duwen terug.

We hebben allemaal tamelijk gestandaardiseerde manieren ontwikkeld van hoe we met elkaar omgaan via onze energievelden. De gestandaardiseerde energetische interacties corresponderen met de wederzijdse overeenkomsten of contracten die we allemaal met elkaar maken, zoals beschreven in hoofdstuk 13. Dit doen we onbewust en uit gewoonte. Soms werkt het, soms werkt het niet. De manier waarop sommige mensen hun veld gebruiken om op ons in te werken vinden we goed, en de manier van anderen vinden we niet goed. Al onze gebruikelijke interacties zijn in werkelijkheid defensiesystemen van het energieveld; we gebruiken die om onszelf te verdedigen tegen een denkbeeldige gevaarlijke buitenwereld. Soms kunnen we het defensiesysteem van iemand anders wel 'aan' en op andere momenten merken we dat we er erg onverdraagzaam tegenover staan.

Wanneer we niet leren hoe we iemands negatieve energetische acties op een positieve helende manier moeten aanpakken, kan er een negatieve feedback-lus in gang worden gezet. Ieder kan dan zijn defensieve verdraaiingen opvoeren, tot de verbeelding en de projectie helemaal de overhand gaan krijgen. In zulke gevallen kunnen daarvan heel pijnlijke beschadigende interacties het resultaat zijn. Dit gebeurt op persoonlijk niveau tussen twee mensen; het gebeurt tussen groepen mensen; en het gebeurt tussen volkeren, wat menigmaal in oorlog eindigt. Als we leren het op persoonlijk niveau te voorkomen, zullen we uiteindelijk weten hoe we het op nationaal en internationaal niveau kunnen voorkomen.

Uitzonderlijk negatieve grove interacties kunnen geducht huishouden in het auraveld en mensen met de taak achterlaten zichzelf daarna weer te herstellen. Iets van dat herstel voltrekt zich automatisch, zoals de manier waarop het lichaam zichzelf herstelt. Sommige aurawonden en psychische littekens kunnen levenslang in het auraveld blijven zitten en zelfs meegenomen worden naar een toekomstig leven, afhankelijk van de diepte ervan. Wonden blijven zo lang in het veld omdat mensen gewoonlijk nalaten hun wonden direct te beleven, maar ze juist dieper in het veld wegdrukken en ze dan met een energieblokkade begraven. Diepe wonden van deze soort ontstaan uit één uitzonderlijk grove interactie of uit gewoontegetrouw herhaalde negatieve interacties. Al zulke wonden kunnen worden genezen met healing via handoplegging en persoonlijke verwerkingsprocessen.

Naar wat ik twintig jaar lang in auravelden heb waargenomen, worden alle diepe wonden veroorzaakt door negatieve relationele interacties die in dit leven of in een vorig leven hebben plaatsgevonden, en die vervolgens naar het volgende leven worden meegenomen. Of ze worden veroorzaakt door een of ander lichamelijk letsel, zoals bij een natuurramp of een ongeluk. En bovendien heb ik het meeste ongeluksletsel bij mijn cliënten kunnen terugvoeren tot een verlate reactie op een grove interactie met iemand anders. Goede interacties zijn fundamenteel voor onze gezondheid, negatieve interacties creëren ziekte of letsel.

Bijvoorbeeld, onlangs gaf ik in een workshop een healingdemonstratie met een jonge vrouw uit Duitsland. Ik bemerkte dat haar linkerknie een paar jaar daarvoor gewond was geweest. Met innerlijke visie kon ik zien dat een van de gewrichtsbanden die kruiselings over de knieschijf zitten, gerekt en een beetje gescheurd was, en de knie zwakker maakte. Terwijl ik aan de gewrichtsbanden werkte, rolde ik terug in de tijd om te zien hoe de verwonding was ontstaan. Met HZW zag ik de jonge vrouw op een fiets rijden. Ze reed tegen een betrekkelijk laag voorwerp aan en vloog met haar hoofd vooruit over de rechterkant van het stuur. Echter, de reden waarom ze het voorwerp niet gezien had was dat ze volop bezig was geweest met een ruzie die ze kort tevoren met een jongeman had gehad. De volgende dag, na de healing, bevestigde zij de informatie die ik met HZW gekregen had.

Aangezien alle ziekten verband houden met een negatieve relationele ervaring, is het van het allergrootste belang voor ons om op een gezonde, helende manier met elkaar te leren omgaan. In dit hoofdstuk zal ik wat langer stilstaan bij enkele typische vormen van energetische verdedigingssystemen en bij de typische negatieve manieren waarop we reageren, die uiteindelijk problemen voor ons teweegbrengen in ons eigen energieveld en voor onze gezondheid. Daarna zal ik positieve manieren laten zien waarop we op dezelfde energetische verdedigingssystemen kunnen reageren, die iedereen gezond maken.

Een raamwerk voor het oplossen van negatieve energetische interacties

Als raamwerk waarmee ik het materiaal kan rangschikken en de typische energetische verdedigingspatronen kan beschrijven die we allemaal uit gewoonte in bepaalde mate gebruiken, zal ik de vijf basis-karakterstructuren gebruiken die in de studie van de bio-energetica worden gehanteerd. Je zult ontdekken dat sommige energetische verdedigingspatronen heel erg op de jouwe lijken en andere veel minder. Waarschijnlijk zul je je tot op zekere hoogte met elk ervan verwant voelen.

Karakterstructuur is een term die door veel lichaamsgerichte psychotherapeuten gebruikt wordt om bepaalde fysieke en psychische typen mensen te beschrijven. Alhoewel we onze lichamelijke gesteldheid genetisch erven, hangt de manier waarop ons lichaam zich ontwikkelt toch af van de omstandigheden in onze jeugd. Mensen met dezelfde jeugdervaringen en ouder-kindrelaties hebben dezelfde lichamen. Mensen met gelijksoortige lichamen hebben een gelijksoortige psychische dynamiek. Deze dynamiek is niet alleen afhankelijk van het soort ouder-kindrelatie, maar ook van de leeftijd waarop het kind voor het eerst het leven als zo traumatisch ervoer dat het zijn gevoelens ging blokkeren. Zodoende blokkeren kinderen de energiestroom door hun auraveld en beginnen een verdedigingssysteem op te bouwen dat voor de rest van hun leven op gewoonte zal berusten. Een trauma dat in de baarmoeder wordt ervaren, zal energetisch op een heel andere manier worden geblokkeerd of verdedigd dan een trauma dat wordt ervaren in de orale fase van de groei, in zindelijkheidstraining, of in een later stadium. Dit komt natuurlijk doordat mensen met hun velden in verschillende levensfasen zo verschillend zijn.

Vanuit mijn perspectief worden de omstandigheden en ervaringen van onze jeugd bepaald door het geloofssysteem dat we meedragen uit vorige levens, alsook door levenservaringen op andere werkelijkheidsvlakken opgedaan. Gebeurtenissen in het leven zijn gevolgen van oorzaken die we lang voor onze geboorte in ons huidige lichaam in gang hebben gezet. Sommige mensen noemen dit 'karma' en noemen 'slecht karma' een straf voor wat we gedaan hebben. Maar karma is geen straf, het is de wet van oorzaak en gevolg in werking gezet. Het is eenvoudigweg het naar ons toekomen van levensomstandigheden of gebeurtenissen als resultaat van onze vroegere daden.

Hoe deze gebeurtenissen ons beïnvloeden, is volledig gebaseerd op hoe we ze ervaren via onze beelden en geloofssystemen. We dragen de neiging tot bepaalde beelden en geloofssystemen van leven tot leven met ons mee totdat we ze, door middel van ervaring, kunnen opruimen en helen. Iedere keer wanneer zo'n voorval naar ons terugkeert, hebben we een kans te leren hoe we het kunnen helen. Als we negatieve beelden en geloofssystemen ronddragen ten aanzien van een bepaalde reeks omstandigheden, dan zullen we ze als vreselijk pijnlijk ervaren. We kunnen ze zelfs interpreteren als straf voor iets waarvan we voelen het gedaan te hebben. Aangezien we ons niet kunnen herinneren in dit leven iets speciaal slechts te hebben gedaan, is het misschien wel van heel lang geleden.

Als we géén negatief geloof over iets hebben, zullen we – wanneer het optreedt – geen zelfveroordeling en ondermijnende pijn hebben. Natuurlijk is er wel pijn, maar het is geen ondermijnende pijn.

Heyoan zegt dat we hier op aarde zijn omdat dit onze keuze is. We hoeven hier niet te zijn. Hij zegt dat we op ieder moment dat we daarvoor kiezen, weg kunnen gaan. Er bestaan daarover geen oordelen.

De enige reden waarom we een bepaald voorval als een straf ervaren, is omdat ons geloofssysteem ons dit vertelt. Zo heb ik veel mensen die zichzelf geen macht toestonden, horen zeggen dat ze in een vorig leven macht misbruikt hadden en dat die hen toen ontnomen was, en dat ze nu gestraft worden zodat ze helemaal geen macht meer hebben. Het kan heel wel zijn dat ze in het verleden macht hebben misbruikt, en dat bepaalde levensvoorvallen op hun pad komen als resultaat van hun vroegere machtsmisbruik. Maar die gebeurtenissen bevatten nu net precies wat ze moeten leren: hoe ze goed met macht om kunnen gaan. Het universum is veel te efficiënt en uitgebalanceerd om straf te gebruiken, integendeel, het brengt ons precies de lessen die we nodig hebben om onze behoeften te vervullen.

Karakterstructuur is dus het patroon van de energieveldvervorming en de disharmonie in onze fysieke vorm die voortkomt uit onze negatieve beelden en geloofssystemen, die naar alle waarschijnlijkheid daar al enige levens zitten. Met andere woorden: karakterstructuur is het effect van onze negatieve beelden en overtuigingen op onze psyche, ons auraveld en ons lichaam. Onze ouders hebben ons dat niet aangedaan. Onze jeugdomstandigheden en relaties dienen om de negatieve beelden en overtuigingen die we met ons meegebracht hebben te voorschijn te roepen en uit te kristalliseren om geheeld te worden. Dat is de reden waarom we deze ouders en omstandigheden in de eerste plaats hebben uitgekozen.

De vijf hoofdkarakterstructuren die in de bio-energetica worden gehanteerd, heten: de schizoïde, de orale, de ontheemde of psychopathische, de masochistische en de rigide karakterstructuur. Deze termen hebben niet dezelfde betekenis als de Freudiaanse standaardtermen. Ze werden uit deze standaardtermen afgeleid door Dr. Alexander Lowen die bij Dr. Wilhelm Reich studeerde, die een student van Freud was. Na de Freudiaanse psychologie bestudeerd te hebben gingen deze vernieuwers de relatie onderzoeken tussen de Freudiaanse psychologie, het fysieke lichaam en de bio-energie daarvan. Zo werden de nieuwe termen geboren. In mijn boek *Licht op de aura* wordt de auraveldstructuur van elk van de vijf hoofdkarakterstructuren besproken, met de ontwikkeling van het auraveld in verschillende stadia van de groei. Hier zal ik de aandacht richten op nieuwe manieren om elk van deze karakterstructuren en de energetische defensiesystemen die ze gebruiken te bekijken.

Wat wordt nu precies bedoeld met karakterstructuren? Menigmaal beginnen mensen die ze bestuderen, zichzelf te benoemen aan de hand van deze karakterologie. Iemand zegt dan: 'Ik ben een schizoïde', of: 'Ik ben een rigide.' Mensen zijn er zelfs trots op hun persoon zo te kunnen definiëren. Het eerste dat ik dus moet zeggen is dat de karakterstructuur je niet helpt te bepalen wie je bent. Het is eerder een landkaart van wie je niet bent. Menigmaal is het in feite juist datgene wat je vreest dat je bent. Karakterstructuur laat je zien hoe jij de essentie van wie je bent verhindert zichzelf uit te drukken. Ze beschrijft hoe jij jezelf vervormt, en laat je zien hoe je niet bent wie je bent. Iedere karakterstructuur heeft een patroon of een verdediging die vervormt wie jij bent en dan op een vervormde manier uitdrukt wie je bent.

Deze uiting is onmiddellijk. Het gebeurt zo snel op energetisch niveau dat we het niet tegen kunnen houden door dat alleen met onze geest te besluiten. We zullen vanuit ons vertrouwde verdedigingssysteem uit gewoonte reageren wanneer we onder een zekere mate van druk staan. Bedenk dat onze karakterverdediging werd opgebouwd toen we nog erg jong waren. Ze heeft ons grote diensten bewezen onszelf te verdedigen in situaties die we, toen we zo jong waren, op geen enkele andere manier konden hanteren. Ze heeft ons allemaal grote diensten bewezen. En nog steeds schermt ze ons kwetsbare kind van binnen af tegen de vijandige buitenwereld die we voor onszelf scheppen vanuit onze negatieve

Afbeelding 15-1 *Defensieve aspecten van de karakterstructuren*

	Schizoïde	Oraal	Psychopathisch	Masochistisch	Rigide
Hoofdkwestie	existentiële angst	voeding	verraad	binnendringen en diefstal	authenticiteit; ontkenning van ware zelf
Angst	als individu leven in een menselijk lichaam	niet genoeg van alles	loslaten en vertrouwen	om onder controle gehouden te worden; verlies van het zelf	onvolmaaktheid
Ervaring	rechtstreekse agressie	tekort aan voeding; in de steek gelaten worden	werd gebruikt en verraden	dat er binnengedrongen is; vernederd	ontkenning van psychische en spirituele realiteit
Defensieve actie	verlaat het lichaam	zuigt leven	houdt anderen onder controle	eist en biedt weerstand terzelfder tijd	handelt juist in plaats van authentiek
Resultaten van defensieve actie	zwakker lichaam	onvermogen om eigen energie uit stofwisseling te halen	agressie en verraad naar het zelf gericht	afhankelijkheid; onvermogen onderscheid te maken tussen zichzelf en anderen	onvermogen het zelf te ervaren; wereld is vals
Relatie tot de wezenskern	kan eenheidsessentie ervaren; is bang van geïndividualiseerde essentie	ervaart geïndividualiseerde essentie als niet genoeg	is bang dat essentie slecht of lelijk is	geïndividualiseerde essentie wordt niet van die van anderen onderscheiden	ervaart geen geïndividualiseerde essentie, die bestaat niet
Menselijke behoefte	om te individualiseren; om zich over te geven aan menszijn	om het zelf te voeden; om te weten dat het zelf genoeg is	om anderen te vertrouwen; om fouten te maken en zich nog steeds veilig te voelen	om vrij te zijn zichzelf te voelen en te uiten	om het zelf in het leven te zetten; om het echte zelf te voelen
Spirituele behoefte	om geïndividualiseerde essentie te ervaren	om geïndividualiseerde essentie te ervaren als oneindige innerlijke bron	om wezenskern en hogere wil van anderen te herkennen en te eerbiedigen	om eigen wezenskern te herkennen als van zichzelf en aanspraak maken op de God in het zelf	om eenheids- en individuele wezenskern in zichzelf te ervaren
Tijd-vervorming	ervaart universele tijd; is niet in staat lineaire tijd te ervaren of in het nu in fysieke wereld te zijn	heeft nooit genoeg tijd	holt de toekomst in	ervaart het zich ontvouwen van de tijd als gestopt	ervaart constante rigide mechanische beweging van de tijd voorwaarts

geloofssystemen en onze beelden. Ze helpt echter tevens de vijandige buitenwereld creëren omdat ze handelt alsof onze negatieve overtuigingen omtrent de werkelijkheid waar zijn, en zodoende trekt ze de negatieve ervaringen in ons leven aan waarin we geloven.

Een karakterstructuurverdediging is het gevolg van een gevoel van onveiligheid. Ze is het gevolg van een of andere vorm van angst. Iedere karakterverdediging heeft een basispunt dat met een specifieke angst verbonden is. De energetische verdediging is een reactie op die specifieke angst. De zwakheden in het auraveld en het lichaam zijn een rechtstreeks gevolg van de gewoontegetrouwe vervorming, veroorzaakt door de energetische verdediging. Met onze defensieve daden schept ieder karakter een manier van leven, welke vervolgens levenservaringen creëert die bewijzen dat de angst juist is. De manier van leven van elke karakterverdediging brengt ook een specifieke negatieve relatie tot de tijd voort. Elke karakterverdediging vervormt de relatie met de wezenskern. Elke karakterverdediging ook heeft een specifieke lichamelijke en spirituele menselijke behoefte. Beide moeten worden vervuld om ze te helpen helen.

De verschillende defensieve aspecten van elke karakterstructuur zijn in afbeelding 15-1 in een schema gezet. Elk aspect zullen we bespreken bij onze uiteenzetting over elk type karakterverdediging. We zullen onderzoeken hoe we iedere persoon in een interactie zich veilig kunnen laten voelen, wat dan tot een permanenter gevoel van veiligheid zal leiden en een healing teweeg kan brengen van de gebruikelijke verdedigingsvervormingen, die zoveel psychisch en lichamelijk trauma veroorzaken in het leven. Onthoud dat het doel van een positieve helende reactie op een verdediging is om jullie beiden te helpen zo snel mogelijk naar de realiteit en naar gemeenschap terug te keren. Mensen met verdedigingen van de karakterstructuur zullen eisen dat je instemt met hun vervormde kijk op de wereld. Als je dat doet, zal het alleen maar hun verdediging verstevigen. Het is ook van belang om niemand voordeel van jou te laten hebben via hun verdediging, omdat ook dat hun verdediging helpt versterken en hen steunt te blijven zitten in de illusie van hun verwrongen kijk op de wereld.

Je zult al deze typische patronen van auraverdediging zich om je heen, in jezelf en in je intieme relaties zien voltrekken. Jij gebruikt waarschijnlijk verschillende verdedigingen in verschillende situaties. Je zult ontdekken dat jij en je vrienden een combinatie van verdedigingen hanteren. Je kunt inschatten hoeveel je elk ervan gebruikt en dit op een percentageschaal uitzetten. Bijvoorbeeld, je hanteert dertig procent schizoïde, tien procent orale, vijf procent psychopathische, vijftien procent masochistische en veertig procent rigide. Dat betekent dat je de hoofdpunten van elke karakterstructuur in die mate in je meedraagt.

Je zult ook verschillende levensfasen doorlopen waarin je ontdekt dat je met de hoofdpunten van een bepaalde karakterstructuur bezig bent. In die perioden zul je die verdediging het meest hanteren. Dan, na verloop van tijd, zul je met een andere karakterstructuurkwestie bezig zijn. Dit is volkomen normaal. Over het algemeen blijft het type karakterverdediging dat we hanteren zogoed als hetzelfde door ons hele leven, maar we gebruiken ze minder vaak, minder dwingend, en het verzacht zodanig dat er meer van wie we werkelijk zijn naar buiten komt. Het is belangrijk in gedachten te houden dat deze verdedigingen zowel door mannen als door vrouwen worden gehanteerd.

Het verdedigingssysteem van het schizoïde karakter

De hoofdkwestie van de schizoïde verdediging
De hoofdkwestie van hen die een schizoïde verdediging hanteren, is een existentiële angst. Schizoïde karakters hebben vermoedelijk heel wat levens met lichamelijke pijn en trauma achter de rug en zijn meestal door marteling aan hun eind gekomen omdat ze er bepaalde spirituele overtuigingen op nahielden. De manier waarop schizoïde karakters met die marteling omgingen, was wegen te zoeken om te ontsnappen aan het lichaam. Met zo'n verleden als gegeven, zijn ze er nu van overtuigd dat het leven in een fysiek lichaam een gevaarlijke en beangstigende onderneming is. Vanwege hun verleden zullen ze überhaupt niet al te happig zijn om naar de aarde te komen. Ze zullen niet veel contact met andere mensen willen hebben; ze verwachten directe vijandigheid van hen. En dat is dan ook de wijze waarop ze hun medemensen bij tijden ervaren, ongeacht hoe zij werkelijk zijn. Ze zijn al voorgeprogrammeerd anderen op zo'n manier te ervaren. Bijvoorbeeld, als een moeder toevallig kwaad over iets is dat niets met haar kind te maken heeft en toevallig op zo'n moment naar hem/haar in het wiegje kijkt, zal het kind die woede als een gevaarlijke dodelijke razernij ervaren die persoonlijk op hem/haar is gericht en zal hij/zij zich aangevallen voelen. In de werkelijke situatie was ze misschien boos op de timmerman die haar een te hoge rekening gaf.

Anderzijds zal de ouderkeuze van zulke mensen op een bepaalde manier hun overtuiging weerspiegelen dat mensen gevaarlijke wezens zijn. Sommige ouders worden razend op hun kinderen, terwijl andere hun kinderen inderdaad mishandelen. Wat in laatste instantie de schizoïde karakterverdediging vormt, is de manier waarop het kind de werkelijkheid ervaart en niet noodzakelijkerwijs de feiten van een situatie, alhoewel die meestal erg op elkaar lijken.

In elk geval zijn mensen met een schizoïde karakterverdediging bang van andere mensen en hebben het er erg moeilijk mee zich met hen te verbinden. De koordverbindingen van de derde en vierde chakra naar hun

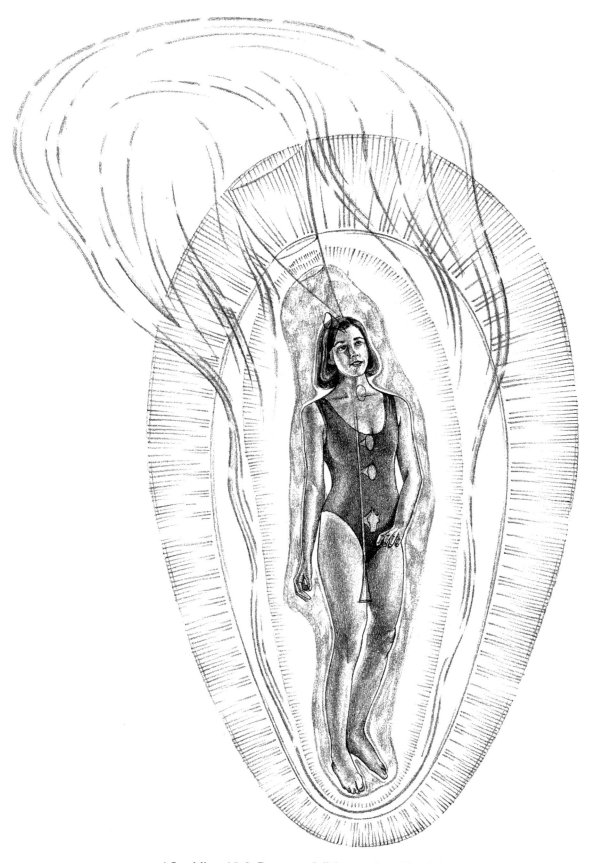

Afbeelding 15-2 *De auraverdediging van het schizoïde karakter*

ouders zijn nooit op een gezonde manier tot stand gekomen, dus hebben ze geen model waarmee ze met andere mensen relaties kunnen aangaan. Zulke mensen zijn bang voor volledige incarnatie; dat wil zeggen: ze zijn er bang voor hun bewustzijn en energie stevig in hun lichaam te brengen.

De defensieve actie die het schizoïde karakter tegen angst onderneemt
De defensieve actie die het schizoïde karakter tegen angst onderneemt, is het fysieke lichaam te verlaten. Ze hebben een manier gevonden om eerst energiebewustzijn te splitsen en daarna om te draaien zodat een groot deel ervan aan de bovenkant kan ontsnappen. Ze gaan meestal aan één zijde van de bovenkant of aan de achterkant van het hoofd eruit. Aangezien ze dit vanaf hun heel vroege jeugd herhaaldelijk doen – soms neemt dit zelfs vóór de geboorte een aanvang – creëren ze gewoonteverdraaiingen in het energielichaam, wat dan scheef groeit en nooit een sterke buitengrens van de aura ontwikkelt. De eierschaal van het zevende niveau is zwak.

De negatieve effecten van de schizoïde defensieve actie
Als gevolg van deze defensieve acties voelt de fysieke wereld zelfs nog onveiliger voor schizoïde karakters. Schizoïde karakters hebben erg zwakke grenzen, die door anderen heel makkelijk overschreden kunnen worden. Hun fysieke lichaam volgt de verdraaiingen in het energieveld, zodat ze waarschijnlijk een of andere vorm van verdraaiing in hun ruggegraat hebben die de rug verzwakt. De lagere niveaus van hun auraveld zullen waarschijnlijk niet sterk ontwikkeld zijn, wat resulteert in een erg zwak, gevoelig lichaam. Zodoende maakt uiteindelijk hun defensieve actie de dingen in feite erger. Het helpt levenservaringen te creëren die hun bewijzen dat het leven in het fysieke lichaam een gevaarlijke onderneming is omdat ze zo gevoelig en kwetsbaar zijn. Zo zitten ze gevangen in een vicieuze cirkel.

Om incarnatie in de fysieke wereld, waarvan ze bang zijn, te ontlopen, verblijven mensen die de schizoïde verdediging hanteren zoveel mogelijk tijd in de hogere geestelijke sferen in een diffuse toestand van eenheid waar hun individualiteit niet wordt ervaren. Zoals we hiervoor al zeiden, dient het leven in de fysieke wereld als onze spiegel voor zelfbespiegeling, zodat we de geïndividualiseerde goddelijkheid in ons kunnen leren herkennen. De mensen die de schizoïde verdediging hanteren, vermijden dus het individuatieproces van incarnatie door middel waarvan ze hun kern zouden kunnen herkennen. Daarom weten ze niet beter dan dat ze zelf alles zijn wat er bestaat, maar kennen ze niet de geïndividualiseerde God van binnen. Aangezien ze zoveel tijd doorbrengen in de hogere sferen, zullen ze zich tot de tijd verhouden zoals die dáár is. Daar wordt de tijd ervaren als alle tijd in één keer. Schizoïde karakters ervaren dus niet het tijdsmoment dat nu is; en evenmin ervaren ze de tijd als lineair. Integendeel, hun thuis is in alle tijd. Dat is voor hen makkelijk te ervaren. Afbeelding 15-2 toont de schizoïde energetische verdediging van terugtrekking.

Hoe kom je erachter wanneer mensen een schizoïde verdediging gebruiken?
Het is makkelijk te zeggen wanneer mensen actief de schizoïde verdediging van terugtrekking gebruiken, omdat hun ogen dan leeg zijn. Ze zitten niet in hun lichaam. Je zult ook de angst om hen heen kunnen voelen. Je neemt misschien een draai in hun lichaamshouding waar.

De menselijke en spirituele behoeften van mensen met een schizoïde verdediging
Zulke mensen hebben het nodig zich in de fysieke wereld op aarde veilig te voelen. Ze moeten ook leren hoe ze contact maken met mensen in relaties. Ze dienen te leren leven in het moment van nu, met een verleden en een toekomst. Op spiritueel niveau behoeven ze te weten dat er een God van binnen is en dat die innerlijke God ieders unieke goddelijke essentie is.

Wat is jouw negatieve reactie op de schizoïde verdediging?
Laten we eens kijken wat jouw negatieve reactie zou kunnen zijn wanneer mensen zich op deze manier verdedigen.

Wat doe jij wanneer je omgang hebt met een schizoïde karakter dat jou verlaat? Word je boos omdat ze geen aandacht aan jou besteden en stoot je dan meer energie uit? Als je dat doet, zullen ze nog banger van je worden en zich nog verder terugtrekken. Een volgende maal zal het nog moeilijker zijn hen te bereiken. Afbeelding 15-3 laat zien wat er kan gebeuren in jouw veld wanneer je boos wordt en gaat duwen, en wat het schizoïde karakter in reactie op boosheid doet.

Reageer jij door je afgewezen te voelen en grijp je naar die ander? Ga je trekken? Als dat zo is, dan zullen zij verder weggaan. Wat wil je dan doen? Harder trekken? Afbeelding 15-4 laat zien wat je doet wanneer je grijpt en trekt, en wat het schizoïde karakter in reactie daarop doet.

Ga je in een stopreactie en stop je je energiestroom? Wanneer je in een stopreactie gaat, zink je dan diep weg in jezelf? Zodoende is het schizoïde karakter ver weg ergens daarbuiten en jij bent ver weg ergens hierbinnen. Mis je elkaar wanneer je dit doet? Of blijf je aanwezig wanneer je in de stopreactie zit en wacht je gewoon? Misschien met een ongeduldige eis naar die ander om op te schieten en terug te komen? Dat zal niet gebeuren. Kijk voor de effecten hiervan naar afbeelding 15-5.

Schiet je in ontkenning en toelating? Laat je gewoon toe wat er gebeurt, schiet je in ontkenning erover, en zet je een gesprek voort alsof er naar je geluisterd werd en verdoe je daarmee je tijd? Bereik je zo je doel? Ik betwijfel het. Zie afbeelding 15-6.

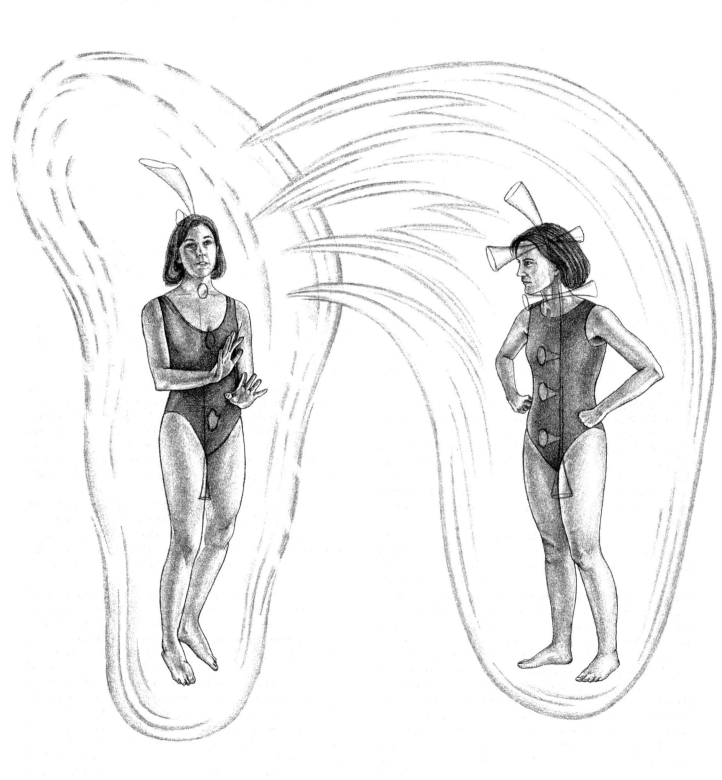

Afbeelding 15-3 *De schizoïde verdediging en een duwreactie*

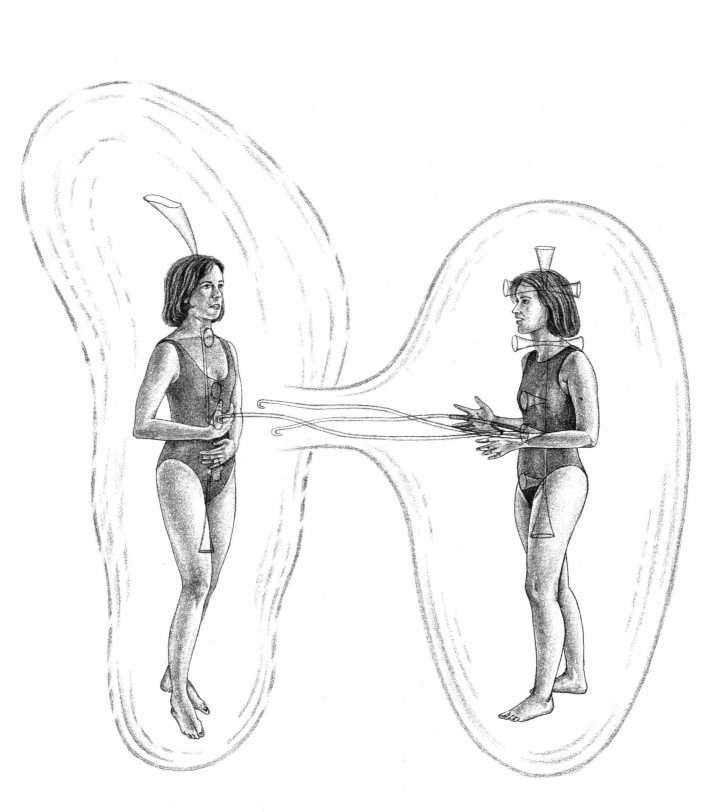

Afbeelding 15-4 *De schizoïde verdediging en een trekreactie*

Of vertrek jij ook, zodat er niemand meer aan het communiceren is? Afbeelding 15-7 toont beide mensen vertrokken. Hier hebben we een spookstad.

Heel vaak zullen schizoïde karakters arrogantie gebruiken om je te laten weten dat ze paranormaler, ontwikkelder of spiritueler zijn dan jij om je te intimideren en je zo op afstand te houden. Hoe reageer jij dan? Ben je het met ze eens dat 'spiritueel' en 'paranormaal' betekent 'meer ontwikkeld', en dat zij dus beter zijn, zodat jij je uit het contact terugtrekt? Of maakt het je boos, zodat je meer gas geeft? Of blijf je zoals je bent en sla je geen acht op de aanmatiging? Als je dat voor elkaar krijgt, dien je nog steeds je energieveld te veranderen. Als je het schizoïde karakter wilt helpen zich veilig te voelen en niet meer op z'n hoede te zijn, kom dan met beide voeten op de grond en begin te communiceren, zodat je bereiken kunt wat het ook maar is wat jullie samen doen.

Hoe je op een positieve helende manier kunt reageren op de schizoïde verdediging
Afbeelding 15-8 (in het kleurenkatern) toont hoe jij je energieveld kunt reguleren om contact te maken met mensen in een schizoïde verdediging om hen zich veilig te laten voelen. Het is een reactie die ontworpen is om jullie beiden uit je angst en je verdediging te halen en jullie zo snel mogelijk naar de realiteit en naar communicatie terug te brengen. We zullen verschillende variaties van de drie hoofdtypen van veldinteracties (harmonische inductie, bioplasmalinten en chakrakoorden) en de vier energiestroomvormen (duwen, trekken, stoppen en toelaten) gebruiken om een veilige plek te bieden aan onze vriend met de schizoïde verdediging.

Regel nummer 1 is: absoluut niet met een bioplasmalint door de kwetsbare grenzen heen te gaan. Denk aan het zevende niveau van het auraveld van deze persoon als een gebroken eierschaal. Dat betekent: wanneer je er enige bioplasmalinten naartoe stuurt, gaan ze er recht naar binnen, en hij/zij zal als een bliksemschicht verdwenen zijn. Het tweede dat je je moet herinneren is dat schizoïde karakters hun energiebewustzijn op de hoge frequenties van de hoogste niveaus van het veld hebben lopen. Daarom moet je, wil je hen bereiken, je trillingen optillen tot een hoge frequentie en hen dit laten voelen via harmonische inductie.

Doe dit door je aandacht te concentreren op de hoogste spirituele realiteit die je kent. Breng je bewustzijn naar de meest volkomen ervaring van je hoogste spiritualiteit door je die te verbeelden, te zien, te voelen, te horen, te ruiken en te proeven. Als je dit kunt en jezelf tegelijkertijd kunt tegenhouden om bioplasmalinten te produceren, zal die ander zich veilig beginnen te voelen. Houd, om te voorkomen dat je enige bioplasmalinten gaat projecteren, je geest bolvormig tegelijk in alle richtingen gefocust. Voel de eivorm van je veld. Voel de pulsering ervan. Voel de randen van jouw grenzen en houd ze in bedwang. Zorg dat je geest zich nergens speciaal op focust. Ga met je geest nergens speciaal heen.

Je kunt, terwijl je dit doet, misschien de persoon in kwestie niet direct aankijken of oogcontact met hem/haar hebben, omdat dit bedreigend kan zijn. Dat is in orde. Als je eenmaal in synchronisatie bent en contact hebt met de ander via harmonische inductie, kun je zachtjes de trillingsfrequentie van je veld naar beneden brengen. Blijf harmonische inductie gebruiken om de trilling van de ander te beïnvloeden met die van jou naar beneden te gaan. Doe dit door jezelf overal te ontspannen en jezelf heel kalm te maken. Het zal zorgen dat de ander zich ook kalm voelt. Beeld je in dat jullie op mooi groen gras tussen de bomen lopen. Dit zal jouw frequentie naar beneden brengen naar een gebalanceerde aardefrequentie.

De volgende interactie vereist nog meer gevorderde beheersing van je energieveld; wees dus niet ontstemd als je dit niet kunt. Ik voeg het voor die lezers toe die een gevorderd niveau van aurabeheersing hebben bereikt en het misschien nuttig vinden. Als je eenmaal een gevoel van veiligheid tot stand hebt gebracht, vraag dan toestemming de ander aan te raken. Als die wordt gegeven, vraag die ander dan om op te staan en zijn of haar knieën licht te buigen. Leg dan voorzichtig je rechterhand op de achterzijde van de tweede chakra. Zorg ervoor dat je een rustige vibratie in je hand hebt en geen bioplasmalinten zendt. Laat dan heel voorzichtig een bioplasmastroom vanuit je hand vloeien. Richt die met je intentie naar beneden door het centrum van het lichaam van de ander in de aarde. Deze stroom zal hem of haar met de aarde verbinden. Als dat eenmaal is bereikt, laat dan koorden vanuit je hart en derde chakra zich met die van hem/haar verbinden. De koorden zullen vanuit het centrum van je chakra dienen te komen en helemaal tot in die van de ander moeten verzinken, omdat hij/zij niet weet hoe ze te verbinden.

De resultaten van een positieve helende reactie
Als je in staat bent een deel van het hierboven beschrevene uit te voeren, zul je die persoon enorm geholpen hebben om relaties veiliger te vinden. Het is belangrijk je te herinneren dat iemand met een schizoïde verdediging heel waarschijnlijk nog geen veiligheid in menselijke interacties of de verbondenheid ervaren heeft, die we kunnen voelen wanneer onze koorden op een gezonde manier verbonden zijn door ons hart en derde chakra.

Het is essentieel voor schizoïde karakters om te leren in een relatie verbindingen aan te gaan, omdat ze alleen via relaties hun diepste spirituele behoefte tot vervulling kunnen brengen om hun eigen individualiteit als goddelijk te ervaren. Ze ervaren God in de eenwordingstoestand maar niet in de individuatietoestand. Ze dienen de geïndividualiseerde God van binnen te vinden. Dat kunnen ze alleen leren door middel van communicatie met

Afbeelding 15-5 *De schizoïde verdediging en een stopreactie*

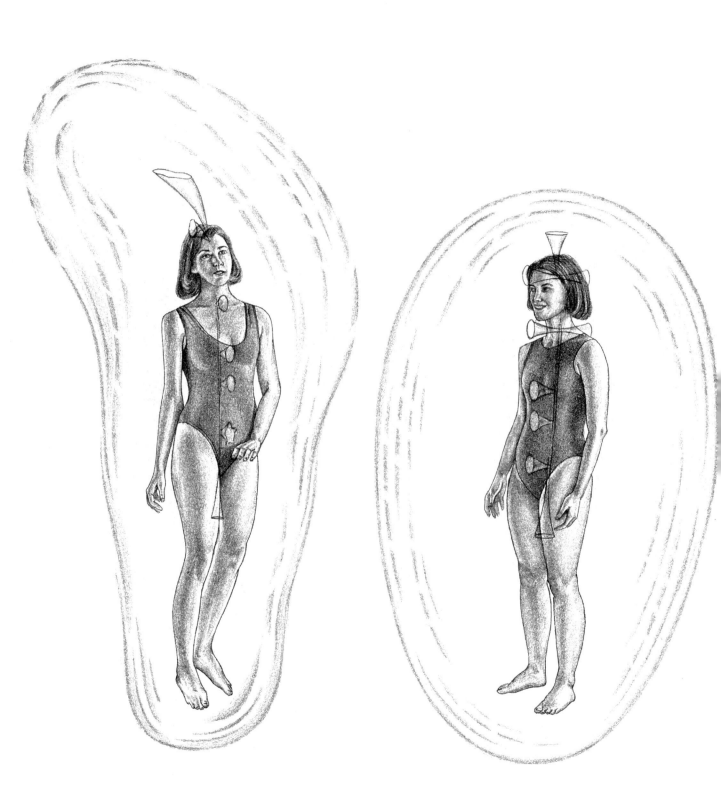

Afbeelding 15-6 *De schizoïde verdediging en een reactie van ontkenning en toelating*

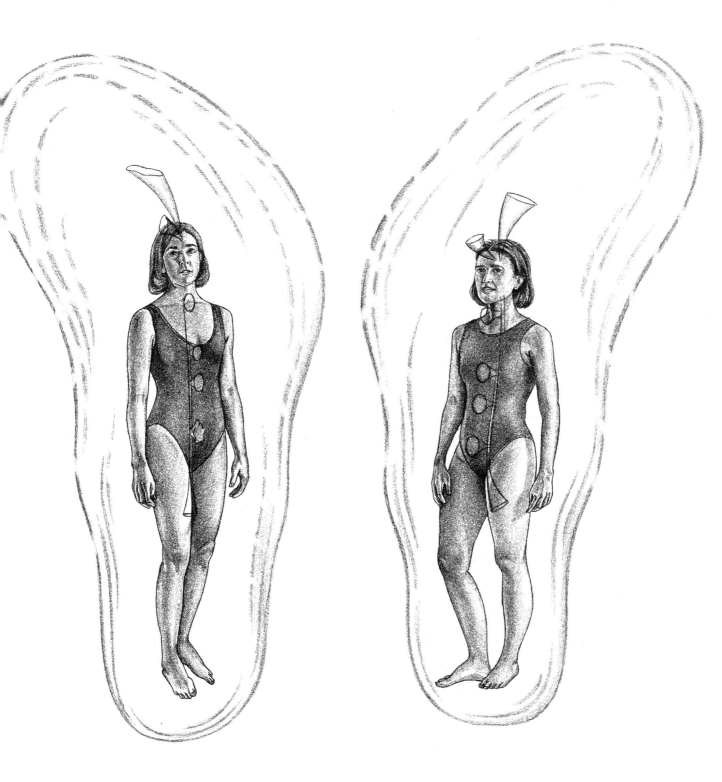

Afbeelding 15-7 *De schizoïde verdediging en een terugtrekreactie*

andere mensen. Wanneer jij hun hiertoe een veilige plaats bereidt met je auraveld, help je hen in heel hoge mate!

Dus de volgende keer dat jouw geliefde van je wegflitst, is het oké wanneer je op je oude vertrouwde manier reageert. Het is waarschijnlijk een veel te snelle reactie om zomaar tegen te houden. Maar zodra je hem/haar doorhebt, herinner je dan dat de oorzaak ervan angst is – zowel het wegflitsen van je vriend(in) als jouw defensieve reactie. Buig je knieën en grond je in de aarde, haal diep adem en begin te helpen, zoals in afbeelding 15-8 (in het kleurenkatern). Je vriend(in) zal terugkomen, en jullie zullen beiden weer communiceren!! Dit kan aanvankelijk heel moeilijk zijn, omdat jullie waarschijnlijk automatisch weer zullen terugvallen in je karakterverdediging. Maar hoe meer je oefent, hoe makkelijker het zal gaan, en zul je, in plaats van je kostbare tijd en energie in een verdediging te verspillen, je begeven in een veel rijkere ervaring van het leven en van gemeenschap.

Hoe kun je jezelf uit een schizoïde verdediging halen?
Als je merkt dat je je ergens in de stratosfeer bevindt, is het eerste dat je te doen staat opmerken dat je daar buiten zweeft. Besef dan dat je daar bent omdat je bang bent. Om niet meer bang te hoeven zijn, zul je moeten veranderen wat je doet. Buig eerst je knieën en haal diep adem. Zorg dat je je ogen openhoudt. Houd je knieën gebogen en concentreer je op de bovenkant van je hoofd. Breng je bewustzijn naar de bovenkant van je hoofd en daarna naar beneden naar je gezicht, je nek, de bovenkant van je borst, en zo verder en verder, totdat je bewustzijn bij je voetzolen is gekomen. Voel je voetzolen, en ga dan verder naar beneden de aarde in. Herhaal de mantra: 'Ik ben veilig. Ik ben hier.' Wanneer je de aarde stevig onder je voeten voelt, probeer dan de persoon te voelen die in gesprek met je is. Als hij of zij warm en vriendelijk lijkt en je probeert te bereiken, help een handje. Probeer je hart en je zonnevlecht voor je vriend(in) te openen en laat hem/haar zich met jou op een warme, menselijke manier verbinden.

Het verdedigingssysteem van het orale karakter

De hoofdkwestie van de orale verdediging
De hoofdkwestie van een man of vrouw die een orale karakterverdediging hanteert, is voeding. Orale karakters hebben veel levens gehad waarin er niet genoeg was om in leven te blijven. Ze leefden vermoedelijk in tijden van hongersnood en werden achtergelaten om van honger te sterven, of ze moesten de vreselijke keuze maken: wie krijgt het kleine beetje eten dat er is? Orale karakters kennen niet de ervaring volkomen vervuld te zijn, en ze hebben de angst nooit genoeg te zullen krijgen.

Omdat orale karakters naar dit leven gekomen zijn om deze overtuiging te helen, trekken ze jeugdomstandigheden aan die deze overtuiging voor het zelf in dit leven naar boven halen. Ze ervoeren vroeg in hun leven verlating en vrezen dat dit weer gebeuren zal. Meestal ervoeren ze verlating door de ouders. In welke mate die dat ook inderdaad deden, is niet zo belangrijk als hoe zij het ervaren hebben.

Het klassieke voorbeeld van de creatie van een orale karakterverdediging is het geval bij een moeder die niet de benodigde tijd heeft om de borstvoeding af te maken. Als de baby van de borst wordt gehaald voordat hij verzadigd is, zal hij niet de ervaring van verzadiging en bevrediging kennen tot het punt waarop hij zich automatisch zou terugtrekken. Bij het zuigen versmelt de baby met de Moeder. Dat is de ervaring die het dichtst komt bij in de baarmoeder zijn. In deze versmelting ervaart de baby zichzelf als Moeder. Hij ervaart Moeder als God en zichzelf als God, die Moeder is. De essentie van Moeder, God en baby zijn één. Wil de baby zijn eigen essentie voelen, dan moet hij eerst vervuld zijn van de essentie van Moeder/God. Dan moet de baby aan zichzelf genoeg hebben om zich op weg te begeven naar individuatie teneinde daarin zijn of haar eigen goddelijke wezenskern te ervaren. Juist via de verzadiging bij borstvoeding leert een baby dit te doen.

Als Moeder veel moeite heeft met de borstvoeding, of de baby van de borst haalt voordat die klaar is, of als ze gehaast is, ongeduldig is en wil dat de baby opschiet, dan laat ze in zekere zin de baby in de steek. Als dit herhaaldelijk gebeurt, zal de baby nerveus worden en de melk niet erg snel naar binnen kunnen krijgen, waardoor de voedingstijd verlengd wordt en de situatie verergert. Uiteindelijk leert het kind de moeder in de steek te laten voor zij hem/haar in de steek laat. Maar door dit alles krijgt het kind niet de ervaring van het samensmelten met al wat is (Moeders essentie) en daarna het individualiseren tot zijn/haar eigen essentie. Zulke mensen groeien op zonder een duidelijke, volle ervaring van hun eigen essentie, de bron van het goddelijke van binnen. Daarentegen wordt die als zwak en onvoldoende ervaren.

Zulke baby's ervoeren bovendien dat hun ouders energie van hen wegzogen. En waarschijnlijk was dat ook zo. Ongelukkigerwijs gebruikten ofwel hun moeder ofwel hun beide ouders de koordverbindingen van de derde chakra naar hen, om voeding te ontnemen in plaats van te geven. De ouders ontnamen hun ook energie via de bioplasmalinten die ze aan hen gehecht hadden. Zij hebben nooit geleerd hoe ze een verbinding naar beneden moesten leggen naar de aarde.

De defensieve actie die het orale karakter tegen angst onderneemt
Als gevolg hiervan bestaan de defensieve acties van orale karakters eruit om energie van anderen weg te zuigen. Ze zullen dit onbewust op verscheidene manieren doen: proberen derde chakrakoorden naar anderen aan te leggen om daarmee energie weg te trekken zoals de ouders

dat deden; proberen energie weg te zuigen via bioplasmalinten die met oogcontact worden gemaakt met hun 'stofzuigerogen'; of door eindeloze, saaie conversaties te houden waarbij ze te zacht praten. Wanneer ze zo zacht praten dat anderen moeite hebben hen duidelijk te verstaan, zullen de anderen hun bioplasmalinten naar hen uitzenden in een poging hen te horen. Zij zuigen dan via de linten energie weg door hun zachte praatje voort te zetten. Afbeelding 15-9 toont de orale karakterverdediging van het zuigen.

De negatieve effecten van de orale defensieve actie
Het resultaat van deze defensieve acties is dat de fysieke wereld zelfs nog minder voedend voelt voor hen die de orale verdediging hanteren. In feite weigeren mensen die de orale verdediging gebruiken voeding, en dat weten ze niet. Aangezien ze hun energiesysteem hanteren om energie bij anderen weg te zuigen, ontwikkelen ze hun eigen chakra's nooit tot de normale grote chakra's die op natuurlijke wijze hun veld met energie vullen. Ze zijn erop geconcentreerd van buiten af gevuld te raken in plaats van uit hun chakra's of hun innerlijke bron. Ofwel kunnen zij geen contact maken met de innerlijke bron, ofwel voelt die te zwak aan. Zodoende blijft hun veld eeuwig zwak en afhankelijk van de voorverteerde energie van anderen, wat een negatieve feedback-lus in het leven roept die hen ondervoed en afhankelijk houdt van andermans energie. Deze acties zorgen ervoor dat mensen niet graag bij orale karakters in de buurt zijn, en zo wordt hun verlating verwezenlijkt omdat mensen hen ontlopen. Aldus creëren zij de levenservaringen die bewijzen dat ze nooit genoeg zullen hebben. Zo zitten ze in een vicieuze cirkel opgesloten.

Hoe kom je erachter wanneer mensen een orale verdediging gebruiken?
Het is makkelijk te zeggen wanneer iemand actief de orale verdediging hanteert, omdat ze zich hulpeloos zullen gedragen en willen dat jij bepaalde dingen voor hen opknapt of voor hen zorgt op een manier die voor een volwassene niet normaal is. Ze praten misschien te zachtjes om hen te kunnen horen of ze doen heel wat om oogcontact met je te krijgen. Maar wat je in hun ogen ziet, is een hulpeloze smeekbede die zegt: 'Doe het voor me. Zorg voor me, liever dan dat er een volwassen uitwisseling van geven en nemen ontstaat.'

De menselijke en spirituele behoeften van iemand met een orale verdediging
Zo iemand heeft een ervaring van volkomen vervulling nodig, waarbij hij/zij de persoon is die de vervulling kan geven. Ze dienen te leren hoe ze dat voor zichzelf kunnen doen. Ze hebben het nodig de rijke en krachtige bron van leven te ervaren die in hen bestaat, in hun wezensster.

Wat is jouw negatieve reactie op de orale verdediging?
Wederom zullen we de voornaamste verschillende reacties die mensen op deze karakterverdediging hebben, onderzoeken aan de hand van de vijf energiestroomvormen van duwen, trekken, stoppen, toelaten en terugtrekken.

Wat doe jij wanneer je met iemand omgaat die zich hulpeloos gedraagt en die neemt en neemt en neemt en niets teruggeeft? Word je boos omdat ze energie van je wegzuigen en stoot je meer energie op een negatieve manier naar hen toe om hen te stoppen? Word je boos, beledigend, of zet je hen op hun plaats en geef je hun een enorme stoot energie? Dit zal ervoor zorgen dat ze zich slechter over zichzelf voelen. Als je dat doet, zullen ze waarschijnlijk inklappen en alleen maar hulpelozer worden. De volgende keer zal het nog moeilijker zijn hen te bereiken. Afbeelding 15-10 laat zien wat er kan gebeuren in jouw veld wanneer je boos wordt en gaat duwen, en wat orale karakters als reactie op woede doen.

Reageer je door je afgewezen te voelen en grijp je naar hen? Ga je ook zitten trekken? Als je dat doet, zullen zij nog harder trekken en je overtroeven in uitzuigen, of ze zullen inklappen. En wat ga je dan doen? Nog harder trekken? Afbeelding 15-11 laat zien wat je doet wanneer je grijpt en trekt, en wat zij in reactie hierop doen.

Schiet je in een stopreactie en stop je jouw energiestroom, zodat zij niets van je energie kunnen krijgen? Wanneer je in de stopreactie gaat, verzink je dan diep in jezelf? Dus het orale karakter is ergens daarbuiten bezig te proberen je te bereiken en te zuigen, en jij zit hier ergens helemaal binnenin? Missen jullie elkaar wanneer je dit doet? Of blijf je aanwezig terwijl je in de stopreactie zit, en wacht je gewoon tot zij stoppen met zuigen – misschien met een ongeduldige eis naar hen om op te schieten en te geven? Dat zullen ze niet. Ga je met je energie in de stopreactie zodat er niet meer weggezogen kan worden? Stop je met luisteren en laat je hen in de steek? Kijk eens naar de gevolgen van je stopreactie in afbeelding 15-12.

Stap je in de ontkenning en de toelating? Laat je gewoon toe wat er gebeurt, schiet je erover in ontkenning, en zet je de conversatie voort alsof wat er aan de oppervlakte gebeurt datgene is wat er werkelijk plaatsvindt? Maakt het je moe? Reageer je door in de rol van de verzorger te stappen? Laat je de ander toe zijn/haar derde chakrakoorden aan je te hechten om je energie uit je derde chakra weg te zuigen? Als dat zo is, zul je dat waarschijnlijk goed kunnen voelen. Giet je met je bioplasmalinten hopen energie in hen, die je hun op de manier geeft waartoe ze je manipuleren en dwingen? Leun je naar hen toe zodat je hen beter kunt horen in een poging voor hen te zorgen? Laat je de hulpeloze blik in hun ogen z'n gang gaan jouw energie weg te zuigen, waarbij je er aldus psychisch mee instemt dat ze dit niet voor zichzelf kunnen doen, maar dat jij een hoop te

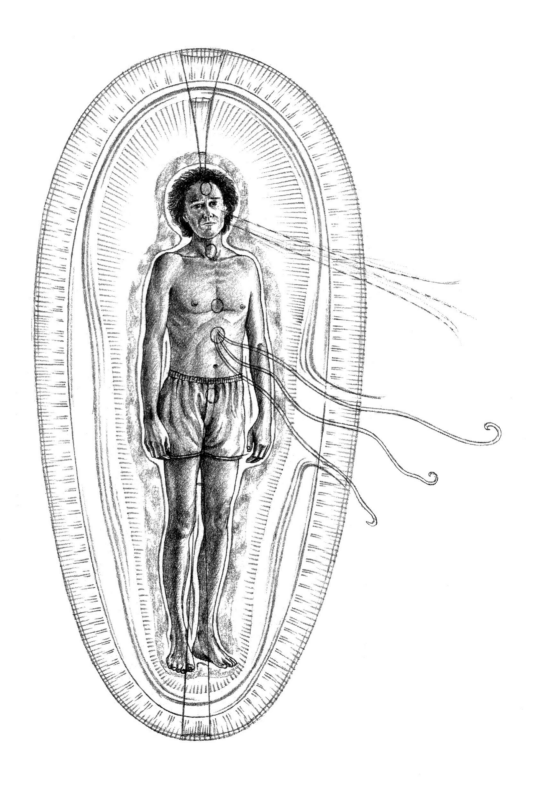

Afbeelding 15-9 *De auraverdediging van het orale karakter*

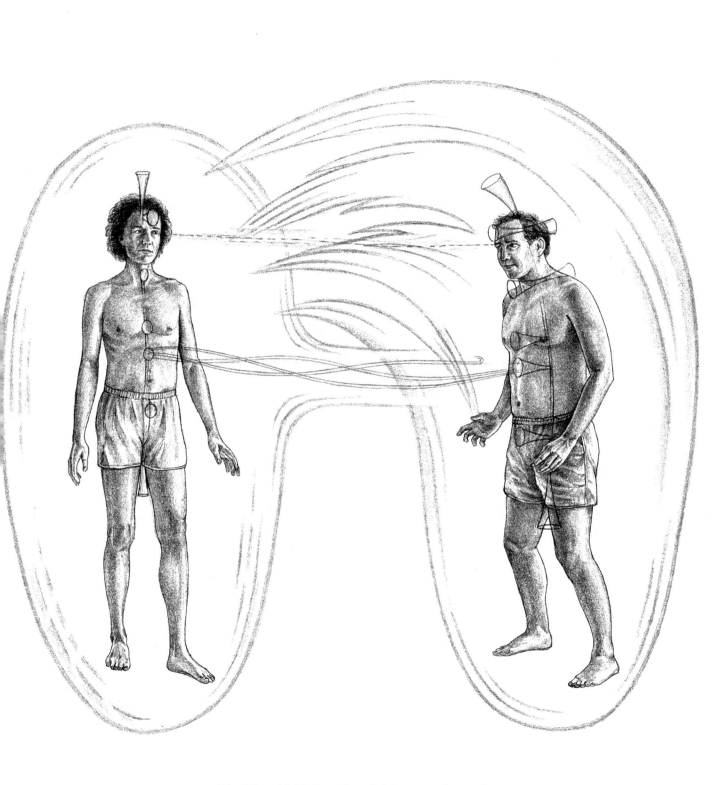

Afbeelding 15-10 *De orale verdediging en een duwreactie*

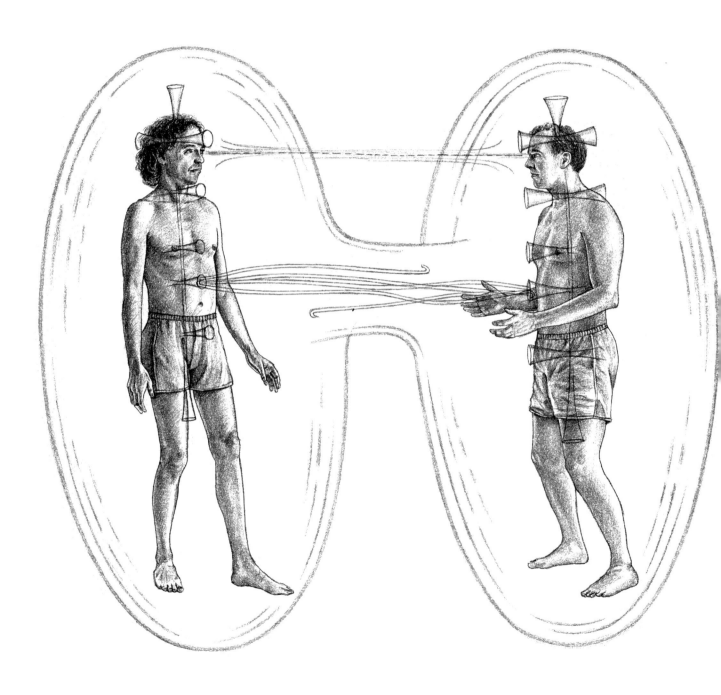

Afbeelding 15-11 *De orale verdediging en een trekreactie*

geven hebt? Probeer je ervan af te komen? Helpt hen dit? Niet echt – het helpt hen alleen zó te blijven als ze sinds hun vroege jeugd zijn geweest. En dat is de oplossing niet. Afbeelding 15-13 toont de verzorgersreactie op de orale verdediging.

Reageer jij door de persoon in kwestie te ontlopen en aldus hem/haar in de steek te laten? Of trek jij je terug zodat er geen energie uit je lichaam te halen valt? Dat zullen zij als in de steek laten ervaren, en ze zullen of harder zuigen of inklappen en opgeven, waarbij hun ergste angst weer eens bewaarheid is geworden. Afbeelding 15-14 toont deze combinatie van verdedigingen.

Hoe je op een positieve helende manier kunt reageren op de orale verdediging
Afbeelding 15-15 (in het kleurenkatern) laat zien hoe je je energieveld kunt reguleren om zodanig met mensen in een orale verdediging om te gaan dat ze zich veilig voelen, dat je hen kunt helpen een ervaring van werkelijke vervulling te krijgen en hun daarmee te tonen dat ze het zelf kunnen.

Regel nummer één is hen niet toestaan op hun oude vertrouwde manier energie weg te zuigen. Laat hen daarom niet de koorden van hun derde chakra aanhechten in de jouwe om zo energie van je weg te zuigen. Een goede manier om dit te voorkomen is niet recht voor deze mensen te gaan staan. Ga niet recht tegenover hen staan. Ga zij aan zij staan en beeld je een mooi sterk scherm over je derde chakra in dat voorkomt dat ze hun koorden aanhechten. Maak geen oogcontact en laat er geen bioplasmalinten uit je gaan op hun verzoek. Desondanks is het heilzaam hun auraveld te vullen met behulp van bioplasmalinten. Dit is feitelijk heel makkelijk welbewust te doen. Ontspan je eenvoudig en stel je prachtige, gekleurde bioplasmalinten energie voor die uit je handen stromen naar de derde chakra van die ander. Doe dit zonder hem/haar fysiek aan te raken. Blijf hen, terwijl je dit doet, aanmoedigen op eigen benen te staan. Doe dit met aanmoedigende verbale uitspraken waarin je die persoon vertelt dat hij/zij sterke benen en een sterke innerlijke levensbron heeft. Vertel hun dat ze dit kunnen. Op deze wijze geef je hun de ervaring vervuld te zijn zonder dat de oude vertrouwde verdediging, die hun energielading op een te laag peil houdt, opnieuw bekrachtigd wordt.

Nu zul je een ander probleem tegenkomen dat ook met hun verdediging verband houdt. De voornaamste manier waarop mensen die een orale verdediging hanteren kunnen ontvangen, is door middel van gecontroleerd zuigen. Door te zuigen houden ze onder controle hoe de energie naar binnen komt. Wanneer je hen buiten deze gecontroleerde manier van ontvangen om geeft, schieten ze in een stopreactie en kunnen niet veel energie opnemen. Na een poosje zullen ze een beetje naar binnen laten stromen. Dan besluiten ze dat het niet genoeg is, of dat het te lang duurt, dus zullen ze weer in een stopreactie gaan, dat wil zeggen: ze laten jou in de steek voordat jij hen in de steek kunt laten. En door dat te doen laten ze zichzelf in de steek. Deze heen-en-weerbeweging zal doorgaan tijdens het vulproces en zorgt dat het lang duurt. Zodra jij gefrustreerd raakt, schieten zij in een stopreactie en zal het nog langer duren. Ze raken in een gevecht met de tijd als vijand. In hun strijd zal er nooit genoeg tijd voor hen zijn. Dus word jij uitgedaagd daar te kunnen blijven, er voor hen te zijn, en het werk voort te zetten tot het vulproces beëindigd is.

Wanneer het veld van zo iemand aardig goed geladen is, concentreer dan je geest en je intentie erop de energie in hun veld naar beneden te laten bewegen de aarde in, om een sterke verbinding met de aarde te maken. Beeld je in hoe hun eerste chakra opengaat om meer energie vanuit de aarde erin omhoog te laten komen. Dit is niet moeilijk wanneer je verbonden blijft met je bioplasmalinten. Het helpt echt om te kijken naar het lichaamsdeel waarop je je concentreert. Als de persoon in staat is zich in de aarde te gronden, zal de energie automatisch omhoog stromen hun lichaam in zoals een artesische put. Ze zullen het niet meer naar zichzelf toe hoeven zuigen. Als dit eenmaal plaatsvindt, staak dan je bioplasmatische vulactie en maak je energetisch contact met hen los zodat ze nu zichzelf kunnen vullen.

De resultaten van een positieve helende reactie
Als je in staat bent een deel van de hierboven beschreven interactie uit te voeren, zul je je vriend(in) met oraal karakter enorm hebben geholpen om zichzelf te leren voeden. Dit is erg belangrijk omdat, door de manier waarop zulke mensen in elkaar zitten, ze zullen ontdekken dat onder hun angst niet genoeg te krijgen, hun overtuiging zit dat zij niet goed genoeg zijn. Op heel jonge leeftijd raakten zij ervan overtuigd dat hun essentie niet genoeg was. Leren zichzelf te vullen is hetzelfde als erkennen dat ze wel goed genoeg zijn. Als ze dit eenmaal doen, kunnen ze ook leren zich in relaties te verbinden zonder het vertrouwde zuiggedrag. Hun relaties zullen gezonde uitwisselingen van energie tussen twee gelijkwaardige mensen worden. Hun relatie tot het fenomeen tijd zal veranderen. Het zal niet langer iets zijn waartegen gevochten moet worden en waarvan je meer moet krijgen. In plaats daarvan zullen ze alle tijd hebben om te leven.

Op spiritueel niveau is het de taak van zulke mensen te leren de individuele God van binnen als bron aan te boren. Alleen via relaties kunnen zij erkennen dat hun goddelijke kern even helder en rijk is als die van ieder ander. Via relaties zullen zij leren dat de bron van leven hun tijdloze innerlijke essentie is.

Dus wanneer je de volgende maal opmerkt dat je vriend(in) of geliefde met oraal karakter zich hulpeloos gedraagt of je energie wegzuigt, onthoud dan dat dit bete-

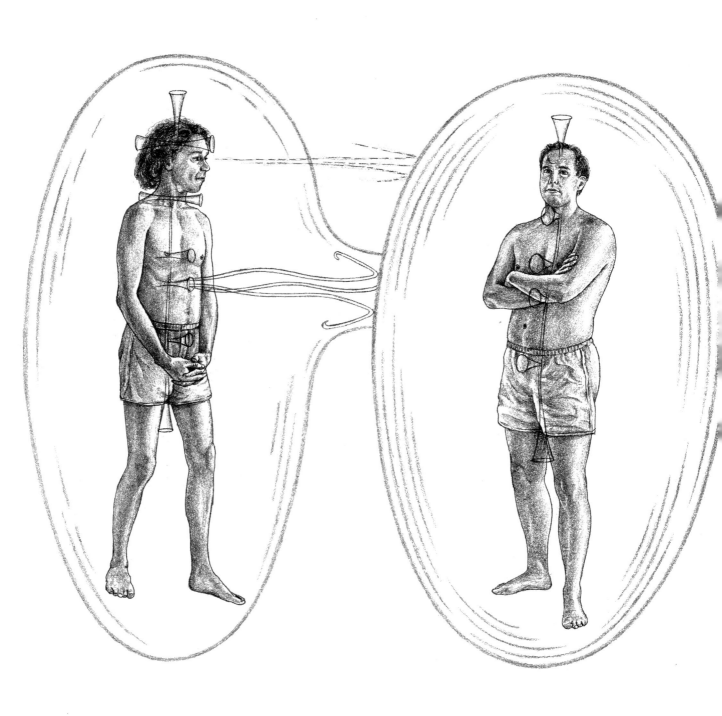

Afbeelding 15-12 *De orale verdediging en een stopreactie*

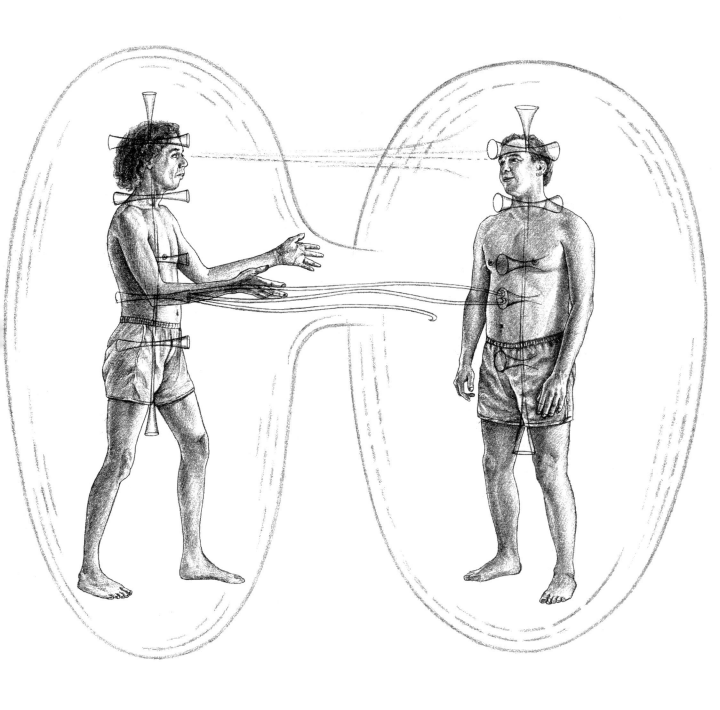

Afbeelding 15-13 *De orale verdediging en een reactie van ontkenning en toelating*

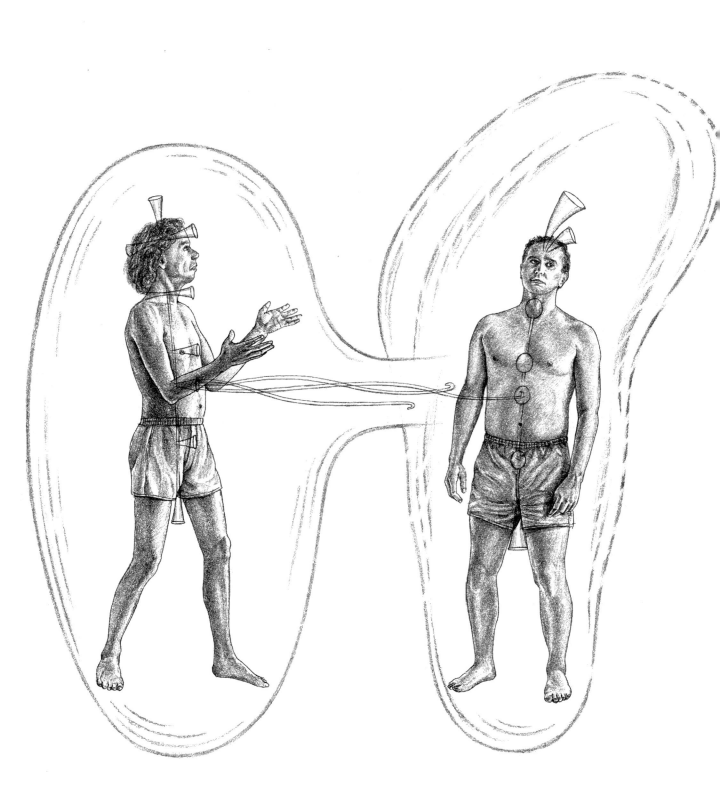

Afbeelding 15-14 *De orale verdediging en een terugtrekreactie*

kent dat hij of zij bang is. Zulke mensen zijn bang dat zij niet goed genoeg zijn. Ze geloven niet dat hun essentie op zich al genoeg is. Als jij op de angst reageert is dat in orde. Zodra je echter opmerkt dat jij jezelf aan het verdedigen bent tegen het wegzuigen of de hulpeloosheid die zij tentoonspreiden, haal dan diep adem en concentreer je op je ontspanning. Buig je knieën lichtjes, grond jezelf diep in de aarde, ga naar je centrum en adem. Het is tijd om te helpen – ik weet zeker dat je dat kunt!

Hoe kun je jezelf uit een orale verdediging halen?
Als je opmerkt dat je je hulpeloos voelt of probeert iemand anders iets voor je te laten opknappen, haal dan diep adem en ontspan je. Zeg tegen jezelf dat je alle tijd van de wereld hebt. Ga op beide voeten staan. Buig je knieën, grond je diep in de aarde. Breng je eenpuntige aandacht naar je wezensster. Hier ligt de bron van alles wat je ooit nodig zult hebben. Je bent niet hulpeloos. Je kunt alles aan. Jij bent God. Herhaal de mantra: 'Ik ben goed genoeg. Ik ben goed genoeg.'

Het verdedigingssysteem van het psychopathische karakter

De hoofdkwestie van de psychopathische verdediging
Verraad is de hoofdkwestie van mensen die de psychopathische karakterverdediging hanteren. Zij hebben waarschijnlijk veel levens meegemaakt als krijgers, waarbij ze instonden en vochten voor een grootse zaak. Op persoonlijk niveau hebben ze een heleboel opgeofferd, hebben ze gevochten en hun strijd gewonnen. Ze wisten dat ze voor een goede zaak streden, dat zij gelijk hadden en dat zij goed waren, wat de reden was waarom zij zo goed waren in winnen. De goede zaak maakte hén goed en de vijand slecht. Maar aan het eind werden deze mensen verraden, ten val gebracht en waarschijnlijk gedood door hen die zij het meest vertrouwden. Waarom? Omdat winnen een tegenstander vereist. Als iemand gelijk heeft, heeft iemand anders ongelijk. Ze zijn nog steeds goed in winnen.

Een land regeren vraagt leiderschap van een ander soort. Het vereist teamwork en samenwerking, waarbij iedereen goed is en een heleboel mensen het bij het rechte eind hebben, niet alleen de leider. Mensen met een psychopathische structuur zijn er nooit in geslaagd de grens tussen krijger en koning of koningin over te steken. Psychopathische karakters zijn nog steeds krijgers die proberen een oorlog te winnen die niet langer bestaat. Als gevolg daarvan vertrouwen ze diep van binnen niemand meer. Iedereen is uiteindelijk hun vijand, zelfs hun trouwste bondgenoten. Ze zien het leven als een slagveld.

Het gezin waarin het psychopathische karakter kiest geboren te worden, wordt het volgende slagveld. De mensen daar die hen het meest nabij zijn, worden de volgende verraders. Ze hebben al talloze malen in het leven verraad ervaren. Ze werden op heel vroege leeftijd door een of beide ouders verraden. In hun vroege jeugd was winnen heel erg belangrijk. Iemand, gewoonlijk een ouder, moest het bij het rechte eind hebben en winnen. Van de persoon die gewonnen had was bewezen dat die goed was, en de persoon die verloren had was slecht. Meestal had de ouder van de andere sekse problemen met zijn/haar partner en bracht veel van de behoeften die door de partner vervuld zouden moeten worden, over op het kind. Die ouder gebruikte verleiding om het kind onder controle te houden. Het kind werd mammies 'kleine man' of pappies 'mooie jonge vrouw' en hem/haar werd op subtiele wijze verteld hoeveel beter dan de andere ouder hij of zij was. De ouder van hetzelfde geslacht was slecht, en het kind was goed. Het kind kreeg verantwoordelijkheden te dragen die boven zijn/haar jeugdige leeftijd uitgingen en hij/zij werd aangemoedigd maar snel op te groeien. Zulke kinderen hebben hun hart gegeven aan de ouder van het andere geslacht, maar vooruitzicht op seks was er niet.

Natuurlijk brak de hel los, toen in hun puberteit hun seksualiteit ontwaakte. De ouder van het andere geslacht werd vreselijk jaloers op iedere minnaar. Het kind werd niet verondersteld seksuele gevoelens te hebben en moest alleen de ouder maar liefhebben. Dit maakt het nu erg angstig voor mensen met een psychopathische verdediging om tegelijk seksualiteit en hart te hebben. Wanneer je ze beide hebt, betekent dit dat je een ouder verraadt, en dan ben jijzelf slecht. Op dit gebied zijn deze mensen bijzonder kwetsbaar. Ze zijn bang van mensen van hetzelfde geslacht die hen herinneren aan de ouder van hetzelfde geslacht.

Natuurlijk is het echte verraad afkomstig van de ouders die zulke kinderen gebruikten en beheersten om de behoeften te vervullen die zijzelf van hun partner hadden moeten krijgen, maar met wie zij de problemen niet konden oplossen. Zodoende vochten mensen met een psychopathische verdediging wederom voor een zaak (de 'goede' ouder van de tegenovergestelde sekse tegen de 'slechte' ouder van hetzelfde geslacht) en wonnen vermoedelijk (de liefde van de 'goede' ouder). Daarna werden ze uiteindelijk door de ouder voor wie ze gevochten hadden verraden, omdat die ouder ofwel toch bij de partner bleef of een nieuwe kreeg.

Deze mensen dragen dus een heleboel angst bij zich en zien de wereld als een slagveld waarop ze gedwongen worden te vechten. Ze zijn bang door hun trouwste vrienden te worden verraden, dus zijn ze bang van hen. Ze vrezen onder de zware last die ze moeten dragen te bezwijken.

De defensieve actie die het psychopathische karakter tegen angst onderneemt
Het resultaat van hun angst is de defensieve actie van psychopathische karakters zich omhoog en uit hun

lichaam te trekken, in een poging groter te zijn en sneller op te groeien dan normaal om de verantwoordelijkheden van een volwassene op zich te kunnen nemen. Dit zorgt ervoor dat ze zich niet kunnen gronden en dat ze zich minder veilig voelen. Hun energievelden zijn veel meer aan de bovenste helft geladen dan aan de onderste helft. Ze stuwen, om deze scheve situatie te handhaven, ook energie naar de achterkant van hun lichaam om zo hun wilskracht te versterken. Aangezien de hartebanden met de ouder van het andere geslacht besmet zijn door verraad, zullen ze bevreesd zijn hun hartkoorden met een andere vrouw of man te verbinden.

Aangezien het leven gekenmerkt wordt door vechten voor wat juist is, neigen psychopathische karakters er ook toe het leven op een agressieve manier tegemoet te treden. Omdat ze de wereld zien als een aanval op hen, gooien ze hun energie naar de wil aan de achterzijde van het lichaam, en dan over de rug omhoog over het hoofd heen naar de veronderstelde aanvaller. De energie is krachtig en scherp en zegt: 'Jij bent slecht.' Afbeelding 15-16 toont de psychopathische verdediging.

De negatieve effecten van de psychopathische defensieve actie
Deze defensieve acties maken de fysieke wereld voor mensen die de psychopathische verdediging hanteren, tot een nog onveiliger plek. In feite zijn zij de agressors en weten ze dit niet. Hun agressieve gedrag roept weer agressie naar hen op, waar ze zich ook wenden of keren. Ze moeten voortdurend vechten en voelen zich steeds verraden omdat ze strijd leveren met hun intiemste vrienden. Hun energieveld is niet gegrond en ze kunnen de levenskracht niet aftappen uit de aarde-energieën, dus voelen zij zich zwak en niet ondersteund. Door hun energie naar boven te verplaatsen en hun eerste en tweede chakra te ledigen, maken deze mensen zichzelf kwetsbaarder voor de mogelijkheid dat 'het vloerkleed onder hun voeten uitgetrokken wordt'.

Ze hebben problemen met seksualiteit omdat hun tweede chakra te weinig geladen is. Ze zijn verleiders, maar hun verleiding leidt niet tot langdurige relaties, omdat hun hart en seksualiteit niet samenwerken. Wanneer ze wel hartsverbindingen aangaan, zijn ze al ingesteld op verraad. Een man zal van de vrouw verwachten dat ze hem verraden zal; een vrouw verwacht verraad van de man. Beiden helpen ze de ander aan te zetten tot verraad. Of ze beginnen zelf met verraden.

Hoe meer hun levenservaringen tot hun bewustzijn zijn teruggebracht, des te meer ze verstrikt raken in het gevecht om te winnen, om te bewijzen dat zij goed zijn. Ze zien de wereld als goed of slecht, en ze zijn bang dat zij misschien weleens de slechteriken zouden zijn. Wanneer ze winnen, zijn ze goed; wanneer ze verliezen, bewijst dit dat ze slecht zijn. Daarom pikken ze altijd gevechten op die ze kunnen winnen zodat ze zich goed kunnen voelen, en ze zien de wereld als één grote poging te bewijzen dat zij slecht zijn. Maar ze winnen nooit echt, omdat ze het hele gedoe projecteren!

Ze nemen ook meer op hun schouders dan ze aankunnen, omdat ze op heel jonge leeftijd geleerd hebben dit te doen. Ze tillen een zware last, geven persoonlijke behoeften op, stormen erop los en ontdekken uiteindelijk een of ander verraad dat hen ineen doet storten. Ze werken vele uren en nemen meer verantwoordelijkheid dan gezond voor hen is omdat dit hun manier is anderen onder controle te houden. Ze menen dat ze de mensen om hen heen onder controle moeten houden om te kunnen overleven. Fysiologisch gezien zijn ze meestal wel gezond en werken ze tot ze erbij neervallen, mogelijk met een hartaanval, afhankelijk van hoe verstrengeld de hartkoorden geraakt zijn door de ervaringen van verraad die ze in zich opgeslagen hebben. Ze kunnen ook rug- en gewrichtsklachten krijgen van de te zware lasten op hun schouders.

Mensen die de psychopathische verdediging hanteren, hollen maar door in de tijd. Er is nooit genoeg tijd om alles te doen wat ze moeten doen. Ze zullen niet pauzeren en in het moment leven, ze leven echter in een toekomst die nooit komt. Ze ervaren hun eigen essentie als waarheid, en wanneer ze zich met een goede zaak verbonden weten, ervaren ze het eenheidsprincipe in die zaak. Maar ze ervaren, noch vertrouwen de goddelijke individualiteit in anderen.

Deze mensen hebben de misvatting dat het hun levenstaak is de strijd om een grootse zaak aan te voeren. Later zullen we zien dat dit niet zo is.

Hoe kom je erachter wanneer mensen een psychopathische verdediging gebruiken?
De beste manier om erachter te komen of iemand een psychopathische verdediging hanteert, is op te merken of ze proberen je tot een gevecht te verlokken en dan te bewijzen dat jij het bij het verkeerde eind hebt. Je hebt niet alleen ongelijk, maar er speelt ook de veronderstelling mee dat je echt slecht bent wanneer je ongelijk hebt. Ze zijn daarna bijzonder hulpvaardig jou met jouw probleem te helpen. Zijzelf hebben namelijk geen probleem. (Als dat wel zo was, zouden ze slecht zijn. En slecht is niet zomaar slecht, het is het kwaad zelve.) Bijvoorbeeld, als je een healer bent, zijn ze bijzonder blij jou de gelegenheid te geven met hen te werken, zodat jij je werk beter kunt leren doen. Ze zullen het graag bekritiseren zodra je klaar bent.

De menselijke en spirituele behoeften van mensen met een psychopathische verdediging
Onthoud dat al het bovenstaande slechts een masker is. Wat eronder zit is extreme angst. Mensen die de psychopathische karakterverdediging hanteren, hebben de grote behoefte vrij te zijn van angst en zich veilig te voelen. Ze dienen alle controle op anderen om zichzelf veilig te voelen op te geven. Ze dienen zowel zichzelf als

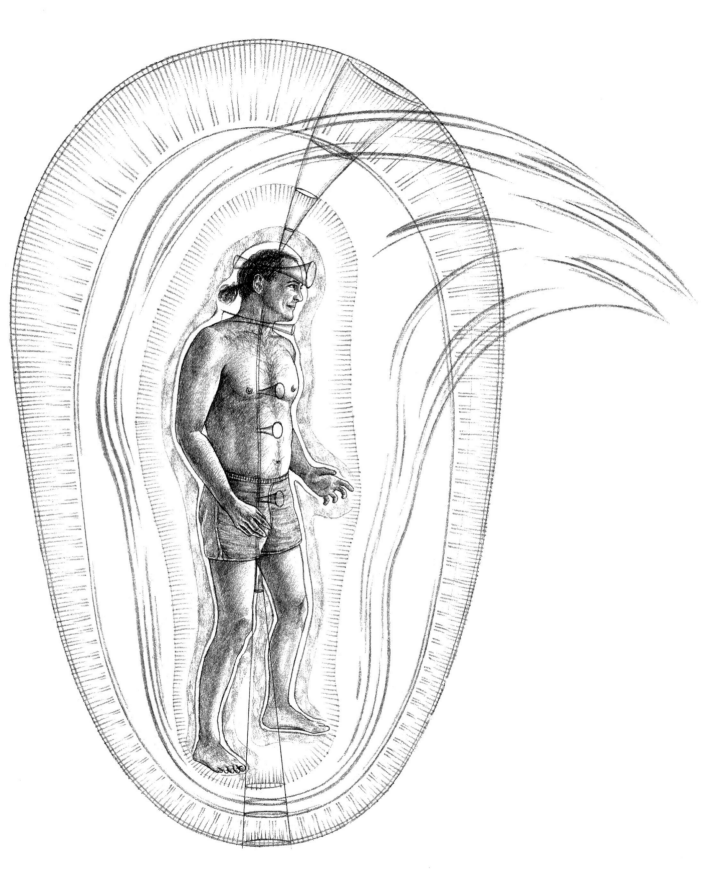

Afbeelding 15-16 *De auraverdediging van het psychopathische karakter*

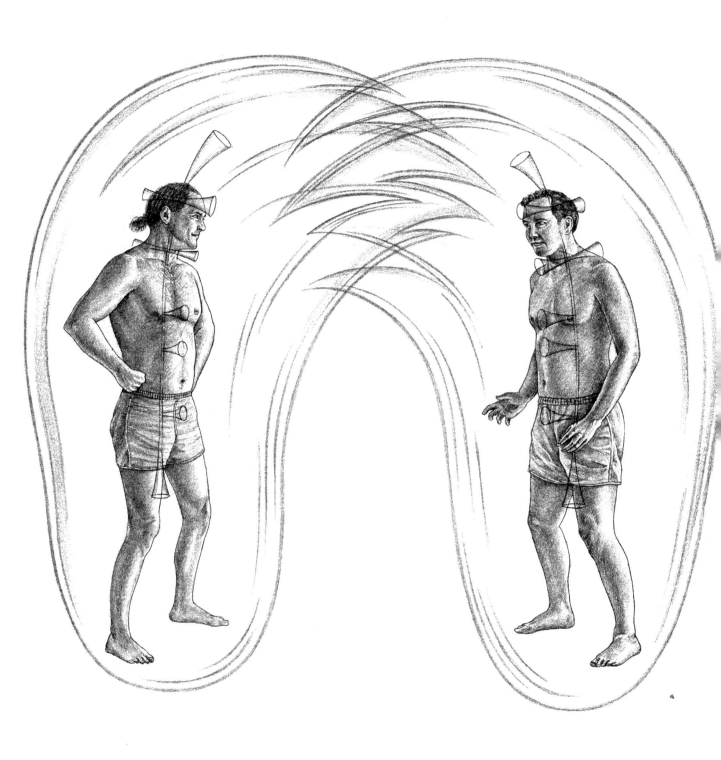

Afbeelding 15-17 *De psychopathische verdediging en een duwreactie*

anderen te leren vertrouwen. Ze dienen te beseffen dat de aarde niet een slagveld is. Integendeel, ze is een plaats om zich met anderen één te voelen, een plaats waar anderen het innerlijke zelf weerspiegelen. Ze dienen het gevecht te staken en hun last neer te leggen. Ze moeten stoppen met naar de toekomst voort te razen en zich overgeven aan de goddelijke uitdrukking van het universum, wat het leven op aarde is zoals het *nu* is. Ze behoeven zich over te geven aan onvolmaakt mens-zijn en veiligheid vinden in dat mens-zijn. Ze dienen zichzelf een fout te laten maken en zich daarbij veilig en goed te voelen. Al doende kunnen zij het goddelijke in anderen gaan herkennen.

Wat is jouw negatieve reactie op de psychopathische verdediging?
Laten we nu eens onderzoeken wat jouw negatieve reactie kan zijn wanneer mensen zich op deze manier verdedigen. Wederom zullen we weer de voornaamste verschillende reacties van mensen op de karakterverdedigingen verkennen aan de hand van de vijf vormen van energiestromen: duwen, trekken, stoppen, toelaten en terugtrekken.

Wat doe jij wanneer je met iemand in contact bent die ruzie met je zoekt, om te bewijzen dat hij gelijk heeft en jij niet alleen ongelijk hebt, maar ook slecht bent? Psychopathische karakters doen dit door hun agressieve energie over hun hoofd heen naar je toe te gooien. Het hangt boven je hoofd. Word je boos en ga je terugvechten door hetzelfde te doen? Als je dat doet, zullen zij de zaak opvoeren. Ze zullen agressiever, sluwer en zelfs venijnig worden. Onthoud dat hun ervaring hiervan lijkt op die van een in het nauw gedreven wild dier dat voor zijn leven vecht. Hoe meer jij vecht, des te minder zij je zullen vertrouwen en des te angstiger ze zullen zijn. Dus zullen ze harder vechten om te winnen. Afbeelding 15-17 toont wat er in jullie velden gebeurt wanneer je boos wordt en duwt.

Reageer je alsof je je in de steek gelaten voelt en grijp je naar die ander? Schiet je in een trekreactie? Als je dat doet, zullen zij alleen agressiever worden om je weg te duwen. Wat doe je dan? Nog harder gaan trekken? Afbeelding 15-18 toont wat je doet wanneer je grijpt en trekt en wat zij in reactie daarop doen.

Schiet je in een stopreactie en stop je je energiestroom? Als dat het geval is, zullen zij de strijd verhevigen om je te bereiken. Wanneer je in een stopreactie gaat, verzink je dan diep weg in jezelf? Als dat zo is, dan zijn zij ergens ver omhoog daarbuiten, boven je hangend – en jij bent ergens ver weg hierbinnen. Voel jij je daarbinnen veiliger? Je ligt nog steeds in de vuurlinie. Mis je het contact wanneer je dit doet? Of blijf je aanwezig terwijl je in de stopreactie zit en wacht je gewoon – misschien met een ongeduldige eis naar hen om op te schieten? Dat zullen ze niet. Kijk voor de resultaten van dit alles naar afbeelding 15-19.

Schiet je in ontkenning en toelating? Laat je gewoon gebeuren wat er gebeurt, ga je in de ontkenning erover, en zet je de conversatie voort alsof de conversatie of de verbinding werkelijk geschiedt? Laat je de ander maar winnen en voel je je dan slecht over jezelf? Doet dat pijn? Helpt dit hen werkelijk? Hebben zij er werkelijk iets bij gewonnen? Of hebben ze gewoon weer eens voor zichzelf bewezen dat zij gelijk hadden: het universusm is een slagveld. Heb jij je doel bereikt? Ik betwijfel het. Kijk eens naar afbeelding 15-20.

Of trek jij je terug en verlaat je je lichaam zodat er niemand is om verwijten tegen te maken? Ze raken misschien nog meer over hun toeren en schreeuwen: 'Kijk me aan wanneer ik tegen je spreek!', of: 'Stop te doen alsof je bang bent, ik weet wat je werkelijk voelt.' Afbeelding 15-21 laat deze combinatie zien.

Hoe je op een positieve helende manier kunt reageren op de psychopathische verdediging
Onthoud dat het doel van de positieve helende reactie op een verdediging is om jullie beiden te helpen zo snel mogelijk terug te keren naar de realiteit en naar een nauw contact. De verdediging van psychopathische karakters eist dat jij instemt met hun verwrongen kijk op de wereld. Stem niet in met hun verdediging, want dat versterkt die alleen maar. Een primaire reactie is soms moeilijker uit te voeren met mensen die de psychopathische verdediging hanteren, omdat ze zo agressief zijn in het laten gelden van hun gelijk. Als je echter in een woordenstrijd met zo iemand verwikkeld raakt, stem je, in zekere zin, ook in met hun kijk op de wereld, eenvoudigweg omdat je ruzie maakt.

Afbeelding 15-22 (in het kleurenkatern) laat zien wat je met je energieveld kunt doen om een man of vrouw met een psychopathische verdediging te helpen zich veilig te voelen, zich te gronden en zich opnieuw te verbinden om contact te hebben. Zeker, het is heel moeilijk meteen op een positieve manier te reageren wanneer iemand je aanvalt. Dus haal diep adem na je eerste negatieve reactie, hoe die er ook uitzag, en buig je knieën. Onthoud dat zij jou zien als de agressor die denkt dat zij slecht zijn. Alle bioplasmalinten die nu hun kant opkomen, zullen als een agressieve aanval worden ervaren. Grond jezelf diep in de aarde, en trek alle bioplasmalinten terug die je wellicht hebt uitgezonden. Doe dit door uitzonderlijk passief te worden en je aandacht op jezelf te richten, terwijl je naar die persoon blijft luisteren. Je zult misschien om dit te kunnen doen het oogcontact moeten verbreken. Als ze eisen dat je hen blijft aankijken, leg dan eenvoudig uit dat je werkelijk wilt horen wat ze te zeggen hebben en dat je jezelf naar je centrum moet brengen om dit te kunnen doen. Beweeg de energie in je veld naar beneden naar de aarde, waarbij je de onderhelft van je veld groot maakt met een brede basis en de bovenhelft van je veld klein. Doe dit door je aandacht

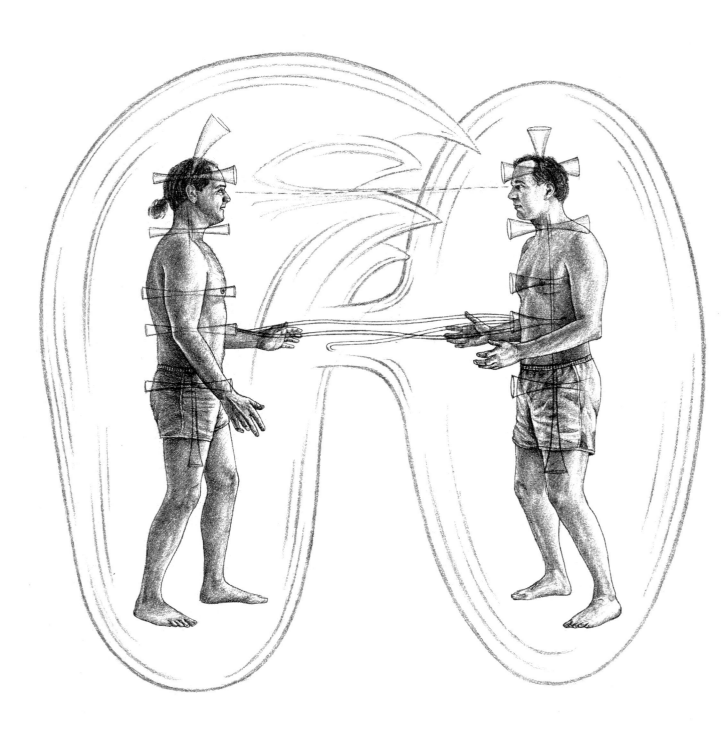

Afbeelding 15-18 *De psychopathische verdediging en een trekreactie*

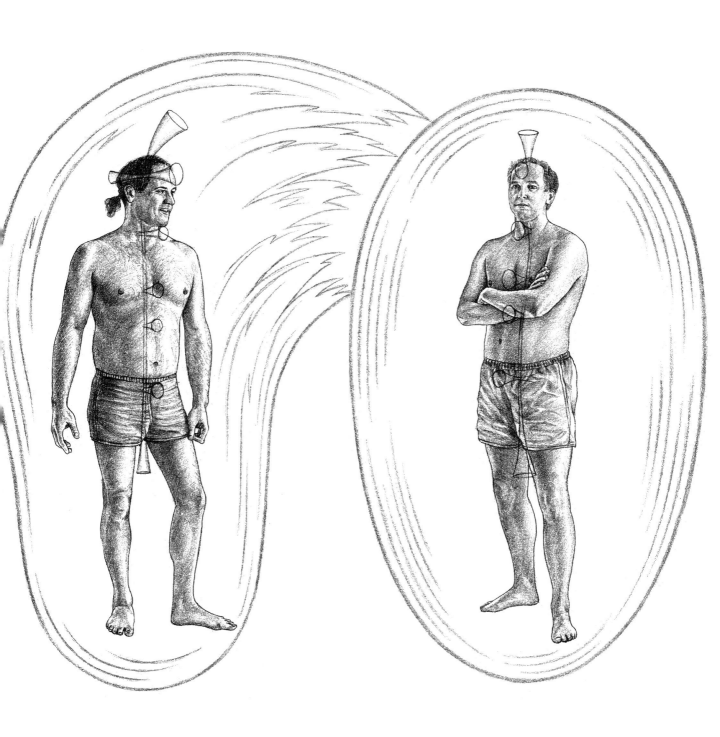

Afbeelding 15-19 *De psychopathische verdediging en een stopreactie*

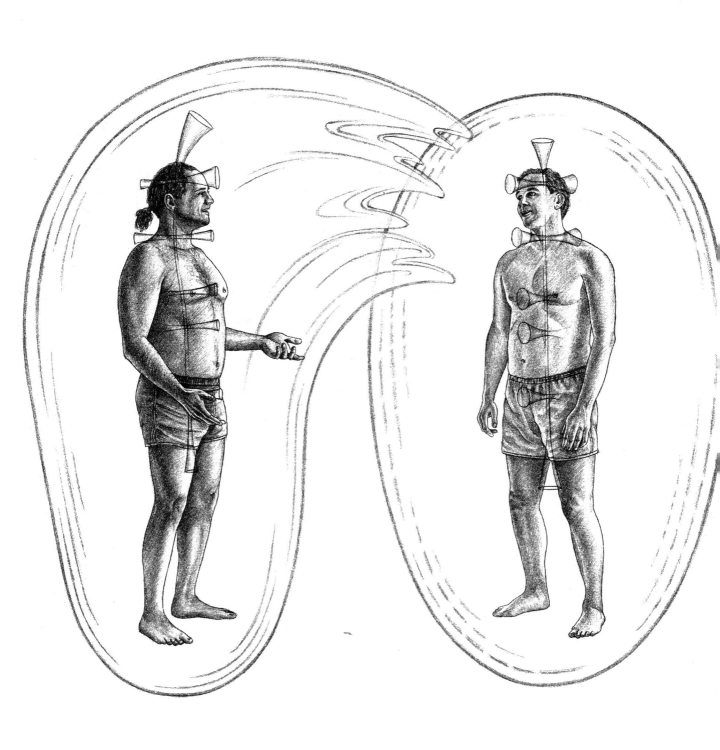

Afbeelding 15-20 *De psychopathische verdediging en een reactie van ontkenning en toelating*

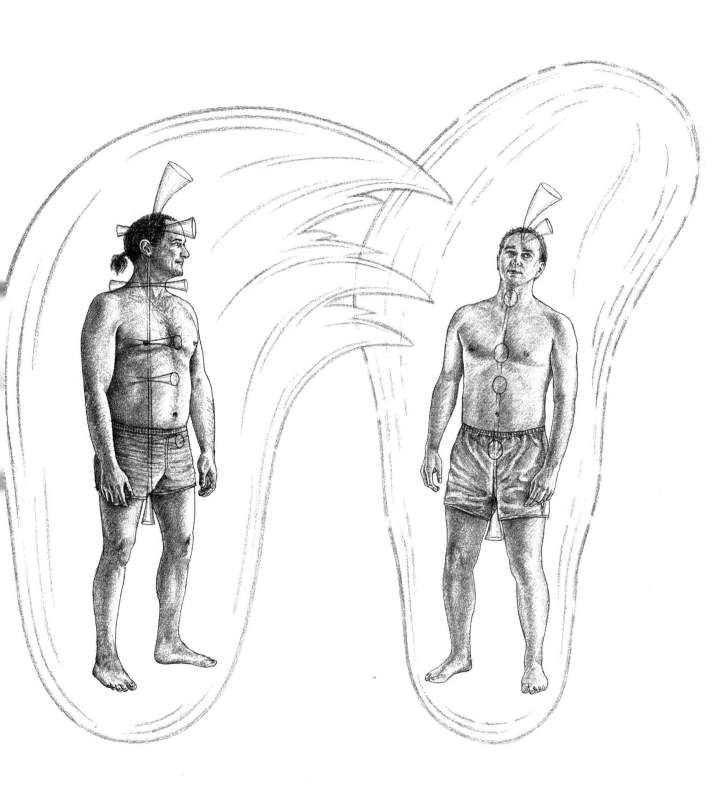

Afbeelding 15-21 *De psychopathische verdediging en een terugtrekreactie*

naar je benen te brengen en naar een groot grondgebied achter je. Stel het je voor, voel het en zie het. Raak niet betrokken in een woordentwist. Gebruik de mantra: 'Geen twist, geen twist.' Beeld je in dat jij en je auraveld van Teflon zijn gemaakt, zodat alle agressieve energie die op je afkomt er gewoon langs afglijdt. Word roze en groen.

Zeg tegen jezelf te luisteren naar de kern van waarheid in de overdreven beschuldigingen. De overdrijvingen drukken in werkelijkheid de angst van de ander uit en zeggen niets over jouw 'slechtheid' of wat je deed of naliet, zelfs ondanks het feit dat de woorden van die ander dit zeggen. Ga geen enkel punt betwisten. Wees gewoon aanwezig en luister naar de woordenstroom, en laat de negatieve energie in de aarde glijden wanneer die jouw Teflon-aura bereikt. Onthoud dat deze mensen, in zelfhaat en in de ontkenning daarvan, doodsbang zijn van verraad. Laat ze stoom afblazen tot ze klaar zijn. Doe en zeg dingen die hun laten weten dat je hen niet zult verraden. Praat bijvoorbeeld over hoe goed ze zijn, hoezeer jij hen vertrouwt, en hoezeer jij het op prijs stelt bij hen te zijn en dat je dat wilt blijven doen. Vraag hun je meer over de situatie te vertellen waarover ze praten. Laat hun weten dat je werkelijk geïnteresseerd bent de situatie en jouw aandeel erin te veranderen.

Vertraag vervolgens de trillingsfrequentie van je veld. Bij ruzie gaat die omhoog, wordt grof en getand. Doe dit door je te concentreren op de aarde en hoe goed die onder je voeten voelt terwijl ze je draagt en steunt. Of misschien zou je aan dingen willen denken die je kalm, zacht en zeker maken, zoals een wandeling die je onlangs gemaakt hebt door de natuur, je lievelingsmuziek, of iemand bij wie je je heel veilig voelt. Stel je voor dat die persoon vlak naast je staat. Het kan je gids zijn. Ga door je frequentie te verlagen en te versoepelen totdat die overeenkomt met de frequentie van de aarde, en houd die dan vast. Wees gewoon aanwezig en laat je vibraties contact maken met het psychopathische karakter via harmonische inductie. Verzacht je pulsaties tot een golfachtige beweging. Denk aan zachtjes schommelen in een bootje op een rustig meertje op een zonnige namiddag. Maar stop niet met luisteren, wees er voor hen, en zie hun prachtige wezenskern. Zoek daarnaar, herken die en geef die erkenning. Wanneer zij kalmeren en jij je veiliger voelt, laat dan de aardevibraties die jij maakt, meer en meer van je hartenergie gaan bevatten. Accepteer hen zoals ze nu zijn.

De resultaten van een positieve helende reactie

Als je in staat bent ten minste een deel van het werk hierboven te doen, zul je je vriend(in) geholpen hebben te ontdekken dat de woordentwist of de ruzie niet zo belangrijk is als de acceptatie van wie hij/zij is. Onder het onvermogen van deze persoon jou te herkennen ligt het onvermogen zichzelf te herkennen. Als jij er gewoon bent en hen herkent, hoeven zij niets anders meer te zijn.

Ze zullen voelen dat ze gehoord worden, zelfs hoewel jij het niet met hen eens bent. Ze nemen misschien aan dat je dat wel bent, maar dat doet niet ter zake. Ze hebben het nodig te voelen dat jij hen gehoord hebt. Dit zal hen de volgende keer veiliger doen voelen, en misschien is het dan niet meer zo belangrijk voor hen om op punten gelijk te krijgen. Hun goedheid zal er minder van afhangen of ze op een punt gelijk hebben, dan van jouw erkenning van wie ze werkelijk zijn, dat jij weet dat ze niet slecht zijn en dat jij evenmin slecht bent! Dit wordt bewezen doordat jij daar in liefdevolle acceptatie staat terwijl zij fulmineren. Aldus zullen ze een nieuwe ervaring krijgen – die van gemeenschap.

Als ze die eenmaal hebben gekregen, zullen ze de goddelijke essentie in jou kunnen gaan herkennen en vertrouwen. Wanneer ze dat gedaan hebben, zullen ze jou en de hogere wil van jullie relatie gaan vertrouwen. Dat betekent dat ze in staat zijn hun controle over jou te laten varen, wat tot dan toe hun enige manier was om zich veilig te voelen.

Dan kunnen ze hun levenstaak op het persoonlijke niveau gaan herkennen als een overgave aan de goedheid in zichzelf en anderen. Op het niveau van de wereld zal het waarschijnlijk iets zijn als werken voor een goede zaak, maar dat zal bereikt worden via werken als gelijke onder gelijken. Alleen door het goddelijke in anderen te herkennen, te vertrouwen en te helpen versterken kunnen zij van krijger koning worden. De koning of koningin is de dienaar van allen.

Dus de volgende maal dat je geliefde een ruzietje met je uitlokt, je verwijten maakt, en een opsomming geeft van hoe slecht jij wel bent, buig jij je knieën een beetje, maak je een Teflon-aura, en word je een tijdje een barbapappa of een smurf. Het zal niet lang duren. Dit is de beste manier voor iedereen om weer terug te keren naar de realiteit, wat een veel fijnere plek is om te zijn.

Hoe kun je jezelf uit een psychopathische verdediging halen?

Als je bemerkt dat je agressief achter iemand aanzit omdat je denkt dat die persoon jou verraden heeft, pauzeer dan een moment. Misschien is de situatie helemaal zo erg niet en heb je een beetje te heftig gereageerd. Probeer jouw menselijkheid te voelen alsook die van de ander. Buig je knieën lichtjes, haal diep adem, en richt je aandacht diep naar binnen. Ben je bang? Voel je je gekwetst en verraden? Is dit je eerder overkomen? Heel vaak? Is dit een herhaald patroon? Ben jij je goedheid aan het verdedigen? Zit je energie helemaal in de bovenkant van je lichaam? Als dat zo is, doe een stapje terug en voel je voeten op de aarde. Richt je aandacht naar de aarde. Maak je voeten heet. Voel de energie in je benen. Ga naar je centrum, naar je wezensster, en herhaal deze mantra: 'Ik ben veilig. Ik ben goedheid.'

Het verdedigingssysteem van het masochistische karakter

De hoofdkwestie van de masochistische verdediging
Onthoud dat de masochistische karakterverdediging van de bio-energetica niet dezelfde is als de Freudiaanse definitie van een masochist. De hoofdkwestie van een man of vrouw die de masochistische karakterverdediging hanteert, is die van een invasie en van overheerst worden. Zulke mensen hebben waarschijnlijk veel levens meegemaakt waarin ze in situaties overheerst en opgesloten werden en hun niet werd toegestaan zich te uiten of zich te doen gelden op de manier die ze wilden. In vorige levens hebben ze misschien te lijden gehad van gevangenschap, slavernij of een sterke politieke of religieuze overheersing door anderen. Jezelf uiten of doen gelden buiten de geaccepteerde 'norm' was gevaarlijk. Ze moesten zich wel onderwerpen.

Als gevolg daarvan hunkeren ze diep van binnen naar vrijheid, maar ze zijn bang die op te eisen. Ze weten niet hoe ze vrij moeten worden. Ze zijn bijzonder kwaad dat ze geen vrijheid hebben, en ze nemen anderen hun gebrek aan autonomie kwalijk, en zo blijven ze opgesloten in afhankelijkheid. Ze hebben er geen idee van hoe ze hieruit kunnen komen.

De gezinnen waarin ze kiezen geboren te worden, worden hun volgende gevangenis en hun ouders hun volgende overmeesteraars. Hun moeder was dominerend en opofferend. Hun werd geen persoonlijke eigen ruimte toegestaan, zelfs hun eigen lichaam was niet van hen. Ze werden onder controle gehouden, wat heel ver ging, zelfs in eten en stoelgang. Voor iedere vrije uiting van zichzelf werd hun een schuldgevoel bezorgd. Ze werden vernederd voor gevoelens, vooral voor hun seksualiteit. Ze kregen niet de gelegenheid zich tot individu te ontwikkelen.

Hun ouders hanteerden bioplasmalinten om hen in hun energie te overspoelen of hen vast te haken en te controleren. De ouders gebruikten ook de koorden die de verbinding leggen tussen de derde chakra's om de kinderen onder controle te houden. Tegelijkertijd hielden de ouders veel van hen en legden ze loyale, liefdevolle koorden aan tussen de vierde chakra's.

Een van de ouders of beide ouders behandelde(n) deze kinderen alsof ze deel van henzelf waren. Alles wat de kinderen aanging werd gecontroleerd, evenals alles wat uit hen naar buiten kwam, inclusief de gedachten, ideeën en scheppingen van de kinderen. De ouders doorkruisten hun creatieve proces. Iedere keer wanneer ze iets creëerden, zoals een tekening of schilderij, namen de ouders onmiddellijk die schepping af en eisten die op als iets van henzelf – van de ouders – met uitroepen als: 'O, kijk toch eens wat *mijn* kind gemaakt heeft! Het is een tekening van een ——.' De ouders beschreven en definieerden dan het gecreëerde voorwerp in plaats van het gewoon te laten voor wat het was, of het kind het te laten omschrijven.

Onthoud dat het spirituele doel van wat we scheppen is: naar onszelf terugspiegelen wie we zijn en ons helpen onze essentie te herkennen. De ouders van deze kinderen doorkruisen de stap in het creatieve proces waarin het geschapen voorwerp zelferkenning terugspiegelt naar zijn schepper. Voor deze kinderen ook maar de kans hadden dat te doen, gristen de ouders het voorwerp weg en definieerden het volgens hun eigen maatstaven. Anders gezegd: de ouders plakten hun eigen gezicht op het kunstwerk door het te omschrijven. Dus, wanneer de kinderen die het voorwerp geschapen hadden in de weerspiegeling ervan keken, zagen ze de essentie van hun ouders erin en niet hun eigen essentie. In feite stalen de ouders de essentie van hun kinderen, en nu kunnen de kinderen niet meer het verschil voelen tussen de essentie van hun ouders en zichzelf. Een andere simpele manier waarop deze diefstal plaatsvond, waren de momenten waarop een ouder de zinnen van de kinderen afmaakte.

De defensieve actie die het masochistische karakter tegen angst onderneemt
De defensieve actie van de masochistische karakters, als gevolg van hun angst dat ze overheerst en vernederd worden en dat hun essentie hun ontstolen wordt, is dat ze zich diep in hun lichaam terugtrekken en een massief fysiek fort bouwen om de overheersende binnendringers buiten te houden. Ze brengen niet naar buiten wat in hen leeft. Dat zal hun per slot van rekening alleen maar ontstolen worden, of het zal worden gebruikt om hen te vernederen, dus houden ze het binnen. Aangezien er niets naar buiten gaat, worden hun velden heel erg opgeladen en groot. Echter, omdat ze psychisch zo overrompeld waren, kregen hun auragrenzen niet de kans zich te ontwikkelen en te worden vastgelegd. De diffuse ongestructureerde niveaus werden hoger geladen en meer ontwikkeld dan de gestructureerde niveaus die sterke grenzen scheppen. Hun auraveld is dus bijzonder poreus. Ongelukkigerwijs geeft deze combinatie van een groot sterk lichaam en een groot poreus veld de indruk dat het masochistische karakter goed beschermd is. Dat is niet het geval. Psychische energieën gaan er recht naar binnen en kunnen erg sterk gevoeld worden, dus moeten ze zich zelfs nog dieper in hun innerlijk terugtrekken. Op zeker moment in hun proces van volwassenwording zullen deze mensen ook proberen de derde chakrakoorden uit te trekken waarmee hun ouders de baas over hen spelen. Meestal doen mensen met een masochistische verdediging dit door de koorden naar binnen te trekken en ze binnen in de derde chakra als een kluwen te verstrengelen.

Mensen met een masochistische verdediging missen autonomie en zijn bang iets op eigen gezag te ondernemen. Ze blijven ofwel diep in zichzelf verborgen of ze proberen van anderen toestemming te krijgen naar buiten te komen. Om die toestemming te krijgen sturen ze bioplasmalinten uit of proberen ze derde chakrakoorden te verbinden aan de solar plexus van hun vrienden, teneinde zo op een of andere manier hun vrienden te betrekken bij hun naar buiten treden. Zulke mensen doen uitspraken als: '*Jij en ik* hebben iets te bespreken', in plaats van gewoon te zeggen: 'Ik heb iets dat ik met jou bespreken moet.' Of als je met zulke mensen in een therapiegroep zit, zullen ze nooit vrijwillig in hun eentje in de groep aan het werk willen, maar altijd met iemand anders samen. Afbeelding 15-23 toont de masochistische verdediging.

De negatieve effecten van de masochistische defensieve actie
Het gevolg van deze defensieve acties is dat de fysieke wereld als een gevangenis aanvoelt, waarin autonomie verboden is. Het passieve gedrag van deze mensen, waarbij ze steeds andere mensen proberen te betrekken, geeft hun voortdurend de ervaring terug dat ze onder controle staan.

Aangezien ze binnenhouden wat in hen leeft, lijkt het alsof de tijd stilstaat. Ze leven in het nu, met maar erg weinig toekomst. Ze leren nooit zichzelf werkelijk te uiten en hun scheppingen raken ergens binnen in hen verstopt. Hun onvermogen zichzelf te uiten brengt hen in situaties waarin andere mensen hen wel even zullen helpen hun zinnen af te maken, daarmee hun ontwikkeling en het onder woorden brengen van hun ideeën belemmerend.

Dit probleem is makkelijk op te merken in een groep met masochistische karakters. Wanneer het hun beurt is om over ideeën te praten, kunnen ze alleen haperend stukjes van ideeën naar buiten brengen, meestal in gedeeltelijke zinnen. Dan valt er een pauze. In deze pauze gaan ze terug naar binnen om de rest van het idee dat ze onder woorden wilden brengen naar buiten te halen. Deze pauze vindt midden in het creatieve proces plaats, precies de plek waar hun ouders hun idee grepen en het vastlegden. Meestal, wanneer er een stilte valt in een groep, kunnen een paar mensen in de groep die stilte niet verdragen en springen erin om te helpen. Dit verbreekt het creatieve proces van de masochistische karakters; zij trekken zich nog dieper van binnen terug en daarna zal het langer duren voordat ze weer naar buiten komen met iets meer van hun idee. Wederom zal iemand het gat vullen en zullen zij zich nog dieper van binnen terugtrekken en meer verward raken. Spoedig zal een samenraapsel van ieders ideeën besproken worden en heeft niemand werkelijk geluisterd naar wat zij te vertellen hadden. In dit hele pijnlijke proces voelen zij zich weer eens een keer overheerst.

Ongelukkigerwijs vergeten zij, na verloop van lange tijd, wat er in hen leeft omdat het zo lang is vastgehouden. Ze creëren een grote innerlijke wereld met onheldere, ongedifferentieerde ideeën en fantasieën. Die kunnen alleen helder gemaakt worden door ze naar buiten te brengen. Maar aangezien dat proces doorkruist was, weten zij niet hoe ze dingen naar buiten moeten brengen, hoe ze moeten scheppen. Dus blijven ze opgesloten in een gevangenis van het zelf, alleen en vernederd, boos op de wereld die hen daar houdt. Zelfs als ze een scherpe haak naar iemand werpen om een gevecht uit te lokken waarbij ze hun woede eruit kunnen gooien, werkt dat niet echt. De provocatie is nog steeds een vorm van toestemming vragen, en daarom uiten ze uiteindelijk nog steeds geen autonomie.

Hoe kom je erachter wanneer mensen een masochistische verdediging gebruiken?
Let erop of ze ideeën naar voren kunnen brengen zonder grote lange pauzes. Let erop of ze onbewust proberen jou hun ideeën te laten definiëren. Geven ze jou duw- en treksignalen, waarbij ze proberen jou erbij te betrekken maar tegelijk zeggen dat ze je erbuiten proberen te houden? Zeggen ze dat het 'ons' probleem is, niet 'mijn' probleem? Vertoont de manier waarop ze praten en met je omgaan een onvermogen het verschil te zien tussen henzelf en jou? Hoe voelt jouw solar plexus (zonnevlecht)? Voelt die aan alsof iemand jou daar beetpakt en zichzelf in je darmen verstrengelt? Merk op dat het gesprek zwaar is. Het is serieus. Het is heel serieus! Merk op of er een gevoel van matheid en vernedering in de lucht hangt, een gevoel dat jij de baas bent over de ander en dat hij/zij niets zonder jou kan beginnen. Ze willen jouw advies. Ze kunnen zonder jou geen stap verzetten, maar al je raad is verkeerd en zal niet helpen. Masochistische karakters zullen alles verwerpen wat je te berde brengt, terwijl orale karakters al het advies dat je geeft graag inzuigen en om meer vragen.

De menselijke en spirituele behoeften van mensen met een masochistische verdediging
Onthoud dat onder al dit porren en poken naar jou, wat een gemis aan autonomie verraadt, het verlangen ligt om op eigen benen te staan. Masochistische karakters dienen voor zichzelf uit te komen als individuele mensen die vrij zijn hun leven in te richten op de manier die zijzelf willen. Ze dienen aanspraak te maken op wie ze zijn en dat tot uitdrukking te brengen. Ze dienen zichzelf toestemming te geven al hun gevoelens te hebben en te uiten, en dan dienen ze te leren hoe ze dat kunnen doen. Ze hebben heel wat ruimte en een veilige privé-plek nodig waar ze naar buiten kunnen brengen wie ze zijn, en waar ze terug kunnen kijken naar zichzelf in de het-zelf-weerspiegelende spiegel van de fysieke wereld. (In hoofdstuk 14 heb ik tamelijk uitgebreid gesproken over de fysieke wereld die zich als spiegel gedraagt waarin we onszelf weerspiegeld zien. Daar heb ik de fysieke wereld beschreven als een materiële spiegel die aspecten van het zelf weerspiegelt.) Deze mensen hebben het nodig al hun

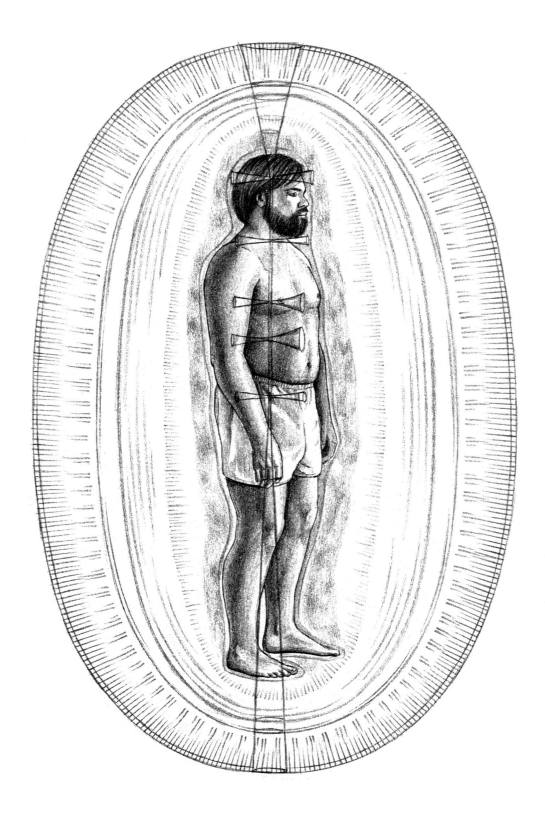

Afbeelding 15-23 *De auraverdediging van het masochistische karakter*

onopgehelderde ideeën naar buiten te brengen en ze in heldere, praktische concepten te formuleren die in hun persoonlijk leven toegepast kunnen worden. Op spiritueel niveau dienen zij hun wezenskern te herkennen als die van henzelf en aanspraak te maken op de geïndividualiseerde God van binnen.

Wat is jouw negatieve reactie op de masochistische verdediging?
Laten we nu eens gaan onderzoeken wat jouw negatieve reactie kan zijn, wanneer een man of vrouw zich op deze manier verdedigt. Wederom zullen we de verschillende hoofdreacties van mensen op karakterverdedigingen beschrijven aan de hand van de vijf vormen van energiestromen: duwen, trekken, stoppen, toelaten en terugtrekken.

Wat doe jij wanneer je omgaat met mensen die zich diep in zichzelf terugtrekken en tegelijkertijd naar jou grijpen door je te provoceren en die je daarna wegduwen? Doen ze je nu eens terugdeinzen, maken ze je dan weer verwijten en beschrijven ze vervolgens hoe jij je voelt, alsof zij het zelf voelden? Word jij boos en stoot je scherpe, afwijzende energie naar hen? Als je dat doet, zullen zij nog banger van je worden en nog meer doen wat ze al aan het doen zijn. Het zal een volgende maal moeilijker zijn hen te bereiken, omdat ze automatisch dieper naar binnen gaan nog voor jij het gesprek op gang kunt brengen. Afbeelding 15-24 laat zien wat er in je veld kan gebeuren wanneer jij boos wordt en gaat duwen, en wat het masochistische karakter in reactie op je woede doet.

Reageer jij, wanneer deze mensen zich diep in zichzelf terugtrekken, met je in de steek gelaten te voelen, waarbij je bij hen naar binnen reikt om hen te grijpen en naar buiten te trekken? Dat is nou precies wat hun ouders deden! Als je dit doet, zullen ze verder in hun schulp kruipen. Het zal hen nog meer tijd kosten om naar buiten te komen. Wat zul je dan doen? Nog harder trekken? Afbeelding 15-25 laat zien wat je doet wanneer je grijpt en trekt, en wat zij als reactie daarop doen.

Schiet je in een stopreactie en stop jij je energiestroom? Wanneer je in een stopreactie gaat, zink je dan ook ver weg diep in jezelf? Nu zijn zij ergens ver weg in zichzelf en ben jij ergens ver weg in jezelf. Proberen jullie soms over enorme afstand te communiceren? Missen jullie elkaar wanneer je dit doet? Of blijf je aanwezig terwijl je in je stopreactie zit en wacht je gewoon – misschien met de ongeduldige eis dat ze opschieten en naar buiten komen? Dat zullen ze niet doen. Kijk eens naar de resultaten hiervan in afbeelding 15-26.

Schiet je in een ontkenning en toelating? Laat je gewoon maar gebeuren wat er gebeurt, ga je erover in ontkenning, en zet je het gesprek voort alsof er niet met je is gesold? Hoe voel je je wanneer dit gebeurt? Vermoeid? Hulpeloos? Verward? Zwaar? Heb je nu rust nodig omdat je geen poot meer verzetten kunt? Heb je je doel bereikt? Kijk eens naar afbeelding 15-27.

Of trek jij je terug uit je lichaam, zodat jij daar ergens ver weg bent en zij hier ergens diep van binnen zitten en er niemand communiceert? Afbeelding 15-28 toont de een eruit en de ander erin – ze bereiken elkaar niet.

Hoe je op een positieve helende manier kunt reageren op de masochistische verdediging
Afbeelding 15-29 (in het kleurenkatern) laat zien hoe je met je energieveld zou kunnen reageren om mensen die de masochistische verdediging van in hun schulp kruipen hanteren, zich veilig te laten voelen zodat ze terugkeren naar de communicatie. Het eerste dat je je herinneren moet is dat zelfs alhoewel ze onbewust proberen jou uit te lokken bij hen binnen te dringen, zodat ze deze jeugdinvasie te boven kunnen komen en uiteindelijk winnen, dit toch niet werkt. Het eerste dat je dus doen moet, is niet met hen meegaan in hun onbewuste en ondoelmatige plan. Als het namelijk wel zou werken, zouden ze met dit probleem al lang geleden afgerekend hebben, omdat ik er zeker van ben dat ze er vele malen in geslaagd zijn mensen zover te krijgen dat ze bij hen binnendrongen.

Deze mensen hebben steeds een invasie beleefd en jij wilt niet hun jeugdsituatie opnieuw in het leven roepen. Integendeel, je moet dus erg oppassen niet bij hen met bio-energielinten of derde chakrakoorden binnen te dringen. Maak geen enkel bioplasmalint. Ga niet voor hen staan en zend niet één derde chakrakoord naar hun derde chakra. En laat hen je solar plexus niet binnenkomen met hun derde chakrakoorden. Stel je – om dit te voorkomen – een stevige kap voor over je derde chakra. Leg als dat noodzakelijk is, je handen over je derde chakra om dit te helpen voorkomen. Dat is heel belangrijk. Als zij bioplasmakoorden uitzenden, beeld je dan in dat je aura van Teflon is gemaakt en laat hen vervolgens op de aarde neervallen.

Als je eenmaal de bioplasmalinten en koorden onder controle hebt, begin dan de vibratiefrequentie van je veld in de hand te houden. Ga naast hen staan en geef hun alle ruimte. Ga ver genoeg van hen weg staan om er zeker van te zijn dat de zevende niveaus van jullie auravelden zich niet vermengen. Als je dit niet kunt voelen, ga dan op ruim een meter afstand staan. Dit zou voldoende ruimte voor hen moeten zijn; als dat niet zo is, ga dan nog verder weg staan.

Breng de frequentie van je veld naar dezelfde frequentie als hun veld. Doe dit door je in te beelden dat jij hen wordt. Breid dan je auraveld lichtjes uit tot het net de buitenrand van het hunne raakt. Ze zullen dit kunnen voelen. Als ze iets dichterbij komen staan, weet je dat je een beetje te ver weg stond. Dat is prima, laat hen de afstand bepalen. Het zal heel aangenaam voelen voor hen, omdat het net hun veld is, maar apart en niet binnendringend. Dit zal hen op hun gemak stellen. Blijf

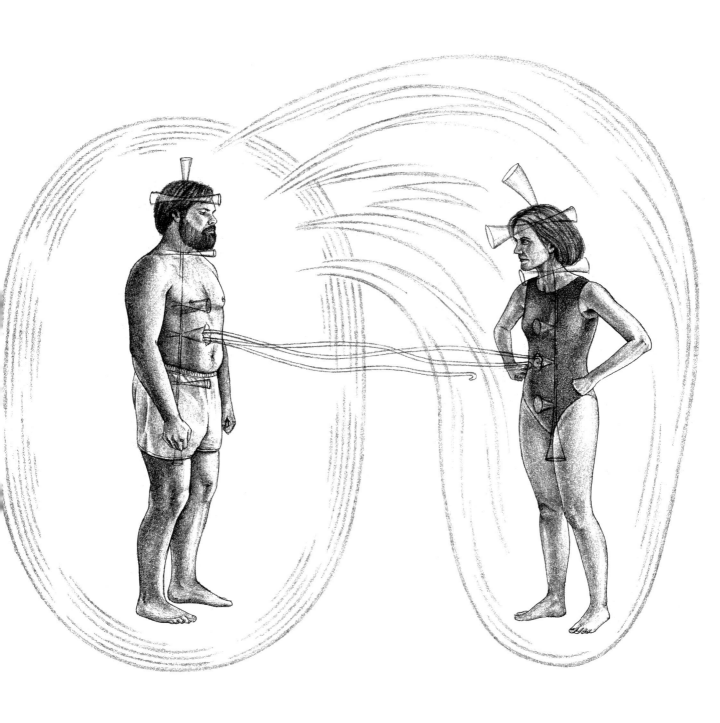

Afbeelding 15-24 *De masochistische verdediging en een duwreactie*

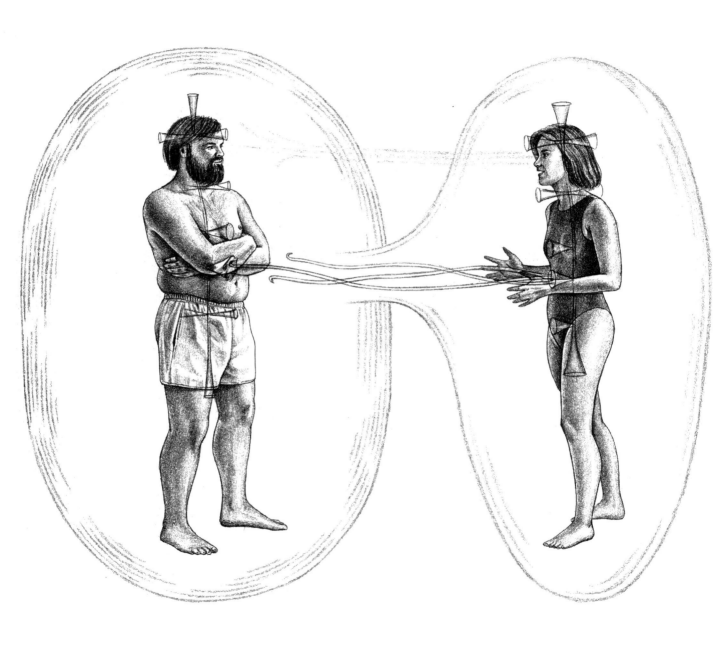

Afbeelding 15-25 *De masochistische verdediging en een trekreactie*

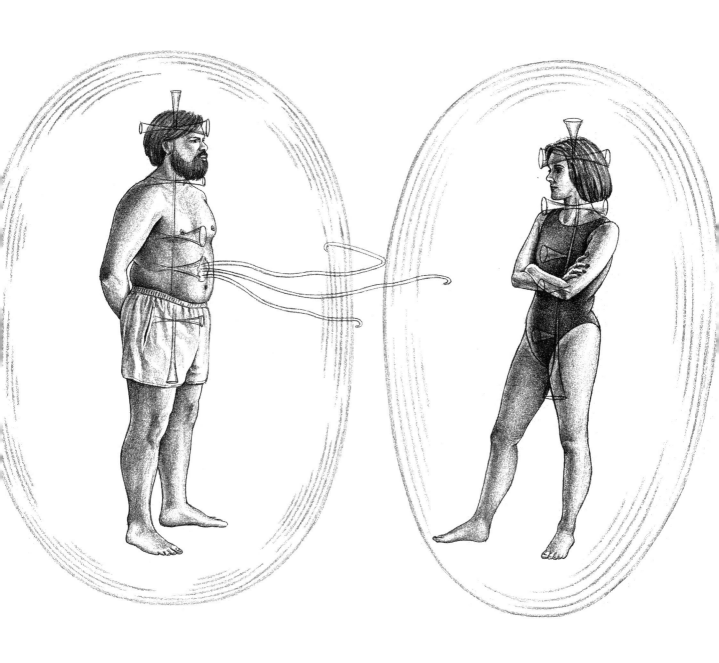

Afbeelding 15-26 *De masochistische verdediging en een stopreactie*

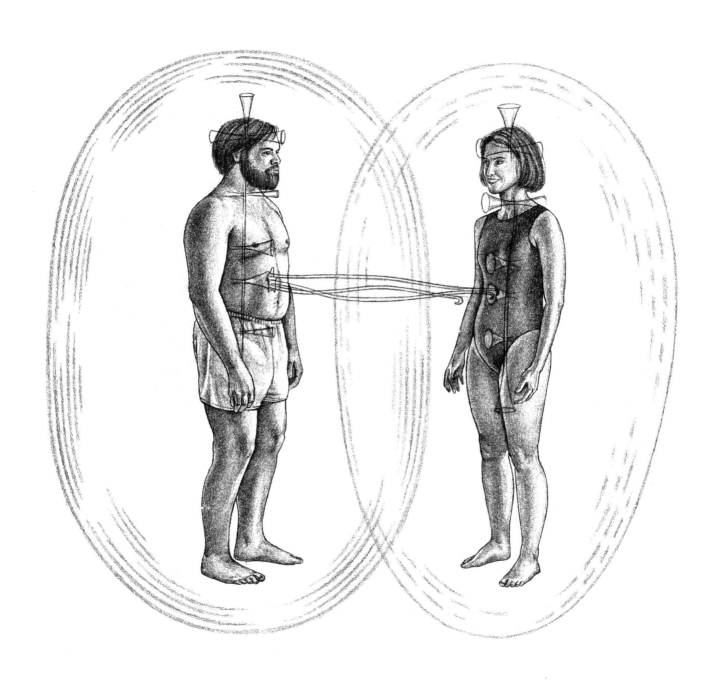

Afbeelding 15-27 *De masochistische verdediging en een reactie van ontkenning en toelating*

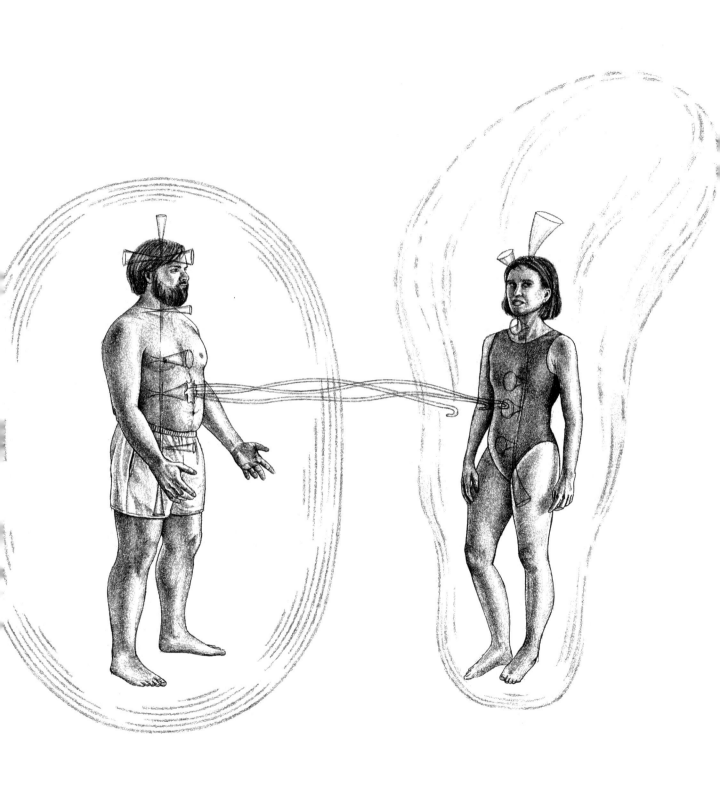

Afbeelding 15-28 *De masochistische verdediging en een terugtrekreactie*

gewoon passief en doe alleen dit. Dit zal hun de veiligheid bieden hetzelfde als jij te voelen, en dit geeft hun de ruimte om naar buiten te komen.

Sta daar, met gesynchroniseerde velden, en eer elkaars wezenskern. Voel tegelijkertijd je eigen essentie en laat die je veld vullen. Een van de dingen die in deze configuratie zou kunnen gebeuren, is dat wanneer jullie daar beiden als gelijken staan, de koorden vanuit jullie beider derde chakra kunnen gaan groeien en elkaar halverwege ontmoeten. Dit is ware gemeenschap, en jullie zullen beiden die verbinding zonder controle voelen. Doe dit niet opzettelijk, laat het gewoon automatisch gebeuren.

De resultaten van een positieve helende reactie
Als je in staat bent ten minste een deel van het bovenstaande werk uit te voeren, zul je jouw masochistische vriend(in) geholpen hebben te ontdekken dat de wereld niet een plek is waar mensen alleen maar onder de duim worden gehouden. Je zult hen geholpen hebben hun eigen essentie te ervaren en te ervaren hoe die verschilt van die van jou. Ze zullen zich gerespecteerd voelen. Je zult hun alle ruimte gegeven hebben zichzelf te uiten, zonder voor hen de gaten te vullen die ze nodig hebben om zichzelf of hun volgende idee te vinden. Op deze wijze zullen ze het creatieve proces leren kennen dat zich van binnen uit ontvouwt. Dan zullen ze zichzelf kunnen bevrijden om het leven te scheppen dat ze willen.

Dus de volgende keer dat je geliefde aan je duwt en trekt op zoek naar vrijheid, geef je hem of haar alle ruimte om die te vinden. Je zult het allergrootste geschenk geven: de thuisweg naar het ware zelf, de weg naar het aanspraak maken op wie ze werkelijk zijn en naar de essentie van hun wezenskern. Ze zullen vanuit het eeuwige veranderende nu naar de toekomst kunnen bewegen, gebaseerd op wat ze in het verleden hebben geleerd. Het nu zal ervaren worden als een voortdurend veranderend, zich ontvouwend moment. Alleen via relaties kan hun de kans gegeven worden hun kern en uniekheid te herkennen, omdat ze de kern van iemand anders nodig hebben waarmee ze die kunnen vergelijken!

Hoe kun je jezelf uit een masochistische verdediging halen?
Als je merkt dat je een masochistische verdediging hanteert, buig dan je knieën lichtjes en adem diep. Grond jezelf in de aarde en laat de energie vanuit de aarde omhoog komen door je tweede chakra heen. Laat de enorme energie waaraan je vasthoudt, beginnen te stromen in je veld door jezelf toe te staan je met alles om je heen verbonden te voelen. Leg je hand over je derde chakra om jezelf daar te beschermen. Als je je via de derde chakra aan iemand gehecht voelt, stel jezelf dan voor hoe je de koorden die vanuit jouw derde chakra naar die persoon uitgaan loshaalt, de andere persoon loslaat en in jezelf terugkeert. Laat deze koorden zich in je wezensster verbinden door te visualiseren en te voelen dat dit gebeurt. Dit zal je aandacht naar de essentie van je kern richten. Houd je aandacht daar, en wees bij jezelf terwijl je je concentreert op je eigen innerlijke kracht. Herhaal een van de volgende mantra's voor jezelf: 'Ik ben vrij, ik ben vrij', of: 'Ik regel mijn eigen leven.'

Je bent heel gecompliceerd, en je ideeën zijn gecompliceerd en hebben heel veel tijd nodig om uitgebroed te worden. Ze zullen stukje bij beetje naar buiten komen, zoals een puzzel in elkaar valt. Ik raad je sterk aan om een dagboek te gebruiken waarin je je ideeën noteert. Laat ze een voor een in hun eigen tempo naar buiten komen. Probeer ze niet meteen te begrijpen. Ze komen niet op een lineaire manier naar buiten – dat is niet de manier waarop jij functioneert. Ze zullen meer holografisch zijn. Het kan je zelfs twee jaar of meer kosten om het hele plaatje in elkaar te leggen. Laat in deze periode je dagboek aan niemand zien. Je hebt niemand nodig die je ideeën interpreteert voordat ze vaste vorm aangenomen hebben. Dat zal je alleen maar van je spoor afbrengen. Alleen wanneer je een goede kijk in de materiële spiegel van je dagboek hebt gehad, en je klaar bent en het hele plaatje hebt ervaren, zou je het met iemand kunnen delen. Geef jezelf de eer en het respect die je verdient.

Het verdedigingssysteem van het rigide karakter

De hoofdkwestie van de rigide verdediging
De hoofdkwestie van mensen met een rigide karakterverdediging is authenticiteit. Dit wordt veroorzaakt door de afgescheidenheid van hun wezenskern en een volkomen concentratie op het perfect in stand houden van hun verschijning in de uiterlijke wereld. Deze splitsing wordt zo sterk in stand gehouden dat ze geen flauw idee hebben dat er zoiets als een wezenskern bestaat. Mensen met rigide karakterverdedigingen hebben veel levens gehad waarin ze het beeld dat ze perfect waren, zonder feilen of zwakheden, hoog moesten houden om te kunnen overleven. Rigide karakters hadden toen misschien de leiding bij het besturen van zaken, zoals waarschijnlijk nu ook het geval is.

Tijdens het opgroeien was er heel veel ontkenning van hun innerlijke persoonlijke wereld aanwezig. Alle negatieve ervaringen werden zo snel mogelijk ontkend, en de aandacht werd meteen gericht op een positieve valse wereld. Wat er ook maar in het gezin gebeurd was, hetzij ruzies, ziekten, alcoholisme of persoonlijke tragedies, de volgende morgen was alles weer opgeruimd en netjes. Een perfecte maaltijd werd opgediend en het was hup naar school in perfect ogende kleren om uit te blinken. De heersende filosofie was je te concentreren op de goede dingen en het slechte te ontkennen. Dit ontkent de waarnemingen van de kinderen en ze gaan onbewust denken: 'Er is echt niets om me druk over te maken. Dat gevecht gisteravond is niet echt gebeurd. Mama heeft niet echt kanker. Het zal mijn verbeelding wel weer zijn!' De enige manier om zo te kunnen leven is het ware zelf ontkennen dat de negatieve gebeurtenissen op een persoonlijke manier ervaart. Aangezien het niet gebeurd is, is de persoon die het ervaren heeft niet echt, hij/zij verbeeldde zich het voorval alleen maar. Met andere woorden: voel het niet, het is niet echt.

Ouders doen dit op een manier die niet meteen over de grenzen van de kinderen heengaat, of die vernedering hanteert om hen onder controle te houden, zoals de ouders van masochistische kinderen doen. Hier staat de hele buitenwereld onder controle om aldus een illusie van perfectie te scheppen. De kinderen worden behandeld naar de makkelijke illusie van perfectie en hun wordt geleerd daarnaar te handelen. Hun wordt geleerd zich goed te kleden, hun tanden netjes te poetsen, hun huiswerk goed te doen, op tijd naar bed te gaan, een stevig ontbijt te nuttigen, enzovoort.

Wanneer we nu de wereld van het rigide karakter samenvatten: de uiterlijke wereld is perfect, de innerlijke psychische wereld wordt volkomen genegeerd, en de wezenskern bestaat niet. Onder het vernisje – of zullen we zeggen: de vergulde façade – van mensen met een rigide karakterverdediging ligt de vage verre angst dat er iets aan schort en dat het leven hun ontglipt. Maar ze zijn er niet zeker van. Per slot van rekening is dit misschien toch wel alles wat er bestaat.

De defensieve actie die het rigide karakter tegen angst onderneemt
Als resultaat van hun angst voor een persoonlijk zinloze en niet-vervullende wereld, krijgt de defensieve actie van rigide karakters de vorm zelfs nog perfecter te worden. Ze blinken uit in het werk, ze hebben een perfecte partner en een perfect gezin. Ze verdienen een mooie hoeveelheid geld. Ze kleden zich goed – alles past bij elkaar. Ze doen alles op een passende wijze. Hun fysieke lichaam ziet er uitgebalanceerd en gezond uit. Ze reguleren het auraveld erg goed – het is uitgebalanceerd en gezond. De meeste van hun chakra's functioneren goed. Ze leggen netjes en luchtig contact met andere mensen via hun chakrakoorden. Ze werpen maar zelden enige bioplasmalinten naar anderen.

Om perfect te kunnen zijn hebben ze van binnen twee heel ernstige splitsingen aangebracht. Ze houden alle uiterlijke effecten van emotionele reacties in de hand, zodat wat er in hen op psychisch niveau omgaat afgezonderd is van de buitenwereld. En ze zonderen hun diepere wezenskern van zichzelf af. In feite weten deze mensen niet dat hun wezenskern bestaat. Afbeelding 15-30 laat de rigide verdediging zien.

De negatieve effecten van de rigide defensieve actie
Deze defensieve acties maken het rigide karakter alleen nog maar minder authentiek en de wereld minder zinvol. Iedereen benijdt hen hun schijnbaar perfecte probleemloze leventje. Ze hebben niemand om naartoe te gaan voor hulp. Integendeel, anderen vertellen hun juist hun problemen. Het lijkt alsof zij alles aankunnen. Ze zullen heel wat dingen op hun schouders nemen, ze goed afhandelen en nooit instorten, maar ze krijgen nooit veel bevrediging door dit te doen, omdat het er nooit op lijkt dat zij degenen zijn die het gedaan hebben. Deze mensen lijken blanco te zijn.

Ze ervaren de tijd in een lineaire stroom voorwaarts om nooit meer ervaren te hoeven worden. Soms hebben ze misschien het gevoel in deze mars van de tijd hulpeloos opzij te worden geveegd. Of op andere momenten gaat de tijd gewoon voorbij, en neemt die heel het leven met zich mee. Psychisch, van binnen, voelen ze heel veel, maar dat raakt van buiten niet uitgedrukt. Hierom weten ze niet eens zeker of ze het wel voelen of niet.

Ze hebben absoluut geen benul van het bestaan van hun wezenskern. Of ze hebben er nooit van gehoord, of het is gewoon iemands rooskleurige fantasie. Ze kennen absoluut geen wegen om zonder de hulp van iemand anders hun eigen kern te bereiken, omdat die voor hen als kind nooit als werkelijkheid werd bevestigd. Ze kunnen zich zelfs niet voorstellen wat hun kern is. Het enige dat aan het leven van deze mensen ontbreekt, zijn zijzelf.

Als gevolg van het feit dat zij zichzelf niet als werkelijk ervaren, is het voor hen onmogelijk hun hart en hun seksualiteit met elkaar te integreren. Hun hart en hun seksualiteit functioneren niet op dezelfde tijd. Ze houden van een ideaal persoon die niet bestaat, dus houden ze er vluchtige seksuele relaties op na tot de perfecte persoon langskomt. Ze zijn geneigd tot verhoudingen die slechts de beginfase van eros duren. Dan komen de onvolmaaktheden van de partner aan het licht – zij is niet zijn ideaal, hij is niet haar ideaal – en dat is dan het eind van het lied. Of ze schieten in een ander soort ontkenning en begint de relatie op de buitenkant georiënteerd te raken. Wat er feitelijk gebeurt, is dat ze niet in staat zijn een diepe persoonlijke relatie vol te houden, omdat ze niet uit de essentie van hun wezenskern kunnen putten. Ze hebben een nieuwe uiterlijke afleiding nodig.

Hoe kom je erachter wanneer mensen een rigide verdediging gebruiken?
De beste manier om erachter te komen of mensen een rigide verdediging hanteren is om hun authenticiteit te onderzoeken. Is de persoon met wie je praat op een persoonlijke manier betrokken bij wat er gaande is? Of zijn ze automatisch heel ergens anders met hun gedachten en niet bij het gesprek? Kan deze persoon alles aan en bekruipt je toch het gevoel dat de werkelijke persoon er niet is? Behoren ze tot het soort mensen bij wie nooit ofte nimmer iets verkeerd gaat? Of kunnen ze alle problemen op een perfecte en juiste wijze oplossen? Is alles perfect redelijk en in orde maar kun je hen niet echt bereiken?

Afbeelding 15-30 *De auraverdediging van het rigide karakter*

Geloof je dat wat ze laten zien het hele plaatje is? Als deze authenticiteit ontbreekt, communiceer je waarschijnlijk met iemand met een rigide karakterverdediging.

De menselijke en spirituele behoeften van mensen met een rigide verdediging
De menselijke behoefte van mensen die de rigide karakterverdediging hanteren, is: liever echt dan juist te zijn. Ze hebben het nodig uit de ontkenning te stappen en hun innerlijke gevoelens naar buiten te brengen. Ze dienen te stoppen zichzelf in de hand te houden om perfect te zijn en hebben het nodig zichzelf in de angst te laten verzinken die ónder hun perfectie ligt, zodat ze die kunnen helen. Ze zijn bang dat ze niet echt zijn, ze weten niet wie ze zijn en behoeven uit te zoeken wie ze werkelijk zijn. Ze dienen de tijd te ervaren in het moment van nu, in plaats van alleen maar als lineaire tijd. Op spiritueel niveau behoeven zij hun wezenskern te ervaren, waarvan ze niet weten dat die bestaat. De enige manier waarop ze enige van hun menselijke behoeften kunnen vervullen, is door hun wezenskern te ervaren. Als ze dit eenmaal doen, kan alles samenkomen.

Wat is jouw negatieve reactie op de rigide verdediging?
Laten we nu eens onderzoeken wat jouw negatieve reactie zou kunnen zijn wanneer iemand zich op deze manier verdedigt. Wederom zullen we daarvoor de verschillende hoofdreacties van mensen op karakterverdedigingen gebruiken, uitgedrukt in termen van de vijf energiestromen: duwen, trekken, stoppen, toelaten en terugtrekken.

Wat doe je wanneer je met iemand omgaat die zich niet authentiek gedraagt? Word je boos omdat ze niet werkelijk aanwezig zijn en stoot je meer energie naar hen toe? Als je dat doet, zullen ze nog banger van je worden en nog perfecter worden. Ze willen misschien zelfs weten wat jouw probleem is zodat ze je ermee kunnen helpen. Dit is een mooie manier om angst te negeren. Als het werkt en jij over jouw probleem praat, zal het moeilijker worden hen de volgende keer te bereiken, omdat ze klaar staan het gesprek naar jou toe om te buigen. Afbeelding 15-31 laat zien wat er in je veld kan gebeuren wanneer je boos wordt en gaat duwen, en wat zij in reactie op jouw woede doen.

Reageer je door je afgewezen te voelen en grijp je naar deze persoon? Ga je zitten trekken? Als je dat doet, zullen zij de twee innerlijke muren nog steviger bouwen, zich verder terugtrekken en zelfs nog efficiënter en redelijker worden. Wat zul je dan doen? Nog harder gaan trekken en verward raken omdat ze het negeren? Afbeelding 15-32 laat zien wat je doet wanneer je grijpt en trekt en wat zij in reactie daarop doen.

Schiet je in een stopreactie en stop je je energiestroom? Wanneer je in een stopreactie schiet, verzink je dan diep in jezelf ver weg van de onechtheid van het gesprek? Zet je hun geluid uit en doe je alsof je naar hen luistert terwijl je ondertussen aan iets anders denkt? Dus zij zijn daar ergens ver naar binnen en jij bent hier ergens ver naar binnen. Missen jullie elkaar zodoende? Of blijf je aanwezig terwijl je in de stopreactie zit en wacht je gewoon af? Dus nu zijn beide mensen onecht. Kijk eens naar de resultaten hiervan in afbeelding 15-33.

Schiet je in ontkenning en toelating? Laat je gewoon gebeuren wat er gebeurt, ga je erover in de ontkenning, zet je het gesprek voort alsof het werkelijk plaatsvindt en verdoe je je tijd? Bereik je zo je doel? Heb je contact met je vriend(in)? Leer je hem/haar beter kennen? Treedt er samensmelting op? Ik betwijfel het. Kijk maar naar afbeelding 15-34.

Of trek jij je terug, zodat een niet-authentiek iemand perfect redelijk is naar iemand die niet aan het communiceren is? Afbeelding 15-35 laat dit zien.

Hoe je op een positieve helende manier kunt reageren op de rigide verdediging
Afbeelding 15-36 (in het kleurenkatern) laat zien hoe je mensen met een rigide verdediging kunt helpen de realiteit van hun eigen wezenskern te voelen. Deze reactie is het allermoeilijkst omdat het van jou heel wat vermogen vraagt je eigen essentie en die van hen te ervaren. Maar ik weet zeker dat je het met wat oefening leren kunt.

Het eerste dat je in gedachten kunt houden is dat aangezien een rigide karakterverdediging een sterk uitgebalanceerd auraveld heeft met de grenzen goed op hun plaats, jij je geen zorgen over grenzen hoeft te maken. Ga dus dicht bij hen staan. Er is een goede kans op dat zij het prettiger vinden dichtbij te staan dan jij dat vindt. Je hoeft je ook geen zorgen te maken over het in bedwang houden van je bioplasmalinten of de trillingsfrequentie van je veld. Maar in een toestand van liefdevolle vriendelijkheid en acceptatie bij hen staan helpt een heleboel. Wat je wel moet leren is hoe jij de essentie van je eigen wezenskern kunt voelen en hoe je hiermee je hele auraveld kunt vullen. In hoofdstuk 17 staan speciale oefeningen over de wezenskern die je leren, hoe je jouw wezenskern omhoog kunt brengen in je auraveld. Volg die alsjeblieft om te leren hoe je dat kunt doen.

Heb je dat eenmaal gedaan, voel dan hun essentie tegelijk met die van jou. Concentreer hiertoe je aandacht op hun wezensster, die drie tot vier centimeter boven de navel is gelegen op de middellijn van het fysieke lichaam. Wanneer jij je bewuste gewaarwording daarheen brengt, zul je in staat zijn hun essentie te ervaren. Als je eenmaal weet hoe die aanvoelt, leg dan je handen op de bovenkant van hun borstkas en voel hun essentie daar. De enige manier waarop je de essentie van een ander voelen kunt is via die van jou, dat doe je dus automatisch. Houd je essentie precies aan de grens van die van de ander om die te voelen. Beschrijf nu wat je voelt, terwijl je je hand op hun borst houdt. Moedig hen aan het verschil te voelen tussen hun essentie en die van jou. Dit is

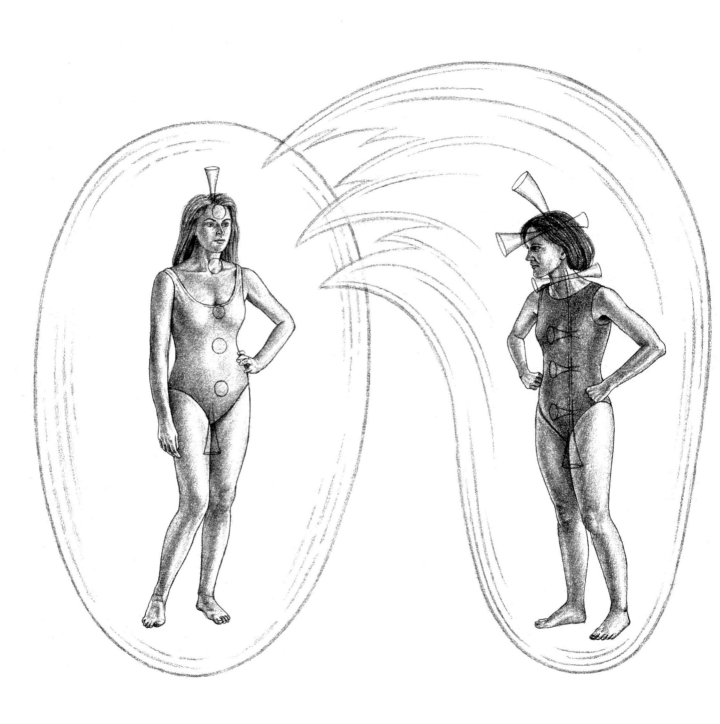

Afbeelding 15-31 *De rigide verdediging en een duwreactie*

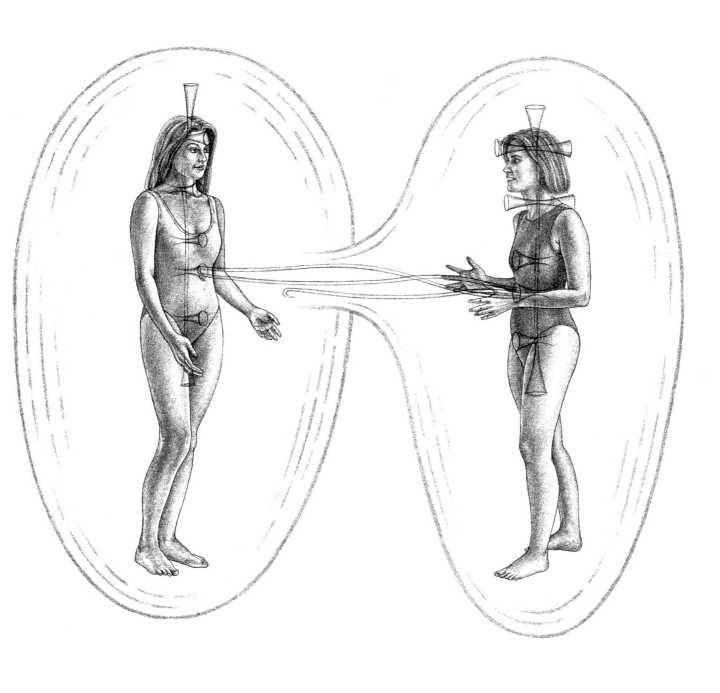

Afbeelding 15-32 *De rigide verdediging en een trekreactie*

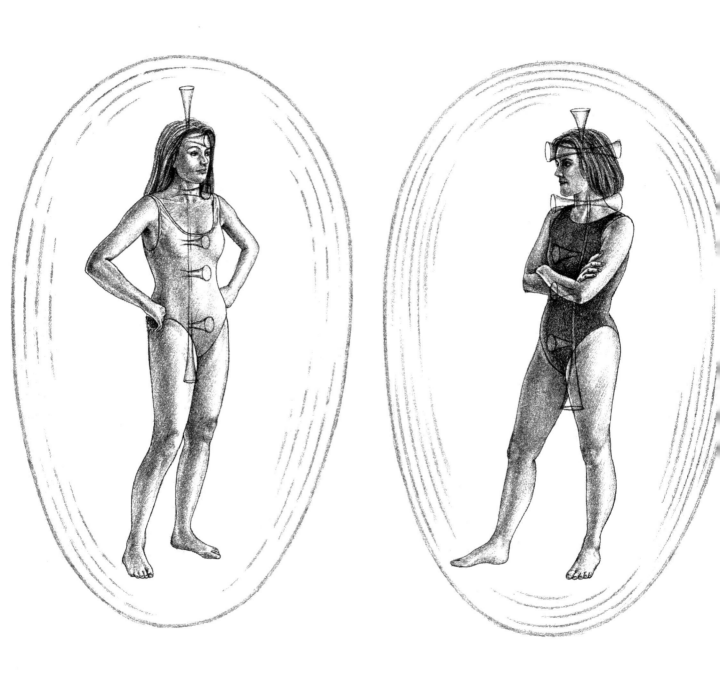

Afbeelding 15-33 *De rigide verdediging en een stopreactie*

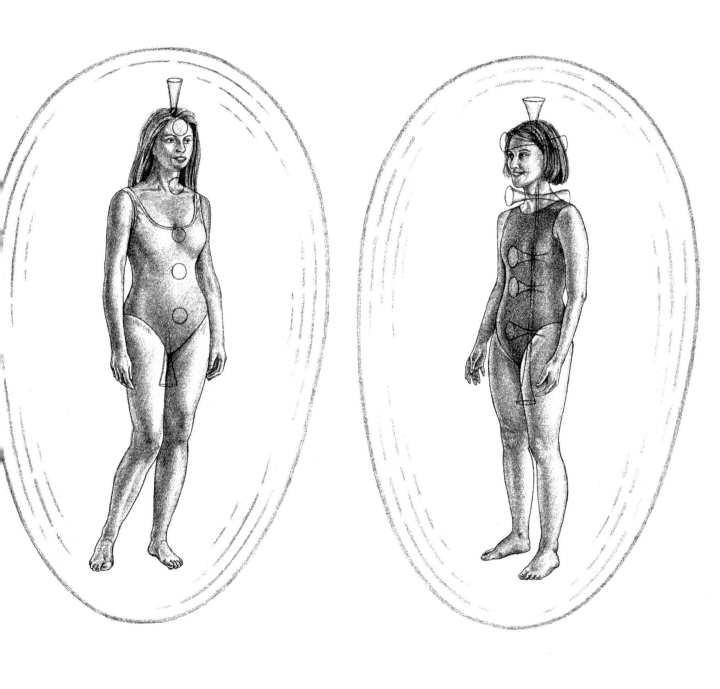

Afbeelding 15-34 *De rigide verdediging en een reactie van ontkenning en toelating*

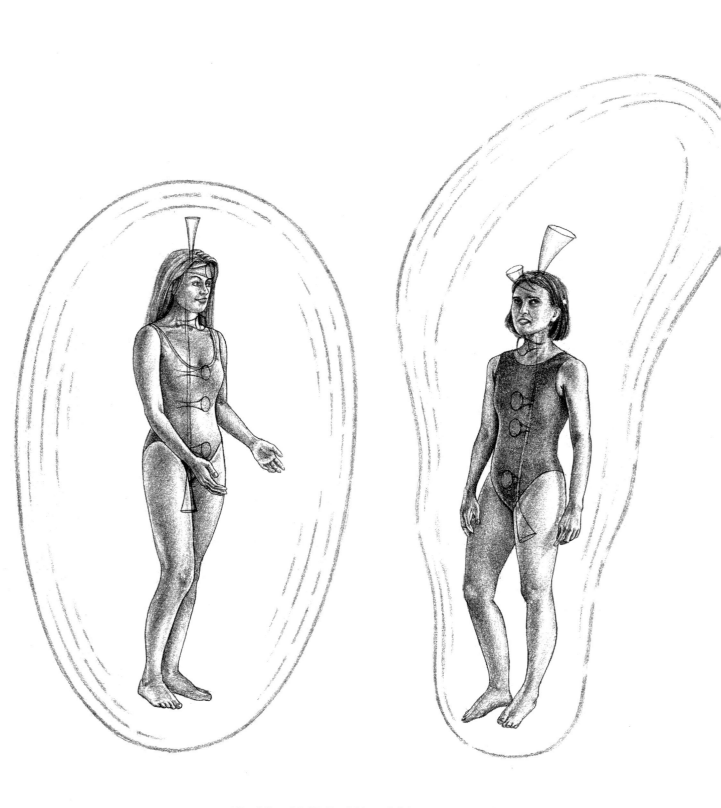

Afbeelding 15-35 *De rigide verdediging en een terugtrekreactie*

uiterst subtiel, delicaat werk. Het zal een hoop geduld vragen om daar aanwezig te zijn. Als jij je terugtrekt, zijn zij ook verdwenen. Onthoud dat dit heel belangrijk voor hen is. Neem er dus alsjeblieft de tijd voor.

De resultaten van een positieve helende reactie
Als je in staat bent ten minste een deel te doen van wat hierboven staat, zul je je vriend(in) al enorm geholpen hebben om zijn/haar wezenskern te vinden, misschien voor de eerste keer sinds hun heel vroege jeugd. Ze hebben nooit de ervaring gehad dat hun wezenskern bevestigd werd. Ze hebben geen kader waarin ze hun kern kunnen ervaren omdat die, voor zover het hun opvoeding betrof, niet eens bestond. In feite houd jij de spiegel voor hen omhoog zodat ze hun individualiteit kunnen vinden. Ze kunnen hun individualiteit alleen vinden door hun essentie te ervaren.

Wanneer je dit doet, zal alles veranderen. Ze zullen uit de onverbiddelijke mars van de tijd kunnen stappen naar het moment van het heden dat alle tijd omvat. Ze zullen gevoelens naar buiten toe kunnen uiten, omdat ze nu weten wie het is die er voelt, en dat zal hen authentiek maken. Ze zullen in staat zijn tegelijkertijd juist en authentiek te zijn. Ze zullen hun seksualiteit en hun hart met elkaar kunnen verbinden via hun wezenskern omdat die in beide aanwezig is. Ze zullen een zelf hebben en weten wie ze zijn.

Wanneer je vriend(in) de volgende keer uit het gesprek verdwijnt en in perfectionisme schiet, is het in orde wanneer je op een negatieve manier reageert. Maar zodra je dit bemerkt, haal dan diep adem, buig je knieën en grond jezelf diep in de aarde. Voel je eigen wezenskern, en vul je veld ermee. Ga dichter bij hen staan, vraag toestemming hen aan te raken en beschrijf hun wat je doen wilt. Je zult hun een groot geschenk geven. Want het is alleen in het samengaan van aangeraakt worden en aanraken op het niveau van de wezenskern dat ze hun diepste doel op aarde zullen bereiken: de geïndividualiseerde God van binnen kennen.

Hoe kun je jezelf uit een rigide verdediging halen?
Als je jezelf mist in een gesprek dat je met iemand voert, stop dan, ga naar je centrum, en richt je aandacht op je wezensster, drie tot vier centimeter boven je navel op de middellijn van je lichaam. Blijf daar gewoon tot jij jezelf voelt. Breng dan heel delicaat dit zelf in het gesprek in. Herhaal de mantra: 'Ik ben echt. Ik ben echt. Ik ben licht.' Je zult van de resultaten versteld staan.

Aurawaarnemingen van een stel verwikkeld in een woordenstrijd en hoe zij dit energetisch oplossen

Een mooi voorbeeld van een echtpaar dat zich van een botsing tussen karakterverdedigingen beweegt naar een helende synchroniciteit, vond plaats op een avond toen ik een bevriend stel bezocht. Toen ik aankwam bleek dat ze al een paar dagen vastzaten in een bepaalde kwestie. Toen ze begonnen hun standpunten aan mij uiteen te zetten, nam ik waar hoe hun velden op elkaar reageerden. Hieronder staat wat er gebeurde.

De man die in een orale defensieve actie zat, klaagde dat hij meer intiem contact wenste en nodig had. De vrouw schoot in haar psychopathische verdediging en zei dat ze daar al meer dan genoeg van hadden. Ze begon heel subtiel zich te gedragen alsof het zijn probleem was, en probeerde hem ertoe te bewegen meer en meer uit te leggen. Ze luisterde terwijl hij uitleg probeerde te geven, maar tegelijkertijd trok ze zich energetisch van hem terug. Eerst trok ze haar veld terug; toen begon ze haar bioplasmalinten los te koppelen die hen bij hun harten en derde chakra's met elkaar verbonden.

Dit verwarde hem. Ze leek ernstig aan het luisteren te zijn, maar ze trok zich tegelijkertijd energetisch van hem terug, precies op het moment dat hij probeerde juist meer van haar energie te krijgen (zie afbeelding 15-37).

Terwijl de man doorging te proberen zijn situatie uit te leggen, verviel hij meer en meer in de orale verdediging. Hij raakte steeds verwarder en vertrouwde er steeds minder op dat waarover hij sprak werkelijkheid was. De vrouw voerde haar psychopathische verdediging op door haar hele veld van het zijne los te maken. Ze trok haar energie terug op haar rug en begon een agressief bioplasmalint over haar rug omhoog, over de top van haar hoofd en over zijn hoofd heen te sturen in een poging hem onder controle te houden, zijn werkelijkheid te negeren en toch verbonden te blijven met hem op de agressieve manier waarbij zij zich veilig voelde. Ze was zich hiervan helemaal niet bewust.

Haar auraveldreactie op de uitspraken van haar man toonde dat ze er bang van was en bang was voor zijn verlangen naar meer intimiteit. Ze gebruikte haar psychopathische verdedigende houding om het onder controle te houden door haar energie terug te trekken en toch er schijnbaar voor hem te zijn, zodat ze de angst niet hoefde te voelen. Als gevolg van haar energetische handelingen begon hij te betwijfelen of wat hij aan het zeggen was wel enige grond van waarheid in zich had. Hij dacht dat het probleem misschien niet echt was. Misschien was het allemaal alleen maar zijn zaak. Haar verdediging was: hem ervan te overtuigen dat de kwestie niet echt was, zodat zij er verder niet meer mee bezig hoefde te zijn. Onbewust ontkende ze haar eigen waarnemingen. Want ergens diep van binnen wist ze dat hij iets te zeggen had dat bijzonder reëel was, maar ze hield het buiten haar bewustzijn. Bewust wist ze niet beter of ze was alleen maar hulpvaardig en probeerde te begrijpen wat hij zei. Door haar energie aan de achterkant van haar lichaam in de wilchakra's te houden, gebruikte ze haar wil om er voor hem te zijn maar zonder zichzelf toe te staan gevoelens te hebben en kwetsbaar te zijn. Als ze haar energie toeliet naar de voorkant van haar lichaam te stromen, dan zou ze haar gevoelens en haar kwetsbaarheid voelen. Dit zou haar naar een grotere intimiteit voeren. Maar meer intimiteit zou voor haar betekenen: zichzelf overgeven aan diepere niveaus van zichzelf, en daarheen was ze nu juist bang te gaan.

Naarmate dit proces voortduurde, begon de man banger te worden. Hij haalde met een lange haak uit zijn derde chakra uit naar de hare, en begon te grijpen en te trekken aan haar energie om haar te laten stoppen zich van hem los te koppelen en hem te verlaten. Ze reageerde met nog meer geduw over haar hoofd heen en pogingen tot controle (zie afbeelding 15-38). Hoe meer ze beiden in hun verdediging raakten, des te verstoorder hun energievelden werden.

Hoe verstoorder het energieveld van iemand wordt, des te meer die persoon een negatief beeld van de werkelijkheid krijgt, des te minder hij/zij aanwezig is en des te minder in staat zich te verhouden tot wat er nu gebeurt. In het geval van mijn vrienden: hoe meer ze beiden in de verdediging zaten, des te pijnlijker de situatie werd. Minder en minder van ieders ware persoon en meer en meer alleen hun verdedigingen waren aanwezig.

Op dit punt aangekomen beschreef ik hun wat hun velden aan het doen waren om hen zich rotter te laten voelen. Beiden begonnen eraan te werken hun velden naar henzelf terug te halen, zich in hun eigen kern te concentreren en zich in de aarde te gronden. Ik las hun velden terwijl ze aan het werk waren en gidste hen naar hun respectievelijke centra. Toen ze weer in hun centrum zaten en gegrond waren, werkten ze beiden om hun haralijn te verbinden en te verstevigen. Daarna werkten ze samen alle niveaus van het veld door, maakten die schoon, brachten ze in harmonie en laadden ze op. Terwijl ik hun energievelden las en hen gidste, brachten ze de essentie van hun wezensster omhoog via het haraniveau en elk niveau van het veld. Tegen de tijd dat dit klaar was, waren de verdedigingen verdwenen, was elk veld samenhangend en was de kamer vervuld van de essentie van hen beiden.

Toen gebeurde het allermooiste dat ik ooit heb zien gebeuren tussen de velden van twee mensen. Ik zag alle grote bogen van gekleurd bioplasma dat tussen hen heen en weer stroomde, verdwijnen. Wat overbleef waren twee mensen met samenhangende velden, pulserend op hun eigen frequentie en synchroon met elkaar. Ze waren aan het versmelten zonder dat er een uitwisseling van energie plaatsvond. Er was absoluut geen afhankelijkheid. Er was alleen eenvoudige zelfexpressie, met acceptatie en erkenning van en vreugde voor elkaar. Deze prachtige dans van licht ging enige tijd zo door. Iedereen was in extase. Het wordt getoond in afbeelding 15-39 in het kleurenkatern.

Dit is de enige keer dat ik zoiets gezien heb. Ik geloof dat het een ongewone relatietoestand was, een waarnaar we allemaal hunkeren en streven, een die, misschien in de toekomst, de norm zal worden. We zullen het automatisch doen wanneer we leren te geloven in onszelf en in de kern van ons wezen, en tevens elkaar eren, respecteren en ons verheugen in onze verschillen.

Inleiding op Healing door middel van vergeving

Ik zou dit hoofdstuk willen beëindigen met een van de meest krachtige healingmeditaties die Heyoan ooit gegeven heeft. Het is de 'Healing door middel van vergeving'-meditatie. Deze meditatie voert je tot een diepe contemplatie, waarmee je in staat zult zijn de innerlijke wonden te helen die je bij je draagt van relaties uit het verleden. De allerbelangrijkste factor in het helen van oude wonden in relaties is vergeving.

Gewoonlijk zijn we ons er meer van bewust dat we iemand anders niet kunnen vergeven dan dat we onszelf niet kunnen vergeven. Het is ons allen bekend dat het een groot verschil maakt wanneer we iemand kunnen vergeven dat hij/zij ons pijn heeft gedaan. De meeste tijd herinneren we ons pijnlijke situaties vanuit het standpunt dat iemand anders ons kwetst, en we nemen het die ander kwalijk.

Ons verwijt zit aan de oppervlakte; dieper van binnen zit er meestal een zeurend schuldgevoel waaraan we niet toegeven. Menigmaal ervaart de ander de situatie niet zoals wij die ervaren en weet zelfs misschien niet eens dat we gekwetst zijn. Soms denkt de ander eigenlijk dat wij onze excuses zouden moeten aanbieden, zodat zij ons kunnen vergeven. In al deze situaties zijn we in dualiteit verstrikt. Vergeving tilt ons boven die dualiteit uit de liefde in.

In zijn meditatie 'Healing door middel van vergeving' geeft Heyoan ons een breed beeld van vergeving. Hij helpt ons het verwijt van 'hij/zij deed het me aan' te ontstijgen, met het bijbehorende diepere zeurende schuldgevoel, en leidt ons tot een eenheidsbegrip van waarom vergeving werkt.

Ik raad je aan, voordat je begint, een lijstje te maken van de mensen in je leven die je niet hebt kunnen vergeven. Doe daarna de onderstaande meditatie over vergeving. Het werkt heel prettig wanneer iemand anders het Heyoan-materiaal aan je voorleest, of bestel het bandje van dit gechannelde materiaal bij de Barbara Brennan School of Healing. Dan wel lees het zelf hardop voor en neem het op een bandje op. Op de band is het veel persoonlijker en zul je het makkelijker in je kunnen opnemen door eenvoudig op je rug op bed te liggen rusten met je ogen dicht.

Afbeelding 15-37 *Het auraveld van een paar in verdediging*

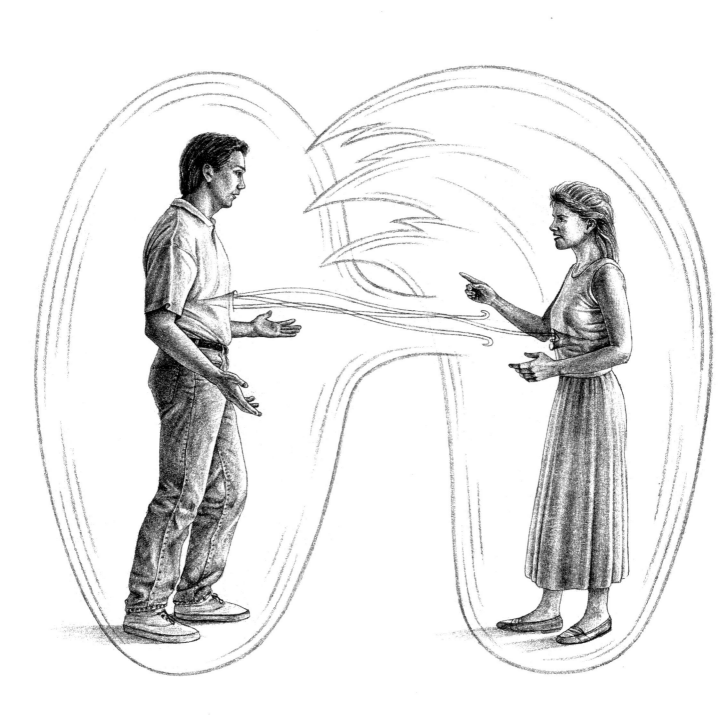

Afbeelding 15-38 *Het auraveld van een paar met geëscaleerde verdediging*

HEALING DOOR MIDDEL VAN VERGEVING
Gechanneld vanuit
Heyoan

Voel een zuil van licht in je. Voel een ster van licht in je centrum, net boven je navel. Het is geen toeval dat jij hier bent. Jij hebt jezelf precies naar dit moment in je leven gebracht, voor je eigen doeleinden, welke voortkomen uit het diepe en heilige verlangen dat je boven je hart draagt. Hoe meer je dat verlangen honoreert, hoe meer jij jezelf rechtstreeks op je pad zult zien in een leven dat blij en vervullend is, in een leven dat creatief is en vergevensgezind.

Ik zou graag willen dat je vandaag één persoon neemt met wie je moeilijkheden in je leven ondervindt en dat je begint te werken en te bidden om jezelf af te stemmen op vergeving en healing. Healing vereist vergeving van zowel jezelf als die ander. Zoals je misschien weet, omvat healing het gehele leven – inderdaad al je levens – en dat wat voorbij levens ligt. Jij bestaat in een rijk veel groter dan het fysieke, dat door tijd en ruimte wordt bepaald. Tijd en ruimte zijn voor jou slechts produkten van beperking die je in dit klaslokaal [deze kamer] hebt geplaatst, dat je voor jezelf geschapen hebt om erbinnen te kunnen leren. Jij hebt je lessen geschapen, jij hebt je leerschool geschapen, jij hebt je leraren in die leerschool gecreëerd, en toch ben jij de meester van heel deze schepping. Je bent naar deze aarde gekomen voor je eigen doeleinden die in je heilig verlangen worden meegedragen.

Nu vraag ik je: hoe heb jij met betrekking tot de persoon die je hebt uitgekozen, jouw heilig verlangen verraden en daardoor een situatie geschapen waarin zelfvergeving nodig is? Dit is misschien niet een makkelijk antwoord dat meteen naar boven komt. Maar als je je erop concentreert en erover bidt en het verbindt met je healingwerk, zul je dit gaan begrijpen. Door je levenservaring zal een dieper begrip van wat hier gezegd is in je opwellen vanuit de fontein van leven binnen in je.

Ja, het is waar dat jij de ervaringen van je leven schept. Het is jouw ontwerp. Je hebt het vanuit de hoogste wijsheid in je ontworpen. Als er pijn is, vraag dan wat die pijn je te zeggen heeft, want pijn ontstaat uit het vergeten wie je bent. Pijn ontstaat uit het geloof dat de schaduw-werkelijkheid de ware werkelijkheid is. De schaduw-werkelijkheid is een resultaat van het vergeten wie je bent, wat gegrondvest is op het geloof dat je afgescheiden bent, of gescheiden bent van God.

Ik zeg je, dierbaren, elke ziekte, ongeacht de vorm of manifestatie ervan, is het resultaat van dit vergeten. Je bent hierheen teruggekeerd, naar dit aardvlak, om je te herinneren. Wees hierom niet bedroefd. Stel je levenskracht af in de richting van herinneren, en haar verlichting zal die delen van je psyche doen ontwaken die in schaduw en pijn leven.

Wanneer jij ze verlicht met het licht van het goddelijke, dat in iedere cel van je lichaam aanwezig is, in elke cel van je wezen, schijnt het licht in de schaduw en begint de schaduw zich te herinneren. Her-inneren betekent: al je delen weer in je her-enigen. Door middel van verlichting zul je die delen van jezelf en je lichaam her-inneren, die losgeraakt zijn en daarom ziek geworden zijn. Het is een nieuw begin; ja, enige pijn zul je ervaren, maar het is helende pijn. De tranen zullen je ziel schoon en helder wassen, zoals vers gevallen regen. Je schreeuwen zullen bevrijden wat eeuwenlang is vastgehouden, wachtend om naar buiten te komen. Al deze blokkades waarover gesproken is, zullen vloeien en gevuld worden met vernieuwd leven. Je zult merken dat je vervuld bent van veel meer energie. Je zult merken dat je leven zich in creativiteit en vreugde begeeft. Je zult merken dat je vervuld wordt in een natuurlijke dans met allen om je heen, met het hele universum.

Maar dit vereist vergeving: vergeving eerst van het zelf. Wat heb je jezelf te vergeven? Als je vijf minuten te besteden had – en ik zal je aan het eind van deze tekst van mij je vragen dit te doen – om een lijstje te maken met de dingen die jij jezelf eens zult moeten vergeven, zul je dat behoorlijk ruim bemeten vinden. Maar zo moeilijk is dat niet. Als je ieder punt neemt en er enkele malen per dag een paar minuten op mediteert en jezelf erom vergeeft, zul je de last op je hart verlichten. Vergeving is afkomstig van het goddelijke van binnen. Door te bidden om vergeving en je vergeving te ervaren, verbind je je met het goddelijke in je. Je wórdt het goddelijke in je.

De volgende vraag is: op welke wijze is elk punt waarvoor jij jezelf vergeeft, zichtbaar in je psyche en in je fysieke lichaam? Hoe laat het zich in je energieveld zien? Spoor het door alle zeven ervaringsniveaus van je veld op.

Waar zit de pijn in je lichaam die verbonden is met die niet-vergevensgezinde houding jegens jezelf, waardoor je een negatieve band hebt behouden met een bepaald persoon die je moeilijk vergeven kunt? Zie je, healing begint altijd thuis.

In jou, op de plek zo'n drie tot vier centimeter boven je navel bevindt zich een schitterende ster, je wezensster. Het is de essentie van je individualiteit. Deze essentie is jouw goddelijke individualiteit. Het is het centrum van je wezen. Het is het centrum van wie je bent in volkomen vrede voor, tijdens en buiten alle levens die je ooit ervaren hebt op jouw moeder aarde. Voel deze plek in je. Jij bestond al voor dit leven. Jij bestond al voor alle chaos en pijn en strijd die op deze aarde aanwezig zijn, en jij zult blijven bestaan.

Dit centrum van je wezen is het centrum van je goddelijkheid. Vanuit deze plaats ben jij het middelpunt van het hele universum. Het is vanuit deze plaats dat je zult helen. Je zult je herinneren wie je bent, en je zult anderen helpen zich te herinneren wie zij zijn. Want het is vanuit het centrum van je wezen dat al je daden ontstaan. Zodra je daden losraken van het centrum van je wezen, ben je niet langer in overeenstemming met je goddelijke doeleinden. Daden losgeraakt van het goddelijke doel creëren ziekte en pijn. Dus, dierbaren, concentreer jezelf in het centrum van je kern. Het is vanuit dit centrum dat alle vergeving ontstaat.

Ik zou nu willen dat je het eerste punt, dat je vond om jezelf voor te vergeven, meenam naar je kern. Wat het ook was dat je schiep dat vergeving nodig heeft, het werd geschapen op een manier die niet met je centrum verbonden was. Toen jij je in beweging zette om te gaan scheppen, maakte je je los van je centrum van je wezen; je daden raakten onafgestemd op je goddelijke doel en begaven zich, misschien eens zo onstevig, in de schaduw en het vergeten. Dus als je neemt wat vergeving behoeft, breng het dan naar je wezensster en houd het daar vast, omgeef het en doordrenk het met liefde, en je zult het, dank zij deze liefde, terugbrengen naar het licht. Je zult je oorspronkelijke doel vinden dat voortkwam uit je centrum. Als je dit eenmaal gevonden hebt, kun je verder gaan met de oorspronkelijke schepping. Want door het te vinden, te omgeven en te doordrenken met liefde en licht, zul je vergeving vinden in jezelf. Ik zal je nu enige momenten geven om zelfvergeving tot stand te brengen op deze manier.

Wanneer deze vergeving door je wezen stroomt, zul je ontdekken dat je automatisch anderen vergeeft die wellicht betrokken waren in die bepaalde situatie die om vergeving vraagt.

~

DEEL VI

HEALING VIA ONZE HOGERE SPIRITUELE WERKELIJKHEDEN

'In werkelijk elk moment hebben we de vrijheid om te kiezen, en elke keuze bepaalt de richting van ons leven.'

Olivia Hoblitzelles

Inleiding

HET INTEGREREN VAN JE HOOGSTE SPIRITUELE ASPECTEN EN DIEPSTE DIMENSIES IN JE HEALINGPLAN

Toen ik onderwees en praktijk hield, ontdekte ik dat onze spirituele behoeften en de verbinding met onze diepere werkelijkheden, net zo belangrijk zijn voor ons healingproces als onze lichamelijke behoeften. Eigenlijk werd het me duidelijk dat ze primair zijn en dat het leven zonder spirituele behoeften maar driedimensionaal en erg beperkt is. Om te kunnen begrijpen wie we zijn en wat ons levensdoel is en om het leven te kunnen ervaren als een veilige, heilzame, liefdevolle doorgang, moeten we zowel spirituele eenwording als menselijke eenwording kennen.

Toen ik met de hoogste spirituele niveaus van het auraveld en met de diepste dimensies onder het auraveld werkte, veranderde mijn hele idee van gezondheid en healing. In wezen veranderde hiermee mijn hele idee van het leven in de fysieke wereld. Ik begon healing te zien als een prachtig creatief proces dat volkomen natuurlijk en universeel is. Bij elke stap op onze weg door dit prachtige levensproces worden we geleid. In dit proces ontdekken we dat we zowel individueel als universeel bestaan. We ontdekken dat we volkomen veilig in een heilzaam, overvloedig universum worden gehouden waar leven en healing één zijn.

We zullen beginnen bij de ervaring en het doel van geestelijke leiding in ons leven. Dat zal ons volkomen vanzelfsprekend brengen bij de hogere spiritualiteit die in de hoogste niveaus van het auraveld ervaren wordt. Daarna zullen we ons naar de diepste dimensies begeven die het fundament van ons wezen vormen.

Hoofdstuk 16

HET PROCES VAN LEIDING IN JE LEVEN

Om je kalm in een leven te kunnen begeven dat zich concentreert op het spirituele, vereist dit een grootse heroriëntatie van je bewustzijn in de transcendente werkelijkheden van de hoogste trillingsniveaus – vijf, zes en zeven – van het auraveld. Op deze hogere gebieden van bewustzijn en energie bestaan er hele werelden van onstoffelijke, geestelijke wezens. Veel mensen ervaren deze niveaus van bewustzijn helemaal niet; voor hen lijkt zelfs het bestaan van deze niveaus hoogst speculatief, absurd of zelfs belachelijk. In het healingproces zul je echter, als je voortgaat op het opgaande pad door de niveaus van bewustzijn heen, automatisch ervaringen gaan krijgen met deze hogere niveaus en zul je uiteindelijk zulke wezens ontmoeten.

Wanneer je je bewuste gewaarwording naar de drie hoogste niveaus van je auraveld beweegt, begeef je je in de hoogste aspecten van je wil, je emoties en je rede. Elk van deze drie niveaus is een mal voor de laagste drie niveaus van het veld. De hogere wil, ook wel de goddelijke wil van binnen genoemd, is de mal voor het eerste niveau van het veld, wat de wil om te leven in de fysieke wereld bevat. Het hogere emotionele niveau, soms genaamd het niveau van inspiratie of van je goddelijke liefde, is de mal voor het tweede niveau van het veld, je gevoelens omtrent jezelf. De hogere rede van niveau zeven, genaamd de goddelijke denkende geest, die begrip geeft van het perfecte patroon van alle dingen, is een mal voor de rede van niveau drie, het mentale niveau. Deze relatie is sinds aloude tijden uitgedrukt als: 'Zo boven, zo beneden.'

De correspondentie tussen de niveaus zeven en drie, zes en twee, en vijf en één verschaft een manier om de lagere niveaus te helen door waarden van de hogere niveaus naar beneden in de lagere te brengen. Om dit te doen moeten we omhoog reiken of transcenderen naar de hogere niveaus. Dit wordt het transcendente proces genoemd. We reiken omhoog in onze hogere werkelijkheden en claimen die als de onze. Wanneer we dit doen, wordt onze rede waarheid, onze emoties liefde en onze wil moed. Wanneer we dit transcendente proces voortzetten, wordt onze waarheid wijsheid, onze liefde onvoorwaardelijke liefde en onze moed kracht. We claimen onze spirituele werkelijkheid als de onze en we vinden God van binnen.

De beste en meest praktische manier om het transcendente proces in te gaan is via innerlijke leiding. Die leiding staat alle mensen ter beschikking vanuit hun innerlijke, hogere zelf, hun beschermengel, of in meer populaire termen: hun geestesgids. Meestal beginnen mensen dit proces door leiding te ontvangen van hun hogere zelf, iets dat zich later uitbreidt tot leiding ontvangen van geestesgidsen.

Leiding ontvangen en geestesgidsen channelen is in sommige kringen nu een heel populaire bezigheid. Veel mensen vragen voor allerlei dingen leiding, maar over het algemeen om erachter te komen hoe ze met bepaalde levenskwesties om moeten gaan, wat ze een bepaalde dag moeten doen, of hoe ze een zeker probleem moeten oplossen. Leiding wordt er zelfs voor gebruikt informatie te krijgen om ziekten te genezen. Leiding is nu zo populair dat sommigen het proberen te gebruiken om de loterij te winnen, antwoorden op proefwerken te krijgen en zelfs om een parkeerplaats te vinden. Sommige mensen misbruiken leiding om te proberen hun werkelijke verantwoordelijkheden te ontlopen. Ze verbreken beloften op onverantwoorde wijze en zeggen dan dat hun leiding hun dit verteld heeft te doen. Ze schijnen te denken dat zo'n uitspraak onethisch en onverantwoordelijk gedrag rechtvaardigt. Veel mensen die leiding gebruiken, zijn blind voor de diepere functie ervan en zien niet het grote voordeel dat het in hun levensleerproces heeft.

Leiding is een integraal onderdeel van het ontvouwen

van je leven. Het is de sleutel tot de ontplooiing van het verlangen van je hart en je levenstaak, wat die ook is. Leiding is meer dan het communiceren met gidsen, meer dan het channelen van informatie: het is een levensproces. HZW en het vermogen om precieze informatie te verkrijgen ontstaan uit het volgen van leiding over een lange periode. Door de effecten van leiding in mijn eigen leven te observeren heb ik de volgende informatie verkregen over hoe leiding werkt.

Hoe geestelijke leiding werkt

1. Leiding haalt je nooit uit de narigheid. Ze laat jou op vele wijzen de verantwoordelijkheid: verantwoordelijk voor wie je bent, voor het feit of je geen verraad pleegt aan jezelf, en voor het houden van je beloften. Als je beloften en toezeggingen veranderd moeten worden, zal je leiding ze je nooit laten veranderen zonder verantwoordelijkheid. Met andere woorden: als je een toezegging hebt gedaan die later niet gezond voor je blijkt, dan kan die toezegging veranderd worden, maar niet op een onverantwoordelijke manier.
2. Leiding scheldt je niet je karma kwijt. Ze geeft je eerder een instrument in handen om ermee om te kunnen gaan, zelfs om mogelijk te genieten van het opruimen ervan. Je moet door het proces heengaan waarin je karmaweegschalen tot evenwicht komen. Het in evenwicht brengen van je karmaweegschalen wil niet zeggen: karmische bestraffing. Het houdt in: leren wat je in vorige levens niet hebt geleerd, iets dat je leven nu nog steeds op een negatieve manier beïnvloedt. Meestal vindt dit leren plaats door middel van levenssituaties die je ervaart overeenkomstig de mate waarin je gezuiverd bent van beelden en misvattingen.
3. Het volgen van leiding brengt je levenservaringen, die je nodig hebt om je levenstaak of je healerschap te kunnen ontplooien.
4. Een spiritueel leven leiden en je levenstaak vinden vraagt een bereidheid om leiding te volgen en volgens de waarheid te leven, ongeacht wat de prijs daarvoor lijkt te zijn op het moment dat je die leiding krijgt.
5. Leiding wordt voor je persoon steeds moeilijker, en de klaarblijkelijke prijs verhoogt wanneer je die leiding volgt.
6. Leiding en vertrouwen gaan hand in hand. Je dient een heleboel vertrouwen te hebben om je leiding te volgen, en omgekeerd: het volgen van je leiding bouwt je vertrouwen op. Leiding is ontworpen om je door bepaalde gebieden van je persoonlijke psyche heen te leiden, waarheen je voorheen geweigerd had te gaan maar waarheen je moet gaan om je te ontplooien. Ze neemt je door je diepste angsten mee naar je grootste vertrouwen.
7. Vertrouwen is een zijnstoestand die het auraveld in een healingtoestand brengt, harmoniseert en oplaadt. Het verbindt het kleine ego-deel van je met de grotere jij, de God van binnen. Het is een proces van holografisch verbinden met al wat is: jij met het universum.
8. Je afgescheiden ego-wil heeft niet veel kans om de systematische leiding te ondermijnen, omdat je heel vaak niet weet waarom je de dingen doet die je leiding je vertelt te doen.
9. Als je je afgescheiden ego-wil overgeeft of laat varen, en je de goddelijke wil zoals jou die via je leiding wordt geopenbaard gaat volgen, zullen anderen meer vertrouwen in je stellen.
10. Leiding bouwt automatisch en systematisch zowel een fysiek als spiritueel uithoudingsvermogen op voor je levenstaak.
11. Hoe meer uithoudingsvermogen je opbouwt, des te meer liefde, kracht en steun je zult krijgen, en des te grootser en effectiever je levenstaak zich op ruimere schaal zal ontvouwen. Naargelang je problemen oplost, zul je vorderen naar het oplossen van meer verantwoordelijke en moeilijkere problemen.
12. De daad van het volgen van je leiding bouwt je healingvat voor de helende levensenergieën. Ze bouwt je vat voor de goddelijke taak waarmee je gekozen hebt hierheen te komen. Leiding bevrijdt het onopzettelijke creatieve principe in een veilig vat. Alleen door de overgave aan leiding, de overgave van het ego aan de grotere heilige geest, of God van binnen, kan je onopzettelijke levenskracht bevrijd worden in een veilig vat. De onopzettelijke levenskracht is alles wat automatisch uit je naar buiten komt wanneer je niet je energiestroom blokkeert. Soms is dat positief, soms is dat negatief. Leiding maakt systematisch je negativiteit schoon zodat meer en meer van de positieve levenskracht kan worden vrijgemaakt. Ze bevrijdt deze krachtige stroom van levensenergie in je vat in precieze verhouding tot zijn vermogen die te bevatten. Daarom is je vat veilig.
13. Over de krachtige stroom van levenskracht die meekomt met het onopzettelijke, goddelijke, creatieve beginsel, kan niet door het ego worden beschikt. Een andere manier om dit te zeggen is dat de goedheid in jou uit eigen beweging stroomt; ze reikt uit eigen beweging naar buiten in wijsheid, liefde en zorgzaamheid. Ze stroomt niet op de bevelen van het ego. Het enige dat het ego doen kan, is haar verhinderen te stromen of haar uit de weg gaan.
14. Leiding neemt je bij de hand en vergezelt je naar een toestand van overgave aan je ware menselijke breekbaarheid en kwetsbaarheid, die in het kleine ego geconcentreerd zitten. Wanneer je die volgt, sta je ogenblikkelijk tegenover het feit dat jij je leven niet in handen hebt, dat je ego niet de heerschappij over

je leven heeft, en dat je leiding het ego daarbij niet zal helpen. Zo is het, je kunt dat eenvoudig niet. Voor mij is dit wat met overgave van het ego bedoeld wordt. Waaraan geef je je over? Je geeft je over aan een diepere kracht in je. Het volgen van leiding is een systematisch loslaten van een uiterlijk ego dat wel mag proberen je veiligheid te bieden, maar dit niet kan. Leiding herstelt de verbinding tussen jou en je oorspronkelijke kracht. Je wordt een kind van God. In deze overgave ontdek je nog een andere kracht – de kracht van de God van binnen. Je wordt een instrument van God. En je zult alle kracht, wijsheid en liefde van God binnen in je vinden.

15. Er bestaat geen straf wanneer je je leiding niet volgt. Je hebt alle tijd van de wereld, aangezien tijd een illusie is. Als je leiding krijgt en je volgt die drie maanden of twee jaar lang niet op, dan is dat in orde. Maar in de mate waarin je wel je leiding volgt, in precies die mate verwerf je innerlijke spirituele kracht, omdat het volgen van leiding je automatisch helpt je over te geven aan de grotere goddelijkheid in jou. Deze geestelijke kracht helpt je je levenstaak te voltooien.

16. Het volgen van leiding geeft de heilige geest de gelegenheid zich te verenigen met je wezenskern om je kracht te geven. Deze kracht wordt niet in je ego opgeslagen. Neen, het werkt om je innerlijke wezenskern of individuele goddelijke vonk te verbinden met de universele God.

17. Leiding bouwt vrijheid en onafhankelijkheid op door 's levens brandpunt te verschuiven van vertrouwen op uiterlijke waarden naar vertrouwen op de werkelijkheid van de innerlijke goddelijkheid.

18. De beste dingen in het leven kosten niets.

Hoe leiding mij door mijn leven heeft geleid

Als ik op mijn leven terugkijk, zie ik dat ieder belangrijk keerpunt heel specifiek en precies geleid werd. Soms volgde ik leiding die volkomen waanzinnig leek. De mensen om me heen raadden me het sterk af, maar ik deed het toch.

Toen ik in Washington D.C. woonde en in opleiding was voor bio-energetisch therapeute, vond er een prachtig voorval plaats waaruit leiding sprak. Het gebeurde op Pasen. Een aantal nieuwe vrienden zei me dat ze gehoord hadden dat er op paasmorgen een wonder zou plaatsvinden in West-Virginia. Ze zeiden: 'Wil je ook komen?' en ik antwoordde: 'Zeker', en dacht toen: wat trek je bij een wonder aan? Ik koos voor een witte broek met hemd en sandalen! We reden vijf uur en kwamen vroeg bij de appelboomgaard aan, voor de zon opkwam. Er stonden tv-camera's. De vrouw die het wonder voorspeld had, had de hele omgeving aangekleed met verschillende staties uit het leven van Christus, waaronder de tuin van Getsemane. Wij werden geacht pelgrims te zijn en rozen mee te nemen om in de tuin te zetten.

We wachtten allen gespannen de zonsopkomst af om het voorspelde wonder te aanschouwen. Eindelijk kwam de zon op. Ik keek hoe de zon steeg en zag hoe ze draaiend een heleboel rode linten achter zich aan deed wervelen en een beetje in de lucht heen en weer bewoog. Ik zei: 'O, precies zoals het wonder in Fatima, toen duizenden mensen de zon in de lucht zagen ronddraaien!' Toen dacht ik: wat een interessant effect op het netvlies; dat gebeurt er dus wanneer je lang in de zon kijkt! Overal om me heen riepen mensen uit: 'Kijk, de zon draait, zie je dat?' Andere mensen mopperden: 'Ik zie niets, ik zie niets, de zon is te schel.' Weer leek het op wat er bij het wonder in Fatima gebeurd was. Iemand anders zei: 'Er staat een kruis in de lucht.' Ik kon dat niet zien. Dat was het dan. Ik zette mijn roos in de tuin en we reden naar huis. Terwijl we naar huis gingen, zei ik tegen mezelf: 'Waarom laat ik het niet gewoon een wonder zijn? Ik weet niet hoe een wonder er uitziet. Misschien was het toch echt.' Dus zei ik tegen mezelf: 'Ik ga dit uitzoeken.'

De volgende morgen stond ik op dezelfde tijd op om naar de zon te kijken, om uit te zoeken wat er gebeuren zou in verband met het netvlieseffect. Ik kon niet in de zon kijken – het licht was te schel. Ik zei: 'Dat is interessant, nu kan ik helemaal niet in de zon kijken. Ik zal gewoon geduld hebben en afwachten of er iets anders gebeurt, aangezien ik niet echt weet wat een wonder is.'

Het duurde niet lang voor het zogenaamde wonder zich in nieuwe verschijnselen presenteerde. Wat er vanaf dat moment gebeurde, beschouw ik als deel van het wonder, want wat er voor mij aanving was een totaal ontwarren van het mysterie van het leven. Wat er gebeurde was eenvoudig: telkens wanneer de zon in een bepaalde hoek aan de hemel stond, hoorde ik een duidelijke woordelijke boodschap die me instructies gaf wat ik doen moest. Soms was het: 'Kalmeer. Je denken is alles aan het overdrijven', of: 'Je healingdocente is ziek, en jij dient haar een healing te geven in plaats van er vandaag zelf een te krijgen.' Ik hoorde dan een stem die uit de zon leek te komen. De zon scheen daarbij op me en ving mijn aandacht, en ik ontving een boodschap. Het leek dat zelfs wanneer de zon me niet rechtstreeks bereiken kon, ze toch een manier vond. Eenmaal zat ik in een stoel en wiegde ik mijn dochtertje, een baby'tje nog. De zon stond aan de andere kant van het huis en weerkaatste in het raam van de buren; ze scheen zo door mijn raam en raakte me in precies de juiste hoek. Deze communicatie vanuit de zon ging jaren zo door.

Een ander voorbeeld van leiding vond plaats nadat ik mijn opleiding als bio-energetisch therapeute had afgesloten en toen ik in Washington D.C. therapiesessies gaf. Ik begon vorige levens te zien. Ik wist me er geen raad mee. Dus begon ik om hulp te bidden voor wat ik ermee aan moest. Ik ging op Assateague Island kamperen. Het regende, dus lag ik aan het strand met een plastic zeildoek over mijn hoofd. Midden in de nacht hoorde ik mijn naam driemaal zo luid noemen dat ik er wakker van werd. Ik keek op, tegen het zeil aan. Het was doorzichtig, dus dacht ik dat ik naar de wolken keek. Plotseling realiseerde ik me dat het gewoon alleen het zeildoek was, dus ik gooide het van me af om te zien waar de stem vandaan kwam. De hele hemel was volkomen helder en ik viel om van ontzag omdat ik de sterren naar elkaar kon horen zingen, heen en weer door de hemelen. Ik wist dat mijn gebeden verhoord waren. Ik was geroepen en het antwoord zou komen.

Korte tijd daarna ontdekte ik het Center for the Living Force (nu het Padwerk Centrum genaamd) in Phoenicia (New York). Ik ging erheen voor een workshop en wist dat het antwoord op mijn gebeden was dat ik hierheen moest verhuizen. Het kostte me een jaar voordat ik dit voor elkaar kon krijgen. Mijn echtgenoot voelde er niets voor naar het Centrum te verhuizen, maar ik deed dat wel, samen met mijn vierjarig dochtertje, omdat het leiding was. Later kwam hij ook.

Nadat ik naar Phoenicia was verhuisd, werkte ik in een groep aan mijn kanaal, omdat ik enorm veel paranormale informatie kreeg – zoals vorige levens van andere mensen – waarmee ik me geen raad wist. Op een keer had ik een gebroken been en stommelde ik rond met gipsverband, luid schreeuwend dat ik niet kwaad was. Het hoofd van het Centrum, Eva Pierrakos, die de Padwerk-gidslessen channelde, zei: 'Jouw probleem is dat je kanaal zich te snel geopend heeft, en jij van binnen veel te boos bent, en je dat niet aankunt. Je moet je kanaal weer sluiten.' Mijn leiding bevestigde dat. Ik beleefde er een hoop plezier aan dat ik zo paranormaal was. Ik begon me speciaal te voelen en gebruikte het om het aanpakken van belangrijke kwesties in mijn leven te ontlopen. De enig aanvaardbare manier waarop ik mijn kanaal kon gebruiken was voor mijn persoonlijke ontwikkeling. Dus sloot ik mijn kanaal, behalve voor mijn werk aan mij persoonlijk. Ik had er geen idee van hoelang dit zo zou blijven. Mijn gidsen zeiden eenvoudig 'voor zolang als het duurt'.

Kort na mijn gelofte werd ik op de proef gesteld. Op een dag begon ik per ongeluk mijn lichaam te verlaten. Ik zag prachtige gidsen, met juwelen overal op hun kledij, dichtbij staan. Ik was bijzonder nieuwsgierig te weten wie ze waren, maar ik herinnerde mij m'n gelofte en dwong mezelf weer snel mijn lichaam in. Het was heel wat om mijn paranormale gaven op te geven, maar ik liet ze los, en concentreerde me op mijn werk aan mezelf.

De daaropvolgende zes jaar concentreerde ik me op mijn eigen transformatieproces. De eerste twee jaar richtte ik me op de goddelijke wil. Zodoende zorgde ik ervoor dat alles wat ik deed in overeenstemming was met Gods wil. Iedere morgen bij het opstaan bad en mediteerde ik om mezelf op te dragen aan en in overeenstemming te brengen met Gods wil. Ik kreeg privé-sessies waarin ik probeerde te begrijpen wat er met Gods wil bedoeld wordt. Ik voelde een innerlijke strijd over wat God vervolgens met me van plan was. Was ik zijn slaafje? Ik behandelde alles in mijn leven vanuit het perspectief van leven in Gods wil. Langzaam maar zeker ontdekte ik na verloop van tijd dat alles wat ik op enig moment vanuit het diepste, zuiverste deel van mij wilde doen, ook Gods wil was. Ik kon de wil van God horen zingen in mijn eigen hart.

De twee daaropvolgende jaren concentreerde ik me op goddelijke liefde. Ik richtte er mijn aandacht op in alles wat ik deed liefdevol te zijn. Iedere morgen bad en mediteerde ik over het leren van goddelijke liefde. Al doende ontdekte ik dat veel van mijn handelingen niet zo liefdevol waren. Ik werkte er in mijn privé-sessies aan om liefde in mijn leven te brengen. In die twee jaar begonnen er dingen te veranderen, en kon ik veel liefdevoller zijn en meer liefde in mijn leven tot uitdrukking brengen.

Mijn werk voor de twee jaar erna was: me concentreren op goddelijke waarheid. Ik volgde hetzelfde patroon als voorheen en bad en mediteerde iedere morgen om erachter te komen wat goddelijke waarheid is. Heel wat tijd concentreerde ik me erop de functie ervan in mijn leven te onderzoeken, te verkennen waar ik het miste en hoe ik er meer van in mijn leven kon brengen. Was ik bereid in alle situaties de waarheid te vinden en ervoor in te staan? Aangezien ik al die tijd in een spirituele gemeenschap leefde, bood het leven me altijd situaties om al deze drie goddelijke aspecten van onszelf te oefenen.

Iedereen in de woongemeenschap bij het Center for the Living Force was bezig op deze manier aan zichzelf te werken ten behoeve van zijn/haar zelftransformatie. Het was een echte smeltkroes van mensen, zoekend naar spirituele waarheden en elke dag worstelend met elkaar bij het runnen van de gemeenschap. We leerden in die tijd allemaal heel erg veel. We dachten dat we een stad van licht aan het creëren waren, maar later, toen we ons allemaal over de wereld verspreidden, beseften we dat we ieder precies gekregen hadden waarvoor we daar gekomen waren. We belichaamden het werk. We vervulden ons wezen met het werk, zodat we in overeenstemming leefden met de hoogste spirituele beginselen waarin we geloofden.

Ten slotte, na zes jaar van strijd en diep werken aan mezelf, wist ik dat ik er klaar voor was mijn kanaal weer te openen omdat ik nu het vertrouwen waard was. Mensen vertrouwden me gewoon omdat ik bereid was af te gaan op wat de waarheid was en die te volgen. Dat betekende natuurlijk niet dat ik mijn persoonlijke transformatie beëindigd had. Dat werk gaat door tot op de dag van vandaag en zal de rest van mijn leven blijven doorgaan. Maar ik wist dat ik een keerpunt in mijn leven bereikt had en dat de dingen drastisch zouden gaan veranderen, wat ook gebeurde.

Ik wist dat ik verondersteld werd naar Findhorn te gaan. Dat deed ik. Toen ik daar was, stond ik op een natuurkrachtpunt, genaamd Randolph's Leap, een plaats in de buurt van Findhorn waar de druïden geacht werden de natuurgeesten aanbeden te hebben en met hen te hebben gecommuniceerd. Ik vroeg erom toegang te krijgen tot de natuurgeesten. Er scheen niets te gebeuren. Ik ging naar Holland om een intensieve workshop te geven en daarna naar Zwitserland om te skiën. Ik was mijn verzoek totaal vergeten. Nadat ik al ongeveer een maand terug was, begon ik elke morgen om half zes wakker te worden om vellen vol geleide informatie te schrijven. Ik begon kleine natuurgeesten te zien, overal waar ik liep. Ze volgden me wanneer ik over het landgoed liep. Ze waren altijd een beetje verlegen en bleven giechelend een halve meter achter me lopen.

Via het contact met de natuurgeesten kreeg ik heel wat informatie over het Center for the Living Force, zoals de locatie en plaatsing van waar het heiligdom gebouwd zou moeten worden. Het kwam in heel kleine zachte beetjes in mijn dagelijkse meditatie. Ik liep de bovenweg af bij het Centrum, op weg naar mijn werk in de keuken, toen een stem mijn naam riep. Ik negeerde dit. Er werd weer geroepen. Ik vertelde het dat ik laat was voor mijn werk en bleef doorlopen.

Het riep een derde maal en ik zei: 'O, oké. Wat wil je?' Het leidde me naar een weitje en een rots.

Ik zei: 'En nu?'

Het zei: 'Ga zitten.' Dus ging ik zitten.

Toen zei ik: 'En wat nu?'

Het zei: 'Zit.' Dus zat ik en mediteerde.

Elke dag van het eropvolgende jaar ging ik naar de rots om te mediteren. Elke dag tijdens de meditatie werden me kleine stukjes informatie gegeven over het land. Mij werd verteld dat de rots waarop ik zat de altaarrots was. De stem wees naar een ander rotsblok direct onder aan de heuvel en daarna naar twee andere aan elke kant die merksteenrotsen waren. Er kon een lijn getrokken worden tussen de altaarrots en de eerste merksteenrots. Een tweede lijn kon getrokken worden tussen de twee merkstenen aan de zijkanten. De twee lijnen sneden elkaar in het midden van de wei. Precies op die plek waren twee boompjes als een kruis over elkaar gevallen. Ongeveer een jaar later, toen het tijd was een plek te vinden voor het heiligdomgebouw, werd ieder gevraagd om de heiligdomcommissie behept met de bouwtaak naar zijn of haar favoriete plekjes te brengen op het grondgebied van het Centrum. Er werd een plaats uitgekozen.

Ik wist zeker dat die niet goed was, maar ik zweeg. Onderweg naar het hoofdgebouw vroeg iemand uit een groepje me hun mijn geheime dagelijkse meditatieplekje te laten zien. Met aarzeling leidde ik die mensen naar de altaarrots. Iedereen ging erop zitten om te mediteren. Iedereen wist ogenblikkelijk dat dit de plek was. Toen begon ik verlegen de informatie te delen die ik in het afgelopen meditatiejaar verzameld had. Later, toen ik er met een landmeter heenging, bleek dat de lijnen die door de merkstenen werden aangegeven, precies in de positie stonden van de maximale zonnehoek voor een zonnegebouw. De gevallen boompjes bleken de exacte positie te zijn van het snijpunt van twee grote glaswanden aan de voorkant van het zevenzijdige gebouw.

Ik nam deel aan de commissie die het gebouw hielp ontwerpen. Aangezien het terrein rotsachtig was, moesten we een rotslaag met dynamiet wegblazen om de fundering te leggen. Ik probeerde tevergeefs de herten te verjagen voor de ontploffing, maar ze gingen niet weg. Ze verplaatsten zich slechts anderhalf tot drie meter toen de dynamiet explodeerde, en gingen daarna weer door met grazen alsof er niets gebeurd was!

Tijdens mijn jaren bij het Centrum werd ik lange tijd met heel simpele dingetjes op de proef gesteld. De gidsen gaven me een instructie als 'ga de dode tak van die boom afzagen'. Soms had ik daar drie maanden voor nodig, omdat ik dacht dat ik gek was – een klein beetje weerstand! Maar uiteindelijk deed ik het toch. Ik begon op te merken dat wanneer ik het niet deed, er niet eerder nieuwe instructies kwamen dan nadat ik het gedaan had. Zodra ik het gedaan had, kreeg ik de volgende instructie. Nu besef ik dat ik getraind werd om instructies exact en precies op te volgen. Dit bouwde vertrouwen op, zodat ik met de gidsen spirituele chirurgie kon doen aan het vijfde niveau. Vijfde-niveauchirurgie is, zoals in *Licht op de aura* beschreven, een manier om het vijfde niveau van het auraveld opnieuw te structureren, waarbij gidsen het meeste werk doen. Het begon voor mij op een dag toen ik nog een massagepraktijk had.

Ik was iemand een Zweedse massage aan het geven, toen een gids verscheen en zei: 'Hou twee groene strepen omhoog', om ervoor te zorgen dat ik mijn handen van het lichaam afhaalde. Mijn cliënt was voor een massage gekomen, maar nu zat ik daar 45 minuten met mijn handen boven haar lichaam, twee groene strepen omhoog te houden. Ik zag gidsen onder de groene strepen naar binnen komen en een operatie op mijn cliënt uitvoeren. Toen begon ik dus iets te leren over spirituele chirurgie op het vijfde niveau. Ik keek naar de operatie, en bleef wachten tot mijn cliënt zou zeggen: 'Hé, waar blijft mijn massage!' Maar dat deed ze niet. De week erna kwam ze terug, klagend over postoperatieve symptomen. Ik kon de hechtingen op haar milt zien zitten die de gidsen daar hadden aangebracht. Ik moest weer twee groene strepen omhoog houden. Ditmaal haalden ze de hechtingen eruit. En weer klaagde ze niet dat ik haar lichaam niet had aangeraakt voor haar massage. Ze zei dat alles wat ik deed geweldig voelde. Zo begon ik spirituele chirurgie op het vijfde niveau te leren.

Op een dag, na om half zes 's morgens weer geschreven te hebben, vertelde mijn leiding me dat ik een typemachine moest aanschaffen. Ik kon niet typen, maar de geleide boodschappen kwamen zo snel dat ik die niet meer in steno kon opschrijven. Dus moest ik die typen. Ik leerde typen. Na een periode van typen kon ik het niet snel genoeg meer. Ik kreeg te horen dat ik een bandrecorder moest aanschaffen, dus begon ik het op te nemen. Zonder het te weten was ik zo aan mijn eerste boek begonnen.

Aan mijn eerste boek, *Licht op de aura*, werkte ik vijftien jaar. Twaalf uitgevers weigerden het manuscript. Ik wist niet wat ik ermee aan moest. Ik kreeg de leiding het zelf uit te geven. Ik verkocht het huis dat ik bezat maar waar ik niet meer in woonde, en kreeg er 50.000 dollar voor. Iedereen dacht dat ik stapelgek was geworden om al mijn spaargeld te gebruiken om het boek te laten drukken. Maar ik zei: 'Of dit is mijn levenswerk, of het is het niet. Het is tijd dat ik er alles aan geef.' Het kostte me 50.000 dollar om duizend exemplaren te laten drukken. Tegen de tijd dat het boek verscheen had ik nog een paar honderd dollar over en een dochtertje om te onderhouden. Ik schreef een brief naar mensen die ik kende waarin ik vertelde dat ik mijn boek had uitgegeven. 'Ik heb vijftig dollar per boek betaald. Ik verkoop het jou voor vijftig dollar.' Het boek was in drie maanden uitverkocht, en toen kreeg ik de volgende partij. Iemand opperde ermee naar een uitgever te gaan. Ik zei: 'Maar ze hebben het allemaal al geweigerd.' Maar ik deed het toch, en Bantam Books kocht het. Het boek is nu in negen verschillende talen verschenen en over de hele wereld gedistribueerd.

Toen ik net met gidsen begon te communiceren, kon ik niet bepaald onderscheid maken tussen de gidsen die de hele tijd bij me waren en de gidsen die voor de periode van enkele maanden kwamen om me nieuwe technieken te leren en dan weer verdwenen. Ik kon ze altijd zien. Nadat ik al die jaren van voorbereiding had gedaan door met de gidsen op mezelf te werken, begonnen ze suggesties te geven over hoe ik tijdens sessies met mijn cliënten kon werken. Dit ging zo door terwijl mijn massage- en therapiepraktijk langzaam veranderde in een healingpraktijk. De gidsen vertelden me steeds wat ik met mijn handen doen moest. Ze gaven me ook informatie over cliënten, die ik op geen enkele andere manier aan de weet kon komen. Ze vertelden me de fysieke oorzaak van de klacht van de cliënt en tevens de psychische oorzaak, en hoe beide verbonden waren met bepaalde relaties die de cliënt nu had of in het verleden had gehad. Ik bracht langzaam, beschroomd en beschaamd die informatie in de sessie te berde. Ik zei dingen als: 'Heb je er ooit aan gedacht dat dit...' waarna ik de informatie van de gidsen toevoegde.

Spoedig dwong de psychische druk van zoveel informatie me er min of meer toe die te channelen. Ik vertelde de cliënt nooit dat het een gids was – ik sprak gewoon met een beetje andere stem. Ik zei dat mijn stem veranderde doordat ik in een andere bewustzijnstoestand was. Na een paar jaar zo, zei een cliënt eens: 'Je was een gids aan het channelen, niet?'
'Wie, ik?'
'Wat is zijn naam?' vroeg de cliënt.
'Geen idee.'

Ik besteedde meestal meer aandacht aan de gidsen die de cliënten met zich meebrachten naar een healingsessie, omdat de cliënten altijd wilden dat ik hen hun gidsen beschreef. Ik betrok informatie voor cliënten zowel van hun gidsen als van die van mij. Ik begon zelfs een poosje met vreemde accenten te spreken, maar dat vond ik nogal vervelend. Uiteindelijk zei ik dat ik alleen maar een gids wilde channelen die een normalere stem had. Als de gids van iemand anders via mij informatie wilde doorgeven, zou ik luisteren en die dan herhalen.

Ik kon altijd vijf gidsen om me heen zien wanneer ik aan het werk was – ze zijn nog steeds bij me. Tegen die tijd waren gidsen mode geworden. Iedereen was aan het channelen, en ik wist nog steeds niet wie mijn hoofdgids was. Dus besloot ik dat uit te zoeken. Ik vroeg er mijn gidsen naar op een dag dat ik een healing/channelingworkshop gaf samen met Pat Rodegast, een bekende channeler en auteur van *Emmanuels Boek* en *Emmanuels Boek II*. Ik hoorde het woord 'Heyoan' of 'Heokan'. Ik zei: 'Poeh, ik wil een gids met een mooie naam, zoals Pats Emmanuel.' Ik hield helemaal niet van de genoemde naam en probeerde die te veranderen, zonder nut. Toen vergat ik de hele zaak. Zes maanden later gaf ik een andere workshop over channeling en healing samen met Pat. Iedere keer dat we samenwerkten, vroegen we steeds iets tijdens het werk te mogen leren. Deze keer zei ik, gefrustreerd: 'Waarom weet iedereen de naam van zijn/haar gids, behalve ik? Ik wil de naam van mijn gids weten.' En natuurlijk leunde, toen ik tijdens de workshop een healingdemonstratie gaf, Heyoan weer over me heen en zei:

Mijn naam is Heyoan – weet je nog, dat heb ik je zes maanden geleden verteld. Hij stamt uit Afrika en betekent: 'De wind fluistert waarheid door de eeuwen heen.'

Welnu, dat was bijzonder pijnlijk. Ik had het in wezen gehoord en was compleet vergeten dat het incident ooit had plaatsgevonden. Dat was mijn officiële introductie tot Heyoan. Sinds die tijd zijn we heel goede maatjes. In mijn bewustzijnstoestand die ik Barbara noem, 'zie' ik Heyoan meestal aan mijn rechterzij een beetje achter me staan. Hij blijkt zo'n drie tot drieënhalve meter lang te zijn en is lichtblauw, goud en wit van kleur. Wanneer ik

Heyoan channel, versmelt ons bewustzijn en wordt één. Ik 'word' Heyoan. Wanneer dit gebeurt, breidt mijn auraveld zich uit tot een diameter van zo'n zes meter. Heel vaak word ik, wanneer ik Heyoan een uur of twee gechanneld heb, mee omhoog genomen naar een kamer van licht waar een grote lange tafel staat, waar vele gidsen omheen zitten. Hier laten ze me een grote blauwdruk van plannen zien van wat er in de toekomst te gebeuren staat. Meestal begrijp ik niet veel van wat er op die tekeningen staat, maar ik probeer het. Stukje bij beetje denk ik dat ik leer ze te lezen.

Verschillende groepen van gidsen hebben deelgenomen aan de cursusprogramma's die ik door de jaren heen heb geleid. Ongeveer vijf jaar geleden begon ik een ander geestelijk wezen te channelen dat heel vrouwelijk bleek te zijn. In het begin noemden we haar de Godin omdat ze het vrouwelijk aspect van God leek te zijn. Het energieveld van dit wezen is wit en goud en is met de jaren groter geworden. Ze is zo groot dat het onmogelijk is haar omvang aan te geven. Mijn goede vriendin Marjorie Valeri, een beroepsharpiste, en ik gaan in trance. Marjorie speelt gechanneld harp. Een muur van wit licht, veel groter dan de kamer, stort zich naar binnen van achter Marjorie en mij en verheft ieders bewustzijn. Ik ga in trance, loop de kamer door, en geef healing en channeling aan mensen. De kracht van dit werk is zo groot dat ik feitelijk in één uur tijd aan 280 mensen tegelijk healing heb kunnen geven.

Wat meer is: de healingkracht is zo groot dat de effecten van de healing zich nog enige maanden daarna blijven ontvouwen. Het meest uitzonderlijke geval was iemand die naar een workshop kwam aan het Omega Instituut. Ze droeg zuurstofflessen op haar rug. Ze wachtte op een hart en twee longtransplantaties. De Godin werkte ongeveer vijf minuten aan haar. Dit, met haar verlangen zichzelf te helen, hielp haar haar ziekteproces om te keren. Het zuurstofgehalte in haar bloed begon te stijgen, tot het zelfs hoger was wanneer ze van de zuurstof af was dan wanneer ze eraan zat. De donororganen kwamen nooit los. Ze trouwde daarna en verhuisde ergens naar het westen. Het laatste dat ik van haar hoorde was dat haar arts gezegd had dat ze slechts één longtransplantatie nodig had. Het is nu drie jaar geleden dat de Godin haar aanraakte.

Door de jaren heen is de healingenergie die we de Godin noemden, veel evenwichtiger geworden in zowel mannelijke als vrouwelijke energie. En onlangs werd me in leiding verteld dat het in werkelijkheid de heilige geest is. Nu dien ik klaar te komen met mijn verlegenheid ervoor uit te komen dat ik de heilige geest channel. Op een of andere manier lijkt het vrouwelijke aspect van God meer toegestaan. Daar moet ik nog aan werken. In de laatste workshop die ik in Santa Fe gaf, kreeg ik ook nog een nieuwe groep gidsen door die zichzelf de Raad van Licht noemen. Zij schijnen een grote macht te bezitten. Ze zitten in een kring met een kaars bij ieders voeten. Ze schijnen grootse plannen te hebben met het oprichten van healingcentra overal ter wereld. Ik ben benieuwd te zien hoe dit zich ontwikkelen zal. En dat zal het zeker, op zijn eigen tijd.

Dit is dus hoe leiding in mijn leven gewerkt heeft. Door deze dingen te doen, zelfs ondanks het feit dat een aantal ervan nogal bizar, belachelijk of overduidelijk dwaas was, bouwde ik mijn vertrouwen op. Het vroeg vertrouwen, omdat ik voortdurend getest werd precies te doen wat me gevraagd werd, of de precieze informatie te geven en de gegeven informatie niet uit te leggen. Dat is de reden waarom ik uiteindelijk op het niveau kwam specifieke medische behandelingen te kunnen channelen en hoelang iemand die moest ondergaan. De gidsen namen me stap voor stap mee naar mijn Hoger Zintuiglijke Waarneming, naar channeling en naar de drie hoogste niveaus van het auraveld. Ze namen me mee naar mijn spiritualiteit en de geestelijke wereld en maakten die werkelijk voor me. Innerlijke leiding heeft me vele prachtige ervaringen gebracht en me een breder inzicht gegeven in mijn eigen goddelijkheid.

Het volgen van innerlijke leiding en het binnengaan in de geestelijke kant van het leven zijn dingen die niet altijd makkelijk gaan, omdat je zo op de proef wordt gesteld. We zijn geneigd het te negeren, opzij te schuiven of gewoon platweg te denken dat het niet echt is. Het leren volgen van innerlijke leiding is een stap-voor-stapproces dat ons naar onze hogere spirituele werkelijkheden voert. Elke keer dat we ervoor kiezen leiding te volgen, kiezen we voor onze hogere goddelijke wil. Door dit herhaaldelijk te doen beginnen we de hogere niveaus van onze spirituele werkelijkheden te ervaren die corresponderen met het vijfde, zesde en zevende niveau van ons auraveld. Laten we nu naar de hoogste niveaus van het veld gaan.

Het vijfde niveau van de aura: goddelijke wil
Het vijfde niveau van het auraveld is verbonden met de goddelijke wil. Het is het primaire niveau van alle vormen en symbolen. Zodra je omhoog gaat met je Hoger Zintuiglijke Waarneming naar het vijfde niveau, zul je kobaltblauw licht zien. Dit kan aanvankelijk een beetje verwarrend zijn omdat het vijfde niveau de mal of blauwdruk is van alle vormen. Dat betekent dat het lijkt op een negatief van een foto of op een stencil voor een airbrush. Alles is omgekeerd. Wat je placht te ervaren als stevig, is lege, open ruimte. Wat je zou verwachten als lege, open ruimte, is stevig kobaltblauw. Nadat je enige tijd op het vijfde niveau hebt doorgebracht, raak je aan deze omkering gewend en merk je het niet meer zo op. Aangezien het vijfde niveau de mal is voor de eerste, kun je het zien als groeven waarin de lijnen van het eerste niveau van het auraveld passen. Of je denkt aan de bedding van een rivier waarin het water (de energielijnen van het eerste niveau) stroomt. Het vijfde niveau van je veld is de mal

voor het eerste niveau, wat dan weer de mal is voor je fysieke lichaam.

Het vijfde niveau is voor mensen in onze cultuur meestal het moeilijkst te begrijpen. In onze cultuur laten we het verstand regeren. Als ons iets gevraagd wordt te doen, willen we weten waarom. We willen weten wat het allemaal te betekenen heeft. Het probleem met deze houding is dat we met ons verstand alleen die dingen kunnen begrijpen die binnen onze definitie van de werkelijkheid liggen. Als we de spirituele werkelijkheden van de hogere dimensies niet ervaren hebben, zijn ze voor ons niet werkelijk. En we moeten bij de hand genomen worden en er stap voor stap naartoe worden geleid. We zullen het landschap een tijdje niet herkennen, omdat het nieuw terrein is. We dienen onze vooropgezette ideeën over hoe het zal zijn te laten varen en de ervaring zich gewoon laten ontvouwen.

Om in de spirituele wereld te kunnen rondgaan, zoals beschreven in mijn boeken, moest ik de goddelijke wil vertrouwen en volgen, terwijl ik niet begreep wat het allemaal te betekenen had. Begrip volgde pas later. Het is geen toeval dat een van de eerste dingen die de gidsen me vroegen te doen een heel simpele onschadelijke daad was. Ze waren bezig mijn verstand aan te passen. Ik moest stap voor stap geleid worden. Met goddelijke wil was ik hiertoe in staat, zelfs ondanks het feit dat mijn verstand voortdurend opspeelde en eiste iets te begrijpen waarvoor het onvoldoende informatie had. De enige manier om genoeg informatie te verzamelen was om gewoon te doen wat me gezegd werd en te vertrouwen.

Onze negatieve beelden over goddelijke wil
Goddelijke wil, ook bekend als Gods wil, wordt dikwijls niet begrepen en is heel veel misbruikt. De oude manier om de goddelijke wil te ervaren weerspiegelt een autoriteitsprobleem. Ons voornaamste negatieve beeld is dat Gods wil tegen die van ons ingaat, omdat het naar alle waarschijnlijkheid niet iets is dat wij willen. Het is iets dat we moeten tarten om vrij te kunnen zijn. Maar ons is vrije wil gegeven om te kiezen. Dus zijn we aan twee kanten gebonden. We hebben vrije wil, maar als we onze wilskracht niet gebruiken om onszelf te dwingen Gods wil te kiezen – wat we niet willen – dan zitten we in de problemen.

Derhalve koesteren we een ander beeld: Gods wil is iets om bang voor te zijn, omdat we, als we Gods wil niet doen, gestraft zullen worden. Dus als we maar niet weten wat het is, zullen we misschien ook niet zo erg gestraft worden. Dus kunnen we maar beter ervoor zorgen dat we niet weten wat het is.

Een ander beeld over goddelijke wil dat we hanteren om in pijnlijke situaties te berusten is: ik kan niets aan Gods wil veranderen. Dat houdt ons netjes buiten de verantwoordelijkheid om iets aan een situatie te doen die pijnlijk is.

Goddelijke wil is ook een fraaie dooddoener om alles mee te verklaren wat we niet begrijpen. Nogmaals, we hoeven het niet te begrijpen! Het is een mysterie. In wezen kan het zelfs heiligschennis zijn te proberen het te begrijpen!

In onze godsdiensten is Gods wil gebruikt om mensen onder de duim te houden, met het idee dat het kennen van Gods wil slechts aan weinigen was voorbehouden. Daarom moeten alle anderen precies doen wat die paar mensen zeggen. In wezen hebben die paar mensen ons voornaamste godsbeeld binnenste buiten gekeerd en hebben ze gehandeld, misschien onbewust, alsof hún wil Gods wil was. Ze hebben het voornaamste beeld van hun volgelingen ten eigen bate aangewend. Gods wil is gebruikt om een excuus te geven te doden en land in te pikken. In wezen is Gods wil als excuus gebruikt voor alle vreselijke dingen die verschillende mensen elkaar, door de geschiedenis heen, hebben aangedaan.

Als we menen dat onze verlangens in strijd zijn met die van God, dan kunnen we God de schuld geven van onze problemen. God is het die het ons niet vergunt. Dit plaatst de macht buiten ons. Het enige dat we in dit systeem hoeven te doen is goed zijn, volgens de speciale regels van een bepaalde religie, en dan vergunt hij ons misschien wat we willen. Ons negatieve beeld van 'goed'-zijn is dat het zo saai is, moeilijk uitvoerbaar, en beslist niet vrij. God lijkt nogal op onze ouders, is het niet? 'Als je je netjes gedraagt, gaan we misschien een ijsje kopen.' Geen wonder dat mensen kopschuw worden bij het idee van goddelijke wil.

Onze negatieve beelden van goddelijke wil bezorgen ons ook verwarring over wat wil nu eigenlijk is. Meestentijds beschouwen we wilskracht als iets dat we nodig hebben om dingen gedaan te krijgen, omdat het nu eenmaal moeilijk is dingen überhaupt voor elkaar te krijgen. Er is altijd wel iets of iemand die we een zetje moeten geven of weg moeten duwen. Met andere woorden: een ander negatief beeld dat we over de wil hebben is dat het nodig is weerstand te doorbreken. Wil geeft ons de macht om een hindernis te overwinnen. Binnen het oude systeem wordt de weerstand altijd gezien als iets buiten ons.

In wezen zullen al deze beelden over goddelijke wil ons niet alleen afscheiden van anderen maar ook van onszelf. Als we Gods wil doen en die is anders dan wat wij willen doen, zijn we van onszelf gescheiden. Wanneer we van onszelf gescheiden zijn, zijn we ook van anderen gescheiden en dan begint de strijd.

Het feit dat we zo hard moeten werken om onze wil in overeenstemming te brengen met die van God, houdt in dat onze wil niet zo goed is. Waar komt het idee vandaan dat onze wil misschien niet zo goed is? Het komt van het idee van afgescheidenheid en van het idee dat er iets mis is met ons. Zulke overblijfselen van oude religieuze waarden zijn achterhaald en werken niet meer voor ons. Ze bestaan onder het oude regime van macht-over. Het onderliggende beeld van deze oude manier van zijn is dat we een God nodig hebben om verantwoordelijk en goed te kunnen blijven wezen. Maar is dat werkelijk zo?

Heyoan zegt:

Dit alles, mijn vrienden, is een illusie. Krachtens je duwen creëer je de weerstand waartegen je duwt. Zonder die weerstand, wat zou de wil dan doen?

Je verbinden met de goddelijke wil in je eigen hart
We begeven ons naar een nieuwe wijze van zijn die gebaseerd is op kracht en verantwoordelijkheid vanuit ons binnenste. Overweeg de mogelijkheid eens dat de wil niets te maken heeft met het overwinnen van weerstanden, maar veeleer handelt om onze weg te vinden. Laten we eens kijken naar een andere metafysica waarbinnen dit betekenis heeft.

Als we erkennen dat we een goede, verantwoordelijke God in ons hebben die in synchroniciteit leeft met en holografisch deel uitmaakt van de grote universele God, dan is onze innerlijke wil gelijk aan die van God. Dat is eenvoudig zo. Er bestaat dan niets om tegen te vechten, niets om tegen te duwen. Er staan alleen maar daden te verrichten om datgene te volbrengen wat gewild wordt. Wil wekt daden op.

Onze behoefte is te kunnen weten wat onze goede wil is. Waar komt die vandaan? Hoe herkennen we die goede wil in ons? Hoe weten we nu dat het de juiste is? Hoe voelt die aan?

Nogmaals, het is tijd ons te wenden naar de nieuwe M-3 metafysica, zoals in hoofdstuk 3 uiteengezet. Binnen dit raamwerk zijn alle fysieke dingen uit geest of bewustzijn ontstaan. Dus, ons fysieke bestaan is uit de geest ontsproten. Geest bestond voor er stof bestond. Als we aannemen dat geest inderdaad ons fysieke bestaan geschapen heeft, dan moet hij daarmee een doel gehad hebben. Het doel van de universele geest hiermee is het goddelijke doel. Het goddelijke doel waarmee we werden geschapen, is onze levenstaak. Goddelijke wil zet goddelijke rede in gang.

De fysieke wereld wordt voortdurend in schepping gehouden door de universele of goddelijke geest. Ons doel is aanhoudend. Het is om zo te zeggen levend. Ons doel breidt zich niet alleen uit over de brede spanne van onze levenstijd, maar het functioneert ook in het moment van hier-en-nu. Ons doel in dit moment is altijd verbonden met ons levensdoel, in wat voor een situatie we ons ook mogen bevinden. Onze innerlijke goddelijke wil functioneert in alle vluchtige momenten, in elke grote tijdsspanne, in kleine daden en in grote langdurige projecten. Hij functioneert holografisch om het goddelijke doel te dienen.

De relatie tussen vrije wil en goddelijke wil
Onze verwarring over de wil ontstaat wanneer we niet begrijpen dat onze vrije-wilskeuze van elk moment altijd wordt uitgedaagd om onze innerlijke goddelijke wil te dienen. De mate waarin we vrijelijk onze innerlijke goddelijke wil verkiezen, is precies de mate waarin we ons ware zelf tot uitdrukking brengen en daarnaar handelen. Deze wil is gebaseerd op macht-van-binnen in plaats van op macht-tegenover of macht-over iemand anders. Hij is gebaseerd op eigen verantwoordelijkheid in plaats van op verwijten maken. Hij is gebaseerd op vrijheid voor allen in plaats van op het beheersen van anderen. In de goddelijke wil is er geen plaats voor verwijten of de illusie van iets buiten ons dat moet worden bestreden.

Op die gebieden in ons leven waar we pijn en moeilijkheden hebben, hebben we uit angst gehandeld en niet onze innerlijke goddelijke wil gevolgd. Misschien zijn we verward over wat we met ons leven wensen te doen. We handelen uit angst en doen wat we denken dat andere mensen zal behagen. Hier functioneren onze handelingen nog steeds vanuit het perspectief dat we iets buiten ons moeten bevechten om onze zin te krijgen, dus maken we ons er niet druk om onze ware wil te volgen. We doen niet wat we werkelijk willen doen. We kunnen zelfs een klaarblijkelijke uiterlijke weerstand creëren om ons te verhinderen te doen wat we wensen. We bevechten werkelijk alleen onszelf – andere mensen zijn slechts 'stand-ins'. Soms zeggen we bepaalde dingen die erop berekend zijn dat iemand anders gaat protesteren, zodat we ervan kunnen afstappen iets bepaalds te doen dat we wilden, maar waarvoor we zelfs te bang waren een kans te wagen. Natuurlijk ziet het er zeker niet zo uit op het moment dat we de beslissing nemen. We richten ons alleen op de protesten van de mensen om ons heen als een afleidingsmanoeuvre van wat we weten dat ons te doen staat. Maar op de lange termijn werkt dat nooit echt. Geluk valt ons niet ten deel, totdat we doen wat voor ons juist is.

Bijvoorbeeld, het schrijven van mijn eerste boek was een heel moeilijke taak. Ik was mezelf hierom voortdurend aan het bevechten. Heel wat tijd zat ik in twijfel en vermijdingsgedrag, en had ik me op te veel dingen tegelijk toegelegd zodat er geen tijd meer overschoot om te schrijven. Ik was te bang om toe te geven dat wat ik aan het doen was heel belangrijk werk was en dat de wereld dit materiaal werkelijk wilde. De meeste mensen wisten niet eens dat ik een boek aan het schrijven was. Bijna iedereen met wie ik erover sprak om het boek zelf uit te geven, vond het een tamelijk idioot idee. 'Welk mens die goed bij z'n verstand is zou in godsnaam zijn hele spaargeld gebruiken om een boek uit te geven dat reeds door twaalf uitgevers is geweigerd?' vroegen ze me. Maar ik wist dat het mijn goddelijke doel was dit werk in de wereld te brengen, dus deed ik dat en had vertrouwen. Zelf het boek uitgeven was een daad van vertrouwen die me heel veel kracht gaf. Het veranderde mijn leven omdat ik wist dat mijn werk uit liefde geboren was.

Ons goddelijke doel in het moment is altijd afgestemd op het universele geheel. Mensen weten dit misschien niet en protesteren tegen wat we besloten hebben te doen, maar het is onze volledige verantwoordelijkheid te beslissen en er dan naar te handelen. Wat onze goddelijke wil ons opdraagt is meestal niet de makkelijkste oplossing. Menigmaal is het heel moeilijk, zoals toen die keer dat ik naar het Centrum verhuisde zonder mijn man. Had ik dat echter niet zo gedaan, dan was mijn leven totaal anders geweest.

Enkele goede vragen om erachter te komen of je op je goddelijke wil bent afgestemd:

Doorkruist mijn wil de vrijheid van iemand anders?
Probeer ik controle uit te oefenen op iemand?
Is mijn wil gebaseerd op verwijten en daarom opstandig tegen een ingebeelde autoriteit?
Staat mijn wil tegenover die van iemand anders en brengt die daarom een innerlijke weerstand naar buiten?

Als je op een van bovenstaande vragen 'ja' moet antwoorden, denk of handel je nog steeds vanuit een M-1 metafysica.

Is mijn wil in dit moment verbonden met het doel van mijn leven?
Wendt mijn wil me in de richting van mijn eigen verantwoordelijkheid en derhalve van mijn vrijheid?
Helpt mijn wil me mijn hart en mijn liefde te openen?
Geeft hij me de kracht voorwaarts te gaan om het diepste verlangen van mijn ziel te vervullen?

Als je antwoord op een van deze vragen 'ja' is, heb je je perspectief gewijzigd naar de nieuwe M-3 metafysica. Het zal beter voor je werken.

Dagelijkse affirmaties om op je doel afgestemd te blijven

Om je leven en je gezondheid stromend te houden is het een erg goede gewoonte jezelf bewust op je goddelijke of positieve wil af te stemmen. Wat is het dat je bereiken wilt? Deze vraag geldt niet alleen voor je persoonlijke leven en gezondheid, maar ook voor je leven als geheel. Zoals we al eerder hebben gezegd: ons doel in het leven loopt synchroon met ons doel in dit moment. Ze zijn holografisch verbonden. Wat je ook maar op elk gegeven moment volbrengen wilt, is rechtstreeks verbonden met je grotere doel in het leven. Dat lijkt misschien niet altijd zo, maar het is wel zo.

Bijvoorbeeld, als het je doel in het leven is healer te zijn, dan is de manier waarop je nu voor je gezondheid zorgt van belang omdat die je energieveld en je vermogen anderen te helen beïnvloedt. Als het je levensdoel is jezelf in woorden uit te drukken, dan is het spreken van je waarheid nu op dit moment een manier om afgestemd te blijven op je expressie. Als het voeden van de armen je levenstaak is, dan is je relatie tot voedsel en voeden heel belangrijk. Wat je nu op dit moment doet om anderen te voeden is oefening voor je grotere levenstaak en beïnvloedt die rechtstreeks. Hoe, wat en hoeveel je nu eet doet ter zake. Als het je levenstaak is eenvoudig plezier te hebben in het leven, dan is de manier waarop je nu in dit moment het leven benadert een heel belangrijke stap in die taak. Als je het glas nu als half leeg ziet, ben je verder verwijderd van plezier hebben in het leven dan wanneer je het glas ziet als half vol. Als je diep van binnen voelt dat je een groot leider van veel mensen zult worden, dan is hoe jij nu op dit moment de mensen om je heen die de minste macht hebben behandelt, heel erg belangrijk. Als je hen nu niet met liefde en respect behandelt, zul je geen stap dichter bij je leiderschap komen. Je taak nu is om hogere beginselen toe te passen in de dingen die je ieder moment doet. Je grotere levenstaak is in wezen niet meer dan het resultaat van je moment-tot-momentbeoefening van hogere levensbeginselen. Het echte werk is hier en nu, waar je ook bent, wat het leven je ook brengt.

Als je doel in het moment een verwrongen versie is van je oorspronkelijke doel en daarom pijn en ziekte in je leven veroorzaakt, dient het rechtstreeks te worden afgestemd op je grotere doel, zodat het gezondheid en harmonie in je leven creëren kan.

Een manier om je wil af te stemmen is door middel van affirmaties. Als het idee van het volgen van Gods wil klinkt als een worsteling iets te doen dat van buiten af is opgelegd, dan draag je nog steeds het negatieve autoriteitsbeeld mee dat God een godheid is die regels stelt. De waarheid is dat Gods wil in je eigen hart berust. Luister naar de wil van God zoals die door je eigen hart spreekt.

Hier volgt de affirmatie die ik twee jaar lang enkele malen per dag gebruikte, meteen nadat me gevraagd was mijn kanaal te sluiten en me op mijn eigen innerlijke werk te concentreren. Ik gebruikte het om de omslag in mij tot stand te brengen van mijn kleine ego-wil naar de goddelijke wil in mijn eigen hart. Het is een fantastische affirmatie om het idee te ontmantelen dat Gods wil een regel van buiten is. Het is afkomstig uit een Padwerkgidslezing gechanneld door Eva Pierrakos.

Affirmatie om je op Gods wil af te stemmen

Ik draag mijzelf op aan de wil van God.
Ik geef mijn hart en ziel aan God.
Ik verdien het beste in het leven.
Ik dien de beste zaak in het leven.

Ik ben een goddelijke manifestatie van God.
Mechanismen van het verkrijgen van leiding
De mechanismen van het verkrijgen van leiding zijn eigenlijk heel simpel. Het is het beste om heel eenvoudig te beginnen. Je kunt het in een groep doen of alleen. Het is belangrijk om tijdens je trainingsperiode op beide manieren de ervaring te krijgen van het hebben van leiding. Ga gewoon met een schriftje en een pen zitten. Ga in een meditatieve houding zitten en stem jezelf bewust af op de goddelijke wil.

Je kunt in stilte tegen jezelf zeggen: 'Ik stem me af op Gods wil. Ik wil de waarheid weten, wat die ook maar is. Ik laat mijn persoonlijke belang in het antwoord los. In de naam van God [of Christus, Boeddha, Allah, of welke geestelijke persoon maar betekenis voor je heeft] wil ik weten.' Schrijf je vraag op het papier op, en wacht dan gewoon op een antwoord. Je pen zal niet automatisch gaan bewegen. Je bent niet met automatisch schrift bezig. Je bent eerder telepathisch aan het luisteren. Schrijf alles wat er in je geest opkomt zonder onderscheid op. Misschien beoordeel je wat er komt wel als stom of verkeerd, maar schrijf het in elk geval op. Nadat het schrijven is beëindigd, leg het dan zonder het te lezen voor minstens vier uur weg. Dan kun je het lezen en analyseren.

Het is belangrijk om alles wat er in je opkomt op te schrijven terwijl je aan het oefenen bent. Als je dat doet, zul je met enige oefening gaan herkennen wat jijzelf verzint en wat je telepathisch hoort. Er zal een duidelijk verschil zijn in de kwaliteit van de informatie, de taal waarin het gesteld wordt, en de toon ervan. Ware leiding is altijd liefdevol, ondersteunend, niet-veroordelend, en waarheidlievend. Ze zal je integriteit, eerlijkheid en eer niet verraden.

Als je in een groep oefent, laat dan iemand een vraag stellen. Iedereen kan innerlijke leiding krijgen voor het antwoord. Deel die meteen en vergelijk de antwoorden. Je zult versteld staan over hoe die overeenkomen en elkaar aanvullen. Wees niet bang hardop in de groep te spreken als je denkt dat je antwoord fout is. Nu, in het begin is het de tijd om te leren het kanaal schoon te houden. Als je bekritiseerd wordt, zoek dan de kern van waarheid in de kritiek en neem die mee naar je volgende sessie. Wanneer je iets in jezelf vindt om op te helderen dat verband houdt met de kritiek, neem dat mee naar een sessie om erachter te komen wat je vooringenomenheid is die je channeling beïnvloedde. Dit is moeilijk werk en het dient meestal te worden gedaan met iemand anders samen die bedreven is in psychologisch functioneren en in het vinden van spirituele waarheden. Ik heb het altijd noodzakelijk gevonden om regelmatig hulp van iemand anders erbij te krijgen. Hoe eerlijker je met jezelf bent, hoe zuiverder je kanaal zal worden.

Het zoveel jaren volgen van mijn innerlijke leiding heeft me grote beloning gebracht en vele ervaringen van geestelijke extase. Zoals ik meestal zei toen ik nog een healingpraktijk had: 'Het is een groot voorrecht omdat ik de hele dag met engelen werk en in een toestand van liefde verkeer.' Het was het meest effectieve hulpmiddel om me te helpen verheffen naar het zesde niveau van het auraveld: goddelijke liefde.

Het zesde niveau van de aura: goddelijke liefde

Anders dan niveau vijf is niveau zes ons heel vertrouwd. We worden geïnspireerd door de schoonheid van een zonsopgang of zonsondergang, door de schoonheid van zonlicht op water of van maanlicht op een meertje. De sterren heffen ons op in het indigo van de nachtelijke hemel, en we zijn verwonderd. We luisteren naar muziek in een kathedraal of het zingen in een tempel, en we worden naar een spirituele extase gevoerd. We hebben het gevoel alsof we thuis worden gebracht naar onszelf, en we houden van al wat er is. Deze ervaringen zijn voor ieder van ons uniek. Er bestaat geen manier waarop woorden de diepte en ruimte van spirituele gevoelens kunnen overdragen. Poëzie brengt ons tot aan de deur, maar wij wandelen erdoor naar binnen.

Het zesde niveau van de aura ziet eruit als schitterende, heldere, iriserende lichtstralen die naar alle richtingen uitgaan in een algehele eivorm. Het heeft alle kleuren van de regenboog en is misschien wel het mooiste niveau van de aura om naar te kijken. Wanneer we onze bewuste gewaarwording naar dit niveau brengen, voert dit ons tot spirituele extase.

We hebben allemaal de diepe innerlijke noodzaak dit regelmatig te ervaren, zoals ademhalen. Veel mensen weten dit niet eens. Maar het is even essentieel om de menselijke ziel te voeden als om het lichaam te voeden. Wanneer de menselijke ziel niet wordt gevoed, worden we cynisch over het leven. Het leven wordt slechts het nemen van de ene horde na de andere, en er is een gemis aan welbevinden. Menigmaal proberen we het gevoel van er-ontbreekt-iets te vervangen door materiële welvaart. Dat werkt niet. De enige manier om behoeften van het zesde niveau te vervullen is door middel van ervaringen van het zesde niveau. Dit betekent: onszelf verheffen naar dit ervaringsniveau. Dit betekent ook: in ons dagelijks leven tijd en energie reserveren voor dit deel van onszelf.

Dat kan inhouden: regelmatig mediteren; regelmatig stille wandelingen houden bij zonsopgang langs het strand of in de bergen; regelmatig naar een religieuze dienst van je keuze gaan; regelmatig poëzie lezen of naar concerten gaan. Het is eenvoudigweg een kwestie van er tijd en aandacht aan besteden. Als stille meditatie niets voor jou is, probeer dan om inspirerende muziek te spelen terwijl je mediteert.

Je taak in je zelfhealing is om jezelf dit soort voeding te verschaffen. Welke muziek verheft je naar dit soort niveaus? Wat voor soort meditatie verkies je die je verheft naar een spirituele ervaring? Weet je andere manieren om dat te doen? Hoe zien die eruit?

Wanneer je dit regelmatig doet, zul je enorme delen van jezelf doen ontwaken die vol schoonheid en liefde zijn, die je zult leren kennen. Ze zullen deel gaan uitmaken van je normale zelf.

Op het zesde niveau zul je onvoorwaardelijke liefde ervaren, zowel voor jezelf als voor anderen. Onvoorwaardelijke liefde is de ervaring van complete zorgzaamheid voor het welzijn van de ander zonder daar iets voor terug te willen krijgen. Je geeft je liefde zonder er enige voorwaarden aan te verbinden. Dat betekent: hen volledig accepteren zoals ze zijn; je liefde op een wijze geven die respecteert en eerbiedigt wie zij zijn, je verheugend in hun verschillen met jou, en hen erbij steunend hun wezen te laten schitteren; in hen de bron van leven erkennen als de bron van het goddelijke.

Het belang van verlangen

De even genummerde niveaus van het auraveld zijn allemaal gevoelsniveaus. Ze dragen alle onze verlangens. Op niveau twee – onze gevoelens over onszelf – dragen we de verlangens ons goed te voelen over onszelf, onszelf lief te hebben en om gelukkig te zijn. Op niveau vier concentreren onze verlangens zich rondom onze relaties met anderen: ons verlangen naar intimiteit, naar een liefdevol thuis en liefhebbende vrienden. Op het zesde niveau is ons verlangen ons verbonden te voelen met al wat is, met God. Dit zijn onze verlangens naar spirituele eenwording.

Sommige spirituele of religieuze groeperingen zeggen dat deze verlangens niet goed zijn, dat verlangens je in de problemen brengen, dus in bedwang gehouden dienen te worden, of dat die knop moet worden omgedraaid. Alle belangrijke wereldreligies hebben een deel van de menselijke ervaring verworpen, of het nu seksuele verlangens zijn, ons verlangen om rechtstreeks met God verbonden te zijn in plaats van via een bepaald daartoe uitverkoren persoon, ons verlangen te weten wie we zijn, ons verlangen onze vorige ervaringen te herinneren, ons verlangen om te communiceren met de engelen, ons verlangen goed en kwaad te kennen, en ons verlangen de werkelijkheid te kennen – hoe die geschapen is, en ons aandeel daarin. Iedere religie heeft sommige van deze verlangens slecht, gevaarlijk of belachelijk genoemd.

Heyoan heeft echter een andere visie. Hij zegt dat het voornaamste probleem niet de ware verlangens zelf zijn maar de vervorming of overdrijving daarvan. Al deze verlangens zijn verbonden met een dieper verlangen, of onze spirituele hunkering die we in ons meedragen op een diepere dimensie van wie we zijn. (Deze dimensies zullen in hoofdstuk 17 worden besproken.) Deze spirituele hunkering leidt ons door ons leven. Ze houdt ons op ons pad. Ze helpt ons ons doel verwezenlijken waartoe we op aarde zijn. Onlangs legde Heyoan me tijdens een meditatie uit dat onze persoonlijke verlangens ons bijzonder behulpzaam zijn en dat we ernaar moeten luisteren, ze ophelderen en ernaar moeten leven. Hieronder staat een kleine lezing die hij gaf. Hij zet er de oorzaken in uiteen van de vervorming en overdrijving van onze ware verlangens. Hij laat ons zien hoe we onze ware verlangens kunnen onderscheiden van de vervormde, en hoe we de vervormde verlangens die ons zoveel frustratie en een gevoel van onvervuldheid bezorgen, kunnen helen.

HET VERBINDEN VAN PERSOONLIJKE VERLANGENS MET SPIRITUELE HUNKERING
Gechanneld vanuit Heyoan

Bepaal je persoonlijke healingdoel voor wat je wenst te ontvangen, en verbind je met het grotere plan dat door de spirituele wereld wordt bestierd. Wanneer je je blijft afstemmen op je taak die is gesynchroniseerd met de taak van de spirituele wereld, zal het werk veel lichter en makkelijker zijn. Je zult verbonden zijn met de diepere betekenis van elk voorval dat je meemaakt, terwijl je je healingproces doorloopt. Je zult je in het doel dat je bepaald hebt, kunnen nestelen en de verlangens van de persoonlijkheid kunnen loslaten die niet synchroon zijn met die van je levenstaak.

Weet je, niet alle verlangens zijn negatief, zoals sommige groeperingen misschien zeggen. Eerder zijn sommige verlangens een vervorming of overdrijving van je diepere spirituele verlangen dat in je levensplan berust. Het gevoel van niet-vervuld-zijn en van frustratie dat je beleeft, komt voort uit het niet-vervullen van het diepere spirituele werk dat je bent komen verrichten, niet uit het klaarblijkelijk onvervulde verlangen dat aan de oppervlakte van je bewustzijn ligt. Jouw persoonlijke werk bestaat er dan uit de wortel van je verwrongen verlangens die in het levensplan berusten, te vinden en te begrijpen en om daarna die diepere verlangens, of spirituele hunkering zoals we die noemen, aan de dag te leggen in overeenstemming met dat plan.

En wat, dierbaren, zijn nu je ware behoeften?

Hier volgt hoe je de gevoelens en hunkeringen naar deze ware behoeften je wezen kunt laten vullen, zodat ze vervuld kunnen worden. Maak eerst een lijst. Wat zou je voor jezelf willen scheppen? Houd het eenvoudig en diepzinnig. Wanneer je die visualisatie helder maakt, *stuur die dan niet naar ons naar boven alsof wij het aan jou beneden zullen geven, maar zaai die diep in de kern van je wezen zodat die kan opborrelen vanuit je innerlijke fontein.* Telkens wanneer je een verlangen hebt dat helder en gesynchroniseerd is met je levenstaak, neem het dan mee naar de innerlijke fontein van creativiteit.

Naarmate jij je in jezelf begeeft en je bewuste gewaarwording verruimt naar een groter niveau van zijn, zul je uit de eerste hand de verbinding ervaren met het grotere verlossingsplan en met de hiërarchie die dat leidt. Want er is een plan dat vele, vele mensen omvat. Dit plan zal zich met het verstrijken der jaren blijven ontvouwen over het aangezicht van de aarde tot grotere omvang en intensiteit en met grotere helderheid.

Wat je vandaag leest, is misschien niet onmiddellijk begrijpelijk voor je. Begrip kan misschien in de volgende drie, zeven, tien of vijftien jaar komen. Bewaar deze leringen in een persoonlijke, heilige plek in je. Houd een heilig persoonlijk dagboek bij, zodat je naargelang de jaren vorderen en je persoonlijke pad zich ontvouwt, verwijzingen hebt naar eerdere gebeurtenissen die geen betekenis hadden of die niet begrijpelijk voor je waren op het moment dat ze voorvielen, maar die later een sleutelstuk worden in de puzzel van je levenstaak. Deze dagboeken kunnen ook voor persoonlijke leiding worden gebruikt die je ontvangt voor je persoonlijke proces. Wij zijn erop uit je te helpen de kracht en het licht te herkennen en de verantwoordelijkheid voor die kracht en dat licht in je, want dat is de plaats waar ze reeds berusten.

Nu zullen we je tot een dieper inzicht leiden in de wond die je meedraagt, waarover we in het eerste hoofdstuk van dit boek spraken, en tot een dieper inzicht van je intentie die wond niet te voelen. Deze intentie wordt negatieve intentie genoemd omdat die jou niet dient. Ze brengt alleen maar meer pijn in je leven. Deze zal een dieper inzicht in jezelf en in het totaalproces van je persoonlijke transformatie geven. Het werk dat voor transformatie nodig is, is je te begeven in het zelf en het innerlijke landschap te ontdekken. Je bent zulke landschappen al doorgetrokken. Je bent al door innerlijke tunnels van duisternis heengegaan die tot meer licht leiden. Via dit transformatieproces vind je grotere liefde, integriteit, kracht en onschuld in het zelf. Je ontdekt dat de binnenwereld even groot is als de buitenwereld, en dan vraag je misschien weer: 'Wie ben ik?'

Aan het begin van je leven kwam er onverwachte pijn. Je reageerde op deze pijn door te proberen die te stoppen. Door dat te doen stopte je de creatieve impuls in je. Misschien was het zo'n simpele pijn als die je voelde toen je de hete brander van een fornuis aanraakte, of misschien was het een boze blik van een van je ouders. Op het moment dat de pijn kwam, stopte je het creatieve proces in je en overdekte dat met schaduw. Zodoende maakte jij je los van je centrum, en een deel van je vergat wie je bent.

Wanneer je meer innerlijke landschappen ontdekt via het persoonlijke transformatieproces, breng je de herinnering aan wie je bent weer tot leven. De oorspronkelijke liefde en spirituele hunkering die je meedroeg in je emotie, de oorspronkelijke moed van je wil, de oorspronkelijke waarheid in je rede: ze zijn nog steeds in je. Je bent je misschien niet rechtstreeks je spirituele hunkering gewaar, maar ze baant als persoonlijkheidsverlangens haar weg door je innerlijke schaduwen. Er is niets verkeerds aan persoonlijke verlangens op menselijk niveau, want ze zijn een afspiegeling van de goddelijke hunkering van binnen, de oorspronkelijke creatieve impuls.

De verlangens die je als mens hebt naar relaties, liefde, veiligheid, naar het vinden van jouw manier om je leven te scheppen zoals jij dat wilt, zijn heel mooi. Misschien zijn ze tegelijk niet helder. Misschien zijn ze vervormd. Misschien verlang je naar een heleboel geld omdat je je niet veilig voelt. Maar geld zal je geen veiligheid bieden. Misschien verlang je naar de perfecte partner die je volkomen begrijpt, het niet met je oneens is, en die voor je zorgt. Maar wat ligt er onder zo'n verlangen? Het wegwuiven van volwassen verantwoordelijkheid? De angst voor verandering? In zulke omstandigheden zul je niet groeien door middel van een uitwisseling van ideeën. Die soort 'perfectie' werkt niet in de menselijke omstandigheden; het zou je levensdoel in het fysieke vlak neutraliseren.

Als je je ware verlangens wenst te vervullen in je leven, dan wordt het een kwestie van die delen van jezelf te vinden die de oorspronkelijke creatieve daad, die uit je innerlijke fontein opborrelt, beschaduwen en vervormen. Je kunt dit doen door de schaduw en de vervormingen te zuiveren en je persoonlijke verlangens te synchroniseren met je oorspronkelijke spirituele hunkering die diep in je wezenskern wordt bewaard. Ze zijn rechtstreeks verbonden. Je zuivere onvervormde persoonlijke verlangens zijn de manifestatie, op persoonlijkheidsniveau, van je diepere hunkering van je kern. Ze zijn je bondgenoten. Ze leiden je naar de diepere kern van je leven.

Welk verlangen voel je nu? Misschien beoordeel je het als egoïstisch. Dat kan het zijn of niet zijn. Vraag eenvoudig: 'Wat is de verbinding van dit verlangen van mijn persoonlijkheid met de oorspronkelijke innerlijke hunkering die me door mijn leven leidt?' Jouw werk bestaat er eenvoudigweg uit een pad tussen die twee te banen zodat het persoonlijkheidsverlangen een zuivere uiting van de oorspronkelijke creatieve impuls van binnen wordt.

Er is een heleboel verwarring over deze kwestie op aarde geweest. Veel pijn is uit deze verwarring voortgekomen, omdat in bepaalde kringen verlangens als zonde werden beschouwd. De enige zonde is, vergeten wie je bent. De enige zonde is, de illusie waarin je je bevindt. Veroordeel je verlangens niet. Bewaar je verlangens als de meest heilige, kostbare delen van jezelf, delen van de stukken van je leven die verlicht dienen te worden.

Mediteer nu om een weg te vinden vanuit je persoonlijkheidsverlangens naar de diepere hunkering van je ziel. Onthoud dat je verbonden bent met het grote verlossingsplan dat zich op aarde ontvouwt. Wanneer jij jezelf heelt, heelt de aarde zichzelf.

Op het zesde niveau van ons wezen ervaren we hoop en vertrouwen.

Een heel belangrijk deel van je healingproces zal worden gevormd door het opbouwen van hoop en vertrouwen. Het opbouwen van vertrouwen in jezelf, in je innerlijke hulpbronnen, en in je vermogen om voor jezelf te zorgen en om te creëren waarop je in dit leven hoopt en je verlangen hebt gericht. Hoop op een beter leven. Hoop op een betere gezondheid. Hoop op een nieuwe wereldorde. Hoop voor de mensheid en de planeet. Vertrouwen draagt je stap voor stap door de donkere tunnels die we allemaal in het leven door moeten gaan naar de hoop op de vervulling van onze hunkering.

We maken allemaal perioden in ons leven mee waarin we het vertrouwen kwijtraken. Dit gebeurt wanneer we op de donkerste plaatsen zijn van de innerlijke tunnels die we in ons transformatieproces doorgaan. Wanneer al het andere faalt en we er zeker van zijn dat we verloren zijn, geven we ons uiteindelijk over aan hoop en vertrouwen, waarvan we niet eens wisten dat we die in ons hadden.

Een prachtige healingmeditatie kwam door in een lezing die ik in juli 1988 in Denver gaf. Ze spreekt van hoop en vertrouwen, en verbindt het helen van je pijn met je levenstaak. Het is iets heel moois om te gebruiken wanneer je vertrouwen op de proef wordt gesteld. Hier volgt de meditatie.

HEALING DOOR HOOP EN VERTROUWEN
Gechanneld vanuit
Heyoan

Laat het licht door je heenkomen en je verheffen, terwijl je je voeten stevig op de aarde houdt. Want jij staat als een heel natuurlijke brug tussen de hemel en je spiritualiteit en de aarde, je geliefde thuis in het fysieke vlak. Hoe meer je deze werkelijkheid door je dagelijkse persoonlijkheid heen laat breken, des te meer je ware zelf gaat leven: wie je bent en waartoe je hier bent gekomen. Voel de energieën in deze kamer gesmolten wit worden wanneer wij ons met je verenigen voor deze communicatie. Open je ogen om onze aanwezigheid te zien, je oren om die te horen en je zintuigen om die te voelen. Wij zijn niet je verbeelding. Inderdaad, we zijn je broeders, en wij zijn hier gekomen om samen te werken teneinde deze planeet vrede en healing te brengen.

We hebben allemaal ingestemd dat te doen voordat je werd geboren. Met een heleboel hoop en vertrouwen ben je hier gekomen en nam je een fysiek lichaam aan. Want de hunkering die je voelde om naar deze planeet te komen en haar te dienen, was zo groot dat je ermee instemde iets van de pijn op je te nemen die op deze planeet bestaat, om die te helen. Je stemde ermee in die pijn in je eigen lichaam en je eigen psyche te nemen, zodat die getransformeerd kon worden tot liefde.

Dus zeg ik jullie: jullie zijn gekomen met in je

hart een grote hoop op een prachtige toekomst en met een vertrouwen dat je elke stap op de weg zou leiden naar die transformatie, niet alleen in jezelf maar van deze planeet.

Zo, laten we eens wat meer in detail onderzoeken hoe dit werkt. Wij noemen het je verbinden met de universele goddelijkheid. Je hebt grote wijsheid en grote kracht meegebracht. Je hebt enorme hoeveelheden liefde meegebracht, veel meer dan je ooit hebt gedroomd te hebben of te ontvangen. Met die liefde en wijsheid en kracht ben je hierheen gekomen om te healen. Je hebt een lichaam grootgebracht uit het lichaam van moeder aarde. Je hebt dat lichaam goed ontworpen. Je hebt vanuit de hemelen een energiesysteem meegebracht van de perfecte combinaties van energieën, die je de gereedschappen in handen zullen geven om je diepste innerlijke hunkering te vervullen. Want dat is waarvoor je gekomen bent: dat wat je meer dan alles verlangt te doen. Die buitensporigste droom die je heimelijk verborgen met je draagt, in een klein pakje, diep in je hart – voor de uitvoering waarvan je hier naartoe gekomen bent.

Misschien kun je nu dat kleine pakje nemen, het openen en erin kijken. Wees niet beschaamd. Denk niet dat wat je ziet egoïstisch is. Dat is het niet – het is de waarheid. Meen niet dat het te buitensporig is, want de enige beperking die je hebt, is het geloofssysteem dat je jezelf hebt opgelegd. Meen niet dat het te werelds is om in het nu te zijn, om verbonden te zijn en om al je handelingen vanuit je wezen te laten ontspringen. Wat je ook maar op dit moment aan het doen bent, het is een heel heilige daad. Het is een daad van vertrouwen.

Als jij je pakje nog niet geopend hebt, doe dat dan nu. Je zult verrukt zijn met wat je zo goed hebt weggestopt. Ik raad je aan dit geopende pakje te nemen en het op een altaar te zetten en er tweemaal per dag op te mediteren, ten minste vijf minuten per keer. Ik weet zeker dat je die vijf minuten tweemaal per dag zult kunnen vinden, nadat je 's morgens opgestaan bent en voordat je 's avonds naar bed gaat, om jezelf af te stemmen op dit doel. Als je er verlegen om bent, houd het dan geheim. Als je erover wilt spreken, voel je vrij. Maar kies degenen met wie je erover spreekt met zorg uit, kies hen die je zullen begrijpen en in je streven zullen steunen. Want jij hebt een taak te verrichten. Ik zal die taak op de volgende wijze voor je beschrijven.

Ik zou nu graag willen dat je je leven bekijkt. Keer terug naar je jeugd om de diepste pijn te vinden die je ooit hebt gevoeld. Vind die pijn in haar zaadpit. Want ieder van jullie draagt een pit van pijn in zich.

Als je die eenmaal gevonden hebt, volg dan de weg waarlangs je vanaf die pit gegaan bent. Vind hoe het elk moment van je leven, elk gebied van je leven doordrongen heeft. Vind hoe je deze pijn jaar na jaar gedragen hebt. Ja, ze is veranderd. Ze heeft zichzelf anders uitgedrukt in andere gebieden, maar ik verzeker je dat het dezelfde pijn is.

Het is precies die pijn, niet alleen in jezelf maar weerspiegeld in de wereld, waartoe je hier gekomen bent om die te helen.

Je hebt deze pijn opgenomen en ze in je lichaam en psyche geplaatst. Met grote moed heb je dit gedaan. Er is geen ontsnapping. Ontsnappen aan de pijn zal die niet genezen. Er is alleen healing.

Ik zou graag willen dat je die pijn nam en die vriendelijk verpakte in liefde en aanvaarding. Behandel ze als een pasgeboren kind, een kind dat vergeten is wie het is. Dit is een kind van *hoop*, een kind van de helder stralende toekomst, en jij bent het, de healer, die het *vertrouwen* heeft dit kind van zijn pijn te genezen. De eerste stap in je zelfhealing is aanvaarden dat jij deze pijn te helen hebt. Het is jouw persoonlijke taak die je vrijwillig op je genomen hebt, als dienst aan jezelf niet alleen maar ook aan de planeet. Jullie als healers hebben de eed afgelegd om nauwgezet eerlijk met jezelf te zijn, het zelf lief te hebben en te eren, de goddelijke wijsheid die in je, boven je, onder je en overal om je heen is te volgen en te gehoorzamen.

Voel onze aanwezigheid in de kamer. Je hoeft deze last niet alleen op je te nemen. Er is altijd leiding. Gebruik je *vertrouwen* om je lichaam te genezen. Maak er een gewoonte van. Wacht er niet mee tot je pijn lijdt. Doe het in vertrouwen.

Plaats op je altaar de pijn van het kind naast de liefde van de innerlijke healer: *de ene is hoop en de ander is vertrouwen*. Deze twee zijn het die je energie zullen kneden en omvormen, zodat jij en de aarde tot licht kunnen worden getransfigureerd. Voel de liefde in deze kamer. Voel het licht dat je bent. Voel het licht boven en onder je. Voel het licht overal om je heen, en het licht van hen die je zijn voorgegaan. Voel het licht in elke cel van je lichaam. Wees wie je bent. Dat is alles waartoe jij je ooit vrijwillig hebt aangemeld. Wees wie je bent, dat is alles wat ooit werd gevraagd. Wees wie je bent, dat is alles wat ooit nodig was. Wees wie je bent.

Het zevende niveau van de aura: de goddelijke denkende geest

Er is gezegd dat de hoogste vorm van extase pure, goddelijke, creatieve gedachte is. Dit is het geschenk van het zevende niveau. Hier is het waar de schepper zich verheft, want hier is het dat hij/zij het perfecte patroon kent en begrijpt dat hij/zij God is. Hier weeft hij/zij zijn/haar eigen gouden draad door het perfecte universele patroon van de schepping, en brengt daarbij zelfs meer perfectie naar een levend, pulserend, gouden web van de werkelijkheid.

Dit is ieders geboorterecht; het is ieders meest natuurlijke, normale zijnstoestand. Hoe meer we ons dit toestaan, des te meer we gaan leven en des te gezonder en menselijker we worden. We zouden zonder dit zevende niveau niet eens kunnen bestaan. We zullen veel meer geluk, extase en liefde beleven, wanneer we onszelf dit geven in eenvoudige regelmatige dagelijkse meditatie, en het daarna in ons dagelijks leven integreren. Denk niet te gering over jezelf. Het zit reeds in je. Het is een kwestie van je bewuste gewaarwording erheen brengen, en dan te zijn wie je bent.

Meditatie om het zevende niveau te bereiken

Doe deze eenvoudige meditatie tien minuten per dag, elke morgen bij het opstaan, en je zult verbaasd zijn hoe goed je dag verloopt. Ga in een meditatieve houding zitten en houd je rug recht. Leun met de bovenkant van je rug nergens tegenaan. Als je steun nodig hebt, stop dan iets achter je heiligbeen. Herhaal nu eenvoudig elk woord van de volgende mantra met elke in- of uitademing. Breng je denken iedere keer als het afdwaalt terug naar de woorden van de mantra, welke zijn: 'Wees stil, en weet dat ik God ben.'

Het niveau van de goddelijke denkende geest voert ons tot onze reden van bestaan. Het zevende niveau van het veld is goddelijke geest, die het perfecte patroon kent. Wanneer we ons bewustzijn verheffen naar dit niveau van ons zijn, gaan we een toestand van helderheid binnen die ons tot het inzicht leidt dat alles volmaakt is zoals het is, zelfs in zijn onvolmaaktheden. Alleen vanuit dit niveau van ons zijn kunnen we dit begrijpen. Vanuit andere niveaus kan het klinken als een uitvlucht, of gewoon weer een of ander vluchtig idee dat niets met de werkelijkheid heeft uit te staan. Hoe kan iets dat onvolmaakt is nu volmaakt zijn?

Vanaf het zevende niveau begrijpen we dat de aardse ervaring een leerschool is vol lessen. De voornaamste les hier is: liefde te leren. Het is makkelijk lief te hebben wat volmaakt is en ons geen problemen bezorgt. Maar wanneer we in de problemen zitten of pijn hebben, dan is het juist het moment dat we moeten leren onszelf en anderen lief te hebben. Daarom zijn de onvolmaaktheden op de aarde de perfecte situatie waarin we liefde kunnen leren. Als we wisten hoe we onder alle omstandigheden lief konden hebben, dan zouden we deze omstandigheden niet hebben gecreëerd. Wanneer we onder alle omstandigheden leren liefhebben, zal de liefde die we geven die omstandigheden veranderen.

Op het zevende niveau is de aura gemaakt van heel sterke heldere lijnen van goud-wit licht. Zij houden alles bij elkaar. Deze lijnen van licht zijn verrassend sterk. Meditatie waarin je je bewuste gewaarwording optilt naar dit niveau, zal een gevoel van sterkte, gemak en aanvaarding in je leven tot stand brengen. Aangezien alles volmaakt is en werkt binnen een perfecte orde der dingen, moet achter alles wat er gebeurt, wat het ook is, een hogere reden zitten. Slechte dingen gebeuren niet omdat wij slecht zijn. We worden niet gestraft. Veel dingen vinden plaats vanuit een grotere orde die we niet kunnen begrijpen. Alles wat er gebeurt, hoe onzinnig het ook is of hoezeer het alleen binnen een negatieve context zin heeft, is een les in liefde. Om het even wat.

Leren wat de hogere goddelijke reden voor een moeilijke situatie is, helpt ons om te gaan met wat er gaande is. Als we weten dat ons een goddelijke les wordt geleerd door middel van een moeilijke situatie, is het makkelijker daar doorheen te gaan, zelfs als we niet weten wat die les is. De meeste tijd weten we niet wat die les is, omdat we die gewoonlijk niet begrijpen totdat we ze geleerd hebben.

Twee speciale voorbeelden komen mij in gedachten die laten zien hoe een onaanvaardbare gebeurtenis aanvaardbaar werd gemaakt door overgave aan het healingproces of de te leren levensles, en door op te stijgen naar een hoger niveau van begrip.

Het genezen van Stefanies hart geneest het hart van haar gezin

In 1985 gaf ik een reeks healingen aan een kindje van drie jaar en haar moeder. Het kleine meisje, Stefanie, was geboren met een boezemseptum-defect (ASD) ter grootte van een stuiver tussen twee boezems van het hart. Open-hartchirurgie stond gepland voor juli 1985. De moeder, Karen, had zelf diverse malen een operatie ondergaan en hield haar hart vast voor Stefanie vanwege de pijn die na de operatie zou volgen. Karens oorspronkelijke motief om met Stefanie naar healingsessies te komen was de operatie te voorkomen.

Elke sessie vroeg Karen weer aan Heyoan of haar dochter echt een open-hartoperatie moest ondergaan. Bestond er niet een of ander middel waardoor dit voorkomen kon worden? Ook ik zat echt helemaal op de lijn te proberen de operatie te voorkomen. Telkens wanneer Karen Heyoan ernaar vroeg, werd ik nerveus. Ik wilde geen valse voorspellingen geven. Op een bepaald moment, tegen het eind van een healing, riep Heyoan plotseling tegen me uit, alsof hij genoeg had van ons geklaag: 'Hier, volg me.'

Meteen schoot ik door een ziekenhuisgang achter Heyoan aan. Hij zwiepte de deuren naar de operatiekamers open en bracht me tot aan de operatietafel. Hij zei: 'Hier, kijk hiernaar.'

Ik merkte dat ik voorover leunde en in de open holte van Stefanies borst keek. De operatie verliep goed. Toen verschoof het schouwspel voorwaarts in de tijd en ging over naar het herstel. Stefanie deed het goed. Het was een dag of twee na de operatie. Stefanie zat al in een stoel in haar ziekenhuiskamer en zag er heel monter uit. Ik zag haar uit de stoel springen en op haar ouders toerennen toen die de kamer in kwamen. Daarna ging de scène over naar een Stefanie van ongeveer dertien jaar oud, net aan de rand van de puberteit. Ze stond voor een spiegel en keek naar het litteken op haar borst. Ze zag er mooi, gezond en stralend uit. Ze onderzocht het litteken op een nieuwsgierige en onbezorgde manier. Het litteken hielp haar zich met haar hart en haar liefde te verbinden.

Toen zei Heyoan: 'Nu, is dat zo slecht?'

Ik vertelde mijn kleine avontuur aan Karen en haar angsten verminderden voor een poosje, maar natuurlijk, bij de volgende sessie waren ze er weer.

Het was voor mij nog steeds erg moeilijk om er tijdens de healingsessies emotioneel buiten te blijven. Omdat ik ook moeder van een dochter ben, wilde ik helpen deze operatie te voorkomen. Omdat ik een keizersnee met complicaties had gehad bij de geboorte van mijn eigen dochter, ontdekte ik dat ik ook mijn vooroordelen had tegen chirurgie, zelfs ondanks het feit dat die chirurgie mijn dochtertje het leven had gered. Vanwege mijn eigen vooroordeel en de druk van Karen had ik er wederom moeite mee mijn kanaal zuiver te houden. Uiteindelijk was ik in staat me door de hoogste niveaus van het auraveld op te heffen tot Heyoan, en ik ontving de volgende leiding van hem:

~

De onderwerpen met betrekking tot liefhebben voor jou hebben te maken met jouw vermogen iemand in het veld van je liefdevolle energie te houden en hen tegelijk hun eigen leven te laten ervaren zoals ze dat voor zichzelf gepland hadden. Je kunt geen enkel kind van je beschermen of redden van zijn eigen karma. Karma betekent in dit geval: het eigen levensplan dat het gekozen heeft. Want dit is een wijze ziel die gekomen is voor een prachtige taak en die precies gekozen heeft hoe ze die wil verrichten, en ze blijft dat moment na moment kiezen. Ze blijft haar gelofte aan het leven in het fysieke vlak hernieuwen met iedere ademhaling, net zoals jullie twee dat doen.

[Hier verwijst Heyoan naar Barbara en Karen samen.]

En als we deze discussies zo in zouden kunnen gaan vanuit dit bredere perspectief, dan zouden er misschien minder storingen op het kanaal zijn. Als jullie beiden je nu naar de plaats van wijsheid in jezelf zouden kunnen begeven, zullen jullie de diepere wijsheid in jezelf kunnen vinden die de operaties gekozen heeft die jullie hebben ondergaan. Hierdoor hebben jullie beiden enorm veel geleerd. Wel, het heeft deze [verwijzend naar Barbara] op haar pad van healer gebracht, is het niet? Want voordien had ze geen ervaring van pijn of ziekte, dus daarom kon ze degenen die ziek waren niet invoelen omdat ze zelf die ervaring miste.

En voor jou Karen, lieverd, gelden vergelijkbare punten. Je had nooit eerder, voor je operatie, de ervaring gehad dat er zo goed voor je werd gezorgd. Het opende voor jou grote vergezichten van het hart, van zorgen en verzorgd worden, van toegeven en vertrouwen. Maar toch hoor ik je zeggen: 'Vertrouwen? Ben je gek! Ik heb vertrouwd en zie eens wat er is gebeurd!' En ik zeg je, kijk inderdaad eens naar wat er gebeurd is. Je hebt twee prachtige kinderen gekregen. Je werd verzorgd. De innige band tussen jou en je man en tussen jou en je wijdere familiekring groeide enorm.

Jij zorgt nu voor hen. Je begrijpt hun pijn beter. Je bent juist heel goed voorbereid om je kind door deze operatie heen te helpen, mocht dat gebeuren, want je weet wat het is. Dus vraag jezelf af: 'Wat zou je van anderen gevraagd hebben toen jij je operatie kreeg? Wat gaf je het meeste plezier: de bloemen op de kamer, de mensen die op bezoek kwamen, de liefdevolle handen die op je werden gelegd? Hoe maakte je ervaring zichzelf lichter? Door welke ervaringen werd je verblijf in het ziekenhuis aangenamer?'

En dus, als je een kind hebt dat een operatie moet ondergaan, hoe kun je dan bij haar zijn? Kies het ziekenhuis met zorg uit, zoals je voor de geboorte deed. Wees in het ziekenhuis bij haar. Ga door de ervaring heen. Heb je gevoelens. Houd haar in je veld van liefde, wetend dat wat er gebeurt Gods wil en haar wil is. Dat is het moeilijkste. Want al wat er gebeurt, is wat zij gekozen heeft. Respecteer daarom de wijsheid van de ziel die in je kind verblijft. Respecteer haar keuzen en steun die keuzen. Ondersteun de leerervaringen die dit kind ondernomen heeft. Als zij kiest om door de operatie heen te gaan, weet dan dat het van haar uit een verklaring is van een groeiend vertrouwen

in het gezin, in liefhebben en in het hart.

Nu kan dit klinken als een contradictio in terminis, maar kijk eens naar de ervaring. Zou iemand niet meer vertrouwen in het gezin, in liefhebben en in het hart nodig hebben om door deze ervaring heen te gaan dan om er niet doorheen te gaan?

En natuurlijk zal Barbara waarschijnlijk tegenwerpen: 'Maar waarom kon ze het niet vermijden? Waarom niet?' En we zeggen eenvoudig: de ene weg is niet beter dan de andere. Ieder leert een andere les.

Houd in gedachten om volledig respect te geven en moed te houden. Zij heeft zoveel moed. Ze zal je vertellen: 'Mammie, kijk, ik ga dit doen, en het zal jouw vertrouwen doen groeien, net zoveel als het mijne. Ik geef je dit als een geschenk. Want de wereld is veilig, ook al is er pijn. De wereld is liefdevol, ook al is er afgescheidenheid. De wereld is mooi, ook al is er wanorde. En ik doe deze uitspraak door middel van deze daden van mijn volkomen vertrouwen in de fysieke wereld. Ik geef je dit als een geschenk. En dus, lieve mamma, ben ik gekomen om je hart te helen, zoals jij gekomen bent om het mijne te helen.'

KAREN: In het licht van al deze positieve woorden – en ze hebben me werkelijk geraakt – wilde mijn man weten of er enige psychische kwesties aan verbonden zijn die omhoog zouden komen wanneer ze die operatie heeft. Ze klinkt alsof ze werkelijk heel goed bij zichzelf is. Het lijkt alsof de moeilijkheid eerder bij mijn man en mij ligt dan bij haar.

HEYOAN: We spraken vandaag tegen je in de woorden die we gebruikten om zo de echo te zijn van de uitingen van Stefanies bredere en grotere en diepere wijsheid. Maar natuurlijk, er is ook het deel dat vergeet. Natuurlijk zal ze als ze een operatie ondergaat, pijn hebben wanneer ze daaruit ontwaakt; en natuurlijk zal ze in pijn reageren; en natuurlijk zal ze dan zeggen: 'Mammie, ik wil naar huis. Mammie, neem me mee naar huis.' En daartoe zul je niet in staat zijn. Maar je kunt bij haar blijven en zeggen: 'De wereld is een veilige plek. Ik herinner me dat omdat jij me dat verteld hebt.'

En hetzelfde geldt voor je lieve man. Haar proberen te beschermen tegen haar eigen wijsheid zal niets uithalen, mijn lieve zoon. Ga mee met de diepere wijsheid van haar keus, en je zult erdoor gesterkt worden. Wanneer zij haar kracht vergeet, kun jij haar de jouwe geven. Je geeft eenvoudigweg het geschenk aan haar terug. Zie je hoe prachtig de harmonie stroomt tussen elk van jullie in het gezin en wat voor een gezin het is!

KAREN: Ik heb geen vragen meer, ik wil jullie gidsen alleen bedanken voor de raad dat we handoplegging kunnen doen en voor alle hulp. Het was werkelijk een genoegen dat deze maand te doen. Zij houdt ervan en ik houd ervan, en het is een ritueel geworden.

[Heyoan had Karen geïnstrueerd om elke avond voor het naar bed gaan handoplegging te doen bij Stefanie. Ze kwamen door dit proces veel dichter bij elkaar en hadden dit toen al enige maanden gedaan.]

HEYOAN: Ja, het is een prachtige vorm van één-zijn, is het niet?

KAREN: Ik zou ook graag willen weten of er iets was dat vandaag gebeurde en waarvan we op de hoogte zouden moeten zijn.

HEYOAN: Het hart werd versterkt; haar vertrouwen werd versterkt; en je hebt nog wat meer tijd nodig om de uitkomst te weten. Het spijt me, lieverd, maar we respecteren wederom de wijsheid van je ziel, want er zal grote blijdschap zijn wanneer je door je tunnel heen bent gegaan.

BARBARA: Ik probeer te zien wat er in die tunnel hier is. [Ze kijkt in de tunnel.] Het ziet eruit als een van die spelen met Legoblokjes, een soort van grappig spelletje, een kinder-volwassenenspel om mee te spelen. Dat zit er in de tunnel.

Ze staan te wachten alsof er nog meer te zeggen is, alleen hebben ze niets meer te zeggen. Ik weet niet of jij misschien nog meer vragen hebt?

KAREN: Ik heb een heleboel gevoelens. Ik kan de tunnel voelen. Een groot stuk van wat ik de laatste maand beleef, heeft te maken met het me losmaken van mijn ouders. Ik neem eindelijk echt aan dat mijn ouders hier niet voor mij zijn. En toen ze zeiden de tunnel, had ik het gevoel alsof ik er voor mijn gezin moest zijn en volwassen moest worden en me echt los moest maken van mijn afhankelijkheid van mijn ouders die nooit... Ik was afhankelijk van hen, en zij waren er nooit. Ik heb heel veel gevoelens over hen. Ik weet niet wat ik daarover moet vragen.

HEYOAN: We vinden het spijtig voor je dat je deze pijn hebt ervaren en we vinden het spijtig dat het niet precies was zoals je het gewild had, vanuit het niveau van het kind. En zoals we al eerder gezegd hebben: je grotere wijsheid heeft je jeugdervaringen gekozen. Als je nu kon kijken naar je eigen moederschap en je er de pracht van kon zien, de pracht van deze uiting van jezelf, en de enorme ruimte die je als moeder hebt voor zelfexpressie, dan zou je enkele van de keuzen die je hebt gemaakt, kunnen begrijpen. Want er buigt zich niemand over jouw schouder die zegt: 'Nee, dit is niet zoals een moeder handelt.' Noch zul jij dat je kind aandoen wanneer zij moeder wordt.

KAREN: Dat is waar. Ik vergeet de vrijheid.

HEYOAN: En herinner je dan wanneer je in het ziekenhuis bent, dat je niemand over je schouder laat leunen en laat zeggen: 'Zo moet je handelen.' Wees volledig jezelf, en als je iemand nodig hebt om je vast te houden, vraag daar dan in godsnaam om, want niemand groeit ooit werkelijk op, tenminste wat dat betreft. Behoeften zijn echt en ze zijn mooi, en ze brengen mensen tot elkaar en scheppen meer liefde tussen mensen, meer communicatie en kracht. Je kunt zeggen dat een behoefte een kracht is die aan het groeien is. Een angst toegeven is liefde vinden. Toegeven dat je verdwaald bent, betekent dat je je weg naar huis aan het vinden bent. Een behoefte is een uiting van de waarheid, van waar je op je pad bent. Toen Christus aan het kruis hing, uitte hij zijn twijfels. Er was een moment van niet-vertrouwen en hij uitte dat. Daarna werd het gevolgd door een moment van vertrouwen. En wees zo dus volkomen in jezelf en wees wie je bent in het moment. Dit zal de mensen om je heen ook meer moed en kracht geven. Leun maar meer tegen die lieve echtgenoot van je aan. Hij is heel sterk.

KAREN: Echt waar?!

HEYOAN: Misschien vergeet hij het zo nu en dan. Probeer iets meer te leunen en hij zal het zich herinneren.

KAREN: Ik krijg het gevoel alsof ik hem tot last ben. Ik wil niet op hem leunen. Het is verbazend. Dank je.

HEYOAN: Heel graag gedaan. En onthoud, we zijn altijd bij je. We zullen er zijn om haar zachtjes vast te houden wanneer ze haar lichaam verlaat bij een eventuele operatie.

KAREN: Ja, dat weet ik. Ik wil me niet vastklampen aan het feit dat ze die operatie misschien niet zou krijgen, dus ik ben me echt zo'n beetje aan het voorbereiden dat...

HEYOAN: Je bent erdoorheen aan het gaan. Je moet door je tunnel heengaan op de een of andere manier.

Via leiding werd het steeds duidelijker dat de operatie waarschijnlijk wel zou plaatsvinden, om het hele gezin te helpen dichter tot elkaar te komen en te leren geloof en vertrouwen te hebben in een fysieke wereld. Beide ouders waren bijzonder spiritueel en hadden op een of andere wijze de operatie gelijkgesteld met spiritueel iets niet goed gedaan hebben. Door de reeks leidingen werd het duidelijk dat dit niet het geval was. In de laatste sessie vertelde Heyoan aan Karen dat kort na de operatie haar man Michael een nieuwe baan zou krijgen en dat ze uit Brooklyn zouden vertrekken. Ze zouden verhuizen naar een klein plaatsje op ongeveer een uur afstand van New York, waar hun leven een nieuwe vorm zou aannemen. Dit alles, zei hij, zou het resultaat zijn van de enorme veranderingen en groei binnen het gezin, wanneer ze door de gezinshealing heengingen die in gang werd gezet door Stefanies operatie. Karen zei dat haar man al meer dan een jaar naar een baan aan het zoeken was en dat ze naar New Jersey wilden verhuizen. Heyoan zei dat het nog niet de tijd voor hen was om te verhuizen, omdat ze eerst de gezinshealing moesten voltooien die zich aan het voltrekken was. Het was voor Stefanie belangrijk haar genezing in het oude huis te volbrengen en het daarna allemaal achter te laten, zodat ze een nieuw leven kon beginnen in het nieuwe huis.

Het is 1992 als ik dit boek schrijf. Ik heb net Karen gesproken om de resultaten van al het werk te toetsen. Ze zijn gelukkig en hebben het gerieflijk. Karen zegt dat het leven beter is dan ze ooit heeft gedroomd. Ze bevestigde de kleine reis door de operatiekamer waarop Heyoan me had getrakteerd. De gebeurtenissen ontvouwden zich precies zoals hij gezegd had. Stefanie kreeg in juli een open-hartoperatie. Haar herstel voltrok zich heel snel. Twee of drie dagen na de operatie was ze heel kwiek. Op het moment dat de verpleegsters de slangen uit haar trokken, sprong ze uit de stoel en holde dwars door de kamer om haar ouders te begroeten die net binnenkwamen.

Karen vertelde dat Stefanie drie emotionele trauma's had gehad tijdens het verblijf in het ziekenhuis. Ze vonden plaats toen het verpleegkundig personeel Stefanie van haar ouders moest weghalen voor onderzoeken, voor de operatie en voor het weghalen van de slangen. Karen zei dat Stefanie drie nachtmerries had gehad de eerste drie nachten dat ze thuis sliep, een voor elk emotioneel trauma. Daarna was ze opgeknapt; ze had geen slechte herinneringen en geen problemen met betrekking tot de ziekenhuiservaringen.

Het gezin ging in augustus op vakantie, nog iets dat Heyoan gezegd had dat zou gebeuren en wat ze niet konden geloven. Toen ze terugkwamen van vakantie, was er een aanbod voor een baan voor Michael in New Jersey. Het was de baan die hij wilde maar die hij eerder geweigerd had omdat het salaris te laag was. Nu hadden ze het salaris verhoogd om aan zijn eisen tegemoet te komen. Karen vertelde dat ze binnen een paar dagen een huis gevonden hadden dat ze kochten. In oktober woonden ze in New Jersey, en zat Michael in zijn nieuwe baan.

Karen vertelt dat de healingervaring met Stefanie een heel belangrijke stap in hun ontwikkeling als gezin was geweest. Ze zei dat drie tot vier weken na de operatie Stefanie een ander kind was. Voor de operatie was ze een in zichzelf gekeerd meisje, maar nadien kwam ze stevig in haar lichaam, en veranderde haar kleur. Ze is nu tien. Ze noemt zichzelf een Hartekind. Ze schrijft mooie gedichten en muziek, zingt, en is geïnteresseerd in acteren.

Karen zegt dat ze dank zij deze ervaring geleerd heeft meer te vertrouwen in de synchroniciteit van het universum. Wanneer ze erop terugkijkt, kan ze zien dat alles zich in een perfecte timing voltrok. Bijvoorbeeld, hoewel Michael al meer dan een jaar een baan aan het zoeken was, kon dat niet eerder gebeuren dan nadat de healing voltooid was. Toen dat eenmaal zover was, vloeide alles heel makkelijk en automatisch naar het nieuwe leven dat het gezin voor zichzelf schiep.

Nu zegt Karen: 'Ik begin te leren vertrouwen te hebben in dit grotere plan. Je dient wel een inspanning te verrichten voor alles. Maar als je een inspanning verricht en je blijft weerstand ontmoeten, moet je weten dat er iets anders aan de hand is. Het hoeft niet zo te zijn dat jijzelf weerstand hebt, het kan zijn dat de timing niet goed is en dat er iets anders moet gebeuren, dat iets eerst voltooid moet zijn. Omdat, toen het eenmaal klaar was, alles opeens op zijn plaats viel. Ik ging twee dagen naar huizen kijken en Michael één dag, en we kochten dit huis de dag nadat we het gevonden hadden. Ze hadden net de prijs laten zakken, zodat het precies binnen ons budget viel. Alles liep op rolletjes. Ik heb het gevoel dat ik daarop leerde vertrouwen dank zij de ervaring met Stefanie. En ik heb nu steeds zulke dingen in mijn leven. Wanneer iets klopt, gaat het vanzelf. Je hoeft niet tegen de stroom in te duwen.'

Andy brengt zijn familie weer bij elkaar
Het tweede voorbeeld dat ons de mogelijkheid geeft het onaanvaardbare te aanvaarden door ons naar een hoger niveau van inzicht te verheffen en daardoor onze levenservaring te transformeren, is dat van een jongeman van vijfentwintig die stervende was aan een kwaadaardig melanoom (huidkanker). Ik zal hem Andy noemen.

Andy woonde ongeveer drie uur rijden van me vandaan, en zijn lieve moeder bracht hem naar de healingen. Toen Andy bij me kwam, had hij – volgens zijn artsen – nog minder dan een jaar te leven. De snel groeiende kanker had zich over zijn hele lichaam uitgezaaid en had nu zijn hersenen bereikt. Toen ik enige tijd later met hem werkte, kreeg hij periodieke bestralingen om de omvang van de tumors te verminderen, die hem toen begonnen pijn te doen.

Niemand vertelde Andy wat zijn werkelijke gezondheidstoestand was, maar diep van binnen wist hij het. Wat heel opvallend aan Andy was, was dat hij niet zo erg bezorgd was om zijn dood. Dit gold zelfs toen hij voor de eerste keer bij me kwam en hij nog geen pijn had. Vanaf het eerste moment dat hij mijn kantoor binnenliep, worstelde hij niet erg om zijn leven in het fysieke lichaam. Hij gaf toe dat hij überhaupt heel tweeslachtig was over het leven in de fysieke wereld. Hij wenste meer te weten over de geestelijke wereld. Ik channelde Heyoan heel vaak voor Andy, en ze werden goede vrienden.

Na verloop van tijd voelde Andy zich meer op zijn gemak in de geestelijke wereld en probeerde hij zijn eigen gids te bereiken. Andy raakte steeds meer bezorgd om de liefde tussen twee mensen, met name of familieleden van hem wel van elkaar konden houden. Soms vroeg hij zich af of hij spoedig zou sterven, maar iedere keer sprak hij zijn ambivalentie en een zekere nieuwsgierigheid uit, alsof hij zich verheugde op een groot avontuur.

Weldra kreeg hij een profetische droom die hem volkomen uit de ontkenning haalde. Hij zei er tamelijk zeker van te zijn dat hij bezig was te sterven, omdat hij zijn gids zag. In de droom kwam zijn gids steeds dichter- en dichterbij, tot hij samensmolt en één werd met zijn gids. Toen, in deze toestand van eenheid, zag hij hoe mensen op zijn begrafenis zijn kist in de grond lieten zakken. Andy stierf ongeveer een maand daarna.

Ik was erg bedroefd. Ik wist dat deze jongeman mij en anderen veel te leren had. Ik voelde dat ik gefaald had omdat hij gestorven was, zelfs hoewel dat voor hem in orde was. Ik was tamelijk beschroomd zijn familie weer te zien, toen zijn moeder en broer met me kwamen spreken na een lezing die ik in hun regio gegeven had. Ik veronderstelde dat ze niet al te blij met me waren omdat ik niet in staat was geweest hem te 'redden'. Maar ik kreeg een grote verrassing. Ze dankten me overvloedig en vertelden me dat Andy's healing een diepgaand helend effect had gehad op de hele familie. Via het healingproces had Andy's overgave aan waarheid en liefde de familieleden geholpen zich zo diep naar elkaar toe te openen dat de hele familie veranderd was.

Zijn broer vertelde me dat er een ernstige breuk door de familie liep vanaf de tijd rond Andy's geboorte, zo'n vijfentwintig jaar daarvoor. De familie was duidelijk in tweeën gesplitst, en de ene helft had al in jaren niet met de andere helft gesproken, dat wil zeggen: totdat Andy tijdens zijn healingproces begonnen was erop aan te dringen dat ze de wonden zouden helen. De twee helften van de familie die bij zijn geboorte met elkaar gebroken hadden, kwamen op de dag dat hij stierf in liefde bij elkaar, en ze zijn sinds die dag weer samen.

De familie was ervan overtuigd dat een van Andy's levenstaken was geweest de familie te helen. Andy's hele leven was een gewichtige levensles voor de familie geweest. Ze waren er dankbaar voor hem in hun midden gehad te hebben, en dankbaar voor alles wat hij hun gegeven had.

Healingmeditatie voor het zevende niveau

Ga met rechte rug zitten, of lig ontspannen plat op een comfortabele ondergrond. Vertraag je ademhaling en ontspan je. Richt je aandacht naar binnen; laat de dingen die je misschien moet doen los. Luister en voel naar binnen toe.

Voel eerst je lichaam zoals het nu is. Breng je bewustzijn naar het speciale lichaamsdeel waarover je je zorgen maakt. Breng het tot integratie met je hele lichaam, door het je liefdevolle acceptatie te geven precies zoals het is.

Visualiseer het vervolgens in compleetheid en volmaaktheid. Zie het als een gouden netwerk van volmaaktheid, helder, sterk en mooi. Met een zwaai van je hand die goud licht is, breng je het orgaan terug in zijn perfecte staat. Uit je dank voor de transformatie ervan.

Doe dit enige keren per dag. Het vergt maar een minuut of twee.

Een healingmeditatie die alle niveaus van het veld integreert

Een eenvoudige diepe ontspannings- en visualisatietechniek helpt je om healingenergie te sturen naar specifieke gebieden van je lichaam en alle niveaus van je auraveld die healing nodig hebben. Ik noem het 'Reizen door het lichaam'. Het bestaat uit vier hoofddelen: het eerste deel bestaat uit heel diep ontspannen raken; het tweede deel uit jezelf liefhebben en je verbinden met je beschermengelen; het derde deel uit specifieke delen van je lichaam helen; en het vierde deel uit terugkomen uit de diepe ontspanning terwijl je een toestand van healing handhaaft.

Je kunt heel diep ontspannen raken door zowel kinesthetisch te voelen als visuele imaginatie te gebruiken via geluidssuggestie, samen met zachte muziek. Als je in hoofdzaak kinesthetisch bent (wat betekent dat je contact legt met de fysieke wereld via het lichamelijk gevoelszintuig), dan zul je reageren op suggesties van lichamelijke sensaties, zoals liggen op een bed van veren, of zachtjes dobberen op een boot. Als je in hoofdzaak visueel bent aangelegd, zul je reageren op de beschrijving van een prachtige lucht, bergen en meertjes. Het is het beste om alle vijf de zintuigen te gebruiken om te helpen een toestand van ontspanning teweeg te brengen.

Als je eenmaal een toestand van ontspanning hebt bereikt, heb je een harmonieuze stroom in je lichaam gecreëerd die healing bevordert. Je kunt verder gaan naar het tweede deel van de visualisatie. Dit is, jezelf liefhebben en je openen voor de hulp van je beschermengelen.

Vervolgens, in het derde deel, kun je focussen op wat je geheeld wilt zien. Je kunt het heel simpel houden en je aandacht richten op een toestand van complete gezondheid voor je gehele lichaam. Of je kunt heel specifiek zijn over organen en zelfs cellen. Bijvoorbeeld, sommige mensen visualiseren witte bloedlichaampjes die de ongewenste tumorcellen opeten. Je zult healingenergie voelen stromen naar de ongezonde delen van je lichaam. Het is belangrijk in deze toestand te blijven, tot je weet dat je je werk voor de toebedeelde tijd hebt voltooid.

Het vierde deel van de visualisatie is, eenvoudig uit de diepe ontspanning komen en er een fraai slot aan maken om de voortzetting van het healingproces te verzekeren. Neem de tijd om uit je diepe ontspanning te komen, en zorg ervoor, terwijl je dat doet, dat jij jezelf de suggestie geeft dat je altijd, wanneer je dat maar wenst, in een oogwenk kunt terugkeren naar die healingtoestand. Neem in je afsluiting ook de suggestie op dat de healing die je in gang hebt gezet, zich zal voortzetten door de rest van je healingproces heen. Op die wijze kun je iedere dag meer healingkracht opbouwen in je energiesysteem.

Je kunt je eigen visualisatie opbouwen rondom het bovenstaande schema. Gebruik je lievelingsmuziek, je favoriete beelden en je favoriete lichamelijke sensaties. Hieronder volgt een voorbeeld van reizen door het lichaam dat voor mij werkt. Zet eerst je favoriete zachte muziek op. Ga dan liggen op een bank, bed of mat, en ontspan je ademhaling.

Reizen door het lichaam

Strek je uit op een comfortabele ondergrond en maak alle strak zittende kledingstukken los.

Voel hoe je lichaam rust op de ondergrond onder je. Voel warmte en energie door elk deel van je lichaam stromen. Concentreer je op je voeten. Je voeten worden zwaar en warm. Ga dan naar boven naar je benen, en ga langzaam omhoog door je hele lichaam. Elk deel wordt zwaar, warm en diep ontspannen. Voel hoe spanningen als dikke honing van je lichaam afdruipen in de ondergrond onder je. Het sijpelt door de ondergrond heen, door de vloer heen, in de grond onder je. Het verzinkt diep in de aarde. Laat je ademhaling zich verder vertragen tot een fijn, gezond, ontspannen tempo. Herhaal bij jezelf: 'Ik ben vredig, mij stoort geen enkel geluid. Ik ben vredig, mij stoort geen enkel geluid.'

Stel jezelf als heel klein voor, als een klein gouden licht, en ga ergens je lichaam binnen waar je maar kiest. Je kleine zelf stroomt naar je linkerschouder, en ontspant alle spanningen in je linkerschouder. Zeg tegen jezelf: 'Mijn linkerschouder is zwaar en warm.' Steek dan over naar je rechterschouder. Geef aan je kleine zelf alle gereedschap dat het zou willen gebruiken om de spanning in je rechterschouder weg te nemen, zoals het bespuiten met een slang of beschilderen met een kwast. Zeg tegen jezelf: 'Mijn rechterarm is zwaar en warm. Ik ben vredig, mij stoort geen enkel geluid.' Je kleine zelf vliegt weer omhoog uit je rechterarm en vloeit je borst in, en ontspant je zelfs nog meer. Je kleine zelf blijft door je hele lichaam heenbewegen, deel voor deel ontspannend. Het wordt zwaar en warm.

Pauzeer een paar ogenblikken om door je hele lichaam te gaan.

Wanneer je nu echt dieper wilt gaan, stel je dan voor dat je in een weitje met prachtige bloemen loopt. Kijk naar de bloemen en al hun prachtige kleuren en vormen, snuif hun geuren op, voel de zachtfluwelen blaadjes. Wanneer je nu verder door de wei gaat wandelen, voel dan de lichte bries op je gezicht. Je loopt tegen de boom met je lievelingsfruit aan en je proeft je lievelingsvruchten. De briesjes ritselen zachtjes door de blaadjes van de bomen die rondom het weitje staan. De vogels zingen. Je kijkt omhoog en ziet een prachtige lucht met witte wattige wolkjes. Wanneer je op het zachte gras onder de boom gaat liggen, zie je allerlei vormen in de wolken.

Je voelt je goed over jezelf, je leven en je lichaam. Je begint liefde te voelen voor jezelf. Je begint jezelf helemaal door en door lief te hebben, heel je persoonlijkheid, heel je psyche, elk deel van je lichaam, al je problemen, en elk aspect van je leven. Je ontvouwt zachtjes elk aspect van jezelf in liefdevolle aanvaarding, ongeacht hoeveel je normaal gesproken dit aspect haat en verwerpt. Ontvouw elk negatief aspect in liefdevolle acceptatie en visualiseer hoe het versmelt in wat zijn oorspronkelijke goddelijke aspect was. Het is in orde niet te weten wat dat oorspronkelijke aspect was. In het smeltproces en het herinneren zal het langzaam en vanzelf terugkeren tot zijn oorspronkelijke goddelijke bedoeling, waarheid en gevoel. Je herkent de diepere betekenis van je leven.

Al houdend van jezelf, ga je door elk deel van je lichaam. Je hebt het lief en veegt alle pijn weg die er zich misschien bevindt.

Als er een bepaald deel van je lichaam is waarover jij je zorgen maakt, stuur dan speciale liefde naar dat deel. Ontvouw het in liefdevolle acceptatie. Nu is het de tijd om het specifieke werk te verrichten teneinde ongewenste cellen of micro-organismen kwijt te raken. Vertel ze dat het voor hen gewoon niet past om hier te zijn en dat ze ergens anders heen moeten gaan. Of maak er een agressiever gevecht van – net wat goed voor je voelt. Je kunt je een slang met fris water voorstellen, die alles wegspuit wat je weg wilt hebben. Als een bepaald orgaan te weinig of te veel functioneert, kun je er contact mee maken en het tot harmonie overhalen. Wees zo creatief als je maar wilt. Geniet ervan.

Pauzeer om er tijd voor te hebben door de lichaamsdelen heen te gaan die ziek zijn.

Nadat je klaar bent met het helen van bepaalde lichaamsgebieden, beweeg je je door elk niveau van je auraveld heen, terwijl je er energie en liefdevolle acceptatie naartoe brengt. Elke keer wanneer je naar een hoger niveau gaat, is het alsof je de radio afstemt op een station met een hogere frequentie. Of alsof je omhoog gaat met een lift en je uitstapt op de volgende etage. Stel je wijzertje gewoon een beetje hoger af en je bent er.

Niveau één van het auraveld: eerst is er de laag van de fysieke gewaarwording. Het is een prachtig blauw netwerk van energie dat de cellen bijeenhoudt. Maak het helderder. Je voelt je een beetje groter dan je fysieke gestalte omdat deze zich er een beetje buiten uitstrekt. Richt nu je aandacht op elk van de zeven chakra's.

Ze zijn als volgt gelegen: de eerste zit in de bilnaad tussen je benen. De tweede zit net boven het schaambeen, aan de voor- en achterkant van je lichaam. De derde ligt in het solar-plexusgebied, in de holte tussen en net onder je ribben, aan de voor- en achterzijde van je lichaam. De vierde zit op het hart en tussen de schouderbladen. De vijfde zit in de keel en de nek. De zesde zit op het voor- en achterhoofd. De zevende is in de kruin van je hoofd. Op dit niveau van je veld zijn ze allemaal gemaakt van blauw maaswerk. Laat elk met de klok mee draaien, zoals gezien van buiten je lichaam, zowel aan de voorkant als aan de achterkant, zodat ze naar binnen spiralen naar elkaar toe. Stel je een klok voor op je lichaam op de plek van elke chakra en draai de wijzers op de blauwe klok.

Niveau twee van het auraveld: ga vervolgens naar het emotionele niveau, waar vele veelkleurige wolken over en door je heen bewegen. Geniet van hun beweging, en maak ze helderder. Voel de liefde naar jezelf die hier stroomt. Op dit niveau veranderen de chakra's van kleur. De eerste is rood, de tweede is oranje, de derde is geel. Daarna komen groen, dan blauw, dan indigo en ten slotte wit aan de bovenkant van je hoofd.

Niveau drie van het auraveld: begeef je nu naar het lichte, delicate geel van het mentale niveau. Voel het gevoel van helderheid, geëigendheid en integratie dat hier aanwezig is, en verhoog het. Nu zijn je grenzen zelfs groter. Je moet op zijn minst vijftien centimeter breder zijn aan alle kanten. Elk zijnsniveau waarheen je gaat, trekt je bewustzijn naar hogere domeinen van zelfaanvaarding en zelfinzicht. Draai elke chakra op dit niveau in de richting van de klok: ze zijn allemaal van een fijne, heldergele kleur.

Niveau vier van het auraveld: wanneer je je nu begeeft naar het vierde niveau van je veld, zul je wederom kleuren door en om je heen voelen stromen. Onthoud dat elk niveau zich volkomen door heel het lichaam uitstrekt. Ditmaal voelt het iets dikker, meer als vloeistof. In deze laag zul je zelfs nog meer liefde voelen. Laat die door je heenstromen terwijl je jouw liefde voor anderen voelt. Verhoog wederom de kleuren van je veld. Draai elk van de vloeiend stromende chakra's in de richting van de klok. Wederom veranderen de kleuren wanneer je je omhoog begeeft. De kleuren lijken op die van het tweede niveau, behalve dat ze allemaal heel wat roze licht in zich hebben.

Maak contact met beschermengelen voor hulp.

Tijdens deze hele periode is het goed om van je beschermengelen hulp te vragen, want er staat je veel meer hulp ter beschikking via je grotere spirituele verbindingen dan de meeste mensen zich bewust zijn. Ik heb persoonlijke beschermengelen op vele patiënten zien werken, zonder de aanwezigheid van een spirituele healer. De wetenschap dat deze hulp je ter beschikking staat, zal je helpen je gesteund te weten en je niet alleen te voelen in je strijd. Beweeg je nu met de hulp van je gidsen naar de hoogste niveaus van je wezen.

Niveau vijf van het auraveld: voel eerst de goddelijke wil in je. Voel de mal ervan overal om en door je heen. Het ziet eruit als een kobaltblauwe blauwdruk van het eerste niveau. Voel hoe het je sterkt en je vorm geeft. Dit is meestal het moeilijkste om contact mee te krijgen, omdat op dit niveau de achtergrond, de ruimte, stevig donker kobaltblauw is en datgene wat normaliter stevig is, nu lege ruimte is. Draai de chakra's op dit niveau. Ze zijn samengesteld uit fijne lijnen van lege ruimte.

Niveau zes van het auraveld: wanneer je je nu naar buiten blijft bewegen, naar het zesde niveau, ga je spirituele extase voelen. Je lijkt op de stralende gloed om een kaarsvlam heen. Je bent iriserende kleuren die voortstromen. Laat je licht schijnen. Je gewaarwording van jezelf breidt zich ten minste zestig centimeter buiten je lichaam uit, aan alle kanten. Iedere chakra verandert weer van kleur, zoals eerder, maar dit keer zijn ze allemaal vol van iriserend parelachtig licht.

Niveau zeven van het auraveld: uiteindelijk kom je dan bij het gouden netwerk van het zevende niveau. Voel de kracht van deze fijne gouden draden van licht. Ze pakken je in in een gouden ei. Voel de stevigheid van de eierschaal zoals die jou beschermt. Maak het nog steviger. Vul het in op plaatsen die dat nodig hebben. Draai elke gouden chakra met de klok mee. Voel hoe sterk die is. Nu breid je je ongeveer negentig centimeter in elke richting buiten je fysieke lichaam uit. Geniet ervan. Rust in de sereniteit van je goddelijke geest. Blijf in deze uitgebreide ontspannen staat zolang als je wilt. Het is goed voor je healing. Ga slapen als je dat prettig vindt.

Keer terug naar een normale bewustzijnstoestand.

Wanneer je klaar bent om terug te keren naar een normale bewustzijnstoestand, geef jezelf dan het steuntje van terugtellen. Zeg gewoon: 'Op het moment dat ik terugtel tot nul, zal ik heel wakker en alert, zelfbewust en bewust zijn, maar ik blijf diep ontspannen, en mijn healing zal doorgaan.' Begin dan langzaam terug te tellen vanaf vijf of zes. Iedere keer dat je het volgende getal telt, herinner je er jezelf aan dat je binnen een paar tellen terug kunt keren naar deze diepe toestand van healing. Zeg weer: 'Tegen de tijd dat ik teruggeteld heb tot nul, zal ik wakker en waakzaam, vol zelfvertrouwen en bewust zijn en toch heel diep ontspannen blijven.'

Uiteindelijk kun je zeggen: 'Nul! Ik ben nu heel wakker *en* waakzaam, en mijn healing gaat door!'

Hoofdstuk 17

ONZE INTENTIONALITEIT EN HET HARANIVEAU

Alles wat we doen rust op de basis van onze intentionaliteit in het moment dat we het doen. Bijvoorbeeld, we kunnen stellen dat een bepaalde reeks woorden een normale betekenis heeft, maar de manier waarop we die reeks woorden uitspreken kan hun betekenis drastisch veranderen. We vullen onze woorden met de energie van onze gevoelens, en zo draagt de manier waarop we deze woorden uitspreken precies over wat we werkelijk bedoelen. We kunnen zeggen: 'Ik houd van je', met liefde, met afschuw, op smekende toon, met een valsheid in de toon die in werkelijkheid betekent: 'Ik haat je.'

Hoe we de woorden uitspreken, draagt onze bedoeling over op het moment dat we ze uitspreken. Wanneer we 'Ik houd van je' met liefde zeggen, is dat precies wat we bedoelen. Anderzijds, wanneer we 'Ik houd van je' met afschuw zeggen, hebben we de intentie onze afschuw bekend te maken zonder dat direct te zeggen. Wanneer we 'Ik houd van je' zeggen op smekende toon, dan is onze intentie niet om liefde over te dragen maar om iets via onze smeekbede gedaan te krijgen. Wanneer we 'Ik houd van je' met een ondertoon van valsheid zeggen, dan hebben we misschien de bedoeling over te dragen dat we die persoon niet liefhebben. Of we kunnen elk aantal verschillende intenties tegelijk hebben.

Zelfs hoewel de woorden dezelfde zijn, is op al deze momenten de energie die ze dragen en overdragen, een andere en die ziet er in het auraveld ook anders uit. Wat veranderd is, is de intentie achter de woorden. Het is onze intentionaliteit die de energie creëert in het auraveld welke dan de feitelijke boodschap overdraagt. Het resultaat is dat we bereikt hebben wat we bedoelden: we hebben de boodschap overhandigd.

Ik heb al melding gemaakt van intentionaliteit (in hoofdstuk 12) toen we waarom-niet-redenen bespraken. Onze waarom-niet-redenen geven ons niet de verlangde resultaten, omdat ze op een andere intentionaliteit berusten. Ze zijn niet gebaseerd op de intentie ons oorspronkelijke doel te voltooien, maar op de intentie excuses te maken waarom we niet bereikt hebben wat we van plan waren. Onze waarom-niet-redenen bedekken ons oorspronkelijke doel door te doen alsof ze ermee in overeenstemming zijn. Maar ze zijn werkelijk op een heel andere bedoeling gefundeerd. Dus hebben we gemengde bedoelingen wanneer we waarom-niet-redenen toelaten.

In hoofdstuk 13, over het creëren van gezonde contracten in relaties, zagen we dat we onze bedoelingen in relaties behoorlijk verwarren. We zagen dat het uitzoeken van onze intenties in relaties bijzonder krachtig en transformerend kan werken.

De lezing over healing en wereldvrede die Heyoan gaf (in hoofdstuk 13) laat zien hoe onze individuele wensen en verlangens uit verschillende bedoelingen ontstaan. Sommige van onze verlangens en wensen dienen het doel onze angst te bevredigen, andere zijn afkomstig van onze diepere spirituele hunkering of hogere verlangens. Wanneer in ons doel ook meespeelt onze angst te bevredigen, hebben we vermengde intenties of rijden we onszelf in de wielen. Dit doorkruist het natuurlijke proces van de creativiteit in ons leven, en dus kunnen we niet scheppen wat we willen. Op elk gebied in ons leven – inclusief gezondheid en healing – waar we moeite hebben te scheppen wat we wensen, hebben we vermengde of strijdige intenties. Om dus te kunnen scheppen wat we wensen, is het van essentieel belang dat we onze vermengde intenties kunnen opsporen en uit elkaar halen. We moeten onze ware intenties verhelderen, zodat we die intenties die niet kloppen met wat we werkelijk willen, opnieuw kunnen afstemmen. Wat we werkelijk willen is altijd in overeenstemming met onze hoogste spirituele hunkering. Wanneer onze persoonlijke wensen en verlangens afgestemd zijn op onze spirituele hunkering en hoogste verlangens, dan zijn al onze doeleinden op één lijn gebracht en kan het creatieve principe in het universum ongehinderd zijn werk doen. Door onze spirituele verlangens te vervullen worden we stap voor stap tot de vervulling geleid van het grotere spirituele doel van ons leven, onze levenstaak.

Na zoveel jaren het auraveld geobserveerd en ermee gewerkt te hebben, kon ik zien dat een verandering in intentionaliteit de energiebalans in het auraveld volkomen verandert, alsook het type energie verandert dat in de bioplasmalinten wordt vrijgegeven. Hoofdstuk 15 toont talloze voorbeelden van interacties van de karakteristieke energetische verdedigingssystemen die we hanteren, verbonden met onze onderliggende intentionaliteit. Ik kon deze reusachtige veranderingen in het veld waarnemen, maar ik kon niet een afzonderlijk aspect in het veld aanwijzen dat correspondeerde met intentionaliteit op zich.

Ik vroeg me af of er door een healer rechtstreeks aan intentionaliteit kon worden gewerkt via handoplegging. Hoe en waarom heeft ze zoveel macht om het auraveld zo drastisch te kunnen veranderen? Hoe werkt onze intentionaliteit? Welke rol speelt ze, gezien vanuit het gezichtspunt van HZW en de aura, in onze gezondheid en bij onze healing? Ik vroeg me af of onze intentionaliteit in het auraveld werd bewaard of ergens anders. Kon het zijn dat er een hele, diepere wereld onder het auraveld bestond op een diepere dimensie, net zoals het auraveld zich op een dimensie dieper bevindt dan het fysieke lichaam?

Om de antwoorden op mijn vragen te krijgen had ik een duwtje nodig. Dat kreeg ik van mijn studenten. Met dat kleine duwtje ontdekte ik waar onze intentionaliteit zich bevindt en waarom die zoveel macht heeft het auraveld compleet te veranderen. Ook Heyoan leerde me hoe ik rechtstreeks met onze intentionaliteit kon werken op de haradimensie, ten behoeve van onze gezondheid en healing en van ons dagelijks leven.

Mijn intrede in de domeinen van werkelijkheid onder het auraveld begon in 1987, toen een student me vroeg iets over de hara te channelen. Ik voelde me behoorlijk in verlegenheid gebracht, aangezien ik maar erg weinig over de hara wist, omdat ik zelf nooit enige vechtkunst had beoefend.

Ik had een beetje erover gelezen bij de bekende filosoof en psychotherapeut Karlfried Durkheim in zijn boek *Hara*. Hij had over de hara gehoord op zijn reizen naar de Oost. *Hara* is de term die Japanners gebruiken wanneer ze verwijzen naar de onderbuik. *Hara* verwijst niet alleen naar de plek van de onderbuik, maar naar een kwaliteit van stevigheid, energie en geconcentreerde kracht in dat gebied. Het is een centrum van spirituele kracht. Eeuwenlang hebben de krijgers van het Oosten gevechtskunsten ontwikkeld die zich concentreerden op discipline, om kracht op te bouwen en te focussen in de hara als bron waaruit geput kon worden in de strijd. Binnen het haragebied van de lagere onderbuik ligt een punt, genaamd de *tan tien*. Traditioneel wordt daarnaar verwezen als het zwaartekrachtpunt van het lichaam. De tan tien is het focuspunt van kracht in de hara. In de gevechtskunst is het 't centrum van waaruit elke beweging begint.

Naast het kleine beetje dat ik over de hara gelezen had, had ik ook de gelegenheid gehad HZW te gebruiken om daarmee de tan tien in het lichaam te observeren. Ik bemerkte dat in de meeste Amerikanen de tan tien heel mat was en niet erg geladen. Echter, in mensen die enige tijd een gevechtssport beoefend hadden, zag deze plek eruit als een heel heldere bal van gouden licht. Eigenlijk hadden sommigen van hen een heel sterke gouden lichtlijn van kruin tot teen door hun lichaam lopen.

Na vele verzoeken om te channelen gaf ik me eindelijk gewonnen aan het moment, en een nieuw avontuur begon. Ik zou in dit deel dat avontuur graag met je willen delen. Je zult het heel belangrijk vinden voor je persoonlijke healing, want het plaatst healing op de plek waar ze hoort te zitten. Het voert healing tot een krachtige daad van evolutionaire scheppingskracht.

Hier volgt wat Heyoan zei in de channeling over de hara.

De hara bestaat in een dimensie dieper dan het auraveld. Het bestaat op het niveau van intentionaliteit. Het is een krachtgebied in het fysieke lichaam dat de tan tien omvat. Het is de ene toon waarmee je jouw fysieke lichaam opgetrokken hebt uit je moeder aarde. Het is de ene toon die je lichaam in zijn fysieke manifestatie houdt. Zonder die ene toon zou je niet eens een lichaam hebben. Wanneer je deze ene toon verandert, zal je hele lichaam veranderen. Je lichaam is een geleiachtige vorm die door deze ene toon bijeengehouden wordt. Deze toon is de klank die gemaakt wordt door het centrum van de aarde.

Wel, dat was genoeg om het me te laten duizelen. Nadat ik hersteld was van mijn normale reactie van 'O, nee, wat heb ik nu weer gezegd?', begon ik naar wegen te zoeken om deze nieuwe informatie toe te passen. Als inderdaad deze ene toon ons lichaam in zijn fysieke manifestatie hield, dan zou rechtstreeks op die toon werken buitengewoon krachtig zijn. Het idee dat onze lichamen van gelei zijn is een heel aardig denkbeeld, wanneer we iets proberen te veranderen waarvan we denken dat dit jaren vergt. Het gebruik in healingvisualisaties van het idee van een geleiachtig lichaam bleek zijn diensten te bewijzen.

In latere channelings legde Heyoan uit dat ons haraniveau, waar onze intentionaliteit zich bevindt, de basis is waarop het auraveld wordt gevormd. Laten we, om dit in zijn volle omvang te begrijpen, nogmaals de relatie tussen de dimensies van de fysieke wereld en de werelden van het auraveld bekijken.

De fysieke wereld bestaat in drie dimensies. Ze gedraagt zich naar fysieke wetten. Ons fysieke lichaam staat in verband met onze persoonlijkheid, maar de reacties van het lichaam op wat we van minuut tot minuut in onze psyche doen, komen pas na een lange tijd, soms zelfs na tientallen jaren.

Er bestaat een groot verschil tussen de fysieke wereld die we met onze ogen kunnen waarnemen, en de wereld van het auraveld die we met HZW kunnen zien. Om onze bewuste gewaarwording van de fysieke wereld naar het auraveld te verschuiven, moeten we een quantumsprong in een diepere dimensie maken, in naar wat ik geloof dat de vierde dimensie is. Ik denk dat het auraveld bestaat in vier dimensies. Het gedraagt zich volgens de natuurkunde van bioplasma en licht. Op auraniveau is tijd een heel ander fenomeen dan op het fysieke vlak. We kunnen in het heden zijn, of we kunnen ons bewegen langs wat veel mensen tegenwoordig een tijdlijn noemen en vorige levens binnengaan alsof die nu gebeuren.

Het auraveld bestaat op een diepere dimensie in onze persoonlijkheid dan het fysieke lichaam. Het corrrespondeert van seconde tot seconde met wat er gaande is in onze persoonlijkheid. Deze auraveldcorrespondentie is specifiek en onmiddellijk. Iedere gedachte, elk gevoel of enig ander type levenservaring is meteen zichtbaar in het auraveld als beweging in vorm en kleur van energiebewustzijn.

Energie en bewustzijn worden in de auradimensie anders ervaren dan op het fysieke vlak. Op het fysieke niveau schijnen het twee verschillende dingen te zijn. Op het auraniveau kunnen energie en bewustzijn niet van elkaar gescheiden worden. De menselijke ervaring van dit energiebewustzijn hangt af van zijn frequentie of trillingsniveau. We kunnen ons bewustzijn van het ene naar het andere auraniveau bewegen. Daarbij ervaren we verschillende aspecten van menselijk bewustzijn, zoals we in hoofdstuk 2 beschreven hebben. Zelfs hoewel we ons van het ene niveau van energiebewustzijn en menselijke ervaring naar het andere begeven binnen het auraveld, dan nog blijven we in de vierde dimensie.

Om van de auradimensie naar de haradimensie en onze intentionaliteit te bewegen, moeten we een tweede quantumsprong maken. Onze intentionaliteit bestaat op diepere dimensie in onze fundamentele aard dan het auraveld. Of de haradimensie al dan niet gelijkgesteld kan worden met de vijfde dimensie, weet ik werkelijk niet. Het zou heel wat onderzoek vergen om dat te kunnen zeggen, dus aarzel ik om er een slag naar te slaan.

Onze haralijn heeft een specifieke rechtstreekse correspondentie met onze intentionaliteit. Net zoals ons auraveld een specifieke rechtstreekse correspondentie heeft met onze gedachten en gevoelens, correspondeert iedere verandering in onze intentionaliteit met een verschuiving in de positie en afstemming van onze haralijn.

Afbeelding 17-1 (in het kleurenkatern) laat zien hoe een afgestemd haraniveau er in een gezond iemand uitziet. Het is samengesteld uit drie hoofdpunten op een laserachtige lijn, die ik de haralijn noem. De haralijn begint in een punt ongeveer een meter boven het hoofd, wat ik het *individuatiepunt*, of *ID-punt* noem. Het ziet eruit als een heel kleine trechter waarvan de brede kant, ongeveer een centimeter in diameter, naar beneden wijst boven het hoofd. Het vertegenwoordigt onze eerste individuatie uit de ledige, of ongemanifesteerde God. Via dit punt hebben we onze directe verbinding met de godheid.

De haralijn gaat naar beneden naar een punt in het bovengebied van de borst dat ik de zielezetel noem. Soms wordt dit het hoge hart genoemd en verward met een chakra. Dat is het niet. De zielezetel ziet eruit als een bron van diffuus licht dat naar alle richtingen uitstraalt. Het is meestal zo'n drie tot vijf centimeter in doorsnee, maar kan tijdens een meditatie wel zo'n viereneenhalve meter breed worden. Hier dragen we onze spirituele hunkering die ons door het leven leidt. Hierin kunnen we alles vinden wat we verlangen te zijn, te doen of te worden, van het kleinste ding of moment in ons leven tot de grootste schaal van het leven zelf.

De haralijn zet zich verder naar beneden voort in de tan tien in de lagere onderbuik. De tan tien is zo'n zes centimeter onder de navel gelegen, is ongeveer drie tot vier centimeter in diameter en verandert niet van grootte. Hij lijkt een beetje op een holle rubberen bal, in dit opzicht dat het een membraan heeft. Zoals Heyoan zegt: de toon van deze noot is de ene toon die ons fysieke lichaam in fysieke manifestatie houdt. Die toon is een harmonische toon van de klank die de gesmolten aardkern maakt. Healers gebruiken dit punt als een middel om zich te verbinden met een grote hoeveelheid helende energie. Het verbindt hen met de krachtbron van de aarde.

Het idee dat klank de vorm in de fysieke wereld vasthoudt, werd in hoofdstuk 9 besproken. In dit geval is de ene toon meer dan een eenvoudige noot die met het normale gehoor kan worden gehoord. Integendeel, deze toon bestaat ook in het HZW-gebied. Ik denk dat het zelfs meer betekent dan dat, maar ik weet nu nog niet wat. Wat er in het normaal hoorbare klankscala het dichtstbij komt, naar wat ik gehoord heb, is de schreeuw die een karatemeester geeft wanneer hij bakstenen doormidden slaat met een lichte slag.

De haralijn zet zich naar beneden toe voort vanaf de tan tien diep het centrum van de aardkern in. Hier zijn we verbonden met de aarde en met het geluid dat het centrum van de aarde maakt. Nogmaals, geluid betekent veel meer dan slechts geluid. Het verwijst waarschijnlijk eerder naar een trillingslevensbron. Door ons via de haralijn te verbinden met het centrum van de aarde, kunnen we onze veldpulsaties synchroniseren met die van het aardmagnetisch veld en zodoende energie uit het aardeveld meevoeren.

Een gezonde haralijn is gelegen in de middellijn van het lichaam en is kaarsrecht, welgevormd, vol energie, en goed geworteld in de kern van de aarde. Elk van de drie punten op de lijn zijn in vorm, in balans, en stevig met elkaar verbonden langs de laserachtige haralijn. Mensen met de configuratie zoals getoond in afbeelding 17-1, zijn gezond, geconcentreerd op hun doel en afgestemd op hun levenstaak. Wanneer die afstemming wordt vastgehouden, dan geldt die holografisch zowel in het moment als voor alle momenten van iemands leven. De persoon in kwestie is meteen helemaal aanwezig voor de kleine voor hem liggende taak en is verbonden met elke grotere taak daaromheen, zoals in het holografische model dat we in hoofdstuk 3 bespraken. Deze persoon is in staat de taak van het moment in het moment te doen, wanneer die gedaan moet worden, omdat hij of zij weet hoe die in verband staat met het geheel van de tijd en met de gehele taak.

Is je haralijn afgestemd, dan ben je gesynchroniseerd met het geheel. Is je haraniveau gezond, dan zul je heel veel persoonlijke integriteit, kracht en persoonlijke doelgerichtheid voelen, omdat je gesynchroniseerd bent met het universele doel. Dan heb je van die fantastische dagen waarop alles op rolletjes gaat, precies zoals het moet gaan.

Het gevoel in je hara te zijn is een bijzonder bevrijdend gevoel. In die positie is er geen tegenstand. Wanneer twee mensen hun haralijnen afstemmen op het universele doel, dan zijn ze automatisch afgestemd op elkaar. Zodoende zijn hun doeleinden gesynchroniseerd, zodat ze bij elkaar passen. Hun doelen zijn ook holografisch verbonden. Elk doel van elk moment staat in verband met alle onmiddellijke doelen en met alle grotere lange-termijndoelen.

Anderzijds kunnen mensen die tegengestelde posities innemen, onmogelijk hun haralijnen op elkaar hebben afgestemd; want om dat te doen moeten ze op het universele doel zijn afgestemd, wat geen tegenstanders kent. Ieder die zijn of haar haralijn afstemt, stemt zich automatisch af op anderen met afgestemde haralijnen.

Daarom, in de mate waarin jij je haralijn hebt afgestemd, in diezelfde mate lig je op één lijn met je doel en verkeer je in positieve Intentie. In de mate waarin je je haraniveau niet hebt afgestemd, in precies diezelfde mate verkeer je in negatieve Intentie. Zo simpel is dat.

Het gecompliceerde stuk is: hoe kom je erachter of je afgestemd bent of niet? Als je HZW ontwikkeld hebt, dan is het mogelijk dat te zeggen door gebruik te maken van HZW, om daarmee naar het haraniveau te kijken teneinde te zien of alles welgevormd, afgestemd, geladen en uitgebalanceerd is en goed functioneert. Een andere manier om erachter te komen is dat iemand die afgestemd is, niet zal ruziën over wie er gelijk of ongelijk heeft. Vanuit het gezichtspunt van die persoon is er geen tegenstander met wie er te ruziën of te vechten valt.

Als je merkt dat je staat te ruziën, betekent dit dat je niet afgestemd bent. En dat geldt ook voor de persoon met wie je staat te bekvechten, als hij of zij terugvecht. Dit betekent niet dat wanneer je afgestemd bent in je hara, je gewoon zegt dat je gelijk hebt en dan wegloopt. Nee, er is veeleer gewoonweg niets om ruzie over te maken of om het over oneens te zijn. Telkens wanneer je merkt dat je je in een ruzie bevindt, moet je eerste daad zijn jezelf in je haralijn te centreren en je haralijn af te stemmen.

Woordentwisten over gelijk en ongelijk komen van mensen die tegenstrijdige doelen in zichzelf hebben. Dat wil zeggen: een deel van hen is wel afgestemd en een deel niet. Dit nietafgestemd-zijn is zichtbaar in de haralijn. Deze innerlijke delen zijn met elkaar in strijd. Als we de begrippen hogere zelf, lagere zelf en maskerzelf gebruiken, zoals uiteengezet in hoofdstuk 1, dan kunnen we zeggen dat een deel van de psyche waarschijnlijk functioneert vanuit een combinatie van deze drie aspecten. Meestal is dat het geval. Heel zelden functioneren we volkomen vanuit ons hogere zelf en dus: vanuit een afgestemd hara.

De innerlijke tegenstelling tussen deze delen van onszelf komt op het uiterlijke niveau te voorschijn in de vorm van een woordentwist met iemand anders. Ook zullen onze tegenstrijdige doeleinden in de buitenwereld worden gematerialiseerd als problemen bij het scheppen of bereiken van iets. Ze komen misschien naar boven in zulke dingen als uitstellen of halfslachtig werk. Ze kunnen zich ook tussen twee mensen die samenwerken aan een project voordoen als misverstanden, verwarring, competitie en verbroken contracten.

Bijvoorbeeld, als het ieders doel is een project op de best mogelijke manier, op tijd en met de beste kwaliteit af te hebben, dan zal dit waarschijnlijk ook zo gebeuren. Maar als een werknemer de taak van de baas wenst over te nemen, zal die negatieve intentie de kwaliteit van het werk veranderen en automatisch de baas ondermijnen, zelfs al is de werknemer daar niet op uit.

Het haraniveau bij gezondheid en healing

Bij gezondheid en healing geldt hetzelfde principe van afstemming op je doel. In de mate waarin je gericht blijft op je doel je gezondheid te handhaven dan wel te herkrijgen, in precies diezelfde mate zul je je gezondheid behouden of herwinnen waar dat menselijkerwijs mogelijk is.

Vervormingen in de haralijn en de punten erlangs

schilderen de reusachtige pijn van de mensheid af. Dit is pijn die de mensheid voelt maar niet begrijpt. Disfunctioneren op het haraniveau is verbonden met intentie en levenstaak. Veel mensen weten absoluut niet – laat staan begrijpen – dat we onze eigen ervaring van de realiteit creëren. Ze begrijpen het idee van levensdoel of levenstaak niet eens. Ze vatten het idee niet dat onze intenties een groot effect hebben op ons leven. Ze zijn zich niet de subtiele maar krachtige verschuiving bewust die een verandering in intentie veroorzaakt in ons auraveld en onze creatieve energiestroom.

Bij een ernstige of langdurige ziekte is een disfunctie in de haralijn overduidelijk. Een ervaren healer zal in staat zijn op het haraniveau te werken om dit te healen. Het healen van het haraniveau omvat het werken aan de diepere kwestie van de intentie van de cliënt, zoals het doel op ieder gegeven moment, en kwesties met betrekking tot de levenstaak. Laten we, voordat ik voorbeelden geef van wat dit in praktische healingsessies betekent, eerst eens kijken naar de typen vervormingen die kunnen optreden in de punten langs de haralijn en in de haralijn zelf.

Disfunctioneren in de tan tien
Een disfunctie (functiestoornis) in de tan tien wordt op verscheidene manieren zichtbaar. De tan tien kan van zijn plaats zijn: te ver vooruit, achteruit of naar één zijde van het lichaam zitten; hij kan misvormd zijn; de membraan die de tan tien omgeeft, kan gescheurd zijn, half opengebarsten, of erger (zie afbeelding 17-2).

Het gevolg van het disfunctioneren van de tan tien zijn chronische rugklachten. Als de tan tien te ver naar voren zit, zal de onderkant van het bekken naar achteren kantelen. Zulke cliënten proberen voor zichzelf uit te springen. Als de tan tien te ver naar achteren zit, zal de onderkant van het bekken naar voren kantelen. Zulke cliënten houden zichzelf 'terug' van hun levenstaak. Dit zal allebei in het lichaam aan de dag treden als klachten in de onderrug.

Aangezien de tan tien de ene toon, of noot, draagt die het lichaam in zijn fysieke manifestatie houdt, zal die toon, als de tan tien is gescheurd of opengebarsten, ver te zoeken zijn. In zo'n geval kunnen het lichaam en de psyche hevig geschokt zijn. Ik heb mensen met zo'n conditie hysterisch zien worden en daar een paar uur in zien blijven. Ik heb gezien dat het lichaam uitzonderlijk zwak werd en zich jarenlang niet meer kon herstellen. Ik heb zelfs gevallen gezien waarbij de benen slap werden.

Wat deze mensen ook allemaal voor zichzelf doen, zelfs lichaamsoefeningen: niets zal hen veel helpen als niet eerst de beschadigde tan tien is gerepareerd. Daarom moet het werk erop gericht zijn de tan tien te healen door die te repareren, zijn juiste plaats te geven op de haralijn, te verbinden met de aarde via de haralijn, en op te laden. Een healer die gevorderd genoeg is om harahealing te doen, kan dit rechtstreeks of via lange-afstandhea-

Afbeelding 17-2 *Vervorming van de tan tien*

ling voor elkaar krijgen.

Het healen van de tan tien kan ook optreden door onder leiding van een goede meester een vechtkunst te beoefenen. Het beoefenen van tai chi is hier heel goed voor geschikt. Het is heel belangrijk om een gevechtssport van een goede leermeester te leren zodat het goed gebeurt. Anders zullen de helende effecten achterwege blijven.

Nadat de tan tien gerepareerd is, zijn fysieke oefeningen om de goede afstemming te handhaven heel effectief. Alle lichaamsoefeningen zouden gedaan moeten worden met de geconcentreerde bedoeling bewuste gewaarwording naar het lichaam te brengen.

Disfunctioneren van de zielezetel
De zetel van de ziel raakt meestal misvormd door omfloersing. Dat wil zeggen: hij wordt omhuld door een donkere wolk energie (zie afbeelding 17-3). Het gevolg hiervan is dat mensen het vermogen ontbreekt te voelen wat ze nu of in de toekomst met hun leven willen. Ze hebben geen enkel gevoel over wat ze in hun leven willen verrichten. Zulke mensen hebben ook vaak een ingevallen borst en spreiden een houding tentoon van: 'ik geef het op', 'het zal me een zorg zijn', of 'het leven is saai en zinloos'. Ze dragen een diepe droefheid bij zich.

Wanneer een healer de wolk donkere energie gaat schoonmaken en het licht van de zielezetel gaat verhogen zodat het zich begint uit te breiden en naar buiten gaat vloeien, vertonen cliënten meestal twee reacties. De eerste is dat ze plotseling een nieuw levenselan voelen en hun leven opnieuw gaan inrichten volgens de spirituele hunkering waarvan ze zich nu bewust zijn. De tweede reactie is dat ze gaan treuren over alle verloren tijd in hun leven waarin ze niet gedaan hebben wat ze hadden willen doen. Na een periode van rouw begint het leven van zo'n cliënt een nieuwe zin te krijgen. Nieuwe eros wordt geboren en de cliënten raken vol blijde opwinding over wat ze met hun leven kunnen doen.

Veel mensen creëren een floers van donkere energie

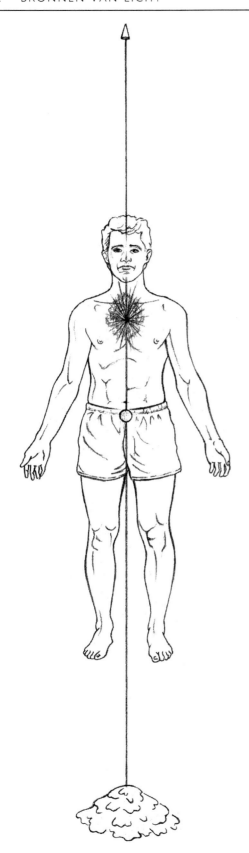

Afbeelding 17-3 *Omfloerste zielezetel*

rondom hun zielezetel na het verlies van een geliefde. Dit verdooft hun gevoel van verlies. Maar het zet ook het natuurlijke rouwproces stil. Als beide samen grote plannen hadden die niet werden volbracht, denkt degene die in de fysieke wereld is achtergebleven dikwijls dat het voortzetten van de plannen, zoals ze waren voor het overlijden, een daad van loyaliteit is jegens de overledene. Jammer genoeg werkt dat niet, omdat alle plannen levend zijn, en voortdurend veranderen en zich ontwikkelen. Het blokkeren van het rouwproces zal de plannen niet de gelegenheid geven te leven en te veranderen. Weigeren om te rouwen zal uiteindelijk alle levenskracht in het plan bevriezen. En na verloop van tijd zal er geen enkele ontwikkeling meer in het werk zitten. Mensen richten zich dan op het conserveren van het werk, en dat zal dan verstoffen tot museumobject.

De manier om dit te healen is, het proces van rouwen om de geliefde aan te gaan. Dit zal de plannen weer losmaken zodat ze zich kunnen ontvouwen, wat op elk moment kan worden gedaan. Dit zal andere mensen de gelegenheid geven bij het plan betrokken te raken, er nieuw leven in te blazen en een nieuwe kameraad te zijn. Het is voor niets ooit te laat. Het plan kan worden uitgevoerd, maar op een andere manier dan aanvankelijk de bedoeling was, omdat er nu andere mensen en hulpmiddelen bij de voltooiing ervan betrokken zijn.

Disfunctioneren in het ID-punt
Het trechtervormige individuatiepunt boven het hoofd kan vervormd of verstopt raken, zoals afbeelding 17-4 laat zien. Dit heeft een verbreken van de verbinding met het ID-punt tot gevolg. Loskoppeling van het ID-punt leidt ook tot een zeker cynisme over het leven, omdat er geen inzicht is, geen 'kennen van God'. Mensen die zijn losgeraakt van hun ID-punt, denken waarschijnlijk dat mensen die in God geloven er een bijzonder irreële kijk op het leven op nahouden of in een fantasiewereld leven. Voor zulke mensen is de georganiseerde godsdienst een methode om het volk onder controle te houden, omdat die een God definieert en omschrijft die volgens hen niet bestaat. Ze hebben zelf geen persoonlijke godservaring gehad waarmee ze andere omschrijvingen en definities van God zouden kunnen vergelijken en onderschrijven. Ze kunnen atheïst of agnosticus worden. Ze aanvaarden M-1 metafysica die de kwestie van Gods bestaan negeert.

Wanneer de healer dit ID-punt schoonmaakt en opnieuw verbindt, zullen cliënten jeugdherinneringen terugkrijgen over hun verbondenheid met God. Ze zullen ook een nieuwe verbinding met God gaan leggen via hun persoonlijke ervaring, in plaats van God te accepteren volgens de beschrijvingen en regels van iemand anders, zoals in veel geïnstitutionaliseerde godsdiensten gebeurt.

ONZE INTENTIONALITEIT EN HET HARANIVEAU 293

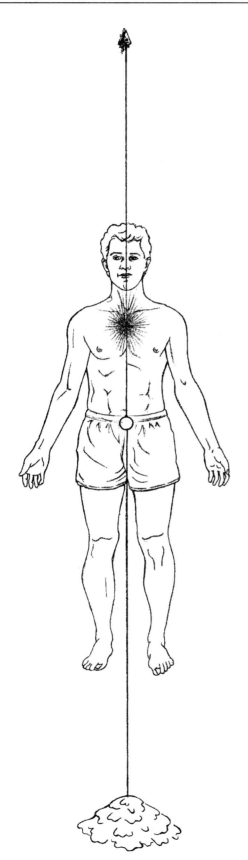

Afbeelding 17-4 *Geblokkeerd ID-punt*

Disfunctioneren van de haralijn en haar punten
Vanuit mijn gezichtspunt bezien is de afstemming van de haralijn bij het merendeel van de mensheid niet ideaal. Ik heb nog nooit iemand ontmoet die de hele tijd zijn haralijn recht en afgestemd kan houden. De meeste mensen houden die helemaal niet afgestemd. Een klein aantal kan het ongeveer dertig procent van de tijd volhouden, en heel, heel weinigen kunnen dat meer dan vijftig procent van de tijd. De meeste gevechtskunstenaars zijn, na jaren training, in staat het onderste gedeelte van de lijn – dat de tan tien met de aarde verbindt – op zijn plaats te houden. Sommigen kunnen het middendeel van de lijn zo houden, van de tan tien tot de zielezetel. Maar ze kennen het bovenste deel van de lijn niet. Het vergt voor iedereen jarenlange training alvorens men in staat is de gehele haralijn te verbinden en enige tijd afgestemd te houden.

Daarentegen zijn de meeste mensen meestentijds helemaal niet afgestemd en zij lijden daar erg onder. Het niet op één lijn zijn van het haraniveau laat zich zien als vervormingen in de haralijn en de drie punten erop, alsook als een losgekoppeld-zijn van elk van de drie punten met elkaar en/of met de aarde. Afbeelding 17-5 laat de meest voorkomende vervorming van de haralijn zien die veel mensen in onze cultuur bezitten.

Ze laat zien dat:

* De tan tien rechts naast het centrum ligt, wat ervoor zorgt dat de persoon al te agressief is. (De rechterzijde van het lichaam draagt over het algemeen mannelijke/agressieve energie.)
* De laserlijn niet met de aarde verbonden is, zodat de persoon geen gronding heeft om agressie, die op een positieve manier bruikbaar is, te steunen. Met andere woorden: deze persoon is gevaarlijk en kan onredelijk agressief zijn zonder macht over zichzelf. Evenmin is deze persoon verbonden met 'leven op de aarde' met anderen en heeft hij/zij er dus moeite mee relaties aan te gaan met andere aardbewoners.
* De tan tien niet verbonden is met de zielezetel, zodat het fysieke bestaan van deze persoon niet verbonden is met de spirituele hunkering die ontworpen is om hem of haar door het leven te leiden. Daarom kan de persoon niet voelen of weten waartoe hij/zij hier gekomen is, zodat hij/zij dat ook niet volbrengen kan.
* De laserlijn niet verbonden is met het ID-punt; deze persoon is dus niet verbonden met het goddelijke en heeft zodoende geen ware persoonlijke verbinding met spiritualiteit of religie.

Als gevolg van de hierboven beschreven vervormingen zijn veel mensen in onze cultuur volkomen los van de aarde, hun medeschepselen, God, hun doel en zichzelf. Dit veroorzaakt enorme pijn, zowel op emotioneel als op

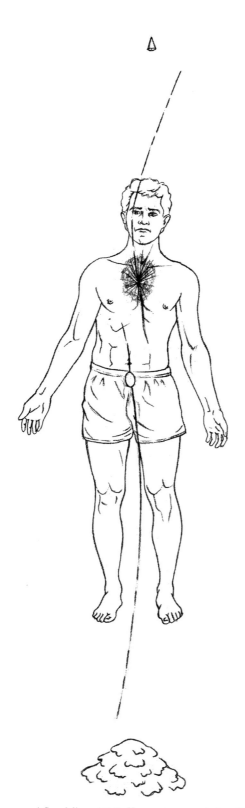

Afbeelding 17-5 *Vervorming van de haralijn*

spiritueel niveau. Ze weten niet waarom ze hier zijn, noch geloven ze dat er een doel is in hun leven, noch voelen ze zich helemaal op hun gemak op aarde. Kortom, om het populair te zeggen: 'Het leven zuigt aan je en dan ga je de pijp uit.' Ook dit kan via harahealing genezen worden.

Haralijnen van mensen uit andere culturen verschillen van die van de Amerikanen. Mensen die tot verschillende culturen behoren, vervormen hun haralijn op een andere manier. Mensen die tot dezelfde cultuur behoren, vervormen hun haralijn op vergelijkbare wijze. Daarom lijden mensen in dezelfde cultuur op vergelijkbare wijze. En lijden mensen uit andere culturen aan andere soorten pijn. Ik heb nog niet de tijd of het voorrecht gehad om genoeg observaties bij verschillende culturen rond de aardbol te doen teneinde dit verschil te zien. Heyoan zegt dat dit de oorzaak is van heel veel internationale geschillen en dat we, als we leren het haraniveau te healen, ook vrede zullen stichten tussen de volkeren op aarde.

Harahealing
Nadat healers eenmaal de toestand van het haraniveau hebben vastgesteld, kunnen ze hun helend werk op het haraniveau verrichten. Zulk soort healing zal de hara terugbrengen naar de toestand van gezonde afstemming, balans en lading, zoals afbeelding 17-1 laat zien. Het zal cliënten ook vierkant terugwerpen op hun levenspad, en daarmee zal hun leven veranderen, meestal in heel korte tijd en in grote mate. Als mensen terugkeren op hun ware levenspad, zal heel de materiële wereld om hen heen die niet in harmonie is met dat levenspad, ofwel veranderen of wegvallen, zoals: materiële bezittingen, baan, woonplek, alsook vrienden en intieme relaties.

Harahealing is werk voor gevorderden en vergt een hoop training en oefening. De healer moet in staat zijn haar of zijn haralijn recht en op haar plaats te houden met alle drie de punten in de juiste positie, en stevig gegrond te zijn in de aarde om de haralijnen van cliënten te kunnen corrigeren. Healers die dat niet kunnen, kunnen cliënten gemakkelijk ziek, gedesoriënteerd en verward maken. Ik mag healers niet eerder harahealing leren dan nadat ze daar klaar voor zijn. Dat wil zeggen: ze moeten in staat zijn hun haralijn een uur lang op haar plaats te houden zonder die te laten vallen. En wanneer ze haar laten vallen, moeten ze dat binnen de minuut weer hersteld hebben. Dit vraagt een jarenlange oefening.

Een goed voorbeeld van wat er gebeuren kan als gevolg van harahealing vond plaats toen ik werkte met een professioneel musicus, die ik Thomas zal noemen. Thomas' auraveld was erg donker en zat verstopt met dichte energie van lage trilling. Uit de conditie van zijn veld kon ik aflezen dat hij jarenlang depressief was geweest. Hij zat vol wrok en woede, en hij had heel veel van het masochistische karakter in zich. Als ik dus recht erop af was gegaan om het eruit te trekken en zijn veld schoon te maken, zou dat niet gewerkt hebben, omdat ik dan precies gedaan had wat zijn ouders altijd met hem deden, waarmee het probleem op de eerste plaats ontstaan was. (Zie de paragraaf over de masochistische verdediging in Hoofdstuk 15.) Op haraniveau was zijn tan tien naar beneden en naar de achterkant van zijn lichaam gedrukt en losgeraakt van zijn zielezetel. Dit betekende dat hij zijn levenstaak aan het onderdrukken was en zich ervan afhield. Tevens was hij niet verbonden in het eerste punt, het individuatiepunt boven zijn hoofd.

In de wetenschap dat de sleutel tot zijn bevrijding erin lag hem opnieuw af te stemmen op zijn levensdoel, concentreerde ik me louter op de hara tijdens de healingen. In een reeks van vier of vijf harahealingen bracht ik zijn haralijn en alle punten erop op één lijn. Ik sloeg gade hoe zijn aura als resultaat van de harahealingen zich op orde bracht en zich zuiverde. Het zuiveren van zijn auraveld hief zijn depressiviteit op en gaf zijn psychische problemen de kans om naar de oppervlakte van zijn bewustzijn te komen, opdat eraan gewerkt kon worden. Hij werkte er direct mee in zijn therapiesessies.

Hij vertelde in een interview dat ik vier jaar later met hem had:

> Voorafgaande aan de healingen had ik heel veel moeite om überhaupt te leven. Dat ging zelfs zo ver dat ik depressief raakte. Ik wilde gewoon een heleboel dingen verbergen en niet aanpakken wat er toen gaande was. Ik was veel depressief. De voornaamste reden dat ik voor een healing kwam was om mijn eigen energie terug te krijgen. Er was na elke healingsessie een boel verwarring, een hoop ontreddering en veel verandering. Ik begon in mijn therapie heel veel dingen met mijn familie, mijn moeder en vader uit te werken. Het waren de gewone dingen naar ouders toe, een hoop woede. Ik had een vreselijke hoeveelheid woede in me. Snel daarna kwam de breuk in mijn huwelijk. Daar bovenop had ik al die carrièreproblemen, financiële problemen, alles tegelijk.
>
> Er was zoveel geworstel en pijn en verwarring en droefheid en alles, dat ik tot de conclusie kwam dat het doel waarom ik hier [op aarde] was, was om dit alles op te ruimen. Zolang als ik de dingen eenvoudig kon houden en me gewoon kon herinneren dat dit de reden was waarom ik nu hier was, ging alles goed.
>
> Uiteindelijk kwam ik erdoorheen. Ik verloor ongeveer twintig pond. Ik heb nu alweer drie jaar een geweldige relatie en ik ben erg goede vrienden met mijn ex-vrouw en haar familie. Er hoeft wat dit betreft niets meer te worden uitgewerkt. Ik ga ook naar een computercursus om straks meer geld te kunnen verdienen. Ik ben nog steeds een professioneel musicus. Ik speel nog steeds en heb nog enkele leerlingen.

> Het belangrijkste dat ik van de healingen heb meegenomen – het gedenkwaardigste gedeelte ervan – was dat ik me meer in het centrum van mijn eigen energie kon voelen. Ik ben nu in staat mijn eigen energie gaande te houden en ik doe wat ik voel dat ik voor mezelf doen moet. Ik zou nog meer muziekonderricht willen geven en mijzelf meer via muziek willen uiten. Ik zou graag de muziek die in me zit willen uiten zonder die nu meteen de naam te geven van jazz of New Agemuziek. Ik wil aanschakelen op iets in mezelf. Dat is nu mijn grote uitdaging.

Je afstemmen op je levensdoel

Wanneer je je haraniveau op één lijn brengt, zul je je ook op je levensdoel afstemmen. De volgende oefening zal je helpen je haralijn af te stemmen en alle vervormingen van de lijn of de punten erlangs healen. Het zal je afstemmen op je grotere doel. Ik raad je aan het iedere ochtend te doen om jezelf te healen en iedere keer wanneer je op het punt staat iets te bereiken. Je zult verbaasd zijn over de resultaten die je boekt. Als je er eenmaal aan gewend bent om de hara afgestemd te houden, dan zul je dat steeds gebruiken. Hierdoor zul je afgestemd kunnen blijven op je grotere levenstaak in elk nietig dingetje dat je in het moment doet. Het is zeer goed toepasbaar op je taak jezelf te healen.

Een oefening om je wil met je levensdoel in overeenstemming te brengen

Stel je een sfeer van energie voor in je lichaam op de middellijn van je lichaam, ongeveer drie tot vier centimeter onder je navel gelegen. Dit punt is het zwaartepunt van het lichaam. Het is de tan tien. Het is de ene toon die je lichaam in fysieke manifestatie houdt. De haralijn en de tan tien zijn meestal van goud. In deze oefening zul je de tan tien rood maken.

Ga met je voeten ongeveer negentig centimeter uit elkaar staan en buig je knieën diep, zoals op afbeelding 17-6. Laat je voeten naar buiten wijzen zodat je je knieën niet verdraait. Maak je ruggegraat recht. Neem een paar haren precies op de kruin van je hoofd. Trek eraan zodat je precies het midden van de bovenkant van je hoofd kunt voelen. Doe nu alsof je aan deze haren hangt. Dit zal je lichaam recht houden als een schietlood naar de aarde.

Zet de vingertoppen van beide handen in de tan tien, zoals in afbeelding 17-7. Houd je vingers bij elkaar. Voel de tan tien in je lichaam, en maak die heet. Maak hem roodgloeiend. Als je je ermee verbindt, zal spoedig je hele lichaam warm zijn. Als je lichaam niet warm wordt, heb je je er niet mee verbonden. Probeer het nog eens. Oefen tot je slaagt. Zodra het je gelukt is, beweeg je je bewustzijn naar de gesmolten kern van de aarde.

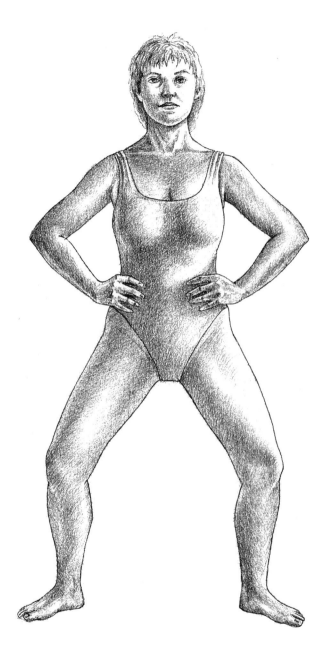

Afbeelding 17-6 *Harahouding*

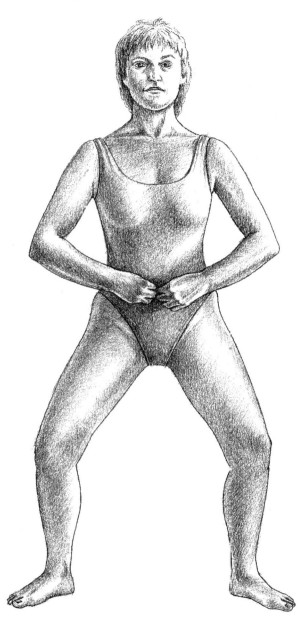

Afbeelding 17-7 *Vingertoppen in de tan tien*

Zet je handen pal op de tan tien in een driehoekspositie, met de vingers naar beneden naar de aarde (zie afbeelding 17-8). Voel de verbinding tussen de aardkern en jouw tan tien. Nu voel je echt de hitte, de gloeiende hitte, zo erg dat je begint te zweten. Misschien hoor je zelfs een klank gelijk aan de soort schreeuw die gevechtskunstenaars slaken vlak voor ze toeslaan. Als je hoger zintuiglijke waarneming open is, zul je de rode kleur in je tan tien kunnen zien. Je zult dan ook een laserlijn van licht kunnen zien die de tan tien met de gesmolten aard-

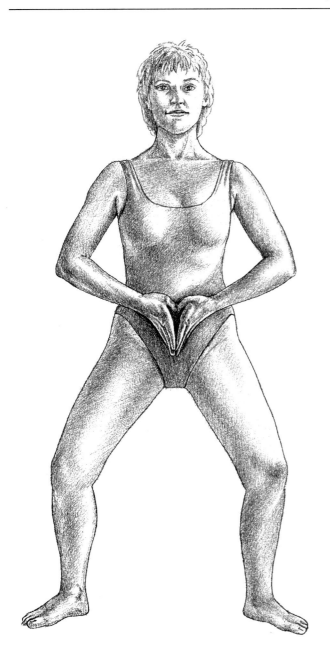

Afbeelding 17-8
Driehoek met de punt naar beneden

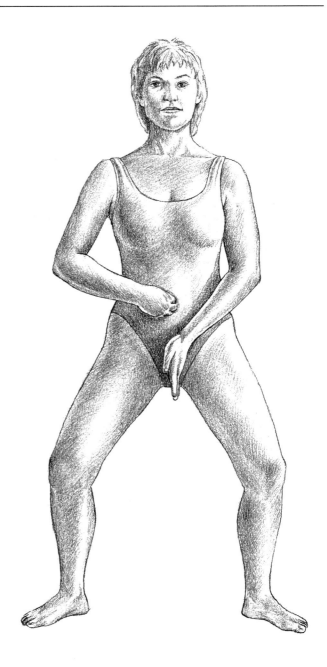

Afbeelding 17-9
Rechter vingertoppen in de tan tien, linkerhand op de tan tien met vingers naar beneden

kern verbindt. Ik noem die de hara-laserlijn. Als je die niet ziet, stel je die dan voor. Je hoeft ze niet te zien om ze te laten werken.

Zet nu de vingertoppen van je rechterhand in de tan tien en laat de linkerhandpalm naar de rechterkant van je lichaam wijzen met de vingers naar beneden. Houd de linkerhand vlak voor de tan tien (zie afbeelding 17-9). Houd deze positie zo lang vast tot je stevig en stabiel bent.

Breng nu je gewaarwording naar het bovengebied van

je borst, ongeveer zeven centimeter onder het kuiltje in je hals en wederom op de middellijn van je lichaam. Hier is een sfeer van diffuus licht. Dit licht draagt de zang van je ziel, je unieke toon die jij bijdraagt aan de universele symfonie. Het draagt de hunkering die jou door het leven leidt om het doel van je ziel met je leven te volbrengen. Zet de vingertoppen van beide handen in de zielezetel boven op je borst, zoals je eerder in de tan tien deed.

Wanneer je je ermee verbindt, kan het voelen alsof er een ballon in je borst wordt opgeblazen. Het voelt er heel veilig en heerlijk. Voel die zoete heilige hunkering die in je rust. Het kan naamloos blijven, maar je kunt het evengoed voelen. Het ziet eruit als het diffuse licht rondom een kaarsvlam, maar het is paarsblauw van kleur. Laat het paarsblauwe licht zich in je borst uitbreiden.

Zet vervolgens de vingertoppen van de rechterhand in de zielezetel en de linkerhand op de tan tien met de vingers naar beneden. De vlakke open handpalm van de linkerhand is naar de rechterkant van je lichaam gekeerd (zie afbeelding 17-10). Voel hoe de haralijn rechtstreeks van de zielezetel naar beneden door je tan tien loopt en recht naar het centrum van de aarde. Wanneer je dit heel sterk kunt voelen, ga dan naar de volgende stap.

Laat je linkerhand waar die is, zet je rechterhand met gestrekte vingers op je hoofd. Laat de middelvinger van je rechterhand naar boven wijzen naar het ID-punt, een meter boven je hoofd (zie afbeelding 17-11). Voel de haralijn, die zich uitbreidt van de zielezetel naar boven door je hoofd naar de kleine omgekeerde trechtervormige opening van het ID-punt. Deze kleine opening is in werkelijkheid een kleine draaikolk; deze is open en naar beneden gekeerd en is het moeilijkst te voelen. Probeer het. Het kan wat tijd vragen. Deze draaikolk vertegenwoordigt het eerste punt van individuatie vanuit de godheid, of is-heid. Hij vertegenwoordigt het eerste punt van individuatie vanuit de eenheid van God. Wanneer je in staat bent de haralijn door het ID-punt heen te krijgen, verdwijnt die plotseling in vormloosheid. Wanneer ze door de trechter gaat, kan ze een HZW-geluid maken als een kurk die van een fles schiet. Je zult ogenblikkelijk het verschil voelen, want zodra je de verbinding maakt, zul je duizendmaal meer kracht hebben. Plotseling zal alles van binnen tot rust komen, en je zult je als een brug van kracht voelen. Je hebt je haralijn afgestemd.

Wacht enkele minuten tot de haralijn stabiel is. Breng dan je rechterhand naar beneden, met de vingers omhoog en de palm naar de linkerzijde van je lichaam gekeerd, zodat die op je zielezetel rust. Dat zal aangenamer voor je zijn. Houd de linkerhand naar beneden gewezen, palm naar de rechterzijde van je lichaam, op je tan tien (zie afbeelding 17-12).

Voel de haralijn en de drie punten. Maak ze met je intentie recht. Stel ze je recht, helder en sterk voor. Houd je intentie vast, tot je voelt dat ze recht, helder en sterk is. Recht je lichaam weer zodat het lijkt alsof je hangt aan

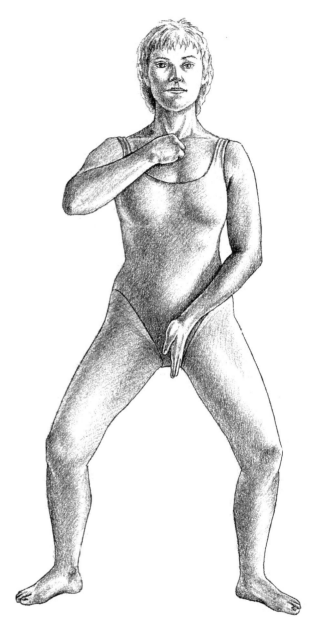

Afbeelding 17-10 *Rechter vingertoppen in de zielezetel, linkerhand op de tan tien met vingers naar beneden*

een haar midden op je hoofd. Knijp je billen van onder een beetje samen en buig je knieën diep, waarbij je voeten negentig centimeter uit elkaar houdt en een beetje schuin naar buiten laat wijzen om je knieën te beschermen. Als je je knieën buigt, zouden ze recht boven je voeten uit moeten komen. Test alles om te zien, te voelen en te horen of de punten sterk, stevig en geladen zijn. Als er

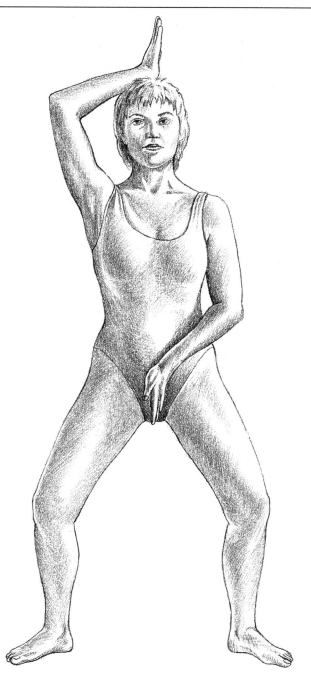

Afbeelding 17-11 *Rechterhand in lijn met het ID-punt, linkerhand op de tan tien met vingers naar beneden*

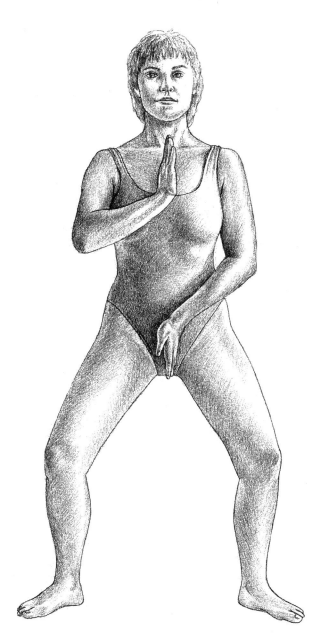

Afbeelding 17-12 *Rechterhand op de zielezetel met vingers omhoog, linkerhand op de tan tien met vingers naar beneden*

in een bepaald gebied zwakte optreedt, merk dan op welk gebied dat is. Dit is dan een gebied waar met healing aan gewerkt moet worden. Concentreer je er langer op. Stem de haralijn af en versterk de punten, zo goed als je kunt.

Wanneer je je eerste punt van individuatie vanuit de godheid op één lijn gebracht hebt met de heilige hunkering van je ziel en met de ene toon waarmee jij je lichaam omhoog getrokken hebt uit je moeder aarde, dan heb jij jezelf in overeenstemming gebracht met je levensdoel. Misschien weet je zelfs nog niet eens wat het is, maar je bent erop afgestemd, en je handelingen zullen er automatisch mee gesynchroniseerd worden zolang als je afgestemd blijft.

De groepsharalijn

Voorgaande techniek kan ook worden gebruikt met groepen om het doel van de groep neer te zetten. Hier volgt hoe dat werkt. Het ware individuele doel van ieder lid van de groep is holografisch verbonden met het doel van de groep als geheel. Wanneer eenmaal allen hun hara's hebben afgestemd, hebben allen hun doel in het moment afgestemd op hun grotere doel als individuen en als groep. Ieders grotere doel maakt deel uit van het grotere evolutionaire plan van de aarde, waarover we in hoofdstuk 13 hebben gesproken. Dit brengt iedereen in synchroniciteit en aldus wordt de groep synchroon. En zoals we hiervoor al zeiden: binnen dit kader van de werkelijkheid zijn geen tegengestelde posities mogelijk. De synchroniciteit kan in de kamer worden gevoeld. De kamer vult zich met de kracht van de voorliggende taak. Ieder heeft er een aandeel in te verrichten. Het doel van elk onderdeel is verbonden met het doel van het geheel. Het is verrassend hoe goed groepen functioneren wanneer ze kunnen beginnen met het afstemmen van elke individuele wil binnen de groep. Wanneer dit tot stand is gebracht, zal de groepswil naar boven komen.

Het afstemmen van de hara kan voor elke groep worden gebruikt. Je kunt het gebruiken voor je healingteam, je onderzoeksgroep, politieke groep of zakengroep om het groepsdoel neer te zetten. Dit model geldt overal, vooral aan de onderhandelingstafel tussen bedrijven, want het is gebaseerd op eenheid in plaats van op dualiteit. Als allen hun hara's afstemmen en verbonden zijn met het universele doel, dan zullen er geen winst-en-verliessituaties optreden. De transacties zullen soepeler verlopen.

Ik gaf eens een lezing van dertig minuten over dit onderwerp voor de ontbijtclub van Win-Win in Denver. Deze organisatie bestaat uit een groep directeuren van bedrijven en ondernemingen die zich toegelegd hebben op de stijl van zakendoen welke te maken heeft met win-win, in plaats van met win-ten-koste-van-de-tegenstander. Zij hadden maar een paar minuten nodig om de energie in de zaal te wijzigen in een gesynchroniseerd groepsdoel, nadat ik had voorgedaan hoe ze hun hara kunnen afstemmen. Ze leerden het sneller dan enige andere groep die ik ooit het genoegen had te onderwijzen.

Ik raad het gebruik hiervan aan als een beginmeditatie, elke keer dat je met een groep werkt. Als er onenigheid ontstaat, betekent dit dat jullie afstemming verdwenen is. Ik raad dan aan de meditatie te herhalen om ieder opnieuw af te stemmen.

Anderzijds zal de aanwezigheid van een leider wiens hara is afgestemd, alle anderen om hem of haar heen helpen zich met hun eigen doel te synchroniseren. Ik pas dit regelmatig toe wanneer ik eerst mijzelf voorbereid, dan het team van docenten met wie ik werk, en later het grotere team van leerling-docenten met wie ik in mijn trainingsprogramma's werk. Ik noem het de haralijn van de groep neerzetten. Om de groepsharalijn neer te zetten is de eerste stap erg belangrijk. De leider moet eerst zijn of haar haralijn neerzetten. Dit houdt in dat hij/zij persoonlijk de zojuist gegeven meditatie doet om de hara af te stemmen.

Ik, als leider, doe dit alleen, voor ik met mijn docententeam voor de eerste maal bij elkaar kom. Daarna, bij de eerste bijeenkomst met het docententeam, doen we als groep de hele meditatie. Dit synchroniseert het doel van ieder individu in het docententeam met het doel van het team. Daarna, wanneer het docententeam samenkomt met het team van leerling-docenten die het docententeam ondersteunen, gebruiken we wederom deze meditatie om het doel van dat grotere team neer te zetten.

De volgende dag, vroeg in de morgen voor de lessen beginnen, wordt deze afstemming herhaald met iedereen in de zaal. Deze afgestemde energie wordt dan door de hele zaal gestuurd voordat de studenten binnenkomen. Nadat alle studenten op hun stoel zijn gaan zitten, leid ik deze meditatie nog eens om ook hen te helpen hun haralijnen te verstevigen. Dit proces helpt ons de reusachtige hoeveelheden energie die er tijdens zulke trainingsweken vrijkomen te reguleren.

De kracht, sterkte en het doel welke zich opbouwen in de zaal, kunnen worden gevoeld wanneer de groepsharalijn vorm aanneemt. Het is heel mooi om te zien. De lijn in ieder persoon verbindt zich met de aarde, wordt afgestemd en wordt helderder. Wanneer ieder dit doet, helpt dat degenen die dit nog niet konden om zich ook af te stemmen, vanwege de kracht die er in de zaal heerst. Wanneer de hele zaal gesynchroniseerd raakt, vormt zich een grote groepsharalijn in het midden van de ruimte, die het doel van de groep vertegenwoordigt (zie afbeelding 17-13).

Op deze wijze blijven we tijdens de lessen op ons doel gericht. Wanneer we niet meer synchroon zijn, herhalen we het proces van afstemmen gewoon. Het afstemmen van de groepshara is een erg praktisch voorbeeld van het handhaven van je individualiteit en je individuele doel, terwijl je tegelijk verbonden blijft met de grotere groepen die je als individu omgeven. Op deze wijze kun je je verbinden met de liefde, steun, kracht en kennis in de grotere groep. Ik geloof dat dit de reden is waarom we in onze lesgroepen zoveel bereiken en de studenten zo snel leren en veranderen.

Een groep mensen afstemmen op hun doel

Ga, wanneer je dit in een groep wilt doen, in een kring zitten of staan en stem jullie individuele haralijn af volgens de instructies die in de oefening voor het afstemmen van de hara gegeven werden. Zorg ervoor dat iedereen dit samen doet en tegelijk van de ene naar de volgende positie overgaat.

Geef iedereen bij elke stap voldoende tijd om zich af

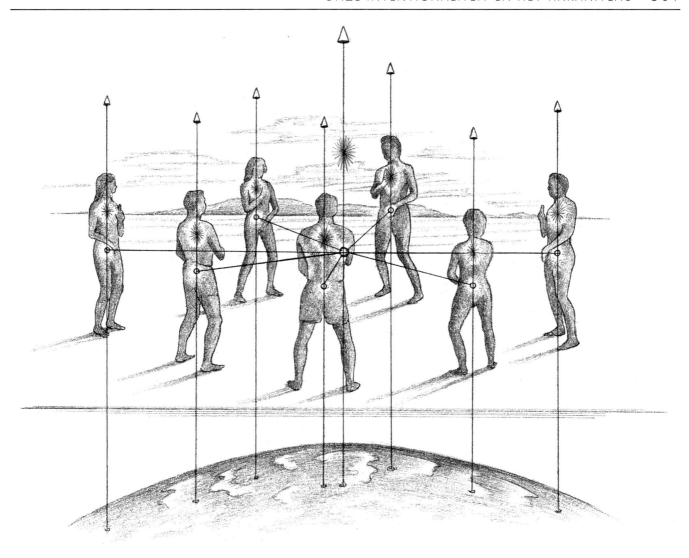

Afbeelding 17-13 *De groepsharalijn*

te stemmen. Je zult de energie van de groep voelen veranderen terwijl dit gedaan wordt. Het lijkt erg op het stemmen van een orkest. Na enige tijd zul je merken of voelen, zien of horen dat de energieën van de groep zich stabiliseren. Als je in meditatie blijft zitten, zul je merken dat de haralijn van de groep zich in het midden van de kring vormt. Deze lijkt heel erg op de laserlijn door je lichaam. Hij vertegenwoordigt het groepsdoel. Het is een prachtige gouden lijn van licht, met dezelfde drie punten erop als boven beschreven. Er zullen ook verbindingen lopen als de spaken van een wiel vanaf de tan tien van de groepsharalijn naar de tan tien in elk lichaam (zie afbeelding 17-13).

Voel hoe sterk en stabiel de energie in de ruimte is. Nu kunnen jullie als groep aan het werk gaan zonder geruzie.

Reïncarnatie binnen hetzelfde leven en de transformatie van de haralijn

In *Licht op de aura* besprak ik het fenomeen van reïncarnatie binnen hetzelfde leven. Dit vindt plaats wanneer iemand zijn of haar levenstaak beëindigd heeft en zich naar een andere levenstaak begeeft zonder het lichaam te verlaten. Ik beschreef een cocon die zich in het auraveld vormt rondom de verticale krachtstroom in de ruggegraat. Sindsdien heb ik waargenomen dat in de cocon, op het haraniveau, de haralijn oplost en zich weer opnieuw vormt, en aldus een nieuwe levenstaak instelt voor de nieuwe incarnatie zonder dat vereist wordt dat alles weer met een nieuw lichaam begint. Het proces van het oplossen van de oude haralijn en het opnieuw vormen van een nieuwe duurt meestal ongeveer twee jaar.

Aangezien de punten op de haralijn ook veranderen wanneer de haralijn verandert, gaat de reïncarnatie in hetzelfde leven vaak gepaard met enige lichamelijke problemen. Wanneer de tan tien schommelt en oplost, kan het fysieke lichaam in chaos verkeren. De fysieke symptomen kunnen talrijk zijn, maar waarschijnlijk is er niet één te diagnostiseren. Of in andere gevallen kun je een levensbedreigende ziekte krijgen, een bijna-dood-ervaring of een lichamelijke dood-terug-naar-het-leven-ervaring.

Reïncarnatie binnen hetzelfde leven is voor iedereen bijzonder verwarrend om mee te maken, omdat je je zelfgevoel verliest, alle dingen waarmee jij jezelf geïdentificeerd had, en je doel. Het lijkt soms of je doodgaat. Het is een tijd van diepe persoonlijke verandering. Het is een tijd van niet-weten, van contemplatie en wachten, soms in een zwarte fluwelen leegte die wemelt van ongemanifesteerd leven. Het is een tijd ook van overgave aan de grotere machten die in je aan het werk zijn.

Daarna beginnen in deze periode nieuwe energieën vanuit je wezensster omhoog te komen in het haraniveau om een nieuwe haralijn te scheppen, die correspondeert met de nieuwe taak die je op je genomen hebt. Natuurlijk zal de nieuwe taak verwant zijn aan de oude, op dezelfde wijze als verschillende vorige levens aan elkaar en aan het huidige leven verwant zijn. Reïncarnatie in hetzelfde leven raakt wijder en wijder verbreid, naargelang het aantal mensen op het pad van spirituele gewaarwording groeit.

Tijdens de twee jaar die ervoor nodig zijn om reïncarnatie in hetzelfde lichaam mee te maken, verandert alles in het leven. Dit omvat grote veranderingen in beroep, intieme levenspartner, woonplaats, vrienden en financiën. Na die periode van twee jaar is het leven meestal heel anders. Reïncarnatie in hetzelfde lichaam kan meer dan eens in een leven voorkomen. Maar naar mijn weten is dat uitzonderlijk ongewoon.

Hier volgt een goed voorbeeld van hoe iemands leven veranderde als gevolg van het proces van reïncarnatie in hetzelfde leven. Ik zal haar Rachel noemen. Rachel was een briljant bedrijfsmanager die de personeelsafdeling van een grote financiële organisatie leidde. Ze kwam oorspronkelijk naar me toe om een chronisch oedeem te healen waar ze al achttien maanden last van had.

Na drie healingen waar steeds een paar weken tussen zat, zei Heyoan dat ze geen healingen meer nodig had. Het vergde een paar maanden voor het oedeem helemaal weg was en het kwam nooit meer terug.

Tijdens de healingen sprak Heyoan helemaal niet over haar fysieke conditie. In plaats daarvan sprak hij over het weefsel van Rachels leven, over het samenweven van de gouden draden van haar leven. Rachel begon toen aan de Barbara Brennan School of Healing te studeren, en na een aantal jaren begon ze me te assisteren bij het leiden van cursusprogramma's. Tijdens een van die cursussen zag ik dat haar tan tien aan het veranderen was en dat ze het tweejarige proces inging van reïncarnatie in hetzelfde leven.

Hier volgt haar beschrijving van haar ervaring.

Ik had er geen flauw idee van wat er aan de hand was. Op mijn 38ste verjaardag in februari knipte ik mijn lange haar af. Ik had het mijn hele leven zo gedragen. Maar ik had het gevoel dat ik absoluut iets in mezelf veranderen moest. Een paar dagen daarna ging ik naar San Francisco om jou te ontmoeten voor de inleidende workshop. Ik wandelde een hotelkamer binnen en jij zag het met één blik en zei: 'Kijk, je tan tien is helemaal aan het schommelen!'

Ik had geen idee wat dat betekende. Jij zei: 'Dat is wat er gebeurt wanneer je in hetzelfde lichaam reïncarneert. Je haralijn is uiteen aan het vallen!' Dit ging mijn pet te boven, ik had geen idee wat het betekende. Toen keek je of er een cocon rondom mijn verticale krachtstroom zat. Die was er. Je maakte er een tekening van.

Zes maanden later, nadat de cocon begonnen was te verdwijnen, bleek dat de verandering in één deel van de verticale krachtstroom tot staan gekomen was. Jij zei dat ik het proces gestopt had. Daarna, toen ik door mijn rug ging, zei je dat een van de redenen waarom ik zoveel moeite met healen had, was dat mijn tan tien nog steeds aan het schommelen was, omdat het reïncarnatieproces zich nog steeds voortzette. Voordien had ik altijd een perfecte gezondheid gehad, dus dit was erg moeilijk voor me.

Nadat het reïncarnatieproces begonnen was, kreeg ik ook heel wat ervaringen over vorige levens. Ik had zoiets op persoonlijk niveau nog nooit beleefd. Ik kreeg ook minstens acht of negen ervaringen die ik een dimensie van tijdsoverlap zou willen noemen, waarbij twee tijden over elkaar heenschoven. Ik kon een ander niveau voelen of ervaren, volkomen buiten wat er in het heden gaande was. Een daarvan, herinner ik me, vond plaats toen ik tijdens een les op het podium zat en naar de studenten keek. Ik keek omhoog naar het balkon, en ik wist dat het leeg was. Ik wist dat het 1989 was. Maar tegelijkertijd kreeg ik ook de levendige ervaring dat het balkon vol schreeuwende mensen zat, en dat ze om een veroordeling riepen. Het was helemaal een scène van een berechting. Deze ervaringen begonnen nadat dit proces van reïncarnatie in hetzelfde lichaam op gang gekomen was.

Vervolgens, ongeveer twee jaar nadat dit allemaal begonnen was, stapte jij op me af toen je gechannelde healingen aan het doen was, en zei dat het voorbij was.

Enkele uiterlijke veranderingen kwamen hier duidelijk uit voort. Een ervan was dat ik niet meer in mijn baan kon blijven. Ik moest heel wat meer tijd gaan steken in het leren van spirituele aangelegenheden, en dat is ook het moment geweest dat ik mijn baan vaarwel zei en voor de School ging werken. Ik had lange tijd al weg willen gaan, maar ik had een heleboel angst met betrekking tot financiële zekerheid en wist niet wat veiligheid werkelijk was. Nadat het reïncarnatieproces begonnen was, werd het me onmogelijk nog die baan aan te houden, hoe groot mijn angsten ook waren. De stuwkracht achter die verandering dreef me letterlijk voort naar een deel van mijn leven waar ik me beter over mijzelf zou voelen, zelfs hoewel ik niet wist wat dat betekende, omdat ik dat nog niet gedaan had. Ik wist alleen dat ik ermee moest stoppen iedere dag bij het ontwaken te voelen dat ik het niet meer verdragen kon naar mijn werk te gaan.

De reïncarnatie-ervaring gaf me het gevoel dat veranderingen goed zijn in plaats van angstig. Verandering werd iets heel opwindends, zoals ergens opgetogen naar uitzien. Het voelde heel anders aan.

Ik was ongelooflijk gezond voor de reïncarnatie begon. Daarna bezeerde ik mijn rug. Dat was de eerste echte ziekte die ik ooit had gehad. Het was bijna precies een jaar na het begin van de reïncarnatie. Nu is mijn rug duizend procent beter dan een jaar geleden. Ik heb nu alleen functionele rugpijn. Ik had geen andere fysiologische gevolgen.

Het voornaamste verschil dat ik in mezelf door die periode waarneem, is de grote verandering in mijn relatie met mezelf. Toen ik eenmaal die ervaringen van vorige levens kreeg, werd de relatie met mezelf heel wat dieper. Ik besefte veel dieper hoe ik mij mezelf niet bewust was. Mijn grootste verandering is dat ik nu echt opmerk welke rol ik in alles speel. Ik ben me echt veel meer bewust van het feit dat ik voor ten minste vijftig procent verantwoordelijk ben voor alles wat er gebeurt. Ik ken heel wat minder verwijten als: 'het is zij of ik'. Ik ben me meer bewust van de gewoontepatronen in mijn leven, die ervoor zorgen dat ik handel vanuit mijn verdedigingssysteem. Mijn zelfbewustzijn ging van nul tot de hoogste graad. Ik ben me nu mijn reactie heel, heel goed bewust. Ik ben me veel meer bewust van de rol die ik speel in alle situaties in mijn leven dan voordien. In plaats van dat mijn leven iets is dat me overkomt, voel ik me veel meer de schepper of medeschepper ervan. Zodoende vind ik onmiddellijk in elke ervaring die ik krijg mijn aandeel erin. Dit is ook het geval met relaties – met alles.

Ik merk mijn aandeel in de dingen op, mijn rol, mijn verantwoordelijkheid. Als ik met iemand in een gevecht verwikkeld ben, zie ik nu in welk deel ervan mijn vergissing zit. Ik zie hoe alles met elkaar wordt gedeeld, alles is gemeenschappelijk. En dat voelt werkelijk anders. Neem bijvoorbeeld mijn familie: in plaats van gewoon met hen contact te hebben, heb ik een tweede blik die ook precies registreert – zelfs als ik met mijn moeder praat terwijl we aan het koken zijn, of wat dan ook – wat ik doe dat haar beïnvloedt en hoe dat haar op een bepaalde manier beïnvloedt. En dan reageert zij op mij en komt het naar me terug als een pingpongbal, en dan reageer ik weer, enzovoort.

Dus vanaf deze reïncarnatie in hetzelfde lichaam merk ik op dat er altijd zulke interacties zijn, en ik kan feitelijk mijn aandeel in het spel zien dat over mijn leven heenligt. Bijvoorbeeld, mijn hele kerstvakantie was fantastisch omdat ik me volkomen bewust was van de energetische interacties die ik had, welke absoluut gewoonte waren in mijn familie. Het was fascinerend om gade te slaan. Als ik de energie stopte, gewoon de interactie stopzette en die verving door iets anders, dan veranderde alles.

Ik denk dat wat er van mijn rugpijn is overgebleven, verbonden is met alles wat ik daarnet zei over mijn verantwoordelijkheid over mijn eigen interacties. Ik denk dat het te maken heeft met je aandacht naar buiten in plaats van naar binnen richten, en hoe meer ik leer om mijn aandacht naar binnen te richten, des te meer mijn rug geneest. En hoe meer ik naar buiten kijk, voor acceptatie of wat dan ook, des te meer ik mezelf in de problemen werk. Mijn rug heeft nog alles te maken met het inhouden van mijn spontane emotionele reacties. Ik weet dat ik nog steeds een heleboel instinctieve reacties en gevoelens tegenhoud. Ik twijfel veel aan mezelf, en ik denk dat mijn rug dan het meest zeer doet. Ik heb het niet altijd meteen in de gaten, maar ik begin me er bewust van te worden. Mijn rug doet dus niet erg veel pijn wanneer ik gelukkig ben.

Inleiding op overgave, dood en transfiguratie

De ervaring van reïncarnatie in hetzelfde leven vereist een loslaten en afsterven van het oude leven teneinde een wedergeboorte ruimte en tijd te geven. Hieronder staat een prachtige meditatie, door Heyoan gegeven, om het loslaten te vergemakkelijken van wat het ook maar in je is dat dient te worden opgelost. Ik raad je aan op de achtergrond muziek te spelen. Je kunt dit alleen of in een groep doen. Het is ontworpen om grote veranderingen in je leven te vergemakkelijken.

OVERGAVE, DOOD EN TRANSFIGURATIE
Gechanneld vanuit
Heyoan

Voel de kracht van je goddelijke gratie. De kracht van het licht heeft je hier gebracht. Het is door middel van gratie dat je deze healing zult ervaren. Deze periode in je leven kan een heel moeilijke voor je zijn, maar is zeker een tijd vervuld van groei, een tijd vervuld van liefde, een tijd vervuld van broederschap. Het is:

* een tijd om dankbaar voor te zijn
* een tijd om dankzegging voor te geven
* een tijd om voorwaarts en buitenwaarts te gaan
* een tijd van vergeving voor dat wat nog vergeven moet worden
* een tijd van begrip voor dat wat begrepen kan worden
* een tijd van overgave aan dat wat niet begrepen kan worden
* een tijd van volgen en een tijd van leiden
* een tijd van zijn en een tijd van doen.

Het is jouw tijd. Jij hebt die voor jezelf gecreëerd, en dus ben jij het die zich erin zal bevinden in overeenstemming met je keuze.

Dierbaren, hoe wil je deze tijd besteden? Het is jouw tijd. Het is jouw tijd om de heilige hunkering van je ziel te volgen.

* een tijd van leven
* een tijd van geboorte
* een tijd van vernieuwing

De barensweeën komen na de tijd van duisternis. In het duister groeit de schoot vol. Er worden wonderen verricht. Leven ontspruit aan de aarde. Je wordt herboren tot een volheid in nieuwe vorm, in nieuw leven. Met jou ontstaat een nieuwe generatie die het aangezicht der aarde zegent. Vrede zal komen. Vrede zal regeren.

Voel een ster van licht in het middelpunt van je lichaam die jouw individuele essentie vertegenwoordigt. We zijn allen tot het licht geboren. Jij bent van het licht afkomstig, jij bent het licht, en het licht zal over deze aarde regeren voor duizend jaar; heel de mensheid zal één zijn.

Geef het wonder gelegenheid zowel jou als het onbegrijpelijke te ontvouwen. Wees eenvoudig in de schoot van de regeneratie. Sta datgene wat dient te sterven toe in het wonder op te gaan – mest voor de velden.

* Wat is het dat jij aan de aarde wilt geven om te laten ontbinden?
* Wat is het dat je moet laten gaan opdat regeneratie plaatsvindt?

Leg het nu in de aarde met liefde en zoete overgave en een vaarwel, een zoet vaarwel. Laat het met de zegening van zoete herinneringen los, van dat wat je in het verleden gediend heeft en je nu niet meer dient. Plaats het diep in de schoot van je moeder aarde. Als een zaadje. Laat het van je lichaam afrollen. Laat het uit je bewustzijn wegvloeien. Laat het uit je gedachtenvormen oplossen en diep de aarde in stromen voor een tijd van vergeten.

Keer dan naar de ster van licht in je, diep in je buik. Diep in je lichaam, ongeveer drie tot vier centimeter boven je navel, zit de prachtige ster van jouw unieke essentie. *Wees hier nu.* Dat wat losgelaten werd, zal getransformeerd worden terwijl jij slechts *hier nu bent.*

Dat wat sterft in de vorm wordt onmiddellijk herboren in de vormloze wereld van de leegte. Wat dood is voor de vorm, is geboorte voor het wemelende, vormloze leven van de leegte.

In de natuurlijke cyclus zal de lente dat wat ontbonden is aanraken. Dat wat vergeten werd zal, in de lentecyclus, in je herinnering opstaan als een feniks van een andere soort.

Als het leven in de vormloze leegte zich overgeeft aan zijn dood, wordt vorm herboren.

Hoofdstuk 18

ONZE GODDELIJKE KERN

Nadat ik met veel mensen aan de haralijn en hun intentionaliteit gewerkt had en grote veranderingen had zien plaatsvinden in hun leven, waarbij hun levensdoel zich opende en hun leven vervulling kreeg, vroeg ik: 'Wie is het die vervuld wordt? Wie is het die dit levensdoel heeft? Wie is het die al deze intentionaliteit heeft?' Per slot van rekening is onze intentionaliteit niet wie we zijn. Onze persoonlijkheid is duidelijk niet wie we zijn. Het is alleen een handtekening die een beetje uitdrukt wie we werkelijk zijn. Ons fysieke lichaam is zeker niet wie we zijn. Wie zijn we dan wel? Wie zijn we? Vanwaar stamt al dit leven? Wie ben ik?

Ik redeneerde dat er een andere diepere dimensie moest bestaan onder het haraniveau, een dimensie die het fundament is van het haraniveau: de dimensie van degene die weet.

Heyoan reageerde heel snel op mijn nieuwsgierigheid

~

Onder de haradimensie ligt de dimensie van je diepere kern. De kern is de eeuwige 'Ik ben wat is, was en altijd zal zijn'. Hier ligt de oorsprong van je creatieve kracht. Je kern is de innerlijke bron van het goddelijke. Met HZW lijkt het op een ster, een kernster, een wezensster. Dit licht is een handtekening van de eeuwige essentie van iedere persoon. Het bestaat buiten tijd, ruimte, fysieke incarnatie en zelfs buiten het concept van de ziel. Het schijnt de bron van het leven zelf te zijn. Het is de unieke individuele God in ieder van ons. Het is de bron van waaruit alle incarnatie stamt, en toch verblijft het in volkomen vrede en serene rust. Waar het kernlicht verschijnt, brengt het gezondheid. Waar het wordt getemperd, treedt ziekte op.

~

Zo raakte ik betrokken in een nieuw avontuur, op zoek naar de kern, om die te vinden en om te leren die te ervaren en ermee te werken. Werken met de wezensster is buitengewoon lonend. In alle healingen die ik geef, werk ik met alle drie de niveaus tegelijk. Reis dus met me mee, nu we de wereld betreden van je essentie, het meest heilige der heiligen in jou. Ik weet zeker dat het je verheugen zal.

De wezensster: de eeuwige bron van je essentie

Gebruik makend van HZW kon ik de wezensster in het lichaam lokaliseren. Het is letterlijk in het middelpunt van het lichaam. Ik besef dat de essentie van de kern natuurlijk overal is, maar concentratie op deze centrale locatie in het lichaam helpt iemand er contact mee te maken. De wezensster is gelegen op ongeveer tweeëneenhalf tot vier centimeter boven de navel op de middellijn van het lichaam, en ziet eruit als een helder veelkleurig licht (zie afbeelding 18-1 in het kleurenkatern). Dit licht kan zich oneindig uitbreiden. Het bezit een heel vertrouwd gevoel van ongehinderd zelf in zich. Het is de jij die je dit hele leven al geweest bent. Het is de jij die je geweest bent vóór dit leven. Het is de jij die zal blijven bestaan ná dit leven. Het is de jij die buiten tijd en ruimte bestaat. Deze essentie van het zelf is voor iedereen anders. Het is jouw unieke essentie. Dat is het geïndividualiseerde goddelijke in jou.

Wat verwarrend kan zijn aan de wezenskern is dat die ook bestaat in het goddelijke eenheidsprincipe, of God. Dat wil zeggen: ze is tegelijk zowel de geïndividualiseerde God in ons als de universele God. Het is deze paradox die voor ons soms moeilijk te begrijpen valt. Hoe kan ik tegelijkertijd mijzelf en God zijn? God is zo onmetelijk, God gaat het menselijk begrip te boven. Hoe kan ik mezelf God noemen wanneer ik weet dat God zoveel meer is dan ik? De enige manier om die vraag te beantwoorden is via de ervaring van de wezensster. Door onze bewuste gewaarwording naar de wezensster te brengen, deze te voelen, en dan te ontdekken dat deze essentie hetzelfde is als het zelf, kunnen we deze menselijke paradox oplossen.

Als je eenmaal je wezenskern kunt ervaren, zul je die overal kunnen aantreffen: overal in je lichaam; overal in je auraveld; overal in je haraniveau; overal in je leven. Je zult die uitgestrekt vinden tot aan de verste uithoeken van het universum. Overal waar je ernaar zoekt zul je die vinden.

Je wezenskern drukt zichzelf overal in zekere mate uit. De plaatsen in je intentie, je levensenergievelden, in je fysieke lichaam, en in je leven waar ze het volledigst tot uitdrukking wordt gebracht, zijn de plaatsen waar jij gezond en gelukkig bent. Die plaatsen waar ze het minst tot uitdrukking komt, zijn die plekken waar jij het minst gelukkig bent, je onbehaaglijk voelt of problemen hebt. Zo simpel is dat. Derhalve zijn we weer terug bij het begin van het boek waar we ziekte beschreven als een signaal dat we op een of andere specifieke wijze onze verbinding met onze wezenskern zijn kwijtgeraakt. We hebben ons losgemaakt van onze innerlijke goddelijkheid. We zijn vergeten wie we werkelijk zijn. Gebruik makend van HZW kunnen we dit 'zien' als een loskoppeling van de kern.

Loskoppeling van de kern
Op het wezenssterniveau betekent een disfunctioneren bijna altijd dat mensen op een of andere manier zijn losgeraakt van hun kern. Niet dat er iets aan de kern zelf mankeert; er is iets mis met de verbinding tussen de kern en de andere niveaus van hun bestaan. Op een bepaalde manier wordt de wezenskern niet de hele weg naar beneden tot in de fysieke wereld doorgelaten. Dit kan veroorzaakt worden door een disfunctie in het aura- of haraniveau die de wezenskern niet doorlaat. Of de wezensster is omfloerst met donkere wolken energie dan wel zelfs omsloten door heel dichte, taaie substantie. De pulsaties en het licht van de wezensster krijgen niet de kans naar buiten te komen.

Mensen die ernstig van hun kern zijn losgeraakt, hebben geen verbinding met hun creativiteit. Ze ervaren zichzelf niet als mensen met een innerlijke goddelijkheid. Ze kunnen zichzelf niet ervaren als een uniek centrum van licht in het universum. Deze mensen zijn vergeten wie zij zijn en hebben grote problemen contact te maken met het hogere zelf, of zelfs maar te weten dat ze zoiets als een hogere macht in zich hebben.

Healing met de wezenskern
Het is duidelijk dat elke healing, vanwege het belang van het wezenssterniveau, enig werk dient te bevatten om de wezenskern in alle niveaus erboven te laten opwellen. Elk deel van het haraniveau, het auraniveau en het fysieke lichaam waaraan in een healing gewerkt wordt, zou met de wezenskern overgoten moeten worden voordat de healing wordt afgesloten. Dit is waar, omdat overal waar het fysieke lichaam, het auraveld of het haraniveau vervormd is geweest, de wezenskern ook werd tegengehouden in haar volle glans naar buiten te komen.

Wanneer de healer een healing geeft, zal hij/zij eerst HZW gebruiken om de conditie van het fysieke, aura-, hara- en wezenskernniveau te evalueren. De healer geeft healing op elk van de niveaus, te beginnen met de aura of hara, al naargelang van wat voor de cliënt het meest geëigend is. Nadat dit werk beëindigd is, legt de healer de wezensster van de cliënt bloot en laat die dan opwellen in elk van de niveaus erboven. De wezenskern wordt eerst in het haraniveau omhoog gebracht, dan in het auraniveau en ten slotte in het fysieke lichaam. De healer laat de wezensster van de cliënt zich uitbreiden, zodat de individuele essentie van de cliënt diens intentie op het haraniveau vult, diens persoonlijkheid op auraniveau, en al diens cellen in het fysieke lichaam. Dan laat de healer het wezenslicht zich vanuit het lichaam uitbreiden, zo ver als voor de cliënt aangenaam voelt. Dat kan enige tientallen centimeters zijn, of zich naar de verste uithoeken van het universum uitbreiden.

Een goed voorbeeld van zo'n healing vond plaats tijdens een tweedejaars cursus rond december 1989. Een studente van de Westkust kwam op krukken binnen, ze had haar linkerbeen in het gips. Ik zal haar Sarah noemen. Ze zei een ski-ongeluk te hebben gehad waarbij de voorste kruisbanden van haar linkerknie vreselijk gescheurd waren. Een korte HZW-taxatie toonde me dat ze gescheurde kniebanden had die hersteld moesten worden. Ik kon ook zien dat haar hara verschoven was geraakt, en dat de onderliggende kwestie haar relatie met haar ontluikende healerschap was. Ik vroeg haar of ik haar knie mocht gebruiken als lesmateriaal, en zo werkte ik met haar voor het front van de klas.

Ik begon de healing met alle medestudenten te ondervragen die aan haar gewerkt hadden voordat ik die gelegenheid had, en besprak de resultaten van elke healing. Daarna herstelde ik meer van het auraveld, deed een harahealing, en liet toen de wezenskern opwellen tot in de cellen van haar lichaam. Als gevolg van alle healingen die ze had gehad, hoefde ze niet geopereerd te worden en genas haar been erg goed. Ik interviewde haar twee jaar later in december 1991, om terug te komen op de effecten van de healingen die ze gekregen had. Hier zijn wat uittreksels uit wat Sarah me vertelde.

> Toen het gebeurde was ik in Yosemite. Ik was heel hoog die berg opgegaan. Het was de eerste keer dat ik op de ski's stond. Ik zat in een klasje. We hadden de hele dag al geskied en waren langzaam steeds hoger en hoger die berg opgegaan. Toen ik viel, voelde ik ineens mijn knie naar buiten komen. Mijn klas bleef de berg afgaan. Toen stopten ze. Ik wist dat ik beter niet op kon staan, maar ik wilde ook niet dat zij omhoog zouden moeten komen om me te halen, dus stond ik op en skiede langzaam de berg af. Ik maakte bochtjes in mijn gehuurde ski's, strompelend en pijn lijdend.
>
> Die nacht bleef ik in mijn hut. Het was de ellendigste nacht van mijn leven. Ik was echt ziek. De volgende ochtend ging ik naar een ziekenhuis. Toen ik de berg weer afreed, moest ik overgeven. Ik zag groen. Ze gaven me iets voor de pijn. Ze zeiden: 'Dit is heel ernstig. Je moet meteen naar een orthopedist.' Ze maakten mijn been onbeweeglijk.
>
> Ik bezocht een orthopedist. Mijn knie was zo erg gezwollen dat ze er geen röntgenfoto van konden maken. Maar uit zijn poken en porren en zijn pogingen er enige beweging in te krijgen maakte hij op dat het behoorlijk ernstig was. Alles wees erop dat ik waarschijnlijk binnen tien dagen geopereerd moest worden. Hij zei: 'Dit is ernstig.' Hij zei ook dat ik binnen vijf dagen terug moest komen. Maar ik zei dat ik binnen twee dagen terug wilde naar de Oostkust, naar de healingklas.
>
> Hij keek me aan en zei: 'Je bent gek. Je moet wel echt willen gaan. Ik ga je niet vertellen dat je niet moet gaan, maar je zult je in het vliegtuig behoorlijk ellendig gaan voelen. Maar ik laat het helemaal aan jou over. Mij klinkt het idioot in de oren.'
>
> De reis bleek mee te vallen. De luchtvaartmaatschappij gaf me een rolstoel, en ik had drie stoelen op een rij, dus ik lag tamelijk comfortabel. Ik had natuurlijk Tony bij me, een klasgenootje, zij zorgde voor mijn bagage.
>
> Tony werkte eenmaal aan me voor ik naar het oosten ging, meteen na het bezoek aan de orthopedist. En toen zag ik, HZW gebruikend, dat ze twee draadachtige vezels in mijn auraveld aan elkaar verbond. De kruisbanden vormen, zoals de naam al zegt, een kruis. Het is een kruisverbinding binnen in de knie. Zij verbond twee van de draden die er zo'n beetje bijhingen en er als witte slangachtige draden uitzagen. Ik zag dit alles gebruik makend van HZW zoals ik in de cursus geleerd had. En ze stopte die er weer in terug. Dat was in feite nogal pijnlijk toen ze dat weer op zijn plaats zette. Ik zweette me kapot toen ze daar naar binnen kwam.
>
> Toen kwam ik terug naar school en werkten er drie verschillende klasgenoten aan. Iemand liet er energie van niveau één in lopen, waarnaar ik smachtte. Het was de eerste maal dat ik werkelijk begreep wat er bedoeld wordt met fysieke energie. Toen deed Martin er een beetje werk aan. Elke dag was er wel iemand die aan me werkte, en mijn knie werd een beetje beter. Maar ik had nog steeds enorme pijn, en ik kon de knie absoluut niet belasten.
>
> Toen zette u me op het toneel en gebruikte mijn knie als lesmateriaal. U vroeg iedereen die aan me gewerkt had op het podium te komen en te praten over wat ze gezien hadden met HZW en wat ze precies gedaan hadden. En toen liet u mij daarop reageren, hoe ik het ondervonden had. Daarna herinner ik me dat u begonnen was met werken aan de hara, want daar wisten we nog niets vanaf. U stond bij mijn voeten en sprak met de klas, en ik herinner mij de ongelooflijke gewaarwordingen die ik in mijn benen omhoog voelde komen. Ik dacht: ik weet niet wat dit is, maar whaw, er gebeurt hier echt wel iets!
>
> Ik voelde een enorme hoeveelheid sensaties door mijn benen omhoog schieten en door mijn hele lichaam gaan, en ik voelde me werkelijk bijzonder daardoor geroerd. En toen zei u: 'O ja, wat ik nu doe is met de hara werken.' Ik herinner me hoe ik op die tafel lag met zulke krachtige gewaarwordingen door mijn lichaam, en ik raakte bijna bewusteloos. U deed een healing met de wezensster en een slotoefening met de wezensster,

wat helemaal nieuw was. Dat hadden we nog nooit gezien, en ik wist echt niet wat u aan het doen was.

Ik was lange tijd van de wereld nadat u met me gewerkt had. Ik bleef vermoedelijk zo'n twee uur plat op het toneel liggen. En ik herinner me dat ik daarna opstond en weer op mijn knie kon lopen. Ik belastte hem nog niet met mijn volle gewicht. Ik hinkte maar zo'n beetje en had zo ongeveer de helft van het podium afgelegd. En toen zei u tegen me: 'Doe dat nog niet! Pak je krukken en geef het wat tijd om stevig te worden.'

Nadat u aan me gewerkt had, voelde ik me heel erg goed. Daarna had ik mijn steunverband niet meer nodig. Maar niet alleen mijn knie, mijn hele lichaam voelde zo goed. Ik voelde me erg stevig op een manier die ik nog niet kende. Een tamelijk grote verandering trad toen op vanaf die tijd. Er gebeurde een heleboel. Ik was altijd nogal sceptisch over dit werk geweest, en ik had vraagtekens gezet bij mijn plaats in het geheel en of het allemaal wel echt was. Daarom betekende het zoveel voor me toen ik zo'n zwaar letsel had gekregen – dat er uitzag alsof het geopereerd zou moeten worden – dat het werk eraan zo effectief en zo ongelooflijk heilzaam was. Het heelde werkelijk mijn knie. Het is alsof ik mezelf vanuit een heel fundamenteel niveau moest laten weten, ondanks mijzelf, waartoe dit werk in staat was. Ik had het gevoel of er enorm veel voor me veranderde, zodat ik heel stevig werd in dit werk. Het hielp om me echt met dit werk te verbinden. Een heleboel werd me nu helder en viel op zijn plaats voor me.

Toen ik terugging naar de orthopedist was hij stomverbaasd over mijn genezen knie. Hij observeerde mijn knie een paar weken lang. Ik ging werkelijk alleen voor hem terug. Ik zwom om de knie te verstevigen. Ik werkte zelf een heleboel op niveau één van de aura aan mijn eigen knie, meestal het laden van niveau één van mijn knie.

De diepere betekenis? Ik heb in mijn leven een heleboel letsel aan de linkerkant van mijn lichaam gehad. Dat was heel erg verbonden met mijn vrouwelijke kant. Ik diende in staat te zijn uit de wereld te stappen en te ontvangen. Ik heb heel hard aan mijn vrouwelijke principe gewerkt. Ik kreeg heel veel dromen over mijn kleine meisje van binnen. Ik moest me overgeven en leren ontvangen. Het had te maken met thuiskomen in die plek in mijzelf, in die plek van evenwicht, die ware plek in mij die ik het ware leven noem. Het had ook te maken met op eigen benen kunnen staan en in mijzelf geloven en geloven dat ik de wereld iets te bieden heb. Kort nadat dit gebeurd was, begon mijn healerschap zich te ontplooien. Dit werk doen is een manier die ik gekregen heb om thuis te blijven komen, omdat ik, om met mensen te werken, steeds zelf naar die plek moet gaan. Voor mij ligt de uitdaging erin: hoe kan ik dat voor mezelf doen?

Het openen van gangpaden naar je kern

Neem nu een paar minuten de tijd om je bewuste gewaarwording naar de fysieke locatie te brengen die geassocieerd wordt met de wezensster in het middelpunt van je lichaam, ongeveer tweeëneenhalf tot vier centimeter boven je navel. In korte tijd zul je je kalm, ontspannen, vol van licht en krachtig voelen, en zal je zelfgevoel vergroot zijn. Het openen van je HZW naar het wezenssterniveau is een fantastische ervaring. Eerst zie je misschien je eigen wezensster, in al haar unieke schittering. Daarna, wanneer je naar een kamer vol mensen kijkt, zie je een kamer vol sterren, elk verschillend, elk schitterend en voortreffelijk. Het lijkt alsof de sterren naar elkaar zingen dwars door de ruimte, vervuld van wezenslicht, die bekend staat als de Almachtige (zie afbeelding 18-2 in het kleurenkatern).

Als je iedere dag een paar minuten besteedt (vijf zullen al effect hebben) aan het richten van je aandacht op deze centrale kern van je wezen, zal je leven veranderen. Je zult een bewust pad van verandering in je leven gaan bewandelen dat je zal leiden naar plaatsen waar je voorheen niet kon komen, maar altijd heen wilde gaan. Je ervaart misschien grote hoogten van spirituele verwondering. Je zult ook kwesties kunnen vrijmaken die je vermeden hebt onder ogen te zien, soms zelfs je hele leven lang. Ze zullen naar de voorgrond van je leven komen om doorleefd en geheeld te worden. Je zult beginnen de dingen in je leven te scheppen die je altijd gewild hebt, maar tot nu toe nog niet had geschapen.

Het openen van het innerlijke gangpad naar onze kern zal liefde, waarheid en moed in ons naar voren laten komen. Dit is het belangrijkste proces in healing. Door dit innerlijke gangpad te openen welt healingenergie vanzelf omhoog door alle vier de dimensies van onze creatieve energie, en stroomt ze voort om in healing aan het zelf of aan een ander gegeven te worden. Healingenergie stroomt vanzelf uit ieder die zijn of haar innerlijke gangpad tussen de uiterlijke persoonlijkheid en de wezensster geopend heeft. Je kunt deze healingenergie makkelijk voelen wanneer je in aanwezigheid van zo iemand bent. Je voelt je kalm, ontspannen, veilig en vervuld.

Je hebt al automatisch via je hogere zelf de verbinding gelegd tussen je persoonlijkheid en je kern. De meeste mensen zijn nogal terughoudend over de ware toedracht van de ervaring in je hogere zelf te zijn. Het voelt een beetje als ontsluierd zijn. Het is alsof je geen verdediging meer hebt. Besteed er dus enige tijd aan je hogere zelf te leren kennen. Welke delen van jou zijn al helder, zuiver en liefdevol? Wanneer jij je er meer bewust van wordt welke die delen zijn, kun je ze toestaan zichzelf meer te uiten. Je zult er meer gewend aan raken je liefde en zorgzaamheid naar anderen tot uitdrukking te brengen, zonder daarin zo verlegen te zijn.

Onze wezensster is onze goddelijke bron. Het openen van onze innerlijke gang naar onze goddelijke bron verbindt ons automatisch ook met de uiterlijke goddelijke bron van liefde en energie overal om ons heen, die ik universele goddelijkheid noem. Door het goddelijke in onszelf te aanvaarden, wat de geïndividualiseerde, gelokaliseerde God van binnen is, worden we tot kennis gebracht omtrent de universele God. Een andere manier om dit te zeggen is: het openen van het innerlijke gangpad naar God schept een uiterlijke boulevard naar God. Of omgekeerd: door overgave aan God of aan het goddelijke boven ons, onder ons en overal om ons heen, worden we gevoerd naar het goddelijke in ons, of de innerlijke God. Het een is niet mogelijk zonder het ander.

Alles wat we doen is afkomstig van de wezensster, inclusief iedere positieve intentie. Plezier is haar beweegkracht en ze schept alleen maar vreugde en vervulling.

Hier is het creatieve pad dat onze wezenskern volgt wanneer ze zich uitbreidt in de wereld van manifestaties. Wanneer je creatieve kracht opborrelt uit deze wezensster, brengt dat grote vreugde met zich. Als de wezenskern naar voren treedt in de haradimensie op haar weg naar onze fysieke wereld, welt ze op in het centrum van drie punten op de haralijn. Als alle drie de punten afgestemd zijn, dan hebben we onze intentie afgestemd op het beste in ons en hebben we ons verenigd met de goddelijke intentie. Met andere woorden: Gods wil en onze wil zijn één. Wanneer we dan de wezenskern toelaten op te wellen in deze goddelijke intentie, brengen we ook onze individuele essentie tot uitdrukking via onze intentie of ons doel. We drukken individuele goddelijke bedoeling uit.

Wanneer de wezenskern opwelt in het auraniveau, welt die op in de centra van de chakra's en breidt zich uit om het hele auraveld te doordringen van de essentie van wie we zijn. Dan brengen we onze goddelijke essentie tot uitdrukking met onze persoonlijkheid.

Wanneer de wezenskern opwelt in het fysieke vlak, welt die op in de kern van iedere cel, in het DNA. Ze breidt zich door het hele lichaam heen uit totdat het goddelijke licht zo schitterend straalt dat het letterlijk door onze huid heen schijnt, en wij stralend worden. Dan brengen we onze goddelijke essentie tot uitdrukking door ons lichaam. Het is iets heel moois om te zien. Onze essentie vult de kamer, en al wie daar aanwezig zijn, kunnen dat ervaren en er verrukt over zijn.

Hier volgt een door Heyoan gechannelde meditatie om je essentie via elk niveau van je wezen naar buiten te brengen.

WEZENSSTER-MEDITATIE
Gechanneld vanuit
Heyoan

Stap één: hara-afstemming

Breng je bewuste gewaarwording naar de tan tien, zo'n drie tot vier centimeter onder je navel op de middellijn van je lichaam. Voel de kracht daar. Voel de hitte daar. Voel hoe die hitte dezelfde is als de hitte in de gesmolten aardkern. Het is een harmonietoon van de klank die de kern van de aarde maakt. Houd je aandacht daarop gericht tot die erg heet is.

Breng je gewaarwording naar het bovengebied van je borst, ongeveer zes centimeter onder het kuiltje in je hals. Hier, op het haraniveau, lijkt de zielezetel op het diffuse licht rondom een kaarsvlam. De hunkering van de ziel, de zang van de ziel, vertoeft hier. Het is niet de hartchakra. Wanneer je je ermee verbindt, lijkt het soms of er een ballon in je borst wordt opgeblazen. Het heeft een heel duidelijke sferische verschijning. Het draagt de hunkering van de ziel.

Voel nu hoe de laserlijn vanaf de zielezetel in je borst naar beneden gaat door de tan tien in je bekken heen, naar het middelpunt van de aarde. Voel de sterkte en stilte in de kamer wanneer onze individuele en onze groepsdoeleinden gesynchroniseerd raken.

Breng nu je bewustzijn naar het punt boven je hoofd. Recht je ruggegraat. Laat je hoofd niet hangen. Stel je een fijne draad voor precies door de kruin van je hoofd. Als je dat niet voelt, neem dan een haar precies op je kruin en trek die omhoog alsof het een touwtje was waaraan je hoofd hangt. Ga met je geestesoog omhoog naar die hele kleine opening, ongeveer een halve centimeter in doorsnee, zo'n zeventig tot negentig centimeter boven je hoofd. Je zult een heel hoge toon horen als je auditieve waarneming open is. Wanneer je die laserlijn door dat gaatje heen kunt krijgen, zul je het feitelijk horen als een plop. Het plopt er als het ware doorheen. Het is niet makkelijk dat hoge punt te vinden. Het lijkt op een kleine draaikolk. Wanneer je het vindt, lijkt het alsof je erdoorheen een totaal andere werkelijkheid binnengaat, heel ver boven je. Als je erdoorheen plopt, tref je jezelf binnen de godheid aan of in het ongedifferentieerde zijn. Om die lijn erdoorheen te krijgen moet je je fysieke lichaam helemaal afstemmen.

Voel die heel kleine laserstraal, half zo groot als je pink, helemaal vanaf de godheid door je

heengaan tot aan de gesmolten aardkern. Voel de zang van je ziel in je borst en voel de creatieve kracht in je tan tien. Voel dat je tegelijkertijd de lijn helemaal naar beneden naar de gesmolten aardkern voelt. Voel die kracht. Dat is de afstemming op je taak. Dit is de brug. Dit ben jij en de brug tussen hemel en aarde.

Voel nu in de kamer de synchroniciteit van het doel. Dezelfde lijn die precies door het middelpunt van de kamer heengaat, is de haralijn van de groep. Voel de verbinding tussen jouw tan tien met de tan tien van de groep – die is in het centrum van de kamer.

Op dit niveau synchroniseren je taak en de taak van de grotere groep waartoe je behoort. Op dit niveau is het dat de taak van deze groep zal synchroniseren met die van de grotere gemeenschap eromheen. Die zal dan weer synchroniseren met die van de provincie, het land, het werelddeel, het continent en de aarde. Dit is de manier om je te verbinden met de kracht en de waarheid van een systeem binnen een systeem binnen een groter systeem. Het is de sleutel tot holografische universele afgestemdheid. Er is geen noodzaak om te strijden of er bezorgd om te zijn dat je taak moeilijk is. Dat hoeft niet zo te zijn. Want wanneer jij jezelf op deze niveaus afstemt – de wezensster, de hara, de aura en het lichaam – dan ben je in synchroniciteit met de wereld om je heen alsook met jezelf.

Stap twee: licht laten uitstralen vanuit de wezensster
Beweeg je bewustzijn nu naar je wezensster, drie tot vier centimeter boven je navel. Hier vertoeft de essentie van wie je bent buiten tijd, buiten ruimte, buiten hunkering en verlangen. Op deze plek bén je gewoon. Er is geen behoefte. Er is geen pijn. Je bent eenvoudig schepper. Wanneer jij als schepper vanuit de wezensster van je essentie voortbeweegt om te scheppen, breng je eerst creatieve energie naar het niveau van de hara, je goddelijke taak. Vanuit het haraniveau breng je energie naar het auraniveau, waarbij je je persoonlijkheid schept, de mal voor het fysieke. Vanuit het auraniveau breng je dan energie naar het fysieke, om gevormd leven te scheppen in het fysieke lichaam.

De creatieve kracht beweegt van het ene (wezensster) door de drieëenheid (vertegenwoordigd door het punt boven je hoofd, het punt in je borst en het punt in je tan tien op het haraniveau) door het niveau van de zeven (de zeven lagen van het auraveld) naar de veelvoudigheid van vorm in de driedimensionale wereld. Wanneer je een scheppingsplan hebt voltooid, zul je meer van je essentie laten doorklinken naar de drieëenheid waar doorheen je doel straalt.

Laat nu je essentie zich sterk en gestaag tentoon spreiden vanuit je wezensster, door je haraniveau tot in je auraveld. Laat je essentie door alle niveaus van het veld stromen. Elk niveau van het veld vertegenwoordigt een staat van zijn, een niveau van mens-zijn. Stuur de essentie van je wezen door elk van deze niveaus van mens-zijn. Breng het dan verder door naar het fysieke, om in je lichaam te kristalliseren door elke cel van je lichaam heen. Het zal gezondheid, vreugde en plezier scheppen in je fysieke leven en je levenswerk. Je lichaam, je persoonlijkheid en je leven zijn allemaal uitingen van je goddelijke essentie.

En zo is de één de drieëenheid en de zeven geworden, en als je de zegels van de zeven opent, zul je God kennen in het menselijk wezen. Kijk nu in elke cel van je lichaam. Je zult in iedere celkern een structuur vinden die erg lijkt op je wezensster – een lichtpunt dat de essentie van jouw wezen uitstraalt in iedere cel van je fysieke lichaam. Healing is dan simpelweg jezelf helpen verbinden met de waarheid van je wezen. Het is niets meer dan dat.

Waar er ziekte is of pijn, boosheid of angst, waar er wantrouwen of hebzucht heerst, waar er wordt vergeten, herinner je daar je wezensster. Laat het licht in je wezensster uitstralen. Herinner je het licht in iedere cel van je lichaam. Herinner je je lichaam. Breng de delen van je lichaam samen in het licht van je lichaam, jouw altaar in de vorm. Dat licht is het licht van jouw wezensster, je essentie, de God van binnen.

Je taak kwam niet voort uit pijn; die kwam voort uit het verlangen om te scheppen. Die kwam voort uit de stroom van liefde uit het centrum van je wezen, wat in zijn creatieve beweging vanuit de kern losraakte en vergat wie het is. Het is slechts een kwestie van je weer verbinden met de herinnering aan wie je bent. Je levenstaak is, je die oorspronkelijke creatieve drang te herinneren en je schepping te voltooien zodat een nieuwe zal opwellen vanuit de bron in jou.

Laat de essentie van wie jij bent die in je wezensster rust, naar buiten stralen door alle niveaus van je wezen. Laat die oorspronkelijke creatieve drang je door jouw leven leiden.

~

De wezensster en de creatieve levenspuls

Onlangs beschreef Heyoan in een lezing over creativiteit de fasen van het creatieve proces in relatie tot de vier dimensies van ons wezen. Hij zei dat de creatieve puls ontspringt in onze kern en dan opborrelt door alle niveaus erboven tot in de stoffelijke wereld, zoals je zojuist in de meditatie ervaren hebt. Heyoan zei dat de creatieve puls zich dan volledig in ons leven manifesteert als onze levenscreaties. Bijvoorbeeld, we schilderen een schilderij, schrijven een boek, bouwen een huis, doen een wetenschappelijke ontdekking, of stichten een organisatie. Wanneer we klaar zijn, vieren we dat. We hebben een groot gevoelen van iets volbracht te hebben en zeggen: we hebben het gedaan!

Maar Heyoan zegt dat het juist op zo'n duidelijk hoogtepunt van onze creativiteit is dat we voorzichtig moeten zijn over hoe we onze verworvenheden bezien. Hij zegt dat ons kunstwerk of onze wetenschappelijke ontdekking niet het eindproduct van ons creatieve proces is. Hij herinnert ons eraan dat het doel van het leven in de dualiteit van het fysieke vlak is, onszelf een spiegel voor te houden zodat we onze goddelijke individualiteit mogen herkennen. Ons kunstzinnig of wetenschappelijk of organisatorisch eindproduct is werkelijk onze meest glanzend gepolijste spiegel. Het is het punt van hoogste onderscheiding dat zegt: 'Kijk, zie jezelf weerspiegeld in wat je hier hebt volbracht.' Het is werkelijk alleen maar het middelpunt van het creatieve proces.

Het creatieve proces, of de levenspuls, kent vier fasen. Eerst is er de stilte van de lege leegte diep in de wezensster. Dit is een punt van bewegingloosheid. Dan volgt de expansie uit de kern, als de essentie van wie jij bent zichzelf uitdrukt door de niveaus van intentie (haraniveau), persoonlijkheid (auraniveau) tot in de fysieke wereld. Op het hoogtepunt van de expressie in stoffelijke vorm, wanneer we in onze meest glanzend gepolijste spiegel kijken, gaan we de volgende fase binnen. Het is de bewegingloosheid aan het eind van onze expansie in individualisme. Hier pauzeren we om onszelf te observeren. En spoedig daarna beweegt de creatieve puls van het leven zich weer terug naar binnen vanuit de fysieke wereld, naar het auraniveau, verder het haraniveau in en ten slotte terug in de kern. Hier, diep in de kern bereiken we dan de vierde en laatste fase van de creatieve levenspuls. We begeven ons weer in bewegingloosheid diep in de kern.

Wat is dus werkelijk ons creatieve eindproduct? Als we eenmaal goed gekeken hebben in onze meest glanzend gepolijste spiegel van zelfonderscheiding en inzicht, brengen we onze scheppingen terug via het persoonlijkheidsniveau, via intentionaliteit, uiteindelijk naar ons diepere zelf. Terwijl de creatieve kracht zich weer terugtrekt uit elke dimensie, levert elke fase ons inzicht. Dat inzicht beweegt zich van de fysieke wereld naar de psychonoëtische wereld van gevoelens en gedachten, in de noëtische wereld van zuivere ideeën, verder in de wereld van intentionaliteit en diep onze essentie in. *Onze laatste schepping is dan de gedestilleerde essentie van onze kern.*

Dit creatieve proces vindt voortdurend plaats. We scheppen voortdurend meer individuele wezenskern. We zitten altijd ergens op deze creatieve golf in ieder aspect van ons leven. Ik vermoed dat we waarschijnlijk steeds op verschillende levensgebieden in verschillende fasen van de creatieve puls zitten.

We worden omgeven door en doordrongen van een pulserende universele golf van schepping. We bestaan eruit, we zijn het, het is ons. Ze golft door ons heen, en wij stromen erdoorheen. Er is geen eind en geen begin. Wij scheppen het zoals het ons schept. Er is geen initiator. Er is alleen de scheppende golf van leven die zich voortdurend ontvouwt en invouwt. In zijn ontvouwen wordt tijd geschapen, in zijn invouwen wordt tijd weer opgeheven. Dit is wat David Bohm, de vermaarde fysicus, de 'implicate order' noemt.

De creatieve golf begint met toegevouwen bewegingloosheid, dan ontvouwt ze zich naar buiten en naar boven vanuit de wezensster via de dimensies erboven tot in de stoffelijk manifeste wereld, en breidt zich dan uit tot in de verre uithoeken van het universum. De expansie vertraagt, stopt en rust in bewegingloosheid. Het heeft de gouden draden van een nieuwe schepping verweven door al het bestaande, door heel de manifeste wereld. Hier verenigt het zich met alles waarmee het zich versmolten heeft. In dit versmelten wordt liefde geschapen. Liefde blijft. En daarna begint het de lange reis van contractie, van samentrekking. Het vouwt zich in zichzelf in. Het keert door de vier dimensies van onze creatieve energie weer in tot onze wezensster, en brengt daarbij alles wat het geleerd en geschapen heeft terug in het individuele zelf.

De meesten van ons geven zichzelf niet genoeg tijd voor het bewegingloze punt van onze creatieve golf. Er zijn twee fasen in het bewegingloze deel van de creatieve golfbeweging: het punt vóór de expansie wanneer we zijn samengetrokken en verenigd met ons diepste zelf, en het punt ná de expansie wanneer we zijn uitgestrekt en versmolten met een ander.

Bij het eerste hebben we stille tijd met onszelf alleen nodig om te integreren van wie we zijn met wat we in het verleden hebben gecreëerd. We hebben het nodig alleen te zijn om onszelf te ontmoeten, om bij onszelf te zijn zonder iets te doen. Deze tijd van inkeer tot ons middelpunt is een tijd van het verzamelen van kracht zonder iets te doen.

Voor de tweede fase van bewegingloosheid hebben we tijd nodig om met anderen in stilte samen te zijn, zonder woorden, zodat we het wonder van de ander kunnen ervaren. Dit kunnen we op vele manieren doen, zoals met zijn tweeën in stille interactie zijn of in een meditatie in een grote groep, door eenvoudigweg bijeen te zijn zonder iets te hoeven doen.

De meesten van ons houden van het expansieve deel

van de creatieve golf. We genieten van de reusachtige hoeveelheid naar buiten gaande energie en we voelen ons geweldig. We genieten ervan de wijde wereld in te trekken op avontuur om te leren. We menen dat het opwindend is naar workshops te gaan, cursussen te doen of een schilderij te maken. We voelen ons high als we in de creatieve spiegel kijken die onszelf weerspiegelt, wanneer we de toestand van uitgestrekte bewegingloosheid in gaan die op een expansie volgt. Hierin willen we altijd blijven en we verzetten ons tegen een verandering van deze toestand.

We verzetten ons ertegen weer terug te keren en in te keren. Maar het is belangrijk ons te herinneren dat we evenveel tijd moeten besteden aan de contractiefase van de creatieve puls als aan de stille leegte van de fase van diepe innerlijke bewegingloosheid die op de contractie volgt. Velen van ons houden niet van contractie. Velen van ons raken van slag na het beëindigen van een groot expansief project en raken in een depressie. Dit komt doordat velen van ons de natuurlijke contractie van het creatieve proces niet begrijpen, en niet weten hoe ze dat kunnen eerbiedigen en er ten volle van genieten.

De fase van het creatieve principe waarin we weer toevouwen en samentrekken in het zelf, is de fase waartegen we ons het meest verzetten, omdat in dit stadium gewoonlijk negatieve gevoelens over onszelf worden opgeroepen. Laat me uitleggen waarom.

In de fase van expansie beweegt er een grote hoeveelheid energie door ons lichaam en energiesysteem. Deze krachtige energie begint licht naar onze duistere, gestagneerde energieblokkades te brengen, wat er het leven en de bewuste gewaarwording weer in terugbrengt. Als gevolg daarvan raken ze los en beginnen weer te bewegen. Dan ervaren we het energiebewustzijn erin als onderdeel van het healing- of verlichtingsproces. Om het simpeler te zeggen: in de expansiefase zijn we high over onze nieuwe kennis en onze nieuwe creaties. Maar met deze nieuwe kennis zien we ook onze tekortkomingen duidelijker. Dat is voor ons in orde zolang we ons concentreren op de spiegel van onze nieuwe scheppingen, maar als we samentrekken, keert onze aandacht naar binnen. We zien feilen die we misschien voordien niet hadden waargenomen. Het probleem is dat we onszelf beginnen te oordelen en te verwerpen om wat we nu kunnen zien en voelen. Deze oordelen vergroten onze negatieve gevoelens omtrent onszelf, en we willen ze gewoon niet hoeven voelen.

Daarom willen we niet aanwezig zijn op de golf, wanneer die weerkeert in onszelf via het tweede niveau van ons veld waar onze gevoelens over onszelf verkeren. Daarom weerstaan we aan de contractie. We proberen de zich toevouwende puls van de golf te stoppen, of we springen er vanaf en onderbreken het creatieve proces. Aldoende verbreken we de verbinding met wat we geschapen hebben. We gooien het weg door het te devalueren, of we geven het weg door te zeggen dat we het voor iemand anders deden. Uiteindelijk gaan we zelfs geloven dat we die schepping voor iemand anders hebben vervaardigd en niet voor onszelf. Het lijkt wel alsof we geloven dat het verkeerd is iets om ons eigen plezier te scheppen, alsof het anderen dan niet zou baten. Dit veroorzaakt meer pijn.

De reden waarom velen van ons vermijden om te creëren is dat we niet weten hoe het creatieve proces te voltooien door dat wat we geschapen hebben terug te brengen naar onszelf, om onszelf te eren om wat we hebben bereikt. Het proces van eer en erkenning geven aan onszelf is het proces van het kijken in de reflectieve spiegel van manifestatie, zodat we het individueel goddelijke in ons kunnen herkennen. Het is een erg belangrijke fase van het creatieve proces. We hebben het nodig te leren hoe we een contractiefase op een positieve manier kunnen ervaren.

Heyoan zegt:

Samentrekken is het ingaan in het zelf, jezelf naar binnen trekken naar de wijsheid die daar eeuwig vertoeft. Na een ervaring, zoals een groot succes of zelfs een healing, zul je, binnen ongeveer drie dagen of wellicht eerder, volkomen vanzelf samentrekken. Deze contractie hoeft geen negatieve ervaring te zijn. Het is er een waarbij je naar binnen keert in jezelf om het zelf te herkennen en daarna het volgende land, de volgende innerlijke horizon, de volgende geheime kamer in jezelf te ontsluiten. Vanuit deze innerlijk plek zul je een nieuw leven vinden. Als je jezelf de tijd en het vertrouwen gunt om na elk van je expansies naar binnen te keren, in stilte met het zelf te zitten en vanuit een nieuw niveau opnieuw te herkennen wie je bent, dan vloeit de expansie volkomen vanzelf weer uit. Als je de natuurlijke stroom van de contractie toelaat die jou naar binnen brengt en deze beziet vanuit het gezichtspunt van een positieve ervaring, zul je geen negatieve ervaringen in je uiterlijke leven hoeven te creëren die je dwingen naar binnen te keren.

Dus, door na een expansie tijd in te ruimen voor jezelf om naar binnen te keren, zul je een automatische, positieve stroom inwaarts vinden. Daar zul je een punt van stilte bereiken, van zitten in de zwartfluwelen leegte in je die wemelt van ongedifferentieerd leven dat erop wacht in manifestatie geboren te worden. Deze leegte zul je diep in je wezensster aantreffen. Uit dat leven ontstaat een wederoprijzing van de feniks. Het is het nieuwe zelf dat zich manifesteert met een toegevoegd kenmerk van je wezenskern dat nog nooit eerder aan het zelf was toegevoegd.

We staan de creatieve puls niet altijd toe zich ongehinderd door ons heen te bewegen, omdat we bang zijn die te ervaren. Ze brengt levenservaring en verandering. Van beide zijn we bang. We blokkeren die omdat we nog steeds geloven dat levenservaring gevaarlijk kan zijn. We schieten in een verdedigende houding en begeven ons uit het moment van het nu.

Onlangs gaf Heyoan een lezing over onze keuze voor een verdedigende houding en hoe die keuze healingcycli in ons leven schept. Hij gaf het de titel mee: 'Wie dien ik?'

WIE DIEN IK?
Gechanneld vanuit Heyoan

Breng jezelf naar je centrum, en ga de afstemming van je hele veld na: door je te verbinden met de aarde, je af te stemmen op je levenstaak of de haralijn; door je door elke chakra te bewegen en die te zuiveren; door je bewuste gewaarwording omhoog te bewegen door alle niveaus van het veld; en door stap voor stap jezelf naar de kern van je wezen toe te begeven. Vraag jezelf: 'Wie dien ik? Waarom ben ik op aarde gekomen? Niet alleen mijn korte doel van minuut tot minuut, maar ook mijn lange-termijndoel.'

Vanuit het perspectief van het continuüm van ruimte/tijd schep je een duidelijk lineaire manier van moment tot moment. Deze scheppingen volgen de lijn van je intentie. Al je handelingen, al je keuzen weerspiegelen wie je verkozen hebt te dienen. Wanneer je aanwezig bent in het zich ontvouwende moment, blijf je verbonden met de energieën van je kern en het doel van je kern. Aldus vloeien je creatieve energieën ongehinderd voort vanuit je kern. Je schept plezier en vreugde in je leven. Je dient het goddelijke in je, je wezenskern.

Wanneer je niet aanwezig bent, zoals in een verdedigende houding, dan ben je niet rechtstreeks verbonden met de creatieve energieën die naar buiten komen uit je wezensster. Dan dien je niet rechtstreeks je creatieve kern. Als je ervoor kiest 'jezelf te beschermen' door in de verdediging te gaan, dan dien je de illusie dat je een verdediging nodig hebt. Je verdediging haalt je uit het zich ontvouwende moment. Ze probeert de tijd te bevriezen om gebeurtenissen tot stoppen te dwingen of te voorkomen dat iets gebeurt. De intentie de creatieve stroom te stoppen wordt een negatieve intentie genoemd. Het is de intentie om te vergeten.

Dit zeggen we niet tegen je op een berispende toon. Een deel van je levenstaak is het, te leren je verdediging los te laten en te leren in je eigen centrum te blijven. Als je eenmaal in je verdediging schiet en van daaruit gaat scheppen – aangezien je altijd schept waar je je ook bevindt – dan creëer je lessen voor jezelf. Deze lessen zullen je mettertijd automatisch terugnemen naar de kern van je wezen. Zulke lessen kunnen als healingcycli worden gezien.

Je leeft in een systeem, uitgerust met de noodbeveiliging van healing- of leercycli. Het is een systeem dat jij hebt bedacht. Wanneer je het systeem de schuld geeft, doe je een nieuwe stap achteruit, van het doel van je wezenskern of van je goddelijke intentie af. Een nieuwe cirkel wordt dan in het leven geroepen. De secundaire cirkel is natuurlijk ook een healingcirkel. En in je scheppingen creëer je healingcycli die ofwel als van de eerste of van de tweede orde beschouwd kunnen worden.

In je beweging die van moment tot moment heen en weer gaat tussen positieve heldere intentie en negatieve intentie, schep je eerst vreugde en daarna meer healingcycli, via welke je in je healingproces zult komen. De een ondersteunt de ander. Hoe meer vreugde en plezier je hebt in je leven, des te breder is het fundament waarop je zult staan wanneer je door leer- en healingcycli gaat. Hoe meer inzicht je verwerft, des te meer vertrouwen zul je in je healingcycli hebben. Hoe meer je in je leven volbrengt, des te groter de vreugde en het plezier zijn die je scheppen kunt. Aldus brengt het proces waarin je van moment tot moment je levenservaring schept, je uiteindelijk altijd meer plezier en vreugde!

Vandaag ben ik hier om je te vertellen dat je healingcycli niet zo pijnlijk hoeven te zijn. Het natuurlijke scheppingsproces omvat de expan-

sieve, contractieve en bewegingloze principes. Veel van je problemen komen voort uit een onbegrip van het creatieve proces en van de manier waarop je jezelf kunt steunen wanneer je het doorloopt. De nieuwe cycli lessen die voor je liggen, zullen gemakkelijker voor je zijn wanneer je bij de waarheid van het zelf blijft; dat is de waarheid van wie je bent in het moment, van waartoe je in dat moment in staat bent, en van wat voor jou goed is in dat moment te verrichten.

Onder je onvermogen elk moment bij jezelf te blijven ligt wantrouwen. En toch bied je weerstand aan contractie omdat je aanneemt dat het pijn gaat doen.

Overweeg eens de mogelijkheid dat een contractie omschreven kan worden als een naar binnen keren of een zich toevouwen, om alle schatten van de wereld, die je aangeraakt hebt terwijl je in je expansieve staat verkeerde, naar je innerlijke zelf te brengen. Bij samentrekking breng je deze geschenken naar binnen en leg je ze op je innerlijke altaar om erkentelijkheid te geven aan jezelf om wat je hebt volbracht.

Contractie is, het je in deze geschenken bevinden, het je bevinden in deze lessen en ze aanbieden aan het innerlijke kind. Het is, ze neerleggen op het altaar van het innerlijke kind dat lang geleden verwond was geraakt, en zeggen: 'Hier, kijk eens wat ik je gebracht heb uit de buitenwereld.' Net zoals een volwassene, een moeder of vader, cadeautjes geeft aan een kind, zo brengt contractie geschenken naar het innerlijke kind. Een van de grote tradities van deze cultuur is dat de ouder voor het kind een cadeautje mee naar huis neemt van een reis. Dat geschenk is niet alleen voor hun eigen biologische kind maar ook voor hun innerlijke kind. Heel vaak geniet hun eigen innerlijke kind evenveel van het geschenk als het biologische kind en soms inderdaad meer, zoals je ongetwijfeld ervaren zult hebben. Breng dus deze geschenken naar het innerlijke zelf.

Als je in een contractieve fase verkeert omdat je net een krachtige expansieve levenservaring of een diepe les hebt gehad, geef jezelf dan de kans uit de contractie te leren. Als je daarbij pijn ondervindt, laat die pijn dan je leraar zijn. Verstop je niet, dwing jezelf niet tot een verdediging die ervoor zorgt dat je jezelf verbergt. Als je een taak te verrichten hebt, doe die dan vanaf die plek. Als je docent bent, doceer dan vanuit die plek. Als je jezelf verbergt, zal je werk niet de uitdrukking van je wezenskern zijn. Het zal niet volledig zijn. Door jezelf niet de kans te geven een verdedigende houding aan te nemen terwijl je werkt, zul je een toestand van vreugde betreden.

Wat ik je nu vraag te doen is inderdaad heel moeilijk. Ik vraag je, in zekere zin, om niet te doen wat je altijd gedaan hebt om jezelf toch een veilig gevoel te bezorgen wanneer je je niet veilig voelt. Ik begrijp dit en zeg het met volkomen mededogen. We zijn hier voor jou, we zijn bij je. We begeven ons samen met jou naar de rand van je creatieve golf. En zoals je misschien tijdens een healingsessie ervaren hebt, wanneer je healer je ieder moment vergezelde op de rand van je creatieve golf, valt de pijn wel mee. Het wordt eenvoudigweg een levensgolf die zichzelf tot uiting brengt.

Wanneer ik dus vraag: 'Wie dien je?', overweeg dan dat de God of Godin in je degene is die jij dient. Dat de bron die je dient, de wezensster is, de uiting van de ware individualiteit van God. En dat jij, wanneer je je afvraagt wat hierna te doen of waarheen te gaan of wat te zeggen, je daartoe begeeft naar het centrum van je wezen. Als je het verwonde innerlijke kind tegenkomt, wanneer je je naar je wezensster beweegt, neem het dan in je armen en draag het met je mee.

Sta je wezensster toe zich in je uit te breiden. Als dat betekent dat je een paar ogenblikken nodig hebt voordat je spreekt om antwoord te geven op een vraag of voordat je een handeling voortzet, neem dan die tijd, want dat is de manier waarop jij in je waarheid kunt zijn, wat er zich ook maar op uiterlijk niveau afspeelt [in de buitenwereld]. Zeg gewoon: 'Ik heb nu even tijd nodig. Ik moet weer even bij mezelf komen en de rand van mijn golf vinden. Wanneer ik die gevonden heb, kan ik me weer met jou verstaan. Maar daarvóór kan ik niet eens samenvallen met mezelf. Hoe zou ik dan kunnen samenvallen met jou?

Wanneer je in het moment bent, bij jezelf bent, met je golf, ben je op je volmaaktst en ben je het meest met de wereld gesynchroniseerd. Als je je afvraagt waarom sommige dagen moeiteloos verlopen, dan komt dat omdat je samenvalt met je creatieve uitbreidende, rustende, samentrekkende, rustende creatieve golf. En natuurlijk, wanneer je samenvalt met jezelf, val je samen met het universum, met al wat is, met het goddelijke dat manifest wordt zowel in het fysieke als in het spirituele vlak. Dat is je allernatuurlijkste vorm. Dat is wie jij bent. Dat is wie wij zijn. Want wij zijn een deel van jou, zoals jij deel bent van ons.

Toen je afdaalde naar het aardvlak dat zowel vreugde als verdriet herbergt, vergat je deze waarheden waarover ik je sprak. Je splitste in de dualiteit en liet je gids achter in de gesteswereld. Wij, de gidsen, kunnen worden beschouwd als datgene te zijn wat jij zult worden en wat jij reeds bent. En toch ben je meer. Dus als jij je persoonlijke gids hoog houdt, besef dan dat hij of zij jou is. Het deel van jou dat geïncarneerd is, draagt een beetje meer vergeten bij zich dan datgene wat zich in de gids heeft gemanifesteerd. Dat is het enige verschil tussen ons. En we zijn hier altijd om je te herinneren en je tot synchroniciteit te bewegen. Dat is de aard van waar dit werk over gaat. Het is een geschenk dat jij de aarde brengt en het geschenk dat wij jou brengen.

Als je dus door je healingproces heengaat, wandel dan met jezelf. Wij wandelen naast je, vlak naast je, in je. Beweeg je door de creatieve weg die jij bent. Je zult verrukt zijn over wat de creatieve kracht in jou voor je heeft.

~

Zelfhealing door op de puls van de creatieve golf te varen

Healing en gezond blijven betekent dat je je voortdurend je creatieve golf bewust gewaarwordt en erop blijft. Het betekent: aanwezig zijn in het zich ontvouwende moment. Het betekent ook: zijn wie je bent in elk moment. We kunnen bewust onze levenspuls volgen wanneer die omhoog beweegt door de vier dimensies van onze creatieve energie. We kunnen er in elk moment bij zijn wanneer de puls door ons auraveld beweegt, niveau na niveau.

Graag zou ik dit hoofdstuk willen beëindigen met een meditatie die Heyoan tegen het eind van het trainingsprogramma van 1989-1990 gegeven heeft. Het is een meditatie om je bewuste gewaarwording stevig op je creatieve golf geplant te houden wanneer die door jou heengaat. Het brengt je in het centrum van jezelf dat levend, creatief en vrij is. Daarin word jij de puls van het leven.

~

HET ZICH ONTVOUWENDE ZELF
Gechanneld vanuit
Heyoan

Luister naar de innerlijke muziek die speelt wie jij bent. Voel het licht in je opwellen, in elke cel van je lichaam. Verbind je met de grond en verbind je met het doel waartoe je hier bent. Wat is de taak die precies in dit moment voor je ligt? Waartoe ben je gekomen, en wat valt er in dit moment van je ontplooiing te leren? Breng jezelf naar het zich ontvouwende moment in je, liever dan te denken wat het volgende moet zijn, en ga aangenaam zitten in iedere cel van je lichaam – niet wie je wenst te zijn, maar wie je bent in dit moment.

Wanneer je je door je expansie heen begeeft, dan in bewegingloosheid/eenwording, en dan in contractie naar beneden in het zelf, bevaar dan de golf de hele weg naar binnen. Je zult een laag van pijn ontdekken, maar vaar erdoorheen naar het kind. Neem het kind bij de hand en ga nog dieper naar je wezenskern, naar je individualiteit, en begeef je diep in deze kern tot in de grote leegte in het zelf. Ervaar deze grote leegte, want ze vertegenwoordigt je potentieel. In deze leegte pulseert, vibreert heel het leven, rijk, maar nog ongeboren. Hier heerst grote vrede. Wees in gratie in deze innerlijke leegte. Deze leegte is niet leeg, hoewel dat vanuit het persoonlijkheidsniveau zo mag lijken. Hoe meer iemand binnengaat in deze leegte in het zelf, des te meer leven men er vindt. Geef je over aan de veiligheid en de gratie in dit innerlijke centrum, waarbij je alle gehechtheden loslaat.

Wanneer er een beweging is vanuit het schijnbare niets, vaar dan op de expansie van de levenspuls die naar buiten komt, de ruimte vult met gemanifesteerd leven en de ruimte vult met begrip. Wanneer je omhoog en naar buiten gaat, zul je deze levenspuls door de niveaus van je auraveld voelen bewegen. Er zal een niveau zijn waar de geest weer begint. Als je verder gaat, zul je je omhoog en naar buiten bewegen door alle niveaus van je veld en alle persoonlijke ervaringen in elk niveau heen. Je ervaart hoe het leven zich manifesteert. Je ervaart het creatieve proces. Deze expansie zet zich tot in het oneindige naar buiten toe voort. Laat je bewuste gewaarwording deze puls bevaren, zo ver naar buiten als waartoe het in staat is. Weet dat deze puls tot in de uithoeken van het universum reikt. Het zijn alleen je beelden die je beperken. Breng je bewuste gewaarwording naar dit proces. Reik, wanneer je expandeert, in een sfeer van 360 graden naar buiten, zo ver als je gaan wilt. Breid uit, reik uit door het oneindige universum. Daar, daar zal versmelting zijn met al wat er buiten is of wat ogenschijnlijk buiten is. Dit is waar eenwording plaatsvindt. Wees erin aanwezig. Dan nogmaals, wanneer je creatieve golf zich toevouwt, volg die dan terug naar binnen.

Deze expansie en contractie vinden ieder moment plaats. Het is een menigvoudige puls van expansie/beweginglöosheid en contractie/beweginglöosheid. Er zijn snelle pulsen en langzame pulsen. Er bestaan pulsen waarvan je je nooit gewaar zult kunnen zijn met je bewuste denkvermogen, omdat ze niet te bevatten zijn.

En aldus als je wederom naar binnen reist, zul je nogmaals door de niveaus van het veld heenbewegen. Wanneer wat je geleerd hebt, is teruggebracht door alle niveaus van je veld en dus je persoonlijkheid, brengen de nieuwe geschenken licht in je individualiteit. Als dat licht bij je binnenkomt door je veld, worden die delen in je wezen verlicht die verstokt zijn in je negatieve beeld. Wanneer het licht eerst het vergeten aanraakt, ervaar je menigmaal pijn. Want het roept herinneringen wakker. Het roept energie en bewustzijn op die nog niet schoon zijn gemaakt. In het begin van het proces, wanneer je door de emotionele niveaus van het veld naar binnen gaat, zul je je emotionele pijn voelen. Stop de beweging niet. Ga voort het licht naar binnen te brengen en rijg het door alle teleurstellingen heen, door angsten, door droefheid, door verdriet, door het rouwen dat je in je leven hebt beleefd.

Als je doorgaat op de binnenwaartse puls naar beneden, en het licht en het begrip brengt dat je één bent met al wat er is, word je één met de pijn. Je bent één met de individuen die in deze pijn betrokken zijn. En aldus, in de versmelting van de dualiteit die klaarblijkelijk bestaat tussen jou en hen die betrokken zijn in een pijnlijk incident in je leven, wordt liefde geboren. Want wat door licht wordt aangeraakt, zal liefde voortbrengen. Want gemeenschap schept liefde. Als je dieper door de pijn en de angst gaat, zal dit proces van gemeenschap zelf liefde voortbrengen. Het wordt naar het innerlijke kind naar beneden gebracht, en aan de voeten van het kind gelegd, en die liefde raakt de oorspronkelijke wond van het kind en die is genezen. Het gaat verder naar beneden naar de wezensster, de essentie van wie jij bent. Wederom zit je in de leegte, heb je meer licht gebracht naar je innerlijke licht. Zit eenvoudig in de moeder in gratie. Met deze gratie ben je in gemeenschap met de grote Moeder, en wederom wordt liefde geboren.

Later begint de beweging naar buiten. Het kind dat tot verzadiging gevoed is, beweegt nu weg wanneer zijn innerlijke kom overstroomt. Geboren uit liefde beweegt het naar zichzelf, voelt zijn individuele zelf en zijn lichaam. Het houdt van wat het voelt. Het heeft meer liefde voor zichzelf. Het begrijpt zichzelf en kent dus zijn waarde. Waardevol zijnde voelt het zijn liefde voor anderen en beweegt zich verder buitenwaarts. Deze liefde voor anderen wekt hun liefde. Het kind ontvangt de liefde en waardering terug van anderen. Liefdevolle waardering schept moed, naargelang de bewuste gewaarwording van het kind zich uitbreidt door middel van goddelijke wil. Het voelt zijn heelheid en zijn goddelijkheid en gaat spirituele extase binnen. Spirituele extase binnengaande wordt het kind ertoe gebracht het perfecte patroon en de kennis van de goddelijke geest waar te nemen. Het beweegt zich naar buiten tot in de uithoeken van het universum, naar buiten naar dat wat genoemd is de Vader, en wederom nadert het een versmelting. Je innerlijke zelf beweegt zich door het manifeste universum, meer liefde scheppend onderweg, en brengt de geschenken die het individuele zelf gemanifesteerd heeft naar het universum.

Dit is het creatieve proces. Het lost dualisme op. Zo schep je je wereld om je heen: door middel van de expansie, beweginglöosheid en eenwording met het universum om je heen; en door middel van de contractie, beweginglöosheid en eenwording met je innerlijke individualiteit. Jij bent het –

Het zich ontvouwende Zelf.

BESLUIT

We hebben in dit boek veel gesproken over het scheppen van je eigen werkelijkheid en over de verbinding daarvan met je gezondheid en welzijn. We hebben uitgelegd hoe creatieve energie ontstaat uit onze creatieve kern en dat de impuls om te scheppen zijn oorsprong vindt in plezier. We hebben de weg beschreven die creatieve golven van energie afleggen, wanneer ze uit onze kern opwellen en voortgaan tot in de fysieke wereld. We hebben laten zien dat, wanneer deze creatieve energie uitmondt in de fysieke wereld op een zuivere, ongehinderde wijze, ze dan gezondheid, geluk, vreugde en vervulling in ons leven brengt. Wanneer ze onderbroken, geblokkeerd of vervormd wordt, zijn negatieve ervaringen en ziekte het gevolg. Ziekte is een resultaat van het blokkeren van de creatieve kracht. *Ziekte is geblokkeerde creativiteit.*

Iedere negatieve ervaring is een levensles, ontworpen om ons naar onze waarheid te brengen. Iedere negatieve levenservaring kan worden gezien als een healingcyclus die ons meeneemt naar diepe niveaus van onszelf die we lange tijd vergeten zijn.

Creatieve energie van de kern welt automatisch rechtstreeks op en schept meer plezier in ons leven, of ze wordt omgebogen en schept dan een healingcyclus. Het is een van de twee: ofwel drukken we onze wezenskern volkomen uit in vreugde en plezier, ofwel zitten we in een healingcyclus die meer bewuste gewaarwording van onszelf teweegbrengt, die uiteindelijk, via een omweg, ook meer uiting van onze wezenskern toelaat, die dan meer vreugde en plezier aan ons leven verschaft. Dit is het nieuwe paradigma van de jaren negentig.

Op spiritueel niveau is onze keus per moment de keus tussen liefde en angst. Ieder moment van ons leven maken we die keus, of we ons daar nu bewust van zijn of niet. Het is de keus tussen in de verdediging schieten of niet, tussen verbonden en individueel zijn, of niet-verbonden en afgescheiden. De keuze voor liefde is onze wezenskern naar buiten te laten stralen. Als we die keus op het moment niet kunnen maken, dan is de volgende keus voor liefde om onze menselijke omstandigheden te accepteren zoals ze zijn en ons door een nieuwe healingcyclus of levensles heen te werken om zo meer bewustijn over onszelf te verwerven.

Er zijn geen oordelen over de keus die we maken. Een healingcyclus of levensles is een eerbiedwaardige keus. Onze keus om in de fysieke wereld te leven is een keus om door healingcycli heen te gaan. Het vraagt moed hier te zijn. We zijn eerbiedwaardig en dapper te kiezen hier te zijn. Heyoan zegt dat de enige reden dat we hier zijn is dat we ieder moment de keuze maken hier te zijn. Geen uiterlijke god zorgt dat we hier zijn, geen oud karma dwingt ons hier te zijn. Wij hebben deze menselijke omstandigheid verkozen. Deel van de menselijke omstandigheid is dat we in onze evolutiefase niet altijd ervoor kunnen kiezen onze wezenskern tot uiting te brengen. We weten nog niet hoe we dat moeten doen. We hebben nog geen eeuwige liefde geleerd, maar we werken er beslist hard aan en maken grote vorderingen. We hebben besloten dat het de reis waard is, en daarom zijn we hier. We hebben allemaal de hoop op en het verlangen naar zelfverbetering. We zijn allemaal hier om te leren wie we zijn, zowel op het meest microscopische als op het macroscopische niveau.

Het healingproces is dus het *licht* toestaan uit te stralen vanuit de *bron* van de wezensster. Hoe meer je je ware essentie toelaat uit te stralen door elke cel van je wezen, door elke cel van je lichaam, des te gezonder en gelukkiger je zult zijn.

Appendix A

EEN HEALINGSESSIE MET RICHARD W.

Om te illustreren hoe een healing er uitziet, heb ik een healingsessie gekozen die ik aan een arts gegeven heb, die ik Richard W. zal noemen. Meestal laat ik patiënten een intake-formulier invullen en heb ik een intakegesprek met hen. Aangezien Richard nieuwsgierig was naar mijn werk, gaf hij me helemaal geen intake-informatie vooraf. Het was een soort test van zijn kant om te zien of HZW en healing informatief en effectief zijn. Hij was tevreden over de healing en gaf het transcript daarvan aan zijn eigen arts, George Sarant, M.D. Dr. Sarant heeft een brief geschreven waarin hij medische testrapporten en medische diagnoses vergelijkt met de informatie, verkregen via HZW in de healingsessie. Zijn brief volgt na het transcript van de sessie.

Transcript van een healingsessie met patiënt Richard W.

(Richard W. en Barbara zitten in twee stoelen tegenover elkaar, ongeveer anderhalve meter van elkaar af.)

BARBARA: Je hebt heel wat meer versteviging in je onderhelft nodig, in de eerste chakra en in het bekkengebied. Ook de suikerstofwisseling is een beetje van slag; de schildklier hypofunctioneert en kan waarschijnlijk wel wat schoonmaak in de lever gebruiken. Iets is er gaande met betrekking tot je assimilatie van voedingsstoffen in de dunne darm. Het is niet zo efficiënt als het zou moeten zijn. Heb je constipatieproblemen?

RICHARD: Nee.

BARBARA: Je staartbeentje zou wat buigzamer mogen zijn. Je weet dat het achterhoofd en het staartbeentje bewegen wanneer je ademhaalt. Dat is deels de reden waarom er wat te weinig kracht in je onderhelft zit dan zou kunnen. Ik ben er zeker van dat je er ook mee te maken hebt gehad vanuit je karakterstructuur. [Karakterstructuur is een term, ontleend aan bio-energetische therapie die verband legt tussen de fysieke structuur van het lichaam en iemands psychische gesteldheid.] Maar de zwakte wordt ten dele veroorzaakt door het staartbeentje – het is niet buigzaam genoeg. Ik zal daaraan werken. De eerste en de vijfde chakra zijn degene die vooral beïnvloed zijn door de karakterstructuur van het masochisme. Ik wil allereerst werken aan [het probleem in] de derde chakra, waarvan ik besef dat dit een gevolg is van een jeugdervaring. In termen van de psychodynamica is het verbonden met hoe je contact legt met andere mensen. Er zitten nog wat oude kwesties in de derde chakra die te maken hebben met je moeder en vader, en dit zorgt ervoor dat dit gebied het zwakste gebied van je lichaam is.

Welnu, ik denk dat het voor jou niet moeilijk zou zijn om te leren in het lichaam te kijken. Je derde oog is al aardig open, je hebt daar heel veel energie. Heb je het al eens geprobeerd? Heb je iets gezien?

RICHARD W.: Alleen een vage omtrek. Dat is alles. En soms zie ik dingen en weet ik niet zeker of het werkelijkheid is of niet.

BARBARA: Wat je kunt doen met die kwestie of je iets in een handboek gezien hebt of in het lichaam, is op zoek gaan naar anomalieën die niet in het handboek worden getoond. Je hebt waarschijnlijk wel autopsies verricht. Ook dat moet je leren onderscheiden. Maar wat er zal gebeuren wanneer je in het lichaam blijft kijken, is dat je uiteindelijk dingen zult aantreffen die je niet eerder hebt gezien, en dat zal je helpen.

Ik weet niet of dit normaal is of niet, maar de rechterkant van je schildklier is iets kleiner dan de linker. Zou je je stropdas even willen uitdoen? Die maakt het kijken een beetje moeilijk. Ik kijk of er enige fysiologische zaken in je hart aan de hand zijn.

Wat doe je wat stress geeft? Maak je lange werkdagen?

RICHARD W.: Niet speciaal. Zie je iets fysiologisch?

BARBARA: Nu nog niet. Ik zal dieper gaan... Ik zie dat

je onder stress bent geweest. *(Pauze; onderzoekt het hart met HZW; zit nog steeds zo'n anderhalve meter van hem vandaan tegenover hem.)* Wanneer ik naar het hart kijk, zit het probleem feitelijk aan die kant, van achteren. *(Verwijst naar de onderkant van de rechter hartwand aan de achterkant.)* Dat deel aan de achterkant ziet er een beetje... de spieren zien eruit alsof ze harder zijn. Later vind ik wel betere woorden hiervoor. *(Houdt op dit moment informatie achter om hem niet te verontrusten.)*

(Richard W. gaat op de behandeltafel liggen en Barbara begint te werken. Er verstrijkt enige tijd.)

BARBARA: Ik zal iets zeggen over wat ik nu aan het doen ben. Dit staat nog niet in mijn boek. Ik ga werken aan iets dat ik gevonden heb, dat dieper ligt dan het auraveld. Het wordt het haraniveau genoemd. Mensen in gevechtssport maken er gebruik van. Je weet ervan. Ik ga naar binnen en verstevig het punt dat de tan tien genoemd wordt.

Ter informatie: de reden waarom ik naar die constipatie vroeg was dat ik denk dat er iets aan de hand is met de vochtbalans in je lichaam.

Dus wat er vanuit paranormaal gezichtspunt gebeurt wanneer ik een harahealing verricht, is dat de hele onderhelft [van het lichaam] begint los te laten, in de zin van smelten en zich omvormen. De verbinding tussen heiligbeen en bekken aan de rechterkant zit niet meer op zijn plaats, en daar werk ik aan. Het vooruitstekende deel van die verbinding zit in de knel...

(Enige tijd verstrijkt.)

Wat ik nu doe is... er is een acupunctuurlijn, een meridiaan hier die helemaal naar daar omhoog gaat, en die probeer ik energie te geven... En ik werk aan de gewrichtsbanden in dit gebied. Nu begint de tweede chakra opgeladen te raken.

Ik heb de eerste chakra opnieuw gestructureerd op het gouden niveau van het veld, wat het zevende niveau van de aura is. De eerste aura gaat recht omhoog naar het staartbeentje en zit gehecht aan de gewrichtsverbinding tussen heiligbeen en staartbeen. Daar was een tekort aan energie; dat gaat verder omhoog naar de rechterzijde van de verbinding tussen heiligbeen en bekken en dat gaat dan weer helemaal omhoog door het lichaam.

(Enige tijd verstrijkt.)

Waar ik nu ben, vanuit mijn perspectief, is de galblaas... En nu ga ik naar het gebied van de derde chakra. Eigenlijk ziet de lever er niet slecht uit; ze ziet er een stuk schoner uit dan ik gedacht had. Er is een gebied hier onder aan de achterkant... de binnenkant en de achterzijde van de lever is verstopt...

Wat ik nu doe is te proberen of de galblaas iets van de stoffen die ze vasthoudt, kan laten vallen. Op het auraniveau is het losgelaten. Maar dat betekent niet noodzakelijkerwijs dat het op fysiek niveau ook losgelaten is. Wat ik hoor is dat ze vannacht zal reageren. Normaal gesproken geef ik geen doorlopende verklaring, maar ik doe dat nu omdat je arts bent.

Ik ben nu bij de derde chakra, en werk op het vierde niveau van de aura.

Heb je een broer? Iemand met wie je heel innig was toen je ongeveer twaalf jaar was? Stierf hij of is er iets gebeurd? Uit een boom gevallen? Er is een of ander verlies bij betrokken. Dit is de plek waar het achtergebleven is of zich heeft vastgezet in je lichaam. Het voelt inderdaad aan als een broer. De wijze waarop dat broertrauma in je derde chakra zit, is in de vorm van een draaikolk hier die wat opgerekt is en naar beneden hangt. Dit is interessant. Ik heb deze auraconfiguratie nu al een paar maal gezien en die was altijd verbonden met overgewicht. *(Richard W. heeft overgewicht.)* Maar nu pas, toen ik het 't eerst zag, was het verbonden met deze vriend of broer, dat is nieuw. Psychisch gezien is dat verbonden met de Vader. *(Verwijst naar de rechterzijde van de zonnevlechtchakra.)* Dan zijn er nog al deze dingen met je moeder hier *(linkerzijde van de zonnevlechtchakra)*. Vanuit wat ik kan zien was de relatie met je vader een stuk gezonder dan die met je moeder. Er is hier [in het auraveld] meer achtergebleven om mee aan de slag te gaan.

Wat ik hier dus doe is dit hele gebied weer lichtjes bij elkaar brengen. De derde chakra is in dit gebied gescheurd, vlak naast het alvleeskliergebied.

RICHARD W.: Heeft dat met mijn moeder te maken?

BARBARA: Ja. Ik ga juist dit gebied binnen [met helende energie] om het weer aan elkaar te naaien. Als ik er langer aan werk, zal ik dieper en dieper gaan. Ik ben nu alleen bezig het weer wat bij elkaar te brengen, alleen een begin van aan elkaar naaien op het eerste niveau van het auraveld. Je voelt het misschien als een soort naaien door het geheel heen. Het hele gebied ben ik aan het verstevigen.

(Er verstrijkt enige tijd. Barbara is healingklanken in het gebied van de solar plexus en alvleesklier aan het 'tonen'.)

Nu beïnvloedt het de tweede laag meer, een verlichting, eigenlijk meer een soort verzachting.

(Barbara voltooit de healing en gaat de kamer uit. Richard W. rust zo'n vijftien tot twintig minuten uit. Dan komt Barbara terug om de healing te bespreken. Meestal worden healingen achteraf niet zo door en door besproken. Het is voor de patiënt belangrijk om te rusten. In dit geval, aangezien Richard W. arts is, vindt er een langere, meer gedetailleerde discussie plaats.)

BARBARA: Oké, met het opnieuw structureren van de derde chakra en het reactiveren van die energieën van het systeem zul je verlichting gaan voelen in het gebied van de hartchakra. De hartchakra probeerde het werk van twee chakra's te doen.

RICHARD W.: Zie je iets rondom mijn hartchakra?

BARBARA: Ja, er zijn een paar dingen die ik nog niet gezegd heb. De zwakte in de alvleesklier tastte de linkernier aan. Alle organen hebben diepe pulseringen die allemaal gesynchroniseerd zijn wanneer je gezond bent. [Bij ziekte zijn ze niet synchroon.] Vorige maand waren een student en ik aan het werken aan iemand die een levertransplantatie had ondergaan; we moesten alle organen weer opnieuw samen laten pulseren. Omdat je alvleesklier van slag was, moest ik die weer opnieuw met de lever in pulsering brengen en daarna met de nieren. Het leek bijna wel alsof de nieren energetisch vastzaten, opgetrokken en vastgezet aan de alvleesklier, uiteraard niet fysiek. En toen ik daar aan het werk was, trok ik die naar achteren.

Er zit een stagnatie in je hart. Het leek alsof deze kant van het hart [links] meer energie had dan die kant, maar de hoofdoorzaak is niet het hart. Het is de zwakte in je lagere chakra's, dus ga je dat met je hart overcompenseren. En ik hoorde Heyoan steeds maar zeggen: 'Wanneer je contact maakt met je patiënten, moet je beginnen je aandacht op de hara en de laagste chakra's te richten.' De reden waarom er een zwakte en een verstopping diep in het hart zitten, is dat deze chakra [de derde] opengescheurd is. Het was aan het overcompenseren door energie hierheen te leiden. Herinner je je die acupunctuurlijn waarvan ik zei dat die helemaal tot hier loopt?

Nu was er minder energie in het hart aan de rechterkant dan aan de linker. Dus bewoog ik [de energie] erheen. Het zou me dus niet verbazen wanneer je hier een stagnatie voelde. En verder, wanneer je bezorgd bent over enige ritmestoornis, dan is de oorzaak daarvan eerder gelegen in het derde-chakragebied dan in alle traditionele dingen. Ik weet dat dit niet-traditioneel is. Maar natuurlijk kan ik al die traditionele dingen ook zien, cholesterol en vetten en al dat soort dingen. En daar zit ook wel wat van.

Maar het hart zelf zal in orde zijn, wanneer het gesteund wordt door de lagere organen en de stofwisseling in het lichaam en de laagste chakra's. Wat ik je dus zeer aanraad te doen is het echt hier [in je onderhelft] te versterken. Nu is dit [chakra's drie en vier] allemaal opnieuw gestructureerd, dus zul je je daar anders gaan voelen. En ik heb veel kracht in de hara, de tan tien, gestopt, en ik heb aan het staartbeentje gewerkt. [Blijf] dus stevig beneden in je benen, en wanneer je in het ziekenhuis [aan het werk] bent, voel dan echt je hara en verbind je daarmee. Maak liever je hara sterk in plaats van je alleen hier [het hart en het zonnevlechtgebied] met je patiënten te verbinden. Het is in orde om deze chakra's [het hart en de zonnevlecht] te gebruiken, maar zet een kapje over deze chakra's, de derde en de vierde. Stel je gewoon een klein kapje voor dat je beschermt. En dat is het zo ongeveer.

Heb je nog andere vragen die je me zou willen stellen?

RICHARD W.: Mijn structuur – ik ben dus topzwaar?

BARBARA: Karakterologisch? Ja, masochistische psychopathie.

RICHARD W.: En dat stroomt niet? Er is een opwaartse verschuiving en energie opgesloten in de torso?

BARBARA: Ja.

RICHARD W.: Ik had twee jaar geleden een hartaanval. Wat bedoelde je toen je zei dat het hart werk voor twee deed?

BARBARA: Beide chakra's. De hartchakra deed ook het werk van de derde chakra. Onthoud dat ik zei dat deze spieren [aan de achterkant van het hart] waren... het is bijna of het woord is: *oud*. Ik wilde dat niet zeggen, omdat het een behoorlijk negatieve uitspraak is. Maar het was bijna alsof deze spieren... weet je, wanneer mensen oud worden dat ze dan het bindweefsel in de spieren verliezen, alsof het pezig en hard wordt? Zo zien de spieren aan de onderkant van de rechter hartkamer eruit aan de achterkant, als karton. Ik weet niet of dat met iets verband houdt.

RICHARD W.: Littekenweefsel.

BARBARA: Dat is het.

RICHARD W.: Omdat [de cardioloog me verteld had dat] de binnenwand van mijn hart niet zo goed beweegt. Het is hard. Littekenweefsel, dode hartspieren.

BARBARA: Alleen aan die kant of het héle hart? Want de bovenkant ziet er een stuk beter uit.

RICHARD W.: De onderkant, de binnenwand van de rechterboezem is stijf omdat...

BARBARA: Ik zie het aan de achterkant rechts.

RICHARD W.: *(Wijst naar de achterkant van het hart, corresponderend met het gebied waar Barbara naar keek.)* Dat is het littekenweefsel, dus trekt het niet vitaal samen. Maar [je zei dat] het probleem in werkelijkheid lager ligt.

BARBARA: De oorzaak is [het is] de zwakte hier [solar plexus], het probleem met de suikerstofwisseling, deze hele chakra die verscheurd is, en dan is het ook nog zo dat je niet werkelijk in je kracht zit die hier beneden is [de tan tien]. Dus iets als tai chi zou echt goed voor je zijn, omdat dat je kracht opnieuw zou verdelen. Wat niet goed voor je is, is te veel door je hart met je patiënten contact maken. Dat is niet goed, want dat is al overwerkt vanwege de zwakheid [beneden], zo zie ik dat.

Dus je had twee jaar geleden een hartaanval?

RICHARD W.: Ik had een operatie.

BARBARA: Je had een operatie? Dat heb ik gemist. Kreeg je een bypass? Wel, weet je wat ik zag? Dat was grappig – het leek bijna alsof je hele aorta te ver naar deze kant [naar rechts] werd gedrukt, en ik duwde ze terug. [Op energieniveau.] Alle energie langs de aorta duwde ik terug naar links. Ik vermoed dat ze die tijdens de operatie verschoven hebben.

RICHARD W.: Dat hebben ze waarschijnlijk ook gedaan.

BARBARA: Dat is de reden waarom er zo'n verschil is tussen de rechter- en de linkerzijde hier [in het hartgebied].

Heel vaak zal een operatie de organen weghalen van de plaats die ze innemen in de structuur van het veld. Als de organen niet goed in deze matrix-structuur worden teruggeplaatst, zullen ze niet de levensenergie ontvangen die ze nodig hebben om goed te functioneren. Dit veroorzaakt later een disfunctie van het orgaan, aangezien de energielichamen als energetische matrix-structuur dienst doen waarin de cellen en organen gevoed worden en groeien. Dus iedere keer wanneer iemand een operatie heeft gehad, is het noodzakelijk de lichaamsorganen terug te zetten in hun energetische organen en de energielichamen weer af te stemmen op het lichaam. Dat is wat ik met de aorta van deze patiënt had gedaan.

Jammer genoeg was ik, juist toen ik deze healing gaf aan Richard W., bezig mijn praktijk te sluiten om meer tijd voor onderwijs en schrijven vrij te maken, en dus zag ik hem niet meer. Het zou interessant zijn geweest te weten hoe hij vooruitgegaan zou zijn, als de healingen waren voortgezet.

Ik vroeg Dr. Sarant een brief met medische informatie over Richard W. te schrijven die vergeleken kon worden met de HZW-reading. Hier volgt hij.

Brief van George Sarant met commentaar op de healingsessie met Richard W.

In het verleden is de relatie tussen healers en artsen niet bepaald vruchtbaar of produktief geweest, en de geschiedenis van de relatie tussen de georganiseerde geneeskunde en onorthodoxe geneeswijzen is zelfs nog slechter geweest. Ik herinner me, toen ik medisch student was, de spottende en kleinerende opmerkingen die door docenten en medestudenten over genezers en andere geneeswijzen werden gemaakt. Ik meen echter te bespeuren dat deze traditionele houding begint te verzachten. We treffen nu artsen aan die hun patiënten verwijzen naar alternatieve genezers en healers, en er is zelfs een aantal artsen zelf healer geworden. In deze context komen zeker de namen van Norman Shealy, M.D., Bernie Siegel, M.D. en Brugh Joy, M.D.(onder vele anderen) in gedachten.

Ik heb mijn patiënt Richard W. om een aantal redenen naar Barbara Brennan gestuurd. Richard W., zelf arts, heeft, net als ik, een grote interesse in genezers en geneeswijzen die onorthodox zijn. De medische geschiedenis van Richard W. is dat hij op de leeftijd van 37 jaar leed aan een groot myocard-infarct aan de hartwand [dat is een hartaanval] en een bypass-operatie van de kransslagader onderging. Hij had nog een infarct en liep toen aanzienlijke schade aan zijn rechter hartboezem op [de betekenis daarvan wordt in de reading hierboven duidelijk]. De vader van Richard W. was zelf op de leeftijd van 38 jaar gestorven, en Richard W. leed, ten tijde van zijn ziekte, zeker aan een gevoel van hopeloosheid, alsof er geen uitweg meer was uit het emotionele en situationele moeras waarin hij zich voelde zitten. Hij was er zeer in geïnteresseerd verschillende visies op zijn ziekte te krijgen.

We besloten dat de beste gedragslijn die we konden volgen bij het bezoek aan Barbara zou zijn, haar niets van tevoren te vertellen en te kijken waarmee ze op de proppen kwam. Haar reading was werkelijk ongelooflijk en nogal ontzagwekkend. Al riep ze niet meteen uit: 'Ha, ik zie het al, u heeft een hartaanval gehad', onthulde haar reading een waardevolle en tamelijk ongelooflijke beschrijving van een myocardium (hartspier) die beschadigd was door ischemia (zuurstoftekort); dat wil zeggen: ze beschreef een hart dat geleden had aan een kransslagader-aanval. Ze beschreef een stagnatie in het hart... en een zwakte en verstopping die diep in [het] hart zaten... Heel interessant is haar opmerking dat... [de linker]kant van het hart meer energie had dan deze [de rechter]kant... Want inderdaad had Richard W. spierbeschadiging gekregen zowel aan de linker- als de rechterkamer, maar ook aan de rechter hartboezem. De rechterboezem was het meest beschadigd, en dit is het waarschijnlijk wat Barbara gezien had ('pezig en hard... de spieren aan de onderkant van de rechter hartkamer'). Anatomisch gezien, als je naar de achterkant van het hart kijkt, bestaat het vooral uit rechter boezem en -kamer. Als je door iemands rug zou kunnen kijken en naar het hart keek, zou je vooral de rechter boezem en -kamer zien; en dat pezige en harde deel van Richard W.'s hart was zijn (beschadigde) rechterboezem en -kamer. Barbara kon dit onmogelijk weten behalve via haar vermogen in het lichaam te kijken.

Andere aspecten van de reading zijn niet minder indrukwekkend: Barbara stelt meelevend vast dat zijn 'suikerstofwisseling een beetje van slag is', wat, interessant genoeg, nog geen klinisch probleem was geworden, dat werd het pas ongeveer twee jaar na de reading. Richard W. heeft nu in feite ouderdomssuikerziekte. Het is interessant erover te speculeren dat deze vertraging in duidelijk klinische manifestatie van de ziekte misschien een bijkomend effect was van enkele manipulaties in zijn energieveld. Geheel onbekend aan Richard W. in die tijd was dat hij inderdaad ook enige biochemische evidentie bezat van een kleine leverdisfunctie. Zijn leverfunctietesten zijn een beetje boven het gemiddelde en bevestigen daarmee Barbara's uitspraak ('kan wel wat schoonmaak in de lever gebruiken'). Haar opmerkingen over de schildklier die zou hypofunctioneren, konden niet bewezen worden; de functietesten van zijn schildklier bleven biochemisch gezien normaal.

Andere delen van de reading waren functioneel juist hoewel ze formeel onjuist waren. Het is interessant om enkele dingen uit Barbara's reading te vergelijken met dromen, of met mensen die langs telepathische weg informatie verkrijgen. Ze zitten soms bijna goed. Dat wil zeggen: terwijl de algehele geldigheid van wat ze rapporteren zonder twijfel correct is, zijn er momenten van geringe uitzondering daarop.

Zo was het niet Richard W.'s broer die stierf toen hij

twaalf was, het was zijn vader die stierf toen hij negen was. Maar Richard W. geeft toe dat zijn relatie met zijn vader er een was als tussen twee broers. Het schijnt mij toe dat er meer werk en onderzoek verricht zou moeten worden naar specifieke onderdelen van enkele readingen. Hoewel Barbara volkomen correct was in haar blik en beschrijving van de anatomische en fysiologische afwijkingen in Richard W.'s rechterboezem en -kamer, maakte ze geen specifieke opmerkingen over zijn linkerhartkamer. Komt dit doordat de linkerkamer meer zijdelings verstopt zit in de borst en men er dus niet zo makkelijk toegang toe heeft? Enkele vragen om te overwegen.

Bio-energetisch gezien heeft Richard W. zeker een gespannen en spastisch middenrif – dat wil zeggen: hij heeft een nogal ernstige blokkade van het middenrif, wat Barbara zeker opgepikt heeft en waar ze tamelijk uitvoerig op is ingegaan. Het is interessant dat ze een hartstagnatie opmerkt die ze toeschrijft aan deze blokkade.

Ik geloof dat artsen de diensten van healers het best kunnen benutten door ruim van geest te blijven, en in gedachten te houden dat artsen zeker niet het eerste of laatste woord hebben over ziekten. We dienen enige nederigheid aan de dag te leggen en een open geest te houden.

Richard W. had zelf nog enige interessante commentaren op de reading: hij was ongelooflijk en diep geroerd door de ervaring, maar hij kon niet bewust bepalen waarom of wat het in de reading was dat hem zo had geraakt. En hij vertelde me dat hij enkele uren na de reading uitzonderlijk moe werd en zeker een uurtje moest gaan slapen. Hij vergeleek het met de vermoeidheid die hij ondervond na een acupunctuurbehandeling.

Ik hoop werkelijk dat er nog veel meer gezamenlijke consultaties tussen arts en healer zullen komen. Iedereen kan enorm baat hebben bij zulke gezamenlijke ondernemingen.

Appendix B

SOORTEN GENEESKUNDIGEN

Holistische artsen
Wat zij doen: holistische artsen zijn medische dokters die een of ander type natuurtherapie beoefenen, zoals homeopathie, acupunctuur, voedingsleer, of een andere specialiteit. Holistische artsen gaan ervan uit dat alle aspecten van het leven te zamen een volledige gezondheidstoestand creëren en vormen. Zij analyseren de voeding, de emotionele en spirituele huishouding, omgevingsfactoren en de levensstijl van de cliënt, om aldus het individu in plaats van de ziekte te kunnen behandelen. De behandeling bestaat meestal uit diverse procedures die elk passen op een ander aspect van het leven van de cliënt. Het doel is om een voller, meer tot een eenheid gebracht gevoel van welzijn te bewerkstelligen. Een holistisch arts vormt een samenwerkingsverband met de cliënten en ondersteunt hem of haar in het proces van zelfgenezing. De cliënt leert dat de eigen verantwoordelijkheid voor de gezondheid een centrale rol speelt in het genezingsproces.

Natuurgeneeskundige artsen
Wat zij doen: het gebied dat een natuurgeneeskundig arts bestrijkt, omvat alle aspecten van gezinszorg van natuurlijke verloskunde tot aan geriatrie. Deze artsen zijn opgeleid in natuurgeneeswijzen. Hun opleiding omvat zowel enkele jaren medicijnenstudie als een verscheidenheid aan natuurlijke therapieën. Deze therapieën zijn onder andere: kruidengeneeskunde, hydrotherapie en manuele therapie, met specialisaties in natuurlijke verloskunde, homeopathie en acupunctuur.

Enkelen adressen
* Academie voor Natuurgeneeskunde, postbus 258, 7940 AG Meppel
* Akademie voor Natuurgeneeskunde, postbus 17178, 1001 JD Amsterdam
* Hogeschool voor Natuurgeneeskunde, postbus 30267, 6803 GG Arnhem
* Stichting Akademie voor Natuurgeneeskunde Hippocrates, postbus 187, 2060 AD Bloemendaal
* Stichting Nederlands College voor Natuurgeneeskunde, Koninginneweg 42, 1211 AS Hilversum
* Artsenvereniging tot Bevordering van de Natuurgeneeswijze, postbus 75414, 1070 AK Amsterdam
* Landelijke Vereniging Natuurgenezers, postbus 170, 4650 AD Steenbergen
* Nederlandse vereniging voor geestelijke en natuurgeneeswijzen, postbus 53282, 1007 RG Amsterdam
* Nederlandse werkgroep van praktizijns in de natuurlijke geneeskunst, van Lenneplaan 16, 1217 NC Hilversum
* Stichting natuurlijk welzijn, postbus 31, 8160 AA Epe (geven jaarlijks een adressengids voor alternatieve geneeswijzen uit)
* Vereniging van Natuurgeneeskundige therapeuten, Heiligenbergerweg 36, 3816 AK Amersfoort

Osteopaten

Wat zij doen: de discipline van osteopathie is aan het eind van de 19de eeuw door Andrew Still gestart om botmanipulatie te onderrichten teneinde de natuurlijke genezing te bevorderen. Osteopathie helpt het lichaam zijn eigen immuunsysteem te stimuleren en te herstellen en is heel effectief in het behandelen van veel auto-immuunziekten zoals artritis. Deze dokters hanteren een healingsysteem dat de nadruk legt op het weer op één lijn brengen van het lichaam door middel van manipulatie, om zo foutieve structuren en functies te corrigeren. Ze zijn gespecialiseerd in het manipuleren van spieren en gewrichten om aldus problemen te verhelpen. Osteopaten zijn volledig opgeleide en gediplomeerde artsen en hebben daarnaast een uitgebreide training ontvangen in de structuur en functie van het lichaam.

Chiropractici

Wat zij doen: chiropractici zijn gespecialiseerd in de manipulatie en het weer op zijn plaats brengen van de wervelkolom. Deze discipline is in 1895 door Daniël Palmer gestart en is gebaseerd op de theorie van de 'subluxatio' (functionele afwijking van gewrichten) van de wervelkolom om zo de natuurlijke gezondheid te bevorderen. Chiropractici analyseren en corrigeren stoornissen in de ruggewervelzenuwen, die het resultaat kunnen zijn van: lichamelijk letsel, stoornissen tijdens het geboorteproces, mentale stress, verkeerde voeding of slechte lichaamshouding.

Enkelen adressen
* Nederlandse Chiropractoren Associatie, Harste 1, 8602 JX Sneek
* Informatiecentrum Nederlandse vereniging pro-chiropractie, Lange Heul 59, 1403 NE Bussum

Voedingsdeskundigen

Wat zij doen: voedingsdeskundigen gebruiken diëten als therapie. Ze bepalen wat een individuele patiënt aan voedingsstoffen nodig heeft en tevens of hij/zij voedselallergieën heeft. Voedingsdeskundigen verschaffen dan bij het handhaven van de gezondheid en de behandeling van ziekten specifieke dieetvoorschriften en voedselsupplementen, zoals vitaminen en mineralen, die op regelmatige tijden ingenomen moeten worden over een lange periode. Veel algemene aandoeningen kunnen effectief worden behandeld met diëtaire maatregelen.

Een adres
* Nederlandse vereniging van diëtisten, postbus 341, 5340 AH Oss

Homeopaten

Wat zij doen: homeopathie is in Duitsland gegrondvest door Samuel Hahnemann (1755-1843) en werd in de 19de eeuw als een belangrijke natuurlijke geneeskundige beweging in Amerika gevestigd. Het is een natuurlijke farmaceutische wetenschap die stoffen gebruikt uit het planten-, het mineralen- en het dierenrijk. Ze is gebaseerd op de vooronderstelling dat deze natuurlijk voorkomende stoffen ziektesymptomen kunnen genezen, gelijk aan de symptomen die ze zouden produceren wanneer ze in overdosis ingenomen zouden worden. Elk medicijn wordt individueel voorgeschreven in overeenstemming met hoe dit het immuun- en afweersysteem van de zieke stimuleert. Soms wordt het genoemd: het 'koninklijke medicijn'.

Enkele adressen
* Koninklijke Vereniging tot bevordering der homeopathie in Nederland, postbus 90003, 1006 BA Amsterdam
* Vereniging van homeopathische artsen in Nederland, postbus 223, 6700 AE Wageningen

Acupuncturisten

Wat zij doen: acupunctuur wordt door de Chinezen beschouwd als een vorm van gezondheidshandhaving, die het vermogen van het lichaam stimuleert zichzelf te onderhouden en in balans te houden. Ze is gebaseerd op de theorie dat een elektromagnetische levenskracht in haar voortdurende stroom door heel het lichaam gekanaliseerd wordt door een netwerk van 'meridianen'. Naalden worden op bepaalde punten langs de meridianen ingebracht om de stroom van levenskracht te stimuleren of te verspreiden om zo een disharmonie te corrigeren. Acupunctuurbehandeling werkt niet met een gestandaardiseerd systeem van correlaties tussen bepaalde ziekten en technieken, maar behandelt elk individu als uniek.

Enkele adressen
* Nederlands Genootschap voor Acupunctuur, postbus 448, 3500 AK Utrecht
* Nederlandse Artsen Acupunctuur Stichting, postbus 177, 1200 AD Hilversum
* Nederlandse Artsen Acupunctuur Vereniging, Pr. Hendrikkade 3, 1165 HP Halfweg

Structurele lichaamswerkers

Wat zij doen: structurele lichaamswerkers hanteren een techniek van rekken en bewegen van bindweefsel (fascie) om het lichaam te strekken en in evenwicht te brengen langs zijn natuurlijke verticale as. Verstoringen van het bindweefsel kunnen worden veroorzaakt door reacties en compensaties als gevolg van: ongelukken, emotionele spanningen, trauma's uit het verleden, of bewegingspatronen die door omstandigheden in de vroege jeugd zijn beïnvloed. Een complete behandeling bestaat uit tien sessies die beginnen bij oppervlakkige gebieden van beklemming en kunnen uitlopen op algehele reorganisatie van grotere lichaamssegmenten.

Massagetherapeuten

Wat zij doen: massagetherapie is in gebruik vanaf de tijd van Hippocrates (4de eeuw v.Chr.). De basisfilosofie van massage is, het manipuleren van zachte weefsels ter vergroting van de aanleg van het lichaam zichzelf te genezen. Ze bestaat uit fysieke methoden waaronder: het toedienen van gefixeerde of bewegende druk, en het vasthouden en bewegen van lichaamsdelen.

Psychotherapeuten

Wat zij doen: psychotherapeuten werken met de emotionele gesteldheid van de cliënten, zoals die door jeugdtrauma's en andere oorzaken is verstoord. Sommigen van hen pakken zulke problemen aan in relatie tot de psychosomatiek. Ze staan bekend als lichaams-psychotherapeuten.

Enkele adressen
* Nederlandse vereniging voor psychotherapie, Koningslaan 12, 3583 GC Utrecht
* Interdisciplinaire Vereniging voor Analytische psychologie, Titanialaan 30, 1562 ZE Krommenie
* Nederlands psychoanalytisch Genootschap, Maliestraat 1a, 3581 SH Utrecht
* Nederlands psychologisch genootschap, Beethovenstraat 154, 1077 JV Amsterdam
* Nederlands instituut van psychologen, postbus 9921, 1006 AP Amsterdam

Healers

Wat zij doen: zoals in dit boek uitvoerig uitgelegd, werken healers er óf mee het lichaam wel aan te raken, óf het niet aan te raken, om zo het auraveld in evenwicht te brengen en op te laden. Ze kanaliseren healingenergie naar de cliënt om ofwel algehele, ofwel gedeeltelijke healing te bewerkstelligen in elk deel van het lichaam.

Schrijf voor nadere informatie naar:

The Barbara Brennan School of Healing
P.O. Box 2005
East Hampton, NY 11937
USA

Bibliografie

Altman, Nathaniel. *Everybody's Guide to Chiropractic Health Care.* Los Angeles, CA: J.P. Tarcher, 1990.

Angel, Jack E. *Physician's Desk Reference.* Montvale, NJ: Medical Economics Company, 1983.

Aranya, Swami Hariharananda. *Yoga Philosophy of Patanjali.* Albany, NY: State University of New York Press, 1983.

Artley, Malvin N. jr. *Bodies of Fire, Vol. 1: A Thousand Points of Light.* Jersey City Heights, NJ: University of the Seven Rays Publishing House, 1992.

Becker, Robert O. *Cross Currents: The Promise of Electromedicine.* Los Angeles, CA: J.P. Tarcher, 1990.

Becker, Robert O., en Selden Gary. *The Body Electric: Electromagnetism and the Foundation of Life.* New York: William Morrow & Co., 1985.

Berkeley Holistic Health Center Staff. *The Holistic Health Lifebook.* Berkeley, CA: And-Or Press, 1981.

Berkow, Robert. *The Merck Manual of Diagnosis and Therapy.* West Point, PA: Merck Sharp & Dohme International, 1982.

Bohm, David, en David F. Peat. *Science, Order, and Creativity.* New York: Bantam, 1987.

Bohm, David. *Wholeness and the Implicate Order.* New York: Routledge Chapman & Hall, 1983.

Brewster, Letitia, en Michael F. Jacobson. *The Changing American diet: A Chronicle of American Eating Habits from 1910–1980.* Washington, DC: Centers for Science in the Public Interest, 1993.

Bruyere, Rosalyn L. *Wheels of Light: A Study of the Chakras.* Arcadia, CA: Bon Productions, 1989.

Burnham, Sophy. *A Book of Angels.* New York: Random House, 1990.

Burr, Harold Saxton. *Blueprint for Immortality: The Electric Patterns of Life.* Essex (G.-B.): C.W. Daniel Company, 1972.

Burt, Bernard. *Fodor's Healthy Escapes.* New York: McKay, 1991.

Campbell, Don (red.). *Music Physician for Times to Come.* Wheaton, IL: Quest Books, 1991.

Cousens, Gabriel. *Conscious Eating.* Coos Bay, OR: Vision Books, 1992.

Cummings, Stephen, en Dana Ullman. *Everybody's Guide to Homeopathic Medicines.* Los Angeles, CA: J.P. Tarcher, 1984.

Diamond, Harvey en Marilyn. *Fit For Life.* New York: Warner Books, 1985. Nederlandse vertaling: *Een leven lang fit.* Baarn: De Kern, 1987.

Dunne, Lavon J. *The Bestselling Guide to Better Eating for Better Health.* New York: MacGraw-Hill, 1990.

Durkheim, Karlfried. *Hara: The Vital Center of Man.* New York: Samuel Weiser, 1975. Nederlandse vertaling: *Hara: het dragende midden van de mens.* Deventer: Ankh-Hermes, 1961.

Eisenberg, David. *Encounters with Qi: Exploring Chinese Medicine.* New York: Viking Penguin, 1987.

Epstein, Gerald. *Healing Visualizations: Creating Health Through Imagery* New York: Bantam, 1989. Nederlandse vertaling: *Visualiserend genezen.* Deventer: Ankh-Hermes, 1993.

Estella, Mary. *Natural Foods Cookbook.* New York: Japan Publications, 1985.

Evans, John. *Mind, Body and Electromagnetism.* Dorset (G.-B.): Element Books, 1986.

Fremantle, Francesca, en Chogyam Trungpa. *The Tibetan Book of the Dead.* Boston: Shambhala, 1975. Nederlandse vertaling: *Het Tibetaans Dodenboek.* Cothen: Servire, 1991.

Gach, Michael Reed. *Acu-Yoga.* New York: Japan Publications, 1981. Nederlandse vertaling: *Acu-yoga.* Heemstede: Altamira, 1991.

Gawain, Shakti. *Living in the Light.* San Rafael, CA: New World Library, 1986. Nederlandse vertaling: *Leven in het licht.* Deventer: Ankh-Hermes, 1987.

Gerber, Richard. *Vibrational Medicine.* Santa Fe, NM: Bear & Co., 1988.

Goldman, Jonathan. *Healing Sounds: The Power of Harmonics.* Rockport, MA: Element, 1992.

Goldstrich, Joe D. *The Best Chance Diet.* Atlanta, GA: Humanics, 1982.

Gottschall, Elaine. *Food and the Gut Reaction: Intestinal Health Through Diet.* Ontarion: The Kirkton Press, 1986.

Grof, Christina, en Stanislav Grof. *The Stormy Search for the Self.* Los Angeles, CA: J.P. Tarcher, 1990.

Harman, Willis, en Howard Rheingold. *Higher Creativity: Liberating the Unconscious for Breakthrough Insights.* Los Angeles, CA: J.P. Tarcher, 1984.

Hay, Louise L. *You Can Heal Your Life.* Santa Monica, CA: Hay House, 1982. Nederlandse vertaling: *Je kunt je leven helen.* Groningen: De Zaak, 1986.

Hodson, Geoffrey. *Musicforms.* Wheaton, IL: The Theosophical Publishing House, 1976.

Hooper, Judith, en Dick Teresi. *The Three Pound Universe.* New York: Macmillan, 1986.

Ivanova, Barbara. *The golden chalice.* San Francisco, CA: H.S. Dakin Co., 1986.

Jaffee, Dennis T. *Healing from Within: Psychological Techniques to Help the Mind Heal the Body.* New York: Simon & Schuster, 1980.

Jening, Hans. *Cymatics.* Basel: Basler Druck- und Verlagsanstalt, 1974.

Karagulls, Dafica, en Dora van Gelder Kunz. *The Chakras and the Human Energy Fields.* Wheaton, IL: The Theosophical Publishing House, 1989.

Kowalski, Robert E. *The 8-Week Cholesterol Cure.* New York: Harper & Row, 1989.

Krieger, Dolores. *The Therapeutic Touch: How to Use Your Hands to Help or Heal.* Englewood Cliffs, NJ: Prentice-Hall, 1979.

Kulvinskas, Viktoras. *Survival into the 21st Century: Planetary Healers Manual.* Connecticut: Omangod Press, 1975.

Kushi, Aveline, met Alex Jack. *Aveline Kushi's Complete Guide to Macrobiotic Cooking for Health, Harmony and Peace.* New York: Warner Books, 1985.

Kushi, Aveline en Michio. *Macrobiotic Diet.* New York: Japan Publications, 1985.

Lavabre, Marcel. *Aromatherapy Workbook.* Rochester, VT: Healing Arts Press, 1990.

Levine, Frederick G. *Psychic Sourcebook: How to Choose and Use a Psychic.* New York: Warner, 1988.

Levine, Stephen. *Healing Into Life and Death.* New York: Doubleday, 1984.

Liberman, Jacob. *Light: Medicine of the Future.* Santa Fe, NM: Bear & Company, 1991.

Mandel, Peter. *Energy Emission Analysis: New application of Kirlian Photography for Holistic Health.* Duitsland: Synthesis Publishing Company, n.d.

Markides, Kyriacos C. *Homage to the Sun.* New York: Routledge, 1987.

—. *The Magus of Strovolos: The Extraordinary World of a Spiritual Healer.* New York: Routledge, 1985.

McCarty, Meredith. *American Macrobiotic Cuisine.* Eureka, CA: Turning Point Publications, 1986.

Mitchell, Elinor Rl. *Plain Talk About Acupuncture.* New York: Whalehall, 1987.

O'Connor, John, en Dan Bensky (red.). *Acupuncture: A Comprehensive Text.* Chicago, IL: Eastland Press, 1981.

Orentein, Neil, en Sarah L. Bingham. *Food Allergies: How to Tell If You Have them, What to Do About Them If You Do.* New York: Putnam Publishing Group, 1987.

Ott, John N. *Health and Light.* Columbus, OH: Ariel Press, 1973.

Pearson, Carol S. *The Hero Within: Six Archetypes We Live By.* New York: HarperCollins, 1989.

Pierrakos, Eva. *The Pathwork of Self-Transformation.* New York: Bantam, 1990. Nederlandse vertaling: *Padwerk; werken aan jezelf of juist niet.* Deventer: Ankh-Hermes, 1987.

Pritikin, Nathan. *Pritikin Permanent Weight Loss Manual.* New York: Putnam Publishing Group, 1981.

Pritikin, Nathan, en Patrick McGrady. *Pritikin Program for Diet and Exercise.* New York: Bantam, 1984.

Reilly, Harold J., en Ruth H. Brod. *The Edgar Cayce Handbook for Health Through Drugless Therapy.* New York: Berkeley, 1985.

Rodegast, Pat, en Judith Stanton. *Emmanuel's Book II: The Choice for Love.* New York: Bantam, 1989. Nederlandse vertaling: *Emmanuel, over leven, liefde en lijden; Emmanuels boek II.* Deventer: Ankh-Hermes, 1991.

Rolf, Ida P. *Rolfing: The Integration of Human Structures.* Rochester, VT: Inner Traditions, 1989.

Rubin, Jerome. *New York Naturally.* New York: City Spirit Publications, 1988.

Satprem. *The Mind of the Cells.* New York: Institute for Evolutionary Research, 1982.

Schechter, Steven R., en Tom Monte. *Fighting Radiation with Foods, Herbs and Vitamins.* Brookline, MA: East-West, 1988.

Schwarz, Jack. *Voluntary Controls: Exercises for Creative Meditation and for Activating the Potential of the Chakras.* New York: Dutton, 1978.

Seem, Mark. *Acupuncture energetics.* Rochester, VT: Inner Traditions, 1987.

Shealy, Norman C., en Carolyn Myss. *The Creation of Health: Merging Traditional Medicine with Intuitive Diagnosis.* Walpole, NH: Stillpoint Publishing, 1988. Nederlandse vertaling: *Intuïtieve diagnose in de geneeskunde* en *Creatief omgaan met ziekte en gezondheid.* Deventer: Ankh-Hermes, 1990.

Sheldrake, Rupert. *A New Science of Life.* Los Angeles, CA: J.P. Tarcher, 1981. Nederlandse vertaling: *Een nieuwe levenswetenschap.* 's-Gravenhage: Mirananda, 1993.

Siegel, Bernie S. *Love, Medicine & Miracles.* New York: Harper & Row, 1986. Nederlandse vertaling: *Liefde, harmonie, genezing; lessen voor een gezond bestaan.* Baarn: Bosch & Keuning, 1990.

Simonton, O. Carl, en Reid Henson, met Brenda Hampton. *The Healing Journey.* New York: Bantam, 1992. Nederlandse vertaling: *De kracht die in je schuilt.* Nijkerk: Intro, 1994.

Steindle-Rast, Brother David. *Gratefulness, the Heart of Prayer.* New York: Paulist Press, 1984.

Talbot, Michael. *The Holographic Universe.* New York: HarperCollins, 1991. Nederlandse vertaling: *Het Holografisch Universum.* Utrecht: Kosmos, 1990.

Ullman, Dana (red.). *Discovering Homeopathy: Your Introduction to the Science and Art of Homeopathic Medicine.* Berkeley, CA: North Atlantic Books, 1991.

Upledger, John E., en John D. Vredevoogd. *Craniosacral therapy.* Seattle, WA: Eastland Press, 1983.

Werbach, Melvin R. *Nutritional Influences on Illness: A Sourcebook of Clinical Research.* New Canaan, CT: Keats Publishing, 1989.

Wilber, Ken. *The Holographic Paradigm and Other Paradoxes.* Boston: Shambhala, 1982.

—. *No Boundary; Eastern and Western Approaches to Personal Growth.* Boston: Shambhala, 1979. Nederlandse vertaling: *Zonder grenzen.* Amsterdam: Karnak, 1983.

Wilhelm, Richard, en C.G. Jung. *The Secret of the Golden Flower.* New York: Harcourt Brace Jovanovich, 1970. Nederlandse vertaling: *Het geheim van de gouden bloem.* Deventer: Ankh-Hermes, 1985.

Woolf, Vernon V. *Holodynamics: How to Develop and Manage Your Personal Power.* Tucson, AZ: Harbinger House, 1990.

Woolger, Roger J. *Other Lives, Other Selves.* New York: Bantam, 1988. Nederlandse vertaling: *Herinnering; een Jungiaans therapeut ontdekt vorige levens.* Rotterdam: Lemniscaat, 1991.

Zerden, Sheldon. *The Best of Health: The 101 Best Books.* New York: Four Walls Eight Windows, 1989.

Zukav, Gary. *The Seat of the Soul.* New York: Simon & Schuster, 1989. Nederlandse vertaling: *De zetel van de ziel.* Utrecht: Kosmos, 1992.

REGISTER

A

Aanvaarding 84, 133
 als healingstadium 88–89
Aarde
 energie van 105–118
 magnetische veld van 77, 290
 relatie met 171–172
Acupunctuur 59
Ademen 127–128
 kleur 139–140
Aerobic-oefening 126
Affirmaties 95
 dagelijkse 272
Agressiviteit, van psychopathisch
 karakter 226, 229, 234, 235
Aids 40–41, 76, 187
Akizuki, Dr. Tatsuichiro 126
Alvleesklier 70, 71
 kanker 114, 189
Angst 55, 90
 opruimen van behoeften om angst
  te bevredigen 174–175
 en ontkenning 85–86, 149–151
 oefening om angst op te sporen
  147–149
 vs. liefde 317
 van masochistische karakter 236
 van orale karakter 217
 van psychopathische karakter 226
 van rigide karakter 245
 van schizoïde karakter 209
 geur van 116
Artsen 34–35
 Zie ook: Healer-artsteam
Atteshlis, Stylianos 178
Auraveld
 Zie ook: Menselijk energieveld

niveaus van 44, 71, 94–99, 108,
 114, 134–135, 145, 162, 177-82,
 184, 202, 209, 244, 263, 267,
 269–274, 276, 278–282,
 284–285, 310, 312
eerste niveau van 44, 71, 94–95,
 108, 179, 270, 284
tweede niveau van 95–96, 108,
 114, 134–135, 178, 179, 263,
 274, 284, 312
derde niveau van 71, 96–97, 108,
 145, 179, 182, 263, 284
vierde niveau van 97, 98, 108, 114,
 145, 162, 171, 177–182, 184,
 202, 209, 274, 284
vijfde niveau van 71, 97–98, 108,
 178, 179, 253, 267, 269–273,
 284–285
zesde niveau van 98–99, 108, 178,
 179, 263, 269, 273–274, 276, 285
zevende niveau van 71, 99, 108,
 162, 178, 209, 244, 263, 269,
 278–282, 285
en kunstwerken 111–112
harmonie van 22, 106, 127
blokkade in 6
en ademhalingscontrole 127
borstel voor 120–121
en chakra's 112–113, 115
en karakterstructuur 205, 207
schoonmaken van 106, 120, 175,
 295
kleuren in 68, 114, 121, 140, 146,
 284–285
en communicatie 179–180
en bewuste gewaarwording
 145–146

en bewustzijn 289
en wezenskern 309
en creatieve puls 315
van een paar in verdediging
 253–254, 255, 256
en dans 128
diameter/doorsnee van 269
dimensies van 289
en aarde 171
en eetgewoonten 123–126
energie in 7, 106, 114, 119–120,
 289, 310
verzorgen van 120
en honger 45
en intentionaliteit 288
en masochistisch karakter 236, 237
en muziek 114
en negatieve emoties 134-35
en negatieve interacties 203–204
en oraal karakter 218
en psychopathisch karakter 227,
 234
van relaties 162
en rigide karaker 246, 253
en schizoïde karakter 208, 212, 216
en geluid/klank 112–113
en ruimte 107–108, 110
spirituele niveaus van 261
van angst 123
en verticale krachtstroom 302
wonden in 204
en yoga 126–127
Authenticiteit, en rigide karakter 247
Autonomie, van masochistisch karakter 235
Autosuggestie 10

B

Baarmoeder, problemen met 84, 96
Baarmoederhalskanker 70
Baden 120
Beck, Dr. Robert 17, 18
Becker, Dr. Robert 16, 17, 20, 117
Beeldconclusie 6
Behandelingsmethoden 74–77, 96, 155
Behoeften, persoonlijke 91–92
Bekken, ontstekingsziekte aan 188
Bergen, energie van 106, 107
Beschermengelen 54–55, 62, 263, 284
Bestraling 63, 76, 126, 282
Bevolkingsdichtheid 107–108
Bevroren psychische tijdconglomeraten 6–7
Bewuste gewaarwording 145
Bewustzijn 31–32, 35, 289
    Zie ook: Energiebewustzijn; intentie; geest
    en ziekte
    en realiteit/werkelijkheid 41
Bio-energie 204, 205
Bio-energievelden 15
    en fysieke wereld 16, 18
Biologisch-dynamisch voedsel 77, 107, 122, 124
Bioplasma 19, 20, 177
Bioplasmalinten
    en opbranden 182
    en voorwerpen 182–183
    bij publieke beroepen 181–182
    en relaties 180–181
Boezem-fibrilleren 191–193
Boezemseptum-defect (ASD) 278
Bohm, Dr. David 37, 311
Bomen, energie van 107
Borstkanker 149
Bos, energie in 107
Bronnen van licht 89, 310, 318
Burr, Dr. Harold 16, 17

C

Castaneda, Carlos 94
Chakra(s) 26–29
    eerste 28, 114, 115
    eerste koorden 185, 187, 191, 195, 197, 198
    tweede 28, 70, 98, 114, 115, 226
    tweede koorden 185, 187–189, 191, 195–198
    derde (zonnevlecht) 28, 61, 112, 114, 123, 254
    derde (zonnevlecht)koorden 183, 185–187, 189–187, 189-191, 195–197, 198, 209, 217, 221, 235, 236, 244
    vierde (hart) 28, 114, 115, 180, 184
    vierde (hart)koorden 185, 191–194, 196, 197, 199, 209, 235
    vijfde (keel) 28, 97, 138
    vijfde (keel)koorden 185, 194–198
    zesde 28
    zesde koorden 185, 196, 197, 198–200
    zevende 28
    zevende koorden 185, 196, 197, 200–202
    en geuren/aroma's 116
    en auraveld 112–113, 115
    in balans brengen van 28, 116
    schoonmaken van 313
    kleur in 28, 112–113, 114, 140
    en wezenskern 309
    en ziekte 28, 114
    disfunctie/slecht functioneren van 28, 114
    en emotioneel functioneren 28
    en energiestroom 26, 28, 59, 71
    functie van 28
    als opname-organen 28, 71
    lichaamsgebieden bediend door 28
    en rationele functie 28
    herstellen 181
    van rigide karakters 245
    seksuele 114
    draaien 284–285
    en tieners 114
    tonen 112–113
    als draaikolken van energie 26
    en wilsfunctie 28
Channelen 55, 136, 139, 172–174, 201, 257–258, 266-67, 273, 274–275, 276–277, 279, 282, 288, 304, 309–310, 313–314, 315–316
    Zie ook: Heyoan
    ten behoeve van healing 141–143, 257–258, 276–277
    geestesgidsen 263, 268–269
Chemotherapie 62–263, 69, 71, 75, 76, 155
Chi gong 127
Coeliakie (spijsverteringsziekte) 123
Cole, Thomas 112
Communicatie
    en auraveld 179–180
    met zon 165–166
Contact, behoefte aan 97
Contracten. *Zie*: Negatieve contracten; onuitgesproken contracten
Contractie, van creatieve proces 38, 40–41
Coriolis-kracht 20
Creatieve puls 311–313
    meditatie op 315–316
Creatieve energie 29–30
    dimensies van 13–14
    healing 5
Creatieve energie(blokkades) 5–9
    bevroren psychische tijdconglomeraten 6–7
    hogere zelf 9
    intentie 9
    maskerzelf en oorspronkelijke pijn 8
    negatief plezier/genoegen en lagere zelf 8–9
    pijn, oorsprong van 7–8
    pijn uit vorige levens 7
Creatieve proces, en gezondheid 30
Creativiteit vs. ziekte 317
Crohn, ziekte van 123

D

Dans 128
Darmwand, uitstulpingen aan (diverticulitis), 123
De La Warr, George 17
Denkende geest. *Zie*: Geest
Depressie/depressiviteit 83, 200, 202
    als healingstadium 87–88
Diagnose (onbehandelbaar) 34
    en holografisch model 42
Diarree 123
Dieet 146
    en diëtaire tekortkomingen 73
    ten behoeve van healing 125–126
Dieren in het wild 106, 107
Dikke darm
    ontsteking (colitis ulcerosa) 123
    operatie (colonectomie) 72
Disharmonie, en ziekte 44–46
Dobrin, Richard 17
Doel 29, 287, 290
    Zie ook: Intentie; levensdoel; spiritueel doel
Dood 54–55, 65, 184
DOR (dode orgone energie) 22, 109, 111, 117, 120
Dualiteit/dualisme 11, 31
    en individuatie 178–179
Durkheim, Karlfried 288
Duwreactie
    en masochistische verdediging 239
    en orale verdediging 219
    en psychopathische verdediging 228
    en rigide verdediging 248
    en schizoïde verdediging 210
Dyslexie (Leesblindheid) 198, 199, 200

E

Echtscheiding 186
Eetgewoonten 123-126
 Zie ook: Voedsel
Ego-wil 264-265
Eierstok, infectie aan 188
Einstein, Albert 37, 38
Elektromagnetische energie 117
Emoties 22, 284
 Zie ook: Gevoelens; negatieve emoties
Endometriose 84
Energie, oefening om energie uit te wisselen 127
Energie 39, 269, 290, 302, 312
 Zie ook: Creatieve energie; creatieve energie(blokkade); menselijk energieveld; universeel energieveld
 in auraveld 7, 106, 114, 119-20, 289, 310
 en chakra's 26, 28, 59, 71
 oefeningen 126-128
 in voedsel 121-123
 vormen van 16
 healing 308
 negatieve 150-151, 204-207
Energiebewustzijn 6, 134, 178
Energieblokkades 204, 312
Energievelden 105-118, 254
 en steden 108-109
 en kleur 114-15, 121
 verdedigingssystemen 204
 en verzorging van 119-121
 en natuur 106-107
 en voorwerpen 111-12
 en woonplaats kiezen 109-110
 en bevolkingsdichtheid 107-108
 en geuren 116
 en geluiden 112-114
 en ruimte 110-111, 114-115, 116-118
 en weer 106
Enkelverwondingen 72, 73
Epstein, Gerald 140
Ervaringen uit vorige levens 7, 184

F

Familie. *Zie*: Gezin
Fantoom
 bladeffect 19
 beeneffect 18
Feng shui 110
Fibrose, aan blaas 123
Flanagan, Dr. Gael Crystal 122
Flanagan, Dr. Patrick 122
Flanagans, de 125
Freud, Sigmund 205

Fysieke wereld 13
 en bio-energieveld 16, 18
Fysieke behoeften 94-95
Fysieke sensaties 20, 22, 92, 284
Fysieke lichaam
 kleding en sieraden 121
 eetgewoonten 123-126
 energie-oefeningen 126-128
 energie in voedsel 121-123
 verzorgen van energieveld 119-121
 hygiëne, persoonlijke 119
 slaap en rust 128
 tijd 128-129

G

Gabor, Dennis 37
Gebedsgenezing 58, 276-277
Geest
 Zie ook: Goddelijke (denkende) geest
 denkende geest 35
Geestesgidsen 54-55, 62, 263
Gehandicapte kinderen 201
Geheugen 37, 72
Geluid. *Zie*: Klank
Geneeskundigen 153-155
 relatie met 168-171
Genetische koorden 184-185
Gestla, Karen 17
Geuren, en energievelden 116
Gevechtskunst/gevechtssport 127-128
Gevoelens 22, 138-139
 Zie ook: Emoties
Gewaarwordingen. *Zie*: Fysieke sensaties
Gezin
 bioplasmalinten in 181
 healing van 282
 behoefte aan 97
 relatie met 165-168
Gezondheid, en creatieve proces 30
Gezondheidszorg
 en holistische visie 41-42
 en holografische model 38-41
 mechanistische model in 32-34
Goddelijke liefde 25, 263, 266, 273-274
 behoefte aan 98-99
Goddelijke wil 24-25, 263, 264, 266, 269-273, 284
 en vrije wil 271-272
 behoefte aan 97
 negatieve beelden over 270-271
Goddelijke essentie 29-30
Goddelijke (denkende) geest 26, 92, 263, 278-282, 285
 behoefte aan 99
Godin, energie van 269

Gogh, Vincent van 111
Grenzen 108
Groepsharalijn 300-301

H

Handoplegging 76, 280, 288
Harahealing 294-295
Haralijn 254
 afstemmen van 290, 293, 295-301, 309-310
 vervorming in 291, 293-294
 groep 300-301
 en intentionaliteit 289
 laser 293, 294, 297
 en levensdoel 295-301
 en tan tien 289-290, 291
 transformatie van 301-302
Haraniveau 13, 29, 288, 291-294
Harman, Dr. Willis 31, 32
Harmoniesysteem 28, 42, 43-49
 geloof in 46-47
 holografische functie van 47-49
 en disharmonie 44-46
Harmonische inductie 212
 in relaties 179-180
Hartaanval 191, 226
Hartklachten 72, 76, 81, 191
Hartkloppingen 191
Harttransplantatie 155
Hay, Louise 48, 64, 140
Healer-artsteam
 en ziektegeschiedenis 72-73
 en ziekteproces 68-71
 en handoplegging 71-72
 en ziekte, betekenis en oorzaak van 73-74
 en behandelingsmethoden 74-77
Healing
 Zie ook: Gebedsgenezing; zelfhealing
 en eerste chakrakoorden 187
 en tweede chakrakoorden 188-89
 en derde chakrakoorden 189-191
 en vierde chakrakoorden 191-194
 en vijfde chakrakoorden 195-198
 en zesde chakrakoorden 198-200
 en zevende chakrakoorden 201-202
 met geur 116
 en ademhaling 127
 channelen ten behoeve van 141-143
 en bewuste gewaarwording 145
 met wezenskern 306-308
 cycli van 313-314
 dieet voor 125-126
 bekrachtiging in 12
 energie 308
 via hoop en vertrouwen 276-277

en angst 55
via vergeving 255, 257–258
via handoplegging 71–72
hara 294–295
kern van 53–56
holistische 55, 59
informatie over 153–155
duur van 63
niveaus van 91–99
en uitvloeien van licht/bronnen van licht 318
en masochistische verdediging 238, 244
procédé van 61–62
meditaties 139–140
en orale verdediging 221, 225
als pad van kennis 170
plan voor 103, 153–155
en psychopathische verdediging 229
weerstand tegen 62
en rigide verdediging 253
en schizoïde verdediging 212, 216
sessies 58, 62
healingkamer 117–118
tijdverdeling tussen sessies 62
en geestesgidsen 54–55
stadia van 83–90, 147
opleiding 53
en wereldvrede 287
Healer
  en verwijderen van blokkades 150
  zichzelf onbevoegd verklaren 65–66
  ethische beperkingen van 64
  betaling van 64
  aandacht van 56
  leiding voor 62
  en haraniveau 289, 291
  en menselijk energieveld 60–61
  informatie krijgen van 66
  en liefde 61
  doel van 63–64
  verantwoordelijkheid van 65
  verworvenheden van 60
  technieken van 58
  opleiding van 60–61
Hepatitis 69
Hersenen 77
Heupproblemen 73
Heyoan 55, 65, 75, 88, 105, 108, 136, 205, 279, 282, 289, 302, 303
  over keuze 313–314, 317
  over communicatiestoornissen 200
  over contractie 312
  over koorden 183, 184
  over wezensster 305, 309-10
  over creatieve puls 311, 315–316
  over dyslexie (leesblindheid) 198, 199
  over hoop en vertrouwen 276–277
  over angst 55
  over vergeving 255, 257–258
  over haraniveau 288
  over harahealing 294
  over healing 141–143, 255, 257–258, 294
  over homoseksualiteit 188
  introductie tot 268–269
  over liefde 199
  over behoeften 280–281
  over persoonlijke verlangens 274–276
  over weerstand 271
  over zielematen 194
  over zielezetel 199
  over operaties 278–280
  over transfiguratie 304
  over wereldvrede 39, 172–174, 287
Hill, Anita 192
Hodgkin, ziekte van 76
Hoger Zintuiglijke Waarneming (HZW)
  auditieve 69, 71, 75
  en auraveldinteracties 177
  veranderen 20
  en wezensster 29, 305–308
  definitie van 4
  ontwikkelen van 61, 77, 203
  en beschermengelen 54
  in toekomst 26
  kinesthetische 69–71
  openen 25, 54, 297
  en psychische problemen 62, 73
  en geestesgidsen 54
  visuele 68–69, 71, 116, 179, 269
Hogere zelf 9
Holisme 35, 37
Holistische visie 41–42
Holistische healing 55, 59
Holografie 37, 171, 172
Holografische model 35
  en diagnose (onbehandelbaar) 42
  en realiteit 38–41
Holografische functie, van harmoniesysteem 47–49
Hologram 35–36, 37–38
Homeopathische geneesmiddelen 75, 123
Homoseksualiteit 188
Honger, angst voor 174–175
Hoofdpijn 198, 200
Hoop, healing via 276–277
Hunt, Dr. Valerie 17, 18
Hygiëne, persoonlijke 119
Hypoglycaemie (daling van bloedsuikerspiegel) 189
Hysterectomie (baarmoederverwijdering) 84

I
ID-punt (individuatiepunt) 289, 294, 298
  geblokkeerd 292–293
  oefening met 299
'Ik–Gij'-verbindingen 23, 92, 178
Impotentie 188
Indigestie 189
Infectie aan eierstok 188
Innerlijke kind 314
  leren kennen 135–136
  negatieve emoties van 134–135
Insekticiden. *Zie*: Pesticiden
Intentie 9, 29, 290, 291
  Zie ook: Bewustzijn; haraniveau
  positieve vs. negatieve 139, 313
Intentionaliteit 287–288
  en haraniveau 289
Interactie 97
Inyushin, Dr. Victor 16–18

J
Jening, Dr. Hans 113

K
Kanker 46, 47, 62, 65, 69, 72, 75, 76, 106, 114, 117, 146, 149, 187, 282
Karakterstructuren 204–207
  masochistische 205, 206, 207, 235–245
  orale 205, 206, 207, 216–225, 254
  psychopathische 205, 206, 207, 225–235, 254
  rigide 205, 206, 207, 245–253
  schizoïde 205, 206, 207–216
Karma 64, 194, 205, 264, 279, 317
Keuze 313–314, 317
Kilner, Walter 17
Kinesthetische HZW 69–71
Klank 289, 290
  en energievelden 112–114
Klankvervuiling 113
Kleding 121
Kleur
  in auraveld 68, 114, 121, 140, 146, 284–285
  ademmeditatie 139–140
  in chakra's 28, 112–113, 114, 140
  en energievelden 114–115, 121
Knieblessure 307–308
Koorden 183–202
  genetische 184–185

relationele 185-202
soorten 184
Kristallen 94, 111, 120, 121, 182
Kropgezwel (struma) 195
Kübler-Ross, Dr. Elisabeth 83
Kunstwerken, en auraveld 111-112
Kushi, Aveline 126
Kushi, Michio 121, 126

L
Lagere zelf 8-9
Lashley, Karl 37
Leermoeilijkheden 198
Leibniz, Gottfried Wilhelm von 16
Leiding, innerlijke. *Zie*: Geestelijke leiding
Leith, Emmette 37
Leukemie 76, 117
Levensdoel, en haralijn 295-301
Levensenergie. *Zie*: Energie
Levenskracht 264
Levensles, persoonlijke 91
Levenstaak 272, 288, 291, 301-2, 310, 312
en hunkering 12
Levenstrauma, en relationele koorden 186
Lever 68, 69
hypofunctionerende 69-70
traag werkende 48
kanker 114, 189
transplantatie 189
leverziekte, infectueuze 76
Lichaam. *Zie*: Fysieke lichaam
Lichaamshoudingen 10
Liefde 7, 61, 84, 92, 95, 164, 180, 199, 274, 278, 284, 316
Zie ook: Goddelijke liefde; zelfliefde
vs. angst 317
Limbische systeem 116
Longziekten 195
Lowen, Dr. Alexander 205

M
Macrobiotiek 121-122, 126
Manners, Dr. Guy 113
Marchanderen 83
als healinmstadium 86-87
Markides, Kyriacos 178
Maskerzelf 152
en pijn 8
Masochistische karakter 205
verdediging van 206, 207, 235-245
Materialistische monisme 31
Mechanistische model, in gezondheidszorg 32-34
Medicatie 75, 76, 123

Zie ook: Medicijnen
Medicijnen 64-65, 69, 72, 75, 87, 95
Zie ook: Medicatie
Meditatie 25, 26, 55, 87, 93, 127, 267, 273, 289, 300
kleur, voor chakra's 140
kleurademen 139-140
over wezensster 309-310
over creatieve puls 315-316
en eetgewoonten 123
healing 139-140
healing voor alle niveaus 283-285
healing voor zevende niveau 282
healing via vergeving 255, 257-258
muziek voor 113
zelfhealing 140
voor zevende niveau 278
-kamer 111
over transfiguratie 304
Melanoom (huidkanker) 282
Menselijk energieveld (MEV) 3, 15, 18-26
Zie ook: Auraveld
eerste niveau van 19, 20, 22, 24, 25, 92
tweede niveau van 19, 22, 23, 25, 92
derde niveau van 19, 22-23, 25, 92
vierde niveau van 19, 23-24, 25, 54, 92
vijfde niveau van 19, 24-25, 92
zesde niveau van 19, 24, 25-26, 92
zevende niveau van 19, 24, 26, 92
beschrijving van 59
bestaan van 13
als frequentieband 48
en healer 60-61
niveaus van 19-26, 54, 92
waarnemers van 17
en vorige levens 7
waarnemen en reguleren 4-5
Menselijke omstandigheden 11
Mentale activiteit 92, 96, 284
Meren, energie in 107
Mesmer, Franz Anton 16
Milieuvervuiling 109
Mineralen 77, 123, 125
Monet, Claude 112
Monisme, materialistische 31
Motoyama, Dr. Hiroshi 16, 17
Mozart, Wolfgang Amadeus 150
Multiple sclerose (MS) 114
Muziek 94, 113-14

N
Natuur, energie van 106-107
Natuurvoedingsindustrie 77, 94

Negatief genoegen, en lagere zelf 8-9
Negatieve contracten
voordelen van verbreken van 168
oefening om ze op te lossen 166-168
oefening om ze op te sporen 165-166
en relaties 162-165
Negatieve gedachtenvormen 22-23
Negatieve emoties, en auraveld 134-135
Negatieve energie 150-151, 204-207
Negatieve zelfbeoordeling 96
Nekletsel 73, 138, 195
Nieren, functioneren van 71
Northrup, F.S.C. 17

O
Oedeem 302
Oefening 126-128
aerobic 126
voor ademhaling 127
in ontkenning 149-151
om negatief contract op te lossen 166-168
voor energie 126-128
om energie uit te wisselen 127
om angst op te sporen 147-149
om negatieve contracten te vinden 165-166
in oordelen en effecten 151-153
spiegel 137
in zelfveroordeling 153
in zelfliefde 136-138
voor afstemming van wil op levensdoel 295-300
Ontkenning 46, 83, 146-147
Zie ook: Reactie van ontkenning en toelating
oefening in 149-151
van rigide karakter 245
als healingstadium 84-86
Ontstekingsziekte aan bekken 188
Onuitgesproken contracten 161-162
Onvoorwaardelijke liefde. *Zie*: Goddelijke liefde
Oordelen, oefening om ze op te helderen 151-153
Zie ook: Zelfveroordeling
Oorspronkelijke wond 7-11
vertrouwde verdedigingssysteem 9-10
weg terug naar 10-11
spiritueel doel van 11-12
Opbranden 45,81
en bioplasmalinten 182
Orale karakter 205

verdediging van 206, 207, 216–225, 254
Organisch voedsel. *Zie*: Biologisch-dynamisch voedsel
Overgewicht 146

P
Paracelsus 16
Parcelles, Dr. Hazel 121, 122, 124
Patiënten, weerstand van 62
Persoonlijke levensles 91
Persoonlijke behoeften 91–92
Persoonlijke verlangens, en spirituele hunkering 274–276
Pesticiden 122
Pierrakos, Eva Broch 139, 266, 272
Pierrakos, Dr. John 17, 18
Pijn 55, 143, 277
   uit verdediging of ontkenning 9
   healing 142–143
   en maskerzelf 8
   oorsprong van 7–8
   uit vorige levens 7
   afschermen van 9–10
Pijnstillers 75
Planten, energie van 107
Poort, Door de (gechanneld gedicht) 139
Prana 106
Pribram, Dr. Karl 37, 38, 40
'Pribrams appel' 60
Problemen met baarmoeder. *Zie*: Baarmoeder
Prostaatkanker 188
Psychische oorzaak, van zelfhaat 132
Psychonoëtische gedachtenvorm 183
Psychopathische karakter 205
   verdediging van 206, 207, 225–235, 254
Publieke beroepen, bioplasmalinten bij 181–182
Puharich, Dr. Andria 17, 18
Pythagoras 16

R
Ravitz, L.J.
Reactie van ontkenning en toelating
   en masochistische verdediging 242
   en orale verdediging 223
   en psychopathische verdediging 232
   en rigide verdediging 251
   en schizoïde verdediging 214
Realiteit
   en holografische model 38–41
   metaforen van 34–38
Rechtstreekse kennis 4
Regressie 10

Reich, Dr. Wilhelm 17, 22, 109, 205
Reichenbach, Wilhelm von 16
Reïncarnatie 301–303
'Reizen door het lichaam' 283
Relaties 23–24, 159, 161–172
   Zie ook: Relationele koorden
   en bioplasmalinten 180–181
   met aarde 171–172
   met familie en vrienden 165–168
   harmonische inductie in 179–180
   met geneeskundigen 168–171
   negatieve aura-interacties in 203–204
   en negatieve contracten 162–165
   en onuitgesproken contracten 161–162
Relationele koorden 185–202
   en levenstrauma 186
   problemen met 187–202
Rembrandt 112
Reumatoïde artritis 187
Rigide karakter 205
   verdediging van 206, 207, 245–253
Rituelen 183
Rode kleurstof 76
Rodegast, Pat 94, 268
Roken 69, 146
Rouwen 87, 292
Rugklachten 48, 62, 123, 148–149, 291, 303
Ruimte
   en auraveld 107–108, 110
   en energievelden 110–111, 114–115
Rust 128

S
Salieri 150
Scheppen van nieuw leven 84
   als healingstadium 90
Schizofrenie 198-200
Schizoïde karakter 205
   verdediging van 206, 207–216
Schumann-golven 17, 18
Seksualiteit 114, 187–188, 195, 196–197, 226, 247, 253
Sheldrake, Dr. Rupert 43
Siegel, Dr. Bernie 64
Simonton, Dr. O. Carl 128
Sieraden 121
Slaap 45, 81, 128
Spel 135–136
Spiegeloefeningen 137
Spirituele chirurgie, vijfde niveau 267–268
Spirituele doel, van oorspronkelijke wond 11–12

healing 12
hunkering en levenstaak 12
Spirituele extase 98–99, 285, 316
Spirituele gevoelens 92
Spirituele hunkering, en persoonlijke verlangens 274–276
Spirituele leiding 263–285
   en goddelijke liefde 273–274
   en goddelijke (denkende) geest 278–282
   en goddelijke wil 269–273
Spirituele oorzaak, van zelfhaat 132–133
Staar, grauwe 72
Steden, energie in 108–109
Stevenson, Ian 175
Stoffelijke wereld. *Zie*: Fysieke wereld
Stopreactie
   en masochistische verdediging 241
   en orale verdediging 222
   en psychopathische verdediging 231
   en rigide verdediging 250
   en schizoïde verdediging 213
Stranden, energie van 106
Suikerziekte (diabetes) 69, 72, 189
Synchroniciteit 300, 310, 314

T
Tai chi 127
Tan tien 29, 288, 293, 302, 309, 310
   oefening met 295–299
   en haralijn 289–290, 291
Schildklier, problemen met 48, 114, 138, 195, 198
Terugtrekreactie
   en masochistische verdediging 243
   en orale verdediging 224
   en psychopathische verdediging 233
   en rigide verdediging 252
   en schizoïde verdediging 215
Tijd 128–129
   als holografisch 39
Tomlin, Lily 34
Transcendente monisme 31–32
Transcendentie 93, 263
   en auraveldniveaus 97–99
Transformatie 93–94, 266–267, 275, 276
Trekreactie
   en masochistische verdediging 240
   en orale verdediging 220
   en psychopathische verdediging 230
   en rigide verdediging 249
   en schizoïde verdediging 211
Tuinen, energie in 107

U

Uitroken 120
Universeel energieveld (UEV) 3, 71
   historische verwijzingen naar 16
Upatinicks, Juris 37

V

Vaginale kanker 188
Vaginale infectie 188
Valeri, Marjorie 269
Verbindingen 11
Verdedigingssysteem, uit gewoonte 9–10
Vergeving, healing door middel van 255, 257–258
Verlangen 274
   Zie ook: Persoonlijk verlangen
Verlies, en depressiviteit 87
Veroudering 71
Verraad, en psychopathisch karakter 225–226
Vervuiling 77, 109, 117, 122
Verzorgen van energieveld 119-21
Visualisaties 283
   ten behoeve van zelfhealing 156
Vitaminen 77, 123, 125
Voedsel 45, 77, 94
   Zie ook: Eetgewoonten, organisch voedsel
   opname van
   energie in 48
Vogel, Marcel 120
Voorwerpen
   en bioplasmalinten 182–183
   en energievelden 111–112
Vorige levens. *Zie*: Ervaringen uit vorige levens
Vrienden 97, 165–168
Frost, David 17
Vrije wil, en goddelijke wil 271–272

W

Waarheid, behoefte aan 97–98
Water 125
Wedergeboorte 56, 84
   als healingstadium 89–90
Weer, energie van 106
Wereldvrede 39, 172–174, 287
Werkelijkheid. *Zie*: Realiteit
Wezensster 13, 199, 302, 305, 314
   en creatieve puls 311-12
   essentie van 12, 29–30, 253, 254, 258, 306–308
   licht stromend uit 310, 318
   meditatie op 309–310
   openen van gangpaden naar 308–309

White, John 3
Whitehead, Alfred North 37
Wigmore, Dr. Ann 126
Woede 83
   als healingstadium 86
Woestijnen, energie van 107
Woolger, Roger 7
Woonplaats, kiezen van 109–110

Y

Yoga 126

Z

Zee, energie van 106
Zelf. *Zie*: Hogere zelf; lagere zelf; maskerzelf
Zelfacceptatie, behoefte aan 95–96
Zelfhaat 131
   doorbreken van vicieuze cirkel van 133
   psychische oorzaak van 132
   spirituele oorzaak van 132–133
Zelfhealing
   meditatie voor 140
   visualisaties voor 156
Zelfliefde 95–96
   oefeningen in 136–138
Zelfveroordeling
   oefening voor 153
   negatieve 96
Zelfwaardering, lage 131
Zèta-potentieel, in voedsel 122
Ziekte
   en eerste chakrakoorden 187
   en tweede chakrakoorden 188
   en derde chakrakoorden 189
   en vierde chakrakoorden 191
   en vijfde chakrakoorden 195
   en zesde chakrakoorden 198
   en zevende chakrakoorden 200
   en bioplasmalinten 181
   vs. creativiteit 317
   betekenis en oorzaken van 73–74
   begrip 153–155
   en chakra's 28, 114
   en bewustzijn 41
   diagnose van 33–34
   ziektegeschiedenis 72–73
   en disharmonie 44–46
   ziekteproces 68–71
Zielekoorden 184
Zielezetel (ZZ) 29, 289, 299
   oefening met 298, 299
   omfloerste 291–292
Zimmerman, Dr. John 17, 18
Zon, communicatie met 265–266
Zuigen, van oraal karakter 216–217, 221, 225
Zweer 58–60, 189

Van dezelfde auteur

Licht op de aura

Ons fysieke lichaam bestaat binnen een groter 'lichaam', een menselijk energieveld of aura, het voertuig waarmee we onze ervaringen creëren – ook gezondheid en ziekte. De kracht om onszelf te genezen ontvangen we eveneens via de aura. In dit energielichaam – nog maar kort geleden wetenschappelijk aangetoond, maar al eeuwenlang bekend bij genezers en mystici – ligt de oorsprong van elke ziekte. Hier vinden onze krachtigste en diepste confrontaties plaats, waardoor het zowel de bron als de genezer is van alle lichamelijke en emotionele stoornissen.

Elisabeth Kübler-Ross vond *Licht op de aura* 'een *must* voor allen die zich serieus willen bezighouden met *healing* en andere vormen van zorg voor zieke mensen'. Zij noemde het boek 'een bron van inspiratie voor een ieder die iets wezenlijks over de mens wil ontdekken'.

Licht op de aura is bestemd voor lezers die een dieper inzicht willen krijgen in wat zich fysiek en emotioneel in hen afspeelt, en daarvoor bereid zijn voorbij de grenzen van de traditionele geneeskunde te kijken. Het boek is geschreven vanuit de persoonlijke ervaring van Barbara Ann Brennan, geschoold in de natuurkunde én in de psychotherapie. 'Juist deze combinatie van objectieve kennis en subjectieve ervaring biedt een unieke mogelijkheid om ons bewustzijn uit te breiden tot voorbij de beperkingen van die objectieve kennis,' schrijft haar leermeester dr. John Pierrakos, grondlegger van het invloedrijke Newyorkse Institute of Core Energetics in zijn voorwoord.

Paperback, 291 bladzijden, rijk geïllustreerd. ISBN 90 230 0731 X